# 中国固定资产投资统计年鉴

## 2010

国家统计局固定资产投资统计司
国家发展和改革委员会投资研究所 编

中国计划出版社

**图书在版编目（C I P）数据**

中国固定资产投资统计年鉴. 2010/国家统计局固定资产投资统计司，国家发展和改革委员会投资研究所编. —北京 ：中国计划出版社，2011.5
ISBN 978-7-80242-631-3

I. ①中··· II. ①国···②国···III. 固定资产投资—统计资料—中国—2010—年鉴 IV. ①F832.48-54

中国版本图书馆CIP数据核字（2011）第066498号

**中国固定资产投资统计年鉴**
**2010**

国家统计局固定资产投资统计司
国家发展和改革委员会投资研究所 编

☆

中国计划出版社出版
（地址：北京市西城区木樨地北里甲11号国宏大厦C座4层）
（邮政编码：100038　电话：63906433　63906381）
北京凯鑫彩色印刷有限公司印刷　新华书店北京发行所发行

---

787×1092毫米　1/16　29.5 印张　740千字
2011年5月第一版　2011年5月第一次印刷
印数 1 —3000 册

☆

SBN 978-7-80242-631-3
定价：198.00元

# 《中国固定资产投资统计年鉴(2010)》编辑委员会

# 编 者 说 明

《2010年中国固定资产投资统计年鉴》资料来源于2010年全国固定资产投资统计报表基层数据库和综合报表。本年鉴分全社会投资、城镇投资和农村投资三个部分。

第一部分为全社会固定资产投资。包括全社会固定资产投资主要指标，各地区按各种经济类型（国有经济、集体经济、联营经济、股份制经济、外商投资经济、港澳台投资经济和私营个体经济）分组的总投资规模、本年投资、新增固定资产及有关建筑面积等指标。

第二部分为城镇固定资产投资。包括城镇计划总投资50万元以上项目（单位）投资和房地产开发投资。

第三部分为农村固定资产投资。包括非农户计划总投资50万元以上项目（单位）投资和农户投资。农户投资数据来源于国家统计局农村司抽样调查资料。

使用本年鉴资料时请注意以下几点：

1. 本年鉴各部分按建设性质分的投资和项目个数中不含房地产开发投资。

2. 由于房地产自筹资金来源中只下设“企事业单位自有资金”，故自筹资金来源各分项之和不等于总计。

3. 不分地区固定资产投资数据包括跨省、市、区项目和各部门统一购置的设备、铁路机车、车辆、飞机等，以及用军费和人防经费安排的基本建设工程完成的投资。

4. 本年鉴资料凡小数点后各项相加不等于总计者，均由于四舍五入的缘故。

5. 本年鉴资料是直接由全国固定资产投资统计基层报表数据库及综合表加工而来，由于篇幅所限，只能编印部分内容。各资料使用单位若有特殊的资料加工需求，可与国家统计局固定资产投资统计司联系。

# 目　　录

## 第一部分　全社会固定资产投资



## 第二部分　城镇固定资产投资

**（一）城镇**

## 第三部分　农村固定资产投资

# 第一部分
# 全社会固定资产投资

# 全社会固定资产投资2009年主要指标与2008年比较

| 指标名称 | 2008年 | 2009年 | 2009年比2008年增减 | |
|---|---|---|---|---|
| | | | 绝对数 | % |
| **一、投资总额(亿元)** | **172828.40** | **224598.77** | **51770.37** | **30.0** |
| 其中:住宅 | 30881.17 | 36428.23 | 5547.06 | 18.0 |
| 1.按构成分 | | | | |
| 建筑安装工程 | 104958.88 | 138758.33 | 33799.46 | 32.2 |
| 设备工器具购置 | 40594.06 | 50844.21 | 10250.15 | 25.3 |
| 其他费用 | 27275.46 | 34996.22 | 7720.76 | 28.3 |
| 2.按产业分 | | | | |
| 第一产业 | 5064.45 | 6894.86 | 1830.41 | 36.1 |
| 第二产业 | 76961.29 | 96250.76 | 19289.47 | 25.1 |
| 第三产业 | 90802.65 | 121453.15 | 30650.49 | 33.8 |
| **二、全部建设规模(亿元)** | | | | |
| 建设总规模 | 498440.97 | 647024.08 | 148583.10 | 29.8 |
| 自开始建设至本年底累计完成投资 | 315543.88 | 398821.91 | 83278.03 | 26.4 |
| 在建总规模 | 388121.96 | 500444.43 | 112322.47 | 28.9 |
| 在建净规模 | 184516.55 | 246082.19 | 61565.63 | 33.4 |
| **三、新增固定资产(亿元)** | **104156.04** | **138613.31** | **34457.27** | **33.1** |
| **四、房屋建筑面积(万平方米)** | | | | |
| 施工面积 | 632260.99 | 754189.40 | 121928.41 | 19.3 |
| 其中:住宅 | 364354.38 | 431463.18 | 67108.80 | 18.4 |
| 竣工面积 | 260306.98 | 302116.53 | 41809.55 | 16.1 |
| 其中:住宅 | 159404.62 | 184209.52 | 24804.89 | 15.6 |
| **五、投资资金来源小计(亿元)** | **182915.29** | **250229.70** | **67314.41** | **36.8** |
| 国家预算内资金 | 7954.75 | 12685.73 | 4730.98 | 59.5 |
| 国内贷款 | 26443.74 | 39302.82 | 12859.08 | 48.6 |
| 利用外资 | 5311.94 | 4623.73 | -688.20 | -13.0 |
| 自筹资金 | 118510.45 | 153514.80 | 35004.36 | 29.5 |
| 其他资金 | 24694.42 | 40102.62 | 15408.20 | 62.4 |

# 全社会固定资产投资主要指标

| 指标名称 | 合计 | 国有经济 | 集体经济 | | 私营个体经济 | |
|---|---|---|---|---|---|---|
| | | | | 农村 | | 农村 |
| **一、投资总额(亿元)** | **224598.77** | **75763.78** | **9742.90** | **2882.27** | **55794.93** | **16980.30** |
| 其中:住宅 | 36428.23 | 4823.47 | 1657.24 | 293.43 | 14339.86 | 5142.08 |
| 1.按构成分 | | | | | | |
| 建筑安装工程 | 138758.33 | 50938.71 | 7297.13 | 2263.74 | 33509.12 | 10108.71 |
| 设备工器具购置 | 50844.21 | 10639.49 | 1210.98 | 266.10 | 15263.66 | 5220.05 |
| 其他费用 | 34996.22 | 14185.58 | 1234.79 | 352.43 | 7022.15 | 1651.54 |
| 2.按产业分 | | | | | | |
| 第一产业 | 6894.86 | 2237.81 | 611.78 | 386.55 | 2906.54 | 2175.32 |
| 第二产业 | 96250.76 | 18688.27 | 2343.03 | 546.53 | 28472.44 | 7828.49 |
| 第三产业 | 121453.15 | 54837.69 | 6788.09 | 1949.19 | 24415.94 | 6976.48 |
| **二、全部建设规模（亿元）** | | | | | | |
| 建设总规模 | 647024.08 | 246396.74 | 18203.83 | 4323.87 | 115410.70 | 22222.36 |
| 自开始建设至本年底累计完成投资 | 398821.91 | 138758.03 | 13067.32 | 3419.85 | 82038.37 | 18925.38 |
| 在建总规模 | 500444.43 | 204320.02 | 11248.4 | 2029.44 | 73429.95 | 6939.94 |
| 在建净规模 | 246082.19 | 106038.65 | 5049.053 | 881.44 | 33291.27 | 3122.92 |
| **三、新增固定资产(亿元)** | **138613.31** | **39006.49** | **6942.23** | **2266.84** | **41600.75** | **14814.09** |
| **四、房屋建筑面积（万平方米）** | | | | | | |
| 施工面积 | 754189.40 | 123124.28 | 38645.76 | 8999.00 | 307730.52 | 139343.71 |
| 其中：住宅 | 431463.18 | 55932.62 | 19521.16 | 3327.90 | 205452.83 | 108378.57 |
| 竣工面积 | 302116.53 | 37236.92 | 13788.03 | 4621.13 | 173435.36 | 119575.88 |
| 其中：住宅 | 184209.52 | 16824.25 | 6075.53 | 1564.57 | 123752.99 | 96966.36 |

**续前**

| 指 标 名 称 | 联营经济 | 股份制经 济 | 外商投资经济 | 港 澳 台投资经济 | 其他经济 |
|---|---|---|---|---|---|
| **一、投资总额(亿元)** | **222.79** | **61955.68** | **8396.04** | **7091.69** | **5630.96** |
| 其中:住宅 | 39.44 | 12069.38 | 1106.36 | 1583.42 | 809.05 |
| 1.按构成分 | | | | | |
| 建筑安装工程 | 152.04 | 35243.58 | 3913.97 | 3875.21 | 3828.57 |
| 设备工器具购置 | 44.16 | 16996.60 | 3495.74 | 2093.11 | 1100.48 |
| 其他费用 | 26.59 | 9715.49 | 986.33 | 1123.37 | 701.91 |
| 2.按产业分 | | | | | |
| 第一产业 | 14.35 | 732.67 | 29.71 | 28.20 | 333.80 |
| 第二产业 | 71.20 | 35037.61 | 5755.59 | 3624.23 | 2258.38 |
| 第三产业 | 137.25 | 26185.40 | 2610.73 | 3439.26 | 3038.77 |
| **二、全部建设规模（亿元）** | | | | | |
| 建设总规模 | 664.67 | 196725.43 | 29767.53 | 29524.05 | 10331.11 |
| 自开始建设至本年底累计完成投资 | 420.52 | 119359.41 | 19241.10 | 18245.04 | 7692.11 |
| 在建总规模 | 493.62 | 157212.52 | 22871.26 | 24565.39 | 6303.26 |
| 在建净规模 | 233.28 | 76607.73 | 10510.65 | 11353.84 | 2997.72 |
| **三、新增固定资产(亿元)** | **162.89** | **37400.62** | **5469.94** | **4099.86** | **3930.53** |
| **四、房屋建筑面积（万平方米）** | | | | | |
| 施工面积 | 937.52 | 213471.82 | 24734.12 | 27373.31 | 18172.07 |
| 其中：住宅 | 450.61 | 117752.04 | 10171.04 | 12624.69 | 9558.19 |
| 竣工面积 | 342.44 | 56998.74 | 6404.68 | 6144.24 | 7766.12 |
| 其中：住宅 | 204.63 | 28508.88 | 2039.95 | 2560.89 | 4242.39 |

# 按城乡分的全社会固定资产投资

| 指标名称 | 2008年 | 2009年 | 2009年比2008年增减 | |
| --- | --- | --- | --- | --- |
| | | | 绝对数 | % |
| **投资总额(亿元)** | **172828.40** | **224598.77** | **51770.37** | **30.0** |
| **一、城　镇** | | | | |
| 完成投资 | 148738.30 | 193920.39 | 45182.08 | 30.4 |
| 建筑安装工程 | 90361.87 | 119780.36 | 29418.49 | 32.6 |
| 设备、工器具购置 | 33572.29 | 42333.85 | 8761.56 | 26.1 |
| 其他费用 | 24804.15 | 31806.18 | 7002.04 | 28.2 |
| 建设总规模 | 462788.03 | 600131.62 | 137343.60 | 29.7 |
| 自开始建设至本年底累计完成投资 | 286903.32 | 362172.80 | 75269.47 | 26.2 |
| 本年新增固定资产 | 84545.26 | 113943.89 | 29398.63 | 34.8 |
| **其中：房地产** | | | | |
| 完成投资 | 31203.19 | 36241.81 | 5038.61 | 16.1 |
| 建筑安装工程 | 21637.70 | 25839.33 | 4201.63 | 19.4 |
| 设备、工器具购置 | 454.08 | 454.12 | 0.05 | 0.0 |
| 其他费用 | 9111.41 | 9948.35 | 836.94 | 9.2 |
| 建设总规模 | 139989.86 | 167348.18 | 27358.32 | 19.5 |
| 自开始建设至本年底累计完成投资 | 84940.00 | 99328.48 | 14388.49 | 16.9 |
| 本年新增固定资产 | 15482.21 | 18630.72 | 3148.52 | 20.3 |
| **二、农　村** | | | | |
| 完成投资 | 24090.10 | 30678.38 | 6588.28 | 27.3 |
| 建筑安装工程 | 14597.01 | 18977.98 | 4380.97 | 30.0 |
| 设备、工器具购置 | 7021.78 | 8510.37 | 1488.59 | 21.2 |
| 其他费用 | 2471.31 | 3190.03 | 718.72 | 29.1 |
| 建设总规模 | 35652.95 | 46892.45 | 11239.51 | 31.5 |
| 自开始建设至本年底累计完成投资 | 28640.56 | 36649.11 | 8008.55 | 28.0 |
| 本年新增固定资产 | 19610.78 | 24669.42 | 5058.64 | 25.8 |

# 各地区全社会固定资产投资建设总规模

单位：亿元

| 地　　区 | 建设总规模 | 累计完成投资 | 在建总规模 | 在建净规模 |
|---|---|---|---|---|
| **全国总计** | **647024.08** | **398821.91** | **500444.43** | **246082.19** |
| 北　　京 | 26909.66 | 15211.84 | 23470.08 | 11547.22 |
| 天　　津 | 15698.94 | 9848.76 | 12557.69 | 5847.73 |
| 河　　北 | 28093.64 | 17981.53 | 19743.43 | 10051.40 |
| 山　　西 | 13898.16 | 8105.92 | 10896.14 | 5641.32 |
| 内 蒙 古 | 17834.66 | 11563.47 | 12838.31 | 6188.37 |
| 辽　　宁 | 30461.94 | 19281.68 | 23561.10 | 10648.88 |
| 吉　　林 | 11667.61 | 8600.12 | 6834.73 | 2874.06 |
| 黑 龙 江 | 10992.67 | 6860.59 | 7089.51 | 4037.30 |
| 上　　海 | 22637.08 | 15468.00 | 19807.00 | 7082.06 |
| 江　　苏 | 48272.25 | 32563.86 | 33548.94 | 15251.42 |
| 浙　　江 | 36787.78 | 23699.02 | 29152.35 | 12578.82 |
| 安　　徽 | 23247.82 | 15548.43 | 17205.91 | 8108.40 |
| 福　　建 | 22994.70 | 13280.40 | 19821.23 | 9903.10 |
| 江　　西 | 14861.06 | 10024.70 | 9499.77 | 4832.97 |
| 山　　东 | 39221.96 | 26622.64 | 28466.18 | 12807.10 |
| 河　　南 | 26427.86 | 18219.52 | 15275.65 | 8240.07 |
| 湖　　北 | 22886.89 | 14603.68 | 17874.19 | 8412.64 |
| 湖　　南 | 20414.14 | 12242.75 | 16616.27 | 8109.56 |
| 广　　东 | 47107.74 | 29004.21 | 38955.95 | 18278.81 |
| 广　　西 | 16762.50 | 9148.31 | 13517.91 | 7693.36 |
| 海　　南 | 3271.43 | 1852.55 | 2818.84 | 1435.72 |
| 重　　庆 | 19564.08 | 11243.17 | 16651.99 | 8065.41 |
| 四　　川 | 34177.55 | 20257.40 | 25957.44 | 13623.36 |
| 贵　　州 | 10164.36 | 5059.36 | 8560.81 | 5116.53 |
| 云　　南 | 17143.63 | 8839.98 | 15143.99 | 8233.25 |
| 西　　藏 | 825.39 | 578.64 | 592.56 | 246.73 |
| 陕　　西 | 17096.70 | 9821.19 | 13708.05 | 7218.33 |
| 甘　　肃 | 6318.95 | 3763.62 | 4935.54 | 2547.67 |
| 青　　海 | 3045.09 | 1629.38 | 2654.88 | 1385.80 |
| 宁　　夏 | 3297.95 | 1774.29 | 2754.61 | 1516.32 |
| 新　　疆 | 7458.25 | 4580.31 | 5506.39 | 2802.65 |
| 不分地区 | 27481.63 | 11542.59 | 24426.96 | 15755.82 |

注：建设总规模为所有施工项目（含本年没有工作量的投资项目）的计划总投资。

# 各地区全社会按经济类型分的固定资产投资建设总规模

单位：亿元

| 地区 | 合计 | 国有经济 | 集体经济 | 农村 | 私营个体经济 | 农村 |
|---|---|---|---|---|---|---|
| **全国总计** | **647024.08** | **246396.74** | **18203.83** | **4323.87** | **115410.70** | **22222.36** |
| 北京 | 26909.66 | 10348.46 | 266.91 | 137.83 | 1352.37 | 95.90 |
| 天津 | 15698.94 | 7190.42 | 489.63 | 100.30 | 1216.74 | 114.21 |
| 河北 | 28093.64 | 8148.75 | 1885.77 | 389.90 | 6805.56 | 1525.17 |
| 山西 | 13898.16 | 6379.25 | 466.64 | 101.08 | 1959.56 | 333.84 |
| 内蒙古 | 17834.66 | 6920.95 | 273.52 | 10.26 | 1920.22 | 118.73 |
| 辽宁 | 30461.94 | 7455.50 | 770.45 | 81.12 | 7548.89 | 685.15 |
| 吉林 | 11667.61 | 3741.83 | 110.89 | 35.00 | 1960.40 | 264.33 |
| 黑龙江 | 10992.67 | 5722.76 | 105.72 | 0.05 | 1432.16 | 321.06 |
| 上海 | 22637.08 | 9764.45 | 508.50 | 116.90 | 3627.68 | 451.44 |
| 江苏 | 48272.25 | 10314.30 | 1533.00 | 496.60 | 15550.22 | 4165.38 |
| 浙江 | 36787.78 | 11730.54 | 720.58 | 351.98 | 7616.84 | 2721.65 |
| 安徽 | 23247.82 | 7111.05 | 429.52 | 88.78 | 5187.81 | 883.46 |
| 福建 | 22994.70 | 8976.03 | 478.98 | 127.37 | 4280.48 | 484.81 |
| 江西 | 14861.06 | 4346.16 | 285.18 | 49.93 | 3552.63 | 474.66 |
| 山东 | 39221.96 | 7106.26 | 3560.94 | 638.89 | 9529.21 | 2359.21 |
| 河南 | 26427.86 | 5859.03 | 1605.55 | 452.60 | 7770.96 | 1671.83 |
| 湖北 | 22886.89 | 9652.26 | 648.20 | 117.07 | 3414.67 | 422.21 |
| 湖南 | 20414.14 | 8424.99 | 469.99 | 64.62 | 3829.01 | 540.74 |
| 广东 | 47107.74 | 15822.61 | 1655.12 | 598.30 | 6780.72 | 1177.46 |
| 广西 | 16762.50 | 7140.33 | 247.98 | 45.67 | 3155.02 | 430.23 |
| 海南 | 3271.43 | 1031.91 | 30.80 | 0.34 | 268.09 | 29.30 |
| 重庆 | 19564.08 | 7926.86 | 107.62 | 26.79 | 4307.01 | 287.82 |
| 四川 | 34177.55 | 15111.28 | 348.55 | 78.74 | 4465.04 | 1333.80 |
| 贵州 | 10164.36 | 5674.86 | 73.91 | 10.76 | 1354.30 | 381.90 |
| 云南 | 17143.63 | 7732.00 | 262.56 | 75.30 | 2259.09 | 292.67 |
| 西藏 | 825.39 | 632.89 | 5.80 | 0.41 | 83.98 | 30.15 |
| 陕西 | 17096.70 | 8127.75 | 653.10 | 96.19 | 1828.06 | 248.94 |
| 甘肃 | 6318.95 | 3592.74 | 114.41 | 14.27 | 720.56 | 156.87 |
| 青海 | 3045.09 | 1260.62 | 65.92 | 11.69 | 260.62 | 31.25 |
| 宁夏 | 3297.95 | 2148.86 | 7.45 | 1.73 | 525.41 | 46.66 |
| 新疆 | 7458.25 | 3519.41 | 20.66 | 3.41 | 847.42 | 141.54 |
| 不分地区 | 27481.63 | 27481.63 | | | | |

续前

单位：亿元

| 地　　区 | 联营经济 | 股份制经济 | 外商投资经济 | 港澳台投资经济 | 其他经济 |
|---|---|---|---|---|---|
| **全国总计** | **664.67** | **196725.43** | **29767.53** | **29524.05** | **10331.11** |
| 北　　京 | 0.67 | 12362.47 | 1510.93 | 1008.37 | 59.47 |
| 天　　津 | 15.63 | 5326.41 | 896.17 | 461.48 | 102.47 |
| 河　　北 | 57.69 | 9451.38 | 774.06 | 365.88 | 604.55 |
| 山　　西 | 19.36 | 4402.03 | 246.90 | 228.19 | 196.25 |
| 内 蒙 古 | 24.07 | 7867.72 | 386.30 | 202.65 | 239.23 |
| 辽　　宁 | 16.92 | 9098.03 | 3047.05 | 2221.41 | 303.70 |
| 吉　　林 | 1.71 | 4944.95 | 547.34 | 204.80 | 155.70 |
| 黑 龙 江 | 1.49 | 3189.06 | 341.86 | 79.21 | 120.41 |
| 上　　海 | 50.63 | 4528.26 | 2554.60 | 1550.41 | 52.54 |
| 江　　苏 | 49.52 | 12539.21 | 4422.14 | 3245.75 | 618.10 |
| 浙　　江 | 24.84 | 12266.67 | 2117.45 | 1932.31 | 378.57 |
| 安　　徽 | 23.51 | 8535.46 | 607.37 | 831.43 | 521.68 |
| 福　　建 | 27.05 | 5038.26 | 1360.42 | 2441.60 | 391.87 |
| 江　　西 | 17.64 | 5048.65 | 694.16 | 670.15 | 246.49 |
| 山　　东 | 35.97 | 14134.95 | 1748.42 | 1359.82 | 1746.38 |
| 河　　南 | 43.34 | 8760.57 | 505.13 | 504.11 | 1379.18 |
| 湖　　北 | 53.68 | 7172.15 | 708.96 | 910.31 | 326.67 |
| 湖　　南 | 49.14 | 6295.57 | 310.14 | 383.03 | 652.28 |
| 广　　东 | 56.47 | 12732.84 | 2907.35 | 6718.72 | 433.91 |
| 广　　西 | 5.76 | 4660.65 | 575.76 | 580.99 | 395.99 |
| 海　　南 | 4.96 | 1344.99 | 243.48 | 326.14 | 21.05 |
| 重　　庆 | 38.49 | 4866.25 | 982.48 | 1127.44 | 207.95 |
| 四　　川 | 4.82 | 11281.51 | 1338.86 | 1167.87 | 459.63 |
| 贵　　州 | 5.80 | 2736.66 | 159.60 | 116.64 | 42.59 |
| 云　　南 | 2.44 | 6234.84 | 186.09 | 299.75 | 166.86 |
| 西　　藏 |  | 56.80 | 0.34 |  | 45.59 |
| 陕　　西 | 21.93 | 5449.57 | 338.11 | 455.75 | 222.43 |
| 甘　　肃 | 4.34 | 1587.83 | 69.06 | 94.90 | 135.11 |
| 青　　海 | 4.13 | 1321.69 | 109.76 | 4.98 | 17.37 |
| 宁　　夏 | 1.63 | 544.78 | 36.21 | 1.50 | 32.11 |
| 新　　疆 | 1.05 | 2945.23 | 41.03 | 28.45 | 54.99 |
| 不分地区 |  |  |  |  |  |

# 各地区全社会按经济类型分的全部累计完成投资

单位：亿元

| 地　区 | 合　计 | 国有经济 | 集体经济 | | 私营个体经济 | |
|---|---|---|---|---|---|---|
| | | | | 农　村 | | 农　村 |
| **全国总计** | **398821.91** | **138758.03** | **13067.32** | **3419.85** | **82038.37** | **18925.38** |
| 北　京 | 15211.84 | 5098.79 | 161.91 | 90.02 | 875.45 | 81.62 |
| 天　津 | 9848.76 | 4258.48 | 287.77 | 67.22 | 903.24 | 91.44 |
| 河　北 | 17981.53 | 4692.59 | 1273.88 | 324.84 | 4921.32 | 1288.00 |
| 山　西 | 8105.92 | 3804.42 | 349.24 | 83.90 | 1150.72 | 272.47 |
| 内蒙古 | 11563.47 | 4660.16 | 176.52 | 8.27 | 1422.44 | 114.61 |
| 辽　宁 | 19281.68 | 4936.67 | 591.09 | 55.06 | 5496.40 | 529.50 |
| 吉　林 | 8600.12 | 2609.59 | 98.81 | 32.51 | 1676.14 | 237.43 |
| 黑龙江 | 6860.59 | 3009.73 | 92.35 | 0.05 | 1182.15 | 320.46 |
| 上　海 | 15468.00 | 6454.77 | 378.38 | 95.18 | 2498.90 | 308.33 |
| 江　苏 | 32563.86 | 6218.46 | 1104.41 | 391.81 | 10997.34 | 3463.17 |
| 浙　江 | 23699.02 | 7122.69 | 481.28 | 254.72 | 5361.88 | 2074.27 |
| 安　徽 | 15548.43 | 4698.66 | 288.67 | 51.14 | 3889.91 | 765.67 |
| 福　建 | 13280.40 | 5001.39 | 330.65 | 118.80 | 2830.84 | 445.64 |
| 江　西 | 10024.70 | 2746.75 | 176.52 | 39.04 | 2654.61 | 423.27 |
| 山　东 | 26622.64 | 4554.60 | 2673.10 | 517.96 | 6981.48 | 2022.49 |
| 河　南 | 18219.52 | 3800.41 | 1218.91 | 367.25 | 5844.38 | 1472.40 |
| 湖　北 | 14603.68 | 6304.79 | 495.85 | 97.95 | 2403.44 | 406.00 |
| 湖　南 | 12242.75 | 4602.63 | 363.32 | 57.44 | 2614.14 | 496.13 |
| 广　东 | 29004.21 | 8815.25 | 1189.33 | 462.55 | 4754.95 | 1018.72 |
| 广　西 | 9148.31 | 3240.07 | 198.08 | 41.39 | 2236.86 | 409.64 |
| 海　南 | 1852.55 | 544.17 | 18.71 | 0.32 | 206.61 | 29.46 |
| 重　庆 | 11243.17 | 4772.29 | 81.49 | 23.13 | 2506.05 | 201.97 |
| 四　川 | 20257.40 | 7958.27 | 211.86 | 61.91 | 3452.17 | 1257.94 |
| 贵　州 | 5059.36 | 2594.45 | 49.85 | 7.61 | 881.18 | 306.39 |
| 云　南 | 8839.98 | 3820.75 | 176.95 | 53.66 | 1394.44 | 261.15 |
| 西　藏 | 578.64 | 424.15 | 4.59 | 0.38 | 71.47 | 28.74 |
| 陕　西 | 9821.19 | 4621.11 | 467.86 | 92.02 | 1254.82 | 245.15 |
| 甘　肃 | 3763.62 | 2119.61 | 85.15 | 11.07 | 493.24 | 147.32 |
| 青　海 | 1629.38 | 701.02 | 19.46 | 7.56 | 132.55 | 27.80 |
| 宁　夏 | 1774.29 | 1044.57 | 6.95 | 1.69 | 372.11 | 44.82 |
| 新　疆 | 4580.31 | 1984.14 | 14.39 | 3.43 | 577.13 | 133.40 |
| 不分地区 | 11542.59 | 11542.59 | | | | |

**续前**

单位：亿元

| 地　　区 | 联营经济 | 股份制经济 | 外商投资经济 | 港澳台投资经济 | 其他经济 |
|---|---|---|---|---|---|
| **全国总计** | **420.52** | **119359.41** | **19241.10** | **18245.04** | **7692.11** |
| 北　京 | 0.45 | 7191.36 | 1073.19 | 767.94 | 42.74 |
| 天　津 | 7.64 | 3481.04 | 612.44 | 244.98 | 53.16 |
| 河　北 | 41.26 | 5793.46 | 589.18 | 230.12 | 439.73 |
| 山　西 | 11.64 | 2363.93 | 83.47 | 217.77 | 124.73 |
| 内蒙古 | 4.95 | 4793.69 | 230.85 | 151.28 | 123.58 |
| 辽　宁 | 0.72 | 5359.38 | 1574.55 | 1108.94 | 213.95 |
| 吉　林 | 1.72 | 3574.08 | 408.41 | 118.94 | 112.42 |
| 黑龙江 | 0.73 | 2230.65 | 178.14 | 63.76 | 103.07 |
| 上　海 | 38.51 | 3055.93 | 1847.02 | 1151.95 | 42.55 |
| 江　苏 | 33.22 | 8427.45 | 3170.51 | 2163.24 | 449.23 |
| 浙　江 | 13.24 | 7793.96 | 1387.41 | 1276.91 | 261.65 |
| 安　徽 | 17.94 | 5318.65 | 417.11 | 545.66 | 371.84 |
| 福　建 | 18.62 | 2742.51 | 711.43 | 1402.09 | 242.87 |
| 江　西 | 12.87 | 3249.83 | 569.81 | 444.76 | 169.55 |
| 山　东 | 15.93 | 8948.06 | 1273.18 | 854.29 | 1322.00 |
| 河　南 | 31.68 | 5675.43 | 326.56 | 330.26 | 991.89 |
| 湖　北 | 23.24 | 4122.78 | 512.62 | 470.88 | 270.08 |
| 湖　南 | 29.24 | 3698.78 | 229.05 | 217.29 | 488.30 |
| 广　东 | 44.71 | 7471.12 | 2047.48 | 4361.83 | 319.54 |
| 广　西 | 4.73 | 2597.04 | 350.87 | 296.99 | 223.68 |
| 海　南 | 2.39 | 769.98 | 146.89 | 149.48 | 14.31 |
| 重　庆 | 27.16 | 2801.58 | 308.99 | 623.32 | 122.29 |
| 四　川 | 3.18 | 6719.87 | 763.88 | 465.04 | 683.14 |
| 贵　州 | 2.06 | 1351.45 | 94.30 | 50.31 | 35.75 |
| 云　南 | 2.44 | 3066.88 | 85.48 | 176.63 | 116.41 |
| 西　藏 |  | 40.08 | 0.28 |  | 38.07 |
| 陕　西 | 19.66 | 2857.77 | 154.27 | 278.44 | 167.26 |
| 甘　肃 | 4.10 | 901.05 | 20.84 | 54.00 | 85.63 |
| 青　海 | 3.83 | 729.63 | 25.25 | 4.24 | 13.40 |
| 宁　夏 | 1.63 | 310.64 | 26.18 | 0.79 | 11.43 |
| 新　疆 | 1.05 | 1921.39 | 21.46 | 22.89 | 37.87 |
| 不分地区 |  |  |  |  |  |

# 各地区全社会按主要行业分的固定资产投资

单位：亿元

| 地区 | 合计 | 农、林、牧、渔业 | 采矿业 | 制造业 | 电力、燃气及水的生产和供应业 | 建筑业 | 交通运输、仓储和邮政业 |
|---|---|---|---|---|---|---|---|
| **全国总计** | **224598.77** | **6894.86** | **9210.84** | **70612.90** | **14434.56** | **1992.46** | **24974.67** |
| 北京 | 4616.92 | 57.42 | 23.07 | 219.18 | 165.60 | 5.21 | 662.50 |
| 天津 | 4738.20 | 77.10 | 394.69 | 1446.55 | 283.28 | 27.29 | 483.74 |
| 河北 | 12269.80 | 509.87 | 356.38 | 4979.27 | 558.29 | 26.58 | 1026.16 |
| 山西 | 4943.16 | 194.33 | 688.53 | 907.63 | 531.88 | 22.53 | 735.91 |
| 内蒙古 | 7336.79 | 410.27 | 965.36 | 1601.97 | 1126.14 | 69.12 | 786.43 |
| 辽宁 | 12292.49 | 322.59 | 388.12 | 4632.78 | 680.07 | 129.24 | 757.62 |
| 吉林 | 6411.60 | 198.21 | 441.03 | 2695.98 | 353.86 | 40.10 | 423.77 |
| 黑龙江 | 5028.83 | 425.95 | 503.39 | 1097.58 | 363.32 | 54.86 | 651.77 |
| 上海 | 5043.75 | 11.41 | 8.24 | 976.36 | 391.52 | 7.04 | 882.82 |
| 江苏 | 18949.87 | 177.14 | 76.65 | 9453.27 | 661.27 | 113.41 | 1020.20 |
| 浙江 | 10742.32 | 98.25 | 19.87 | 3979.74 | 585.67 | 36.34 | 1008.70 |
| 安徽 | 8990.73 | 223.81 | 348.51 | 2999.37 | 308.33 | 262.89 | 460.06 |
| 福建 | 6231.20 | 124.11 | 109.07 | 1734.15 | 490.71 | 34.48 | 885.41 |
| 江西 | 6643.14 | 230.18 | 175.72 | 3144.40 | 313.23 | 20.82 | 382.04 |
| 山东 | 19034.53 | 512.75 | 532.01 | 7844.88 | 549.85 | 373.27 | 1032.50 |
| 河南 | 13704.50 | 761.50 | 765.67 | 5587.14 | 606.21 | 21.43 | 583.82 |
| 湖北 | 7866.89 | 294.76 | 152.10 | 2395.28 | 506.74 | 35.44 | 767.42 |
| 湖南 | 7703.38 | 235.13 | 278.74 | 2309.75 | 433.60 | 98.20 | 1027.85 |
| 广东 | 12933.12 | 149.20 | 114.12 | 3106.79 | 1205.91 | 43.74 | 1596.22 |
| 广西 | 5237.24 | 218.45 | 159.58 | 1420.67 | 364.23 | 30.97 | 602.30 |
| 海南 | 988.32 | 31.01 | 8.51 | 54.37 | 71.83 | 9.24 | 186.37 |
| 重庆 | 5214.28 | 224.50 | 108.49 | 1381.49 | 257.22 | 100.11 | 643.42 |
| 四川 | 11371.87 | 441.40 | 322.09 | 3016.92 | 815.84 | 75.91 | 1249.97 |
| 贵州 | 2412.02 | 74.08 | 274.21 | 356.82 | 277.86 | 6.54 | 397.15 |
| 云南 | 4526.37 | 243.05 | 197.73 | 594.47 | 731.43 | 11.50 | 570.87 |
| 西藏 | 378.28 | 23.42 | 9.78 | 18.22 | 42.84 | 20.96 | 82.39 |
| 陕西 | 6246.90 | 224.36 | 494.00 | 1317.15 | 391.86 | 55.62 | 599.48 |
| 甘肃 | 2363.00 | 129.16 | 106.47 | 414.73 | 420.70 | 212.29 | 155.00 |
| 青海 | 798.23 | 53.81 | 54.19 | 195.60 | 118.30 | 12.83 | 124.15 |
| 宁夏 | 1075.91 | 45.43 | 110.32 | 279.22 | 184.15 | 5.59 | 90.05 |
| 新疆 | 2725.45 | 172.22 | 509.26 | 451.18 | 305.85 | 28.92 | 339.90 |
| 不分地区 | 5779.66 | | 514.93 | | 336.97 | | 4758.66 |

续前

单位：亿元

| 地　　区 | 信息传输、计算机服务和软件业 | 批发和零售业 | 住宿和餐饮业 | 金融业 | 房地产业 | 租赁和商务服务业 | 科学研究、技术服务和地质勘查业 |
|---|---|---|---|---|---|---|---|
| **全国总计** | **2588.95** | **5132.81** | **2625.38** | **360.15** | **49358.51** | **2036.18** | **1200.84** |
| 北　　京 | 140.01 | 20.23 | 40.36 | 7.40 | 2572.57 | 26.36 | 59.11 |
| 天　　津 | 51.32 | 68.04 | 27.77 | 2.59 | 787.12 | 178.47 | 16.53 |
| 河　　北 | 12.37 | 442.56 | 106.61 | 12.02 | 2386.43 | 114.71 | 78.74 |
| 山　　西 | 88.10 | 83.50 | 43.71 | 1.87 | 923.21 | 13.26 | 9.22 |
| 内 蒙 古 | 47.85 | 211.84 | 61.88 | 23.26 | 966.82 | 27.53 | 41.86 |
| 辽　　宁 | 132.56 | 393.60 | 177.41 | 41.06 | 2861.99 | 161.90 | 95.03 |
| 吉　　林 | 57.04 | 226.36 | 71.44 | 8.28 | 1020.40 | 50.68 | 47.81 |
| 黑 龙 江 | 146.30 | 136.79 | 45.72 | 6.50 | 829.70 | 27.23 | 73.05 |
| 上　　海 | 125.77 | 43.22 | 48.23 | 15.63 | 1570.69 | 118.29 | 24.84 |
| 江　　苏 | 147.79 | 493.37 | 244.29 | 17.61 | 4077.36 | 228.18 | 108.55 |
| 浙　　江 | 160.13 | 169.73 | 127.48 | 22.24 | 2996.09 | 118.58 | 31.93 |
| 安　　徽 | 91.48 | 212.39 | 125.49 | 16.33 | 2453.27 | 50.41 | 30.79 |
| 福　　建 | 148.61 | 101.94 | 92.37 | 17.33 | 1417.39 | 68.36 | 16.21 |
| 江　　西 | 50.54 | 170.96 | 161.72 | 21.72 | 925.10 | 57.95 | 27.81 |
| 山　　东 | 71.14 | 719.63 | 249.32 | 16.25 | 3956.91 | 137.65 | 144.60 |
| 河　　南 | 76.06 | 370.26 | 166.30 | 12.73 | 2987.51 | 30.96 | 41.15 |
| 湖　　北 | 70.55 | 249.59 | 153.58 | 16.80 | 1595.41 | 130.98 | 49.67 |
| 湖　　南 | 104.87 | 167.07 | 95.66 | 12.47 | 1512.68 | 65.05 | 36.93 |
| 广　　东 | 281.60 | 209.90 | 196.67 | 20.41 | 3805.23 | 147.52 | 67.88 |
| 广　　西 | 94.39 | 113.17 | 59.81 | 16.88 | 1206.90 | 57.35 | 16.80 |
| 海　　南 | 19.63 | 2.65 | 35.46 | 2.57 | 329.19 | 1.15 | 2.15 |
| 重　　庆 | 53.33 | 37.65 | 18.44 | 8.84 | 1506.31 | 30.21 | 18.25 |
| 四　　川 | 143.34 | 122.95 | 88.81 | 7.79 | 2749.42 | 89.71 | 20.29 |
| 贵　　州 | 60.64 | 20.74 | 16.47 | 7.52 | 547.70 | 7.44 | 8.44 |
| 云　　南 | 63.37 | 110.13 | 40.23 | 6.19 | 1040.50 | 16.80 | 11.07 |
| 西　　藏 | 9.61 | 5.95 | 8.92 | 0.38 | 60.07 | 0.54 | 0.52 |
| 陕　　西 | 58.83 | 147.06 | 80.02 | 6.18 | 1212.26 | 57.12 | 73.36 |
| 甘　　肃 | 19.55 | 41.65 | 20.75 | 2.84 | 358.21 | 6.70 | 21.70 |
| 青　　海 | 3.03 | 6.21 | 3.73 | 2.30 | 93.84 | 1.73 | 3.75 |
| 宁　　夏 | 13.09 | 5.60 | 3.58 | 0.97 | 195.41 | 1.18 | 0.98 |
| 新　　疆 | 46.01 | 28.08 | 13.17 | 5.23 | 412.81 | 12.18 | 13.65 |
| 不分地区 | | | | | | | 8.17 |

**续前**

单位：亿元

| 地区 | 水利、环境和公共设施管理业 | 居民服务和其他服务业 | 教育 | 卫生、社会保障和社会福利业 | 文化、体育和娱乐业 | 公共管理和社会组织 | 国际组织 |
|---|---|---|---|---|---|---|---|
| **全国总计** | **19874.36** | **801.93** | **3521.18** | **1858.64** | **2383.39** | **4735.92** | **0.25** |
| 北京 | 351.59 | 6.56 | 65.91 | 41.42 | 77.44 | 75.00 | |
| 天津 | 690.51 | 40.98 | 36.27 | 16.14 | 24.17 | 85.63 | |
| 河北 | 1133.69 | 52.80 | 141.82 | 115.25 | 90.33 | 125.92 | |
| 山西 | 469.71 | 5.78 | 102.92 | 36.33 | 55.93 | 28.80 | |
| 内蒙古 | 595.43 | 28.76 | 97.97 | 45.39 | 79.27 | 149.63 | |
| 辽宁 | 899.34 | 59.94 | 129.12 | 84.29 | 132.15 | 213.68 | |
| 吉林 | 549.35 | 20.22 | 76.45 | 55.13 | 37.19 | 38.32 | |
| 黑龙江 | 307.61 | 13.29 | 90.26 | 56.22 | 22.47 | 176.83 | |
| 上海 | 666.67 | 3.07 | 41.45 | 25.85 | 62.49 | 20.18 | |
| 江苏 | 1386.42 | 103.74 | 219.17 | 88.36 | 142.77 | 190.33 | |
| 浙江 | 979.11 | 13.48 | 126.75 | 79.66 | 84.29 | 104.27 | |
| 安徽 | 875.67 | 24.05 | 166.88 | 90.16 | 92.41 | 158.43 | |
| 福建 | 613.31 | 9.16 | 100.22 | 49.54 | 53.11 | 165.74 | |
| 江西 | 590.41 | 34.54 | 111.65 | 53.14 | 74.16 | 97.03 | |
| 山东 | 1236.94 | 109.01 | 245.93 | 133.86 | 402.36 | 765.66 | |
| 河南 | 934.28 | 66.02 | 235.48 | 132.78 | 149.68 | 175.52 | |
| 湖北 | 780.70 | 24.46 | 129.73 | 77.15 | 103.21 | 333.32 | |
| 湖南 | 796.32 | 34.57 | 101.13 | 93.07 | 79.15 | 221.16 | |
| 广东 | 1321.34 | 16.96 | 203.01 | 125.66 | 211.33 | 109.39 | 0.25 |
| 广西 | 566.61 | 16.10 | 109.70 | 54.85 | 36.46 | 92.02 | |
| 海南 | 69.87 | 0.13 | 16.00 | 12.38 | 66.70 | 69.10 | |
| 重庆 | 562.92 | 2.33 | 109.58 | 31.23 | 38.23 | 81.75 | |
| 四川 | 1397.85 | 61.49 | 366.45 | 154.37 | 82.64 | 164.63 | |
| 贵州 | 224.49 | 6.46 | 40.62 | 17.05 | 15.82 | 51.96 | |
| 云南 | 531.71 | 8.84 | 125.65 | 50.24 | 50.53 | 122.07 | |
| 西藏 | 19.75 | 0.60 | 10.05 | 3.56 | 4.89 | 55.82 | |
| 陕西 | 751.21 | 19.62 | 151.89 | 62.19 | 56.62 | 488.07 | |
| 甘肃 | 103.40 | 12.94 | 56.24 | 28.97 | 20.11 | 231.60 | |
| 青海 | 61.92 | 0.63 | 14.25 | 5.80 | 13.48 | 28.70 | |
| 宁夏 | 66.79 | 1.70 | 30.26 | 10.37 | 11.00 | 20.23 | |
| 新疆 | 187.89 | 3.69 | 68.40 | 28.24 | 13.00 | 85.76 | |
| 不分地区 | 151.54 | | | | | 9.39 | |

# 各地区全社会按城乡分的固定资产投资

单位：亿元

| 地　　区 | 合　　计 | 城　镇 | | 农　村 | | |
|---|---|---|---|---|---|---|
| | | | 房地产开发 | | 非农户 | 农　户 |
| **全国总计** | **224598.77** | **193920.39** | **36241.81** | **30678.38** | **23243.87** | **7434.51** |
| 北　　京 | 4616.92 | 4149.63 | 2337.71 | 467.29 | 423.75 | 43.54 |
| 天　　津 | 4738.20 | 4446.57 | 735.18 | 291.63 | 262.64 | 29.00 |
| 河　　北 | 12269.80 | 10476.50 | 1520.04 | 1793.30 | 1399.85 | 393.45 |
| 山　　西 | 4943.16 | 4509.56 | 477.27 | 433.60 | 255.03 | 178.58 |
| 内 蒙 古 | 7336.79 | 7143.84 | 815.46 | 192.95 | 108.81 | 84.15 |
| 辽　　宁 | 12292.49 | 11605.12 | 2640.56 | 687.37 | 459.25 | 228.13 |
| 吉　　林 | 6411.60 | 5958.95 | 756.67 | 452.65 | 288.24 | 164.41 |
| 黑 龙 江 | 5028.83 | 4695.74 | 563.92 | 333.09 | 16.54 | 316.55 |
| 上　　海 | 5043.75 | 4618.91 | 1462.07 | 424.84 | 423.31 | 1.53 |
| 江　　苏 | 18949.87 | 14266.80 | 3338.50 | 4683.07 | 4331.82 | 351.26 |
| 浙　　江 | 10742.32 | 7454.33 | 2254.27 | 3287.99 | 2853.27 | 434.72 |
| 安　　徽 | 8990.73 | 7945.50 | 1669.83 | 1045.23 | 654.48 | 390.75 |
| 福　　建 | 6231.20 | 5548.61 | 1136.35 | 682.60 | 501.50 | 181.10 |
| 江　　西 | 6643.14 | 6008.12 | 634.52 | 635.02 | 384.01 | 251.02 |
| 山　　东 | 19034.53 | 15439.10 | 2428.73 | 3595.43 | 2952.91 | 642.52 |
| 河　　南 | 13704.50 | 11454.89 | 1553.76 | 2249.61 | 1469.50 | 780.12 |
| 湖　　北 | 7866.89 | 7183.67 | 1200.44 | 683.22 | 402.22 | 281.00 |
| 湖　　南 | 7703.38 | 6880.00 | 1084.58 | 823.38 | 525.23 | 298.15 |
| 广　　东 | 12933.12 | 10230.05 | 2961.32 | 2703.07 | 2428.79 | 274.28 |
| 广　　西 | 5237.24 | 4689.88 | 813.68 | 547.36 | 243.85 | 303.51 |
| 海　　南 | 988.32 | 942.68 | 287.96 | 45.64 | 18.98 | 26.66 |
| 重　　庆 | 5214.28 | 4855.11 | 1238.91 | 359.18 | 268.93 | 90.24 |
| 四　　川 | 11371.87 | 9090.09 | 1588.37 | 2281.79 | 1386.90 | 894.89 |
| 贵　　州 | 2412.02 | 2049.83 | 371.25 | 362.19 | 232.28 | 129.91 |
| 云　　南 | 4526.37 | 4117.51 | 737.46 | 408.86 | 218.49 | 190.37 |
| 西　　藏 | 378.28 | 327.64 | 15.75 | 50.64 | 50.64 | |
| 陕　　西 | 6246.90 | 5888.37 | 941.63 | 358.53 | 158.65 | 199.88 |
| 甘　　肃 | 2363.00 | 2076.36 | 204.14 | 286.64 | 175.92 | 110.73 |
| 青　　海 | 798.23 | 689.09 | 72.85 | 109.14 | 86.16 | 22.98 |
| 宁　　夏 | 1075.91 | 964.16 | 162.74 | 111.75 | 74.58 | 37.17 |
| 新　　疆 | 2725.45 | 2434.15 | 235.88 | 291.30 | 187.37 | 103.94 |
| 不分地区 | 5779.66 | 5779.66 | | | | |

## 各地区全社会按经济类型分的固定资产投资

单位：亿元

| 地区 | 合计 | 国有经济 | 集体经济 | 农村 | 私营个体经济 | 农村 |
|---|---|---|---|---|---|---|
| **全国总计** | **224598.77** | **75763.78** | **9742.90** | **2882.27** | **55794.93** | **16980.30** |
| 北京 | 4616.92 | 2111.66 | 80.36 | 60.41 | 260.60 | 69.14 |
| 天津 | 4738.20 | 2064.99 | 242.87 | 61.68 | 415.07 | 83.04 |
| 河北 | 12269.80 | 2927.85 | 934.34 | 296.58 | 4054.63 | 1184.11 |
| 山西 | 4943.16 | 2400.24 | 258.10 | 61.07 | 734.41 | 246.17 |
| 内蒙古 | 7336.79 | 3016.61 | 123.83 | 8.27 | 993.23 | 111.59 |
| 辽宁 | 12292.49 | 2845.47 | 480.72 | 48.70 | 4108.28 | 506.05 |
| 吉林 | 6411.60 | 1819.83 | 80.39 | 18.59 | 1425.45 | 225.01 |
| 黑龙江 | 5028.83 | 2190.94 | 84.46 | 0.03 | 963.71 | 320.45 |
| 上海 | 5043.75 | 2518.96 | 163.42 | 69.84 | 769.34 | 213.64 |
| 江苏 | 18949.87 | 3677.11 | 753.73 | 309.78 | 7223.93 | 2946.56 |
| 浙江 | 10742.32 | 2878.38 | 324.72 | 198.09 | 3037.08 | 1555.42 |
| 安徽 | 8990.73 | 2659.14 | 207.15 | 43.97 | 2742.68 | 701.88 |
| 福建 | 6231.20 | 2225.80 | 251.56 | 108.71 | 1650.38 | 416.61 |
| 江西 | 6643.14 | 1755.73 | 141.44 | 34.06 | 1966.19 | 400.53 |
| 山东 | 19034.53 | 3051.74 | 2206.65 | 488.91 | 5564.32 | 1915.75 |
| 河南 | 13704.50 | 2586.77 | 1039.78 | 333.77 | 5041.08 | 1416.84 |
| 湖北 | 7866.89 | 2851.44 | 410.20 | 77.50 | 1810.13 | 397.35 |
| 湖南 | 7703.38 | 2923.52 | 279.73 | 49.37 | 1883.14 | 460.90 |
| 广东 | 12933.12 | 4012.97 | 753.21 | 358.36 | 2490.82 | 879.44 |
| 广西 | 5237.24 | 1943.10 | 151.01 | 36.72 | 1411.17 | 392.25 |
| 海南 | 988.32 | 351.29 | 11.23 | 0.32 | 133.16 | 29.45 |
| 重庆 | 5214.28 | 2265.16 | 51.33 | 20.30 | 1249.73 | 184.54 |
| 四川 | 11371.87 | 4630.71 | 138.52 | 51.72 | 2379.63 | 1221.81 |
| 贵州 | 2412.02 | 1206.54 | 29.70 | 6.57 | 551.80 | 266.79 |
| 云南 | 4526.37 | 2145.30 | 112.23 | 31.04 | 861.35 | 226.68 |
| 西藏 | 378.28 | 267.26 | 2.05 | 0.38 | 54.67 | 28.01 |
| 陕西 | 6246.90 | 3032.52 | 336.44 | 86.22 | 933.14 | 238.89 |
| 甘肃 | 2363.00 | 1315.35 | 62.86 | 10.95 | 352.78 | 141.31 |
| 青海 | 798.23 | 403.72 | 14.33 | 5.78 | 84.76 | 27.42 |
| 宁夏 | 1075.91 | 574.49 | 4.46 | 1.69 | 251.45 | 44.40 |
| 新疆 | 2725.45 | 1329.50 | 12.11 | 2.87 | 396.80 | 128.28 |
| 不分地区 | 5779.66 | 5779.66 | | | | |

**续前**

单位：亿元

| 地　　区 | 联营经济 | 股份制经济 | 外商投资经济 | 港澳台投资经济 | 其他经济 |
|---|---|---|---|---|---|
| **全国总计** | **222.79** | **61955.68** | **8396.04** | **7091.69** | **5630.96** |
| 北　　京 | 0.06 | 1701.60 | 265.38 | 174.87 | 22.39 |
| 天　　津 | 3.72 | 1585.95 | 266.22 | 116.53 | 42.84 |
| 河　　北 | 22.60 | 3541.07 | 270.14 | 161.70 | 357.46 |
| 山　　西 | 1.92 | 1358.74 | 54.40 | 55.55 | 79.81 |
| 内 蒙 古 | 4.95 | 2898.91 | 104.39 | 87.69 | 107.18 |
| 辽　　宁 | 0.72 | 3279.44 | 842.81 | 560.94 | 174.12 |
| 吉　　林 | 1.43 | 2749.52 | 159.84 | 81.53 | 93.60 |
| 黑 龙 江 | 0.73 | 1579.29 | 92.14 | 44.75 | 72.80 |
| 上　　海 | 10.12 | 925.92 | 428.38 | 213.76 | 13.86 |
| 江　　苏 | 18.61 | 4279.78 | 1676.85 | 1004.92 | 314.95 |
| 浙　　江 | 7.74 | 3238.02 | 533.60 | 566.65 | 156.12 |
| 安　　徽 | 7.76 | 2670.14 | 192.00 | 243.16 | 268.68 |
| 福　　建 | 8.22 | 1098.50 | 330.93 | 519.77 | 146.04 |
| 江　　西 | 7.68 | 2116.98 | 304.66 | 222.48 | 127.98 |
| 山　　东 | 14.52 | 5817.54 | 778.25 | 463.83 | 1137.68 |
| 河　　南 | 25.34 | 3856.40 | 149.04 | 142.42 | 863.68 |
| 湖　　北 | 10.73 | 2177.53 | 198.15 | 197.98 | 210.72 |
| 湖　　南 | 17.71 | 2030.03 | 100.00 | 96.92 | 372.33 |
| 广　　东 | 16.09 | 3267.39 | 819.31 | 1343.79 | 229.54 |
| 广　　西 | 4.17 | 1251.38 | 150.66 | 149.51 | 176.24 |
| 海　　南 | 1.24 | 365.47 | 60.16 | 56.58 | 9.18 |
| 重　　庆 | 14.92 | 1250.26 | 118.71 | 186.50 | 77.66 |
| 四　　川 | 2.72 | 3608.42 | 254.13 | 159.32 | 198.42 |
| 贵　　州 | 0.42 | 523.58 | 54.21 | 19.70 | 26.05 |
| 云　　南 | 1.25 | 1208.52 | 57.03 | 65.83 | 74.87 |
| 西　　藏 |  | 23.94 | 0.28 |  | 30.07 |
| 陕　　西 | 12.08 | 1610.54 | 80.96 | 106.99 | 134.22 |
| 甘　　肃 | 3.70 | 516.12 | 12.77 | 28.72 | 70.71 |
| 青　　海 | 0.33 | 273.38 | 10.41 | 1.60 | 9.69 |
| 宁　　夏 | 0.55 | 222.19 | 15.31 | 0.23 | 7.21 |
| 新　　疆 | 0.73 | 929.13 | 14.89 | 17.44 | 24.84 |
| 不分地区 |  |  |  |  |  |

# 各地区全社会建筑安装工程投资

单位：亿元

| 地　　区 | 合　计 | 国有经济 | 集体经济 | | 私营个体经济 | |
|---|---|---|---|---|---|---|
| | | | | 农　村 | | 农　村 |
| **全国总计** | **138758.33** | **50938.71** | **7297.13** | **2263.74** | **33509.12** | **10108.71** |
| 北　京 | 1985.69 | 884.04 | 61.06 | 49.62 | 147.10 | 56.76 |
| 天　津 | 2733.83 | 1226.05 | 152.23 | 43.34 | 220.35 | 44.25 |
| 河　北 | 7493.22 | 2207.63 | 700.27 | 217.43 | 2220.36 | 640.40 |
| 山　西 | 3131.44 | 1637.41 | 197.44 | 54.17 | 470.72 | 161.33 |
| 内蒙古 | 4969.85 | 2180.00 | 84.00 | 4.13 | 692.04 | 58.11 |
| 辽　宁 | 7891.05 | 2013.55 | 341.41 | 32.72 | 2581.32 | 308.18 |
| 吉　林 | 3688.86 | 1236.59 | 42.69 | 10.46 | 755.62 | 100.08 |
| 黑龙江 | 3151.23 | 1580.72 | 57.22 | 0.03 | 471.20 | 93.36 |
| 上　海 | 2930.16 | 1383.37 | 123.42 | 53.44 | 523.35 | 132.50 |
| 江　苏 | 10454.05 | 2520.50 | 591.70 | 240.14 | 3732.14 | 1336.93 |
| 浙　江 | 6190.23 | 1956.69 | 242.57 | 151.94 | 1669.07 | 870.60 |
| 安　徽 | 5963.18 | 1945.10 | 160.87 | 34.51 | 1723.64 | 500.45 |
| 福　建 | 3624.96 | 1318.66 | 196.80 | 90.14 | 1025.43 | 281.18 |
| 江　西 | 3969.98 | 1212.07 | 99.43 | 26.14 | 1186.29 | 285.48 |
| 山　东 | 11260.14 | 2068.72 | 1610.75 | 363.68 | 3027.09 | 1004.12 |
| 河　南 | 8966.81 | 1931.98 | 821.00 | 285.10 | 3166.22 | 1047.84 |
| 湖　北 | 4825.85 | 1828.80 | 303.07 | 60.75 | 1108.63 | 283.25 |
| 湖　南 | 5021.56 | 2010.23 | 190.12 | 34.98 | 1195.99 | 306.67 |
| 广　东 | 8402.19 | 2787.69 | 628.75 | 296.81 | 1726.66 | 546.63 |
| 广　西 | 3098.25 | 1174.33 | 93.55 | 27.09 | 888.18 | 265.84 |
| 海　南 | 713.02 | 284.59 | 10.22 | 0.31 | 90.85 | 14.42 |
| 重　庆 | 3437.74 | 1538.86 | 41.06 | 18.05 | 813.52 | 117.69 |
| 四　川 | 7592.46 | 3396.64 | 103.06 | 43.20 | 1664.40 | 932.88 |
| 贵　州 | 1575.88 | 835.63 | 18.59 | 4.45 | 362.23 | 167.64 |
| 云　南 | 3065.43 | 1523.63 | 82.63 | 27.09 | 615.69 | 174.76 |
| 西　藏 | 341.80 | 241.27 | 1.73 | 0.12 | 50.37 | 26.73 |
| 陕　西 | 4246.85 | 2088.51 | 275.55 | 77.39 | 638.50 | 138.96 |
| 甘　肃 | 1597.17 | 941.73 | 45.09 | 7.08 | 258.79 | 110.07 |
| 青　海 | 586.08 | 333.06 | 9.18 | 5.40 | 55.87 | 16.91 |
| 宁　夏 | 691.83 | 376.00 | 3.70 | 1.64 | 172.11 | 22.74 |
| 新　疆 | 1862.96 | 980.11 | 7.94 | 2.42 | 255.36 | 61.96 |
| 不分地区 | 3294.57 | 3294.57 | | | | |

**续前**

单位：亿元

| 地　　区 | 联营经济 | 股份制经济 | 外商投资经济 | 港澳台投资经济 | 其他经济 |
|---|---|---|---|---|---|
| **全国总计** | **152.04** | **35243.58** | **3913.97** | **3875.21** | **3828.57** |
| 北　　京 | 0.03 | 712.56 | 91.94 | 72.45 | 16.52 |
| 天　　津 | 1.89 | 942.16 | 106.29 | 51.38 | 33.50 |
| 河　　北 | 17.68 | 1978.51 | 92.42 | 64.15 | 212.20 |
| 山　　西 | 1.71 | 727.59 | 22.64 | 23.85 | 50.07 |
| 内 蒙 古 | 4.50 | 1842.49 | 45.01 | 40.23 | 81.57 |
| 辽　　宁 | 0.49 | 1950.15 | 474.81 | 409.34 | 119.97 |
| 吉　　林 | 1.21 | 1479.64 | 70.42 | 48.80 | 53.90 |
| 黑 龙 江 | 0.33 | 900.58 | 52.62 | 25.46 | 63.10 |
| 上　　海 | 4.97 | 526.98 | 205.31 | 150.39 | 12.36 |
| 江　　苏 | 14.84 | 2305.06 | 624.60 | 465.95 | 199.25 |
| 浙　　江 | 6.42 | 1700.96 | 272.44 | 242.74 | 99.33 |
| 安　　徽 | 4.98 | 1679.27 | 104.40 | 150.71 | 194.21 |
| 福　　建 | 3.97 | 566.98 | 159.87 | 269.10 | 84.15 |
| 江　　西 | 6.10 | 1100.20 | 143.81 | 140.07 | 82.01 |
| 山　　东 | 8.98 | 3210.21 | 356.02 | 231.22 | 747.16 |
| 河　　南 | 8.27 | 2270.58 | 83.99 | 75.98 | 608.79 |
| 湖　　北 | 7.02 | 1218.23 | 94.81 | 122.71 | 142.58 |
| 湖　　南 | 12.65 | 1240.24 | 61.78 | 64.35 | 246.18 |
| 广　　东 | 13.26 | 1932.14 | 395.12 | 766.93 | 151.63 |
| 广　　西 | 2.63 | 649.06 | 85.37 | 82.19 | 122.94 |
| 海　　南 | 0.66 | 237.51 | 38.96 | 41.88 | 8.34 |
| 重　　庆 | 12.81 | 807.92 | 62.62 | 97.01 | 63.92 |
| 四　　川 | 1.89 | 2038.11 | 136.53 | 94.90 | 156.94 |
| 贵　　州 | 0.21 | 301.69 | 25.11 | 12.34 | 20.07 |
| 云　　南 | 0.36 | 721.76 | 22.80 | 43.11 | 55.46 |
| 西　　藏 |  | 21.46 | 0.28 |  | 26.70 |
| 陕　　西 | 9.64 | 1023.00 | 54.36 | 71.90 | 85.39 |
| 甘　　肃 | 3.38 | 282.02 | 4.62 | 7.80 | 53.75 |
| 青　　海 | 0.09 | 171.39 | 7.87 | 1.26 | 7.37 |
| 宁　　夏 | 0.49 | 120.42 | 12.45 |  | 6.67 |
| 新　　疆 | 0.58 | 584.72 | 4.69 | 7.01 | 22.56 |
| 不分地区 |  |  |  |  |  |

# 各地区全社会设备、工器具购置投资

单位：亿元

| 地区 | 合计 | 国有经济 | 集体经济 | 农村 | 私营个体经济 | 农村 |
|---|---|---|---|---|---|---|
| **全国总计** | **50844.21** | **10639.49** | **1210.98** | **266.10** | **15263.66** | **5220.05** |
| 北京 | 420.13 | 148.43 | 6.10 | 4.90 | 22.55 | 8.92 |
| 天津 | 996.10 | 284.24 | 13.78 | 4.42 | 125.18 | 28.17 |
| 河北 | 3146.38 | 317.41 | 97.80 | 33.25 | 1332.77 | 393.22 |
| 山西 | 1091.67 | 390.53 | 40.52 | 3.29 | 166.52 | 63.49 |
| 内蒙古 | 1653.16 | 542.61 | 23.33 | 2.19 | 194.87 | 36.34 |
| 辽宁 | 3007.53 | 495.49 | 88.45 | 8.91 | 1108.13 | 140.66 |
| 吉林 | 2023.08 | 410.53 | 29.00 | 6.17 | 453.68 | 66.26 |
| 黑龙江 | 1274.54 | 360.40 | 22.26 |  | 342.03 | 131.79 |
| 上海 | 825.60 | 425.42 | 6.67 | 5.60 | 81.07 | 57.15 |
| 江苏 | 5901.60 | 400.54 | 62.58 | 25.40 | 2712.60 | 1389.45 |
| 浙江 | 2396.73 | 232.09 | 28.15 | 18.73 | 846.87 | 576.25 |
| 安徽 | 1730.96 | 299.16 | 19.06 | 2.53 | 688.95 | 149.85 |
| 福建 | 1331.95 | 328.48 | 19.93 | 9.29 | 400.62 | 110.03 |
| 江西 | 1776.30 | 261.86 | 25.33 | 4.07 | 529.83 | 79.63 |
| 山东 | 5428.66 | 470.39 | 326.28 | 55.60 | 1917.42 | 705.17 |
| 河南 | 3534.56 | 399.40 | 145.00 | 26.80 | 1530.81 | 292.24 |
| 湖北 | 1670.84 | 448.13 | 46.99 | 7.73 | 410.25 | 61.68 |
| 湖南 | 1422.74 | 344.22 | 51.33 | 7.29 | 438.26 | 101.40 |
| 广东 | 2466.43 | 522.35 | 46.12 | 23.12 | 382.91 | 236.02 |
| 广西 | 1124.05 | 268.66 | 34.77 | 4.54 | 319.37 | 85.98 |
| 海南 | 141.98 | 28.93 | 0.04 |  | 5.41 | 3.05 |
| 重庆 | 668.03 | 176.98 | 5.62 | 1.25 | 205.75 | 36.51 |
| 四川 | 1927.85 | 401.59 | 21.79 | 4.82 | 408.94 | 174.60 |
| 贵州 | 433.18 | 156.17 | 8.26 | 1.27 | 126.99 | 81.18 |
| 云南 | 615.68 | 230.49 | 8.71 | 1.29 | 101.86 | 32.16 |
| 西藏 | 22.10 | 16.38 | 0.31 | 0.26 | 3.06 | 0.76 |
| 陕西 | 1107.21 | 435.32 | 19.24 | 2.18 | 193.77 | 78.56 |
| 甘肃 | 490.59 | 221.81 | 10.08 | 0.76 | 56.36 | 19.04 |
| 青海 | 123.99 | 34.40 | 0.15 | 0.13 | 12.66 | 7.88 |
| 宁夏 | 271.24 | 137.92 | 0.64 |  | 47.34 | 19.03 |
| 新疆 | 581.91 | 211.71 | 2.71 | 0.31 | 96.84 | 53.57 |
| 不分地区 | 1237.43 | 1237.43 |  |  |  |  |

**续前**

单位：亿元

| 地　　区 | 联营经济 | 股份制经济 | 外商投资经济 | 港澳台投资经济 | 其他经济 |
|---|---|---|---|---|---|
| **全国总计** | **44.16** | **16996.60** | **3495.74** | **2093.11** | **1100.48** |
| 北　　京 | 0.03 | 101.02 | 129.18 | 11.42 | 1.40 |
| 天　　津 | 0.39 | 405.68 | 132.55 | 30.34 | 3.94 |
| 河　　北 | 3.72 | 1075.52 | 146.86 | 82.80 | 89.51 |
| 山　　西 | 0.05 | 434.86 | 15.40 | 26.30 | 17.49 |
| 内 蒙 古 | 0.08 | 782.95 | 47.45 | 44.55 | 17.31 |
| 辽　　宁 | 0.03 | 933.50 | 274.34 | 66.81 | 40.77 |
| 吉　　林 | 0.18 | 992.32 | 79.91 | 24.95 | 32.52 |
| 黑 龙 江 | 0.36 | 497.78 | 28.99 | 14.61 | 8.11 |
| 上　　海 | 0.33 | 139.71 | 153.56 | 18.20 | 0.63 |
| 江　　苏 | 0.98 | 1361.67 | 892.43 | 410.40 | 60.40 |
| 浙　　江 | 0.33 | 813.19 | 196.80 | 238.70 | 40.60 |
| 安　　徽 | 1.05 | 558.69 | 58.48 | 62.76 | 42.80 |
| 福　　建 | 2.18 | 260.24 | 131.54 | 161.62 | 27.35 |
| 江　　西 | 0.67 | 752.88 | 126.26 | 57.55 | 21.93 |
| 山　　东 | 4.96 | 1934.40 | 359.75 | 138.35 | 277.12 |
| 河　　南 | 14.85 | 1162.99 | 48.18 | 56.42 | 176.91 |
| 湖　　北 | 3.12 | 591.59 | 84.29 | 46.06 | 40.41 |
| 湖　　南 | 3.48 | 468.32 | 27.15 | 23.31 | 66.68 |
| 广　　东 | 1.01 | 737.24 | 319.86 | 415.84 | 41.10 |
| 广　　西 | 1.36 | 384.25 | 47.30 | 40.99 | 27.35 |
| 海　　南 | 0.42 | 87.63 | 17.55 | 1.92 | 0.09 |
| 重　　庆 | 1.24 | 238.08 | 18.68 | 17.41 | 4.28 |
| 四　　川 | 0.56 | 971.60 | 73.55 | 31.02 | 18.81 |
| 贵　　州 |  | 112.72 | 22.47 | 3.84 | 2.72 |
| 云　　南 | 0.86 | 232.03 | 27.93 | 8.91 | 4.90 |
| 西　　藏 |  | 0.62 |  |  | 1.72 |
| 陕　　西 | 1.43 | 382.95 | 19.26 | 31.21 | 24.04 |
| 甘　　肃 | 0.14 | 177.51 | 1.50 | 16.46 | 6.72 |
| 青　　海 | 0.21 | 72.52 | 2.21 | 0.28 | 1.57 |
| 宁　　夏 | 0.05 | 82.59 | 2.17 | 0.23 | 0.29 |
| 新　　疆 | 0.11 | 249.55 | 10.12 | 9.84 | 1.03 |
| 不分地区 |  |  |  |  |  |

# 各地区全社会其他费用投资

单位：亿元

| 地区 | 合计 | 国有经济 | 集体经济 | | 私营个体经济 | |
|---|---|---|---|---|---|---|
| | | | | 农村 | | 农村 |
| **全国总计** | **34996.22** | **14185.58** | **1234.79** | **352.43** | **7022.15** | **1651.54** |
| 北京 | 2211.10 | 1079.19 | 13.21 | 5.88 | 90.94 | 3.45 |
| 天津 | 1008.27 | 554.71 | 76.86 | 13.93 | 69.54 | 10.62 |
| 河北 | 1630.20 | 402.81 | 136.26 | 45.90 | 501.50 | 150.49 |
| 山西 | 720.06 | 372.29 | 20.13 | 3.61 | 97.17 | 21.35 |
| 内蒙古 | 713.78 | 293.99 | 16.50 | 1.95 | 106.31 | 17.14 |
| 辽宁 | 1393.91 | 336.43 | 50.86 | 7.08 | 418.83 | 57.21 |
| 吉林 | 699.65 | 172.72 | 8.70 | 1.97 | 216.15 | 58.67 |
| 黑龙江 | 603.06 | 249.81 | 4.99 | | 150.48 | 95.29 |
| 上海 | 1288.00 | 710.16 | 33.33 | 10.80 | 164.92 | 23.98 |
| 江苏 | 2594.22 | 756.07 | 99.44 | 44.24 | 779.18 | 220.18 |
| 浙江 | 2155.36 | 689.60 | 54.00 | 27.42 | 521.13 | 108.58 |
| 安徽 | 1296.59 | 414.88 | 27.22 | 6.93 | 330.10 | 51.58 |
| 福建 | 1274.29 | 578.66 | 34.83 | 9.27 | 224.33 | 25.41 |
| 江西 | 896.87 | 281.80 | 16.69 | 3.85 | 250.06 | 35.41 |
| 山东 | 2345.73 | 512.64 | 269.61 | 69.63 | 619.81 | 206.46 |
| 河南 | 1203.13 | 255.39 | 73.78 | 21.87 | 344.05 | 76.76 |
| 湖北 | 1370.21 | 574.51 | 60.15 | 9.02 | 291.25 | 52.43 |
| 湖南 | 1259.08 | 569.07 | 38.27 | 7.11 | 248.89 | 52.83 |
| 广东 | 2064.49 | 702.93 | 78.34 | 38.44 | 381.25 | 96.79 |
| 广西 | 1014.94 | 500.11 | 22.69 | 5.10 | 203.63 | 40.44 |
| 海南 | 133.32 | 37.78 | 0.96 | 0.00 | 36.90 | 11.98 |
| 重庆 | 1108.51 | 549.32 | 4.65 | 1.01 | 230.46 | 30.34 |
| 四川 | 1851.56 | 832.49 | 13.67 | 3.70 | 306.29 | 114.32 |
| 贵州 | 402.95 | 214.74 | 2.85 | 0.85 | 62.58 | 17.97 |
| 云南 | 845.26 | 391.18 | 20.89 | 2.66 | 143.80 | 19.76 |
| 西藏 | 14.38 | 9.62 | | | 1.24 | 0.52 |
| 陕西 | 892.84 | 508.70 | 41.65 | 6.66 | 100.86 | 21.37 |
| 甘肃 | 275.24 | 151.80 | 7.69 | 3.11 | 37.63 | 12.20 |
| 青海 | 88.16 | 36.26 | 5.00 | 0.26 | 16.24 | 2.63 |
| 宁夏 | 112.84 | 60.57 | 0.12 | 0.06 | 32.01 | 2.63 |
| 新疆 | 280.59 | 137.68 | 1.46 | 0.13 | 44.61 | 12.75 |
| 不分地区 | 1247.66 | 1247.66 | | | | |

**续前**

单位：亿元

| 地　　区 | 联营经济 | 股份制经济 | 外商投资经济 | 港澳台投资经济 | 其他经济 |
|---|---|---|---|---|---|
| **全国总计** | **26.59** | **9715.49** | **986.33** | **1123.37** | **701.91** |
| 北　　京 | 0.00 | 888.02 | 44.26 | 91.00 | 4.48 |
| 天　　津 | 1.44 | 238.12 | 27.38 | 34.81 | 5.41 |
| 河　　北 | 1.20 | 487.04 | 30.86 | 14.76 | 55.76 |
| 山　　西 | 0.16 | 196.29 | 16.37 | 5.40 | 12.25 |
| 内 蒙 古 | 0.37 | 273.46 | 11.92 | 2.91 | 8.30 |
| 辽　　宁 | 0.20 | 395.78 | 93.66 | 84.79 | 13.37 |
| 吉　　林 | 0.04 | 277.56 | 9.52 | 7.78 | 7.19 |
| 黑 龙 江 | 0.05 | 180.94 | 10.53 | 4.68 | 1.58 |
| 上　　海 | 4.82 | 259.23 | 69.51 | 45.16 | 0.88 |
| 江　　苏 | 2.79 | 613.04 | 159.81 | 128.57 | 55.30 |
| 浙　　江 | 1.00 | 723.87 | 64.35 | 85.21 | 16.20 |
| 安　　徽 | 1.72 | 432.19 | 29.12 | 29.69 | 31.67 |
| 福　　建 | 2.08 | 271.28 | 39.52 | 89.05 | 34.54 |
| 江　　西 | 0.92 | 263.90 | 34.58 | 24.86 | 24.05 |
| 山　　东 | 0.59 | 672.93 | 62.48 | 94.27 | 113.41 |
| 河　　南 | 2.22 | 422.82 | 16.87 | 10.02 | 77.98 |
| 湖　　北 | 0.59 | 367.72 | 19.06 | 29.20 | 27.73 |
| 湖　　南 | 1.58 | 321.48 | 11.07 | 9.26 | 59.47 |
| 广　　东 | 1.82 | 598.00 | 104.33 | 161.02 | 36.81 |
| 广　　西 | 0.19 | 218.07 | 17.99 | 26.33 | 25.94 |
| 海　　南 | 0.16 | 40.34 | 3.65 | 12.78 | 0.74 |
| 重　　庆 | 0.87 | 204.26 | 37.41 | 72.08 | 9.46 |
| 四　　川 | 0.27 | 598.71 | 44.05 | 33.40 | 22.68 |
| 贵　　州 | 0.21 | 109.16 | 6.63 | 3.52 | 3.26 |
| 云　　南 | 0.04 | 254.73 | 6.30 | 13.81 | 14.51 |
| 西　　藏 |  | 1.87 |  |  | 1.66 |
| 陕　　西 | 1.01 | 204.59 | 7.35 | 3.89 | 24.79 |
| 甘　　肃 | 0.18 | 56.59 | 6.65 | 4.46 | 10.24 |
| 青　　海 | 0.04 | 29.47 | 0.33 | 0.07 | 0.76 |
| 宁　　夏 | 0.00 | 19.18 | 0.69 |  | 0.26 |
| 新　　疆 | 0.04 | 94.86 | 0.09 | 0.60 | 1.25 |
| 不分地区 |  |  |  |  |  |

# 各地区全社会住宅建设投资

单位：亿元

| 地　　区 | 合　计 | 国有经济 | 集体经济 | | 私营个体经济 | |
|---|---|---|---|---|---|---|
| | | | | 农　村 | | 农　村 |
| **全国总计** | **36428.23** | **4823.47** | **1657.24** | **293.43** | **14339.86** | **5142.08** |
| 北　　京 | 1034.68 | 130.55 | 16.68 | 10.82 | 135.61 | 37.75 |
| 天　　津 | 576.85 | 193.03 | 45.03 | 14.90 | 92.00 | 14.78 |
| 河　　北 | 1800.57 | 85.55 | 197.20 | 29.23 | 738.87 | 262.75 |
| 山　　西 | 760.08 | 133.95 | 96.03 | 20.24 | 296.68 | 118.03 |
| 内 蒙 古 | 732.04 | 104.58 | 15.42 | 1.25 | 217.84 | 26.85 |
| 辽　　宁 | 2128.39 | 134.42 | 19.91 | 1.34 | 889.42 | 142.76 |
| 吉　　林 | 786.79 | 105.08 | 1.57 | | 273.02 | 63.91 |
| 黑 龙 江 | 810.25 | 277.59 | 21.55 | | 236.37 | 81.16 |
| 上　　海 | 922.81 | 132.36 | 47.75 | 1.64 | 305.05 | 0.89 |
| 江　　苏 | 2856.29 | 357.27 | 106.72 | 37.39 | 1199.65 | 201.51 |
| 浙　　江 | 2154.25 | 226.52 | 54.56 | 33.79 | 940.45 | 356.12 |
| 安　　徽 | 1746.72 | 240.52 | 38.55 | 5.75 | 643.54 | 328.38 |
| 福　　建 | 1008.48 | 201.90 | 41.21 | 4.46 | 387.81 | 140.71 |
| 江　　西 | 789.75 | 86.78 | 15.74 | 2.00 | 346.18 | 186.10 |
| 山　　东 | 2915.20 | 231.76 | 445.77 | 54.46 | 999.88 | 382.28 |
| 河　　南 | 2300.38 | 155.36 | 132.97 | 25.93 | 1025.93 | 651.19 |
| 湖　　北 | 1159.49 | 143.72 | 45.47 | 4.84 | 484.74 | 213.95 |
| 湖　　南 | 1163.42 | 109.92 | 32.71 | 2.48 | 528.75 | 207.59 |
| 广　　东 | 2631.02 | 137.17 | 114.83 | 8.57 | 1028.00 | 245.01 |
| 广　　西 | 914.68 | 118.19 | 13.27 | 2.07 | 544.03 | 220.92 |
| 海　　南 | 329.74 | 56.13 | 9.58 | 0.04 | 64.05 | 12.05 |
| 重　　庆 | 986.04 | 177.41 | 7.84 | 3.49 | 424.96 | 54.28 |
| 四　　川 | 2373.68 | 485.16 | 23.86 | 13.06 | 1123.25 | 689.60 |
| 贵　　州 | 423.86 | 74.32 | 4.73 | 1.11 | 187.95 | 90.25 |
| 云　　南 | 819.88 | 118.51 | 20.47 | 3.39 | 368.96 | 119.68 |
| 西　　藏 | 52.45 | 12.15 | 0.78 | | 30.68 | 20.81 |
| 陕　　西 | 1208.27 | 264.10 | 69.19 | 5.79 | 382.44 | 108.45 |
| 甘　　肃 | 402.66 | 137.59 | 9.65 | 0.93 | 140.44 | 89.03 |
| 青　　海 | 100.27 | 30.11 | 5.09 | 4.02 | 42.26 | 12.59 |
| 宁　　夏 | 162.26 | 29.73 | 0.65 | 0.12 | 101.10 | 15.48 |
| 新　　疆 | 376.80 | 131.89 | 2.46 | 0.32 | 159.95 | 47.24 |
| 不分地区 | 0.17 | 0.17 | | | | |

**续前**

单位：亿元

| 地　　区 | 联营经济 | 股份制经济 | 外商投资经济 | 港澳台投资经济 | 其他经济 |
|---|---|---|---|---|---|
| **全国总计** | **39.44** | **12069.38** | **1106.36** | **1583.42** | **809.05** |
| 北　　京 | | 667.52 | 20.95 | 56.51 | 6.85 |
| 天　　津 | 0.19 | 200.91 | 19.12 | 19.91 | 6.65 |
| 河　　北 | 4.72 | 706.35 | 17.76 | 12.55 | 37.57 |
| 山　　西 | | 208.03 | 3.15 | 1.80 | 20.45 |
| 内 蒙 古 | | 374.16 | 2.10 | 4.39 | 13.56 |
| 辽　　宁 | | 617.32 | 210.66 | 249.46 | 7.20 |
| 吉　　林 | | 359.52 | 5.56 | 32.09 | 9.94 |
| 黑 龙 江 | | 240.96 | 11.17 | 1.36 | 21.25 |
| 上　　海 | 2.92 | 305.92 | 53.65 | 69.44 | 5.72 |
| 江　　苏 | 0.52 | 859.65 | 129.96 | 158.78 | 43.74 |
| 浙　　江 | 0.17 | 769.80 | 60.66 | 68.69 | 33.41 |
| 安　　徽 | 3.13 | 683.91 | 35.02 | 53.94 | 48.13 |
| 福　　建 | 0.27 | 226.04 | 38.91 | 99.16 | 13.18 |
| 江　　西 | 0.97 | 275.11 | 10.97 | 42.09 | 11.92 |
| 山　　东 | 0.58 | 966.10 | 45.02 | 83.40 | 142.71 |
| 河　　南 | 2.53 | 792.23 | 34.10 | 23.89 | 133.37 |
| 湖　　北 | 1.02 | 385.47 | 24.86 | 49.16 | 25.04 |
| 湖　　南 | 3.55 | 416.47 | 17.66 | 27.57 | 26.79 |
| 广　　东 | 5.98 | 862.59 | 154.44 | 303.68 | 24.33 |
| 广　　西 | 0.79 | 182.99 | 20.35 | 22.83 | 12.23 |
| 海　　南 | 0.05 | 139.01 | 26.92 | 27.52 | 6.47 |
| 重　　庆 | 5.74 | 268.36 | 31.42 | 56.47 | 13.83 |
| 四　　川 | 0.24 | 553.65 | 77.78 | 55.04 | 54.70 |
| 贵　　州 | | 136.89 | 7.25 | 0.91 | 11.81 |
| 云　　南 | 0.26 | 245.74 | 5.61 | 32.82 | 27.53 |
| 西　　藏 | | 4.45 | | | 4.40 |
| 陕　　西 | 2.90 | 417.44 | 32.52 | 26.09 | 13.59 |
| 甘　　肃 | 2.90 | 84.24 | 2.43 | 3.38 | 22.03 |
| 青　　海 | | 16.93 | 2.34 | 0.02 | 3.51 |
| 宁　　夏 | | 24.41 | 3.80 | | 2.57 |
| 新　　疆 | | 77.24 | 0.23 | 0.48 | 4.56 |
| 不分地区 | | | | | |

# 各地区全社会新增固定资产

单位：亿元

| 地　　区 | 合　计 | 国有经济 | 集体经济 | 农　村 | 私营个体经济 | 农　村 |
|---|---|---|---|---|---|---|
| **全国总计** | **138613.31** | **39006.49** | **6942.23** | **2266.84** | **41600.75** | **14814.09** |
| 北　　京 | 2457.01 | 962.14 | 57.62 | 50.94 | 133.27 | 61.62 |
| 天　　津 | 2586.38 | 675.46 | 166.26 | 50.72 | 383.95 | 78.77 |
| 河　　北 | 8430.16 | 1495.87 | 760.42 | 257.05 | 3131.79 | 1073.74 |
| 山　　西 | 2801.22 | 1215.89 | 225.08 | 56.12 | 489.24 | 217.64 |
| 内 蒙 古 | 4782.44 | 1858.28 | 95.58 | 3.90 | 774.09 | 103.34 |
| 辽　　宁 | 7508.51 | 1657.15 | 365.83 | 45.91 | 2978.20 | 515.11 |
| 吉　　林 | 4482.27 | 1211.44 | 63.27 | 5.71 | 1180.37 | 195.21 |
| 黑 龙 江 | 3803.87 | 1471.40 | 76.25 | 0.05 | 830.81 | 314.51 |
| 上　　海 | 2614.04 | 1173.69 | 105.80 | 42.12 | 507.51 | 142.60 |
| 江　　苏 | 14197.29 | 2254.41 | 543.03 | 251.94 | 5744.17 | 2570.30 |
| 浙　　江 | 6481.44 | 1622.42 | 192.61 | 127.41 | 2090.50 | 1232.59 |
| 安　　徽 | 5384.43 | 1506.96 | 150.57 | 30.48 | 1975.83 | 604.56 |
| 福　　建 | 2922.37 | 830.22 | 152.77 | 90.36 | 1020.84 | 329.38 |
| 江　　西 | 4486.69 | 1020.76 | 93.76 | 24.03 | 1553.29 | 352.70 |
| 山　　东 | 11290.44 | 1495.82 | 1377.96 | 347.84 | 3834.63 | 1532.72 |
| 河　　南 | 10249.63 | 1986.83 | 792.39 | 289.80 | 4186.41 | 1344.77 |
| 湖　　北 | 5327.20 | 1726.25 | 318.00 | 70.57 | 1441.44 | 367.30 |
| 湖　　南 | 4215.75 | 1173.56 | 207.39 | 43.85 | 1277.78 | 414.60 |
| 广　　东 | 7655.06 | 1796.36 | 515.35 | 257.05 | 1805.74 | 669.06 |
| 广　　西 | 2940.60 | 960.58 | 106.78 | 33.34 | 984.97 | 374.62 |
| 海　　南 | 378.69 | 157.50 | 5.05 | 0.20 | 64.34 | 29.27 |
| 重　　庆 | 2808.89 | 1020.45 | 40.56 | 19.46 | 883.52 | 157.52 |
| 四　　川 | 7446.04 | 2591.06 | 107.99 | 37.29 | 2022.39 | 1165.78 |
| 贵　　州 | 1362.13 | 676.99 | 11.96 | 3.90 | 329.22 | 195.23 |
| 云　　南 | 2175.54 | 814.06 | 78.35 | 38.89 | 544.89 | 188.87 |
| 西　　藏 | 259.20 | 187.75 | 4.24 | 0.26 | 41.56 | 25.70 |
| 陕　　西 | 3202.24 | 1475.54 | 280.45 | 73.77 | 575.04 | 234.52 |
| 甘　　肃 | 1317.69 | 729.71 | 29.51 | 8.02 | 250.27 | 129.61 |
| 青　　海 | 375.76 | 210.34 | 4.73 | 1.75 | 56.61 | 25.98 |
| 宁　　夏 | 646.97 | 337.65 | 6.28 | 1.33 | 211.05 | 43.41 |
| 新　　疆 | 2135.36 | 821.97 | 6.37 | 2.78 | 297.02 | 123.05 |
| 不分地区 | 1887.99 | 1887.99 | | | | |

**续前**

单位：亿元

| 地　　区 | 联营经济 | 股份制经济 | 外商投资经济 | 港澳台投资经济 | 其他经济 |
|---|---|---|---|---|---|
| **全国总计** | **162.89** | **37400.62** | **5469.94** | **4099.86** | **3930.53** |
| 北　京 | 0.45 | 1008.44 | 179.80 | 94.33 | 20.97 |
| 天　津 | 5.88 | 1091.71 | 166.16 | 77.13 | 19.82 |
| 河　北 | 31.59 | 2371.97 | 220.66 | 125.87 | 291.99 |
| 山　西 | 0.44 | 800.88 | 12.85 | 26.06 | 30.77 |
| 内蒙古 | 0.37 | 1839.20 | 107.42 | 44.55 | 62.94 |
| 辽　宁 | 0.18 | 1829.90 | 326.58 | 198.87 | 151.81 |
| 吉　林 | 1.68 | 1806.83 | 94.71 | 51.42 | 72.54 |
| 黑龙江 | 0.71 | 1278.38 | 55.21 | 27.74 | 63.37 |
| 上　海 | 16.82 | 513.54 | 214.14 | 73.26 | 9.28 |
| 江　苏 | 7.78 | 3087.16 | 1578.34 | 759.38 | 223.03 |
| 浙　江 | 4.15 | 1742.52 | 339.77 | 373.56 | 115.91 |
| 安　徽 | 2.85 | 1351.15 | 106.04 | 101.81 | 189.23 |
| 福　建 | 2.55 | 437.27 | 147.59 | 259.05 | 72.07 |
| 江　西 | 7.84 | 1325.68 | 258.49 | 153.27 | 73.60 |
| 山　东 | 6.60 | 3405.33 | 299.42 | 198.82 | 671.86 |
| 河　南 | 7.66 | 2430.06 | 97.35 | 60.99 | 687.92 |
| 湖　北 | 5.46 | 1378.19 | 147.36 | 140.95 | 169.57 |
| 湖　南 | 11.77 | 1184.02 | 37.98 | 52.66 | 270.59 |
| 广　东 | 10.79 | 1816.41 | 610.70 | 935.71 | 163.99 |
| 广　西 | 2.35 | 626.25 | 83.38 | 59.37 | 116.92 |
| 海　南 | 0.65 | 122.76 | 20.12 | 2.57 | 5.70 |
| 重　庆 | 13.59 | 645.09 | 85.26 | 80.88 | 39.54 |
| 四　川 | 1.92 | 2387.87 | 135.84 | 56.60 | 142.36 |
| 贵　州 | | 271.95 | 46.02 | 6.50 | 19.49 |
| 云　南 | 2.44 | 573.28 | 45.92 | 47.62 | 68.97 |
| 西　藏 | | 7.71 | 0.22 | | 17.72 |
| 陕　西 | 8.04 | 693.77 | 25.07 | 56.07 | 88.26 |
| 甘　肃 | 3.44 | 239.98 | 3.87 | 21.66 | 39.26 |
| 青　海 | 3.83 | 90.87 | 0.11 | 1.27 | 8.01 |
| 宁　夏 | | 78.20 | 10.28 | 0.23 | 3.28 |
| 新　疆 | 1.05 | 964.25 | 13.25 | 11.65 | 19.78 |
| 不分地区 | | | | | |

# 各地区全社会投资资金来源

单位：亿元

| 地　　区 | 本年资金来源小计 | 国家预算内资金 | 国内贷款 | 利用外资 | 自筹资金 | 其他资金 |
|---|---|---|---|---|---|---|
| **全国总计** | **250229.70** | **12685.73** | **39302.82** | **4623.73** | **153514.80** | **40102.62** |
| 北　京 | 8503.62 | 99.09 | 2883.02 | 39.33 | 2438.29 | 3043.88 |
| 天　津 | 5351.01 | 64.35 | 1293.31 | 140.95 | 2956.20 | 896.20 |
| 河　北 | 13304.46 | 405.89 | 1595.04 | 85.06 | 9978.83 | 1239.64 |
| 山　西 | 4769.30 | 355.20 | 856.70 | 20.94 | 3000.35 | 536.12 |
| 内蒙古 | 7250.32 | 420.14 | 708.29 | 14.74 | 5801.54 | 305.60 |
| 辽　宁 | 13326.45 | 626.43 | 1823.88 | 427.92 | 9112.02 | 1336.20 |
| 吉　林 | 6458.19 | 258.92 | 463.04 | 48.93 | 5249.17 | 438.13 |
| 黑龙江 | 5158.73 | 345.60 | 377.09 | 50.16 | 3799.29 | 586.59 |
| 上　海 | 6393.86 | 87.40 | 1463.27 | 169.49 | 2846.02 | 1827.69 |
| 江　苏 | 22580.23 | 277.81 | 2774.45 | 1113.94 | 14063.87 | 4350.16 |
| 浙　江 | 13100.59 | 454.29 | 2177.14 | 246.16 | 7026.71 | 3196.29 |
| 安　徽 | 9709.46 | 552.64 | 1065.08 | 96.21 | 6692.59 | 1302.94 |
| 福　建 | 6969.30 | 508.95 | 1355.88 | 194.13 | 3469.09 | 1441.26 |
| 江　西 | 7627.47 | 454.33 | 696.95 | 184.83 | 5359.08 | 932.27 |
| 山　东 | 20495.51 | 431.46 | 2344.16 | 513.86 | 14743.54 | 2462.49 |
| 河　南 | 14011.51 | 392.57 | 1120.91 | 53.67 | 10974.24 | 1470.11 |
| 湖　北 | 8596.47 | 689.31 | 1399.61 | 71.04 | 5395.86 | 1040.65 |
| 湖　南 | 8176.62 | 658.66 | 1198.08 | 80.63 | 5210.88 | 1028.36 |
| 广　东 | 15464.46 | 326.10 | 2697.86 | 676.76 | 8466.37 | 3297.38 |
| 广　西 | 5637.47 | 286.87 | 852.09 | 75.78 | 3329.31 | 1093.41 |
| 海　南 | 1192.42 | 111.11 | 313.01 | 36.14 | 471.42 | 260.74 |
| 重　庆 | 5913.94 | 381.25 | 1171.49 | 71.41 | 2942.07 | 1347.72 |
| 四　川 | 12297.11 | 1001.85 | 1791.08 | 50.20 | 6965.69 | 2488.28 |
| 贵　州 | 2824.02 | 265.91 | 701.25 | 10.89 | 1374.21 | 471.77 |
| 云　南 | 4944.01 | 534.52 | 1140.91 | 15.17 | 2401.87 | 851.53 |
| 西　藏 | 444.44 | 255.00 | 10.31 |  | 135.90 | 43.23 |
| 陕　西 | 6993.06 | 722.10 | 965.72 | 31.73 | 4389.69 | 883.82 |
| 甘　肃 | 2373.02 | 378.66 | 360.52 | 17.08 | 1294.89 | 321.86 |
| 青　海 | 800.05 | 130.16 | 148.87 | 8.44 | 387.10 | 125.47 |
| 宁　夏 | 1027.65 | 74.92 | 294.51 | 4.13 | 486.51 | 167.57 |
| 新　疆 | 2939.38 | 526.23 | 484.62 | 9.40 | 1479.02 | 440.12 |
| 不分地区 | 5595.56 | 608.01 | 2774.68 | 64.61 | 1273.18 | 875.09 |

# 各地区全社会施工房屋面积

单位：万平方米

| 地　　区 | 合　计 | 国有经济 | 集体经济 | 农　村 | 私营个体经济 | 农　村 |
| --- | --- | --- | --- | --- | --- | --- |
| **全国总计** | **754189.40** | **123124.28** | **38645.76** | **8999.00** | **307730.52** | **139343.71** |
| 北　京 | 14302.94 | 2804.27 | 347.58 | 249.85 | 1882.13 | 887.65 |
| 天　津 | 10747.34 | 2722.39 | 737.08 | 153.21 | 1761.72 | 270.60 |
| 河　北 | 37281.73 | 3434.53 | 3987.89 | 680.53 | 15896.83 | 6583.47 |
| 山　西 | 13408.72 | 2942.44 | 1438.25 | 260.18 | 5274.30 | 2349.86 |
| 内蒙古 | 14506.08 | 3216.93 | 314.52 | 17.51 | 3933.94 | 487.31 |
| 辽　宁 | 33860.36 | 3487.47 | 509.42 | 44.40 | 15310.95 | 4443.82 |
| 吉　林 | 12546.32 | 2293.26 | 95.37 | 6.77 | 3931.74 | 1001.10 |
| 黑龙江 | 12120.77 | 4009.20 | 248.77 |  | 3707.74 | 1155.50 |
| 上　海 | 13547.96 | 2538.82 | 878.02 | 240.36 | 4468.14 | 771.85 |
| 江　苏 | 62188.66 | 7701.59 | 3545.80 | 1273.39 | 26103.56 | 7886.84 |
| 浙　江 | 53251.24 | 7146.35 | 2201.71 | 1230.87 | 20884.64 | 9971.95 |
| 安　徽 | 33205.33 | 5417.16 | 744.64 | 175.43 | 13469.28 | 6196.38 |
| 福　建 | 25876.10 | 5484.38 | 940.81 | 267.33 | 10265.73 | 3887.96 |
| 江　西 | 21250.06 | 3332.28 | 373.58 | 91.39 | 9826.41 | 5827.86 |
| 山　东 | 57318.82 | 5371.08 | 7092.39 | 1169.25 | 22009.56 | 9881.12 |
| 河　南 | 59865.12 | 7354.73 | 3491.96 | 1029.94 | 29757.75 | 18564.45 |
| 湖　北 | 21095.56 | 2896.20 | 1076.33 | 220.73 | 9290.39 | 4238.07 |
| 湖　南 | 26439.54 | 3130.30 | 655.31 | 41.31 | 12541.39 | 6814.77 |
| 广　东 | 47645.14 | 4219.80 | 2881.66 | 861.71 | 17841.54 | 5667.98 |
| 广　西 | 19728.79 | 3498.83 | 404.92 | 55.13 | 10144.54 | 4871.80 |
| 海　南 | 3515.44 | 996.36 | 47.85 | 0.54 | 752.41 | 272.22 |
| 重　庆 | 20127.92 | 3045.70 | 158.33 | 59.12 | 10375.22 | 2116.55 |
| 四　川 | 58449.18 | 12614.10 | 573.94 | 177.27 | 28367.23 | 20057.70 |
| 贵　州 | 12175.71 | 2957.05 | 132.91 | 32.28 | 4793.23 | 2138.24 |
| 云　南 | 17285.24 | 4348.60 | 587.95 | 194.60 | 7613.46 | 3701.61 |
| 西　藏 | 1374.70 | 468.36 | 23.46 | 1.18 | 667.16 | 520.82 |
| 陕　西 | 22916.12 | 5887.21 | 4766.08 | 353.83 | 5144.77 | 2043.25 |
| 甘　肃 | 12392.33 | 3902.67 | 174.25 | 18.74 | 5656.51 | 4626.66 |
| 青　海 | 2542.07 | 851.52 | 124.80 | 77.48 | 899.45 | 381.52 |
| 宁　夏 | 3415.27 | 1026.44 | 18.83 | 7.56 | 1535.64 | 248.36 |
| 新　疆 | 9510.18 | 3725.59 | 71.34 | 7.14 | 3623.16 | 1476.47 |
| 不分地区 | 298.67 | 298.67 |  |  |  |  |

**续前**

单位：万平方米

| 地　　区 | 联营经济 | 股份制经济 | 外商投资经济 | 港澳台投资经济 | 其他经济 |
|---|---|---|---|---|---|
| **全国总计** | **937.52** | **213471.82** | **24734.12** | **27373.31** | **18172.07** |
| 北　　京 | 0.24 | 7874.32 | 501.01 | 755.51 | 137.87 |
| 天　　津 | 43.48 | 4267.86 | 638.24 | 416.55 | 160.01 |
| 河　　北 | 54.18 | 11955.65 | 520.74 | 337.56 | 1094.35 |
| 山　　西 | 3.96 | 3318.41 | 52.80 | 116.65 | 261.91 |
| 内 蒙 古 | | 6625.05 | 143.76 | 88.15 | 183.72 |
| 辽　　宁 | 4.45 | 9741.02 | 2394.43 | 1989.48 | 423.15 |
| 吉　　林 | 4.09 | 5578.66 | 150.96 | 257.03 | 235.20 |
| 黑 龙 江 | 0.26 | 3607.65 | 200.97 | 73.17 | 273.01 |
| 上　　海 | 66.87 | 3525.41 | 989.41 | 982.04 | 99.25 |
| 江　　苏 | 78.95 | 16128.44 | 4274.26 | 3438.44 | 917.63 |
| 浙　　江 | 102.88 | 16225.03 | 2880.13 | 2966.57 | 843.93 |
| 安　　徽 | 50.93 | 10825.65 | 594.96 | 905.42 | 1197.29 |
| 福　　建 | 8.27 | 4770.76 | 1305.03 | 2734.29 | 366.83 |
| 江　　西 | 23.02 | 5756.92 | 712.55 | 775.17 | 450.13 |
| 山　　东 | 27.83 | 17478.15 | 1405.32 | 1473.34 | 2461.15 |
| 河　　南 | 29.62 | 14590.45 | 867.40 | 511.07 | 3262.14 |
| 湖　　北 | 35.91 | 6409.66 | 408.60 | 524.27 | 454.19 |
| 湖　　南 | 33.77 | 8358.24 | 349.63 | 641.12 | 729.77 |
| 广　　东 | 68.29 | 13525.70 | 3055.25 | 5285.94 | 766.95 |
| 广　　西 | 13.83 | 4385.53 | 517.93 | 414.31 | 348.90 |
| 海　　南 | 3.30 | 1429.66 | 96.66 | 115.14 | 74.06 |
| 重　　庆 | 173.88 | 4736.08 | 488.68 | 808.65 | 341.40 |
| 四　　川 | 18.91 | 13920.38 | 1132.39 | 702.51 | 1119.71 |
| 贵　　州 | 11.86 | 3743.95 | 176.65 | 95.40 | 264.67 |
| 云　　南 | 6.35 | 3715.60 | 84.72 | 404.52 | 524.03 |
| 西　　藏 | | 57.72 | 0.78 | | 157.22 |
| 陕　　西 | 49.26 | 5775.95 | 542.64 | 450.38 | 299.82 |
| 甘　　肃 | 21.72 | 1971.34 | 40.41 | 81.21 | 544.21 |
| 青　　海 | | 579.03 | 31.98 | 3.72 | 51.57 |
| 宁　　夏 | | 725.38 | 65.71 | | 43.27 |
| 新　　疆 | 1.41 | 1868.16 | 110.10 | 25.70 | 84.73 |
| 不分地区 | | | | | |

# 各地区全社会施工住宅面积

单位：万平方米

| 地区 | 合计 | 国有经济 | 集体经济 | | 私营个体经济 | |
|---|---|---|---|---|---|---|
| | | | | 农村 | | 农村 |
| **全国总计** | **431463.18** | **55932.62** | **19521.16** | **3327.90** | **205452.83** | **108378.57** |
| 北京 | 7058.38 | 999.43 | 134.80 | 92.00 | 1309.23 | 759.30 |
| 天津 | 5090.47 | 1187.51 | 417.87 | 91.36 | 974.78 | 148.37 |
| 河北 | 18951.84 | 770.46 | 1966.50 | 327.36 | 9146.80 | 4881.33 |
| 山西 | 9645.17 | 1662.99 | 1006.04 | 216.40 | 4255.67 | 2070.62 |
| 内蒙古 | 8260.64 | 1318.56 | 194.82 | 11.81 | 2616.30 | 394.08 |
| 辽宁 | 18429.84 | 1337.87 | 174.50 | 6.33 | 9084.35 | 3530.89 |
| 吉林 | 6702.77 | 1134.28 | 15.86 | | 2643.60 | 865.95 |
| 黑龙江 | 7670.76 | 2568.64 | 157.86 | | 2503.49 | 987.23 |
| 上海 | 6581.16 | 1142.89 | 443.72 | 5.98 | 2259.62 | 7.78 |
| 江苏 | 27129.36 | 2897.27 | 1091.25 | 386.59 | 11783.82 | 2321.85 |
| 浙江 | 22408.46 | 2817.94 | 723.02 | 497.77 | 10986.56 | 5407.36 |
| 安徽 | 20021.15 | 2799.04 | 401.04 | 86.61 | 8718.89 | 5300.05 |
| 福建 | 13503.71 | 2289.81 | 395.13 | 46.84 | 6166.34 | 3147.71 |
| 江西 | 12457.71 | 1408.62 | 179.09 | 30.76 | 7294.18 | 5283.92 |
| 山东 | 30550.03 | 2249.92 | 3598.67 | 508.83 | 12975.76 | 6874.35 |
| 河南 | 35069.19 | 2158.09 | 1520.42 | 373.13 | 20404.22 | 16006.41 |
| 湖北 | 13062.19 | 1409.30 | 372.04 | 61.05 | 6746.97 | 3890.66 |
| 湖南 | 19006.60 | 1471.52 | 433.25 | 22.28 | 10507.17 | 6415.08 |
| 广东 | 25848.37 | 895.66 | 1109.51 | 92.53 | 12159.20 | 3898.83 |
| 广西 | 13256.28 | 1784.72 | 182.32 | 35.50 | 8460.26 | 4726.60 |
| 海南 | 2601.05 | 587.79 | 36.58 | 0.35 | 657.09 | 270.37 |
| 重庆 | 13815.99 | 1743.79 | 98.69 | 38.08 | 7691.66 | 1679.39 |
| 四川 | 38229.53 | 7216.87 | 293.42 | 105.79 | 21435.57 | 15369.05 |
| 贵州 | 8534.83 | 1596.66 | 70.85 | 15.64 | 3995.77 | 2038.42 |
| 云南 | 11372.77 | 2017.73 | 316.33 | 122.23 | 5829.24 | 3164.52 |
| 西藏 | 1052.04 | 225.96 | 17.69 | | 621.66 | 507.89 |
| 陕西 | 15658.36 | 3055.94 | 3911.55 | 67.25 | 4110.23 | 1947.39 |
| 甘肃 | 9491.33 | 2177.40 | 94.82 | 6.92 | 5302.33 | 4574.54 |
| 青海 | 1571.05 | 403.96 | 94.33 | 73.82 | 731.49 | 311.06 |
| 宁夏 | 2082.00 | 503.55 | 8.87 | 1.03 | 1146.59 | 221.26 |
| 新疆 | 6344.39 | 2092.67 | 60.30 | 3.67 | 2933.99 | 1376.31 |
| 不分地区 | 5.78 | 5.78 | | | | |

**续前**

单位：万平方米

| 地　　区 | 联营经济 | 股份制经　济 | 外商投资经济 | 港 澳 台投资经济 | 其他经济 |
|---|---|---|---|---|---|
| **全国总计** | **450.61** | **117752.04** | **10171.04** | **12624.69** | **9558.19** |
| 北　　京 | | 4079.00 | 130.67 | 318.59 | 86.66 |
| 天　　津 | 9.32 | 2049.63 | 253.60 | 125.38 | 72.39 |
| 河　　北 | 27.35 | 6327.85 | 160.79 | 138.45 | 413.64 |
| 山　　西 | | 2409.06 | 27.11 | 63.12 | 221.18 |
| 内 蒙 古 | | 3948.66 | 42.47 | 38.50 | 101.32 |
| 辽　　宁 | | 5156.13 | 1380.54 | 1183.19 | 113.27 |
| 吉　　林 | | 2562.22 | 19.90 | 204.82 | 122.10 |
| 黑 龙 江 | | 2149.48 | 91.60 | 16.45 | 183.24 |
| 上　　海 | 43.55 | 1956.22 | 353.47 | 355.15 | 26.54 |
| 江　　苏 | 9.43 | 8192.12 | 1351.26 | 1392.33 | 411.90 |
| 浙　　江 | 15.65 | 6536.30 | 405.31 | 526.25 | 397.43 |
| 安　　徽 | 31.27 | 6349.97 | 337.60 | 513.25 | 870.10 |
| 福　　建 | 2.07 | 2602.59 | 551.28 | 1376.73 | 119.74 |
| 江　　西 | 15.23 | 2811.55 | 128.39 | 487.59 | 133.06 |
| 山　　东 | 3.76 | 9674.09 | 338.48 | 611.34 | 1098.00 |
| 河　　南 | 8.24 | 8519.54 | 499.80 | 269.09 | 1689.80 |
| 湖　　北 | 26.78 | 3721.89 | 234.09 | 296.59 | 254.52 |
| 湖　　南 | 15.86 | 5598.21 | 236.26 | 402.81 | 341.53 |
| 广　　东 | 40.53 | 7574.22 | 1477.68 | 2354.39 | 237.17 |
| 广　　西 | 10.49 | 2123.61 | 259.98 | 226.45 | 208.44 |
| 海　　南 | 3.00 | 1104.47 | 81.32 | 69.49 | 61.32 |
| 重　　庆 | 128.29 | 3225.31 | 320.69 | 472.91 | 134.64 |
| 四　　川 | 3.51 | 7307.79 | 814.11 | 466.11 | 692.12 |
| 贵　　州 | | 2482.80 | 131.88 | 35.30 | 221.56 |
| 云　　南 | 5.42 | 2432.45 | 54.08 | 297.89 | 419.62 |
| 西　　藏 | | 47.01 | | | 139.72 |
| 陕　　西 | 30.20 | 3668.98 | 411.35 | 309.51 | 160.61 |
| 甘　　肃 | 20.68 | 1333.45 | 19.59 | 60.14 | 482.92 |
| 青　　海 | | 277.35 | 17.26 | 2.25 | 44.41 |
| 宁　　夏 | | 353.78 | 40.14 | | 29.06 |
| 新　　疆 | | 1176.30 | 0.31 | 10.62 | 70.19 |
| 不分地区 | | | | | |

# 各地区全社会竣工房屋面积

单位：万平方米

| 地　区 | 合　计 | 国有经济 | 集体经济 | | 私营个体经济 | |
|---|---|---|---|---|---|---|
| | | | | 农　村 | | 农　村 |
| **全国总计** | **302116.53** | **37236.92** | **13788.03** | **4621.13** | **173435.36** | **119575.88** |
| 北　京 | 4252.53 | 786.99 | 139.98 | 107.56 | 778.44 | 605.39 |
| 天　津 | 3174.48 | 695.21 | 291.78 | 79.55 | 705.15 | 144.73 |
| 河　北 | 14536.46 | 1119.22 | 1443.94 | 384.77 | 8628.05 | 5445.10 |
| 山　西 | 4904.58 | 978.97 | 594.11 | 150.86 | 2366.21 | 1756.24 |
| 内蒙古 | 4476.82 | 1009.61 | 131.02 | 4.61 | 1596.53 | 449.58 |
| 辽　宁 | 12730.30 | 1136.24 | 231.16 | 23.47 | 7722.76 | 4226.54 |
| 吉　林 | 5395.02 | 888.96 | 42.33 | 0.60 | 2202.41 | 946.85 |
| 黑龙江 | 6902.45 | 2203.58 | 209.30 | | 2482.20 | 1081.83 |
| 上　海 | 2978.26 | 351.75 | 217.35 | 58.22 | 1204.59 | 315.68 |
| 江　苏 | 26122.56 | 2806.83 | 1645.04 | 745.95 | 12374.24 | 5919.21 |
| 浙　江 | 18445.33 | 1539.95 | 877.99 | 559.50 | 10269.40 | 7388.23 |
| 安　徽 | 13301.54 | 1520.49 | 353.63 | 84.05 | 8198.43 | 5520.89 |
| 福　建 | 7383.42 | 1104.35 | 338.64 | 172.68 | 4080.19 | 2366.59 |
| 江　西 | 8917.26 | 1050.33 | 168.83 | 51.91 | 5422.59 | 4049.25 |
| 山　东 | 21364.14 | 1333.58 | 2048.50 | 470.77 | 11901.37 | 8491.34 |
| 河　南 | 30757.40 | 2565.46 | 1542.00 | 474.20 | 20880.24 | 16147.15 |
| 湖　北 | 10609.41 | 1326.97 | 608.55 | 156.54 | 5864.63 | 4075.16 |
| 湖　南 | 11030.12 | 811.43 | 239.37 | 29.16 | 7657.94 | 6243.34 |
| 广　东 | 16948.37 | 1051.66 | 1208.92 | 504.34 | 8505.86 | 4076.72 |
| 广　西 | 8262.93 | 973.16 | 174.16 | 36.26 | 6033.95 | 4713.92 |
| 海　南 | 1020.95 | 376.54 | 15.57 | 0.54 | 313.42 | 179.40 |
| 重　庆 | 6390.27 | 797.16 | 72.26 | 46.18 | 3889.12 | 1642.05 |
| 四　川 | 30664.78 | 3556.88 | 204.21 | 62.00 | 22471.56 | 19828.17 |
| 贵　州 | 4644.22 | 1067.97 | 55.65 | 21.59 | 2418.47 | 1947.74 |
| 云　南 | 7307.01 | 1452.15 | 192.73 | 98.30 | 4266.15 | 3135.30 |
| 西　藏 | 791.96 | 135.93 | 21.57 | | 490.64 | 428.12 |
| 陕　西 | 5662.69 | 1244.38 | 622.80 | 263.18 | 2630.40 | 1921.25 |
| 甘　肃 | 6108.10 | 761.23 | 54.48 | 11.84 | 4767.04 | 4532.50 |
| 青　海 | 953.79 | 309.30 | 16.02 | 8.91 | 453.66 | 371.54 |
| 宁　夏 | 1351.03 | 357.34 | 14.37 | 6.80 | 738.59 | 246.53 |
| 新　疆 | 4598.00 | 1792.93 | 11.76 | 6.81 | 2121.11 | 1379.54 |
| 不分地区 | 130.36 | 130.36 | | | | |

续前

单位：万平方米

| 地　区 | 联营经济 | 股份制经济 | 外商投资经济 | 港澳台投资经济 | 其他经济 |
|---|---|---|---|---|---|
| **全国总计** | **342.44** | **56998.74** | **6404.68** | **6144.24** | **7766.12** |
| 北　京 | 0.24 | 2177.87 | 162.04 | 146.73 | 60.24 |
| 天　津 | 12.88 | 1185.61 | 129.36 | 137.88 | 16.61 |
| 河　北 | 33.50 | 2677.35 | 98.52 | 77.11 | 458.78 |
| 山　西 | 1.70 | 808.21 | 9.65 | 20.47 | 125.26 |
| 内蒙古 | | 1589.19 | 19.67 | 24.88 | 105.93 |
| 辽　宁 | 0.44 | 2709.58 | 455.23 | 249.01 | 225.87 |
| 吉　林 | 4.09 | 2044.30 | 17.25 | 64.19 | 131.49 |
| 黑龙江 | 0.26 | 1704.03 | 80.85 | 33.15 | 189.07 |
| 上　海 | 21.85 | 808.17 | 215.70 | 122.35 | 36.50 |
| 江　苏 | 8.05 | 5795.64 | 1731.51 | 1278.51 | 482.73 |
| 浙　江 | 15.94 | 3810.38 | 762.27 | 773.06 | 396.34 |
| 安　徽 | 4.29 | 2536.15 | 183.89 | 100.15 | 404.51 |
| 福　建 | 2.73 | 930.30 | 196.00 | 628.91 | 102.29 |
| 江　西 | 13.57 | 1786.38 | 151.75 | 200.53 | 123.27 |
| 山　东 | 12.52 | 4602.70 | 328.87 | 292.73 | 843.87 |
| 河　南 | 8.01 | 4050.54 | 194.83 | 59.42 | 1456.90 |
| 湖　北 | 10.89 | 2195.92 | 92.72 | 157.84 | 351.89 |
| 湖　南 | 3.04 | 1921.55 | 58.42 | 92.37 | 246.02 |
| 广　东 | 22.68 | 3515.80 | 995.14 | 1238.48 | 409.84 |
| 广　西 | 0.49 | 818.32 | 56.24 | 54.96 | 151.65 |
| 海　南 | 1.47 | 266.30 | 21.76 | 7.61 | 18.28 |
| 重　庆 | 117.73 | 1118.12 | 107.88 | 150.37 | 137.62 |
| 四　川 | 3.60 | 3734.31 | 148.57 | 71.01 | 474.65 |
| 贵　州 | | 855.11 | 86.38 | 9.67 | 150.97 |
| 云　南 | 6.35 | 1006.94 | 17.50 | 64.62 | 300.56 |
| 西　藏 | | 3.61 | | | 140.21 |
| 陕　西 | 16.98 | 984.32 | 49.51 | 39.24 | 75.04 |
| 甘　肃 | 18.93 | 401.52 | 11.30 | 37.99 | 55.62 |
| 青　海 | | 132.32 | | 2.67 | 39.80 |
| 宁　夏 | | 207.22 | 15.03 | | 18.47 |
| 新　疆 | 0.20 | 620.99 | 6.84 | 8.34 | 35.83 |
| 不分地区 | | | | | |

# 各地区全社会竣工住宅面积

单位：万平方米

| 地　　区 | 合　计 | 国有经济 | 集体经济 | 农　村 | 私营个体经济 | 农　村 |
|---|---|---|---|---|---|---|
| **全国总计** | **184209.52** | **16824.25** | **6075.53** | **1564.57** | **123752.99** | **96966.36** |
| 北　京 | 2369.59 | 299.41 | 70.22 | 48.05 | 648.92 | 543.83 |
| 天　津 | 1887.02 | 434.82 | 178.03 | 37.74 | 414.79 | 112.07 |
| 河　北 | 7447.26 | 252.62 | 709.73 | 164.05 | 4988.94 | 4178.06 |
| 山　西 | 3537.25 | 434.46 | 456.37 | 117.09 | 2041.61 | 1611.01 |
| 内蒙古 | 2946.35 | 480.26 | 93.82 | 0.61 | 1162.73 | 394.06 |
| 辽　宁 | 7152.49 | 447.01 | 57.52 | 2.93 | 4982.36 | 3510.38 |
| 吉　林 | 2590.30 | 371.10 | 2.87 | | 1431.56 | 864.08 |
| 黑龙江 | 4465.71 | 1460.50 | 138.58 | | 1685.87 | 955.96 |
| 上　海 | 1522.07 | 158.88 | 133.13 | 5.20 | 630.03 | 7.77 |
| 江　苏 | 10018.52 | 985.57 | 439.02 | 225.45 | 5029.06 | 2261.97 |
| 浙　江 | 8622.27 | 587.73 | 210.43 | 156.82 | 6253.58 | 4994.37 |
| 安　徽 | 8698.71 | 789.60 | 228.06 | 61.59 | 5970.38 | 4948.67 |
| 福　建 | 3959.01 | 446.39 | 98.85 | 34.61 | 2532.38 | 1825.42 |
| 江　西 | 5596.09 | 391.02 | 70.75 | 12.17 | 4177.79 | 3704.84 |
| 山　东 | 12718.43 | 487.88 | 1085.69 | 223.50 | 8179.03 | 6639.12 |
| 河　南 | 19409.35 | 617.78 | 691.22 | 166.24 | 15239.59 | 13934.66 |
| 湖　北 | 6743.92 | 540.32 | 237.75 | 50.74 | 4563.42 | 3769.96 |
| 湖　南 | 8907.47 | 341.21 | 139.51 | 7.91 | 6849.76 | 5924.89 |
| 广　东 | 9209.46 | 312.22 | 437.88 | 66.90 | 5966.21 | 2981.13 |
| 广　西 | 6545.11 | 533.96 | 61.29 | 23.96 | 5417.77 | 4597.51 |
| 海　南 | 901.20 | 322.28 | 12.37 | 0.35 | 289.02 | 171.20 |
| 重　庆 | 4508.83 | 391.20 | 45.07 | 30.37 | 3023.43 | 1390.33 |
| 四　川 | 20477.12 | 1742.65 | 89.11 | 13.76 | 16430.74 | 14494.58 |
| 贵　州 | 3730.23 | 630.04 | 34.42 | 15.40 | 2190.41 | 1873.17 |
| 云　南 | 5295.14 | 752.75 | 120.83 | 61.24 | 3417.45 | 2635.85 |
| 西　藏 | 701.95 | 64.35 | 17.69 | | 481.26 | 427.39 |
| 陕　西 | 3760.45 | 703.51 | 167.83 | 22.09 | 2264.68 | 1886.04 |
| 甘　肃 | 5415.57 | 370.82 | 28.02 | 5.45 | 4660.36 | 4504.19 |
| 青　海 | 663.21 | 150.42 | 6.53 | 5.66 | 370.70 | 302.98 |
| 宁　夏 | 994.90 | 219.67 | 6.14 | 1.03 | 589.05 | 221.22 |
| 新　疆 | 3412.43 | 1101.75 | 6.81 | 3.67 | 1870.13 | 1299.64 |
| 不分地区 | 2.10 | 2.10 | | | | |

**续前**

单位：万平方米

| 地　　区 | 联营经济 | 股份制经济 | 外商投资经济 | 港澳台投资经济 | 其他经济 |
|---|---|---|---|---|---|
| **全国总计** | **204.63** | **28508.88** | **2039.95** | **2560.89** | **4242.39** |
| 北　京 | | 1222.07 | 36.97 | 55.64 | 36.37 |
| 天　津 | 9.32 | 699.89 | 63.12 | 80.72 | 6.32 |
| 河　北 | 19.35 | 1216.45 | 8.58 | 36.31 | 215.28 |
| 山　西 | | 481.99 | 0.59 | 5.80 | 116.44 |
| 内蒙古 | | 1102.77 | 5.27 | 19.72 | 81.78 |
| 辽　宁 | | 1258.49 | 222.49 | 162.67 | 21.96 |
| 吉　林 | | 707.35 | 2.00 | 39.85 | 35.57 |
| 黑龙江 | | 974.98 | 54.78 | 5.46 | 145.54 |
| 上　海 | 18.32 | 498.34 | 33.59 | 49.78 | |
| 江　苏 | 5.13 | 2517.84 | 382.62 | 449.95 | 209.33 |
| 浙　江 | 15.40 | 1189.55 | 71.61 | 110.93 | 183.04 |
| 安　徽 | 1.02 | 1303.08 | 107.83 | 54.67 | 244.08 |
| 福　建 | 0.06 | 426.48 | 61.93 | 354.71 | 38.23 |
| 江　西 | 12.66 | 742.49 | 21.60 | 106.91 | 72.87 |
| 山　东 | 3.26 | 2347.00 | 68.74 | 144.11 | 402.72 |
| 河　南 | 0.05 | 1911.69 | 137.69 | 32.34 | 778.99 |
| 湖　北 | 4.62 | 1072.24 | 44.40 | 80.95 | 200.22 |
| 湖　南 | | 1344.12 | 39.17 | 65.66 | 128.05 |
| 广　东 | 6.41 | 1577.33 | 360.13 | 419.40 | 129.89 |
| 广　西 | 0.48 | 391.57 | 15.86 | 29.84 | 94.34 |
| 海　南 | 1.47 | 234.38 | 20.97 | 5.09 | 15.63 |
| 重　庆 | 81.82 | 747.85 | 48.86 | 111.91 | 58.71 |
| 四　川 | | 1761.12 | 86.65 | 35.00 | 331.85 |
| 贵　州 | | 649.87 | 81.70 | 4.92 | 138.88 |
| 云　南 | 5.42 | 702.41 | 9.26 | 28.99 | 258.04 |
| 西　藏 | | 1.61 | | | 137.04 |
| 陕　西 | 1.69 | 516.99 | 39.89 | 29.44 | 36.43 |
| 甘　肃 | 18.17 | 264.77 | 1.28 | 32.30 | 39.85 |
| 青　海 | | 95.83 | | 2.25 | 37.49 |
| 宁　夏 | | 150.29 | 12.05 | | 17.70 |
| 新　疆 | | 398.07 | 0.31 | 5.58 | 29.77 |
| 不分地区 | | | | | |

# 生产能力施工规模和建成率

| 生产能力（或效益）名称 | 计量单位 | 代码 | 本年施工规模 | 本年新开工 | 本年新增生产能力 | 生产能力建成率（%） |
|---|---|---|---|---|---|---|
| 原煤开采 | 万吨/年 | 101 | 101008 | 48249 | 32006 | 31.7 |
| 洗煤 | 万吨/年 | 102 | 36445 | 26099 | 22850 | 62.7 |
| 焦炭 | 万吨/年 | 103 | 18462 | 9077 | 6327 | 34.3 |
| 天然原油开采 | 万吨/年 | 105 | 2803 | 1415 | 2559 | 91.3 |
| 天然气开采 | 亿立方米/年 | 107 | 30 | 24 | 20 | 66.6 |
| 石油加工：蒸馏设备能力 | 处理万吨/年 | 121 | 4181 | 1469 | 2165 | 51.8 |
| 裂化设备能力 | 处理万吨/年 | 122 | 1527 | 556 | 647 | 42.4 |
| 焦化设备能力 | 万吨/年 | 124 | 2918 | 848 | 407 | 13.9 |
| 催化重整设备能力 | 万吨/年 | 125 | 523 | 75 | 523 | 100.0 |
| 加氢精制设备能力 | 处理万吨/年 | 123 | 3727 | 1220 | 1417 | 38.0 |
| 润滑油（综合能力） | 万吨/年 | 732 | 311 | 244 | 209 | 67.3 |
| 铁矿开采（原矿） | 万吨/年 | 131 | 16412 | 9772 | 6824 | 41.6 |
| 铁矿选矿处理原矿量 | 万吨/年 | 735 | 7637 | 4336 | 3228 | 42.3 |
| 铁矿石成品矿 | 万吨/年 | 132 | 4858 | 3374 | 3517 | 72.4 |
| 生铁 | 万吨/年 | 141 | 6248 | 2244 | 4099 | 65.6 |
| 粗钢 | 万吨/年 | 142 | 5200 | 1890 | 2912 | 56.0 |
| 其中：转炉钢 | 万吨/年 | 143 | 2362 | 795 | 1360 | 57.6 |
| 电弧炉钢 | 万吨/年 | 144 | 175 | 173 | 122 | 69.6 |
| 感应电炉钢 | 万吨/年 | 145 | 20.3 | 0.3 | 18.3 | 90.1 |
| 连铸坯 | 万吨/年 | 147 | 1477 | 322 | 776 | 52.6 |
| 铁合金 | 折标吨/年 | 149 | 5272881 | 3019961 | 1333711 | 25.3 |
| 钢材 | 万吨/年 | | 23143 | 14914 | 10960 | 47.4 |
| 热轧钢材 | 万吨/年 | 152 | 14186 | 8389 | 7273 | 51.3 |
| 冷轧（拔）钢材 | 万吨/年 | 153 | 5043 | 3328 | 2138 | 42.4 |
| 镀层、涂层钢材 | 万吨/年 | 749 | 800 | 633 | 187 | 23.4 |
| 锻压、挤压、旋压钢材 | 万吨/年 | 750 | 1834 | 1498 | 723 | 39.4 |

续表 1

| 生产能力（或效益）名　称 | 计量单位 | 代码 | 本年施工规模 | 本年新开工 | 本年新增生产能力 | 生产能力建成率（%） |
|---|---|---|---|---|---|---|
| 其他加工工艺钢材 | 万吨/年 | 851 | 1281 | 1065 | 640 | 50.0 |
| 铜采矿（原矿） | 万吨/年 | 171 | 3346 | 1405 | 1930 | 57.7 |
| 铜选矿：（1）处理原矿 | 万吨/年 | 172 | 1788 | 1033 | 798 | 44.6 |
| （2）铜含量 | 吨/年 | 174 | 72248 | 23415 | 9206 | 12.7 |
| 铜冶炼 | 吨/年 | 175 | 2640647 | 1829553 | 1126581 | 42.7 |
| 其中：电解铜 | 吨/年 | 176 | 1231646 | 757546 | 594406 | 48.3 |
| 铅锌采矿（原矿） | 万吨/年 | 181 | 3536 | 2265 | 1879 | 53.1 |
| 铅锌选矿：（1）处理原矿 | 万吨/年 | 182 | 2577 | 709 | 696 | 27.0 |
| （2）铅含量 | 吨/年 | 186 | 142799 | 85204 | 84819 | 59.4 |
| （3）锌含量 | 吨/年 | 187 | 178037 | 48451 | 66624 | 37.4 |
| 铅冶炼 | 吨/年 | 188 | 1477021 | 912861 | 892551 | 60.4 |
| 其中：电解铅 | 吨/年 | 189 | 444180 | 263380 | 212500 | 47.8 |
| 锌冶炼 | 吨/年 | 190 | 2503422 | 1298142 | 667332 | 26.7 |
| 其中：电解锌 | 吨/年 | 191 | 983330 | 553330 | 251400 | 25.6 |
| 锡冶炼 | 吨/年 | 205 | 184299 | 152759 | 84870 | 46.1 |
| 其中：电解锡 | 吨/年 | 206 | 85306 | 75306 | 81000 | 95.0 |
| 镍冶炼 | 吨/年 | 215 | 879350 | 554900 | 116000 | 13.2 |
| 其中：电解镍 | 吨/年 | 216 | 44300 | 29300 | 7200 | 16.3 |
| 氧化铝 | 吨/年 | 232 | 5981900 | 2688400 | 1950800 | 32.6 |
| 电解铝 | 吨/年 | 233 | 2988406 | 1018206 | 695714 | 23.3 |
| 粗铅 | 吨/年 | 768 | 115000 | 10000 | 100000 | 87.0 |
| 铝加工 | 吨/年 | 234 | 9376297 | 5813264 | 4357661 | 46.5 |
| 黄金 | 公斤/年 | 265 | 22625 | 9215 | 8334 | 36.8 |

续表 2

| 生产能力（或效益）名　称 | 计量单位 | 代码 | 本年施工规模 | 本年新开工 | 本年新增生产能力 | 生产能力建成率（%） |
|---|---|---|---|---|---|---|
| 银选矿：（1）处理原矿 | 吨/年 | 272 | 322276 | 184136 | 320236 | 99.4 |
| （2）银含量 | 公斤/年 | 274 | 64443 | 7490 | 44443 | 69.0 |
| 硫铁矿开采 | 万吨/年 | 286 | 527 | 194 | 203 | 38.6 |
| 发电机组容量 | 万千瓦 | 291 | 35681 | 11979 | 9258 | 25.9 |
| 水力发电 | 万千瓦 | 292 | 11118 | 2698 | 2487 | 22.4 |
| 火力发电 | 万千瓦 | 293 | 18043 | 6276 | 5043 | 28.0 |
| 核能发电 | 万千瓦 | 294 | 2986 | 540 | 116 | 3.9 |
| 其他发电 | 万千瓦 | 295 | 3534 | 2466 | 1612 | 45.6 |
| 输电线路长度（11 万伏及以上） | 公里 | 296 | 89646 | 62276 | 51740 | 57.7 |
| 水　泥 | 万吨/年 | 301 | 93979 | 61803 | 37960 | 40.4 |
| 平板玻璃 | 万重量箱/年 | 302 | 18936 | 9832 | 10180 | 53.8 |
| 石墨及炭素制品 | 吨/年 | 305 | 3673572 | 3064030 | 1720795 | 46.8 |
| 木材采伐 | 万立方米/年 | 311 | 95 | 89 | 93 | 97.9 |
| 电石 | 吨/年 | 325 | 6389910 | 4039924 | 1342986 | 21.0 |
| 农用氮、磷、钾化学肥 | 吨/年 | 331 | 25927781 | 13593446 | 10986809 | 42.4 |
| 氮肥 | 吨/年 | 332 | 15645973 | 8078900 | 6336714 | 40.5 |
| 磷肥 | 吨/年 | 335 | 6985659 | 4391469 | 3575323 | 51.2 |
| 钾肥 | 吨/年 | 338 | 3296149 | 1123077 | 1074772 | 32.6 |
| 化学农药原药 | 吨/年 | 341 | 1159105 | 742969 | 544617 | 47.0 |
| 精甲醇 | 吨/年 | 783 | 18385862 | 9480446 | 3984338 | 21.7 |
| 塑料树脂及共聚物 | 吨/年 | 349 | 6622962 | 3351531 | 1937934 | 29.3 |
| 合成橡胶 | 吨/年 | 350 | 725029 | 394565 | 275910 | 38.1 |
| 轮胎外胎 | 万条/年 | 353 | 8751 | 3127 | 3519 | 40.2 |
| 轮胎内胎 | 万条/年 | 354 | 24736 | 7809 | 7082 | 28.6 |
| 内燃机制造 | 台/年 | 378 | 946156 | 30006 | 479750 | 50.7 |
| | 万千瓦/年 | 379 | 5928 | 997 | 2774 | 46.8 |

续表 3

| 生产能力（或效益）名称 | 计量单位 | 代码 | 本年施工规模 | 本年新开工 | 本年新增生产能力 | 生产能力建成率（%） |
|---|---|---|---|---|---|---|
| 汽车制造 | 辆/年 | 417 | 5202434 | 1293241 | 2216255 | 42.6 |
| 载货汽车制造 | 辆/年 | 418 | 698030 | 243650 | 275650 | 39.5 |
| 客车制造 | 辆/年 | 809 | 644420 | 317340 | 58740 | 9.1 |
| 轿车制造 | 辆/年 | 419 | 3485065 | 589112 | 1760565 | 50.5 |
| 其它汽车制造 | 辆/年 | 420 | 374919 | 143139 | 121300 | 32.4 |
| 摩托车制造 | 辆/年 | 423 | 3295824 | 1605824 | 1736824 | 52.7 |
| 电视机 | 万部/年 | 812 | 756 | 329 | 300 | 39.7 |
| 其中：彩色电视机 | 万部/年 | 432 | 596 | 329 | 300 | 50.3 |
| 化学纤维 | 吨/年 | 461 | 4244651 | 2312066 | 1923430 | 45.3 |
| 其中：合成纤维 | 吨/年 | 462 | 2158277 | 1191135 | 578870 | 26.8 |
| 粘胶纤维 | 吨/年 | 463 | 348509 | 121509 | 197009 | 56.5 |
| 棉纺锭 | 锭 | 471 | 16342130 | 12152474 | 10249173 | 62.7 |
| 毛纺锭 | 锭 | 474 | 216802 | 197302 | 161190 | 74.3 |
| 酒 | 万吨/年 | 507 | 1121 | 595 | 489 | 43.6 |
| 啤　酒 | 万吨/年 | 508 | 736 | 312 | 240 | 32.6 |
| 白　酒 | 万吨/年 | 509 | 272 | 221 | 182 | 66.9 |
| 其他酒 | 万吨/年 | 510 | 112 | 63 | 67 | 59.3 |
| 卷烟 | 箱/年 | 513 | 4030006 | 2470006 | 1315007 | 32.6 |
| 机制纸浆 | 万吨/年 | 521 | 623 | 408 | 267 | 42.9 |
| 家用电冰箱 | 万台/年 | 551 | 636 | 381 | 361 | 56.8 |
| 家用洗衣机 | 万台/年 | 552 | 978 | 662 | 497 | 50.8 |
| 房间空气调节器 | 万台/年 | 553 | 1634 | 1085 | 1018 | 62.3 |
| 程控交换机（安装能力） | 万线/年 | 844 | 299 | 254 | 295 | 98.8 |
| 新建铁路投产里程 | 公里 | 571 | 20994 | 4884 | 5598 | 26.7 |
| 复线投产里程 | 公里 | 572 | 16799 | 3368 | 3673 | 21.9 |
| 电气化铁路投产里程 | 公里 | 573 | 23704 | 5224 | 7870 | 33.2 |

续表 4

| 生产能力（或效益）名称 | 计量单位 | 代码 | 本年施工规模 | 本年新开工 | 本年新增生产能力 | 生产能力建成率（%） |
|---|---|---|---|---|---|---|
| 新建公路 | 公里 | 576 | 167688 | 124507 | 107675 | 64.2 |
| 其中：高速公路 | 公里 | 577 | 22177 | 8328 | 3626 | 16.4 |
| 一级公路 | 公里 | 848 | 5857 | 2955 | 1685 | 28.8 |
| 二级公路 | 公里 | 849 | 18282 | 14186 | 10073 | 55.1 |
| 改建公路 | 公里 | 578 | 216841 | 158399 | 151945 | 70.1 |
| 其中：高速公路 | 公里 | 579 | 3914 | 2090 | 480 | 12.3 |
| 一级公路 | 公里 | 580 | 5378 | 2883 | 2231 | 41.5 |
| 二级公路 | 公里 | 850 | 29187 | 19740 | 17321 | 59.3 |
| 新建独立公路桥梁 | 延长米 | 581 | 578215 | 245693 | 237114 | 41.0 |
| | 座 | 582 | 1585 | 1260 | 1057 | 66.7 |
| 新建独立公路隧道 | 延长米 | 900 | 84026 | 28991 | 11873 | 14.1 |
| | 处 | 901 | 68 | 51 | 35 | 51.5 |
| 新(扩)建港口码头 | 年吞吐量：万吨 | 583 | 43080 | 13346 | 13941 | 32.4 |
| | 年吞吐量:标准集装箱 | 874 | 18782657 | 3324507 | 6095057 | 32.5 |
| | 泊位：个 | 584 | 498 | 169 | 187 | 37.6 |
| 其中：新(扩)建沿海港口码头 | 年吞吐量：万吨 | 585 | 25987 | 5591 | 4788 | 18.4 |
| | 泊位：个 | 586 | 200 | 27 | 40 | 20.0 |
| 新(扩)建客、货运站 | 个 | 595 | 981 | 770 | 684 | 69.7 |
| | 平方米 | 596 | 4323851 | 2917498 | 1654461 | 38.3 |
| 民航机场跑道 | 条 | 597 | 17 | 6 | 7 | 42.2 |
| | 米 | 598 | 40760 | 13160 | 19500 | 47.8 |
| 飞机购置 | 架 | 601 | 128 | 119 | 119 | 93.0 |
| 候机楼 | 座 | 602 | 19 | 5 | 11 | 57.9 |
| | 平方米 | 603 | 1000821 | 654308 | 89269 | 8.9 |
| 城市自来水供水能力 | 万吨/日 | 661 | 8270 | 2515 | 2269 | 27.4 |
| 城市公共交通车辆购置 | 辆 | 671 | 25706 | 25410 | 25679 | 99.9 |
| 城市污水处理能力 | 万吨/日 | 675 | 4948 | 2903 | 2186 | 44.2 |

# 第二部分
# 城镇固定资产投资

# （一）城镇

## 城镇投资主要指标

| 指　　标 | 2008 年 | 2009 年 | 2009 年比 2008 年增减 | |
|---|---|---|---|---|
| | | | 绝对数 | % |
| **一、投资总额（亿元）** | **148738.30** | **193920.39** | **45182.08** | **30.4** |
| 其中：住宅 | 26516.02 | 30512.74 | 3996.72 | 15.1 |
| 其中：国有及国有控股 | 63997.84 | 86583.24 | 22585.40 | 35.3 |
| 1. 按构成分 | | | | |
| 建筑安装工程 | 90361.87 | 119780.36 | 29418.49 | 32.6 |
| 设备、工具、器具投资 | 33572.29 | 42333.85 | 8761.56 | 26.1 |
| 其他费用 | 24804.15 | 31806.18 | 7002.04 | 28.2 |
| 2. 按建设性质分 | | | | |
| #新　建 | 65727.35 | 89993.15 | 24265.81 | 36.9 |
| 扩　建 | 24371.04 | 30303.75 | 5932.71 | 24.3 |
| 改　建 | 19138.31 | 27171.86 | 8033.55 | 42.0 |
| 单纯购置 | 5284.45 | 6364.68 | 1080.23 | 20.4 |
| 3. 按产业分 | | | | |
| 第一产业 | 2250.37 | 3356.39 | 1106.02 | 49.1 |
| 第二产业 | 64899.93 | 81991.48 | 17091.55 | 26.3 |
| 第三产业 | 81588.01 | 108572.52 | 26984.51 | 33.1 |
| **二、全部建设规模（亿元）** | | | | |
| 建设总规模 | 462788.03 | 600131.62 | 137343.60 | 29.7 |
| 自开始建设至本年底累计完成投资 | 286903.32 | 362172.80 | 75269.47 | 26.2 |
| 在建总规模 | 372392.61 | 479245.99 | 106853.38 | 28.7 |
| 在建净规模 | 177745.81 | 236219.65 | 58473.85 | 32.9 |
| **三、新增固定资产（亿元）** | **84545.26** | **113943.89** | **29398.63** | **34.8** |
| **四、建设项目（个）** | | | | |
| 施工项目 | 359213 | 451262 | 92049 | 25.6 |
| 其中：本年新开工 | 257075 | 339795 | 82720 | 32.2 |
| 全部建成投产项目 | 220418 | 288033 | 67615 | 30.7 |
| **五、房屋建筑面积（万平方米）** | | | | |
| 施工面积 | 489110.58 | 577357.27 | 88246.69 | 18.0 |
| 其中：住宅 | 269918.40 | 312039.66 | 42121.26 | 15.6 |
| 竣工面积 | 147066.41 | 164539.27 | 17472.86 | 11.9 |
| 其中：住宅 | 75969.06 | 82101.49 | 6132.43 | 8.1 |
| **六、投资资金来源小计（亿元）** | **158579.68** | **218786.67** | **60206.99** | **38.0** |
| 国家预算内资金 | 7377.01 | 11493.63 | 4116.62 | 55.8 |
| 国内贷款 | 25466.01 | 37634.14 | 12168.13 | 47.8 |
| 债　券 | 652.71 | 1157.11 | 504.40 | 77.3 |
| 利用外资 | 4695.79 | 3983.55 | -712.24 | -15.2 |
| 自筹资金 | 97846.45 | 127557.67 | 29711.22 | 30.4 |
| 其他资金 | 22541.71 | 36960.58 | 14418.87 | 64.0 |

注：城镇投资除按建设性质分组和项目个数外，均含房地产开发投资。以下表同。

# 各地区城镇固定资产投资建设总规模

单位：万元

| 地　　区 | 建设总规模 | 自开始建设累计完成投资 | 在建总规模 | 在建净规模 |
|---|---|---|---|---|
| **全国总计** | **600131.62** | **362172.80** | **479245.99** | **236219.65** |
| 北　　京 | 25971.94 | 14583.22 | 22873.82 | 11255.34 |
| 天　　津 | 15247.65 | 9530.20 | 12300.74 | 5727.52 |
| 河　　北 | 25567.39 | 15982.28 | 18844.74 | 9543.17 |
| 山　　西 | 13239.47 | 7596.59 | 10613.31 | 5508.74 |
| 内 蒙 古 | 17610.25 | 11364.60 | 12784.21 | 6164.79 |
| 辽　　宁 | 29403.61 | 18547.56 | 23029.29 | 10379.53 |
| 吉　　林 | 11034.01 | 8081.81 | 6536.85 | 2773.55 |
| 黑 龙 江 | 10650.87 | 6524.77 | 7079.13 | 4031.66 |
| 上　　海 | 21677.78 | 14784.77 | 19168.43 | 6818.78 |
| 江　　苏 | 40911.27 | 26699.96 | 30308.90 | 13810.08 |
| 浙　　江 | 29959.91 | 18927.85 | 25083.03 | 10692.68 |
| 安　　徽 | 21740.51 | 14337.91 | 16580.18 | 7800.89 |
| 福　　建 | 22165.33 | 12530.34 | 19576.12 | 9820.74 |
| 江　　西 | 13949.51 | 9316.83 | 9155.54 | 4635.17 |
| 山　　东 | 34305.85 | 22705.51 | 26157.06 | 11802.91 |
| 河　　南 | 23622.50 | 15834.75 | 14593.09 | 7816.52 |
| 湖　　北 | 22006.62 | 13851.09 | 17611.25 | 8283.87 |
| 湖　　南 | 19229.39 | 11270.04 | 16062.40 | 7895.02 |
| 广　　东 | 42658.77 | 25528.40 | 36510.67 | 17269.85 |
| 广　　西 | 16110.03 | 8562.84 | 13372.54 | 7626.62 |
| 海　　南 | 3209.89 | 1802.31 | 2797.09 | 1423.90 |
| 重　　庆 | 18908.31 | 10819.62 | 16296.87 | 7851.53 |
| 四　　川 | 31043.05 | 17754.18 | 24824.51 | 13025.78 |
| 贵　　州 | 9634.81 | 4640.38 | 8296.92 | 5007.46 |
| 云　　南 | 16397.45 | 8264.20 | 14793.77 | 8061.77 |
| 西　　藏 | 765.55 | 525.52 | 568.53 | 239.96 |
| 陕　　西 | 16710.97 | 9448.21 | 13668.97 | 7204.33 |
| 甘　　肃 | 5964.32 | 3453.73 | 4821.39 | 2503.08 |
| 青　　海 | 2814.25 | 1495.27 | 2514.51 | 1291.27 |
| 宁　　夏 | 3090.71 | 1621.62 | 2635.27 | 1463.26 |
| 新　　疆 | 7048.03 | 4243.85 | 5359.89 | 2734.06 |
| 不分地区 | 27481.63 | 11542.59 | 24426.96 | 15755.82 |

# 国民经济行业小类城镇固定资产投资建设总规模

单位：万元

| 行　　业 | 建设总规模 | 自开始建设累计完成投资 | 在建总规模 | 在建净规模 |
|---|---|---|---|---|
| **全　国　总　计** | **6001316239** | **3621727963** | **4792459909** | **2362196533** |
| （一）农、林、牧、渔业 | 57047131 | 40968773 | 30448740 | 15707392 |
| 农业 | 13612922 | 8922728 | 7704435 | 4563583 |
| 谷物及其他作物的种植 | 5428975 | 3469692 | 2891342 | 1920906 |
| 谷物的种植 | 2260346 | 1951972 | 733021 | 299470 |
| 薯类的种植 | 218275 | 180034 | 59828 | 37338 |
| 油料的种植 | 264301 | 148941 | 197616 | 114776 |
| 豆类的种植 | 115632 | 100332 | 24559 | 12200 |
| 棉花的种植 | 211089 | 110840 | 167525 | 98912 |
| 麻类的种植 | 42127 | 30414 | 18846 | 11418 |
| 糖料的种植 | 41333 | 30961 | 23586 | 11650 |
| 烟草的种植 | 190349 | 179861 | 42756 | 10891 |
| 其他作物的种植 | 2085523 | 736337 | 1623605 | 1324251 |
| 蔬菜、园艺作物的种植 | 4874340 | 3258060 | 2806572 | 1553432 |
| 蔬菜的种植 | 2865309 | 2170635 | 1393467 | 690298 |
| 花卉的种植 | 1065343 | 551219 | 710153 | 461944 |
| 其他园艺作物的种植 | 943688 | 536206 | 702952 | 401190 |
| 水果坚果饮料和香料作物的种植 | 2774053 | 1802073 | 1713050 | 946494 |
| 水果、坚果的种植 | 2214849 | 1385885 | 1417659 | 804189 |
| 茶及其他饮料作物的种植 | 505805 | 373449 | 282141 | 131645 |
| 香料作物的种植 | 53399 | 42739 | 13250 | 10660 |
| 中药材的种植 | 535554 | 392903 | 293471 | 142751 |
| 林业 | 11251433 | 7876515 | 6456437 | 3295421 |
| 林木的培育和种植 | 10779941 | 7539354 | 6128171 | 3154952 |
| 育种和育苗 | 1105070 | 792592 | 676825 | 312556 |
| 造林 | 8153286 | 5771993 | 4418628 | 2307481 |
| 林木的抚育和管理 | 1521585 | 974769 | 1032718 | 534915 |
| 木材和竹材的采运 | 330438 | 222059 | 275666 | 110346 |
| 木材的采运 | 328150 | 219771 | 275666 | 110346 |
| 竹材的采运 | 2288 | 2288 | | |
| 林产品的采集 | 141054 | 115102 | 52600 | 30123 |
| 畜牧业 | 15738295 | 11406381 | 8070795 | 4210365 |
| 牲畜的饲养 | 6361942 | 4622352 | 3482521 | 1688741 |
| 猪的饲养 | 5640224 | 4010035 | 2889370 | 1597808 |
| 家禽的饲养 | 2979164 | 2173355 | 1373013 | 772218 |
| 狩猎和捕捉动物 | 28250 | 21265 | 13600 | 7735 |
| 其他畜牧业 | 728715 | 579374 | 312291 | 143863 |
| 渔业 | 1785237 | 1445100 | 850034 | 313262 |
| 海洋渔业 | 821368 | 688084 | 435425 | 121014 |
| 海水养殖 | 676797 | 559056 | 418321 | 113641 |

续表 1

| 行　　业 | 建设总规模 | 自开始建设累计完成投资 | 在建总规模 | 在建净规模 |
|---|---|---|---|---|
| 海洋捕捞 | 144571 | 129028 | 17104 | 7373 |
| 内陆渔业 | 963869 | 757016 | 414609 | 192248 |
| 内陆养殖 | 942486 | 747533 | 396209 | 181038 |
| 内陆捕捞 | 21383 | 9483 | 18400 | 11210 |
| 农、林、牧、渔服务业 | 14659244 | 11318049 | 7367039 | 3324761 |
| 农业服务业 | 13100347 | 10218453 | 6428684 | 2886754 |
| 灌溉服务 | 3659014 | 2797329 | 1699416 | 859208 |
| 农产品初加工服务 | 1568968 | 1101633 | 867101 | 449371 |
| 其他农业服务 | 7872365 | 6319491 | 3862167 | 1578175 |
| 林业服务业 | 439169 | 310038 | 255165 | 127875 |
| 畜牧服务业 | 760185 | 624071 | 367924 | 137950 |
| 兽医服务 | 174301 | 143168 | 66277 | 31122 |
| 其他畜牧服务 | 585884 | 480903 | 301647 | 106828 |
| 渔业服务业 | 359543 | 165487 | 315266 | 172182 |
| **（二）采矿业** | **205352223** | **137716196** | **146708971** | **67089233** |
| 煤炭开采和洗选业 | 100895455 | 55323704 | 82865819 | 44937824 |
| 烟煤和无烟煤的开采洗选 | 92616638 | 50687836 | 75970325 | 41345979 |
| 褐煤的开采洗选 | 7067143 | 4060517 | 5895634 | 2955058 |
| 其他煤炭采选 | 1211674 | 575351 | 999860 | 636787 |
| 石油和天然气开采业 | 53641697 | 48463134 | 31741611 | 5914318 |
| 天然原油和天然气开采 | 46878957 | 43073509 | 28984777 | 5188627 |
| 与石油和天然气开采有关的服务活动 | 6762740 | 5389625 | 2756834 | 725691 |
| 黑色金属矿采选业 | 19728708 | 12782794 | 13458562 | 6590212 |
| 铁矿采选 | 18170921 | 11864118 | 12348039 | 5972788 |
| 其他黑色金属矿采选 | 1557787 | 918676 | 1110523 | 617424 |
| 有色金属矿采选业 | 20166389 | 12857396 | 13276131 | 7136464 |
| 常用有色金属矿采选 | 12544037 | 7607358 | 8442452 | 4832316 |
| 铜矿采选 | 3626973 | 2490045 | 2396183 | 1067094 |
| 铅锌矿采选 | 3125019 | 2309782 | 1861911 | 812574 |
| 镍钴矿采选 | 498989 | 342048 | 383412 | 140829 |
| 锡矿采选 | 437598 | 357979 | 227455 | 73994 |
| 锑矿采选 | 86455 | 77148 | 62185 | 9707 |
| 铝矿采选 | 2598497 | 1155318 | 1729846 | 1450970 |
| 镁矿采选 | 128200 | 103400 | 67500 | 26720 |
| 其他常用有色金属矿采选 | 2042306 | 771638 | 1713960 | 1250428 |
| 贵金属矿采选 | 4114110 | 3090518 | 2240061 | 976868 |
| 金矿采选 | 3789253 | 2876693 | 2052057 | 877223 |
| 银矿采选 | 209760 | 158735 | 107664 | 42982 |
| 其他贵金属矿采选 | 115097 | 55090 | 80340 | 56663 |
| 稀有稀土金属矿采选 | 3508242 | 2159520 | 2593618 | 1327280 |

续表 2

| 行　　业 | 建设总规模 | 自开始建设累计完成投资 | 在建总规模 | 在建净规模 |
|---|---|---|---|---|
| 钨钼矿采选 | 2765271 | 1606691 | 2135167 | 1131210 |
| 稀土金属矿采选 | 96838 | 85709 | 58000 | 11129 |
| 放射性金属矿采选 | 78449 | 39732 | 56431 | 38712 |
| 其他稀有金属矿采选 | 567684 | 427388 | 344020 | 146229 |
| 非金属矿采选业 | 10420829 | 8008883 | 5033763 | 2296182 |
| 土砂石开采 | 5982793 | 5114060 | 2113114 | 834031 |
| 石灰石、石膏开采 | 1352161 | 1163138 | 524865 | 182503 |
| 建筑装饰用石开采 | 1787796 | 1535379 | 596353 | 235190 |
| 耐火土石开采 | 723810 | 644375 | 194716 | 78370 |
| 粘土及其他土砂石开采 | 2119026 | 1771168 | 797180 | 337968 |
| 化学矿采选 | 1644476 | 1052101 | 1270205 | 587958 |
| 采盐 | 778853 | 512801 | 420916 | 202961 |
| 石棉及其他非金属矿采选 | 2014707 | 1329921 | 1229528 | 671232 |
| 石棉、云母矿采选 | 27775 | 24076 | 14600 | 3699 |
| 石墨、滑石采选 | 231116 | 203310 | 137270 | 22308 |
| 宝石、玉石开采 | 86264 | 61514 | 51600 | 25624 |
| 其他非金属矿采选 | 1669552 | 1041021 | 1026058 | 619601 |
| 其他采矿业 | 499145 | 280285 | 333085 | 214233 |
| 其他采矿业 | 499145 | 280285 | 333085 | 214233 |
| **（三）制造业** | **1389754118** | **913556338** | **953352119** | **467067413** |
| 农副食品加工业 | 50761665 | 35531148 | 29228917 | 14418292 |
| 谷物磨制 | 7285234 | 5334082 | 3728145 | 1875867 |
| 饲料加工 | 5221821 | 4012683 | 2590315 | 1174416 |
| 植物油加工 | 6810089 | 4950912 | 3651380 | 1827592 |
| 食用植物油加工 | 6119748 | 4435983 | 3202460 | 1652913 |
| 非食用植物油加工 | 690341 | 514929 | 448920 | 174679 |
| 制糖 | 1562794 | 1079578 | 1024979 | 487445 |
| 屠宰及肉类加工 | 11347876 | 7782148 | 7249701 | 3401646 |
| 畜禽屠宰 | 5780084 | 3906784 | 3777293 | 1780423 |
| 肉制品及副产品加工 | 5567792 | 3875364 | 3472408 | 1621223 |
| 水产品加工 | 2885522 | 2172138 | 1806617 | 661446 |
| 水产品冷冻加工 | 1816803 | 1447318 | 1087192 | 355086 |
| 鱼糜制品及水产品干腌制加工 | 341226 | 263360 | 175113 | 59780 |
| 水产饲料制造 | 159678 | 123608 | 73745 | 22260 |
| 鱼油提取及制品的制造 | 14810 | 12769 | 6800 | 2041 |
| 其他水产品加工 | 553005 | 325083 | 463767 | 222279 |
| 蔬菜、水果和坚果加工 | 5756308 | 4146574 | 3123852 | 1476103 |
| 其他农副食品加工 | 9892021 | 6053033 | 6053928 | 3513777 |
| 淀粉及淀粉制品的制造 | 4989750 | 2626592 | 3357016 | 2098517 |
| 豆制品制造 | 1295351 | 888300 | 706497 | 396673 |

续表 3

| 行　　业 | 建设总规模 | 自开始建设累计完成投资 | 在建总规模 | 在建净规模 |
|---|---|---|---|---|
| 蛋品加工 | 280132 | 230868 | 118601 | 39658 |
| 其他未列明的农副食品加工 | 3326788 | 2307273 | 1871814 | 978929 |
| 食品制造业 | 28011928 | 20152012 | 16123801 | 7294206 |
| 焙烤食品制造 | 3861394 | 2884414 | 2017569 | 946162 |
| 糕点、面包制造 | 1579544 | 1218969 | 741299 | 343910 |
| 饼干及其他焙烤食品制造 | 2281850 | 1665445 | 1276270 | 602252 |
| 糖果、巧克力及蜜饯制造 | 1431545 | 1200793 | 685148 | 213316 |
| 糖果、巧克力制造 | 978577 | 821746 | 480188 | 146527 |
| 蜜饯制作 | 452968 | 379047 | 204960 | 66789 |
| 方便食品制造 | 4538142 | 3508052 | 2400237 | 1005151 |
| 米、面制品制造 | 1799873 | 1470821 | 763174 | 305816 |
| 速冻食品制造 | 879420 | 752888 | 399141 | 137835 |
| 方便面及其他方便食品制造 | 1858849 | 1284343 | 1237922 | 561500 |
| 液体乳及乳制品制造 | 3206906 | 2034329 | 2258356 | 1048573 |
| 罐头制造 | 1928719 | 1479438 | 1163399 | 433022 |
| 肉、禽类罐头制造 | 392465 | 328736 | 219847 | 68599 |
| 水产品罐头制造 | 138638 | 98764 | 93808 | 36871 |
| 蔬菜、水果罐头制造 | 1075235 | 827723 | 582409 | 230596 |
| 其他罐头食品制造 | 322381 | 224215 | 267335 | 96956 |
| 调味品、发酵制品制造 | 4004656 | 2941940 | 1887135 | 766545 |
| 味精制造 | 1030993 | 926907 | 256630 | 92345 |
| 酱油、食醋及类似制品的制造 | 963683 | 732371 | 525156 | 188745 |
| 其他调味品、发酵制品制造 | 2009980 | 1282662 | 1105349 | 485455 |
| 其他食品制造 | 9040566 | 6103046 | 5711957 | 2881437 |
| 营养、保健食品制造 | 2015625 | 1510349 | 946382 | 475188 |
| 冷冻饮品及食用冰制造 | 620771 | 522092 | 326655 | 96032 |
| 盐加工 | 1117857 | 442553 | 1014053 | 672384 |
| 食品及饲料添加剂制造 | 2470509 | 1897239 | 1334801 | 572142 |
| 其他未列明的食品制造 | 2815804 | 1730813 | 2090066 | 1065691 |
| 饮料制造业 | 22344224 | 14937669 | 13687371 | 6985461 |
| 酒精制造 | 3276394 | 1512820 | 2496303 | 1744024 |
| 酒的制造 | 9825709 | 6570422 | 6057162 | 3032275 |
| 白酒制造 | 5028866 | 3455569 | 2977776 | 1524733 |
| 啤酒制造 | 2738249 | 1716450 | 1803729 | 913429 |
| 黄酒制造 | 460713 | 258537 | 331551 | 202906 |
| 葡萄酒制造 | 1077925 | 785900 | 654978 | 251559 |
| 其他酒制造 | 519956 | 353966 | 289128 | 139648 |
| 软饮料制造 | 7655046 | 5752757 | 4077932 | 1730356 |
| 碳酸饮料制造 | 956498 | 813587 | 251636 | 105509 |
| 瓶（罐）装饮用水制造 | 1655997 | 1195499 | 975685 | 421671 |

续表 4

| 行　　业 | 建设总规模 | 自开始建设累计完成投资 | 在建总规模 | 在建净规模 |
|---|---|---|---|---|
| 果菜汁及果菜汁饮料制造 | 2506703 | 1765756 | 1599164 | 695837 |
| 含乳饮料和植物蛋白饮料制造 | 1050060 | 849023 | 433155 | 157347 |
| 固体饮料制造 | 221257 | 138960 | 128027 | 80244 |
| 茶饮料及其他软饮料制造 | 1264531 | 989932 | 690265 | 269748 |
| 精制茶加工 | 1587075 | 1101670 | 1055974 | 478806 |
| 烟草制品业 | 6959285 | 3863597 | 5741340 | 2809512 |
| 烟叶复烤 | 451950 | 263412 | 302654 | 188824 |
| 卷烟制造 | 6350689 | 3488741 | 5341752 | 2574586 |
| 其他烟草制品加工 | 156646 | 111444 | 96934 | 46102 |
| 纺织业 | 37623273 | 25272682 | 23003934 | 11475625 |
| 棉、化纤纺织及印染精加工 | 18594097 | 13175510 | 10958721 | 5059518 |
| 棉、化纤纺织加工 | 16429331 | 11714363 | 9630503 | 4385726 |
| 棉、化纤印染精加工 | 2164766 | 1461147 | 1328218 | 673792 |
| 毛纺织和染整精加工 | 2034689 | 1419286 | 1293617 | 525965 |
| 毛条加工 | 565777 | 313025 | 427880 | 177684 |
| 毛纺织 | 1134772 | 866526 | 661781 | 251926 |
| 毛染整精加工 | 334140 | 239735 | 203956 | 96355 |
| 麻纺织 | 735239 | 475219 | 460722 | 238836 |
| 丝绢纺织及精加工 | 1666652 | 1021435 | 995809 | 566178 |
| 缫丝加工 | 700415 | 438914 | 458645 | 257520 |
| 绢纺和丝织加工 | 736220 | 455024 | 451101 | 258891 |
| 丝印染精加工 | 230017 | 127497 | 86063 | 49767 |
| 纺织制成品制造 | 8911248 | 4998023 | 6288848 | 3751703 |
| 棉及化纤制品制造 | 4290493 | 2121007 | 3224720 | 2142610 |
| 毛制品制造 | 355406 | 169279 | 270768 | 185488 |
| 麻制品制造 | 113477 | 68525 | 63147 | 43007 |
| 丝制品制造 | 300676 | 200698 | 188471 | 89524 |
| 绳、索、缆的制造 | 234683 | 190985 | 96583 | 34226 |
| 纺织带和帘子布制造 | 251469 | 207745 | 80940 | 39427 |
| 无纺布制造 | 1637180 | 942713 | 1082495 | 627661 |
| 其他纺织制成品制造 | 1727864 | 1097071 | 1281724 | 589760 |
| 针织品、编织品及其制品制造 | 5681348 | 4183209 | 3006217 | 1333425 |
| 棉、化纤针织品及编织品制造 | 3090416 | 2394088 | 1500343 | 607498 |
| 毛针织品及编织品制造 | 1016185 | 830194 | 344392 | 128627 |
| 丝针织品及编织品制造 | 460039 | 292875 | 308171 | 162187 |
| 其他针织品及编织品制造 | 1114708 | 666052 | 853311 | 435113 |
| 纺织服装、鞋、帽制造业 | 19567404 | 14691523 | 11408851 | 4690024 |
| 纺织服装制造 | 18204839 | 13628624 | 10765406 | 4460526 |
| 纺织面料鞋的制造 | 1185867 | 936701 | 564843 | 183718 |
| 制帽 | 176698 | 126198 | 78602 | 45780 |

续表 5

| 行　　业 | 建设总规模 | 自开始建设累计完成投资 | 在建总规模 | 在建净规模 |
|---|---|---|---|---|
| 皮革、毛皮、羽毛(绒)及其制品业 | 10538856 | 7551202 | 6642725 | 2910462 |
| 皮革鞣制加工 | 1202525 | 903136 | 738773 | 312401 |
| 皮革制品制造 | 8268120 | 5741013 | 5540325 | 2436246 |
| 皮鞋制造 | 5432595 | 3789068 | 3737995 | 1575530 |
| 皮革服装制造 | 409118 | 348388 | 194615 | 59398 |
| 皮箱、包(袋)制造 | 1321153 | 913172 | 869628 | 404983 |
| 皮手套及皮装饰制品制造 | 183078 | 155770 | 56878 | 26448 |
| 其他皮革制品制造 | 922176 | 534615 | 681209 | 369887 |
| 毛皮鞣制及制品加工 | 539517 | 457523 | 180282 | 79835 |
| 毛皮鞣制加工 | 205762 | 170798 | 63210 | 35074 |
| 毛皮服装加工 | 242812 | 208998 | 68972 | 33751 |
| 其他毛皮制品加工 | 90943 | 77727 | 48100 | 11010 |
| 羽毛(绒)加工及制品制造 | 528694 | 449530 | 183345 | 81980 |
| 羽毛(绒)加工 | 232771 | 218732 | 60502 | 18445 |
| 羽毛(绒)制品加工 | 295923 | 230798 | 122843 | 63535 |
| 木材加工及木竹藤棕草制品 | 16089396 | 12510303 | 7342377 | 3367737 |
| 锯材、木片加工 | 3216142 | 2681080 | 1195363 | 508277 |
| 锯材加工 | 1829009 | 1581588 | 596608 | 238767 |
| 木片加工 | 1387133 | 1099492 | 598755 | 269510 |
| 人造板制造 | 7630429 | 5826289 | 3551528 | 1703513 |
| 胶合板制造 | 2708534 | 2064628 | 1163843 | 560365 |
| 纤维板制造 | 1849741 | 1416061 | 1048722 | 433034 |
| 刨花板制造 | 563697 | 485560 | 187742 | 79891 |
| 其他人造板、材制造 | 2508457 | 1860040 | 1151221 | 630223 |
| 木制品制造 | 3891026 | 3065325 | 1829018 | 750183 |
| 建筑用木料及木材组件加工 | 2584862 | 1997813 | 1278375 | 535714 |
| 木容器制造 | 254456 | 195642 | 99470 | 44786 |
| 软木制品及其他木制品制造 | 1051708 | 871870 | 451173 | 169683 |
| 竹、藤、棕、草制品制造 | 1351799 | 937609 | 766468 | 405764 |
| 家具制造业 | 10870771 | 8307329 | 5443864 | 2477934 |
| 木质家具制造 | 8019462 | 5852989 | 4150971 | 2102141 |
| 竹、藤家具制造 | 181009 | 138194 | 77039 | 32542 |
| 金属家具制造 | 1351033 | 1164913 | 553279 | 169392 |
| 塑料家具制造 | 148104 | 120163 | 61340 | 27221 |
| 其他家具制造 | 1171163 | 1031070 | 601235 | 146638 |
| 造纸及纸制品业 | 31587629 | 19176940 | 23264697 | 12551351 |
| 纸浆制造 | 8404840 | 5305760 | 7519071 | 3099594 |
| 造纸 | 14051245 | 8516876 | 10373233 | 5687849 |
| 机制纸及纸板制造 | 12528589 | 7484736 | 9393787 | 5207825 |
| 手工纸制造 | 214608 | 193782 | 96939 | 20836 |

续表 6

| 行　　业 | 建设总规模 | 自开始建设累计完成投资 | 在建总规模 | 在建净规模 |
|---|---|---|---|---|
| 加工纸制造 | 1308048 | 838358 | 882507 | 459188 |
| 纸制品制造 | 9131544 | 5354304 | 5372393 | 3763908 |
| 纸和纸板容器的制造 | 5433592 | 2984886 | 3211876 | 2419306 |
| 其他纸制品制造 | 3697952 | 2369418 | 2160517 | 1344602 |
| 印刷业和记录媒介的复制 | 9758798 | 7485877 | 5224764 | 2243357 |
| 印刷 | 8833801 | 6859285 | 4647660 | 1975172 |
| 书、报、刊印刷 | 2287290 | 1794428 | 1381083 | 524402 |
| 本册印制 | 515201 | 443596 | 197523 | 74909 |
| 包装装潢及其他印刷 | 6031310 | 4621261 | 3069054 | 1375861 |
| 装订及其他印刷服务活动 | 520412 | 378150 | 264829 | 131561 |
| 记录媒介的复制 | 404585 | 248442 | 312275 | 136624 |
| 文教体育用品制造业 | 3966719 | 3012539 | 2197920 | 890558 |
| 文化用品制造 | 839657 | 590944 | 433328 | 224621 |
| 文具制造 | 276485 | 200806 | 136313 | 65446 |
| 笔的制造 | 241480 | 174712 | 115436 | 53660 |
| 教学用模型及教具制造 | 103310 | 80080 | 49992 | 23000 |
| 墨水、墨汁制造 | 34873 | 34360 | 9000 | 40 |
| 其他文化用品制造 | 183509 | 100986 | 122587 | 82475 |
| 体育用品制造 | 1500134 | 1083189 | 866151 | 374435 |
| 球类制造 | 173424 | 97870 | 104909 | 67439 |
| 体育器材及配件制造 | 501053 | 323153 | 333138 | 160615 |
| 训练健身器材制造 | 308034 | 196192 | 190690 | 90410 |
| 运动防护用具制造 | 142643 | 142384 | 51565 | 12151 |
| 其他体育用品制造 | 374980 | 323590 | 185849 | 43820 |
| 乐器制造 | 224662 | 163728 | 120333 | 58531 |
| 中乐器制造 | 27408 | 27408 | | |
| 西乐器制造 | 134361 | 95211 | 89033 | 38662 |
| 电子乐器制造 | 22146 | 10304 | 16800 | 11797 |
| 其他乐器及零件制造 | 40747 | 30805 | 14500 | 8072 |
| 玩具制造 | 1209183 | 1014415 | 678710 | 199622 |
| 游艺器材及娱乐用品制造 | 193083 | 160263 | 99398 | 33349 |
| 露天游乐场所游乐设备制造 | 119416 | 106082 | 46098 | 14159 |
| 游艺用品及室内游艺器材制造 | 73667 | 54181 | 53300 | 19190 |
| 石油加工、炼焦及核燃料加工业 | 72322816 | 46821719 | 55689734 | 26668510 |
| 精炼石油产品的制造 | 47091760 | 32998373 | 37092283 | 15295728 |
| 原油加工及石油制品制造 | 43986654 | 30562935 | 34151914 | 14673390 |
| 人造原油生产 | 3105106 | 2435438 | 2940369 | 622338 |
| 炼焦及其他 | 25231056 | 13823346 | 18597451 | 11372782 |
| 化学原料及化学制品制造业 | 161199477 | 95303550 | 119371680 | 64862808 |

续表 7

| 行　　业 | 建设总规模 | 自开始建设累计完成投资 | 在建总规模 | 在建净规模 |
|---|---|---|---|---|
| 基础化学原料制造 | 75319446 | 39893078 | 60876639 | 35100904 |
| 无机酸制造 | 4767529 | 2859156 | 3128051 | 1909607 |
| 无机碱制造 | 8738201 | 5695114 | 6660408 | 3067294 |
| 无机盐制造 | 5996430 | 3748992 | 4082359 | 2159106 |
| 有机化学原料制造 | 45437949 | 21664317 | 39017207 | 23557531 |
| 其他基础化学原料制造 | 10379337 | 5925499 | 7988614 | 4407366 |
| 肥料制造 | 25370449 | 15534395 | 18524806 | 9512061 |
| 氮肥制造 | 13260529 | 7719938 | 10405294 | 5354484 |
| 磷肥制造 | 2822487 | 1742955 | 1792555 | 1066752 |
| 钾肥制造 | 1368974 | 1040821 | 1102130 | 322287 |
| 复混肥料制造 | 5242721 | 3164226 | 3713927 | 1973477 |
| 有机肥料及微生物肥料制造 | 1845069 | 1290093 | 1037062 | 541331 |
| 其他肥料制造 | 830669 | 576362 | 473838 | 253730 |
| 农药制造 | 4795580 | 3002204 | 3541734 | 1706517 |
| 化学农药制造 | 2777161 | 1900329 | 1875592 | 786630 |
| 生物化学农药及微生物农药制造 | 2018419 | 1101875 | 1666142 | 919887 |
| 涂料、油墨、颜料及类似产品制造 | 7617071 | 4760461 | 5041423 | 2793495 |
| 涂料制造 | 3896973 | 2328462 | 2471133 | 1570735 |
| 油墨及类似产品制造 | 350503 | 269659 | 177583 | 81235 |
| 颜料制造 | 1146549 | 537035 | 749598 | 587974 |
| 染料制造 | 1002146 | 652882 | 575382 | 304290 |
| 密封用填料及类似品制造 | 1220900 | 972423 | 1067727 | 249261 |
| 合成材料制造 | 13641884 | 8625795 | 10268959 | 5200665 |
| 初级形态的塑料及合成树脂制造 | 8432768 | 4842788 | 7078302 | 3907332 |
| 合成橡胶制造 | 1670249 | 1222441 | 1039100 | 448682 |
| 合成纤维单(聚合)体的制造 | 2485203 | 1769194 | 1463355 | 591115 |
| 其他合成材料制造 | 1053664 | 791372 | 688202 | 253536 |
| 专用化学产品制造 | 29709048 | 19707430 | 18599278 | 9620479 |
| 化学试剂和助剂制造 | 6687614 | 4543494 | 3897068 | 1868049 |
| 专项化学用品制造 | 9323267 | 5976199 | 5792794 | 3382686 |
| 林产化学产品制造 | 866801 | 584330 | 516985 | 272829 |
| 环境污染处理专用药剂材料制造 | 555624 | 432953 | 336134 | 127310 |
| 动物胶制造 | 836937 | 174651 | 729330 | 663311 |
| 其他专用化学产品制造 | 11438805 | 7995803 | 7326967 | 3306294 |
| 日用化学产品制造 | 4745999 | 3780187 | 2518841 | 928687 |
| 肥皂及合成洗涤剂制造 | 970092 | 755859 | 619790 | 233927 |
| 化妆品制造 | 644382 | 479564 | 353911 | 124361 |
| 口腔清洁用品制造 | 34758 | 27566 | 21855 | 6892 |

续表 8

| 行　　业 | 建设总规模 | 自开始建设累计完成投资 | 在建总规模 | 在建净规模 |
|---|---|---|---|---|
| 香料、香精制造 | 703174 | 506550 | 405979 | 186892 |
| 其他日用化学产品制造 | 2393593 | 2010648 | 1117306 | 376615 |
| 医药制造业 | 31386921 | 20900665 | 20844540 | 10033242 |
| 化学药品原药制造 | 6356749 | 3977457 | 4784342 | 2350387 |
| 化学药品制剂制造 | 6140737 | 4049572 | 4107125 | 2134536 |
| 中药饮片加工 | 2840791 | 2017087 | 1733023 | 768726 |
| 中成药制造 | 6574760 | 4167404 | 4448953 | 2219809 |
| 兽用药品制造 | 1351374 | 1118123 | 656199 | 228085 |
| 生物、生化制品的制造 | 5860445 | 3877601 | 3970678 | 1781935 |
| 卫生材料及医药用品制造 | 2262065 | 1693421 | 1144220 | 549764 |
| 化学纤维制造业 | 7471657 | 5273869 | 4848138 | 2215370 |
| 纤维素纤维原料及纤维制造 | 2425519 | 1808032 | 1198897 | 585212 |
| 化纤浆粕制造 | 823579 | 682870 | 187880 | 133012 |
| 人造纤维（纤维素纤维）制造 | 1601940 | 1125162 | 1011017 | 452200 |
| 合成纤维制造 | 5046138 | 3465837 | 3649241 | 1630158 |
| 锦纶纤维制造 | 442944 | 361002 | 170290 | 63012 |
| 涤纶纤维制造 | 1941735 | 1136542 | 1562196 | 827215 |
| 腈纶纤维制造 | 36612 | 34596 | 1000 | 96 |
| 维纶纤维制造 | 702499 | 528159 | 637176 | 205896 |
| 其他合成纤维制造 | 1922348 | 1405538 | 1278579 | 533939 |
| 橡胶制品业 | 15899056 | 9836343 | 11606268 | 6224879 |
| 轮胎制造 | 9378628 | 5089299 | 7804648 | 4443985 |
| 车辆、飞机及工程机械轮胎制造 | 8896792 | 4716770 | 7518764 | 4329287 |
| 力车胎制造 | 264961 | 199614 | 189552 | 71578 |
| 轮胎翻新加工 | 216875 | 172915 | 96332 | 43120 |
| 橡胶板、管、带的制造 | 2641751 | 1844185 | 1620626 | 796015 |
| 橡胶零件制造 | 1159162 | 893810 | 591909 | 267527 |
| 再生橡胶制造 | 390444 | 275890 | 205419 | 109640 |
| 日用及医用橡胶制品制造 | 730898 | 519046 | 496337 | 212748 |
| 橡胶靴鞋制造 | 258278 | 189056 | 146434 | 66731 |
| 其他橡胶制品制造 | 1339895 | 1025057 | 740895 | 328233 |
| 塑料制品业 | 26143460 | 17876825 | 14898310 | 7971542 |
| 塑料薄膜制造 | 3089392 | 2275982 | 1571323 | 768083 |
| 塑料板、管、型材的制造 | 10489154 | 5973403 | 7307384 | 4312593 |
| 塑料丝、绳及编织品的制造 | 1935497 | 1558981 | 821669 | 367145 |
| 泡沫塑料制造 | 1020141 | 889558 | 420038 | 157063 |
| 塑料人造革、合成革制造 | 993306 | 655513 | 693690 | 340081 |
| 塑料包装箱及容器制造 | 2448379 | 1822771 | 1261452 | 626134 |
| 塑料零件制造 | 1406254 | 1112038 | 617065 | 282157 |
| 日用塑料制造 | 2135822 | 1645053 | 993432 | 453518 |

续表 9

| 行　　业 | 建设总规模 | 自开始建设累计完成投资 | 在建总规模 | 在建净规模 |
|---|---|---|---|---|
| 塑料鞋制造 | 434226 | 323710 | 167152 | 53121 |
| 日用塑料杂品制造 | 1701596 | 1321343 | 826280 | 400397 |
| 其他塑料制品制造 | 2625515 | 1943526 | 1212257 | 664768 |
| 非金属矿物制品业 | 114243234 | 78336898 | 70846965 | 35657120 |
| 水泥、石灰和石膏的制造 | 38021460 | 25652609 | 27874088 | 12552249 |
| 水泥制造 | 36550300 | 24542217 | 27145810 | 12196510 |
| 石灰和石膏制造 | 1471160 | 1110392 | 728278 | 355739 |
| 水泥及石膏制品制造 | 11885171 | 8813102 | 5913518 | 2928289 |
| 水泥制品制造 | 6298867 | 4773941 | 3028298 | 1434130 |
| 砼结构构件制造 | 2026008 | 1640949 | 917341 | 373673 |
| 石棉水泥制品制造 | 156198 | 141864 | 26478 | 14521 |
| 轻质建筑材料制造 | 2516160 | 1556163 | 1574798 | 919718 |
| 其他水泥制品制造 | 887938 | 700185 | 366603 | 186247 |
| 砖瓦、石材及其他建筑材料制造 | 24596232 | 18657564 | 11767019 | 5891061 |
| 粘土砖瓦及建筑砌块制造 | 7332137 | 6211902 | 2582416 | 1125544 |
| 建筑陶瓷制品制造 | 5471115 | 3236265 | 3792713 | 2231802 |
| 建筑用石加工 | 3767831 | 2926446 | 1660883 | 843339 |
| 防水建筑材料制造 | 1384031 | 1046590 | 746975 | 317216 |
| 隔热和隔音材料制造 | 1934212 | 1512899 | 913576 | 441571 |
| 其他建筑材料制造 | 4706906 | 3723462 | 2070456 | 931589 |
| 玻璃及玻璃制品制造 | 15216405 | 9976098 | 9889317 | 5045169 |
| 平板玻璃制造 | 4053609 | 2319391 | 3071653 | 1750779 |
| 技术玻璃制品制造 | 2790567 | 1819482 | 1810426 | 903512 |
| 光学玻璃制造 | 691127 | 502387 | 400061 | 157427 |
| 玻璃仪器制造 | 346288 | 318443 | 241043 | 23129 |
| 日用玻璃制品及玻璃包装容器制造 | 2141903 | 1513712 | 1123139 | 538667 |
| 玻璃保温容器制造 | 137506 | 106424 | 88381 | 29567 |
| 玻璃纤维及制品制造 | 2535397 | 1897051 | 1557309 | 618743 |
| 玻璃纤维增强塑料制品制造 | 915644 | 711418 | 403620 | 208344 |
| 其他玻璃制品制造 | 1604364 | 787790 | 1193685 | 815001 |
| 陶瓷制品制造 | 6291414 | 4159323 | 3721026 | 2100568 |
| 卫生陶瓷制品制造 | 1051839 | 652707 | 698561 | 395539 |
| 特种陶瓷制品制造 | 2052324 | 1506252 | 923665 | 536821 |
| 日用陶瓷制品制造 | 2843846 | 1754742 | 1903115 | 1080969 |
| 园林、陈设艺术及其他陶瓷制造 | 343405 | 245622 | 195685 | 87239 |
| 耐火材料制品制造 | 4593614 | 3706718 | 1937442 | 865889 |
| 石棉制品制造 | 351839 | 280314 | 136870 | 71888 |
| 云母制品制造 | 141057 | 113178 | 69674 | 28075 |
| 耐火陶瓷制品及其他耐火材料制造 | 4100718 | 3313226 | 1730898 | 765926 |
| 石墨及其他非金属矿物制品制造 | 13638938 | 7371484 | 9744555 | 6273895 |

续表 10

| 行　　业 | 建设总规模 | 自开始建设累计完成投资 | 在建总规模 | 在建净规模 |
|---|---|---|---|---|
| 石墨及碳素制品制造 | 3879453 | 2578991 | 2368050 | 1279531 |
| 其他非金属矿物制品制造 | 9759485 | 4792493 | 7376505 | 4994364 |
| 黑色金属冶炼及压延加工业 | 104136440 | 72459069 | 78418474 | 32168367 |
| 炼铁 | 5098096 | 3911671 | 2731731 | 1158450 |
| 炼钢 | 29249654 | 24210850 | 19220288 | 5854181 |
| 钢压延加工 | 62493250 | 41121410 | 50456256 | 21105530 |
| 铁合金冶炼 | 7295440 | 3215138 | 6010199 | 4050206 |
| 有色金属冶炼及压延加工业 | 66351452 | 37991674 | 53092061 | 27499920 |
| 常用有色金属冶炼 | 31647702 | 18071924 | 25611269 | 13178091 |
| 铜冶炼 | 6711613 | 3448414 | 5837054 | 3259647 |
| 铅锌冶炼 | 5178971 | 2732408 | 4179663 | 2448380 |
| 镍钴冶炼 | 3962685 | 2422059 | 3222005 | 1547631 |
| 锡冶炼 | 307466 | 174113 | 196762 | 135690 |
| 锑冶炼 | 135023 | 95464 | 92435 | 31505 |
| 铝冶炼 | 11538427 | 6940529 | 9358267 | 4331443 |
| 镁冶炼 | 1457791 | 899314 | 1031254 | 484936 |
| 其他常用有色金属冶炼 | 2355726 | 1359623 | 1693829 | 938859 |
| 贵金属冶炼 | 1477402 | 1129881 | 1204107 | 345818 |
| 金冶炼 | 1228706 | 933243 | 1027052 | 296960 |
| 银冶炼 | 92205 | 67981 | 80255 | 22424 |
| 其他贵金属冶炼 | 156491 | 128657 | 96800 | 26434 |
| 稀有稀土金属冶炼 | 7877035 | 3369220 | 6660451 | 4562547 |
| 钨钼冶炼 | 1726478 | 1127233 | 1212648 | 550612 |
| 稀土金属冶炼 | 750726 | 654556 | 386949 | 203865 |
| 其他稀有金属冶炼 | 5399831 | 1587431 | 5060854 | 3808070 |
| 有色金属合金制造 | 3259976 | 2129321 | 2293397 | 1105308 |
| 有色金属压延加工 | 22089337 | 13291328 | 17322837 | 8308156 |
| 常用有色金属压延加工 | 19271783 | 12063002 | 14934348 | 6821363 |
| 贵金属压延加工 | 685581 | 466294 | 549224 | 192335 |
| 稀有稀土金属压延加工 | 2131973 | 762032 | 1839265 | 1294458 |
| 金属制品业 | 53786635 | 38193966 | 33166681 | 15223321 |
| 结构性金属制品制造 | 24223838 | 16702995 | 15144326 | 7281035 |
| 金属结构制造 | 20439324 | 13773788 | 13352307 | 6406684 |
| 金属门窗制造 | 3784514 | 2929207 | 1792019 | 874351 |
| 金属工具制造 | 4930034 | 3625515 | 2825210 | 1257865 |
| 切削工具制造 | 1048496 | 784364 | 640545 | 248722 |
| 手工具制造 | 703051 | 470925 | 377213 | 215612 |
| 农用及园林用金属工具制造 | 315104 | 265914 | 129115 | 42922 |
| 刀剪及类似日用金属工具制造 | 365238 | 270598 | 203103 | 90706 |
| 其他金属工具制造 | 2498145 | 1833714 | 1475234 | 659903 |

续表 11

| 行　　业 | 建设总规模 | 自开始建设累计完成投资 | 在建总规模 | 在建净规模 |
|---|---|---|---|---|
| 集装箱及金属包装容器制造 | 3515680 | 2446011 | 2314147 | 1015700 |
| 集装箱制造 | 480944 | 370093 | 349044 | 110707 |
| 金属压力容器制造 | 1586195 | 1000739 | 1140210 | 572579 |
| 金属包装容器制造 | 1448541 | 1075179 | 824893 | 332414 |
| 金属丝绳及其制品的制造 | 4052614 | 2782648 | 2712779 | 1300040 |
| 建筑、安全用金属制品制造 | 5450774 | 4094593 | 3301431 | 1389582 |
| 建筑、家具用金属配件制造 | 1367793 | 990221 | 847336 | 370911 |
| 建筑装饰及水暖管道零件制造 | 2947397 | 2144653 | 1937843 | 802985 |
| 安全、消防用金属制品制造 | 638735 | 542236 | 328018 | 125413 |
| 其他建筑安全用金属制品制造 | 496849 | 417483 | 188234 | 90273 |
| 金属表面处理及热处理加工 | 3099101 | 2217834 | 1880950 | 815425 |
| 搪瓷制品制造 | 623978 | 496157 | 414190 | 132397 |
| 工业生产配套用搪瓷制品制造 | 137440 | 107057 | 115600 | 29717 |
| 搪瓷卫生洁具制造 | 186244 | 162343 | 116990 | 28612 |
| 搪瓷日用品及其他搪瓷制品制造 | 300294 | 226757 | 181600 | 74068 |
| 不锈钢及类似日用金属制品制造 | 3227811 | 2375659 | 1879681 | 839994 |
| 金属制厨房调理及卫生器具制造 | 804868 | 635461 | 386259 | 172702 |
| 金属制厨用器皿及餐具制造 | 1023613 | 680295 | 696462 | 327197 |
| 其他日用金属制品制造 | 1399330 | 1059903 | 796960 | 340095 |
| 其他金属制品制造 | 4662805 | 3452554 | 2693967 | 1191283 |
| 铸币及贵金属制实验室用品制造 | 79755 | 62770 | 69855 | 17383 |
| 其他未列明的金属制品制造 | 4583050 | 3389784 | 2624112 | 1173900 |
| 通用设备制造业 | 84591498 | 59876428 | 51465443 | 23723509 |
| 锅炉及原动机制造 | 8153298 | 5355498 | 5718779 | 2619293 |
| 锅炉及辅助设备制造 | 2894682 | 2010794 | 1719042 | 830639 |
| 内燃机及配件制造 | 2965003 | 1875584 | 2284708 | 1058843 |
| 汽轮机及辅机制造 | 1328549 | 802637 | 999247 | 433901 |
| 水轮机及辅机制造 | 292272 | 217456 | 213472 | 74729 |
| 其他原动机制造 | 672792 | 449027 | 502310 | 221181 |
| 金属加工机械制造 | 12497619 | 9325884 | 7679700 | 3150725 |
| 金属切削机床制造 | 3331680 | 2321413 | 2433647 | 993163 |
| 金属成形机床制造 | 1723185 | 1160661 | 1181614 | 551842 |
| 铸造机械制造 | 2402965 | 1928923 | 1243481 | 478487 |
| 金属切割及焊接设备制造 | 595969 | 406048 | 326284 | 177460 |
| 机床附件制造 | 1049725 | 869055 | 506278 | 176344 |
| 其他金属加工机械制造 | 3394095 | 2639784 | 1988396 | 773429 |
| 起重运输设备制造 | 6296570 | 4719342 | 4005827 | 1635205 |
| 泵阀门压缩机及类似机械制造 | 10945357 | 7808087 | 6376377 | 3086734 |
| 泵及真空设备制造 | 2668616 | 2033183 | 1397648 | 585304 |
| 气体压缩机械制造 | 1410602 | 947695 | 917820 | 510100 |

续表 12

| 行　　业 | 建设总规模 | 自开始建设累计完成投资 | 在建总规模 | 在建净规模 |
|---|---|---|---|---|
| 阀门和旋塞的制造 | 3384650 | 2456906 | 1848288 | 906927 |
| 液压和气压动力机械及元件制造 | 3481489 | 2370303 | 2212621 | 1084403 |
| 轴承齿轮传动和驱动部件制造 | 8666733 | 5581126 | 5885498 | 2820231 |
| 轴承制造 | 5224369 | 3371087 | 3615926 | 1617479 |
| 齿轮、传动和驱动部件制造 | 3442364 | 2210039 | 2269572 | 1202752 |
| 烘炉、熔炉及电炉制造 | 498735 | 410137 | 213437 | 90638 |
| 风机衡器包装设备等通用设备制造 | 11927585 | 8548530 | 7056195 | 3229808 |
| 风机、风扇制造 | 2577334 | 2078748 | 1346068 | 488232 |
| 气体、液体分离及纯净设备制造 | 1570508 | 972298 | 1014445 | 589120 |
| 制冷、空调设备制造 | 2246033 | 1462487 | 1462729 | 737157 |
| 风动和电动工具制造 | 1021027 | 646045 | 674372 | 376080 |
| 喷枪及类似器具制造 | 312415 | 240939 | 219483 | 70937 |
| 包装专用设备制造 | 519008 | 416126 | 131202 | 45534 |
| 衡器制造 | 190979 | 160447 | 84090 | 27415 |
| 其他通用设备制造 | 3490281 | 2571440 | 2123806 | 895333 |
| 通用零部件制造及机械修理 | 13357593 | 9353096 | 7405343 | 3775307 |
| 金属密封件制造 | 958434 | 761883 | 599291 | 186312 |
| 紧固件、弹簧制造 | 1809260 | 1460628 | 666779 | 294231 |
| 机械零部件加工及设备修理 | 6851353 | 4784720 | 3738721 | 2037389 |
| 其他通用零部件制造 | 3738546 | 2345865 | 2400552 | 1257375 |
| 金属铸、锻加工 | 12248008 | 8774728 | 7124287 | 3315568 |
| 钢铁铸件制造 | 9083095 | 6735606 | 5087610 | 2238633 |
| 锻件及粉末冶金制品制造 | 3164913 | 2039122 | 2036677 | 1076935 |
| 专用设备制造业 | 64850894 | 42540619 | 43138147 | 21652428 |
| 矿山、冶金、建筑专用设备制造 | 25818035 | 16460540 | 18588263 | 9260990 |
| 采矿、采石设备制造 | 7944377 | 5103877 | 5366563 | 2882195 |
| 石油钻采专用设备制造 | 4566813 | 2828248 | 3006237 | 1673900 |
| 建筑工程用机械制造 | 5858748 | 4006292 | 4090139 | 1878538 |
| 建筑材料生产专用机械制造 | 1374861 | 1011785 | 754588 | 346591 |
| 冶金专用设备制造 | 6073236 | 3510338 | 5370736 | 2479766 |
| 化工木材非金属加工专用设备制造 | 7684303 | 5839056 | 4077920 | 1731972 |
| 炼油、化工生产专用设备制造 | 1703799 | 1373329 | 1008053 | 365003 |
| 橡胶加工专用设备制造 | 513022 | 398205 | 329397 | 98129 |
| 塑料加工专用设备制造 | 1001581 | 710460 | 552950 | 229595 |
| 木材加工机械制造 | 274215 | 234883 | 105206 | 36200 |
| 模具制造 | 3593268 | 2654793 | 1811915 | 877942 |
| 其他非金属加工专用设备制造 | 598418 | 467386 | 270399 | 125103 |
| 食品饮料烟草及饲料专用设备制造 | 1527421 | 1279883 | 630477 | 248506 |
| 食品饮料烟草工业专用设备制造 | 593491 | 472006 | 252449 | 104010 |
| 农副食品加工专用设备制造 | 806750 | 708070 | 314548 | 115345 |

续表 13

| 行　　业 | 建设总规模 | 自开始建设累计完成投资 | 在建总规模 | 在建净规模 |
|---|---|---|---|---|
| 饲料生产专用设备制造 | 127180 | 99807 | 63480 | 29151 |
| 印刷制药日化生产专用设备制造 | 3218198 | 2120112 | 2027306 | 1031666 |
| 制浆和造纸专用设备制造 | 767413 | 493597 | 476208 | 260245 |
| 印刷专用设备制造 | 848435 | 501709 | 582891 | 324935 |
| 日用化工专用设备制造 | 215206 | 170862 | 96314 | 36360 |
| 制药专用设备制造 | 226216 | 155763 | 146223 | 66500 |
| 照明器具生产专用设备制造 | 719048 | 457689 | 476313 | 247382 |
| 玻璃、陶瓷和搪瓷制品生产设备制造 | 177318 | 138537 | 76680 | 37567 |
| 其他日用品生产专用设备制造 | 264562 | 201955 | 172677 | 58677 |
| 纺织服装和皮革工业专用设备制造 | 1998849 | 1403422 | 1259240 | 544969 |
| 纺织专用设备制造 | 1364037 | 937580 | 854667 | 392002 |
| 皮革毛皮及其制品专用设备制造 | 168080 | 125896 | 128210 | 42631 |
| 缝纫机械制造 | 343203 | 239823 | 211263 | 93317 |
| 其他服装加工专用设备制造 | 123529 | 100123 | 65100 | 17019 |
| 电子和电工机械专用设备制造 | 8137741 | 5176455 | 5712961 | 2831060 |
| 农、林、牧、渔专用机械制造 | 3412239 | 2361793 | 1974569 | 1009543 |
| 拖拉机制造 | 748916 | 460260 | 527262 | 276821 |
| 机械化农业及园艺机具制造 | 1293733 | 906188 | 695990 | 347517 |
| 营林及木竹采伐机械制造 | 20651 | 16401 | 12100 | 4250 |
| 畜牧机械制造 | 84003 | 51579 | 52453 | 32490 |
| 渔业机械制造 | 14562 | 10874 | 9680 | 3704 |
| 农林牧渔机械配件制造 | 766926 | 577928 | 402290 | 199261 |
| 其他农林牧渔业机械制造 | 483448 | 338563 | 274794 | 145500 |
| 医疗仪器设备及器械制造 | 3284304 | 2137390 | 2090507 | 1136880 |
| 医疗诊断、监护及治疗设备 | 1043747 | 642689 | 682682 | 412518 |
| 口腔科用设备及器具制造 | 15851 | 12758 | 13051 | 3093 |
| 实验室及医用消毒设备和器具 | 90134 | 82338 | 12955 | 5554 |
| 医疗、外科及兽医用器械制造 | 1072917 | 677937 | 712176 | 416322 |
| 机械治疗及病房护理设备制造 | 228593 | 173076 | 140765 | 53493 |
| 假肢、人工器官及植入器械制造 | 166180 | 96587 | 94241 | 41740 |
| 其他医疗设备及器械制造 | 666882 | 452005 | 434637 | 204160 |
| 环保、社会公共安全及其他专用设备制造 | 9769804 | 5761968 | 6776904 | 3856842 |
| 环境污染防治专用设备制造 | 2688760 | 1772722 | 1671583 | 907623 |
| 地质勘查专用设备制造 | 55506 | 37515 | 41910 | 18021 |
| 邮政专用机械及器材制造 | 1200 | 1200 | | |
| 商业、饮食、服务业专用设备制造 | 131928 | 93694 | 90013 | 37416 |

续表 14

| 行　　业 | 建设总规模 | 自开始建设累计完成投资 | 在建总规模 | 在建净规模 |
|---|---|---|---|---|
| 社会公共安全设备及器材制造 | 473955 | 366731 | 221882 | 117056 |
| 交通安全及管制专用设备制造 | 139316 | 89784 | 75060 | 48382 |
| 水资源专用机械制造 | 512444 | 376007 | 321785 | 152333 |
| 其他专用设备制造 | 5766695 | 3024315 | 4354671 | 2576011 |
| 交通运输设备制造业 | 140513566 | 88503435 | 105466710 | 50625410 |
| 铁路运输设备制造 | 5580283 | 4129760 | 4076647 | 1550923 |
| 铁路机车车辆及动车组制造 | 2089284 | 1585121 | 1705374 | 630240 |
| 工矿有轨专用车辆制造 | 154196 | 111728 | 129053 | 40241 |
| 铁路机车车辆配件制造 | 1490388 | 1099657 | 993459 | 384933 |
| 铁路专用设备及器材、配件制造 | 1028844 | 763677 | 663260 | 251948 |
| 其他铁路设备制造及设备修理 | 817571 | 569577 | 585501 | 243561 |
| 汽车制造 | 86415518 | 57898441 | 60115252 | 27569343 |
| 汽车整车制造 | 33466831 | 21681549 | 24671650 | 11262243 |
| 改装汽车制造 | 3850044 | 2473103 | 2433399 | 1288359 |
| 电车制造 | 619738 | 407115 | 545442 | 210798 |
| 汽车车身、挂车的制造 | 2800328 | 1440709 | 2476016 | 1343039 |
| 汽车零部件及配件制造 | 44116621 | 30625974 | 29236512 | 13181625 |
| 汽车修理 | 1561956 | 1269991 | 752233 | 283279 |
| 摩托车制造 | 4791450 | 2539298 | 3117264 | 2174382 |
| 摩托车整车制造 | 2160889 | 1302290 | 1273651 | 849011 |
| 摩托车零部件及配件制造 | 2630561 | 1237008 | 1843613 | 1325371 |
| 自行车制造 | 2242902 | 1639192 | 1332179 | 568637 |
| 脚踏自行车及残疾人座车制造 | 796135 | 581388 | 532803 | 186368 |
| 助动自行车制造 | 1446767 | 1057804 | 799376 | 382269 |
| 船舶及浮动装置制造 | 30099545 | 17664320 | 26502499 | 12077541 |
| 金属船舶制造 | 18438808 | 10985620 | 16077733 | 7154011 |
| 非金属船舶制造 | 385090 | 183439 | 303015 | 193643 |
| 娱乐船和运动船的建造和修理 | 343564 | 288509 | 313215 | 119818 |
| 船用配套设备制造 | 6506211 | 3569762 | 5566210 | 2840380 |
| 船舶修理及拆船 | 4189832 | 2472461 | 4025486 | 1698178 |
| 航标器材及其他浮动装置的制造 | 236040 | 164529 | 216840 | 71511 |
| 交通器材及其他交通运输设备制造 | 11383868 | 4632424 | 10322869 | 6684584 |
| 交通管理用金属标志及设施制造 | 179008 | 149681 | 68782 | 31135 |
| 其他交通运输设备制造 | 11204860 | 4482743 | 10254087 | 6653449 |
| 电气机械及器材制造业 | 79728183 | 51513220 | 54087075 | 27562825 |

续表 15

| 行　　业 | 建设总规模 | 自开始建设累计完成投资 | 在建总规模 | 在建净规模 |
|---|---|---|---|---|
| 电机制造 | 11157359 | 6688566 | 7737077 | 4283851 |
| 发电机及发电机组制造 | 7390525 | 3975838 | 5590922 | 3302350 |
| 电动机制造 | 2342085 | 1618709 | 1393016 | 647656 |
| 微电机及其他电机制造 | 1424749 | 1094019 | 753139 | 333845 |
| 输配电及控制设备制造 | 17566842 | 13130473 | 10778823 | 4417687 |
| 变压器、整流器和电感器制造 | 5926542 | 4469669 | 3515604 | 1406367 |
| 电容器及其配套设备制造 | 1077507 | 927865 | 504410 | 130241 |
| 配电开关控制设备制造 | 4686095 | 3315215 | 3113767 | 1337102 |
| 电力电子元器件制造 | 4081830 | 3102661 | 2627616 | 1102211 |
| 其他输配电及控制设备制造 | 1794868 | 1315063 | 1017426 | 441766 |
| 电线、电缆、光缆及电工器材制造 | 10524223 | 7535878 | 6212323 | 2965815 |
| 电线电缆制造 | 7518485 | 5646237 | 4198191 | 1828746 |
| 光纤、光缆制造 | 1372732 | 610331 | 1166147 | 758046 |
| 绝缘制品制造 | 733573 | 562132 | 399425 | 190767 |
| 其他电工器材制造 | 899433 | 717178 | 448560 | 188256 |
| 电池制造 | 15946347 | 8469815 | 12114262 | 7489353 |
| 家用电力器具制造 | 6757442 | 4901121 | 4162981 | 1938594 |
| 家用制冷电器具制造 | 1116466 | 1020521 | 502924 | 186556 |
| 家用空气调节器制造 | 1277507 | 883561 | 951658 | 393690 |
| 家用通风电器具制造 | 168964 | 129507 | 84095 | 42130 |
| 家用厨房电器具制造 | 1120687 | 751084 | 762481 | 337767 |
| 家用清洁卫生电器具制造 | 945188 | 577236 | 588902 | 386985 |
| 家用美容、保健电器具制造 | 133080 | 83526 | 79226 | 38188 |
| 家用电力器具专用配件制造 | 764986 | 549112 | 435504 | 230855 |
| 其他家用电力器具制造 | 1230564 | 906574 | 758191 | 322423 |
| 非电力家用器具制造 | 7313648 | 4165963 | 5106787 | 2800057 |
| 燃气、太阳能及类似能源器具 | 6969573 | 3972208 | 4842708 | 2656915 |
| 其他非电力家用器具制造 | 344075 | 193755 | 264079 | 143142 |
| 照明器具制造 | 5970453 | 3685977 | 4216158 | 2236490 |
| 电光源制造 | 2607781 | 1441817 | 1954007 | 1144061 |
| 照明灯具制造 | 2642654 | 1758356 | 1847581 | 866879 |
| 灯用电器附件及其他照明器具制造 | 720018 | 485804 | 414570 | 225550 |
| 其他电气机械及器材制造 | 4491869 | 2935427 | 3758664 | 1430978 |
| 车辆专用照明及电气信号设备制造 | 737324 | 377454 | 605984 | 297401 |
| 其他未列明的电气机械制造 | 3754545 | 2557973 | 3152680 | 1133577 |
| 通信设备、计算机及其他电子设备制造 | 79508378 | 50300358 | 58583256 | 29009498 |
| 通信设备制造 | 10463236 | 7145259 | 8201424 | 3670650 |
| 通信传输设备制造 | 2371184 | 1155173 | 1996321 | 1196325 |
| 通信交换设备制造 | 560509 | 444718 | 277580 | 79066 |
| 通信终端设备制造 | 618755 | 482789 | 264373 | 102837 |

续表 16

| 行　　业 | 建设总规模 | 自开始建设累计完成投资 | 在建总规模 | 在建净规模 |
|---|---|---|---|---|
| 移动通信及终端设备制造 | 5338745 | 3943984 | 4624394 | 1835806 |
| 其他通信设备制造 | 1574043 | 1118595 | 1038756 | 456616 |
| 广播电视设备制造 | 994667 | 478294 | 779986 | 483904 |
| 广播电视节目制作及发射设备 | 191097 | 70643 | 169800 | 120163 |
| 广播电视接收设备及器材制造 | 531632 | 273654 | 412772 | 225522 |
| 应用电视设备及其他广播电视设备制造 | 271938 | 133997 | 197414 | 138219 |
| 电子计算机制造 | 8149480 | 5009965 | 5829688 | 2981898 |
| 电子计算机整机制造 | 1878231 | 1279270 | 1500738 | 572914 |
| 计算机网络设备制造 | 1561070 | 1024287 | 986834 | 505246 |
| 电子计算机外部设备制造 | 4710179 | 2706408 | 3342116 | 1903738 |
| 电子器件制造 | 36648598 | 21542048 | 28589808 | 15007011 |
| 电子真空器件制造 | 1206763 | 672323 | 900354 | 534089 |
| 半导体分立器件制造 | 4740596 | 2783159 | 4313923 | 1989210 |
| 集成电路制造 | 12167253 | 9203611 | 8325226 | 2859157 |
| 光电子器件及其他电子器件制造 | 18533986 | 8882955 | 15050305 | 9624555 |
| 电子元件制造 | 13786418 | 10059219 | 8019627 | 3579613 |
| 电子元件及组件制造 | 11569744 | 8618522 | 6493193 | 2838193 |
| 印制电路板制造 | 2216674 | 1440697 | 1526434 | 741420 |
| 家用视听设备制造 | 3549018 | 2235731 | 2886783 | 1295476 |
| 家用影视设备制造 | 2949073 | 1814915 | 2538647 | 1112127 |
| 家用音响设备制造 | 599945 | 420816 | 348136 | 183349 |
| 其他电子设备制造 | 5916961 | 3829842 | 4275940 | 1990946 |
| 仪器仪表及文化、办公用机械制造 | 11651279 | 8128860 | 7476478 | 3417910 |
| 通用仪器仪表制造 | 4311854 | 3158259 | 2371968 | 1117257 |
| 工业自动控制系统装置制造 | 2216239 | 1491400 | 1244633 | 693088 |
| 电工仪器仪表制造 | 907950 | 746995 | 516545 | 163270 |
| 绘图、计算及测量仪器制造 | 196244 | 163758 | 90622 | 34198 |
| 实验分析仪器制造 | 142969 | 122056 | 56100 | 21546 |
| 试验机制造 | 105796 | 88189 | 78980 | 17287 |
| 供应用仪表及其他通用仪器制造 | 742656 | 545861 | 385088 | 187868 |
| 专用仪器仪表制造 | 2938108 | 2062331 | 2285854 | 868147 |
| 环境监测专用仪器仪表制造 | 209065 | 155444 | 150077 | 44896 |
| 汽车及其他用计数仪表制造 | 257881 | 198100 | 128617 | 57588 |
| 农林牧渔专用仪器仪表制造 | 9912 | 9292 | 4470 | 620 |
| 地质勘探和地震专用仪器制造 | 89739 | 73714 | 26500 | 14953 |
| 教学专用仪器制造 | 94104 | 74588 | 34245 | 16439 |
| 电子测量仪器制造 | 204747 | 163703 | 105483 | 45967 |

续表 17

| 行　　业 | 建设总规模 | 自开始建设累计完成投资 | 在建总规模 | 在建净规模 |
|---|---|---|---|---|
| 其他专用仪器制造 | 2072660 | 1387490 | 1836462 | 687684 |
| 钟表与计时仪器制造 | 560052 | 287322 | 453848 | 267499 |
| 光学仪器及眼镜制造 | 1574842 | 1040792 | 900826 | 505623 |
| 光学仪器制造 | 1216911 | 770210 | 749325 | 435070 |
| 眼镜制造 | 357931 | 270582 | 151501 | 70553 |
| 文化、办公用机械制造 | 1536007 | 1112092 | 846297 | 400039 |
| 电影机械制造 | 56851 | 42180 | 50018 | 14291 |
| 幻灯及投影设备制造 | 42174 | 21907 | 36699 | 20257 |
| 照相机及器材制造 | 352042 | 304663 | 138003 | 42197 |
| 复印和胶印设备制造 | 650168 | 363008 | 493200 | 272775 |
| 计算器及货币专用设备制造 | 335232 | 305924 | 62264 | 27022 |
| 其他文化、办公用机械制造 | 99540 | 74410 | 66113 | 23497 |
| 其他仪器仪表的制造及修理 | 730416 | 468064 | 617685 | 259345 |
| 工艺品及其他制造业 | 21462353 | 14057138 | 16212266 | 7207853 |
| 工艺美术品制造 | 4482323 | 3418240 | 2248836 | 1004458 |
| 雕塑工艺品制造 | 879319 | 714299 | 398326 | 156289 |
| 金属工艺品制造 | 466367 | 332555 | 248016 | 130982 |
| 漆器工艺品制造 | 67956 | 44795 | 30143 | 20011 |
| 花画工艺品制造 | 183852 | 145483 | 87555 | 35005 |
| 天然植物纤维编织工艺品制造 | 218709 | 178620 | 97749 | 42782 |
| 抽纱刺绣工艺品制造 | 526687 | 402719 | 287169 | 113338 |
| 地毯、挂毯制造 | 346352 | 257562 | 193436 | 92111 |
| 珠宝首饰及有关物品的制造 | 737405 | 486578 | 440632 | 224387 |
| 其他工艺美术品制造 | 1055676 | 855629 | 465810 | 189553 |
| 日用杂品制造 | 1389281 | 938527 | 911384 | 399444 |
| 制镜及类似品加工 | 181117 | 82118 | 158310 | 92894 |
| 鬃毛加工、制刷及清扫工具的制造 | 149103 | 120717 | 66889 | 28323 |
| 其他日用杂品制造 | 1059061 | 735692 | 686185 | 278227 |
| 煤制品制造 | 344907 | 274038 | 135630 | 65299 |
| 其他未列明的制造业 | 15245842 | 9426333 | 12916416 | 5738652 |
| 废弃资源和废旧材料回收加工业 | 6426871 | 3148881 | 4829332 | 3228382 |
| 金属废料和碎屑的加工处理 | 4560972 | 1983495 | 3576615 | 2557944 |
| 非金属废料和碎屑的加工处理 | 1865899 | 1165386 | 1252717 | 670438 |
| **（四）电力燃气及水的生产和供应业** | **534407780** | **299587573** | **453625441** | **224803617** |
| 电力、热力的生产和供应业 | 466068624 | 257672583 | 399696223 | 198954581 |
| 电力生产 | 356676642 | 185978755 | 313421943 | 162893667 |
| 火力发电 | 114954393 | 70007643 | 93762046 | 40860079 |
| 水力发电 | 144482108 | 80384300 | 136377358 | 63571368 |
| 核力发电 | 56981021 | 12466199 | 53925061 | 41582415 |

续表 18

| 行　　业 | 建设总规模 | 自开始建设累计完成投资 | 在建总规模 | 在建净规模 |
|---|---|---|---|---|
| 其他能源发电 | 40259120 | 23120613 | 29357478 | 16879805 |
| 电力供应 | 95585715 | 62539455 | 76569730 | 31432586 |
| 热力生产和供应 | 13806267 | 9154373 | 9704550 | 4628328 |
| 燃气生产和供应业 | 23195920 | 12476277 | 19564504 | 10575000 |
| 燃气生产和供应业 | 23195920 | 12476277 | 19564504 | 10575000 |
| 水的生产和供应业 | 45143236 | 29438713 | 34364714 | 15274036 |
| 自来水的生产和供应 | 21313466 | 14100311 | 15849292 | 7006163 |
| 污水处理及其再生利用 | 22538350 | 14673481 | 17573493 | 7628142 |
| 其他水的处理、利用与分配 | 1291420 | 664921 | 941929 | 639731 |
| **（五）建筑业** | **29175789** | **20092786** | **18782585** | **8644733** |
| 房屋和土木工程建筑业 | 25455062 | 17155111 | 17035540 | 7920132 |
| 房屋工程建筑 | 10528799 | 7578968 | 6991626 | 2874700 |
| 土木工程建筑 | 14926263 | 9576143 | 10043914 | 5045432 |
| 铁路、道路、隧道和桥梁工程建筑 | 9243922 | 6222532 | 5806566 | 2757537 |
| 水利和港口工程建筑 | 3240368 | 1571472 | 2527039 | 1645556 |
| 工矿工程建筑 | 576683 | 414793 | 455226 | 154239 |
| 架线和管道工程建筑 | 721349 | 556246 | 406147 | 160092 |
| 其他土木工程建筑 | 1143941 | 811100 | 848936 | 328008 |
| 建筑安装业 | 959889 | 746542 | 400567 | 194752 |
| 建筑安装业 | 959889 | 746542 | 400567 | 194752 |
| 建筑装饰业 | 745016 | 617641 | 270052 | 120616 |
| 建筑装饰业 | 745016 | 617641 | 270052 | 120616 |
| 其他建筑业 | 2015822 | 1573492 | 1076426 | 409233 |
| 工程准备 | 693112 | 518714 | 408368 | 156396 |
| 提供施工设备服务 | 291300 | 259988 | 81000 | 30123 |
| 其他未列明的建筑活动 | 1031410 | 794790 | 587058 | 222714 |
| **（六）交通运输、仓储和邮政业** | **892835430** | **437278780** | **771556890** | **449657935** |
| 铁路运输业 | 306430346 | 126434266 | 272385105 | 179183408 |
| 铁路旅客运输 | 144611674 | 70617734 | 125598212 | 73234108 |
| 铁路货物运输 | 134701548 | 41320418 | 121879461 | 92992118 |
| 铁路运输辅助活动 | 27117124 | 14496114 | 24907432 | 12957182 |
| 客运火车站 | 5903194 | 2926768 | 5005897 | 2970077 |
| 货运火车站 | 866351 | 524281 | 779902 | 337964 |
| 其他铁路运输辅助活动 | 20347579 | 11045065 | 19121633 | 9649141 |
| 道路运输业 | 355070289 | 187457337 | 301065682 | 165153992 |
| 公路旅客运输 | 168643797 | 76815406 | 152804808 | 90549048 |
| 道路货物运输 | 58804626 | 31265942 | 46925338 | 27296488 |
| 道路运输辅助活动 | 127621866 | 79375989 | 101335536 | 47308456 |
| 客运汽车站 | 4968817 | 1619958 | 4374173 | 3348552 |
| 公路管理与养护 | 111277080 | 71498168 | 87539194 | 38846466 |

续表 19

| 行　　业 | 建设总规模 | 自开始建设累计完成投资 | 在建总规模 | 在建净规模 |
|---|---|---|---|---|
| 其他道路运输辅助活动 | 11375969 | 6257863 | 9422169 | 5113438 |
| 城市公共交通业 | 108627386 | 47114322 | 100645324 | 61103375 |
| 公共电汽车客运 | 4082512 | 2310051 | 2511712 | 1642936 |
| 轨道交通 | 98628949 | 41713892 | 93512461 | 56837251 |
| 出租车客运 | 372613 | 359547 | 55350 | 25980 |
| 城市轮渡 | 130577 | 106038 | 108291 | 23377 |
| 其他城市公共交通 | 5412735 | 2624794 | 4457510 | 2573831 |
| 水上运输业 | 54597183 | 36004197 | 45278784 | 17974413 |
| 水上旅客运输 | 1515954 | 1042063 | 1220355 | 412219 |
| 远洋旅客运输 | 40712 | 29712 | | |
| 沿海旅客运输 | 370433 | 182642 | 225027 | 160751 |
| 内河旅客运输 | 1104809 | 829709 | 995328 | 251468 |
| 水上货物运输 | 10193432 | 8818843 | 6770234 | 908208 |
| 远洋货物运输 | 5694097 | 5409766 | 4988627 | 163201 |
| 沿海货物运输 | 2754831 | 2008550 | 1154631 | 565674 |
| 内河货物运输 | 1744504 | 1400527 | 626976 | 179333 |
| 水上运输辅助活动 | 42887797 | 26143291 | 37288195 | 16653986 |
| 客运港口 | 845554 | 473109 | 796738 | 376584 |
| 货运港口 | 36209448 | 22302443 | 31331011 | 13872186 |
| 其他水上运输辅助活动 | 5832795 | 3367739 | 5160446 | 2405216 |
| 航空运输业 | 25043279 | 13728647 | 20156308 | 10242556 |
| 航空客货运输 | 10463570 | 6283911 | 6403096 | 3090580 |
| 航空旅客运输 | 10311759 | 6168233 | 6333137 | 3054165 |
| 航空货物运输 | 151811 | 115678 | 69959 | 36415 |
| 通用航空服务 | 546561 | 364711 | 335499 | 181037 |
| 航空运输辅助活动 | 14033148 | 7080025 | 13417713 | 6970939 |
| 机场 | 13544383 | 6745404 | 13146149 | 6846312 |
| 空中交通管理 | 151413 | 112588 | 22101 | 9553 |
| 其他航空运输辅助活动 | 337352 | 222033 | 249463 | 115074 |
| 管道运输业 | 1977322 | 1388014 | 1254234 | 580090 |
| 管道运输业 | 1977322 | 1388014 | 1254234 | 580090 |
| 装卸搬运和其他运输服务业 | 4623861 | 2977516 | 3170807 | 1614667 |
| 装卸搬运 | 799220 | 559258 | 556970 | 249159 |
| 运输代理服务 | 3824641 | 2418258 | 2613837 | 1365508 |
| 仓储业 | 35869183 | 21712712 | 27300516 | 13686017 |
| 谷物、棉花等农产品仓储 | 4572044 | 3097598 | 2783906 | 1428090 |
| 其他仓储 | 31297139 | 18615114 | 24516610 | 12257927 |
| 邮政业 | 596581 | 461769 | 300130 | 119417 |
| 国家邮政 | 421129 | 317356 | 233030 | 93187 |
| 其他寄递服务 | 175452 | 144413 | 67100 | 26230 |
| **（七）信息传输计算机服务和软件业** | **43062080** | **34161660** | **26768640** | **8652514** |

续表 20

| 行　　业 | 建设总规模 | 自开始建设累计完成投资 | 在建总规模 | 在建净规模 |
|---|---|---|---|---|
| 电信和其他信息传输服务业 | 36180919 | 29964795 | 21252783 | 6072054 |
| 电信 | 30086769 | 24822253 | 17781757 | 4902374 |
| 固定电信服务 | 9855753 | 7874417 | 6081521 | 1542775 |
| 移动电信服务 | 18922690 | 15952941 | 10778100 | 3039046 |
| 其他电信服务 | 1308326 | 994895 | 922136 | 320553 |
| 互联网信息服务 | 3492903 | 3068703 | 1481673 | 536242 |
| 广播电视传输服务 | 2512993 | 1999000 | 1920695 | 619992 |
| 有线广播电视传输服务 | 1982722 | 1570528 | 1469216 | 526895 |
| 无线广播电视传输服务 | 530271 | 428472 | 451479 | 93097 |
| 卫星传输服务 | 88254 | 74839 | 68658 | 13446 |
| 计算机服务业 | 1028897 | 802294 | 563733 | 202729 |
| 计算机系统服务 | 361531 | 304189 | 185361 | 39118 |
| 数据处理 | 161263 | 114190 | 113098 | 41427 |
| 计算机维修 | 19282 | 19182 | 700 | 100 |
| 其他计算机服务 | 486821 | 364733 | 264574 | 122084 |
| 软件业 | 5852264 | 3394571 | 4952124 | 2377731 |
| 公共软件服务 | 4481005 | 2554071 | 3793861 | 1839437 |
| 基础软件服务 | 1454290 | 844826 | 1197316 | 598105 |
| 应用软件服务 | 3026715 | 1709245 | 2596545 | 1241332 |
| 其他软件服务 | 1371259 | 840500 | 1158263 | 538294 |
| **（八）批发和零售业** | **84900288** | **59872162** | **51025316** | **24656096** |
| 批发业 | 41970477 | 28592056 | 26398015 | 13053606 |
| 农畜产品批发 | 3670834 | 2308194 | 2713962 | 1388017 |
| 谷物、豆及薯类批发 | 1204399 | 841514 | 814533 | 366497 |
| 种子、饲料批发 | 265382 | 207301 | 145701 | 58891 |
| 棉、麻批发 | 99384 | 78374 | 46000 | 21050 |
| 牲畜批发 | 99846 | 87578 | 41460 | 11020 |
| 其他农畜产品批发 | 2001823 | 1093427 | 1666268 | 930559 |
| 食品、饮料及烟草制品批发 | 6208281 | 4513533 | 3823676 | 1614990 |
| 米、面制品及食用油批发 | 877741 | 604778 | 470306 | 272788 |
| 糕点、糖果及糖批发 | 341361 | 171421 | 273272 | 158935 |
| 果品、蔬菜批发 | 2287366 | 1690100 | 1457344 | 580054 |
| 肉、禽、蛋及水产品批发 | 994723 | 746499 | 611471 | 209981 |
| 盐及调味品批发 | 122174 | 91475 | 78092 | 27597 |
| 饮料及茶叶批发 | 417124 | 315225 | 228109 | 104391 |
| 烟草制品批发 | 748630 | 593346 | 447662 | 142950 |
| 其他食品批发 | 419162 | 300689 | 257420 | 118294 |
| 纺织、服装及日用品批发 | 5850647 | 3427580 | 4316002 | 2273010 |
| 纺织品、针织品及原料批发 | 1349063 | 989352 | 855429 | 352471 |
| 服装批发 | 1785426 | 1322995 | 1273648 | 423414 |

续表 21

| 行　　业 | 建设总规模 | 自开始建设累计完成投资 | 在建总规模 | 在建净规模 |
|---|---|---|---|---|
| 鞋帽批发 | 335552 | 165017 | 250352 | 166878 |
| 厨房、卫生间用具及日用杂货批发 | 211043 | 110635 | 135825 | 70287 |
| 化妆品及卫生用品批发 | 95696 | 79989 | 29800 | 12599 |
| 其他日用品批发 | 2073867 | 759592 | 1770948 | 1247361 |
| 文化、体育用品及器材批发 | 753504 | 570705 | 375594 | 171828 |
| 文具用品批发 | 157480 | 143194 | 36290 | 13059 |
| 体育用品批发 | 29232 | 24212 | 16000 | 4950 |
| 图书批发 | 163325 | 108481 | 126614 | 52034 |
| 报刊批发 | 600 | 600 | | |
| 音像制品及电子出版物批发 | 8920 | 8920 | | |
| 首饰、工艺品及收藏品批发 | 208283 | 113879 | 129101 | 94385 |
| 其他文化用品批发 | 185664 | 171419 | 67589 | 7400 |
| 医药及医疗器材批发 | 1114883 | 760282 | 733143 | 309737 |
| 西药批发 | 419273 | 301147 | 241310 | 98469 |
| 中药材及中成药批发 | 502464 | 294815 | 402489 | 182627 |
| 医疗用品及器材批发 | 193146 | 164320 | 89344 | 28641 |
| 矿产品、建材及化工产品批发 | 12639039 | 9368240 | 7043740 | 3345493 |
| 煤炭及制品批发 | 1041987 | 945959 | 254608 | 94501 |
| 石油及制品批发 | 1931651 | 1460033 | 984288 | 473302 |
| 非金属矿及制品批发 | 109669 | 108299 | 16416 | 1126 |
| 金属及金属矿批发 | 2438168 | 1680055 | 1586042 | 763924 |
| 建材批发 | 6058600 | 4301064 | 3687372 | 1817870 |
| 化肥批发 | 272459 | 198264 | 150164 | 73569 |
| 农药批发 | 36652 | 34095 | 11500 | 2630 |
| 农用薄膜批发 | 25185 | 10660 | 16585 | 14525 |
| 其他化工产品批发 | 724668 | 629811 | 336765 | 104046 |
| 机械设备、五金交电及电子产品批发 | 8076943 | 5082344 | 4914446 | 2871714 |
| 农业机械批发 | 1193478 | 401938 | 990075 | 791203 |
| 汽车、摩托车及零配件批发 | 2546393 | 1415439 | 1925229 | 1125781 |
| 五金、交电批发 | 1814020 | 1446565 | 1001253 | 368613 |
| 家用电器批发 | 486178 | 343921 | 48608 | 21639 |
| 计算机、软件及辅助设备批发 | 335158 | 230349 | 175201 | 107828 |
| 通讯及广播电视设备批发 | 147106 | 142979 | 14269 | 2807 |
| 其他机械设备及电子产品批发 | 1554610 | 1101153 | 759811 | 453843 |
| 贸易经纪与代理 | 705784 | 521660 | 341431 | 184122 |
| 其他批发 | 2950562 | 2039518 | 2136021 | 894695 |
| 再生物资回收与批发 | 694974 | 520034 | 345854 | 163671 |
| 其他未列明的批发 | 2255588 | 1519484 | 1790167 | 731024 |
| 零售业 | 42929811 | 31280106 | 24627301 | 11602490 |
| 综合零售 | 23549199 | 16354071 | 14571163 | 7225454 |

续表 22

| 行　　业 | 建设总规模 | 自开始建设累计完成投资 | 在建总规模 | 在建净规模 |
|---|---|---|---|---|
| 百货零售 | 13979295 | 8993637 | 9361243 | 5003669 |
| 超级市场零售 | 5322046 | 4049410 | 3022986 | 1272394 |
| 其他综合零售 | 4247858 | 3311024 | 2186934 | 949391 |
| 食品、饮料及烟草制品专门零售 | 1656364 | 1357076 | 675888 | 278129 |
| 粮油零售 | 150025 | 132830 | 35255 | 17215 |
| 糕点、面包零售 | 19881 | 20001 | 2000 | |
| 果品、蔬菜零售 | 493345 | 406285 | 250857 | 82516 |
| 肉、禽、蛋及水产品零售 | 203160 | 158042 | 118474 | 47253 |
| 饮料及茶叶零售 | 137805 | 118117 | 43829 | 5676 |
| 烟草制品零售 | 78005 | 56943 | 30000 | 21955 |
| 其他食品零售 | 574143 | 464858 | 195473 | 103514 |
| 纺织、服装及日用品专门零售 | 1962933 | 1779238 | 841737 | 154991 |
| 纺织品及针织品零售 | 257197 | 212582 | 123958 | 19623 |
| 服装零售 | 1258346 | 1147005 | 604267 | 107888 |
| 鞋帽零售 | 53356 | 52626 | 5100 | 820 |
| 钟表、眼镜零售 | 47732 | 45076 | 6976 | 516 |
| 化妆品及卫生用品零售 | 29095 | 28374 | 3600 | 680 |
| 其他日用品零售 | 317207 | 293575 | 97836 | 25464 |
| 文化、体育用品及器材专门零售 | 1008312 | 794948 | 603031 | 206732 |
| 文具用品零售 | 68845 | 65047 | 36125 | 3498 |
| 体育用品零售 | 65647 | 62243 | 5125 | 3102 |
| 图书零售 | 360064 | 256047 | 297191 | 107477 |
| 报刊零售 | 490 | 490 | | |
| 音像制品及电子出版物零售 | 8630 | 8630 | | |
| 珠宝首饰零售 | 156643 | 135360 | 73927 | 19083 |
| 工艺美术品及收藏品零售 | 231177 | 155984 | 140108 | 67265 |
| 照相器材零售 | 5689 | 5689 | | |
| 其他文化用品零售 | 111127 | 105458 | 50555 | 6307 |
| 医药及医疗器材专门零售 | 598569 | 502517 | 261300 | 92377 |
| 药品零售 | 490284 | 402715 | 236536 | 83514 |
| 医疗用品及器材零售 | 108285 | 99802 | 24764 | 8863 |
| 汽车、摩托车、燃料及零配件专门零售 | 6607514 | 5156150 | 3318506 | 1387969 |
| 汽车零售 | 4940766 | 3705720 | 2688401 | 1183030 |
| 汽车零配件零售 | 627087 | 522603 | 354837 | 106570 |
| 摩托车及零配件零售 | 131532 | 122574 | 33985 | 9059 |
| 机动车燃料零售 | 908129 | 805253 | 241283 | 89310 |
| 家用电器及电子产品专门零售 | 1541988 | 1138679 | 756595 | 404904 |
| 家用电器零售 | 978533 | 624646 | 566136 | 353662 |
| 计算机、软件及辅助设备零售 | 255406 | 221502 | 132949 | 34887 |
| 通信设备零售 | 118615 | 116849 | 13725 | 1478 |

续表 23

| 行　　业 | 建设总规模 | 自开始建设累计完成投资 | 在建总规模 | 在建净规模 |
|---|---|---|---|---|
| 其他电子产品零售 | 189434 | 175682 | 43785 | 14877 |
| 五金家具及室内装修材料专门零售 | 3741690 | 2970460 | 1988156 | 824256 |
| 五金零售 | 374238 | 352234 | 134060 | 16696 |
| 家具零售 | 2199701 | 1686747 | 1195360 | 557645 |
| 涂料零售 | 53070 | 43174 | 28830 | 8522 |
| 其他室内装修材料零售 | 1114681 | 888305 | 629906 | 241393 |
| 无店铺及其他零售 | 2263242 | 1226967 | 1610925 | 1027678 |
| 流动货摊零售 | 10600 | 10600 | 700 | |
| 邮购及电子销售 | 27117 | 23717 | 20000 | 3400 |
| 生活用燃料零售 | 1220571 | 410539 | 996350 | 811551 |
| 花卉零售 | 72044 | 61064 | 27500 | 10908 |
| 旧货零售 | 51448 | 49098 | 6107 | 3175 |
| 其他未列明的零售 | 881462 | 671949 | 560268 | 198644 |
| **（九）住宿和餐饮业** | **53572634** | **34245762** | **36863682** | **18970291** |
| 住宿业 | 41280158 | 24323014 | 31548251 | 16716175 |
| 旅游饭店 | 34650340 | 19382814 | 28045943 | 14999095 |
| 一般旅馆 | 4522447 | 3381295 | 2133834 | 1112041 |
| 其他住宿服务 | 2107371 | 1558905 | 1368474 | 605039 |
| 餐饮业 | 12292476 | 9922748 | 5315431 | 2254116 |
| 正餐服务 | 10357403 | 8398649 | 4440828 | 1861643 |
| 快餐服务 | 421173 | 377851 | 116180 | 46882 |
| 饮料及冷饮服务 | 255668 | 227721 | 67873 | 25988 |
| 其他餐饮服务 | 1258232 | 918527 | 690550 | 319603 |
| **（十）金融业** | **9211578** | **5080340** | **6600283** | **4005845** |
| 银行业 | 5104143 | 3407524 | 3007970 | 1572411 |
| 中央银行 | 378498 | 257138 | 263429 | 115422 |
| 商业银行 | 4136233 | 2868422 | 2356818 | 1180133 |
| 其他银行 | 589412 | 281964 | 387723 | 276856 |
| 证券业 | 2527525 | 970355 | 2414891 | 1557714 |
| 证券市场管理 | 420054 | 133976 | 402768 | 286078 |
| 证券经纪与交易 | 2060224 | 788742 | 2003800 | 1271165 |
| 证券投资 | 9874 | 10735 | | |
| 证券分析与咨询 | 37373 | 36902 | 8323 | 471 |
| 保险业 | 866901 | 244832 | 766617 | 619933 |
| 人寿保险 | 506160 | 182507 | 444967 | 321768 |
| 非人寿保险 | 345690 | 47525 | 321650 | 298165 |
| 保险辅助服务 | 15051 | 14800 | | |
| 其他金融活动 | 713009 | 457629 | 410805 | 255787 |
| 金融信托与管理 | 89694 | 80277 | 46223 | 12057 |
| 金融租赁 | 74101 | 73375 | 18915 | 721 |

续表 24

| 行　　业 | 建设总规模 | 自开始建设累计完成投资 | 在建总规模 | 在建净规模 |
|---|---|---|---|---|
| 财务公司 | 2380 | 2380 | | |
| 邮政储蓄 | 18391 | 17707 | 2711 | 684 |
| 典当 | 63937 | 59400 | 6745 | 3695 |
| 其他未列明的金融活动 | 464506 | 224490 | 336211 | 238630 |
| **（十一）房地产业** | **1826490684** | **1093153299** | **1617823826** | **750477180** |
| 房地产业 | 1826490684 | 1093153299 | 1617823826 | 750477180 |
| 房地产开发经营 | 1715503465 | 1021673660 | 1534989303 | 710240217 |
| 物业管理 | 1786221 | 1238811 | 950653 | 543844 |
| 房地产中介服务 | 483881 | 326246 | 258140 | 157585 |
| 其他房地产活动 | 108717117 | 69914582 | 81625730 | 39535534 |
| **（十二）租赁和商务服务业** | **51277450** | **29572273** | **40846086** | **21414404** |
| 租赁业 | 1471873 | 1155405 | 145744 | 37910 |
| 机械设备租赁 | 1449821 | 1136866 | 127120 | 34397 |
| 汽车租赁 | 127860 | 106781 | 24600 | 13040 |
| 农业机械租赁 | 21499 | 20954 | 9096 | 541 |
| 建筑工程机械与设备租赁 | 323659 | 304037 | 63954 | 15896 |
| 计算机及通讯设备租赁 | 5480 | 5280 | 5000 | 200 |
| 其他机械与设备租赁 | 971323 | 699814 | 24470 | 4720 |
| 文化及日用品出租 | 22052 | 18539 | 18624 | 3513 |
| 图书及音像制品出租 | 10832 | 9338 | 8000 | 1494 |
| 其他文化及日用品出租 | 11220 | 9201 | 10624 | 2019 |
| 商务服务业 | 49805577 | 28416868 | 40700342 | 21376494 |
| 企业管理服务 | 25669650 | 12638596 | 21745980 | 13004728 |
| 企业管理机构 | 9441442 | 3641590 | 8380938 | 5764432 |
| 投资与资产管理 | 12797855 | 6647103 | 11045823 | 6188523 |
| 其他企业管理服务 | 3430353 | 2349903 | 2319219 | 1051773 |
| 法律服务 | 96382 | 72102 | 38433 | 24760 |
| 律师及相关的法律服务 | 63560 | 59084 | 12820 | 4956 |
| 公证服务 | 12600 | 6420 | 7500 | 6180 |
| 其他法律服务 | 20222 | 6598 | 18113 | 13624 |
| 咨询与调查 | 744767 | 638014 | 376289 | 119531 |
| 会计、审计及税务服务 | 81610 | 76392 | 15492 | 5616 |
| 市场调查 | 31333 | 28336 | 13660 | 1900 |
| 社会经济咨询 | 309180 | 228806 | 157407 | 79232 |
| 其他专业咨询 | 322644 | 304480 | 189730 | 32783 |
| 广告业 | 391011 | 344834 | 77716 | 34885 |
| 知识产权服务 | 33015 | 34161 | 2940 | 14 |
| 职业中介服务 | 161268 | 116574 | 74669 | 37743 |
| 市场管理 | 6164480 | 4019583 | 4585299 | 2119918 |
| 旅行社 | 387671 | 291211 | 224527 | 88097 |

续表 25

| 行　　业 | 建设总规模 | 自开始建设累计完成投资 | 在建总规模 | 在建净规模 |
|---|---|---|---|---|
| 其他商务服务 | 16157333 | 10261793 | 13574489 | 5946818 |
| 会议及展览服务 | 8665693 | 5866918 | 7625950 | 2919235 |
| 包装服务 | 299790 | 178191 | 203288 | 121407 |
| 保安服务 | 55109 | 48144 | 8960 | 3430 |
| 办公服务 | 1462446 | 975745 | 1127767 | 499305 |
| 其他未列明的商务服务 | 5674295 | 3192795 | 4608524 | 2403441 |
| **（十三）科研技术服务和地质勘查业** | **28081744** | **16592177** | **20006384** | **10940963** |
| 研究与试验发展 | 10906459 | 6731879 | 8000098 | 3776831 |
| 自然科学研究与试验发展 | 2363021 | 1496672 | 1790080 | 824092 |
| 工程和技术研究与试验发展 | 6513650 | 3686699 | 4968367 | 2454641 |
| 农业科学研究与试验发展 | 1163470 | 918664 | 602088 | 260947 |
| 医学研究与试验发展 | 620281 | 445704 | 496379 | 176996 |
| 社会人文科学研究与试验发展 | 246037 | 184140 | 143184 | 60155 |
| 专业技术服务业 | 9099272 | 4265436 | 7011793 | 4723805 |
| 气象服务 | 1412556 | 529492 | 1224780 | 779664 |
| 地震服务 | 61011 | 40219 | 35512 | 20122 |
| 海洋服务 | 39879 | 30717 | 24988 | 9762 |
| 测绘服务 | 131943 | 112578 | 60689 | 26063 |
| 技术检测 | 1267910 | 951698 | 688231 | 315221 |
| 环境监测 | 132549 | 103420 | 75272 | 28347 |
| 工程技术与规划管理 | 2610794 | 1613336 | 1875566 | 990329 |
| 工程管理服务 | 666865 | 396078 | 444471 | 262653 |
| 工程勘察设计 | 1106544 | 660384 | 796581 | 455359 |
| 规划管理 | 837385 | 556874 | 634514 | 272317 |
| 其他专业技术服务 | 3442630 | 883976 | 3026755 | 2554297 |
| 科技交流和推广服务业 | 5361225 | 3329176 | 3579521 | 2016414 |
| 技术推广服务 | 1872698 | 1045259 | 1308273 | 806169 |
| 科技中介服务 | 1915199 | 1184170 | 1326595 | 743027 |
| 其他科技服务 | 1573328 | 1099747 | 944653 | 467218 |
| 地质勘查业 | 2714788 | 2265686 | 1414972 | 423913 |
| 矿产地质勘查 | 2257320 | 1896411 | 1118136 | 343600 |
| 能源矿产地质勘查 | 1672645 | 1384157 | 840146 | 272940 |
| 固体矿产地质勘查 | 560071 | 495410 | 266759 | 65035 |
| 其他矿产地质勘查 | 24604 | 16844 | 11231 | 5625 |
| 基础地质勘查 | 148706 | 124143 | 76092 | 25047 |
| 地质勘查技术服务 | 308762 | 245132 | 220744 | 55266 |
| **（十四）水利环境和公共设施管理业** | **528864564** | **320745410** | **430466493** | **204284882** |
| 水利管理业 | 90892496 | 42123883 | 78903184 | 47355558 |
| 防洪管理 | 24973167 | 14678227 | 21013209 | 9802149 |
| 水资源管理 | 55300049 | 21318867 | 49610803 | 33229988 |

续表 26

| 行　　业 | 建设总规模 | 自开始建设累计完成投资 | 在建总规模 | 在建净规模 |
|---|---|---|---|---|
| 水库管理 | 11128238 | 7392543 | 8914595 | 3737163 |
| 调水、引水管理 | 41271990 | 11684959 | 38932770 | 28889773 |
| 其他水资源管理 | 2899821 | 2241365 | 1763438 | 603052 |
| 其他水利管理 | 10619280 | 6126789 | 8279172 | 4323421 |
| 环境管理业 | 29864010 | 17715277 | 23500585 | 11885148 |
| 自然保护 | 2778910 | 1566466 | 2167858 | 1217061 |
| 自然保护区管理 | 1074454 | 651539 | 761778 | 424248 |
| 野生动植物保护 | 340345 | 234120 | 244777 | 108835 |
| 其他自然保护 | 1364111 | 680807 | 1161303 | 683978 |
| 环境治理 | 27085100 | 16148811 | 21332727 | 10668087 |
| 城市市容管理 | 3081330 | 2203635 | 2039331 | 864990 |
| 城市环境卫生管理 | 5963961 | 3565483 | 4595246 | 2260505 |
| 水污染治理 | 10014285 | 5592015 | 8224632 | 4356757 |
| 危险废物治理 | 646993 | 461943 | 429484 | 176146 |
| 其他环境治理 | 7378531 | 4325735 | 6044034 | 3009689 |
| 公共设施管理业 | 408108058 | 260906250 | 328062724 | 145044176 |
| 市政公共设施管理 | 348353212 | 223926683 | 281782387 | 122283538 |
| 城市绿化管理 | 11299085 | 8599022 | 7495965 | 2712278 |
| 游览景区管理 | 48455761 | 28380545 | 38784372 | 20048360 |
| 风景名胜区管理 | 16701777 | 9462286 | 13381081 | 7292007 |
| 公园管理 | 13360991 | 8463613 | 10850628 | 4875911 |
| 其他游览景区管理 | 18392993 | 10454646 | 14552663 | 7880442 |
| **（十五）居民服务和其他服务业** | **10141791** | **6540821** | **6693399** | **3597359** |
| 居民服务业 | 6348316 | 4148646 | 4117114 | 2204546 |
| 家庭服务 | 217217 | 163671 | 135747 | 54946 |
| 托儿所 | 34388 | 26040 | 22782 | 8288 |
| 洗染服务 | 30251 | 28433 | 5050 | 1236 |
| 理发及美容保健服务 | 247564 | 231646 | 40206 | 16346 |
| 洗浴服务 | 1772278 | 1101086 | 1095537 | 671092 |
| 婚姻服务 | 47512 | 31642 | 20960 | 16210 |
| 殡葬服务 | 845206 | 583925 | 539060 | 243061 |
| 摄影扩印服务 | 104865 | 102930 | 7350 | 1450 |
| 其他居民服务 | 3049035 | 1879273 | 2250422 | 1191917 |
| 其他服务业 | 3793475 | 2392175 | 2576285 | 1392813 |
| 修理与维护 | 1620014 | 968629 | 999253 | 643602 |
| 汽车、摩托车维护与保养 | 1363495 | 857896 | 815655 | 501472 |
| 办公设备维修 | 13520 | 11860 | 3783 | 1713 |
| 家用电器修理 | 8580 | 8021 | 1100 | 100 |
| 其他日用品修理 | 234419 | 90852 | 178715 | 140317 |
| 清洁服务 | 127723 | 106154 | 63060 | 21798 |

续表 27

| 行　　业 | 建设总规模 | 自开始建设累计完成投资 | 在建总规模 | 在建净规模 |
|---|---|---|---|---|
| 建筑物清洁服务 | 4094 | 3883 | 3164 | 210 |
| 其他清洁服务 | 123629 | 102271 | 59896 | 21588 |
| 其他未列明的服务 | 2045738 | 1317392 | 1513972 | 727413 |
| **（十六）教育** | **82716984** | **56619271** | **59075112** | **24786947** |
| 教育 | 82716984 | 56619271 | 59075112 | 24786947 |
| 学前教育 | 974417 | 809129 | 370731 | 167524 |
| 初等教育 | 8246541 | 6550430 | 4200785 | 1660085 |
| 中等教育 | 23829861 | 16830072 | 14713099 | 6660999 |
| 初中教育 | 8293447 | 6568286 | 4112359 | 1756703 |
| 高中教育 | 7751154 | 5434666 | 4856716 | 2114346 |
| 中等专业教育 | 2157849 | 1396148 | 1585728 | 744923 |
| 职业中学教育 | 3324023 | 1964172 | 2507295 | 1288777 |
| 技工学校教育 | 1843593 | 1113769 | 1398187 | 657422 |
| 其他中等教育 | 459795 | 353031 | 252814 | 98828 |
| 高等教育 | 42837333 | 28361884 | 34867663 | 13588155 |
| 普通高等教育 | 40387419 | 26929021 | 32823968 | 12584415 |
| 成人高等教育 | 2449914 | 1432863 | 2043695 | 1003740 |
| 其他教育 | 6828832 | 4067756 | 4922834 | 2710184 |
| 职业技能培训 | 4586360 | 2779112 | 3215107 | 1753746 |
| 特殊教育 | 266051 | 179215 | 197880 | 86081 |
| 其他未列明的教育 | 1976421 | 1109429 | 1509847 | 870357 |
| **（十七）卫生社会保障和社会福利业** | **39409541** | **25017905** | **28192011** | **14053699** |
| 卫生 | 34522045 | 21836727 | 25105092 | 12399510 |
| 医院 | 29326025 | 17769147 | 22398216 | 11288375 |
| 综合医院 | 23436797 | 13849186 | 18291404 | 9401150 |
| 中医医院 | 2254542 | 1367970 | 1778270 | 900868 |
| 中西医结合医院 | 571773 | 348965 | 390275 | 212968 |
| 民族医院 | 105897 | 63124 | 90397 | 42138 |
| 专科医院 | 2485553 | 1793582 | 1576269 | 620523 |
| 疗养院 | 471463 | 346320 | 271601 | 110728 |
| 卫生院及社区医疗活动 | 2629165 | 2120373 | 1219929 | 495404 |
| 门诊部医疗活动 | 495272 | 340250 | 271455 | 154323 |
| 计划生育技术服务活动 | 336069 | 295624 | 101817 | 42144 |
| 妇幼保健活动 | 581658 | 386069 | 417907 | 195134 |
| 专科疾病防治活动 | 105345 | 88621 | 52119 | 15761 |
| 疾病预防控制及防疫活动 | 494011 | 387502 | 318480 | 106416 |
| 其他卫生活动 | 554500 | 449141 | 325169 | 101953 |
| 社会保障业 | 1972926 | 1043152 | 1449694 | 901387 |
| 社会保障业 | 1972926 | 1043152 | 1449694 | 901387 |
| 社会福利业 | 2914570 | 2138026 | 1637225 | 752802 |

续表 28

| 行　　业 | 建设总规模 | 自开始建设累计完成投资 | 在建总规模 | 在建净规模 |
|---|---|---|---|---|
| 提供住宿的社会福利 | 2422701 | 1823936 | 1274732 | 571810 |
| 干部休养所 | 424935 | 390745 | 153535 | 39852 |
| 收养收容服务 | 1997766 | 1433191 | 1121197 | 531958 |
| 不提供住宿的社会福利 | 491869 | 314090 | 362493 | 180992 |
| **（十八）文化、体育和娱乐业** | **60917811** | **37021927** | **48587240** | **23481176** |
| 新闻出版业 | 1691025 | 1124396 | 1430998 | 576216 |
| 新闻业 | 697104 | 405285 | 619210 | 303578 |
| 出版业 | 993921 | 719111 | 811788 | 272638 |
| 图书出版 | 325253 | 209894 | 286399 | 113750 |
| 报纸出版 | 584611 | 439138 | 463365 | 143978 |
| 期刊出版 | 51931 | 44155 | 42114 | 7776 |
| 音像制品出版 | 2960 | 2960 | | |
| 电子出版物出版 | 9100 | 4772 | 5100 | 4328 |
| 其他出版 | 20066 | 18192 | 14810 | 2806 |
| 广播、电视、电影和音像业 | 6719852 | 4018386 | 5287161 | 2636516 |
| 广播 | 1070318 | 753984 | 835738 | 313507 |
| 电视 | 4286364 | 2641748 | 3462668 | 1592708 |
| 电影 | 1281030 | 548220 | 940195 | 723791 |
| 电影制作与发行 | 633924 | 280498 | 462842 | 344119 |
| 电影放映 | 647106 | 267722 | 477353 | 379672 |
| 音像制作 | 82140 | 74434 | 48560 | 6510 |
| 文化艺术业 | 20209971 | 12978010 | 15986267 | 7202752 |
| 文艺创作与表演 | 898932 | 748172 | 310435 | 142372 |
| 艺术表演场馆 | 3112078 | 2326005 | 2427392 | 885631 |
| 图书馆与档案馆 | 1792313 | 1147028 | 1523720 | 634433 |
| 图书馆 | 1476920 | 961355 | 1254659 | 507690 |
| 档案馆 | 315393 | 185673 | 269061 | 126743 |
| 文物及文化保护 | 3058275 | 1916065 | 2494778 | 1128953 |
| 博物馆 | 5250584 | 3193605 | 4338397 | 2046828 |
| 烈士陵园、纪念馆 | 547634 | 325084 | 345659 | 185836 |
| 群众文化活动 | 3896828 | 2362867 | 3148563 | 1510972 |
| 文化艺术经纪代理 | 243122 | 223392 | 214600 | 19730 |
| 其他文化艺术 | 1410205 | 735792 | 1182723 | 647997 |
| 体育 | 12806346 | 7319464 | 10485452 | 5429654 |
| 体育组织 | 1336182 | 325046 | 1141294 | 1000636 |
| 体育场馆 | 10962341 | 6768676 | 8969283 | 4151212 |
| 其他体育 | 507823 | 225742 | 374875 | 277806 |
| 娱乐业 | 19490617 | 11581671 | 15397362 | 7636038 |
| 室内娱乐活动 | 2675413 | 2036051 | 1458847 | 624431 |
| 游乐园 | 5724672 | 3053268 | 5315243 | 2508534 |

续表 29

| 行业 | 建设总规模 | 自开始建设累计完成投资 | 在建总规模 | 在建净规模 |
|---|---|---|---|---|
| 休闲健身娱乐活动 | 8185125 | 4826443 | 6476469 | 3307979 |
| 其他娱乐活动 | 2905407 | 1665909 | 2146803 | 1195094 |
| **（十九）公共管理和社会组织** | **74096619** | **53904510** | **45036691** | **19904854** |
| 中国共产党机关 | 677721 | 473807 | 390718 | 199738 |
| 中国共产党机关 | 677721 | 473807 | 390718 | 199738 |
| 国家机构 | 58963386 | 42307209 | 36760461 | 16386025 |
| 国家权力机构 | 2301003 | 1777756 | 1327240 | 499590 |
| 国家行政机构 | 53484911 | 38337106 | 33481043 | 14952064 |
| 综合事务管理机构 | 19245972 | 13982692 | 12424269 | 5242460 |
| 对外事务管理机构 | 260554 | 197080 | 202466 | 63014 |
| 公共安全管理机构 | 5928565 | 4280569 | 3819354 | 1592941 |
| 社会事务管理机构 | 5521636 | 4081924 | 3288579 | 1387060 |
| 经济事务管理机构 | 14670928 | 10189091 | 8551380 | 4428689 |
| 政府事务管理机构 | 6257755 | 4329814 | 4253455 | 1932006 |
| 行政监督检查机构 | 1599501 | 1275936 | 941540 | 305894 |
| 人民法院和人民检察院 | 1824158 | 1353024 | 1099297 | 449016 |
| 人民法院 | 953237 | 725773 | 585629 | 214904 |
| 人民检察院 | 870921 | 627251 | 513668 | 234112 |
| 其他国家机构 | 1353314 | 839323 | 852881 | 485355 |
| 人民政协和民主党派 | 137198 | 124849 | 44223 | 7558 |
| 人民政协 | 100782 | 91631 | 38720 | 7464 |
| 民主党派 | 36416 | 33218 | 5503 | 94 |
| 群众团体、社会团体和宗教组织 | 2218947 | 1615422 | 1314514 | 577665 |
| 群众团体 | 349889 | 192929 | 248639 | 149327 |
| 工会 | 249413 | 121993 | 183927 | 117484 |
| 妇联 | 12347 | 1945 | 11067 | 10202 |
| 共青团 | 5248 | 3938 | 3500 | 1310 |
| 其他群众团体 | 82881 | 65053 | 50145 | 20331 |
| 社会团体 | 468408 | 383799 | 243515 | 93233 |
| 专业性团体 | 109500 | 81309 | 61916 | 28241 |
| 行业性团体 | 206223 | 173667 | 93582 | 44307 |
| 其他社会团体 | 152685 | 128823 | 88017 | 20685 |
| 宗教组织 | 1400650 | 1038694 | 822360 | 335105 |
| 基层群众自治组织 | 12099367 | 9383223 | 6526775 | 2733868 |
| 社区自治组织 | 3596736 | 2911642 | 1910680 | 703988 |
| 村民自治组织 | 8502631 | 6471581 | 4616095 | 2029880 |
| **（二十）国际组织** | | | | |
| 国际组织 | | | | |

# 各地区城镇投资和新增固定资产

单位：万元

| 地　　区 | 投 资 额 | 新增固定资产 | 固定资产交付使用率（%） |
| --- | --- | --- | --- |
| **全国总计** | **1939203894** | **1139438875** | **58.76** |
| 北　　京 | 41496286 | 21355596 | 51.46 |
| 天　　津 | 44465679 | 23618292 | 53.12 |
| 河　　北 | 104765014 | 68365793 | 65.26 |
| 山　　西 | 45095569 | 24364004 | 54.03 |
| 内 蒙 古 | 71438367 | 46205901 | 64.68 |
| 辽　　宁 | 116051207 | 68569175 | 59.09 |
| 吉　　林 | 59589498 | 41537919 | 69.71 |
| 黑 龙 江 | 46957424 | 34780249 | 74.07 |
| 上　　海 | 46189096 | 23316770 | 50.48 |
| 江　　苏 | 142668014 | 103036183 | 72.22 |
| 浙　　江 | 74543262 | 41356038 | 55.48 |
| 安　　徽 | 79454978 | 45428032 | 57.17 |
| 福　　建 | 55486078 | 23786125 | 42.87 |
| 江　　西 | 60081185 | 39755858 | 66.17 |
| 山　　东 | 154390970 | 86240043 | 55.86 |
| 河　　南 | 114548894 | 81774242 | 71.39 |
| 湖　　北 | 71836717 | 47180272 | 65.68 |
| 湖　　南 | 68800027 | 35715885 | 51.91 |
| 广　　东 | 102300526 | 57904390 | 56.60 |
| 广　　西 | 46898801 | 24425977 | 52.08 |
| 海　　南 | 9426794 | 3407306 | 36.14 |
| 重　　庆 | 48551053 | 25252101 | 52.01 |
| 四　　川 | 90900851 | 55175840 | 60.70 |
| 贵　　州 | 20498252 | 11015530 | 53.74 |
| 云　　南 | 41175129 | 18121007 | 44.01 |
| 西　　藏 | 3276350 | 2217300 | 67.68 |
| 陕　　西 | 58883715 | 28684111 | 48.71 |
| 甘　　肃 | 20763582 | 10736992 | 51.71 |
| 青　　海 | 6890893 | 2865502 | 41.58 |
| 宁　　夏 | 9641606 | 5559842 | 57.67 |
| 新　　疆 | 24341466 | 18806682 | 77.26 |
| 不分地区 | 57796611 | 18879918 | 32.67 |

# 国民经济行业大类城镇投资和新增固定资产

单位：万元

| 行　　业 | 投资额 | 新增固定资产 | 固定资产交付使用率（%） |
|---|---|---|---|
| **全　国　总　计** | **1939203894** | **1139438875** | **58.76** |
| （一）农、林、牧、渔业 | 33563903 | 25292662 | 75.36 |
| 农业 | 7432447 | 5607094 | 75.44 |
| 林业 | 5843141 | 4567117 | 78.16 |
| 畜牧业 | 9662580 | 7103409 | 73.51 |
| 渔业 | 1298594 | 955805 | 73.60 |
| 农、林、牧、渔服务业 | 9327141 | 7059237 | 75.68 |
| **（二）采矿业** | **81708267** | **57812565** | **70.75** |
| 煤炭开采和洗选业 | 30569292 | 17774063 | 58.14 |
| 石油和天然气开采业 | 27914820 | 22324761 | 79.97 |
| 黑色金属矿采选业 | 8437870 | 5731483 | 67.93 |
| 有色金属矿采选业 | 8300060 | 6712005 | 80.87 |
| 非金属矿采选业 | 6273698 | 5119227 | 81.60 |
| 其他采矿业 | 212527 | 151026 | 71.06 |
| **（三）制造业** | **587060676** | **403170127** | **68.68** |
| 农副食品加工业 | 28301065 | 20465756 | 72.31 |
| 食品制造业 | 15094662 | 11072132 | 73.35 |
| 饮料制造业 | 10788469 | 7838659 | 72.66 |
| 烟草制品业 | 2166077 | 1044025 | 48.20 |
| 纺织业 | 17643749 | 13100572 | 74.25 |
| 纺织服装、鞋、帽制造业 | 10505938 | 7883553 | 75.04 |
| 皮革、毛皮、羽毛(绒)及其制品业 | 5182309 | 3653173 | 70.49 |
| 木材加工及木、竹、藤、棕、草制品业 | 10164864 | 8371940 | 82.36 |
| 家具制造业 | 6451610 | 5272230 | 81.72 |
| 造纸及纸制品业 | 12441015 | 7767827 | 62.44 |
| 印刷业和记录媒介的复制 | 5673712 | 4172045 | 73.53 |
| 文教体育用品制造业 | 2172265 | 1567903 | 72.18 |
| 石油加工、炼焦及核燃料加工业 | 18398163 | 14536718 | 79.01 |
| 化学原料及化学制品制造业 | 59798935 | 39224257 | 65.59 |
| 医药制造业 | 14542899 | 9508391 | 65.38 |
| 化学纤维制造业 | 2760786 | 2240828 | 81.17 |
| 橡胶制品业 | 6582076 | 4312555 | 65.52 |
| 塑料制品业 | 14057149 | 10156753 | 72.25 |
| 非金属矿物制品业 | 59044427 | 40937178 | 69.33 |
| 黑色金属冶炼及压延加工业 | 32649259 | 25127915 | 76.96 |
| 有色金属冶炼及压延加工业 | 21537806 | 13306089 | 61.78 |
| 金属制品业 | 28178357 | 19916252 | 70.68 |
| 通用设备制造业 | 44611569 | 30986774 | 69.46 |
| 专用设备制造业 | 30760267 | 20720114 | 67.36 |

续表 1　　　　单位：万元

| 行　　业 | 投资额 | 新增固定资产 | 固定资产交付使用率（%） |
|---|---|---|---|
| 交通运输设备制造业 | 49751065 | 28566465 | 57.42 |
| 电气机械及器材制造业 | 35577668 | 23717820 | 66.66 |
| 通信设备、计算机及其他电子设备制造业 | 26236279 | 17399463 | 66.32 |
| 仪器仪表文化办公用机械制造业 | 5270069 | 3525228 | 66.89 |
| 工艺品及其他制造业 | 8269300 | 5128778 | 62.02 |
| 废弃资源和废旧材料回收加工业 | 2448867 | 1648734 | 67.33 |
| **（四）电力燃气水的生产供应业** | **135454481** | **70018726** | **51.69** |
| 电力、热力的生产和供应业 | 111390690 | 56086820 | 50.35 |
| 燃气生产和供应业 | 6506521 | 4057350 | 62.36 |
| 水的生产和供应业 | 17557270 | 9874556 | 56.24 |
| **（五）建筑业** | **15691339** | **9633102** | **61.39** |
| 房屋和土木工程建筑业 | 13046573 | 7754891 | 59.44 |
| 建筑安装业 | 701987 | 521790 | 74.33 |
| 建筑装饰业 | 576100 | 446664 | 77.53 |
| 其他建筑业 | 1366679 | 909757 | 66.57 |
| **（六）交通运输、仓储和邮政业** | **232713211** | **95931072** | **41.22** |
| 铁路运输业 | 66608687 | 21225877 | 31.87 |
| 道路运输业 | 105576192 | 49267576 | 46.67 |
| 城市公共交通业 | 20340618 | 4235835 | 20.82 |
| 水上运输业 | 16706559 | 7673811 | 45.93 |
| 航空运输业 | 6048524 | 2681356 | 44.33 |
| 管道运输业 | 730803 | 512386 | 70.11 |
| 装卸搬运和其他运输服务业 | 2218950 | 1400330 | 63.11 |
| 仓储业 | 14133169 | 8670264 | 61.35 |
| 邮政业 | 349709 | 263637 | 75.39 |
| **（七）信息传输、计算机服务和软件业** | **25434791** | **15672745** | **61.62** |
| 电信和其他信息传输服务业 | 22789186 | 14437702 | 63.35 |
| 计算机服务业 | 620009 | 419547 | 67.67 |
| 软件业 | 2025596 | 815496 | 40.26 |
| **（八）批发和零售业** | **44909825** | **32509027** | **72.39** |
| 批发业 | 21234279 | 14772460 | 69.57 |
| 零售业 | 23675546 | 17736567 | 74.92 |
| **（九）住宿和餐饮业** | **23286075** | **16241431** | **69.75** |
| 住宿业 | 14878864 | 9410564 | 63.25 |
| 餐饮业 | 8407211 | 6830867 | 81.25 |
| **（十）金融业** | **3485442** | **2470653** | **70.88** |
| 银行业 | 2651198 | 1961231 | 73.98 |
| 证券业 | 276752 | 87887 | 31.76 |
| 保险业 | 179646 | 109350 | 60.87 |

续表 2　　　　单位：万元

| 行　　业 | 投资额 | 新增固定资产 | 固定资产交付使用率（%） |
| --- | --- | --- | --- |
| 其他金融活动 | 377846 | 312185 | 82.62 |
| **（十一）房地产业** | **431276404** | **225532870** | **52.29** |
| 房地产业 | 431276404 | 225532870 | 52.29 |
| **（十二）租赁和商务服务业** | **18804384** | **9483741** | **50.43** |
| 租赁业 | 1136169 | 460397 | 40.52 |
| 商务服务业 | 17668215 | 9023344 | 51.07 |
| **（十三）科学研究、技术服务和地质勘查业** | **10840333** | **6907544** | **63.72** |
| 研究与试验发展 | 3699809 | 2344215 | 63.36 |
| 专业技术服务业 | 3029829 | 1986719 | 65.57 |
| 科技交流和推广服务业 | 2350494 | 1581567 | 67.29 |
| 地质勘查业 | 1760201 | 995043 | 56.53 |
| **（十四）水利、环境和公共设施管理业** | **178788972** | **93611734** | **52.36** |
| 水利管理业 | 22179031 | 11669306 | 52.61 |
| 环境管理业 | 11973443 | 6394159 | 53.40 |
| 公共设施管理业 | 144636498 | 75548269 | 52.23 |
| **（十五）居民服务和其他服务业** | **5185762** | **3721525** | **71.76** |
| 居民服务业 | 3173860 | 2327350 | 73.33 |
| 其他服务业 | 2011902 | 1394175 | 69.30 |
| **（十六）教育** | **32424595** | **20982038** | **64.71** |
| 教育 | 32424595 | 20982038 | 64.71 |
| **（十七）卫生、社会保障和社会福利业** | **16979995** | **10549749** | **62.13** |
| 卫生 | 14476012 | 8887807 | 61.40 |
| 社会保障业 | 832992 | 463065 | 55.59 |
| 社会福利业 | 1670991 | 1198877 | 71.75 |
| **（十八）文化、体育和娱乐业** | **21253927** | **11340516** | **53.36** |
| 新闻出版业 | 529866 | 320800 | 60.54 |
| 广播、电视、电影和音像业 | 1630964 | 1301646 | 79.81 |
| 文化艺术业 | 7188525 | 3921828 | 54.56 |
| 体育 | 4192786 | 1765098 | 42.10 |
| 娱乐业 | 7711786 | 4031144 | 52.27 |
| **（十九）公共管理和社会组织** | **40341512** | **28557048** | **70.79** |
| 中国共产党机关 | 264933 | 270436 | 102.08 |
| 国家机构 | 31381709 | 21465774 | 68.40 |
| 人民政协和民主党派 | 79773 | 82150 | 102.98 |
| 群众团体、社会团体和宗教组织 | 1130486 | 801283 | 70.88 |
| 基层群众自治组织 | 7484611 | 5937405 | 79.33 |
| **（二十）国际组织** | | | |
| 国际组织 | | | |

# 各地区按登记注册类型分的城镇投资

单位:万元

| 地区 | 合计 | 内资 | 国有 | 集体 | 股份合作 | 国有联营 | 集体联营 |
|---|---|---|---|---|---|---|---|
| **全国总计** | **1939203894** | **1797867737** | **659076704** | **57540537** | **10271316** | **3155276** | **794489** |
| 北京 | 41496286 | 37173572 | 12860143 | 133691 | 65353 | 28075 | 515 |
| 天津 | 44465679 | 40741625 | 17419299 | 1694942 | 111856 | 146902 | 5100 |
| 河北 | 104765014 | 100529331 | 26304642 | 5735867 | 614438 | 79202 | 27281 |
| 山西 | 45095569 | 44008394 | 22116454 | 1773637 | 119773 | 148549 | 76830 |
| 内蒙古 | 71438367 | 69517577 | 27783003 | 611218 | 509845 | 86334 | 34565 |
| 辽宁 | 116051207 | 102080819 | 25091126 | 3506019 | 788551 | 45850 | 25615 |
| 吉林 | 59589498 | 57347550 | 17048083 | 509620 | 86119 | 3300 | 22210 |
| 黑龙江 | 46957424 | 45588515 | 20559222 | 663142 | 176574 | 4777 | 4630 |
| 上海 | 46189096 | 40319957 | 23364737 | 870673 | 46904 | 511996 | 18150 |
| 江苏 | 142668014 | 119891963 | 31568437 | 4003682 | 402548 | 82188 | 33214 |
| 浙江 | 74543262 | 66005456 | 22708314 | 980888 | 263882 | 263094 | 21469 |
| 安徽 | 79454978 | 75194331 | 22764492 | 1257535 | 361883 | 163245 | 12388 |
| 福建 | 55486078 | 47174326 | 19796676 | 1312529 | 101561 | 144233 | 14391 |
| 江西 | 60081185 | 54874249 | 15782284 | 493205 | 549278 | 52466 | 31388 |
| 山东 | 154390970 | 142860762 | 26530510 | 16020419 | 1118125 | 64310 | 38840 |
| 河南 | 114548894 | 111643259 | 21982964 | 5629134 | 1353075 | 40650 | 77840 |
| 湖北 | 71836717 | 67911328 | 24952450 | 2761051 | 453885 | 143319 | 112095 |
| 湖南 | 68800027 | 66911743 | 25784424 | 1248343 | 999105 | 94255 | 56100 |
| 广东 | 102300526 | 85089625 | 33120286 | 3326177 | 558058 | 127729 | 64267 |
| 广西 | 46898801 | 43915035 | 15828806 | 846099 | 277775 | 272229 | 18955 |
| 海南 | 9426794 | 8259744 | 3097903 | 12438 | 95218 | 108 | 1465 |
| 重庆 | 48551053 | 45531108 | 16399385 | 185474 | 108343 | 246391 | 16493 |
| 四川 | 90900851 | 86856355 | 37384432 | 502045 | 354988 | 144762 | 10952 |
| 贵州 | 20498252 | 19763298 | 10275656 | 67802 | 163550 | 186708 | |
| 云南 | 41175129 | 39957585 | 19681137 | 670346 | 141373 | 32229 | 134 |
| 西藏 | 3276350 | 3273545 | 2481835 | 6762 | 9893 | 50 | |
| 陕西 | 58883715 | 57004635 | 29122008 | 2178513 | 277215 | 20907 | 46443 |
| 甘肃 | 20763582 | 20350047 | 11604679 | 456404 | 47642 | 2733 | 15030 |
| 青海 | 6890893 | 6773511 | 3383693 | 23393 | 62048 | 3700 | |
| 宁夏 | 9641606 | 9488272 | 3165017 | 11853 | 15795 | | |
| 新疆 | 24341466 | 24033609 | 11317996 | 47636 | 36663 | 14985 | 8129 |
| 不分地区 | 57796611 | 57796611 | 57796611 | | | | |

续前 单位：万元

| 地区 | 内资 | | | | | | |
|---|---|---|---|---|---|---|---|
| | 国有与集体联营 | 其他联营 | 国有独资公司 | 其他有限责任公司 | 股份有限公司 | 私营 | 个体户 |
| **全国总计** | **668342** | **1127752** | **56883752** | **442186976** | **132622564** | **377470931** | **7836814** |
| 北京 | | | 5618237 | 15128315 | 1340977 | 1913943 | 670 |
| 天津 | 4000 | 27800 | 2864074 | 10398489 | 4462313 | 3222787 | 93274 |
| 河北 | 44308 | 112761 | 2891832 | 25921767 | 7232090 | 28323910 | 228685 |
| 山西 | 4503 | 14497 | 1125496 | 10351934 | 2682161 | 4789948 | 65100 |
| 内蒙古 | 46100 | 3440 | 1770138 | 22479921 | 6450022 | 8664416 | 114610 |
| 辽宁 | 2653 | 4520 | 2926786 | 25293427 | 6758062 | 35206842 | 741820 |
| 吉林 | 940 | 13409 | 509450 | 22007064 | 4301133 | 11700656 | 265813 |
| 黑龙江 | 6400 | 910 | 1280540 | 10342567 | 5405821 | 5703656 | 643685 |
| 上海 | 52738 | 33106 | 987526 | 7364005 | 1393850 | 5551825 | |
| 江苏 | 92884 | 50895 | 2871758 | 28764816 | 6664920 | 42639065 | 134583 |
| 浙江 | 3745 | 1053 | 2898196 | 19696054 | 3731571 | 14700500 | 94824 |
| 安徽 | 24425 | 45875 | 2177665 | 20452920 | 5194777 | 20031186 | 227277 |
| 福建 | 42943 | 35906 | 1403193 | 8437234 | 2291415 | 12170598 | 128528 |
| 江西 | 31562 | 28525 | 393949 | 14922780 | 5846274 | 15373839 | 174091 |
| 山东 | 20685 | 111201 | 1578064 | 40824009 | 11130548 | 36282511 | 140135 |
| 河南 | 165864 | 75665 | 1261592 | 26975714 | 10620858 | 35091032 | 688080 |
| 湖北 | 47600 | 52317 | 2178701 | 14764114 | 6451321 | 13667783 | 196031 |
| 湖南 | 22471 | 124465 | 1510750 | 13390737 | 6214131 | 13684931 | 254063 |
| 广东 | 13863 | 104796 | 4299752 | 20807259 | 5051358 | 13777240 | 2140692 |
| 广西 | 3359 | 33734 | 2661233 | 8318866 | 3954879 | 9499864 | 458997 |
| 海南 | 481 | 11926 | 267389 | 2545657 | 1098921 | 1020684 | 16402 |
| 重庆 | 1500 | 101397 | 4997082 | 9591220 | 2621463 | 10391477 | 89202 |
| 四川 | 7600 | 14722 | 2536334 | 25998190 | 7168677 | 11302040 | 191808 |
| 贵州 | 4231 | | 959657 | 4222008 | 831050 | 2748007 | 83856 |
| 云南 | 390 | 12122 | 569362 | 8746954 | 3125394 | 6014300 | 281783 |
| 西藏 | | | | 188391 | 48417 | 148823 | 109241 |
| 陕西 | 14721 | 105600 | 1013446 | 12358814 | 3697490 | 6618027 | 141042 |
| 甘肃 | | 5247 | 522056 | 4024641 | 1007189 | 2007773 | 30382 |
| 青海 | 2950 | | 76232 | 1862023 | 733018 | 568024 | 5154 |
| 宁夏 | | 1363 | 2043174 | 1836140 | 286187 | 2066488 | 4030 |
| 新疆 | 5426 | 500 | 690088 | 4170946 | 4826277 | 2588756 | 92956 |
| 不分地区 | | | | | | | |

单位：万元

| 地　　区 | 内　　资 | | 港澳台 | | | |
|---|---|---|---|---|---|---|
| | 个体合伙 | 其他内资企业 | 投　　资 | 合资经营 | 合作经营 | 独　资 |
| **全国总计** | **2838519** | **45393765** | **64439192** | **24350742** | **4638815** | **30559036** |
| 北　　京 | | 83653 | 1724721 | 419586 | 345349 | 870249 |
| 天　　津 | 4319 | 286470 | 1086093 | 550814 | 20365 | 423204 |
| 河　　北 | 152602 | 2859946 | 1576698 | 908977 | 92126 | 425931 |
| 山　　西 | 27338 | 712174 | 550417 | 98144 | 58825 | 383475 |
| 内 蒙 古 | 37310 | 926655 | 876918 | 442071 | 83572 | 239494 |
| 辽　　宁 | 73644 | 1615904 | 5600072 | 2682733 | 461577 | 2372932 |
| 吉　　林 | 37968 | 841785 | 745454 | 337522 | 9949 | 308835 |
| 黑 龙 江 | 85234 | 711357 | 447482 | 136210 | 145976 | 114266 |
| 上　　海 | 5185 | 119262 | 1999936 | 801898 | 178825 | 921111 |
| 江　　苏 | | 2582973 | 8281122 | 3439427 | 304720 | 3863623 |
| 浙　　江 | 21249 | 620617 | 4388951 | 2352821 | 232963 | 1716694 |
| 安　　徽 | 149599 | 2331064 | 2402197 | 916373 | 219262 | 1136695 |
| 福　　建 | 38551 | 1256568 | 5082451 | 1380711 | 74313 | 3241116 |
| 江　　西 | 108648 | 1085960 | 2190184 | 658119 | 156992 | 1159951 |
| 山　　东 | 63068 | 8938337 | 4446421 | 2103220 | 394066 | 1500502 |
| 河　　南 | 463332 | 7217459 | 1417691 | 499632 | 136892 | 671744 |
| 湖　　北 | 263941 | 1866720 | 1962836 | 512090 | 22427 | 1018419 |
| 湖　　南 | 283429 | 3244539 | 938372 | 383222 | 45810 | 291537 |
| 广　　东 | 195913 | 1502235 | 10914567 | 2695098 | 1499391 | 6335303 |
| 广　　西 | 230356 | 1509883 | 1485261 | 410200 | 37649 | 743529 |
| 海　　南 | | 91152 | 565452 | 238244 | 345 | 55048 |
| 重　　庆 | 171271 | 610410 | 1844693 | 766496 | 37185 | 1010934 |
| 四　　川 | 84327 | 1155478 | 1526489 | 554506 | 15226 | 765796 |
| 贵　　州 | 18281 | 202492 | 195752 | 71013 | 110 | 42663 |
| 云　　南 | 50618 | 631443 | 656194 | 229664 | 18696 | 345419 |
| 西　　藏 | 8502 | 271631 | | | | |
| 陕　　西 | 183382 | 1227027 | 1069916 | 368301 | 43891 | 542282 |
| 甘　　肃 | 76621 | 549650 | 285829 | 280280 | | 4349 |
| 青　　海 | 270 | 53006 | 15694 | 3494 | | 12200 |
| 宁　　夏 | | 58225 | 2313 | | 2313 | |
| 新　　疆 | 3561 | 229690 | 159016 | 109876 | | 41735 |
| 不分地区 | | | | | | |

续前

单位：万元

| 地区 | 港澳台股份有限 | 外商投资 | 合资经营 | 合作经营 | 独资 | 股份有限 |
|---|---|---|---|---|---|---|
| **全国总计** | **4890599** | **76896965** | **30086525** | **3001538** | **38698808** | **5110094** |
| 北京 | 89537 | 2597993 | 650305 | 163282 | 1723535 | 60871 |
| 天津 | 91710 | 2637961 | 890304 | 60254 | 1671987 | 15416 |
| 河北 | 149664 | 2658985 | 1622073 | 46769 | 767485 | 222658 |
| 山西 | 9973 | 536758 | 226757 | 26406 | 232540 | 51055 |
| 内蒙古 | 111781 | 1043872 | 521873 | 112603 | 189524 | 219872 |
| 辽宁 | 82830 | 8370316 | 3033170 | 472638 | 4394967 | 469541 |
| 吉林 | 89148 | 1496494 | 836620 | 317283 | 278424 | 64167 |
| 黑龙江 | 51030 | 921427 | 414028 | 44755 | 369049 | 93595 |
| 上海 | 98102 | 3869203 | 1492050 | 39618 | 2221036 | 116499 |
| 江苏 | 673352 | 14494929 | 4304700 | 362080 | 9462679 | 365470 |
| 浙江 | 86473 | 4148855 | 1917313 | 77787 | 2015639 | 138116 |
| 安徽 | 129867 | 1858450 | 810498 | 49513 | 869033 | 129406 |
| 福建 | 386311 | 3229301 | 1065769 | 34094 | 1800402 | 329036 |
| 江西 | 215122 | 3016752 | 1285370 | 39613 | 1514295 | 177474 |
| 山东 | 448633 | 7083787 | 3328932 | 108576 | 2864937 | 781342 |
| 河南 | 109423 | 1487944 | 867430 | 36588 | 423771 | 160155 |
| 湖北 | 409900 | 1962553 | 1115404 | 133370 | 455153 | 258626 |
| 湖南 | 217803 | 949912 | 490512 | 19472 | 338001 | 101927 |
| 广东 | 384775 | 6296334 | 1832695 | 384962 | 3755172 | 323505 |
| 广西 | 293883 | 1498505 | 418479 | 35860 | 704121 | 340045 |
| 海南 | 271815 | 601598 | 225256 | | 328532 | 47810 |
| 重庆 | 30078 | 1175252 | 727845 | 113446 | 264796 | 69165 |
| 四川 | 190961 | 2518007 | 1113047 | 163014 | 1129301 | 112645 |
| 贵州 | 81966 | 539202 | 87702 | 22557 | 295517 | 133426 |
| 云南 | 62415 | 561350 | 195075 | 9068 | 147464 | 209743 |
| 西藏 | | 2805 | | | 2805 | |
| 陕西 | 115442 | 809164 | 352995 | 101239 | 260667 | 94263 |
| 甘肃 | 1200 | 127706 | 94114 | 11510 | 3448 | 18634 |
| 青海 | | 101688 | 101638 | | | 50 |
| 宁夏 | | 151021 | 33046 | 1970 | 113485 | 2520 |
| 新疆 | 7405 | 148841 | 31525 | 13211 | 101043 | 3062 |
| 不分地区 | | | | | | |

# 国民经济行业大类按登记注册类型分的城镇投资

单位：万元

| 行　　业 | 合　计 | 内　资 | 国　有 | 集　体 | 股份合作 |
|---|---|---|---|---|---|
| **全　国　总　计** | **1939203894** | **1797867737** | **659076704** | **57540537** | **10271316** |
| **（一）农、林、牧、渔业** | **33563903** | **33173375** | **16596591** | **2055073** | **168812** |
| 农业 | 7432447 | 7278590 | 3415696 | 707330 | 35020 |
| 林业 | 5843141 | 5797873 | 4539617 | 260526 | 12370 |
| 畜牧业 | 9662580 | 9550845 | 1898592 | 318644 | 85529 |
| 渔业 | 1298594 | 1279306 | 177449 | 180980 | 7095 |
| 农、林、牧、渔服务业 | 9327141 | 9266761 | 6565237 | 587593 | 28798 |
| **（二）采矿业** | **81708267** | **80329811** | **24763052** | **1778136** | **771558** |
| 煤炭开采和洗选业 | 30569292 | 30396651 | 8994711 | 1064008 | 415254 |
| 石油和天然气开采业 | 27914820 | 27085293 | 12511126 | 9770 | 23000 |
| 黑色金属矿采选业 | 8437870 | 8381085 | 1552469 | 119366 | 180570 |
| 有色金属矿采选业 | 8300060 | 8128921 | 1308873 | 393648 | 94489 |
| 非金属矿采选业 | 6273698 | 6131754 | 386344 | 181149 | 57613 |
| 其他采矿业 | 212527 | 206107 | 9529 | 10195 | 632 |
| **（三）制造业** | **587060676** | **513502751** | **52769390** | **7366614** | **4071281** |
| 农副食品加工业 | 28301065 | 26457269 | 910330 | 378223 | 288241 |
| 食品制造业 | 15094662 | 13003661 | 492292 | 137543 | 123324 |
| 饮料制造业 | 10788469 | 9248940 | 520177 | 77635 | 121633 |
| 烟草制品业 | 2166077 | 2164821 | 1722075 | 6070 | 980 |
| 纺织业 | 17643749 | 15620717 | 424352 | 159296 | 100715 |
| 纺织服装、鞋、帽制造业 | 10505938 | 8902507 | 264708 | 106294 | 69458 |
| 皮革毛皮羽毛(绒)及其制品业 | 5182309 | 4141330 | 334041 | 41228 | 29126 |
| 木材加工及木竹藤棕草制品业 | 10164864 | 9788974 | 283383 | 130249 | 75501 |
| 家具制造业 | 6451610 | 5988017 | 97236 | 68412 | 43116 |
| 造纸及纸制品业 | 12441015 | 10035090 | 527074 | 220508 | 39456 |
| 印刷业和记录媒介的复制 | 5673712 | 5306079 | 419748 | 92448 | 28188 |
| 文教体育用品制造业 | 2172265 | 1829012 | 17262 | 17112 | 4450 |
| 石油加工、炼焦及核燃料加工业 | 18398163 | 17086009 | 5383589 | 182959 | 134642 |
| 化学原料及化学制品制造业 | 59798935 | 53240108 | 6674371 | 534173 | 618726 |
| 医药制造业 | 14542899 | 12757188 | 594952 | 297180 | 93614 |
| 化学纤维制造业 | 2760786 | 2260839 | 273194 | 24367 | 1307 |
| 橡胶制品业 | 6582076 | 5489127 | 292683 | 277095 | 41373 |
| 塑料制品业 | 14057149 | 12800791 | 335851 | 120301 | 57220 |
| 非金属矿物制品业 | 59044427 | 54479222 | 2764415 | 735268 | 589193 |
| 黑色金属冶炼及压延加工业 | 32649259 | 30516441 | 8071494 | 112181 | 137514 |
| 有色金属冶炼及压延加工业 | 21537806 | 19825802 | 3423572 | 139646 | 88403 |
| 金属制品业 | 28178357 | 25815272 | 789997 | 910062 | 113877 |
| 通用设备制造业 | 44611569 | 40460244 | 2426608 | 686749 | 217672 |
| 专用设备制造业 | 30760267 | 27591690 | 2341628 | 412425 | 246834 |

续表 1　　　　　　　　　　　　　　　　　　　　　　　　　　　单位：万元

| 行　　业 | 合　计 | 内　资 | 国　有 | 集　体 | 股份合作 |
|---|---|---|---|---|---|
| 交通运输设备制造业 | 49751065 | 40768213 | 7819832 | 531950 | 267838 |
| 电气机械及器材制造业 | 35577668 | 29767189 | 1794148 | 327738 | 327437 |
| 通信设备计算机及其他电子设备制造业 | 26236279 | 14116748 | 2009945 | 107372 | 111485 |
| 仪器仪表文化办公用机械制造业 | 5270069 | 4386554 | 295333 | 32863 | 17959 |
| 工艺品及其他制造业 | 8269300 | 7511972 | 1213901 | 445090 | 78599 |
| 废弃资源和废旧材料回收加工业 | 2448867 | 2142925 | 251199 | 54177 | 3400 |
| **（四）电力燃气水的生产供应业** | **135454481** | **129049411** | **76595145** | **1673296** | **562681** |
| 电力、热力的生产和供应业 | 111390690 | 106237434 | 62241239 | 816301 | 453722 |
| 燃气生产和供应业 | 6506521 | 5754867 | 2232088 | 91473 | 60740 |
| 水的生产和供应业 | 17557270 | 17057110 | 12121818 | 765522 | 48219 |
| **（五）建筑业** | **15691339** | **15477768** | **7765847** | **1358842** | **53187** |
| 房屋和土木工程建筑业 | 13046573 | 12907647 | 7117510 | 1103137 | 31092 |
| 建筑安装业 | 701987 | 693949 | 89794 | 35142 | 4846 |
| 建筑装饰业 | 576100 | 543383 | 79682 | 23985 | 9257 |
| 其他建筑业 | 1366679 | 1332789 | 478861 | 196578 | 7992 |
| **（六）交通运输、仓储和邮政业** | **232713211** | **228779464** | **179202217** | **2509698** | **570369** |
| 铁路运输业 | 66608687 | 66416695 | 63385846 | 60330 | 113900 |
| 道路运输业 | 105576192 | 105196717 | 87303117 | 1595610 | 90999 |
| 城市公共交通业 | 20340618 | 20144327 | 11337569 | 37664 | 4174 |
| 水上运输业 | 16706559 | 15330918 | 8905285 | 314976 | 74558 |
| 航空运输业 | 6048524 | 5962326 | 3635313 | 94650 | |
| 管道运输业 | 730803 | 634150 | 301029 | 22908 | 36420 |
| 装卸搬运和其他运输服务业 | 2218950 | 2109007 | 360013 | 49951 | 68080 |
| 仓储业 | 14133169 | 12636502 | 3708579 | 332209 | 181938 |
| 邮政业 | 349709 | 348822 | 265466 | 1400 | 300 |
| **（七）信息传输计算机服务和软件业** | **25434791** | **19254854** | **11826305** | **108268** | **45844** |
| 电信和其他信息传输服务业 | 22789186 | 16992011 | 11418753 | 59106 | 28304 |
| 计算机服务业 | 620009 | 578774 | 76453 | 6110 | 460 |
| 软件业 | 2025596 | 1684069 | 331099 | 43052 | 17080 |
| **（八）批发和零售业** | **44909825** | **42984816** | **4410697** | **3255589** | **346562** |
| 批发业 | 21234279 | 20511810 | 2432816 | 1176860 | 116036 |
| 零售业 | 23675546 | 22473006 | 1977881 | 2078729 | 230526 |
| **（九）住宿和餐饮业** | **23286075** | **21529842** | **2466590** | **799691** | **196018** |
| 住宿业 | 14878864 | 13455229 | 1943750 | 461309 | 148751 |
| 餐饮业 | 8407211 | 8074613 | 522840 | 338382 | 47267 |
| **（十）金融业** | **3485442** | **3413532** | **1418722** | **160964** | **187702** |
| 银行业 | 2651198 | 2613261 | 1096079 | 151076 | 179754 |
| 证券业 | 276752 | 245605 | 168886 | 1200 | 900 |
| 保险业 | 179646 | 177170 | 21073 | 1638 | 6448 |

续表 2　　单位：万元

| 行　　业 | 合　计 | 内　资 | 国　有 | 集　体 | 股份合作 |
|---|---|---|---|---|---|
| 其他金融活动 | 377846 | 377496 | 132684 | 7050 | 600 |
| **（十一）房地产业** | **431276404** | **389628113** | **51939590** | **17435045** | **2513027** |
| 房地产业 | 431276404 | 389628113 | 51939590 | 17435045 | 2513027 |
| **（十二）租赁和商务服务业** | **18804384** | **17813547** | **5798316** | **1250344** | **184964** |
| 租赁业 | 1136169 | 1132339 | 155561 | 11158 | 120 |
| 商务服务业 | 17668215 | 16681208 | 5642755 | 1239186 | 184844 |
| **（十三）科研技术服务和地质勘查业** | **10840333** | **10559715** | **6291546** | **392901** | **49321** |
| 研究与试验发展 | 3699809 | 3518569 | 2339604 | 53223 | 18500 |
| 专业技术服务业 | 3029829 | 3008047 | 1743866 | 133351 | 14069 |
| 科技交流和推广服务业 | 2350494 | 2291048 | 1000318 | 90157 | 11752 |
| 地质勘查业 | 1760201 | 1742051 | 1207758 | 116170 | 5000 |
| **（十四）水利环境和公共设施管理业** | **178788972** | **177467576** | **134857415** | **8281515** | **231552** |
| 水利管理业 | 22179031 | 22166823 | 19557662 | 971059 | 1827 |
| 环境管理业 | 11973443 | 11807484 | 9113316 | 662593 | 28370 |
| 公共设施管理业 | 144636498 | 143493269 | 106186437 | 6647863 | 201355 |
| **（十五）居民服务和其他服务业** | **5185762** | **5089176** | **1193091** | **561913** | **45052** |
| 居民服务业 | 3173860 | 3106931 | 842294 | 436494 | 20955 |
| 其他服务业 | 2011902 | 1982245 | 350797 | 125419 | 24097 |
| **（十六）教育** | **32424595** | **32264372** | **26093337** | **1088083** | **102760** |
| 教育 | 32424595 | 32264372 | 26093337 | 1088083 | 102760 |
| **（十七）卫生社会保障和社会福利业** | **16979995** | **16830780** | **13383056** | **825293** | **61255** |
| 卫生 | 14476012 | 14340185 | 11497391 | 617192 | 57975 |
| 社会保障业 | 832992 | 832992 | 666552 | 61582 | 800 |
| 社会福利业 | 1670991 | 1657603 | 1219113 | 146519 | 2480 |
| **（十八）文化、体育和娱乐业** | **21253927** | **20421325** | **11337673** | **1122859** | **69455** |
| 新闻出版业 | 529866 | 529866 | 400002 | 6393 | |
| 广播、电视、电影和音像业 | 1630964 | 1615596 | 1240444 | 62571 | 1200 |
| 文化艺术业 | 7188525 | 7121878 | 5103158 | 452282 | 34250 |
| 体育 | 4192786 | 4051730 | 3387372 | 93357 | 10050 |
| 娱乐业 | 7711786 | 7102255 | 1206697 | 508256 | 23955 |
| **（十九）公共管理和社会组织** | **40341512** | **40297509** | **30368124** | **5516413** | **39916** |
| 中国共产党机关 | 264933 | 264933 | 247753 | | |
| 国家机构 | 31381709 | 31370902 | 28448466 | 1038249 | 672 |
| 人民政协和民主党派 | 79773 | 79773 | 74992 | 4511 | |
| 群众团体、社会团体和宗教组织 | 1130486 | 1114170 | 469715 | 79154 | 3152 |
| 基层群众自治组织 | 7484611 | 7467731 | 1127198 | 4394499 | 36092 |
| **（二十）国际组织** | | | | | |
| 国际组织 | | | | | |

单位：万元

| 行　　业 | 内资 | | | | |
|---|---|---|---|---|---|
| | 国有联营 | 集体联营 | 国有与集体联营 | 其他联营 | 国有独资公司 |
| **全　国　总　计** | **3155276** | **794489** | **668342** | **1127752** | **56883752** |
| **（一）农、林、牧、渔业** | **18873** | **28452** | **5990** | **38292** | **24112** |
| 农业 | 1000 | 7250 | | 3533 | 5211 |
| 林业 | 11296 | 5402 | 750 | | 12180 |
| 畜牧业 | 1077 | 14710 | 2500 | 26129 | 586 |
| 渔业 | | 590 | | 3200 | |
| 农、林、牧、渔服务业 | 5500 | 500 | 2740 | 5430 | 6135 |
| **（二）采矿业** | **283387** | **67293** | **4778** | **45205** | **3616320** |
| 煤炭开采和洗选业 | 181133 | 56287 | | 20270 | 3231359 |
| 石油和天然气开采业 | 83615 | | 3000 | | 114903 |
| 黑色金属矿采选业 | 3000 | | | 13419 | 179615 |
| 有色金属矿采选业 | 15639 | 8000 | 1778 | 4700 | 64874 |
| 非金属矿采选业 | | 3006 | | 5336 | 25169 |
| 其他采矿业 | | | | 1480 | 400 |
| **（三）制造业** | **833753** | **198062** | **145967** | **236761** | **8158074** |
| 农副食品加工业 | 20100 | 14625 | 1600 | 19248 | 9991 |
| 食品制造业 | 2345 | 8500 | 5136 | 650 | 14509 |
| 饮料制造业 | 4246 | 3362 | | 801 | 61958 |
| 烟草制品业 | | | | | 134059 |
| 纺织业 | 2830 | | 3790 | 9207 | 14607 |
| 纺织服装、鞋、帽制造业 | | 2905 | | 1775 | 23708 |
| 皮革毛皮羽毛(绒)及其制品业 | | 2760 | 1500 | | |
| 木材加工及木竹藤棕草制品业 | 2400 | 14805 | 9000 | 3369 | 10890 |
| 家具制造业 | | 4860 | | 6254 | 3540 |
| 造纸及纸制品业 | 43096 | | | 2000 | 25977 |
| 印刷业和记录媒介的复制 | | 9950 | | 300 | 35949 |
| 文教体育用品制造业 | | | | | 899 |
| 石油加工、炼焦及核燃料加工业 | 6010 | 14900 | | | 222138 |
| 化学原料及化学制品制造业 | 169896 | 10489 | 1600 | 22630 | 1113697 |
| 医药制造业 | 1110 | | 1966 | 5383 | 78936 |
| 化学纤维制造业 | | | | | 15209 |
| 橡胶制品业 | | | 1500 | | 31724 |
| 塑料制品业 | | 318 | | 10572 | 46235 |
| 非金属矿物制品业 | 77506 | 12451 | 44455 | 20871 | 327401 |
| 黑色金属冶炼及压延加工业 | 48825 | 5420 | 7268 | 9750 | 2222018 |
| 有色金属冶炼及压延加工业 | 155845 | 4100 | | 22607 | 758949 |
| 金属制品业 | 6071 | 14245 | 8395 | 2908 | 170315 |
| 通用设备制造业 | 22098 | 26351 | 5713 | 15779 | 412372 |
| 专用设备制造业 | 4200 | 10790 | | 1550 | 866378 |

续表 1

单位：万元

| 行业 | 内资 | | | | |
|---|---|---|---|---|---|
| | 国有联营 | 集体联营 | 国有与集体联营 | 其他联营 | 国有独资公司 |
| 交通运输设备制造业 | 234414 | 9586 | 3800 | 65215 | 938355 |
| 电气机械及器材制造业 | 5650 | 6393 | 10715 | 1460 | 115383 |
| 通信设备计算机及其他电子设备制造业 | 11301 | 1600 | | 1200 | 178099 |
| 仪器仪表文化办公用机械制造业 | 3300 | 3890 | 39529 | 3948 | 85256 |
| 工艺品及其他制造业 | 12510 | 15762 | | 6104 | 229773 |
| 废弃资源和废旧材料回收加工业 | | | | 3180 | 9749 |
| **（四）电力燃气水的生产供应业** | **372857** | **52852** | **156330** | **22748** | **5499672** |
| 电力、热力的生产和供应业 | 291655 | 31412 | 153239 | 12368 | 4330794 |
| 燃气生产和供应业 | 5693 | 2000 | 1539 | 3122 | 201678 |
| 水的生产和供应业 | 75509 | 19440 | 1552 | 7258 | 967200 |
| **（五）建筑业** | **5220** | **11179** | **8623** | **10027** | **184488** |
| 房屋和土木工程建筑业 | 4736 | 2850 | 1132 | 2120 | 181672 |
| 建筑安装业 | 300 | 8129 | | 7837 | |
| 建筑装饰业 | | | | | |
| 其他建筑业 | 184 | 200 | 7491 | 70 | 2816 |
| **（六）交通运输、仓储和邮政业** | **441003** | **27074** | **92142** | **54600** | **14363603** |
| 铁路运输业 | 244375 | | 45800 | | 185348 |
| 道路运输业 | 107090 | 17520 | 16302 | 9957 | 6605497 |
| 城市公共交通业 | 2627 | | | 8522 | 6451521 |
| 水上运输业 | 68475 | | | 9550 | 774461 |
| 航空运输业 | | | | 19633 | 75827 |
| 管道运输业 | | | | | 45569 |
| 装卸搬运和其他运输服务业 | | 4940 | | | 15812 |
| 仓储业 | 18436 | 4614 | 30040 | 6078 | 209568 |
| 邮政业 | | | | 860 | |
| **（七）信息传输计算机服务和软件业** | **21758** | | **9598** | | **328029** |
| 电信和其他信息传输服务业 | 16808 | | 9598 | | 308004 |
| 计算机服务业 | 4950 | | | | 481 |
| 软件业 | | | | | 19544 |
| **（八）批发和零售业** | **4704** | **98249** | **10502** | **99810** | **163521** |
| 批发业 | 2394 | 48985 | 9502 | 65499 | 124469 |
| 零售业 | 2310 | 49264 | 1000 | 34311 | 39052 |
| **（九）住宿和餐饮业** | **38515** | **14832** | **7853** | **4499** | **245416** |
| 住宿业 | 23065 | 10442 | 7469 | 1060 | 225913 |
| 餐饮业 | 15450 | 4390 | 384 | 3439 | 19503 |
| **（十）金融业** | **18691** | **2130** | **1728** | **6665** | **22280** |
| 银行业 | 497 | 2130 | 378 | 2665 | 14880 |
| 证券业 | | | | | |
| 保险业 | | | | | 700 |

续表 2

单位：万元

| 行业 | 内资 | | | | |
|---|---|---|---|---|---|
| | 国有联营 | 集体联营 | 国有与集体联营 | 其他联营 | 国有独资公司 |
| 其他金融活动 | 18194 | | 1350 | 4000 | 6700 |
| **（十一）房地产业** | **323380** | **116273** | **60288** | **394921** | **8226536** |
| 房地产业 | 323380 | 116273 | 60288 | 394921 | 8226536 |
| **（十二）租赁和商务服务业** | **308732** | **9911** | **17865** | **28331** | **1275896** |
| 租赁业 | | | | | 207 |
| 商务服务业 | 308732 | 9911 | 17865 | 28331 | 1275689 |
| **（十三）科研技术服务和地质勘查业** | **16301** | **5100** | **552** | **822** | **280159** |
| 研究与试验发展 | 420 | | | | 38863 |
| 专业技术服务业 | 3819 | 5100 | 552 | 688 | 139200 |
| 科技交流和推广服务业 | 12062 | | | 134 | 89096 |
| 地质勘查业 | | | | | 13000 |
| **（十四）水利环境和公共设施管理业** | **403888** | **68920** | **121299** | **45721** | **13112751** |
| 水利管理业 | 12908 | 14800 | 38431 | | 465326 |
| 环境管理业 | 3666 | 105 | 1500 | 8500 | 286121 |
| 公共设施管理业 | 387314 | 54015 | 81368 | 37221 | 12361304 |
| **（十五）居民服务和其他服务业** | | **1200** | | **11870** | **103166** |
| 居民服务业 | | 1200 | | | 100468 |
| 其他服务业 | | | | 11870 | 2698 |
| **（十六）教育** | **20937** | **13295** | **17436** | **69073** | **595577** |
| 教育 | 20937 | 13295 | 17436 | 69073 | 595577 |
| **（十七）卫生社会保障和社会福利业** | **25284** | **7605** | **1787** | **19641** | **87790** |
| 卫生 | 9326 | 7605 | 1787 | 16741 | 77737 |
| 社会保障业 | | | | | 2285 |
| 社会福利业 | 15958 | | | 2900 | 7768 |
| **（十八）文化、体育和娱乐业** | **13350** | **29070** | **2304** | **21760** | **305456** |
| 新闻出版业 | | | | | 3100 |
| 广播、电视、电影和音像业 | | 500 | 1604 | | 13346 |
| 文化艺术业 | | 12250 | | 20650 | 168626 |
| 体育 | 3700 | | 550 | 610 | 99003 |
| 娱乐业 | 9650 | 16320 | 150 | 500 | 21381 |
| **（十九）公共管理和社会组织** | **4643** | **42992** | **3300** | **17006** | **290906** |
| 中国共产党机关 | | | | | 1800 |
| 国家机构 | 2683 | 37792 | 2500 | 5769 | 288807 |
| 人民政协和民主党派 | | | | | |
| 群众团体、社会团体和宗教组织 | 1400 | 3000 | 800 | 9012 | |
| 基层群众自治组织 | 560 | 2200 | | 2225 | 299 |
| **（二十）国际组织** | | | | | |
| 国际组织 | | | | | |

续前 单位：万元

| 行业 | 内 | | 资 | | | |
|---|---|---|---|---|---|---|
| | 其他有限责任公司 | 股份有限公司 | 私营 | 个体户 | 个人合伙 | 其他内资企业 |
| **全国总计** | **442186976** | **132622564** | **377470931** | **7836814** | **2838519** | **45393765** |
| **（一）农、林、牧、渔业** | **3832776** | **1309047** | **6473084** | **552859** | **286230** | **1783184** |
| 农业 | 901174 | 256733 | 1349011 | 59915 | 70324 | 466393 |
| 林业 | 309475 | 122728 | 316045 | 22268 | 15813 | 169403 |
| 畜牧业 | 1869869 | 732087 | 3606811 | 203826 | 175266 | 615219 |
| 渔业 | 218998 | 36217 | 450160 | 60124 | 13326 | 131167 |
| 农、林、牧、渔服务业 | 533260 | 161282 | 751057 | 206726 | 11501 | 401002 |
| **（二）采矿业** | **15590675** | **16406195** | **15335588** | **278576** | **217981** | **1171067** |
| 煤炭开采和洗选业 | 6830300 | 3143348 | 5988240 | 58349 | 32655 | 380737 |
| 石油和天然气开采业 | 3084133 | 11108779 | 112087 | | 120 | 34760 |
| 黑色金属矿采选业 | 1946837 | 635994 | 3560089 | 19848 | 15732 | 154146 |
| 有色金属矿采选业 | 2328007 | 1060757 | 2451504 | 28150 | 38780 | 329722 |
| 非金属矿采选业 | 1371136 | 405551 | 3154897 | 171929 | 125992 | 243632 |
| 其他采矿业 | 30262 | 51766 | 68771 | 300 | 4702 | 28070 |
| **（三）制造业** | **178414265** | **61809106** | **181959569** | **1762552** | **681714** | **15095643** |
| 农副食品加工业 | 9016079 | 2939948 | 11754385 | 152609 | 71591 | 880299 |
| 食品制造业 | 4434918 | 1698949 | 5460704 | 65166 | 31665 | 527960 |
| 饮料制造业 | 3503113 | 1252813 | 3364626 | 28944 | 13450 | 296182 |
| 烟草制品业 | 186631 | 53067 | 25078 | | 980 | 35881 |
| 纺织业 | 5230929 | 1737497 | 7215888 | 73783 | 13586 | 634237 |
| 纺织服装、鞋、帽制造业 | 2614747 | 830021 | 4575952 | 83562 | 28420 | 300957 |
| 皮革毛皮羽毛(绒)及其制品业 | 1045982 | 419243 | 2046390 | 19131 | 8300 | 193629 |
| 木材加工及木竹藤棕草制品业 | 2773661 | 750659 | 5162841 | 93111 | 42264 | 436841 |
| 家具制造业 | 1581855 | 324229 | 3474195 | 119999 | 16275 | 248046 |
| 造纸及纸制品业 | 3267257 | 1570640 | 4020550 | 38372 | 23737 | 256423 |
| 印刷业和记录媒介的复制 | 1870791 | 412852 | 2179826 | 23174 | 1155 | 231698 |
| 文教体育用品制造业 | 639287 | 104431 | 968453 | 15203 | 2258 | 59657 |
| 石油加工、炼焦及核燃料加工业 | 3987620 | 4353223 | 2437560 | 1000 | 2159 | 360209 |
| 化学原料及化学制品制造业 | 19660444 | 8885162 | 14249799 | 73350 | 57691 | 1168080 |
| 医药制造业 | 5588566 | 2304037 | 3378689 | 5170 | 1300 | 406285 |
| 化学纤维制造业 | 601132 | 411748 | 886922 | 3260 | | 43700 |
| 橡胶制品业 | 2045796 | 522564 | 1923506 | 12098 | | 340788 |
| 塑料制品业 | 4469216 | 1156205 | 6082941 | 64223 | 20204 | 437505 |
| 非金属矿物制品业 | 18948488 | 6974438 | 22043233 | 345652 | 134821 | 1461030 |
| 黑色金属冶炼及压延加工业 | 11060717 | 3473972 | 4952608 | 12763 | 19120 | 382791 |
| 有色金属冶炼及压延加工业 | 6576017 | 3106971 | 5156299 | 15586 | 8461 | 369346 |
| 金属制品业 | 8720722 | 2099012 | 12049271 | 87432 | 31300 | 811665 |
| 通用设备制造业 | 13627395 | 3793609 | 17503288 | 78852 | 23182 | 1620576 |
| 专用设备制造业 | 10369180 | 2322704 | 10002296 | 88988 | 35627 | 889090 |

续表 1　　　　单位：万元

| 行　　业 | 内 | | | 资 | | |
|---|---|---|---|---|---|---|
| | 其他有限责任公司 | 股份有限公司 | 私　营 | 个体户 | 个人合伙 | 其他内资企业 |
| 交通运输设备制造业 | 14651605 | 4381233 | 11027188 | 55270 | 24142 | 757785 |
| 电气机械及器材制造业 | 11754206 | 2900083 | 11355901 | 71340 | 41488 | 1055247 |
| 通信设备计算机及其他电子设备制造 | 6251924 | 1603029 | 3514339 | 4963 | 11173 | 310318 |
| 仪器仪表文化办公用机械制造业 | 1537192 | 432113 | 1815410 | 4866 | 4950 | 109945 |
| 工艺品及其他制造业 | 1795403 | 752925 | 2554867 | 114290 | 12415 | 280333 |
| 废弃资源和废旧材料回收加工业 | 603392 | 241729 | 776564 | 10395 | | 189140 |
| **（四）电力燃气水的生产供应业** | **26965399** | **11637886** | **4213030** | **12667** | **36100** | **1248748** |
| 电力、热力的生产和供应业 | 23589361 | 10592432 | 2755021 | 9402 | 26643 | 933845 |
| 燃气生产和供应业 | 1748823 | 634854 | 656466 | 2080 | 5930 | 108381 |
| 水的生产和供应业 | 1627215 | 410600 | 801543 | 1185 | 3527 | 206522 |
| **（五）建筑业** | **2569882** | **747052** | **1879108** | **49451** | **13189** | **821673** |
| 房屋和土木工程建筑业 | 1850188 | 608881 | 1253197 | 33605 | 11374 | 706153 |
| 建筑安装业 | 292477 | 59355 | 176405 | 640 | 1350 | 17674 |
| 建筑装饰业 | 181471 | 47990 | 153887 | 3623 | | 43488 |
| 其他建筑业 | 245746 | 30826 | 295619 | 11583 | 465 | 54358 |
| **（六）交通运输、仓储和邮政业** | **16242363** | **5923947** | **7118071** | **154721** | **70917** | **2008739** |
| 铁路运输业 | 1505651 | 550818 | 282202 | 6996 | | 35429 |
| 道路运输业 | 4356867 | 1933155 | 2260165 | 65552 | 36259 | 798627 |
| 城市公共交通业 | 1987022 | 161564 | 101156 | 8980 | 150 | 43378 |
| 水上运输业 | 3004972 | 871929 | 1191649 | 30425 | 4793 | 79845 |
| 航空运输业 | 660221 | 1256335 | 45836 | | | 174511 |
| 管道运输业 | 83068 | 82909 | 51481 | | | 10766 |
| 装卸搬运和其他运输服务业 | 785901 | 110800 | 638304 | 14148 | 490 | 60568 |
| 仓储业 | 3826230 | 953182 | 2504028 | 28620 | 29225 | 803755 |
| 邮政业 | 32431 | 3255 | 43250 | | | 1860 |
| **（七）信息传输计算机服务和软件业** | **3091666** | **3050678** | **487082** | **34968** | **7511** | **243147** |
| 电信和其他信息传输服务业 | 2246071 | 2616606 | 144195 | 7314 | 500 | 136752 |
| 计算机服务业 | 212760 | 27466 | 187940 | 27197 | 7011 | 27946 |
| 软件业 | 632835 | 406606 | 154947 | 457 | | 78449 |
| **（八）批发和零售业** | **13003328** | **4068582** | **14299835** | **546978** | **236964** | **2439495** |
| 批发业 | 6737912 | 1857329 | 6687330 | 95469 | 62412 | 1094797 |
| 零售业 | 6265416 | 2211253 | 7612505 | 451509 | 174552 | 1344698 |
| **（九）住宿和餐饮业** | **6152345** | **1638942** | **7847270** | **870856** | **161392** | **1085623** |
| 住宿业 | 4373578 | 1206483 | 4135916 | 279829 | 103906 | 533758 |
| 餐饮业 | 1778767 | 432459 | 3711354 | 591027 | 57486 | 551865 |
| **（十）金融业** | **251791** | **1148626** | **81800** | **1460** | | **110973** |
| 银行业 | 85330 | 985999 | 13737 | 400 | | 80336 |
| 证券业 | 41643 | 26835 | 5050 | 500 | | 591 |
| 保险业 | 22680 | 117130 | 3178 | | | 4323 |

续表 2　　　　单位：万元

| 行　　业 | 内 | | 资 | | | |
|---|---|---|---|---|---|---|
| | 其他有限责任公司 | 股份有限公司 | 私　营 | 个体户 | 个人合伙 | 其他内资企业 |
| 其他金融活动 | 102138 | 18662 | 59835 | 560 | | 25723 |
| **（十一）房地产业** | **152490075** | **19982647** | **122882025** | **2933455** | **886098** | **9444753** |
| 房地产业 | 152490075 | 19982647 | 122882025 | 2933455 | 886098 | 9444753 |
| **（十二）租赁和商务服务业** | **5133766** | **964659** | **2158969** | **29196** | **32301** | **620297** |
| 租赁业 | 685416 | 37864 | 194308 | 1705 | 5700 | 40300 |
| 商务服务业 | 4448350 | 926795 | 1964661 | 27491 | 26601 | 579997 |
| **（十三）科研技术服务和地质勘查业** | **1864215** | **437861** | **889890** | **2776** | **2112** | **326159** |
| 研究与试验发展 | 516454 | 195945 | 256812 | 500 | | 98248 |
| 专业技术服务业 | 437420 | 103020 | 315032 | 1085 | 1200 | 109645 |
| 科技交流和推广服务业 | 644651 | 80245 | 251059 | 491 | 752 | 110331 |
| 地质勘查业 | 265690 | 58651 | 66987 | 700 | 160 | 7935 |
| **（十四）水利环境和公共设施管理业** | **10324692** | **1788472** | **4198151** | **118940** | **45182** | **3869078** |
| 水利管理业 | 541891 | 213344 | 113196 | 10347 | 400 | 225632 |
| 环境管理业 | 693325 | 197987 | 488542 | 2349 | 1530 | 319580 |
| 公共设施管理业 | 9089476 | 1377141 | 3596413 | 106244 | 43252 | 3323866 |
| **（十五）居民服务和其他服务业** | **1151389** | **286456** | **1163340** | **204551** | **16624** | **350524** |
| 居民服务业 | 559147 | 111465 | 662134 | 168054 | 11326 | 193394 |
| 其他服务业 | 592242 | 174991 | 501206 | 36497 | 5298 | 157130 |
| **（十六）教育** | **1131687** | **180873** | **1666293** | **30406** | **14343** | **1240272** |
| 教育 | 1131687 | 180873 | 1666293 | 30406 | 14343 | 1240272 |
| **（十七）卫生社会保障和社会福利业** | **536898** | **239925** | **1152503** | **26544** | **17062** | **446137** |
| 卫生 | 469597 | 228823 | 1009652 | 23094 | 8189 | 315076 |
| 社会保障业 | 9856 | 719 | 23256 | | | 67942 |
| 社会福利业 | 57445 | 10383 | 119595 | 3450 | 8873 | 63119 |
| **（十八）文化、体育和娱乐业** | **2782680** | **868367** | **2870770** | **168895** | **42346** | **786340** |
| 新闻出版业 | 64006 | 9363 | 19902 | | 1200 | 25900 |
| 广播、电视、电影和音像业 | 152326 | 50473 | 48313 | | 641 | 44178 |
| 文化艺术业 | 528197 | 167500 | 329204 | 10002 | 6319 | 289440 |
| 体育 | 231859 | 11592 | 113933 | 514 | 1893 | 97297 |
| 娱乐业 | 1806292 | 629439 | 2359418 | 158379 | 32293 | 329525 |
| **（十九）公共管理和社会组织** | **657084** | **133243** | **794553** | **56963** | **70453** | **2301913** |
| 中国共产党机关 | | | 1240 | 350 | | 13790 |
| 国家机构 | 428957 | 66850 | 303059 | 31932 | 31503 | 683663 |
| 人民政协和民主党派 | | | 270 | | | |
| 群众团体、社会团体和宗教组织 | 42798 | 9700 | 125475 | 9679 | 1670 | 358615 |
| 基层群众自治组织 | 185329 | 56693 | 364509 | 15002 | 37280 | 1245845 |
| **（二十）国际组织** | | | | | | |
| 国际组织 | | | | | | |

单位：万元

| 行　　业 | 港澳台投　资 | 合资经营 | 合作经营 | 独　资 | 股份有限 |
|---|---|---|---|---|---|
| **全　国　总　计** | **64439192** | **24350742** | **4638815** | **30559036** | **4890599** |
| **（一）农、林、牧、渔业** | **193139** | **43450** | **12514** | **99598** | **37577** |
| 农业 | 85987 | 9700 | 6174 | 63533 | 6580 |
| 林业 | 7492 | 1300 | | 5790 | 402 |
| 畜牧业 | 49051 | 18300 | 5740 | 20655 | 4356 |
| 渔业 | 7800 | 7800 | | | |
| 农、林、牧、渔服务业 | 42809 | 6350 | 600 | 9620 | 26239 |
| **（二）采矿业** | **799871** | **80777** | **100700** | **594617** | **23777** |
| 煤炭开采和洗选业 | 129997 | 51680 | 56060 | 13457 | 8800 |
| 石油和天然气开采业 | 588483 | | 38440 | 550043 | |
| 黑色金属矿采选业 | 24364 | 11500 | 600 | 8990 | 3274 |
| 有色金属矿采选业 | 27177 | 11157 | 5600 | 8420 | 2000 |
| 非金属矿采选业 | 29190 | 6440 | | 13047 | 9703 |
| 其他采矿业 | 660 | | | 660 | |
| **（三）制造业** | **26032653** | **9207189** | **1234101** | **13560518** | **2030845** |
| 农副食品加工业 | 595945 | 219724 | 51773 | 262578 | 61870 |
| 食品制造业 | 686261 | 280507 | 10819 | 374111 | 20824 |
| 饮料制造业 | 441638 | 207072 | 6613 | 187328 | 40625 |
| 烟草制品业 | 1256 | 910 | | | 346 |
| 纺织业 | 964526 | 249441 | 48762 | 593806 | 72517 |
| 纺织服装、鞋、帽制造业 | 833544 | 153308 | 10236 | 625100 | 44900 |
| 皮革毛皮羽毛(绒)及其制品业 | 725523 | 127842 | 19924 | 547695 | 30062 |
| 木材加工及木竹藤棕草制品业 | 200773 | 78402 | 28130 | 88351 | 5890 |
| 家具制造业 | 146338 | 45127 | 200 | 100481 | 530 |
| 造纸及纸制品业 | 773578 | 285809 | 8448 | 340621 | 138700 |
| 印刷业和记录媒介的复制 | 238993 | 70920 | 3807 | 111049 | 53217 |
| 文教体育用品制造业 | 165958 | 26687 | 2297 | 129807 | 7167 |
| 石油加工、炼焦及核燃料加工业 | 955429 | 154245 | 197395 | 463690 | 140099 |
| 化学原料及化学制品制造业 | 1540170 | 760446 | 60530 | 671026 | 48168 |
| 医药制造业 | 720320 | 421529 | 38297 | 186335 | 74159 |
| 化学纤维制造业 | 296475 | 113971 | | 181086 | 1418 |
| 橡胶制品业 | 299529 | 83861 | 85 | 197950 | 17633 |
| 塑料制品业 | 583345 | 237906 | 1022 | 309606 | 34811 |
| 非金属矿物制品业 | 2333212 | 730517 | 157008 | 1219373 | 226314 |
| 黑色金属冶炼及压延加工业 | 602573 | 416966 | 7000 | 173681 | 4926 |
| 有色金属冶炼及压延加工业 | 866391 | 147011 | 184112 | 333412 | 201856 |
| 金属制品业 | 957985 | 480391 | 19525 | 385607 | 72462 |
| 通用设备制造业 | 1289005 | 523166 | 46896 | 592442 | 126501 |
| 专用设备制造业 | 1070986 | 474777 | 38419 | 512832 | 44958 |

续表 1　　　　　　　　　　　　　　　　　　　　　　　　　　单位：万元

| 行　　业 | 港澳台投　资 | 合资经营 | 合作经营 | 独　资 | 股份有限 |
|---|---|---|---|---|---|
| 交通运输设备制造业 | 1429344 | 786851 | 115351 | 435845 | 91297 |
| 电气机械及器材制造业 | 2087341 | 550097 | 54003 | 1336352 | 146889 |
| 通信设备计算机及其他电子设备制造业 | 4465033 | 1361412 | 117034 | 2783555 | 203032 |
| 仪器仪表文化办公用机械制造业 | 240363 | 61264 | 1155 | 177314 | 630 |
| 工艺品及其他制造业 | 330719 | 89150 | 4260 | 205686 | 31623 |
| 废弃资源和废旧材料回收加工业 | 190100 | 67880 | 1000 | 33799 | 87421 |
| **（四）电力燃气水的生产供应业** | **3390398** | **1858891** | **261353** | **762651** | **507503** |
| 电力、热力的生产和供应业 | 2930668 | 1620988 | 248803 | 603815 | 457062 |
| 燃气生产和供应业 | 339659 | 193026 | 12452 | 115317 | 18864 |
| 水的生产和供应业 | 120071 | 44877 | 98 | 43519 | 31577 |
| **（五）建筑业** | **180561** | **117827** | **29001** | **31413** | **2320** |
| 房屋和土木工程建筑业 | 123189 | 114189 | 5000 | 2000 | 2000 |
| 建筑安装业 | 1576 | 1516 | | | 60 |
| 建筑装饰业 | 26956 | 1682 | 24001 | 1013 | 260 |
| 其他建筑业 | 28840 | 440 | | 28400 | |
| **（六）交通运输、仓储和邮政业** | **2306506** | **1038652** | **367264** | **621500** | **279090** |
| 铁路运输业 | 70013 | 601 | | | 69412 |
| 道路运输业 | 217189 | 36549 | 157668 | 21312 | 1660 |
| 城市公共交通业 | 187126 | 1753 | 16812 | 168561 | |
| 水上运输业 | 810697 | 573559 | 101125 | 30418 | 105595 |
| 航空运输业 | 485 | | | | 485 |
| 管道运输业 | 94115 | 94115 | | | |
| 装卸搬运和其他运输服务业 | 39605 | 15771 | 1316 | 18518 | 4000 |
| 仓储业 | 887276 | 316304 | 90343 | 382691 | 97938 |
| 邮政业 | | | | | |
| **（七）信息传输计算机服务和软件业** | **2511977** | **942127** | **4000** | **1029862** | **535988** |
| 电信和其他信息传输服务业 | 2368775 | 903700 | 4000 | 938403 | 522672 |
| 计算机服务业 | 28736 | 8486 | | 7884 | 12366 |
| 软件业 | 114466 | 29941 | | 83575 | 950 |
| **（八）批发和零售业** | **859913** | **380974** | **53099** | **265278** | **160562** |
| 批发业 | 234629 | 47716 | 3768 | 48509 | 134636 |
| 零售业 | 625284 | 333258 | 49331 | 216769 | 25926 |
| **（九）住宿和餐饮业** | **863526** | **407511** | **28848** | **388391** | **38776** |
| 住宿业 | 692571 | 381442 | 19769 | 260614 | 30746 |
| 餐饮业 | 170955 | 26069 | 9079 | 127777 | 8030 |
| **（十）金融业** | **22065** | | **11045** | **6558** | **4462** |
| 银行业 | 17610 | | 11045 | 6208 | 357 |
| 证券业 | 2625 | | | | 2625 |
| 保险业 | 1480 | | | | 1480 |

续表 2　　　　单位：万元

| 行业 | 港澳台投资 | 合资经营 | 合作经营 | 独资 | 股份有限 |
|---|---|---|---|---|---|
| 其他金融活动 | 350 | | | 350 | |
| **（十一）房地产业** | **25087863** | **9553369** | **2212153** | **12246305** | **1076036** |
| 房地产业 | 25087863 | 9553369 | 2212153 | 12246305 | 1076036 |
| **（十二）租赁和商务服务业** | **510321** | **235528** | **68245** | **124638** | **81910** |
| 租赁业 | | | | | |
| 商务服务业 | 510321 | 235528 | 68245 | 124638 | 81910 |
| **（十三）科研技术服务和地质勘查业** | **115272** | **65238** | **5245** | **10742** | **34047** |
| 研究与试验发展 | 73452 | 27958 | 2345 | 10602 | 32547 |
| 专业技术服务业 | 15854 | 15714 | | 140 | |
| 科技交流和推广服务业 | 23066 | 21566 | | | 1500 |
| 地质勘查业 | 2900 | | 2900 | | |
| **（十四）水利环境和公共设施管理业** | **829594** | **177327** | **161455** | **453430** | **37382** |
| 水利管理业 | | | | | |
| 环境管理业 | 33353 | 16452 | 8676 | 8225 | |
| 公共设施管理业 | 796241 | 160875 | 152779 | 445205 | 37382 |
| **（十五）居民服务和其他服务业** | **41736** | | | **41476** | **260** |
| 居民服务业 | 38352 | | | 38092 | 260 |
| 其他服务业 | 3384 | | | 3384 | |
| **（十六）教育** | **81787** | **18417** | **900** | **47726** | **14744** |
| 教育 | 81787 | 18417 | 900 | 47726 | 14744 |
| **（十七）卫生社会保障和社会福利业** | **55713** | **3761** | **31237** | **20715** | |
| 卫生 | 43125 | 2562 | 31237 | 9326 | |
| 社会保障业 | | | | | |
| 社会福利业 | 12588 | 1199 | | 11389 | |
| **（十八）文化、体育和娱乐业** | **544330** | **219704** | **56255** | **246458** | **21913** |
| 新闻出版业 | | | | | |
| 广播、电视、电影和音像业 | 13202 | 2732 | | 8000 | 2470 |
| 文化艺术业 | 53697 | 960 | 1500 | 51237 | |
| 体育 | 126254 | 7378 | 7250 | 92183 | 19443 |
| 娱乐业 | 351177 | 208634 | 47505 | 95038 | |
| **（十九）公共管理和社会组织** | **11967** | | **1400** | **7160** | **3407** |
| 中国共产党机关 | | | | | |
| 国家机构 | 5807 | | | 2400 | 3407 |
| 人民政协和民主党派 | | | | | |
| 群众团体、社会团体和宗教组织 | 2000 | | | 2000 | |
| 基层群众自治组织 | 4160 | | 1400 | 2760 | |
| **（二十）国际组织** | | | | | |
| 国际组织 | | | | | |

续前

单位：万元

| 行　　业 | 外商投资 | 合资经营 | 合作经营 | 独　资 | 股份有限 |
|---|---|---|---|---|---|
| **全 国 总 计** | **76896965** | **30086525** | **3001538** | **38698808** | **5110094** |
| **（一）农、林、牧、渔业** | **197389** | **81242** | **30791** | **67469** | **17887** |
| 农业 | 67870 | 41227 | 2090 | 17884 | 6669 |
| 林业 | 37776 | 11083 | 16660 | 10033 | |
| 畜牧业 | 62684 | 14479 | 11831 | 26916 | 9458 |
| 渔业 | 11488 | 9728 | | | 1760 |
| 农、林、牧、渔服务业 | 17571 | 4725 | 210 | 12636 | |
| **（二）采矿业** | **578585** | **80989** | **316167** | **63949** | **117480** |
| 煤炭开采和洗选业 | 42644 | 5700 | 6775 | 1967 | 28202 |
| 石油和天然气开采业 | 241044 | 5958 | 226426 | 3660 | 5000 |
| 黑色金属矿采选业 | 32421 | 38 | 5146 | 23737 | 3500 |
| 有色金属矿采选业 | 143962 | 35104 | 74779 | 18579 | 15500 |
| 非金属矿采选业 | 112754 | 32429 | 41 | 15006 | 65278 |
| 其他采矿业 | 5760 | 1760 | 3000 | 1000 | |
| **（三）制造业** | **47525272** | **19512179** | **653739** | **24286941** | **3072413** |
| 农副食品加工业 | 1247851 | 536978 | 31442 | 525994 | 153437 |
| 食品制造业 | 1404740 | 358566 | 34100 | 871268 | 140806 |
| 饮料制造业 | 1097891 | 602725 | 30428 | 411938 | 52800 |
| 烟草制品业 | | | | | |
| 纺织业 | 1058506 | 342267 | 23346 | 652121 | 40772 |
| 纺织服装、鞋、帽制造业 | 769887 | 184924 | 9890 | 483199 | 91874 |
| 皮革毛皮羽毛(绒)及其制品业 | 315456 | 80061 | 1800 | 183601 | 49994 |
| 木材加工及木竹藤棕草制品业 | 175117 | 60541 | 6900 | 97236 | 10440 |
| 家具制造业 | 317255 | 107439 | 852 | 191619 | 17345 |
| 造纸及纸制品业 | 1632347 | 1120982 | 7632 | 418535 | 85198 |
| 印刷业和记录媒介的复制 | 128640 | 43604 | 3042 | 76994 | 5000 |
| 文教体育用品制造业 | 177295 | 21878 | 5222 | 134480 | 15715 |
| 石油加工、炼焦及核燃料加工业 | 356725 | 175289 | 21697 | 148444 | 11295 |
| 化学原料及化学制品制造业 | 5018657 | 1948128 | 71563 | 2795244 | 203722 |
| 医药制造业 | 1065391 | 414389 | 12153 | 503282 | 135567 |
| 化学纤维制造业 | 203472 | 126236 | 3000 | 73936 | 300 |
| 橡胶制品业 | 793420 | 396434 | 3758 | 386394 | 6834 |
| 塑料制品业 | 673013 | 213571 | 13053 | 393680 | 52709 |
| 非金属矿物制品业 | 2231993 | 947484 | 32587 | 1002838 | 249084 |
| 黑色金属冶炼及压延加工业 | 1530245 | 1069850 | | 279671 | 180724 |
| 有色金属冶炼及压延加工业 | 845613 | 455363 | 27969 | 202824 | 159457 |
| 金属制品业 | 1405100 | 547204 | 15445 | 784962 | 57489 |
| 通用设备制造业 | 2862320 | 974298 | 20402 | 1715105 | 152515 |
| 专用设备制造业 | 2097591 | 840913 | 43329 | 1049749 | 163600 |

续表 1 单位：万元

| 行　　业 | 外商投资 | 合资经营 | 合作经营 | 独　资 | 股份有限 |
|---|---|---|---|---|---|
| 交通运输设备制造业 | 7553508 | 4414425 | 156881 | 2388581 | 593621 |
| 电气机械及器材制造业 | 3723138 | 1518289 | 48829 | 2005947 | 150073 |
| 通信设备计算机及其他电子设备制造业 | 7654498 | 1593980 | 17252 | 5841233 | 202033 |
| 仪器仪表文化办公用机械制造业 | 643152 | 262176 | 6017 | 356735 | 18224 |
| 工艺品及其他制造业 | 426609 | 80827 | 2350 | 273495 | 69937 |
| 废弃资源和废旧材料回收加工业 | 115842 | 73358 | 2800 | 37836 | 1848 |
| **（四）电力燃气水的生产供应业** | **3014672** | **1834380** | **189203** | **532095** | **458994** |
| 电力、热力的生产和供应业 | 2222588 | 1302107 | 156285 | 322722 | 441474 |
| 燃气生产和供应业 | 411995 | 278309 | 13703 | 106584 | 13399 |
| 水的生产和供应业 | 380089 | 253964 | 19215 | 102789 | 4121 |
| **（五）建筑业** | **33010** | **11794** | **2779** | **12003** | **6434** |
| 房屋和土木工程建筑业 | 15737 | 50 |  | 9253 | 6434 |
| 建筑安装业 | 6462 | 3683 | 2779 |  |  |
| 建筑装饰业 | 5761 | 5761 |  |  |  |
| 其他建筑业 | 5050 | 2300 |  | 2750 |  |
| **（六）交通运输、仓储和邮政业** | **1627241** | **1028134** | **20485** | **469303** | **109319** |
| 铁路运输业 | 121979 | 90079 |  |  | 31900 |
| 道路运输业 | 162286 | 30354 | 5480 | 112566 | 13886 |
| 城市公共交通业 | 9165 | 5636 | 2062 |  | 1467 |
| 水上运输业 | 564944 | 404383 |  | 139622 | 20939 |
| 航空运输业 | 85713 | 78627 |  | 3500 | 3586 |
| 管道运输业 | 2538 | 1712 |  | 506 | 320 |
| 装卸搬运和其他运输服务业 | 70338 | 50624 |  | 7714 | 12000 |
| 仓储业 | 609391 | 365832 | 12943 | 205395 | 25221 |
| 邮政业 | 887 | 887 |  |  |  |
| **（七）信息传输计算机服务和软件业** | **3667960** | **232926** | **54045** | **2902606** | **478383** |
| 电信和其他信息传输服务业 | 3428400 | 173185 | 54045 | 2724755 | 476415 |
| 计算机服务业 | 12499 | 3630 |  | 7869 | 1000 |
| 软件业 | 227061 | 56111 |  | 169982 | 968 |
| **（八）批发和零售业** | **1065096** | **311829** | **99795** | **455576** | **197896** |
| 批发业 | 487840 | 221689 | 2298 | 149430 | 114423 |
| 零售业 | 577256 | 90140 | 97497 | 306146 | 83473 |
| **（九）住宿和餐饮业** | **892707** | **248863** | **10844** | **567235** | **65765** |
| 住宿业 | 731064 | 203449 | 7399 | 477134 | 43082 |
| 餐饮业 | 161643 | 45414 | 3445 | 90101 | 22683 |
| **（十）金融业** | **49845** | **32338** |  | **8963** | **8544** |
| 银行业 | 20327 | 3232 |  | 8912 | 8183 |
| 证券业 | 28522 | 28296 |  |  | 226 |
| 保险业 | 996 | 810 |  | 51 | 135 |

续表 2 单位：万元

| 行　　业 | 外商投资 | 合资经营 | 合作经营 | 独　资 | 股份有限 |
|---|---|---|---|---|---|
| 其他金融活动 | | | | | |
| **（十一）房地产业** | **16560428** | **5953390** | **1441393** | **8732874** | **432771** |
| 房地产业 | 16560428 | 5953390 | 1441393 | 8732874 | 432771 |
| **（十二）租赁和商务服务业** | **480516** | **392545** | **3280** | **55568** | **29123** |
| 租赁业 | 3830 | 3030 | 800 | | |
| 商务服务业 | 476686 | 389515 | 2480 | 55568 | 29123 |
| **（十三）科研技术服务和地质勘查业** | **165346** | **57706** | **15070** | **84742** | **7828** |
| 研究与试验发展 | 107788 | 48196 | | 55922 | 3670 |
| 专业技术服务业 | 5928 | 3132 | 130 | 2583 | 83 |
| 科技交流和推广服务业 | 36380 | 6068 | | 26237 | 4075 |
| 地质勘查业 | 15250 | 310 | 14940 | | |
| **（十四）水利环境和公共设施管理业** | **491802** | **113775** | **79545** | **236484** | **61998** |
| 水利管理业 | 12208 | 4300 | 308 | 7200 | 400 |
| 环境管理业 | 132606 | 36166 | 7729 | 87717 | 994 |
| 公共设施管理业 | 346988 | 73309 | 71508 | 141567 | 60604 |
| **（十五）居民服务和其他服务业** | **54850** | **9013** | | **33527** | **12310** |
| 居民服务业 | 28577 | 7031 | | 21546 | |
| 其他服务业 | 26273 | 1982 | | 11981 | 12310 |
| **（十六）教育** | **78436** | **25744** | **22708** | **22854** | **7130** |
| 教育 | 78436 | 25744 | 22708 | 22854 | 7130 |
| **（十七）卫生社会保障和社会福利业** | **93502** | **21126** | **25881** | **46495** | |
| 卫生 | 92702 | 21126 | 25081 | 46495 | |
| 社会保障业 | | | | | |
| 社会福利业 | 800 | | 800 | | |
| **（十八）文化、体育和娱乐业** | **288272** | **138552** | **23327** | **109874** | **16519** |
| 新闻出版业 | | | | | |
| 广播、电视、电影和音像业 | 2166 | 2166 | | | |
| 文化艺术业 | 12950 | 3147 | 2360 | 4143 | 3300 |
| 体育 | 14802 | 1600 | 13202 | | |
| 娱乐业 | 258354 | 131639 | 7765 | 105731 | 13219 |
| **（十九）公共管理和社会组织** | **32036** | | **12486** | **10250** | **9300** |
| 中国共产党机关 | | | | | |
| 国家机构 | 5000 | | 1500 | 3500 | |
| 人民政协和民主党派 | | | | | |
| 群众团体、社会团体和宗教组织 | 14316 | | 2516 | 2500 | 9300 |
| 基层群众自治组织 | 12720 | | 8470 | 4250 | |
| **（二十）国际组织** | | | | | |
| 国际组织 | | | | | |

# 各地区国有控股、内资、外商及港澳台城镇投资

单位：万元

| 地　　区 | 国有及国有控股投资 | 内资投资 | 外商投资 | 港澳台商投资 |
|---|---|---|---|---|
| **全国总计** | **865832401** | **1797867737** | **76896965** | **64439192** |
| 北　　京 | 23406194 | 37173572 | 2597993 | 1724721 |
| 天　　津 | 29803834 | 40741625 | 2637961 | 1086093 |
| 河　　北 | 37214804 | 100529331 | 2658985 | 1576698 |
| 山　　西 | 28093994 | 44008394 | 536758 | 550417 |
| 内 蒙 古 | 35055932 | 69517577 | 1043872 | 876918 |
| 辽　　宁 | 35068906 | 102080819 | 8370316 | 5600072 |
| 吉　　林 | 20819131 | 57347550 | 1496494 | 745454 |
| 黑 龙 江 | 25907315 | 45588515 | 921427 | 447482 |
| 上　　海 | 32205138 | 40319957 | 3869203 | 1999936 |
| 江　　苏 | 41693338 | 119891963 | 14494929 | 8281122 |
| 浙　　江 | 33581740 | 66005456 | 4148855 | 4388951 |
| 安　　徽 | 30211580 | 75194331 | 1858450 | 2402197 |
| 福　　建 | 26114511 | 47174326 | 3229301 | 5082451 |
| 江　　西 | 18646530 | 54874249 | 3016752 | 2190184 |
| 山　　东 | 36613075 | 142860762 | 7083787 | 4446421 |
| 河　　南 | 26635009 | 111643259 | 1487944 | 1417691 |
| 湖　　北 | 31761044 | 67911328 | 1962553 | 1962836 |
| 湖　　南 | 30996492 | 66911743 | 949912 | 938372 |
| 广　　东 | 48083903 | 85089625 | 6296334 | 10914567 |
| 广　　西 | 21424270 | 43915035 | 1498505 | 1485261 |
| 海　　南 | 4534018 | 8259744 | 601598 | 565452 |
| 重　　庆 | 25730505 | 45531108 | 1175252 | 1844693 |
| 四　　川 | 46730638 | 86856355 | 2518007 | 1526489 |
| 贵　　州 | 12844092 | 19763298 | 539202 | 195752 |
| 云　　南 | 24739796 | 39957585 | 561350 | 656194 |
| 西　　藏 | 2532809 | 3273545 | 2805 | |
| 陕　　西 | 35178455 | 57004635 | 809164 | 1069916 |
| 甘　　肃 | 13736626 | 20350047 | 127706 | 285829 |
| 青　　海 | 4527129 | 6773511 | 101688 | 15694 |
| 宁　　夏 | 6162391 | 9488272 | 151021 | 2313 |
| 新　　疆 | 17982591 | 24033609 | 148841 | 159016 |
| 不分地区 | 57796611 | 57796611 | | |

# 国民经济行业小类国有控股、内资、外商及港澳台城镇投资

单位：万元

| 行业 | 国有及国有控股投资 | 内资投资 | 外商投资 | 港澳台商投资 |
|---|---|---|---|---|
| **全国总计** | **865832401** | **1797867737** | **76896965** | **64439192** |
| （一）农、林、牧、渔业 | 16968968 | 33173375 | 197389 | 193139 |
| 农业 | 3476487 | 7278590 | 67870 | 85987 |
| 谷物及其他作物的种植 | 2204518 | 2991775 | 7682 | 8350 |
| 谷物的种植 | 1447707 | 1744297 | | |
| 薯类的种植 | 78084 | 163755 | 2031 | |
| 油料的种植 | 65484 | 134868 | 679 | |
| 豆类的种植 | 95245 | 99895 | | |
| 棉花的种植 | 65050 | 70440 | | |
| 麻类的种植 | 892 | 12536 | 900 | |
| 糖料的种植 | 14710 | 29254 | 560 | |
| 烟草的种植 | 110845 | 142653 | | |
| 其他作物的种植 | 326501 | 594077 | 3512 | 8350 |
| 蔬菜、园艺作物的种植 | 811664 | 2740540 | 24340 | 38308 |
| 蔬菜的种植 | 692875 | 1920520 | 15660 | 19540 |
| 花卉的种植 | 63786 | 406412 | 6130 | 10278 |
| 其他园艺作物的种植 | 55003 | 413608 | 2550 | 8490 |
| 水果、坚果、饮料和香料作物的种植 | 401006 | 1283886 | 34048 | 39329 |
| 水果、坚果的种植 | 301588 | 967272 | 28088 | 38779 |
| 茶及其他饮料作物的种植 | 85783 | 290689 | 5960 | 550 |
| 香料作物的种植 | 13635 | 25925 | | |
| 中药材的种植 | 59299 | 262389 | 1800 | |
| 林业 | 4608789 | 5797873 | 37776 | 7492 |
| 林木的培育和种植 | 4347019 | 5500757 | 37776 | 7492 |
| 育种和育苗 | 260775 | 644412 | 9733 | 400 |
| 造林 | 3594485 | 4247402 | 25097 | 4102 |
| 林木的抚育和管理 | 491759 | 608943 | 2946 | 2990 |
| 木材和竹材的采运 | 187726 | 202198 | | |
| 木材的采运 | 187398 | 199910 | | |
| 竹材的采运 | 328 | 2288 | | |
| 林产品的采集 | 74044 | 94918 | | |
| 畜牧业 | 2046282 | 9550845 | 62684 | 49051 |
| 牲畜的饲养 | 1223680 | 3868491 | 19640 | 7501 |
| 猪的饲养 | 555673 | 3340737 | 22607 | 31122 |
| 家禽的饲养 | 143777 | 1828296 | 9287 | 6468 |
| 狩猎和捕捉动物 | 120 | 20965 | | |
| 其他畜牧业 | 123032 | 492356 | 11150 | 3960 |
| 渔业 | 185397 | 1279306 | 11488 | 7800 |
| 海洋渔业 | 87782 | 610049 | 10688 | 7800 |
| 海水养殖 | 58270 | 491503 | 10688 | |

续表 1 单位：万元

| 行　　业 | 国有及国有控股投资 | 内资投资 | 外商投资 | 港澳台商投资 |
|---|---|---|---|---|
| 海洋捕捞 | 29512 | 118546 | | 7800 |
| 内陆渔业 | 97615 | 669257 | 800 | |
| 内陆养殖 | 97615 | 659774 | 800 | |
| 内陆捕捞 | | 9483 | | |
| 农、林、牧、渔服务业 | 6652013 | 9266761 | 17571 | 42809 |
| 农业服务业 | 6035480 | 8366614 | 10121 | 38189 |
| 灌溉服务 | 2035175 | 2322098 | 1140 | |
| 农产品初加工服务 | 110212 | 919226 | 8771 | 4700 |
| 其他农业服务 | 3890093 | 5125290 | 210 | 33489 |
| 林业服务业 | 227382 | 264612 | | |
| 畜牧服务业 | 358290 | 510640 | | 4620 |
| 兽医服务 | 109413 | 133473 | | |
| 其他畜牧服务 | 248877 | 377167 | | 4620 |
| 渔业服务业 | 30861 | 124895 | 7450 | |
| **（二）采矿业** | **47592096** | **80329811** | **578585** | **799871** |
| 煤炭开采和洗选业 | 16298951 | 30396651 | 42644 | 129997 |
| 烟煤和无烟煤的开采洗选 | 14901654 | 27614592 | 39917 | 121625 |
| 褐煤的开采洗选 | 1240603 | 2398100 | 1684 | 8372 |
| 其他煤炭采选 | 156694 | 383959 | 1043 | |
| 石油和天然气开采业 | 26445225 | 27085293 | 241044 | 588483 |
| 天然原油和天然气开采 | 23054782 | 23308028 | 235096 | 575938 |
| 与石油和天然气开采有关的服务活动 | 3390443 | 3777265 | 5948 | 12545 |
| 黑色金属矿采选业 | 2192392 | 8381085 | 32421 | 24364 |
| 铁矿采选 | 2006073 | 7707765 | 32383 | 11100 |
| 其他黑色金属矿采选 | 186319 | 673320 | 38 | 13264 |
| 有色金属矿采选业 | 2001077 | 8128921 | 143962 | 27177 |
| 常用有色金属矿采选 | 977114 | 4524542 | 61564 | 24170 |
| 铜矿采选 | 392972 | 1194769 | 14170 | 4140 |
| 铅锌矿采选 | 166309 | 1556080 | 15380 | 6280 |
| 镍钴矿采选 | 91261 | 183905 | 12737 | |
| 锡矿采选 | 143235 | 272391 | | |
| 锑矿采选 | 12710 | 65278 | | |
| 铝矿采选 | 86207 | 654008 | 11600 | |
| 镁矿采选 | 339 | 84675 | | 3000 |
| 其他常用有色金属矿采选 | 84081 | 513436 | 7677 | 10750 |
| 贵金属矿采选 | 694416 | 2305977 | 73998 | 3007 |
| 金矿采选 | 693196 | 2164347 | 73998 | 3007 |
| 银矿采选 | 1220 | 96276 | | |
| 其他贵金属矿采选 | | 45354 | | |
| 稀有稀土金属矿采选 | 329547 | 1298402 | 8400 | |

续表 2

单位：万元

| 行　　业 | 国有及国有控股投资 | 内资投资 | 外商投资 | 港澳台商投资 |
|---|---|---|---|---|
| 钨钼矿采选 | 239051 | 1000935 | 2900 | |
| 稀土金属矿采选 | 10582 | 45994 | 5500 | |
| 放射性金属矿采选 | 19129 | 23129 | | |
| 其他稀有金属矿采选 | 60785 | 228344 | | |
| 非金属矿采选业 | 637942 | 6131754 | 112754 | 29190 |
| 土砂石开采 | 255109 | 4286585 | 76542 | 11070 |
| 石灰石、石膏开采 | 78953 | 930075 | 62575 | |
| 建筑装饰用石开采 | 41415 | 1296696 | 41 | 8030 |
| 耐火土石开采 | 19512 | 516707 | 1000 | |
| 粘土及其他土砂石开采 | 115229 | 1543107 | 12926 | 3040 |
| 化学矿采选 | 212668 | 498840 | | 1300 |
| 采盐 | 115969 | 297753 | 5000 | |
| 石棉及其他非金属矿采选 | 54196 | 1048576 | 31212 | 16820 |
| 石棉、云母矿采选 | 900 | 24076 | | |
| 石墨、滑石采选 | 10158 | 177416 | 3596 | |
| 宝石、玉石开采 | 9221 | 40190 | | 2220 |
| 其他非金属矿采选 | 33917 | 806894 | 27616 | 14600 |
| 其他采矿业 | 16509 | 206107 | 5760 | 660 |
| 其他采矿业 | 16509 | 206107 | 5760 | 660 |
| **（三）制造业** | **103632732** | **513502751** | **47525272** | **26032653** |
| 农副食品加工业 | 1395817 | 26457269 | 1247851 | 595945 |
| 谷物磨制 | 283242 | 4443998 | 91010 | 39110 |
| 饲料加工 | 109197 | 3221393 | 102181 | 79107 |
| 植物油加工 | 201003 | 3722600 | 300029 | 90082 |
| 食用植物油加工 | 193805 | 3426247 | 240796 | 82082 |
| 非食用植物油加工 | 7198 | 296353 | 59233 | 8000 |
| 制糖 | 94508 | 593116 | 84294 | 15418 |
| 屠宰及肉类加工 | 229474 | 5588503 | 128740 | 85967 |
| 畜禽屠宰 | 128144 | 2633403 | 80717 | 33860 |
| 肉制品及副产品加工 | 101330 | 2955100 | 48023 | 52107 |
| 水产品加工 | 55744 | 1500323 | 112353 | 78433 |
| 水产品冷冻加工 | 8199 | 1053643 | 92873 | 43981 |
| 鱼糜制品及水产品干腌制加工 | | 181355 | 2229 | 7979 |
| 水产饲料制造 | 1193 | 91811 | 6233 | 3513 |
| 鱼油提取及制品的制造 | | 10579 | | |
| 其他水产品加工 | 46352 | 162935 | 11018 | 22960 |
| 蔬菜、水果和坚果加工 | 153654 | 3138102 | 201833 | 63459 |
| 其他农副食品加工 | 268995 | 4249234 | 227411 | 144369 |
| 淀粉及淀粉制品的制造 | 145174 | 1637200 | 114373 | 77691 |
| 豆制品制造 | 7224 | 706023 | 20847 | 20000 |

续表 3

单位：万元

| 行业 | 国有及国有控股投资 | 内资投资 | 外商投资 | 港澳台商投资 |
|---|---|---|---|---|
| 蛋品加工 | 1143 | 150779 | 13225 | 4200 |
| 其他未列明的农副食品加工 | 115454 | 1755232 | 78966 | 42478 |
| 食品制造业 | 842023 | 13003661 | 1404740 | 686261 |
| 焙烤食品制造 | 16529 | 1979109 | 103155 | 137705 |
| 糕点、面包制造 | 7694 | 901162 | 32941 | 68599 |
| 饼干及其他焙烤食品制造 | 8835 | 1077947 | 70214 | 69106 |
| 糖果、巧克力及蜜饯制造 | 18481 | 679366 | 98916 | 49036 |
| 糖果、巧克力制造 | 18153 | 387573 | 97066 | 47556 |
| 蜜饯制作 | 328 | 291793 | 1850 | 1480 |
| 方便食品制造 | 133395 | 2476304 | 162693 | 187317 |
| 米、面制品制造 | 70468 | 1198828 | 36003 | 35604 |
| 速冻食品制造 | 19783 | 489812 | 58335 | 66001 |
| 方便面及其他方便食品制造 | 43144 | 787664 | 68355 | 85712 |
| 液体乳及乳制品制造 | 201018 | 1113455 | 265127 | 29485 |
| 罐头制造 | 115421 | 992307 | 57290 | 80350 |
| 肉、禽类罐头制造 | 23508 | 193107 | 100 | 6770 |
| 水产品罐头制造 | 806 | 57354 | 7965 | 4809 |
| 蔬菜、水果罐头制造 | 85244 | 616050 | 45963 | 19795 |
| 其他罐头食品制造 | 5863 | 125796 | 3262 | 48976 |
| 调味品、发酵制品制造 | 90971 | 1722647 | 268235 | 75747 |
| 味精制造 | 32169 | 490488 | 21910 | 24266 |
| 酱油、食醋及类似制品的制造 | 4302 | 487234 | 105695 | 7816 |
| 其他调味品、发酵制品制造 | 54500 | 744925 | 140630 | 43665 |
| 其他食品制造 | 266208 | 4040473 | 449324 | 126621 |
| 营养、保健食品制造 | 30850 | 1114802 | 83694 | 20761 |
| 冷冻饮品及食用冰制造 | 2453 | 341205 | 57714 | 25663 |
| 盐加工 | 94340 | 295950 | | |
| 食品及饲料添加剂制造 | 39801 | 1197633 | 176765 | 59735 |
| 其他未列明的食品制造 | 98764 | 1090883 | 131151 | 20462 |
| 饮料制造业 | 879543 | 9248940 | 1097891 | 441638 |
| 酒精制造 | 116411 | 739107 | 36002 | 5644 |
| 酒的制造 | 611105 | 4499121 | 207391 | 176892 |
| 白酒制造 | 371094 | 2612574 | 17313 | 14703 |
| 啤酒制造 | 169087 | 876625 | 161876 | 140704 |
| 黄酒制造 | 28496 | 159997 | 4550 | 400 |
| 葡萄酒制造 | 35809 | 559735 | 23652 | 18425 |
| 其他酒制造 | 6619 | 290190 | | 2660 |
| 软饮料制造 | 122654 | 3188932 | 842164 | 252487 |
| 碳酸饮料制造 | 150 | 339039 | 277835 | 30597 |
| 瓶（罐）装饮用水制造 | 51762 | 873194 | 119998 | 14328 |

续表 4

单位：万元

| 行　　业 | 国有及国有控股投资 | 内资投资 | 外商投资 | 港澳台商投资 |
|---|---|---|---|---|
| 果菜汁及果菜汁饮料制造 | 30011 | 1051955 | 143468 | 105687 |
| 含乳饮料和植物蛋白饮料制造 | 13106 | 445884 | 140970 | 18015 |
| 固体饮料制造 | 8634 | 111486 | 11335 | 4050 |
| 茶饮料及其他软饮料制造 | 18991 | 367374 | 148558 | 79810 |
| 精制茶加工 | 29373 | 821780 | 12334 | 6615 |
| 烟草制品业 | 2056042 | 2164821 | | 1256 |
| 烟叶复烤 | 179229 | 197669 | | |
| 卷烟制造 | 1823905 | 1883697 | | 910 |
| 其他烟草制品加工 | 52908 | 83455 | | 346 |
| 纺织业 | 774198 | 15620717 | 1058506 | 964526 |
| 棉、化纤纺织及印染精加工 | 460106 | 8330036 | 322099 | 349070 |
| 棉、化纤纺织加工 | 441036 | 7553179 | 232444 | 197743 |
| 棉、化纤印染精加工 | 19070 | 776857 | 89655 | 151327 |
| 毛纺织和染整精加工 | 129417 | 763312 | 77422 | 44603 |
| 毛条加工 | 7729 | 140544 | 14215 | 8856 |
| 毛纺织 | 113718 | 477928 | 61262 | 23062 |
| 毛染整精加工 | 7970 | 144840 | 1945 | 12685 |
| 麻纺织 | 17132 | 283697 | | 6920 |
| 丝绢纺织及精加工 | 9643 | 644072 | 19645 | 74530 |
| 缫丝加工 | 9643 | 294801 | 6520 | 1080 |
| 绢纺和丝织加工 | | 259298 | 7547 | 72397 |
| 丝印染精加工 | | 89973 | 5578 | 1053 |
| 纺织制成品制造 | 128666 | 3025777 | 400503 | 296092 |
| 棉及化纤制品制造 | 67534 | 1397588 | 161856 | 104697 |
| 毛制品制造 | 4720 | 114781 | 7014 | 17015 |
| 麻制品制造 | 651 | 54253 | 5600 | 120 |
| 丝制品制造 | | 136433 | 11367 | 8912 |
| 绳、索、缆的制造 | 1400 | 158982 | 960 | 125 |
| 纺织带和帘子布制造 | 8315 | 156913 | 8495 | 1800 |
| 无纺布制造 | 16400 | 534064 | 94504 | 74968 |
| 其他纺织制成品制造 | 29646 | 472763 | 110707 | 88455 |
| 针织品、编织品及其制品制造 | 29234 | 2573823 | 238837 | 193311 |
| 棉、化纤针织品及编织品制造 | 17070 | 1414032 | 185686 | 106936 |
| 毛针织品及编织品制造 | 2091 | 585448 | 15864 | 42094 |
| 丝针织品及编织品制造 | 935 | 162326 | 10600 | 23622 |
| 其他针织品及编织品制造 | 9138 | 412017 | 26687 | 20659 |
| 纺织服装、鞋、帽制造业 | 333464 | 8902507 | 769887 | 833544 |
| 纺织服装制造 | 320071 | 8219064 | 690507 | 769612 |
| 纺织面料鞋的制造 | 12883 | 585422 | 73725 | 63636 |
| 制帽 | 510 | 98021 | 5655 | 296 |

续表 5

单位：万元

| 行业 | 国有及国有控股投资 | 内资投资 | 外商投资 | 港澳台商投资 |
|---|---|---|---|---|
| 皮革、毛皮、羽毛(绒)及其制品业 | 347391 | 4141330 | 315456 | 725523 |
| 皮革鞣制加工 | | 555031 | 23448 | 40721 |
| 皮革制品制造 | 342619 | 2918848 | 276928 | 646270 |
| 皮鞋制造 | 270484 | 1869055 | 143847 | 411612 |
| 皮革服装制造 | | 205209 | 24478 | 22585 |
| 皮箱、包(袋)制造 | 61359 | 490494 | 52010 | 96398 |
| 皮手套及皮装饰制品制造 | 4276 | 120457 | 300 | 12760 |
| 其他皮革制品制造 | 6500 | 233633 | 56293 | 102915 |
| 毛皮鞣制及制品加工 | 3772 | 384080 | 7780 | 12144 |
| 毛皮鞣制加工 | 2350 | 151995 | | 893 |
| 毛皮服装加工 | 1422 | 173464 | | 11251 |
| 其他毛皮制品加工 | | 58621 | 7780 | |
| 羽毛(绒)加工及制品制造 | 1000 | 283371 | 7300 | 26388 |
| 羽毛(绒)加工 | | 144473 | 7300 | 4595 |
| 羽毛(绒)制品加工 | 1000 | 138898 | | 21793 |
| 木材加工及木、竹、藤、棕、草制造 | 417017 | 9788974 | 175117 | 200773 |
| 锯材、木片加工 | 125820 | 2303491 | 7590 | 25727 |
| 锯材加工 | 96118 | 1356354 | 5230 | 20964 |
| 木片加工 | 29702 | 947137 | 2360 | 4763 |
| 人造板制造 | 187058 | 4378904 | 85237 | 123454 |
| 胶合板制造 | 20318 | 1632431 | 36866 | 15561 |
| 纤维板制造 | 62147 | 916459 | 15495 | 27628 |
| 刨花板制造 | 13909 | 370515 | 710 | 32460 |
| 其他人造板、材制造 | 90684 | 1459499 | 32166 | 47805 |
| 木制品制造 | 87678 | 2382787 | 68159 | 48411 |
| 建筑用木料及木材组件加工 | 73303 | 1542698 | 44835 | 33205 |
| 木容器制造 | 1942 | 153335 | | 1045 |
| 软木制品及其他木制品制造 | 12433 | 686754 | 23324 | 14161 |
| 竹、藤、棕、草制品制造 | 16461 | 723792 | 14131 | 3181 |
| 家具制造业 | 147971 | 5988017 | 317255 | 146338 |
| 木质家具制造 | 133061 | 4235209 | 197983 | 111262 |
| 竹、藤家具制造 | | 122810 | 713 | |
| 金属家具制造 | 100 | 844644 | 33503 | 20722 |
| 塑料家具制造 | 3930 | 97487 | 420 | 530 |
| 其他家具制造 | 10880 | 687867 | 84636 | 13824 |
| 造纸及纸制品业 | 943052 | 10035090 | 1632347 | 773578 |
| 纸浆制造 | 296939 | 1308497 | 785808 | 352300 |
| 造纸 | 568789 | 4909744 | 612326 | 185507 |
| 机制纸及纸板制造 | 543308 | 4197020 | 535832 | 161922 |
| 手工纸制造 | 6100 | 78980 | 60716 | |

续表 6　　　　单位：万元

| 行　　业 | 国有及国有控股投资 | 内资投资 | 外商投资 | 港澳台商投资 |
|---|---|---|---|---|
| 加工纸制造 | 19381 | 633744 | 15778 | 23585 |
| 纸制品制造 | 77324 | 3816849 | 234213 | 235771 |
| 纸和纸板容器的制造 | 56935 | 2215879 | 113403 | 143813 |
| 其他纸制品制造 | 20389 | 1600970 | 120810 | 91958 |
| 印刷业和记录媒介的复制 | 543680 | 5306079 | 128640 | 238993 |
| 印刷 | 463353 | 4873620 | 117223 | 199020 |
| 书、报、刊印刷 | 269931 | 1174417 | 3372 | 52685 |
| 本册印制 | 25411 | 324553 | 10359 | |
| 包装装潢及其他印刷 | 168011 | 3374650 | 103492 | 146335 |
| 装订及其他印刷服务活动 | 30776 | 304467 | 4787 | 342 |
| 记录媒介的复制 | 49551 | 127992 | 6630 | 39631 |
| 文教体育用品制造业 | 52627 | 1829012 | 177295 | 165958 |
| 文化用品制造 | 6583 | 413210 | 33175 | 11163 |
| 文具制造 | 1072 | 141243 | 11041 | 9850 |
| 笔的制造 | 117 | 116439 | 14661 | 563 |
| 教学用模型及教具制造 | | 54545 | | |
| 墨水、墨汁制造 | | 29593 | 4720 | |
| 其他文化用品制造 | 5394 | 71390 | 2753 | 750 |
| 体育用品制造 | 26901 | 569779 | 110599 | 68215 |
| 球类制造 | | 64454 | 5774 | 6342 |
| 体育器材及配件制造 | | 175734 | 45451 | 25052 |
| 训练健身器材制造 | | 106957 | 17040 | 10937 |
| 运动防护用具制造 | 3500 | 50357 | 33535 | 13021 |
| 其他体育用品制造 | 23401 | 172277 | 8799 | 12863 |
| 乐器制造 | 2527 | 97920 | 13046 | 13015 |
| 中乐器制造 | 50 | 22908 | | |
| 西乐器制造 | 2477 | 49869 | 5170 | 8730 |
| 电子乐器制造 | | 6103 | 1201 | 3000 |
| 其他乐器及零件制造 | | 19040 | 6675 | 1285 |
| 玩具制造 | 14328 | 621916 | 20175 | 61907 |
| 游艺器材及娱乐用品制造 | 2288 | 126187 | 300 | 11658 |
| 露天游乐场所游乐设备制造 | 2288 | 87950 | 300 | 3698 |
| 游艺用品及室内游艺器材制造 | | 38237 | | 7960 |
| 石油加工、炼焦及核燃料加工业 | 9690404 | 17086009 | 356725 | 955429 |
| 精炼石油产品的制造 | 7906209 | 10308688 | 289179 | 704321 |
| 原油加工及石油制品制造 | 7561977 | 9793889 | 278713 | 704321 |
| 人造原油生产 | 344232 | 514799 | 10466 | |
| 炼焦及其他 | 1784195 | 6777321 | 67546 | 251108 |
| 化学原料及化学制品制造业 | 16182271 | 53240108 | 5018657 | 1540170 |

续表 7 单位：万元

| 行　业 | 国有及国有控股投资 | 内资投资 | 外商投资 | 港澳台商投资 |
|---|---|---|---|---|
| 基础化学原料制造 | 8463567 | 20427157 | 1834838 | 595981 |
| 无机酸制造 | 424264 | 1806036 | 121721 | 43322 |
| 无机碱制造 | 1505170 | 3032781 | 56226 | 49653 |
| 无机盐制造 | 636485 | 2319177 | 35339 | 40291 |
| 有机化学原料制造 | 4960732 | 10127630 | 1272528 | 370699 |
| 其他基础化学原料制造 | 936916 | 3141533 | 349024 | 92016 |
| 肥料制造 | 3336439 | 8980426 | 262834 | 114924 |
| 氮肥制造 | 2323397 | 4052379 | 39794 | 35290 |
| 磷肥制造 | 231873 | 989712 | | |
| 钾肥制造 | 110044 | 286845 | 1123 | 39071 |
| 复混肥料制造 | 566094 | 2097695 | 208412 | 30963 |
| 有机肥料及微生物肥料制造 | 31274 | 1112221 | 13305 | 9600 |
| 其他肥料制造 | 73757 | 441574 | 200 | |
| 农药制造 | 277522 | 2148451 | 42657 | 54319 |
| 化学农药制造 | 189321 | 1370133 | 34551 | 22406 |
| 生物化学农药及微生物农药制造 | 88201 | 778318 | 8106 | 31913 |
| 涂料、油墨、颜料及类似产品制造 | 114180 | 2864019 | 467677 | 127723 |
| 涂料制造 | 59581 | 1622764 | 79519 | 72013 |
| 油墨及类似产品制造 | 5031 | 203812 | 8832 | 9319 |
| 颜料制造 | 32930 | 325909 | 35999 | 15806 |
| 染料制造 | 16638 | 494968 | 15501 | 12626 |
| 密封用填料及类似品制造 | | 216566 | 327826 | 17959 |
| 合成材料制造 | 1311871 | 4104298 | 557682 | 186227 |
| 初级形态的塑料及合成树脂制造 | 813640 | 2263114 | 240340 | 124228 |
| 合成橡胶制造 | 63403 | 686714 | 125593 | 44035 |
| 合成纤维单(聚合)体的制造 | 418107 | 675148 | 79974 | 4767 |
| 其他合成材料制造 | 16721 | 479322 | 111775 | 13197 |
| 专用化学产品制造 | 1995202 | 12583206 | 1647747 | 313308 |
| 化学试剂和助剂制造 | 345647 | 3446144 | 89436 | 110717 |
| 专项化学用品制造 | 573708 | 3294208 | 935486 | 71939 |
| 林产化学产品制造 | 7448 | 400666 | 17687 | 5363 |
| 环境污染处理专用药剂材料制造 | 19917 | 346521 | 5224 | 1477 |
| 动物胶制造 | 8346 | 125033 | | 8048 |
| 其他专用化学产品制造 | 1040136 | 4970634 | 599914 | 115764 |
| 日用化学产品制造 | 683490 | 2132551 | 205222 | 147688 |
| 肥皂及合成洗涤剂制造 | 34397 | 427428 | 33728 | 46946 |
| 化妆品制造 | 2401 | 178057 | 89616 | 42021 |
| 口腔清洁用品制造 | | 10112 | 7954 | 92 |

续表 8　　单位：万元

| 行　　业 | 国有及国有控股投资 | 内资投资 | 外商投资 | 港澳台商投资 |
|---|---|---|---|---|
| 香料、香精制造 | 6183 | 283463 | 29614 | 30237 |
| 其他日用化学产品制造 | 640509 | 1233491 | 44310 | 28392 |
| 医药制造业 | 1219175 | 12757188 | 1065391 | 720320 |
| 化学药品原药制造 | 249343 | 2067238 | 248483 | 244788 |
| 化学药品制剂制造 | 226225 | 2389781 | 330596 | 155190 |
| 中药饮片加工 | 113428 | 1439873 | 16445 | 18909 |
| 中成药制造 | 261223 | 2685506 | 130127 | 104791 |
| 兽用药品制造 | 93461 | 830922 | 21012 | 26530 |
| 生物、生化制品的制造 | 252749 | 2302544 | 199803 | 119535 |
| 卫生材料及医药用品制造 | 22746 | 1041324 | 118925 | 50577 |
| 化学纤维制造业 | 413705 | 2260839 | 203472 | 296475 |
| 纤维素纤维原料及纤维制造 | 146514 | 948389 | 61980 | 51068 |
| 化纤浆粕制造 | 36044 | 384739 | 2900 | 15139 |
| 人造纤维（纤维素纤维）制造 | 110470 | 563650 | 59080 | 35929 |
| 合成纤维制造 | 267191 | 1312450 | 141492 | 245407 |
| 锦纶纤维制造 | 7650 | 132423 | 13767 | 37553 |
| 涤纶纤维制造 | 17757 | 429341 | 28570 | 118163 |
| 腈纶纤维制造 | 1618 | 26096 | 8500 | |
| 维纶纤维制造 | 166857 | 231654 | 4902 | |
| 其他合成纤维制造 | 73309 | 492936 | 85753 | 89691 |
| 橡胶制品业 | 746705 | 5489127 | 793420 | 299529 |
| 轮胎制造 | 516880 | 1927320 | 547581 | 195865 |
| 车辆、飞机及工程机械轮胎制造 | 513512 | 1618321 | 530485 | 195865 |
| 力车胎制造 | 3368 | 151793 | 15996 | |
| 轮胎翻新加工 | | 157206 | 1100 | |
| 橡胶板、管、带的制造 | 93890 | 1449953 | 83019 | 26059 |
| 橡胶零件制造 | 3600 | 645186 | 115712 | 14802 |
| 再生橡胶制造 | 8954 | 225467 | 3433 | 14223 |
| 日用及医用橡胶制品制造 | 91667 | 361198 | 14884 | 7688 |
| 橡胶靴鞋制造 | 12490 | 132663 | 1423 | 6663 |
| 其他橡胶制品制造 | 19224 | 747340 | 27368 | 34229 |
| 塑料制品业 | 736021 | 12800791 | 673013 | 583345 |
| 塑料薄膜制造 | 17992 | 1368893 | 206448 | 101698 |
| 塑料板、管、型材的制造 | 403932 | 4520521 | 69798 | 132173 |
| 塑料丝、绳及编织品的制造 | 63027 | 1225919 | 23535 | 13463 |
| 泡沫塑料制造 | 11038 | 694206 | 32752 | 33035 |
| 塑料人造革、合成革制造 | | 406825 | 18279 | 55396 |
| 塑料包装箱及容器制造 | 117038 | 1449782 | 70457 | 32500 |
| 塑料零件制造 | 17657 | 736592 | 76468 | 55038 |
| 日用塑料制造 | 12850 | 1068604 | 56028 | 92506 |

单位：万元

| 行　　业 | 国有及国有控股投资 | 内资投资 | 外商投资 | 港澳台商投资 |
|---|---|---|---|---|
| 塑料鞋制造 | 3900 | 156710 | 18496 | 45816 |
| 日用塑料杂品制造 | 8950 | 911894 | 37532 | 46690 |
| 其他塑料制品制造 | 92487 | 1329449 | 119248 | 67536 |
| 非金属矿物制品业 | 5979327 | 54479222 | 2231993 | 2333212 |
| 水泥、石灰和石膏的制造 | 3632740 | 14815313 | 853260 | 1111693 |
| 水泥制造 | 3575069 | 13902448 | 829442 | 1083418 |
| 石灰和石膏制造 | 57671 | 912865 | 23818 | 28275 |
| 水泥及石膏制品制造 | 568665 | 7377657 | 124270 | 136059 |
| 水泥制品制造 | 339101 | 4035386 | 86301 | 106315 |
| 砼结构构件制造 | 157822 | 1425442 | 1769 | 5350 |
| 石棉水泥制品制造 | 3112 | 127250 | | |
| 轻质建筑材料制造 | 50317 | 1175925 | 29209 | 20694 |
| 其他水泥制品制造 | 18313 | 613654 | 6991 | 3700 |
| 砖瓦、石材及其他建筑材料制造 | 473665 | 14930715 | 260722 | 329734 |
| 粘土砖瓦及建筑砌块制造 | 200556 | 5443614 | 9406 | 43901 |
| 建筑陶瓷制品制造 | 5743 | 2299795 | 60745 | 147984 |
| 建筑用石加工 | 43580 | 2405503 | 21967 | 48153 |
| 防水建筑材料制造 | 41773 | 868474 | 10057 | 6300 |
| 隔热和隔音材料制造 | 42083 | 1170626 | 51106 | 17829 |
| 其他建筑材料制造 | 139930 | 2742703 | 107441 | 65567 |
| 玻璃及玻璃制品制造 | 650915 | 6071053 | 585855 | 374901 |
| 平板玻璃制造 | 84463 | 1236944 | 125420 | 179289 |
| 技术玻璃制品制造 | 133500 | 1015997 | 91712 | 65513 |
| 光学玻璃制造 | 52830 | 232776 | 43742 | 60438 |
| 玻璃仪器制造 | 30759 | 147056 | 1850 | |
| 日用玻璃制品及玻璃包装容器制造 | 13757 | 1143513 | 36815 | 24061 |
| 玻璃保温容器制造 | 617 | 79513 | | |
| 玻璃纤维及制品制造 | 287589 | 1129930 | 186330 | 16874 |
| 玻璃纤维增强塑料制品制造 | 32202 | 534288 | 23317 | 9892 |
| 其他玻璃制品制造 | 15198 | 551036 | 76669 | 18834 |
| 陶瓷制品制造 | 84527 | 2941398 | 155729 | 188509 |
| 卫生陶瓷制品制造 | 6915 | 383417 | 50789 | 61784 |
| 特种陶瓷制品制造 | 25361 | 1201103 | 25876 | 14426 |
| 日用陶瓷制品制造 | 51741 | 1191576 | 77464 | 88319 |
| 园林、陈设艺术及其他陶瓷制造 | 510 | 165302 | 1600 | 23980 |
| 耐火材料制品制造 | 139497 | 3355007 | 36256 | 21946 |
| 石棉制品制造 | 6900 | 244227 | 1700 | |
| 云母制品制造 | 7695 | 102698 | | |
| 耐火陶瓷制品及其他耐火材料制造 | 124902 | 3008082 | 34556 | 21946 |
| 石墨及其他非金属矿物制品制造 | 429318 | 4988079 | 215901 | 170370 |

续表 10 单位：万元

| 行　　业 | 国有及国有控股投资 | 内资投资 | 外商投资 | 港澳台商投资 |
|---|---|---|---|---|
| 石墨及碳素制品制造 | 173137 | 1938927 | 70490 | 16202 |
| 其他非金属矿物制品制造 | 256181 | 3049152 | 145411 | 154168 |
| 黑色金属冶炼及压延加工业 | 16382403 | 30516441 | 1530245 | 602573 |
| 炼铁 | 369702 | 1989737 | 9737 | 13606 |
| 炼钢 | 4885892 | 7557113 | 64896 | 148842 |
| 钢压延加工 | 10758139 | 18691059 | 1412511 | 400840 |
| 铁合金冶炼 | 368670 | 2278532 | 43101 | 39285 |
| 有色金属冶炼及压延加工业 | 6387921 | 19825802 | 845613 | 866391 |
| 常用有色金属冶炼 | 3761053 | 9361982 | 259407 | 177696 |
| 铜冶炼 | 760894 | 1802240 | 20634 | 89916 |
| 铅锌冶炼 | 535283 | 1677521 | 32130 | 7150 |
| 镍钴冶炼 | 427515 | 990024 | 93439 | 43800 |
| 锡冶炼 | 33403 | 141691 |  | 9800 |
| 锑冶炼 | 12731 | 54314 |  | 2000 |
| 铝冶炼 | 1772770 | 3019745 | 95006 | 6819 |
| 镁冶炼 | 19300 | 682948 | 17398 | 14061 |
| 其他常用有色金属冶炼 | 199157 | 993499 | 800 | 4150 |
| 贵金属冶炼 | 158727 | 574695 | 21505 | 3330 |
| 金冶炼 | 133047 | 402095 | 21505 | 3330 |
| 银冶炼 | 4639 | 63458 |  |  |
| 其他贵金属冶炼 | 21041 | 109142 |  |  |
| 稀有稀土金属冶炼 | 798220 | 1894194 | 117244 | 53970 |
| 钨钼冶炼 | 328985 | 567001 | 1420 | 43182 |
| 稀土金属冶炼 | 31029 | 416024 | 22780 | 1576 |
| 其他稀有金属冶炼 | 438206 | 911169 | 93044 | 9212 |
| 有色金属合金制造 | 140265 | 1294392 | 191092 | 42583 |
| 有色金属压延加工 | 1529656 | 6700539 | 256365 | 588812 |
| 常用有色金属压延加工 | 1218123 | 5991631 | 215798 | 516812 |
| 贵金属压延加工 | 109547 | 286411 | 1147 | 26800 |
| 稀有稀土金属压延加工 | 201986 | 422497 | 39420 | 45200 |
| 金属制品业 | 1719889 | 25815272 | 1405100 | 957985 |
| 结构性金属制品制造 | 728698 | 11935938 | 326310 | 256769 |
| 金属结构制造 | 688867 | 9488692 | 306520 | 229365 |
| 金属门窗制造 | 39831 | 2447246 | 19790 | 27404 |
| 金属工具制造 | 92964 | 2555166 | 133435 | 141600 |
| 切削工具制造 | 55774 | 525464 | 29905 | 11932 |
| 手工具制造 | 7550 | 324718 | 9184 | 49030 |
| 农用及园林用金属工具制造 | 1354 | 206998 | 24787 | 5108 |
| 刀剪及类似日用金属工具制造 | 5914 | 183376 | 12642 | 1619 |
| 其他金属工具制造 | 22372 | 1314610 | 56917 | 73911 |

| 行　　业 | 国有及国有控股投资 | 内资投资 | 外商投资 | 港澳台商投资 |
|---|---|---|---|---|
| 集装箱及金属包装容器制造 | 152005 | 1464413 | 165138 | 123977 |
| 集装箱制造 | 29330 | 194527 | 66803 | 19700 |
| 金属压力容器制造 | 23424 | 629950 | 29671 | 31994 |
| 金属包装容器制造 | 99251 | 639936 | 68664 | 72283 |
| 金属丝绳及其制品的制造 | 370082 | 1617644 | 133073 | 38333 |
| 建筑、安全用金属制品制造 | 135931 | 2924213 | 133937 | 63533 |
| 建筑、家具用金属配件制造 | 7340 | 750313 | 39122 | 10262 |
| 建筑装饰及水暖管道零件制造 | 98422 | 1473157 | 45199 | 28154 |
| 安全、消防用金属制品制造 | 21500 | 423849 | 21403 | 4574 |
| 其他建筑、安全用金属制品制造 | 8669 | 276894 | 28213 | 20543 |
| 金属表面处理及热处理加工 | 76094 | 1415193 | 59145 | 97800 |
| 搪瓷制品制造 | 2296 | 253565 | 41177 | 36 |
| 工业生产配套用搪瓷制品制造 |  | 32757 | 9350 |  |
| 搪瓷卫生洁具制造 | 2296 | 104664 | 4300 |  |
| 搪瓷日用品及其他搪瓷制品制造 |  | 116144 | 27527 | 36 |
| 不锈钢及类似日用金属制品制造 | 16070 | 1405778 | 167247 | 86025 |
| 金属制厨房调理及卫生器具制造 | 5500 | 342181 | 32459 | 25106 |
| 金属制厨用器皿及餐具制造 |  | 394003 | 106403 | 18868 |
| 其他日用金属制品制造 | 10570 | 669594 | 28385 | 42051 |
| 其他金属制品制造 | 145749 | 2243362 | 245638 | 149912 |
| 铸币及贵金属制实验室用品制造 | 17190 | 50581 | 3258 |  |
| 其他未列明的金属制品制造 | 128559 | 2192781 | 242380 | 149912 |
| 通用设备制造业 | 4498943 | 40460244 | 2862320 | 1289005 |
| 锅炉及原动机制造 | 1140792 | 3253054 | 412281 | 57603 |
| 锅炉及辅助设备制造 | 115414 | 1349908 | 74883 | 14523 |
| 内燃机及配件制造 | 436158 | 1070994 | 137432 | 13902 |
| 汽轮机及辅机制造 | 507734 | 527536 | 39206 | 17144 |
| 水轮机及辅机制造 | 6038 | 95660 | 12077 | 10534 |
| 其他原动机制造 | 75448 | 208956 | 148683 | 1500 |
| 金属加工机械制造 | 776273 | 6304795 | 376538 | 174494 |
| 金属切削机床制造 | 273374 | 1393949 | 115811 | 37291 |
| 金属成形机床制造 | 129019 | 703557 | 36702 | 16574 |
| 铸造机械制造 | 18494 | 1310137 | 106054 | 49360 |
| 金属切割及焊接设备制造 | 14080 | 286776 | 33363 | 15295 |
| 机床附件制造 | 79523 | 657248 | 22287 | 4141 |
| 其他金属加工机械制造 | 261783 | 1953128 | 62321 | 51833 |
| 起重运输设备制造 | 244669 | 2893607 | 175450 | 105207 |
| 泵、阀门、压缩机及类似机械的制造 | 325675 | 5261927 | 540079 | 145229 |
| 泵及真空设备制造 | 91136 | 1480056 | 101088 | 33982 |
| 气体压缩机械制造 | 78943 | 691042 | 20509 | 25839 |

续表 12 单位：万元

| 行　　业 | 国有及国有控股投资 | 内资投资 | 外商投资 | 港澳台商投资 |
|---|---|---|---|---|
| 阀门和旋塞的制造 | 47080 | 1556504 | 193567 | 37163 |
| 液压和气压动力机械及元件制造 | 108516 | 1534325 | 224915 | 48245 |
| 轴承、齿轮、传动和驱动部件的制造 | 351016 | 3297702 | 333255 | 247745 |
| 轴承制造 | 226419 | 1963514 | 263329 | 89348 |
| 齿轮、传动和驱动部件制造 | 124597 | 1334188 | 69926 | 158397 |
| 烘炉、熔炉及电炉制造 | 19541 | 278190 | 9860 | 3460 |
| 风机、衡器、包装设备等通用设备制造 | 683519 | 5429960 | 575607 | 261034 |
| 风机、风扇制造 | 149828 | 1356560 | 70616 | 53348 |
| 气体、液体分离及纯净设备制造 | 18710 | 621225 | 50724 | 24984 |
| 制冷、空调设备制造 | 129583 | 707254 | 207341 | 85330 |
| 风动和电动工具制造 | 3330 | 405903 | 92213 | 20286 |
| 喷枪及类似器具制造 | 84890 | 147403 | 8041 | 7475 |
| 包装专用设备制造 | 2434 | 263124 | 12501 | 51948 |
| 衡器制造 |  | 130603 | 6807 |  |
| 其他通用设备制造 | 294744 | 1797888 | 127364 | 17663 |
| 通用零部件制造及机械修理 | 447817 | 6945270 | 243562 | 136717 |
| 金属密封件制造 | 12786 | 461651 | 46631 | 2968 |
| 紧固件、弹簧制造 | 59299 | 988213 | 76503 | 62805 |
| 机械零部件加工及设备修理 | 244095 | 3906896 | 66931 | 36898 |
| 其他通用零部件制造 | 131637 | 1588510 | 53497 | 34046 |
| 金属铸、锻加工 | 509641 | 6795739 | 195688 | 157516 |
| 钢铁铸件制造 | 346909 | 5254771 | 162199 | 116096 |
| 锻件及粉末冶金制品制造 | 162732 | 1540968 | 33489 | 41420 |
| 专用设备制造业 | 4521181 | 27591690 | 2097591 | 1070986 |
| 矿山、冶金、建筑专用设备制造 | 2438597 | 10678718 | 616514 | 320386 |
| 采矿、采石设备制造 | 385825 | 3601736 | 120104 | 58257 |
| 石油钻采专用设备制造 | 287703 | 2145418 | 87528 | 45165 |
| 建筑工程用机械制造 | 456670 | 2205573 | 344493 | 143947 |
| 建筑材料生产专用机械制造 | 72036 | 806371 | 11909 | 14613 |
| 冶金专用设备制造 | 1236363 | 1919620 | 52480 | 58404 |
| 化工、木材、非金属加工专用设备制造 | 379964 | 3704607 | 331369 | 281636 |
| 炼油、化工生产专用设备制造 | 195959 | 1007985 | 17975 | 5100 |
| 橡胶加工专用设备制造 | 62605 | 234221 | 12763 | 2209 |
| 塑料加工专用设备制造 | 58902 | 399306 | 49019 | 39131 |
| 木材加工机械制造 |  | 198201 | 5840 | 2606 |
| 模具制造 | 53348 | 1558436 | 221524 | 230566 |
| 其他非金属加工专用设备制造 | 9150 | 306458 | 24248 | 2024 |
| 食品、饮料、烟草及饲料生产专用设备制造 | 93285 | 1008634 | 98090 | 20260 |
| 食品、饮料、烟草工业专用设备制造 | 62818 | 379430 | 22685 | 12260 |
| 农副食品加工专用设备制造 | 30467 | 535115 | 75405 | 8000 |

续表 13

单位：万元

| 行　　业 | 国有及国有控股投资 | 内资投资 | 外商投资 | 港澳台商投资 |
|---|---|---|---|---|
| 饲料生产专用设备制造 |  | 94089 |  |  |
| 印刷、制药、日化生产专用设备制造 | 146839 | 1456462 | 104542 | 44832 |
| 制浆和造纸专用设备制造 | 36482 | 403750 | 24336 | 2890 |
| 印刷专用设备制造 | 24220 | 239011 | 51173 | 18508 |
| 日用化工专用设备制造 | 4100 | 134585 |  | 8781 |
| 制药专用设备制造 | 3230 | 112440 | 10924 | 1245 |
| 照明器具生产专用设备制造 | 17979 | 325010 | 6699 | 6088 |
| 玻璃陶瓷和搪瓷制品专用设备制造 | 11265 | 102042 |  |  |
| 其他日用品生产专用设备制造 | 49563 | 139624 | 11410 | 7320 |
| 纺织、服装和皮革工业专用设备制造 | 53828 | 842976 | 59735 | 61299 |
| 纺织专用设备制造 | 53828 | 549627 | 48361 | 29244 |
| 皮革、毛皮及其制品加工专用设备制造 |  | 79658 |  | 1655 |
| 缝纫机械制造 |  | 148466 | 11374 | 18850 |
| 其他服装加工专用设备制造 |  | 65225 |  | 11550 |
| 电子和电工机械专用设备制造 | 623235 | 2953680 | 244955 | 135632 |
| 农、林、牧、渔专用机械制造 | 156829 | 1934058 | 65017 | 19047 |
| 拖拉机制造 | 81588 | 359107 | 5694 | 4500 |
| 机械化农业及园艺机具制造 | 49844 | 675818 | 39663 | 2897 |
| 营林及木竹采伐机械制造 | 1575 | 16401 |  |  |
| 畜牧机械制造 |  | 29849 | 9760 | 7000 |
| 渔业机械制造 | 398 | 9474 |  | 1400 |
| 农林牧渔机械配件制造 | 2378 | 544126 |  | 1250 |
| 其他农林牧渔业机械制造 | 21046 | 299283 | 9900 | 2000 |
| 医疗仪器设备及器械制造 | 82615 | 1209173 | 198144 | 68123 |
| 医疗诊断、监护及治疗设备制造 | 62180 | 316710 | 76134 | 34387 |
| 口腔科用设备及器具制造 |  | 12758 |  |  |
| 实验室及医用消毒设备和器具的制造 | 114 | 34037 | 14101 |  |
| 医疗、外科及兽医用器械制造 | 2413 | 429069 | 69665 | 1382 |
| 机械治疗及病房护理设备制造 |  | 120732 | 800 | 8217 |
| 假肢、人工器官及植入器械制造 | 5313 | 32544 | 12877 | 6213 |
| 其他医疗设备及器械制造 | 12595 | 263323 | 24567 | 17924 |
| 环保、社会公共安全及其他专用设备制造 | 545989 | 3803382 | 379225 | 119771 |
| 环境污染防治专用设备制造 | 88366 | 1252779 | 65559 | 22025 |
| 地质勘查专用设备制造 | 6123 | 27215 |  |  |
| 邮政专用机械及器材制造 | 1200 | 1200 |  |  |
| 商业、饮食、服务业专用设备制造 |  | 55426 | 1132 | 10886 |

续表 14　　单位：万元

| 行　　业 | 国有及国有控股投资 | 内资投资 | 外商投资 | 港澳台商投资 |
|---|---|---|---|---|
| 社会公共安全设备及器材制造 | 10584 | 290361 | 9644 | 4758 |
| 交通安全及管制专用设备制造 | 3000 | 60667 | 570 | 2760 |
| 水资源专用机械制造 | 24401 | 263930 | 22828 | |
| 其他专用设备制造 | 412315 | 1851804 | 279492 | 79342 |
| 交通运输设备制造业 | 14889523 | 40768213 | 7553508 | 1429344 |
| 铁路运输设备制造 | 1517844 | 2630775 | 73700 | 2019 |
| 铁路机车车辆及动车组制造 | 744315 | 864901 | 43550 | 1619 |
| 工矿有轨专用车辆制造 | 22207 | 108418 | | |
| 铁路机车车辆配件制造 | 316185 | 705488 | 10403 | |
| 铁路专用设备及器材、配件制造 | 164667 | 538051 | 19747 | 400 |
| 其他铁路设备制造及设备修理 | 270470 | 413917 | | |
| 汽车制造 | 9414859 | 26415515 | 5514910 | 952151 |
| 汽车整车制造 | 5732975 | 6305987 | 2676989 | 248912 |
| 改装汽车制造 | 497120 | 1486821 | 8172 | 75715 |
| 电车制造 | 20653 | 208319 | 4370 | 9480 |
| 汽车车身、挂车的制造 | 14046 | 951409 | 92110 | 14150 |
| 汽车零部件及配件制造 | 3086392 | 16496166 | 2695866 | 597523 |
| 汽车修理 | 63673 | 966813 | 37403 | 6371 |
| 摩托车制造 | 197687 | 1383109 | 66678 | 93313 |
| 摩托车整车制造 | 162264 | 524822 | 25390 | 59858 |
| 摩托车零部件及配件制造 | 35423 | 858287 | 41288 | 33455 |
| 自行车制造 | 27882 | 1077241 | 53095 | 40785 |
| 脚踏自行车及残疾人座车制造 | 26082 | 352500 | 44255 | 25347 |
| 助动自行车制造 | 1800 | 724741 | 8840 | 15438 |
| 船舶及浮动装置制造 | 2280779 | 7093258 | 1632368 | 260613 |
| 金属船舶制造 | 1298745 | 4217378 | 1022835 | 11842 |
| 非金属船舶制造 | | 110870 | 5172 | 11113 |
| 娱乐船和运动船的建造和修理 | | 114442 | 32364 | 36528 |
| 船用配套设备制造 | 680951 | 1733904 | 288925 | 162456 |
| 船舶修理及拆船 | 291385 | 773573 | 278062 | 34004 |
| 航标器材及其他浮动装置的制造 | 9698 | 143091 | 5010 | 4670 |
| 交通器材及其他交通运输设备制造 | 1450472 | 2168315 | 212757 | 80463 |
| 交通管理用金属标志及设施制造 | 873 | 126485 | 320 | |
| 其他交通运输设备制造 | 1449599 | 2041830 | 212437 | 80463 |
| 电气机械及器材制造业 | 4052011 | 29767189 | 3723138 | 2087341 |

续表 15　　单位：万元

| 行　　业 | 国有及国有控股投资 | 内资投资 | 外商投资 | 港澳台商投资 |
|---|---|---|---|---|
| 电机制造 | 685490 | 4163767 | 296301 | 220351 |
| 发电机及发电机组制造 | 516947 | 2579046 | 163388 | 155493 |
| 电动机制造 | 135694 | 993486 | 46796 | 49569 |
| 微电机及其他电机制造 | 32849 | 591235 | 86117 | 15289 |
| 输配电及控制设备制造 | 986143 | 7880260 | 676151 | 489220 |
| 变压器、整流器和电感器制造 | 463583 | 2622674 | 176065 | 102881 |
| 电容器及其配套设备制造 | 17749 | 556855 | 11259 | 19188 |
| 配电开关控制设备制造 | 262803 | 1990419 | 98780 | 128825 |
| 电力电子元器件制造 | 107393 | 1755769 | 320259 | 195810 |
| 其他输配电及控制设备制造 | 134615 | 954543 | 69788 | 42516 |
| 电线、电缆、光缆及电工器材制造 | 294637 | 5226616 | 243067 | 180451 |
| 电线电缆制造 | 220434 | 3907976 | 157331 | 126646 |
| 光纤、光缆制造 | 1445 | 448942 | 46335 | 22492 |
| 绝缘制品制造 | 57927 | 356914 | 26307 | 9265 |
| 其他电工器材制造 | 14831 | 512784 | 13094 | 22048 |
| 电池制造 | 823245 | 3986162 | 1037509 | 629194 |
| 家用电力器具制造 | 276214 | 2209110 | 540642 | 202219 |
| 家用制冷电器具制造 | 75954 | 295759 | 229432 | 10552 |
| 家用空气调节器制造 | 20462 | 390815 | 52584 | 27522 |
| 家用通风电器具制造 | | 85468 | 3519 | 14695 |
| 家用厨房电器具制造 | 9200 | 432153 | 22230 | 55458 |
| 家用清洁卫生电器具制造 | 84839 | 120373 | 113143 | 48482 |
| 家用美容、保健电器具制造 | 2490 | 39483 | 13863 | 6798 |
| 家用电力器具专用配件制造 | 25300 | 295180 | 23681 | 5570 |
| 其他家用电力器具制造 | 57969 | 549879 | 82190 | 33142 |
| 非电力家用器具制造 | 94391 | 2256262 | 636535 | 102993 |
| 燃气、太阳能及类似能源的器具制造 | 94391 | 2109021 | 630735 | 91879 |
| 其他非电力家用器具制造 | | 147241 | 5800 | 11114 |
| 照明器具制造 | 41892 | 2255227 | 214893 | 183771 |
| 电光源制造 | 26832 | 755786 | 116650 | 88948 |
| 照明灯具制造 | 11580 | 1168703 | 81493 | 60820 |
| 灯用电器附件及其他照明器具制造 | 3480 | 330738 | 16750 | 34003 |
| 其他电气机械及器材制造 | 849999 | 1789785 | 78040 | 79142 |
| 车辆专用照明及电气信号设备制造 | 8601 | 256021 | 39708 | 6560 |
| 其他未列明的电气机械制造 | 841398 | 1533764 | 38332 | 72582 |
| 通信设备、计算机及其他电子设备制造 | 4473975 | 14116748 | 7654498 | 4465033 |
| 通信设备制造 | 945002 | 2333498 | 561657 | 557422 |
| 通信传输设备制造 | 183931 | 655459 | 108043 | 44805 |
| 通信交换设备制造 | 33905 | 108150 | 96195 | 3392 |
| 通信终端设备制造 | 51501 | 146000 | 24492 | 29555 |

续表 16 单位：万元

| 行　　业 | 国有及国有控股投资 | 内资投资 | 外商投资 | 港澳台商投资 |
|---|---|---|---|---|
| 移动通信及终端设备制造 | 360449 | 683564 | 270924 | 446271 |
| 其他通信设备制造 | 315216 | 740325 | 62003 | 33399 |
| 广播电视设备制造 | 30643 | 285723 | 46244 | 47889 |
| 广播电视节目制作及发射设备制造 | 5859 | 58069 | 666 | |
| 广播电视接收设备及器材制造 | 23002 | 162334 | 23639 | 42529 |
| 应用电视设备及其他广播电视设备制造 | 1782 | 65320 | 21939 | 5360 |
| 电子计算机制造 | 636413 | 1423485 | 764643 | 604831 |
| 电子计算机整机制造 | 122474 | 189040 | 204277 | 220240 |
| 计算机网络设备制造 | 131274 | 316387 | 23304 | 76127 |
| 电子计算机外部设备制造 | 382665 | 918058 | 537062 | 308464 |
| 电子器件制造 | 1330763 | 3861229 | 3994048 | 1835248 |
| 电子真空器件制造 | 77338 | 382225 | 63339 | 60898 |
| 半导体分立器件制造 | 68206 | 401401 | 285797 | 138801 |
| 集成电路制造 | 925596 | 1045184 | 2173569 | 373794 |
| 光电子器件及其他电子器件制造 | 259623 | 2032419 | 1471343 | 1261755 |
| 电子元件制造 | 615322 | 3574768 | 1564200 | 976331 |
| 电子元件及组件制造 | 582963 | 3226304 | 1386387 | 657585 |
| 印制电路板制造 | 32359 | 348464 | 177813 | 318746 |
| 家用视听设备制造 | 392188 | 604150 | 355005 | 211103 |
| 家用影视设备制造 | 372343 | 460403 | 320665 | 167324 |
| 家用音响设备制造 | 19845 | 143747 | 34340 | 43779 |
| 其他电子设备制造 | 523644 | 2033895 | 368701 | 232209 |
| 仪器仪表及文化、办公用机械制造 | 548182 | 4386554 | 643152 | 240363 |
| 通用仪器仪表制造 | 184347 | 2008574 | 129991 | 44415 |
| 工业自动控制系统装置制造 | 126858 | 914781 | 79601 | 34346 |
| 电工仪器仪表制造 | 31570 | 503011 | 14182 | 8970 |
| 绘图、计算及测量仪器制造 | 200 | 119328 | 1318 | 139 |
| 实验分析仪器制造 | | 105698 | 103 | |
| 试验机制造 | 2631 | 51633 | 3925 | |
| 供应用仪表及其他通用仪器制造 | 23088 | 314123 | 30862 | 960 |
| 专用仪器仪表制造 | 89336 | 1231705 | 125271 | 43030 |
| 环境监测专用仪器仪表制造 | 1617 | 66742 | 25091 | 6705 |
| 汽车及其他用计数仪表制造 | 13625 | 131629 | 18713 | 2031 |
| 农林牧渔专用仪器仪表制造 | | 7592 | | 1700 |
| 地质勘探和地震专用仪器制造 | | 46211 | 3696 | |
| 教学专用仪器制造 | 2353 | 56004 | | |
| 电子测量仪器制造 | 2640 | 120283 | 1460 | 18060 |

续表 17　　单位：万元

| 行　　业 | 国有及国有控股投资 | 内资投资 | 外商投资 | 港澳台商投资 |
|---|---|---|---|---|
| 其他专用仪器制造 | 69101 | 803244 | 76311 | 14534 |
| 钟表与计时仪器制造 | 5961 | 101813 | 17319 | 53099 |
| 光学仪器及眼镜制造 | 98714 | 419367 | 132704 | 49359 |
| 光学仪器制造 | 96733 | 327457 | 106293 | 33299 |
| 眼镜制造 | 1981 | 91910 | 26411 | 16060 |
| 文化、办公用机械制造 | 45382 | 339179 | 189144 | 47574 |
| 电影机械制造 | | 5012 | 28448 | |
| 幻灯及投影设备制造 | 1720 | 10186 | 5175 | |
| 照相机及器材制造 | 500 | 48781 | 64735 | 43334 |
| 复印和胶印设备制造 | 29563 | 214552 | 61289 | |
| 计算器及货币专用设备制造 | 10164 | 26933 | 15601 | 400 |
| 其他文化、办公用机械制造 | 3435 | 33715 | 13896 | 3840 |
| 其他仪器仪表的制造及修理 | 124442 | 285916 | 48723 | 2886 |
| 工艺品及其他制造业 | 2088758 | 7511972 | 426609 | 330719 |
| 工艺美术品制造 | 122750 | 2226643 | 199994 | 168576 |
| 雕塑工艺品制造 | 30891 | 450030 | 17993 | 37408 |
| 金属工艺品制造 | 9331 | 237946 | 8395 | 18366 |
| 漆器工艺品制造 | | 36671 | 3870 | |
| 花画工艺品制造 | 2949 | 88269 | 33647 | 3566 |
| 天然植物纤维编织工艺品制造 | 8700 | 111645 | 5845 | 17059 |
| 抽纱刺绣工艺品制造 | | 256408 | 18867 | 11590 |
| 地毯、挂毯制造 | 21432 | 210527 | 17572 | 2737 |
| 珠宝首饰及有关物品的制造 | 43885 | 255432 | 45170 | 38200 |
| 其他工艺美术品制造 | 5562 | 579715 | 48635 | 39650 |
| 日用杂品制造 | 63430 | 613610 | 40538 | 65172 |
| 制镜及类似品加工 | | 55104 | 1535 | 724 |
| 鬃毛加工、制刷及清扫工具的制造 | | 95899 | 6350 | 380 |
| 其他日用杂品制造 | 63430 | 462607 | 32653 | 64068 |
| 煤制品制造 | 10100 | 251656 | 300 | 3100 |
| 其他未列明的制造业 | 1892478 | 4420063 | 185777 | 93871 |
| 废弃资源和废旧材料回收加工业 | 369513 | 2142925 | 115842 | 190100 |
| 金属废料和碎屑的加工处理 | 193230 | 1307688 | 72309 | 136704 |
| 非金属废料和碎屑的加工处理 | 176283 | 835237 | 43533 | 53396 |
| **（四）电力燃气及水的生产和供应业** | **107406264** | **129049411** | **3014672** | **3390398** |
| 电力、热力的生产和供应业 | 89718760 | 106237434 | 2222588 | 2930668 |
| 电力生产 | 51243715 | 64617206 | 2123398 | 2889763 |
| 火力发电 | 24724043 | 26756493 | 945098 | 1649089 |
| 水力发电 | 12285090 | 17968823 | 156074 | 139607 |
| 核力发电 | 4856224 | 5688130 | | |

续表 18　　　　单位：万元

| 行　　业 | 国有及国有控股投资 | 内资投资 | 外商投资 | 港澳台商投资 |
| --- | --- | --- | --- | --- |
| 其他能源发电 | 9378358 | 14203760 | 1022226 | 1101067 |
| 电力供应 | 35164389 | 36137142 | 28620 | 5772 |
| 热力生产和供应 | 3310656 | 5483086 | 70570 | 35133 |
| 燃气生产和供应业 | 3687922 | 5754867 | 411995 | 339659 |
| 燃气生产和供应业 | 3687922 | 5754867 | 411995 | 339659 |
| 水的生产和供应业 | 13999582 | 17057110 | 380089 | 120071 |
| 自来水的生产和供应 | 6843578 | 8205197 | 216517 | 47091 |
| 污水处理及其再生利用 | 6790972 | 8403447 | 154956 | 72980 |
| 其他水的处理、利用与分配 | 365032 | 448466 | 8616 | |
| **（五）建筑业** | **8715267** | **15477768** | **33010** | **180561** |
| 房屋和土木工程建筑业 | 7953120 | 12907647 | 15737 | 123189 |
| 房屋工程建筑 | 2419639 | 5893496 | 15737 | 22300 |
| 土木工程建筑 | 5533481 | 7014151 | | 100889 |
| 铁路、道路、隧道和桥梁工程建筑 | 3937139 | 4741947 | | |
| 水利和港口工程建筑 | 810082 | 998794 | | 100889 |
| 工矿工程建筑 | 172641 | 202525 | | |
| 架线和管道工程建筑 | 303978 | 449566 | | |
| 其他土木工程建筑 | 309641 | 621319 | | |
| 建筑安装业 | 143762 | 693949 | 6462 | 1576 |
| 建筑安装业 | 143762 | 693949 | 6462 | 1576 |
| 建筑装饰业 | 106643 | 543383 | 5761 | 26956 |
| 建筑装饰业 | 106643 | 543383 | 5761 | 26956 |
| 其他建筑业 | 511742 | 1332789 | 5050 | 28840 |
| 工程准备 | 202083 | 397630 | | 28400 |
| 提供施工设备服务 | 36051 | 225659 | 2750 | 440 |
| 其他未列明的建筑活动 | 273608 | 709500 | 2300 | |
| **（六）交通运输、仓储和邮政业** | **206013530** | **228779464** | **1627241** | **2306506** |
| 铁路运输业 | 65398321 | 66416695 | 121979 | 70013 |
| 铁路旅客运输 | 33569130 | 33966310 | | 601 |
| 铁路货物运输 | 24590238 | 25080974 | 117179 | 69412 |
| 铁路运输辅助活动 | 7238953 | 7369411 | 4800 | |
| 客运火车站 | 1431405 | 1456735 | | |
| 货运火车站 | 253875 | 325998 | | |
| 其他铁路运输辅助活动 | 5553673 | 5586678 | 4800 | |
| 道路运输业 | 97046376 | 105196717 | 162286 | 217189 |
| 公路旅客运输 | 39348818 | 41369099 | 5210 | 4001 |
| 道路货物运输 | 15998651 | 19904810 | 128552 | 63517 |
| 道路运输辅助活动 | 41698907 | 43922808 | 28524 | 149671 |
| 客运汽车站 | 839446 | 1151646 | 9757 | 2717 |
| 公路管理与养护 | 37607603 | 38986517 | 3996 | 120509 |

| 行　　业 | 国有及国有控股投资 | 内资投资 | 外商投资 | 港澳台商投资 |
|---|---|---|---|---|
| 其他道路运输辅助活动 | 3251858 | 3784645 | 14771 | 26445 |
| 城市公共交通业 | 19690495 | 20144327 | 9165 | 187126 |
| 公共电汽车客运 | 1817534 | 1947147 | 2062 | 19025 |
| 轨道交通 | 16226935 | 16245988 | 3967 | 168101 |
| 出租车客运 | 118672 | 344700 | 3136 | |
| 城市轮渡 | 23682 | 37812 | | |
| 其他城市公共交通 | 1503672 | 1568680 | | |
| 水上运输业 | 12138874 | 15330918 | 564944 | 810697 |
| 水上旅客运输 | 293450 | 468414 | 1126 | 684 |
| 远洋旅客运输 | | 20512 | | |
| 沿海旅客运输 | 46966 | 84981 | | 684 |
| 内河旅客运输 | 246484 | 362921 | 1126 | |
| 水上货物运输 | 2462301 | 3945887 | 20107 | 149529 |
| 远洋货物运输 | 1521460 | 1784888 | 20000 | |
| 沿海货物运输 | 491105 | 1259710 | 107 | 147867 |
| 内河货物运输 | 449736 | 901289 | | 1662 |
| 水上运输辅助活动 | 9383123 | 10916617 | 543711 | 660484 |
| 客运港口 | 193842 | 216841 | 73539 | |
| 货运港口 | 7985996 | 9058137 | 463293 | 647286 |
| 其他水上运输辅助活动 | 1203285 | 1641639 | 6879 | 13198 |
| 航空运输业 | 5257346 | 5962326 | 85713 | 485 |
| 航空客货运输 | 2909194 | 3420444 | 76152 | 485 |
| 航空旅客运输 | 2833542 | 3394974 | | |
| 航空货物运输 | 75652 | 25470 | 76152 | 485 |
| 通用航空服务 | 122466 | 188391 | | |
| 航空运输辅助活动 | 2225686 | 2353491 | 9561 | |
| 机场 | 2081024 | 2193859 | | |
| 空中交通管理 | 44555 | 44555 | | |
| 其他航空运输辅助活动 | 100107 | 115077 | 9561 | |
| 管道运输业 | 493533 | 634150 | 2538 | 94115 |
| 管道运输业 | 493533 | 634150 | 2538 | 94115 |
| 装卸搬运和其他运输服务业 | 452991 | 2109007 | 70338 | 39605 |
| 装卸搬运 | 104037 | 443170 | 8348 | |
| 运输代理服务 | 348954 | 1665837 | 61990 | 39605 |
| 仓储业 | 5268228 | 12636502 | 609391 | 887276 |
| 谷物、棉花等农产品仓储 | 1122706 | 2327923 | 14424 | 21856 |
| 其他仓储 | 4145522 | 10308579 | 594967 | 865420 |
| 邮政业 | 267366 | 348822 | 887 | |
| 国家邮政 | 237218 | 242283 | | |
| 其他寄递服务 | 30148 | 106539 | 887 | |
| **（七）信息传输、计算机服务和软件业** | **18422423** | **19254854** | **3667960** | **2511977** |

续表 20

单位：万元

| 行业 | 国有及国有控股投资 | 内资投资 | 外商投资 | 港澳台商投资 |
|---|---|---|---|---|
| 电信和其他信息传输服务业 | 17737684 | 16992011 | 3428400 | 2368775 |
| 电信 | 14730243 | 14425485 | 3296242 | 1464864 |
| 固定电信服务 | 4952832 | 5185665 | 783102 | 114880 |
| 移动电信服务 | 9255290 | 8630464 | 2505288 | 1300113 |
| 其他电信服务 | 522121 | 609356 | 7852 | 49871 |
| 互联网信息服务 | 2040611 | 1494889 | 119208 | 901841 |
| 广播电视传输服务 | 952678 | 1025313 | 10150 | 2070 |
| 有线广播电视传输服务 | 817539 | 879536 | 10150 | 2070 |
| 无线广播电视传输服务 | 135139 | 145777 | | |
| 卫星传输服务 | 14152 | 46324 | 2800 | |
| 计算机服务业 | 90267 | 578774 | 12499 | 28736 |
| 计算机系统服务 | 66982 | 196244 | 2938 | 20852 |
| 数据处理 | 8094 | 52218 | 3100 | 5384 |
| 计算机维修 | | 18730 | 452 | |
| 其他计算机服务 | 15191 | 311582 | 6009 | 2500 |
| 软件业 | 594472 | 1684069 | 227061 | 114466 |
| 公共软件服务 | 478740 | 1149600 | 212214 | 101685 |
| 基础软件服务 | 286790 | 425440 | 39509 | 10633 |
| 应用软件服务 | 191950 | 724160 | 172705 | 91052 |
| 其他软件服务 | 115732 | 534469 | 14847 | 12781 |
| **（八）批发和零售业** | **6064757** | **42984816** | **1065096** | **859913** |
| 批发业 | 3360937 | 20511810 | 487840 | 234629 |
| 农畜产品批发 | 376172 | 1509468 | 35733 | 1976 |
| 谷物、豆及薯类批发 | 177381 | 602614 | 33193 | |
| 种子、饲料批发 | 39579 | 188947 | 1240 | |
| 棉、麻批发 | 23360 | 72645 | | |
| 牲畜批发 | 13135 | 78827 | | |
| 其他农畜产品批发 | 122717 | 566435 | 1300 | 1976 |
| 食品、饮料及烟草制品批发 | 852198 | 3143565 | 72190 | 46294 |
| 米、面制品及食用油批发 | 89763 | 461207 | | |
| 糕点、糖果及糖批发 | 3021 | 114604 | 135 | 8000 |
| 果品、蔬菜批发 | 173833 | 1161922 | 51223 | 37324 |
| 肉、禽、蛋及水产品批发 | 98262 | 435549 | 20142 | |
| 盐及调味品批发 | 34202 | 65683 | 188 | |
| 饮料及茶叶批发 | 15252 | 203695 | 322 | 970 |
| 烟草制品批发 | 399825 | 420207 | 180 | |
| 其他食品批发 | 38040 | 280698 | | |
| 纺织、服装及日用品批发 | 279225 | 2172587 | 14952 | 14153 |
| 纺织品、针织品及原料批发 | 51278 | 625821 | 756 | 7380 |
| 服装批发 | 159034 | 641594 | 2348 | 1950 |

续表 21　　　　单位：万元

| 行　　业 | 国有及国有控股投资 | 内资投资 | 外商投资 | 港澳台商投资 |
|---|---|---|---|---|
| 鞋帽批发 | 5700 | 125957 | 4461 | |
| 厨房、卫生间用具及日用杂货批发 | | 94941 | 4660 | 2453 |
| 化妆品及卫生用品批发 | 3200 | 74113 | | |
| 其他日用品批发 | 60013 | 610161 | 2727 | 2370 |
| 文化、体育用品及器材批发 | 62842 | 470391 | 2408 | 3967 |
| 文具用品批发 | 8742 | 108818 | | |
| 体育用品批发 | | 17695 | | 1467 |
| 图书批发 | 45800 | 72273 | | |
| 报刊批发 | | 600 | | |
| 音像制品及电子出版物批发 | | 8920 | | |
| 首饰、工艺品及收藏品批发 | 8300 | 105296 | | 2500 |
| 其他文化用品批发 | | 156789 | 2408 | |
| 医药及医疗器材批发 | 24528 | 599938 | 698 | 3053 |
| 西药批发 | 17406 | 259609 | | 3053 |
| 中药材及中成药批发 | 6602 | 180960 | 698 | |
| 医疗用品及器材批发 | 520 | 159369 | | |
| 矿产品、建材及化工产品批发 | 1227567 | 6960810 | 265994 | 122936 |
| 煤炭及制品批发 | 79283 | 856503 | | 1000 |
| 石油及制品批发 | 689688 | 1053675 | 59457 | 79136 |
| 非金属矿及制品批发 | 14600 | 104549 | | |
| 金属及金属矿批发 | 96386 | 1235054 | 7995 | 10000 |
| 建材批发 | 296968 | 3033175 | 192971 | 20877 |
| 化肥批发 | 25071 | 170240 | | |
| 农药批发 | 750 | 32804 | | |
| 农用薄膜批发 | | 10160 | | |
| 其他化工产品批发 | 24821 | 464650 | 5571 | 11923 |
| 机械设备、五金交电及电子产品批发 | 308426 | 3614187 | 92915 | 26880 |
| 农业机械批发 | 111003 | 380614 | | |
| 汽车、摩托车及零配件批发 | 68622 | 964990 | 9044 | 4145 |
| 五金、交电批发 | 57870 | 869032 | 9270 | 8700 |
| 家用电器批发 | 17705 | 225878 | 2476 | |
| 计算机、软件及辅助设备批发 | 24509 | 176181 | 5650 | 4280 |
| 通讯及广播电视设备批发 | 4800 | 68280 | 21133 | |
| 其他机械设备及电子产品批发 | 23917 | 929212 | 45342 | 9755 |
| 贸易经纪与代理 | 37557 | 372919 | 1353 | 3368 |
| 其他批发 | 192422 | 1667945 | 1597 | 12002 |
| 再生物资回收与批发 | 59235 | 478918 | 1331 | 3002 |
| 其他未列明的批发 | 133187 | 1189027 | 266 | 9000 |
| 零售业 | 2703820 | 22473006 | 577256 | 625284 |
| 综合零售 | 1537889 | 10951443 | 453657 | 441391 |

# 国民经济行业小类国有控股、内资、外商及港澳台城镇投资

续表 22　　单位：万元

| 行　　业 | 国有及国有控股投资 | 内资投资 | 外商投资 | 港澳台商投资 |
|---|---|---|---|---|
| 百货零售 | 918418 | 5872139 | 252726 | 299487 |
| 超级市场零售 | 303045 | 2520588 | 189541 | 134646 |
| 其他综合零售 | 316426 | 2558716 | 11390 | 7258 |
| 食品、饮料及烟草制品专门零售 | 204001 | 1078502 | 10325 | 8071 |
| 粮油零售 | 17820 | 106661 | 3000 | |
| 糕点、面包零售 | | 16321 | | |
| 果品、蔬菜零售 | 61584 | 289613 | 6725 | 5490 |
| 肉、禽、蛋及水产品零售 | 19675 | 127798 | | |
| 饮料及茶叶零售 | 11771 | 96074 | | 2581 |
| 烟草制品零售 | 15144 | 52518 | | |
| 其他食品零售 | 78007 | 389517 | 600 | |
| 纺织、服装及日用品专门零售 | 184936 | 1327131 | 37833 | 74932 |
| 纺织品及针织品零售 | 19260 | 134259 | 22227 | 10785 |
| 服装零售 | 152804 | 837226 | 10217 | 50569 |
| 鞋帽零售 | 300 | 51390 | | 726 |
| 钟表、眼镜零售 | 62 | 43076 | 2000 | |
| 化妆品及卫生用品零售 | | 21219 | 689 | 3425 |
| 其他日用品零售 | 12510 | 239961 | 2700 | 9427 |
| 文化、体育用品及器材专门零售 | 99673 | 562687 | 9600 | 4269 |
| 文具用品零售 | 600 | 46615 | | |
| 体育用品零售 | 9675 | 46398 | | |
| 图书零售 | 83854 | 129189 | | 272 |
| 报刊零售 | | 490 | | |
| 音像制品及电子出版物零售 | 850 | 8630 | | |
| 珠宝首饰零售 | | 104860 | 9600 | 1647 |
| 工艺美术品及收藏品零售 | 3766 | 128108 | | 2350 |
| 照相器材零售 | 928 | 5689 | | |
| 其他文化用品零售 | | 92708 | | |
| 医药及医疗器材专门零售 | 70197 | 419334 | 2865 | 4323 |
| 药品零售 | 70197 | 329035 | 2865 | |
| 医疗用品及器材零售 | | 90299 | | 4323 |
| 汽车、摩托车、燃料及零配件专门零售 | 352220 | 4079582 | 47642 | 67078 |
| 汽车零售 | 92819 | 2904786 | 23969 | 51482 |
| 汽车零配件零售 | 52000 | 351253 | 2697 | 7756 |
| 摩托车及零配件零售 | 8800 | 114345 | | |
| 机动车燃料零售 | 198601 | 709198 | 20976 | 7840 |
| 家用电器及电子产品专门零售 | 107332 | 1010967 | 4441 | 7000 |
| 家用电器零售 | 58250 | 570758 | 1117 | |
| 计算机、软件及辅助设备零售 | 27052 | 173412 | 2934 | 7000 |
| 通信设备零售 | 11150 | 116006 | | |

续表 23　　单位：万元

| 行　　业 | 国有及国有控股投资 | 内资投资 | 外商投资 | 港澳台商投资 |
|---|---|---|---|---|
| 其他电子产品零售 | 10880 | 150791 | 390 | |
| 五金、家具及室内装修材料专门零售 | 30140 | 2130986 | 5870 | 6279 |
| 五金零售 | 8307 | 299321 | | |
| 家具零售 | 13637 | 1147631 | 3070 | 3453 |
| 涂料零售 | 146 | 27554 | 2800 | 2826 |
| 其他室内装修材料零售 | 8050 | 656480 | | |
| 无店铺及其他零售 | 117432 | 912374 | 5023 | 11941 |
| 流动货摊零售 | 1200 | 9189 | | |
| 邮购及电子销售 | 12600 | 23717 | | |
| 生活用燃料零售 | 71403 | 334042 | 5023 | 3238 |
| 花卉零售 | 2900 | 58034 | | |
| 旧货零售 | | 49098 | | |
| 其他未列明的零售 | 29329 | 438294 | | 8703 |
| **（九）住宿和餐饮业** | **3482314** | **21529842** | **892707** | **863526** |
| 住宿业 | 2862198 | 13455229 | 731064 | 692571 |
| 旅游饭店 | 2226463 | 9635510 | 652623 | 608820 |
| 一般旅馆 | 358579 | 2732223 | 66345 | 65381 |
| 其他住宿服务 | 277156 | 1087496 | 12096 | 18370 |
| 餐饮业 | 620116 | 8074613 | 161643 | 170955 |
| 正餐服务 | 509637 | 6846732 | 103081 | 157574 |
| 快餐服务 | 28351 | 293448 | 44288 | 4834 |
| 饮料及冷饮服务 | 274 | 204888 | 1200 | 1942 |
| 其他餐饮服务 | 81854 | 729545 | 13074 | 6605 |
| **（十）金融业** | **2486220** | **3413532** | **49845** | **22065** |
| 银行业 | 2011660 | 2613261 | 20327 | 17610 |
| 中央银行 | 160992 | 164852 | | |
| 商业银行 | 1729086 | 2203177 | 17831 | 17610 |
| 其他银行 | 121582 | 245232 | 2496 | |
| 证券业 | 192918 | 245605 | 28522 | 2625 |
| 证券市场管理 | 59100 | 69750 | 226 | |
| 证券经纪与交易 | 125915 | 159938 | | 2625 |
| 证券投资 | 7903 | 7439 | 3296 | |
| 证券分析与咨询 | | 8478 | 25000 | |
| 保险业 | 112696 | 177170 | 996 | 1480 |
| 人寿保险 | 87095 | 121901 | | |
| 非人寿保险 | 25601 | 40604 | 861 | 1480 |
| 保险辅助服务 | | 14665 | 135 | |
| 其他金融活动 | 168946 | 377496 | | 350 |
| 金融信托与管理 | 40866 | 77557 | | |
| 金融租赁 | 50094 | 65304 | | |

续表 24　　　　单位：万元

| 行　　业 | 国有及国有控股投资 | 内资投资 | 外商投资 | 港澳台商投资 |
|---|---|---|---|---|
| 财务公司 | | 2380 | | |
| 邮政储蓄 | 16475 | 16705 | | |
| 典当 | 4000 | 40930 | | 350 |
| 其他未列明的金融活动 | 57511 | 174620 | | |
| **（十一）房地产业** | **87437678** | **389628113** | **16560428** | **25087863** |
| 房地产业 | 87437678 | 389628113 | 16560428 | 25087863 |
| 房地产开发经营 | 63720818 | 341568190 | 16350114 | 24360581 |
| 物业管理 | 212756 | 996747 | 14423 | 17434 |
| 房地产中介服务 | 103694 | 282462 | 460 | 2229 |
| 其他房地产活动 | 23400410 | 46780714 | 195431 | 707619 |
| **（十二）租赁和商务服务业** | **9655478** | **17813547** | **480516** | **510321** |
| 租赁业 | 618684 | 1132339 | 3830 | |
| 机械设备租赁 | 615852 | 1118766 | 3830 | |
| 汽车租赁 | 14786 | 99181 | 3830 | |
| 农业机械租赁 | 2148 | 20954 | | |
| 建筑工程机械与设备租赁 | 4200 | 293537 | | |
| 计算机及通讯设备租赁 | | 5280 | | |
| 其他机械与设备租赁 | 594718 | 699814 | | |
| 文化及日用品出租 | 2832 | 13573 | | |
| 图书及音像制品出租 | 2832 | 4832 | | |
| 其他文化及日用品出租 | | 8741 | | |
| 商务服务业 | 9036794 | 16681208 | 476686 | 510321 |
| 企业管理服务 | 4823863 | 7931942 | 297927 | 219730 |
| 企业管理机构 | 1227295 | 2405183 | 244273 | 84630 |
| 投资与资产管理 | 2891251 | 3978224 | 53654 | 44205 |
| 其他企业管理服务 | 705317 | 1548535 | | 90895 |
| 法律服务 | 33338 | 65706 | | |
| 律师及相关的法律服务 | 23023 | 53111 | | |
| 公证服务 | 5020 | 6420 | | |
| 其他法律服务 | 5295 | 6175 | | |
| 咨询与调查 | 47217 | 426203 | 10779 | 3044 |
| 会计、审计及税务服务 | 8276 | 62888 | | |
| 市场调查 | 17798 | 22540 | 5463 | |
| 社会经济咨询 | 16333 | 164599 | 4987 | 2897 |
| 其他专业咨询 | 4810 | 176176 | 329 | 147 |
| 广告业 | 18183 | 339660 | 960 | 1780 |
| 知识产权服务 | 453 | 33625 | | |
| 职业中介服务 | 46002 | 89960 | | |
| 市场管理 | 656854 | 2098286 | 35150 | 185491 |
| 旅行社 | 32609 | 186463 | 1300 | 35 |

续表 25 单位：万元

| 行　　业 | 国有及国有控股投资 | 内资投资 | 外商投资 | 港澳台商投资 |
|---|---|---|---|---|
| 其他商务服务 | 3378275 | 5509363 | 130570 | 100241 |
| 会议及展览服务 | 2138403 | 2795178 | 23441 | 56672 |
| 包装服务 | | 173991 | | |
| 保安服务 | 25173 | 42070 | | |
| 办公服务 | 171298 | 682814 | 10067 | 6414 |
| 其他未列明的商务服务 | 1043401 | 1815310 | 97062 | 37155 |
| **（十三）科研技术服务和地质勘查业** | **7219238** | **10559715** | **165346** | **115272** |
| 研究与试验发展 | 2601727 | 3518569 | 107788 | 73452 |
| 自然科学研究与试验发展 | 634244 | 773104 | 9700 | |
| 工程和技术研究与试验发展 | 1424784 | 1821417 | 75273 | 60562 |
| 农业科学研究与试验发展 | 320366 | 541965 | 11825 | |
| 医学研究与试验发展 | 151068 | 282718 | 10990 | 12890 |
| 社会人文科学研究与试验发展 | 71265 | 99365 | | |
| 专业技术服务业 | 1977053 | 3008047 | 5928 | 15854 |
| 气象服务 | 204461 | 204921 | | |
| 地震服务 | 29606 | 32356 | | |
| 海洋服务 | 7355 | 19855 | | |
| 测绘服务 | 39014 | 55019 | | |
| 技术检测 | 482566 | 755820 | 3638 | 9554 |
| 环境监测 | 52252 | 80778 | 110 | |
| 工程技术与规划管理 | 753411 | 1124279 | 1891 | 6300 |
| 工程管理服务 | 157353 | 313350 | 362 | |
| 工程勘察设计 | 347142 | 458880 | 1529 | |
| 规划管理 | 248916 | 352049 | | 6300 |
| 其他专业技术服务 | 408388 | 735019 | 289 | |
| 科技交流和推广服务业 | 1222354 | 2291048 | 36380 | 23066 |
| 技术推广服务 | 315716 | 795997 | 22493 | 10758 |
| 科技中介服务 | 500876 | 651993 | 6957 | 10808 |
| 其他科技服务 | 405762 | 843058 | 6930 | 1500 |
| 地质勘查业 | 1418104 | 1742051 | 15250 | 2900 |
| 矿产地质勘查 | 1183123 | 1465132 | 15250 | 2900 |
| 能源矿产地质勘查 | 952457 | 1102172 | 1080 | |
| 固体矿产地质勘查 | 225407 | 346116 | 14170 | 2900 |
| 其他矿产地质勘查 | 5259 | 16844 | | |
| 基础地质勘查 | 66975 | 84885 | | |
| 地质勘查技术服务 | 168006 | 192034 | | |
| **（十四）水利环境和公共设施管理业** | **154598257** | **177467576** | **491802** | **829594** |
| 水利管理业 | 20550484 | 22166823 | 12208 | |
| 防洪管理 | 6397951 | 6837046 | 3400 | |
| 水资源管理 | 10877306 | 11644177 | 4848 | |

续表 26　　　　单位：万元

| 行　　业 | 国有及国有控股投资 | 内资投资 | 外商投资 | 港澳台商投资 |
|---|---|---|---|---|
| 水库管理 | 3742737 | 4055724 | 4540 | |
| 调水、引水管理 | 5635518 | 5951577 | | |
| 其他水资源管理 | 1499051 | 1636876 | 308 | |
| 其他水利管理 | 3275227 | 3685600 | 3960 | |
| 环境管理业 | 9647533 | 11807484 | 132606 | 33353 |
| 自然保护 | 732670 | 968005 | 50001 | 10026 |
| 自然保护区管理 | 364708 | 453454 | | 1350 |
| 野生动植物保护 | 57492 | 86573 | 50001 | 8676 |
| 其他自然保护 | 310470 | 427978 | | |
| 环境治理 | 8914863 | 10839479 | 82605 | 23327 |
| 城市市容管理 | 1367644 | 1532959 | 700 | 345 |
| 城市环境卫生管理 | 2055459 | 2356893 | 15615 | 557 |
| 水污染治理 | 3137215 | 3716471 | 51147 | 3655 |
| 危险废物治理 | 121443 | 277001 | 7643 | 8270 |
| 其他环境治理 | 2233102 | 2956155 | 7500 | 10500 |
| 公共设施管理业 | 124400240 | 143493269 | 346988 | 796241 |
| 市政公共设施管理 | 110118515 | 121736117 | 160495 | 451771 |
| 城市绿化管理 | 5084379 | 5746352 | 20129 | |
| 游览景区管理 | 9197346 | 16010800 | 166364 | 344470 |
| 风景名胜区管理 | 3170133 | 5131551 | 43318 | 161695 |
| 公园管理 | 3565709 | 4527783 | 31462 | 33294 |
| 其他游览景区管理 | 2461504 | 6351466 | 91584 | 149481 |
| **（十五）居民服务和其他服务业** | **1418105** | **5089176** | **54850** | **41736** |
| 居民服务业 | 1044713 | 3106931 | 28577 | 38352 |
| 家庭服务 | 95212 | 151101 | | 8000 |
| 托儿所 | 17344 | 22712 | | |
| 洗染服务 | | 25305 | 1228 | 1500 |
| 理发及美容保健服务 | 9996 | 219253 | 9155 | 133 |
| 洗浴服务 | 58236 | 749754 | 12568 | 12290 |
| 婚姻服务 | | 16282 | | 13360 |
| 殡葬服务 | 211012 | 357536 | | 2600 |
| 摄影扩印服务 | | 91016 | | 469 |
| 其他居民服务 | 652913 | 1473972 | 5626 | |
| 其他服务业 | 373392 | 1982245 | 26273 | 3384 |
| 修理与维护 | 59006 | 823382 | 17472 | 3384 |
| 汽车、摩托车维护与保养 | 17860 | 737988 | 5702 | 3384 |
| 办公设备维修 | 2546 | 11859 | | |
| 家用电器修理 | | 7551 | 70 | |
| 其他日用品修理 | 38600 | 65984 | 11700 | |
| 清洁服务 | 24644 | 104919 | | |

续表 27　　　　单位：万元

| 行　　业 | 国有及国有控股投资 | 内资投资 | 外商投资 | 港澳台商投资 |
|---|---|---|---|---|
| 建筑物清洁服务 | 2444 | 3883 | | |
| 其他清洁服务 | 22200 | 101036 | | |
| 其他未列明的服务 | 289742 | 1053944 | 8801 | |
| **（十六）教育** | **27141791** | **32264372** | **78436** | **81787** |
| 教育 | 27141791 | 32264372 | 78436 | 81787 |
| 学前教育 | 415551 | 731868 | 7563 | 270 |
| 初等教育 | 4857469 | 5517833 | 8084 | 1200 |
| 中等教育 | 10669407 | 12188449 | 11518 | 24448 |
| 初中教育 | 4801431 | 5326638 | 8238 | 16847 |
| 高中教育 | 3177570 | 3472703 | 3280 | |
| 中等专业教育 | 763686 | 985843 | | 2270 |
| 职业中学教育 | 1211791 | 1441971 | | |
| 技工学校教育 | 509266 | 689337 | | 5331 |
| 其他中等教育 | 205663 | 271957 | | |
| 高等教育 | 9273871 | 10806060 | 30261 | 40873 |
| 普通高等教育 | 8605360 | 9875911 | 30261 | 40873 |
| 成人高等教育 | 668511 | 930149 | | |
| 其他教育 | 1925493 | 3020162 | 21010 | 14996 |
| 职业技能培训 | 1182665 | 2095706 | 20860 | 10080 |
| 特殊教育 | 126109 | 148064 | | |
| 其他未列明的教育 | 616719 | 776392 | 150 | 4916 |
| **（十七）卫生社会保障和社会福利业** | **13809753** | **16830780** | **93502** | **55713** |
| 卫生 | 11847884 | 14340185 | 92702 | 43125 |
| 医院 | 9113262 | 10937420 | 52767 | 43045 |
| 综合医院 | 7033226 | 8138223 | 40283 | 36385 |
| 中医医院 | 919666 | 980406 | | |
| 中西医结合医院 | 204147 | 277931 | | |
| 民族医院 | 32504 | 42904 | | 2960 |
| 专科医院 | 733555 | 1194298 | 12484 | 3700 |
| 疗养院 | 190164 | 303658 | | |
| 卫生院及社区医疗活动 | 1537741 | 1917953 | 3342 | 80 |
| 门诊部医疗活动 | 196537 | 313333 | | |
| 计划生育技术服务活动 | 250073 | 276976 | | |
| 妇幼保健活动 | 272745 | 278210 | | |
| 专科疾病防治活动 | 41696 | 70573 | | |
| 疾病预防控制及防疫活动 | 175976 | 196223 | | |
| 其他卫生活动 | 259854 | 349497 | 36593 | |
| 社会保障业 | 700790 | 832992 | | |
| 社会保障业 | 700790 | 832992 | | |
| 社会福利业 | 1261079 | 1657603 | 800 | 12588 |

| 行　　业 | 国有及国有控股投资 | 内资投资 | 外商投资 | 港澳台商投资 |
|---|---|---|---|---|
| 提供住宿的社会福利 | 1093241 | 1438239 | 800 | 1199 |
| 干部休养所 | 221008 | 249472 | | |
| 收养收容服务 | 872233 | 1188767 | 800 | 1199 |
| 不提供住宿的社会福利 | 167838 | 219364 | | 11389 |
| **（十八）文化、体育和娱乐业** | **12434442** | **20421325** | **288272** | **544330** |
| 新闻出版业 | 437099 | 529866 | | |
| 新闻业 | 143958 | 210624 | | |
| 出版业 | 293141 | 319242 | | |
| 图书出版 | 63774 | 65674 | | |
| 报纸出版 | 198823 | 199733 | | |
| 期刊出版 | 25346 | 29655 | | |
| 音像制品出版 | 2960 | 2960 | | |
| 电子出版物出版 | 772 | 4772 | | |
| 其他出版 | 1466 | 16448 | | |
| 广播、电视、电影和音像业 | 1344687 | 1615596 | 2166 | 13202 |
| 广播 | 346438 | 381383 | | |
| 电视 | 806564 | 872477 | | |
| 电影 | 180568 | 298536 | 2166 | 11932 |
| 电影制作与发行 | 69518 | 89519 | | |
| 电影放映 | 111050 | 209017 | 2166 | 11932 |
| 音像制作 | 11117 | 63200 | | 1270 |
| 文化艺术业 | 5582832 | 7121878 | 12950 | 53697 |
| 文艺创作与表演 | 129371 | 237097 | 4683 | 45391 |
| 艺术表演场馆 | 970445 | 1169857 | | 3134 |
| 图书馆与档案馆 | 532743 | 601858 | | |
| 图书馆 | 400423 | 469008 | | |
| 档案馆 | 132320 | 132850 | | |
| 文物及文化保护 | 981085 | 1216495 | 5260 | 1500 |
| 博物馆 | 1320952 | 1496987 | 900 | 3012 |
| 烈士陵园、纪念馆 | 238798 | 253656 | | |
| 群众文化活动 | 1116629 | 1570639 | 1460 | |
| 文化艺术经纪代理 | 45174 | 79992 | | |
| 其他文化艺术 | 247635 | 495297 | 647 | 660 |
| 体育 | 3555614 | 4051730 | 14802 | 126254 |
| 体育组织 | 198981 | 268093 | | 5100 |
| 体育场馆 | 3259782 | 3595377 | 13202 | 121154 |
| 其他体育 | 96851 | 188260 | 1600 | |
| 娱乐业 | 1514210 | 7102255 | 258354 | 351177 |
| 室内娱乐活动 | 133813 | 1577510 | 21478 | 15550 |
| 游乐园 | 502509 | 1605837 | 47739 | 167768 |

　　单位：万元

| 行　　业 | 国有及国有控股投资 | 内资投资 | 外商投资 | 港澳台商投资 |
|---|---|---|---|---|
| 休闲健身娱乐活动 | 541528 | 2738085 | 184672 | 121509 |
| 其他娱乐活动 | 336360 | 1180823 | 4465 | 46350 |
| **（十九）公共管理和社会组织** | **31333088** | **40297509** | **32036** | **11967** |
| 中国共产党机关 | 255828 | 264933 | | |
| 中国共产党机关 | 255828 | 264933 | | |
| 国家机构 | 29223181 | 31370902 | 5000 | 5807 |
| 国家权力机构 | 1100231 | 1142295 | | |
| 国家行政机构 | 26639823 | 28712215 | 5000 | 5807 |
| 综合事务管理机构 | 9379493 | 10369179 | 3500 | 2400 |
| 对外事务管理机构 | 142482 | 150572 | | |
| 公共安全管理机构 | 2759612 | 2800209 | | |
| 社会事务管理机构 | 3052021 | 3229070 | | |
| 经济事务管理机构 | 7451382 | 8018374 | 1500 | 3407 |
| 政府事务管理机构 | 2911312 | 3186441 | | |
| 行政监督检查机构 | 943521 | 958370 | | |
| 人民法院和人民检察院 | 845801 | 854341 | | |
| 人民法院 | 461845 | 463368 | | |
| 人民检察院 | 383956 | 390973 | | |
| 其他国家机构 | 637326 | 662051 | | |
| 人民政协和民主党派 | 74992 | 79773 | | |
| 人民政协 | 52145 | 56476 | | |
| 民主党派 | 22847 | 23297 | | |
| 群众团体、社会团体和宗教组织 | 541349 | 1114170 | 14316 | 2000 |
| 群众团体 | 103800 | 146482 | | |
| 工会 | 75545 | 85198 | | |
| 妇联 | 1945 | 1945 | | |
| 共青团 | 3938 | 3938 | | |
| 其他群众团体 | 22372 | 55401 | | |
| 社会团体 | 189281 | 295797 | 2846 | |
| 专业性团体 | 44731 | 80159 | 150 | |
| 行业性团体 | 73193 | 95549 | 2696 | |
| 其他社会团体 | 71357 | 120089 | | |
| 宗教组织 | 248268 | 671891 | 11470 | 2000 |
| 基层群众自治组织 | 1237738 | 7467731 | 12720 | 4160 |
| 社区自治组织 | 437971 | 2291115 | | |
| 村民自治组织 | 799767 | 5176616 | 12720 | 4160 |
| **（二十）国际组织** | | | | |
| 国际组织 | | | | |

# 各地区按三次产业分的城镇投资

单位：万元

| 地　　区 | 合　　计 | 第一产业 | 第二产业 | 第三产业 |
|---|---|---|---|---|
| **全国总计** | **1939203894** | **33563903** | **819914763** | **1085725228** |
| 北　　京 | 41496286 | 27503 | 3415798 | 38052985 |
| 天　　津 | 44465679 | 469861 | 19856360 | 24139458 |
| 河　　北 | 104765014 | 2399390 | 50397618 | 51968006 |
| 山　　西 | 45095569 | 1216688 | 20509944 | 23368937 |
| 内 蒙 古 | 71438367 | 2755984 | 37540616 | 31141767 |
| 辽　　宁 | 116051207 | 1485099 | 55402263 | 59163845 |
| 吉　　林 | 59589498 | 1019189 | 33248774 | 25321535 |
| 黑 龙 江 | 46957424 | 2194836 | 20133258 | 24629330 |
| 上　　海 | 46189096 | 33271 | 10886054 | 35269771 |
| 江　　苏 | 142668014 | 454258 | 67791555 | 74422201 |
| 浙　　江 | 74543262 | 252177 | 23349369 | 50941716 |
| 安　　徽 | 79454978 | 923694 | 35754125 | 42777159 |
| 福　　建 | 55486078 | 497790 | 20746439 | 34241849 |
| 江　　西 | 60081185 | 1111177 | 35036291 | 23933717 |
| 山　　东 | 154390970 | 1804336 | 74566515 | 78020119 |
| 河　　南 | 114548894 | 3528174 | 64328226 | 46692494 |
| 湖　　北 | 71836717 | 1651183 | 29519763 | 40665771 |
| 湖　　南 | 68800027 | 1309517 | 28422034 | 39068476 |
| 广　　东 | 102300526 | 391886 | 28747522 | 73161118 |
| 广　　西 | 46898801 | 1321569 | 18675225 | 26902007 |
| 海　　南 | 9426794 | 147127 | 1402301 | 7877366 |
| 重　　庆 | 48551053 | 1446986 | 17314779 | 29789288 |
| 四　　川 | 90900851 | 1825019 | 36477019 | 52598813 |
| 贵　　州 | 20498252 | 286479 | 7578957 | 12632816 |
| 云　　南 | 41175129 | 1293310 | 14765586 | 25116233 |
| 西　　藏 | 3276350 | 203433 | 893241 | 2179676 |
| 陕　　西 | 58883715 | 1644149 | 22205289 | 35034277 |
| 甘　　肃 | 20763582 | 746540 | 10893114 | 9123928 |
| 青　　海 | 6890893 | 201177 | 3569131 | 3120585 |
| 宁　　夏 | 9641606 | 184904 | 5630506 | 3826196 |
| 新　　疆 | 24341466 | 737197 | 12338086 | 11266183 |
| 不分地区 | 57796611 | | 8519005 | 49277606 |

# 各地区按投资规模分的城镇投资

单位：万元

| 地　　区 | 500万元以　下 | 500万～1000万　元 | 1000万～3000万　元 | 3000万～5000万　元 |
|---|---|---|---|---|
| **全国总计** | **20472225** | **37582026** | **215045642** | **165452265** |
| 北　　京 | 100774 | 162949 | 568498 | 506288 |
| 天　　津 | 303418 | 382761 | 1674694 | 1687088 |
| 河　　北 | 2035068 | 2086240 | 24583517 | 3437289 |
| 山　　西 | 343685 | 522831 | 2552066 | 2564946 |
| 内 蒙 古 | 446533 | 820255 | 5520683 | 5861814 |
| 辽　　宁 | 1811742 | 1247276 | 13939206 | 14265009 |
| 吉　　林 | 311247 | 831661 | 9966100 | 8482897 |
| 黑 龙 江 | 556962 | 2661027 | 3163793 | 4188380 |
| 上　　海 | 203071 | 208065 | 922364 | 930103 |
| 江　　苏 | | 1679611 | 10593299 | 11257747 |
| 浙　　江 | 856781 | 1124405 | 4444706 | 3694318 |
| 安　　徽 | | 2685588 | 15564387 | 11165729 |
| 福　　建 | 399446 | 664711 | 2966901 | 4460073 |
| 江　　西 | 308418 | 810157 | 7942499 | 6214177 |
| 山　　东 | 1144000 | 2305476 | 15692354 | 21561371 |
| 河　　南 | 1103561 | 4134628 | 29404829 | 12694887 |
| 湖　　北 | 981050 | 2057890 | 15392224 | 2472312 |
| 湖　　南 | | 2063308 | 9203650 | 12501002 |
| 广　　东 | 2356323 | 1190443 | 5760463 | 4667020 |
| 广　　西 | 1957966 | 2042496 | 5816589 | 5094019 |
| 海　　南 | 95281 | 110006 | 386267 | 339676 |
| 重　　庆 | 389973 | 746218 | 3298838 | 3614521 |
| 四　　川 | 831714 | 2351365 | 8617554 | 11377467 |
| 贵　　州 | 946915 | 672593 | 1904380 | 1289929 |
| 云　　南 | 752372 | 958547 | 3104604 | 2590680 |
| 西　　藏 | 296190 | 232942 | 435681 | 222821 |
| 陕　　西 | 501669 | 950748 | 5737725 | 4279347 |
| 甘　　肃 | 522576 | 788645 | 2487237 | 1712025 |
| 青　　海 | 186295 | 188659 | 504175 | 425618 |
| 宁　　夏 | 112203 | 153613 | 664299 | 366059 |
| 新　　疆 | 616992 | 746912 | 2231380 | 1527584 |
| 不分地区 | | | 680 | 69 |

注：本表不含房地产开发投资。

续前

单位：万元

| 地　区 | 5000万～1亿元 | 1亿～5亿元 | 5亿～10亿元 | 10亿元及以上 |
|---|---|---|---|---|
| **全国总计** | **253977833** | **292222897** | **139928976** | **452103950** |
| 北　京 | 1224372 | 4040584 | 2055407 | 9460290 |
| 天　津 | 4434828 | 4532740 | 3033486 | 21064828 |
| 河　北 | 10793756 | 18463235 | 9683991 | 18481531 |
| 山　西 | 7457114 | 8679603 | 3823243 | 14379333 |
| 内蒙古 | 12911505 | 10139740 | 7712559 | 19870716 |
| 辽　宁 | 8784284 | 16452189 | 9109907 | 24035955 |
| 吉　林 | 13541602 | 6480606 | 3699611 | 8709037 |
| 黑龙江 | 8201838 | 7691272 | 4229101 | 10625881 |
| 上　海 | 1830303 | 4532901 | 3124784 | 19816781 |
| 江　苏 | 22054468 | 27632224 | 14339295 | 21726394 |
| 浙　江 | 7878216 | 13290643 | 5839311 | 14872218 |
| 安　徽 | 7955242 | 11772084 | 4264442 | 9349243 |
| 福　建 | 8202534 | 8730277 | 3787981 | 14910660 |
| 江　西 | 14115860 | 13158869 | 4299550 | 6886417 |
| 山　东 | 27462182 | 29501953 | 11908079 | 20528231 |
| 河　南 | 18486784 | 17609536 | 5101174 | 10475900 |
| 湖　北 | 7582849 | 13359953 | 4620082 | 13365914 |
| 湖　南 | 10831490 | 8131841 | 4307782 | 10915179 |
| 广　东 | 13199885 | 10651322 | 6106244 | 28755637 |
| 广　西 | 8201945 | 6783108 | 3205638 | 5660229 |
| 海　南 | 887946 | 1290824 | 602967 | 2834254 |
| 重　庆 | 4831391 | 6582882 | 4005160 | 12692945 |
| 四　川 | 7181380 | 16341278 | 7916651 | 20399733 |
| 贵　州 | 2350757 | 2349024 | 1408772 | 5863375 |
| 云　南 | 5033453 | 5646920 | 2430146 | 13283841 |
| 西　藏 | 709799 | 508516 | 173244 | 539677 |
| 陕　西 | 10069081 | 8353044 | 4558351 | 15017429 |
| 甘　肃 | 3217027 | 3428122 | 1202464 | 5364108 |
| 青　海 | 591025 | 1076206 | 605488 | 2584928 |
| 宁　夏 | 774448 | 1840599 | 845849 | 3257119 |
| 新　疆 | 3177506 | 3111450 | 1815267 | 8755570 |
| 不分地区 | 2963 | 59352 | 112950 | 57620597 |

# 各地区按构成分的城镇投资

单位：万元

| 地　　区 | 投资额 | 建筑安装工程 | 设备工器具购置 | 其他费用 |
|---|---|---|---|---|
| **全国总计** | **1939203894** | **1197803582** | **423338463** | **318061849** |
| 北　　京 | 41496286 | 16477639 | 3739624 | 21279023 |
| 天　　津 | 44465679 | 25465249 | 9262199 | 9738231 |
| 河　　北 | 104765014 | 64877104 | 25890911 | 13996999 |
| 山　　西 | 45095569 | 28299162 | 10007992 | 6788415 |
| 内 蒙 古 | 71438367 | 48524787 | 16068665 | 6844915 |
| 辽　　宁 | 116051207 | 74734372 | 28134626 | 13182209 |
| 吉　　林 | 59589498 | 34425440 | 18928091 | 6235967 |
| 黑 龙 江 | 46957424 | 30476064 | 11405876 | 5075484 |
| 上　　海 | 46189096 | 26596232 | 7251122 | 12341742 |
| 江　　苏 | 142668014 | 82057417 | 38571492 | 22039105 |
| 浙　　江 | 74543262 | 43568779 | 12394472 | 18580011 |
| 安　　徽 | 79454978 | 52153976 | 15249609 | 12051393 |
| 福　　建 | 55486078 | 31377000 | 11835142 | 12273936 |
| 江　　西 | 60081185 | 35121002 | 16725698 | 8234485 |
| 山　　东 | 154390970 | 92568794 | 42401617 | 19420559 |
| 河　　南 | 114548894 | 72437160 | 31460613 | 10651121 |
| 湖　　北 | 71836717 | 43340281 | 15726277 | 12770159 |
| 湖　　南 | 68800027 | 44598319 | 12615215 | 11586493 |
| 广　　东 | 102300526 | 68036723 | 16571903 | 17691900 |
| 广　　西 | 46898801 | 27217997 | 10161097 | 9519707 |
| 海　　南 | 9426794 | 6839566 | 1385068 | 1202160 |
| 重　　庆 | 48551053 | 31815860 | 6165979 | 10569214 |
| 四　　川 | 90900851 | 58480165 | 16233234 | 16187452 |
| 贵　　州 | 20498252 | 13405471 | 3383762 | 3709019 |
| 云　　南 | 41175129 | 27352686 | 5756794 | 8065649 |
| 西　　藏 | 3276350 | 2951342 | 191845 | 133163 |
| 陕　　西 | 58883715 | 40065446 | 10230288 | 8587981 |
| 甘　　肃 | 20763582 | 13707028 | 4623191 | 2433363 |
| 青　　海 | 6890893 | 5004743 | 1097269 | 788881 |
| 宁　　夏 | 9641606 | 6077422 | 2486526 | 1077658 |
| 新　　疆 | 24341466 | 16804642 | 5007925 | 2528899 |
| 不分地区 | 57796611 | 32945714 | 12374341 | 12476556 |

# 各地区按隶属关系分的城镇投资

单位：万元

| 地区 | 合计 | 中央项目 | 地方项目 | | | | |
|---|---|---|---|---|---|---|---|
| | | | | 省属 | 地市属 | 县属 | 其他 |
| **全国总计** | **1939203894** | **206973896** | **1732229998** | **174983776** | **257797224** | **326728681** | **972720317** |
| 北京 | 41496286 | 4573124 | 36923162 | 13850311 | 8338470 | | 14734381 |
| 天津 | 44465679 | 8969459 | 35496220 | 11435634 | 10664855 | 1290027 | 12105704 |
| 河北 | 104765014 | 5416520 | 99348494 | 4743576 | 14315818 | 19429778 | 60859322 |
| 山西 | 45095569 | 3587131 | 41508438 | 11284279 | 6603072 | 9612519 | 14008568 |
| 内蒙古 | 71438367 | 7674935 | 63763432 | 5106962 | 8121729 | 20650594 | 29884147 |
| 辽宁 | 116051207 | 8154960 | 107896247 | 3449866 | 15270035 | 11344997 | 77831349 |
| 吉林 | 59589498 | 5862445 | 53727053 | 2701803 | 6847047 | 11805141 | 32373062 |
| 黑龙江 | 46957424 | 6791967 | 40165457 | 6734157 | 6724568 | 10973516 | 15733216 |
| 上海 | 46189096 | 6332286 | 39856810 | 17492618 | 11537147 | 64087 | 10762958 |
| 江苏 | 142668014 | 4552583 | 138115431 | 3107301 | 16854791 | 20011365 | 98141974 |
| 浙江 | 74543262 | 5074262 | 69469000 | 2189249 | 11365833 | 15638650 | 40275268 |
| 安徽 | 79454978 | 2132900 | 77322078 | 6023246 | 13960252 | 11322718 | 46015862 |
| 福建 | 55486078 | 5739568 | 49746510 | 6854272 | 8428745 | 7996793 | 26466700 |
| 江西 | 60081185 | 2138923 | 57942262 | 3843340 | 4942791 | 12626984 | 36529147 |
| 山东 | 154390970 | 5006133 | 149384837 | 4526290 | 13294170 | 20343920 | 111220457 |
| 河南 | 114548894 | 3766225 | 110782669 | 4590592 | 7960815 | 19874658 | 78356604 |
| 湖北 | 71836717 | 6060838 | 65775879 | 4780722 | 10865947 | 12939976 | 37189234 |
| 湖南 | 68800027 | 2885781 | 65914246 | 7636407 | 9540797 | 15192120 | 33544922 |
| 广东 | 102300526 | 8279743 | 94020783 | 8391829 | 19710456 | 14561285 | 51357213 |
| 广西 | 46898801 | 2371460 | 44527341 | 3775553 | 9516628 | 8412085 | 22823075 |
| 海南 | 9426794 | 746302 | 8680492 | 1616080 | 1854744 | 1306462 | 3903206 |
| 重庆 | 48551053 | 3358831 | 45192222 | 6888658 | 9804191 | 6943889 | 21555484 |
| 四川 | 90900851 | 8390177 | 82510674 | 6405092 | 8549630 | 27432409 | 40123543 |
| 贵州 | 20498252 | 3159104 | 17339148 | 3973741 | 2370047 | 3656752 | 7338608 |
| 云南 | 41175129 | 5836438 | 35338691 | 5896993 | 4944282 | 9771757 | 14725659 |
| 西藏 | 3276350 | 1872849 | 1403501 | 276294 | 149332 | 189171 | 788704 |
| 陕西 | 58883715 | 4274154 | 54609561 | 9334670 | 9908680 | 16833080 | 18533131 |
| 甘肃 | 20763582 | 2894513 | 17869069 | 2903059 | 1583669 | 8175299 | 5207042 |
| 青海 | 6890893 | 1503978 | 5386915 | 1078849 | 1425294 | 1581923 | 1300849 |
| 宁夏 | 9641606 | 3004323 | 6637283 | 1573002 | 824634 | 1135818 | 3103829 |
| 新疆 | 24341466 | 8765373 | 15576093 | 2519331 | 1518755 | 5610908 | 5927099 |
| 不分地区 | 57796611 | 57796611 | | | | | |

# 各地区按建设性质分的城镇投资

单位：万元

| 地区 | 新建 | 扩建 | 改建 | 单纯建造生活设施 | 迁建 | 恢复 | 单纯购置 |
|---|---|---|---|---|---|---|---|
| **全国总计** | **899931538** | **303037533** | **271718638** | **15008378** | **19266311** | **4176666** | **63646750** |
| 北京 | 8798191 | 5575411 | 1532670 | 1028714 | 154886 | 7823 | 1021467 |
| 天津 | 20767635 | 5592253 | 6619152 | 4884 | 782513 | 16689 | 3330717 |
| 河北 | 55233633 | 17373150 | 11688489 | 158722 | 3036324 | 68581 | 2005728 |
| 山西 | 19667257 | 6679268 | 10942374 | 2340650 | 89817 | 91815 | 511640 |
| 内蒙古 | 45154319 | 8859460 | 7267751 | 417415 | 174021 | 119706 | 1291133 |
| 辽宁 | 53997973 | 16500608 | 12958530 | 90502 | 1056685 | 75283 | 4965987 |
| 吉林 | 19683055 | 13837649 | 14497858 | 242246 | 1378662 | 10369 | 2372922 |
| 黑龙江 | 15358696 | 8323283 | 13504116 | 1378435 | 120075 | 61977 | 2571672 |
| 上海 | 21299613 | 3344302 | 5000940 | 18394 | 175791 | 2563 | 1726769 |
| 江苏 | 61325806 | 27867014 | 14960864 | 95985 | 1231968 | 31703 | 3769698 |
| 浙江 | 28389486 | 13670002 | 6548038 | 177463 | 1317723 | 50120 | 1847766 |
| 安徽 | 37124974 | 11672524 | 11940905 | 315803 | 524495 | 56055 | 1121959 |
| 福建 | 25381938 | 10819715 | 4730539 | 74405 | 647500 | 24222 | 2444264 |
| 江西 | 33257035 | 7693552 | 8971193 | 337719 | 328414 | 105510 | 3042524 |
| 山东 | 46650669 | 39122922 | 33154219 | 2887350 | 2134870 | 221968 | 5931648 |
| 河南 | 66202057 | 20314287 | 9791311 | 586055 | 577919 | 70103 | 1469567 |
| 湖北 | 30568182 | 12592567 | 12930291 | 296135 | 657731 | 96422 | 2690946 |
| 湖南 | 26481996 | 6993512 | 23136232 | 109687 | 247956 | 131858 | 853011 |
| 广东 | 47256242 | 11553185 | 9852543 | 332274 | 397118 | 66957 | 3229018 |
| 广西 | 19568608 | 7238561 | 9758566 | 406224 | 408810 | 62643 | 1318578 |
| 海南 | 4752128 | 582327 | 397492 | 21290 | 4100 | 7057 | 782827 |
| 重庆 | 24289931 | 5112205 | 4761300 | 61887 | 876009 | 75089 | 985507 |
| 四川 | 48037915 | 8710085 | 12662710 | 277256 | 1739383 | 2276721 | 1313072 |
| 贵州 | 9671750 | 2941638 | 3162312 | 266458 | 137778 | 27316 | 578493 |
| 云南 | 23816166 | 4912619 | 3981526 | 116229 | 388271 | 54174 | 531578 |
| 西藏 | 2082456 | 430588 | 266168 | 138244 |  | 150194 | 51220 |
| 陕西 | 28617136 | 9289890 | 7608368 | 1554580 | 512662 | 118207 | 1766551 |
| 甘肃 | 13515872 | 2454093 | 2154861 | 226575 | 36088 | 45044 | 289671 |
| 青海 | 3677429 | 1257682 | 1089153 | 28967 | 15361 | 5373 | 88429 |
| 宁夏 | 6221053 | 775178 | 828943 | 16549 | 41820 |  | 130646 |
| 新疆 | 8848834 | 7633978 | 3713531 | 1001281 | 71561 | 45124 | 668352 |
| 不分地区 | 44233503 | 3314025 | 1305693 |  |  |  | 8943390 |

注：本表不含房地产开发投资。

# 各地区城镇旧设备、旧建筑物及土地购置情况

单位：万元

| 地　　区 | 购　置<br>旧设备 | 购置用于<br>更新的设备 | 旧建筑物<br>购 置 费 | 土　地<br>购置费 |
|---|---|---|---|---|
| **全国总计** | **2699563** | **51448493** | **7705010** | **115197593** |
| 北　　京 | 186 | 827706 | 9840 | 10353191 |
| 天　　津 | 76409 | 754006 | 689405 | 2727953 |
| 河　　北 | 182130 | 1964030 | 499609 | 4319530 |
| 山　　西 | 91765 | 1459654 | 113428 | 1503310 |
| 内 蒙 古 | 29017 | 1135226 | 263182 | 2157226 |
| 辽　　宁 | 176516 | 4524988 | 429601 | 6060474 |
| 吉　　林 | 122436 | 2964325 | 214090 | 1582353 |
| 黑 龙 江 | 62395 | 1831550 | 126075 | 1747324 |
| 上　　海 | 9072 | 1084008 | 272259 | 3233858 |
| 江　　苏 | 72908 | 2979588 | 572942 | 9699257 |
| 浙　　江 | 27038 | 1159005 | 24560 | 10046342 |
| 安　　徽 | 81955 | 1548834 | 370988 | 5405664 |
| 福　　建 | 92843 | 1861324 | 332316 | 5916745 |
| 江　　西 | 141582 | 2773820 | 266613 | 2075983 |
| 山　　东 | 217602 | 5640124 | 360007 | 6305953 |
| 河　　南 | 201459 | 504021 | 221515 | 4122356 |
| 湖　　北 | 266541 | 1896389 | 432276 | 3306036 |
| 湖　　南 | 142677 | 3106179 | 461086 | 4671483 |
| 广　　东 | 70847 | 1924894 | 273103 | 7198493 |
| 广　　西 | 126728 | 1844972 | 388063 | 2937529 |
| 海　　南 | 94749 | 12835 | 2557 | 567579 |
| 重　　庆 | 75274 | 841203 | 287312 | 4073305 |
| 四　　川 | 86121 | 2368811 | 323020 | 5275981 |
| 贵　　州 | 17495 | 370939 | 91788 | 800279 |
| 云　　南 | 31908 | 1195804 | 298681 | 2567563 |
| 西　　藏 | 72 | 7862 | 21 | 3209 |
| 陕　　西 | 128981 | 1962694 | 231139 | 1991179 |
| 甘　　肃 | 20287 | 566805 | 80212 | 471326 |
| 青　　海 | 7375 | 59520 | 4731 | 224452 |
| 宁　　夏 | 5774 | 70672 | 7740 | 328537 |
| 新　　疆 | 39421 | 552644 | 56851 | 362823 |
| 不分地区 | | 1654061 | | 3160300 |

# 各地区按行业大类分的城镇投资

单位：万元

| 地区 | 合计 | (一)农、林、牧、渔业 | 农业 | 林业 | 畜牧业 |
|---|---|---|---|---|---|
| **全国总计** | **1939203894** | **33563903** | **7432447** | **5843141** | **9662580** |
| 北京 | 41496286 | 27503 | | 21579 | 494 |
| 天津 | 44465679 | 469861 | 164838 | 122497 | 76361 |
| 河北 | 104765014 | 2399390 | 333142 | 399621 | 1138835 |
| 山西 | 45095569 | 1216688 | 334299 | 355725 | 248270 |
| 内蒙古 | 71438367 | 2755984 | 536772 | 589310 | 818537 |
| 辽宁 | 116051207 | 1485099 | 352063 | 76781 | 526982 |
| 吉林 | 59589498 | 1019189 | 96679 | 210633 | 432052 |
| 黑龙江 | 46957424 | 2194836 | 1018792 | 152506 | 553619 |
| 上海 | 46189096 | 33271 | 22307 | 3939 | 5561 |
| 江苏 | 142668014 | 454258 | 138877 | 24820 | 147757 |
| 浙江 | 74543262 | 252177 | 56343 | 12671 | 7903 |
| 安徽 | 79454978 | 923694 | 205314 | 117406 | 308809 |
| 福建 | 55486078 | 497790 | 177395 | 57305 | 123983 |
| 江西 | 60081185 | 1111177 | 237142 | 292943 | 276975 |
| 山东 | 154390970 | 1804336 | 319072 | 196457 | 572369 |
| 河南 | 114548894 | 3528174 | 597350 | 457751 | 1541417 |
| 湖北 | 71836717 | 1651183 | 385871 | 225862 | 368241 |
| 湖南 | 68800027 | 1309517 | 370755 | 305906 | 297392 |
| 广东 | 102300526 | 391886 | 107802 | 59956 | 74413 |
| 广西 | 46898801 | 1321569 | 182099 | 324349 | 334481 |
| 海南 | 9426794 | 147127 | 7613 | 68299 | 5518 |
| 重庆 | 48551053 | 1446986 | 191960 | 843418 | 248444 |
| 四川 | 90900851 | 1825019 | 455789 | 131357 | 554176 |
| 贵州 | 20498252 | 286479 | 60201 | 19862 | 55528 |
| 云南 | 41175129 | 1293310 | 265330 | 181458 | 107097 |
| 西藏 | 3276350 | 203433 | 41480 | 45618 | 36767 |
| 陕西 | 58883715 | 1644149 | 340650 | 262278 | 563232 |
| 甘肃 | 20763582 | 746540 | 230511 | 91548 | 134541 |
| 青海 | 6890893 | 201177 | 14505 | 16686 | 16212 |
| 宁夏 | 9641606 | 184904 | 38975 | 44451 | 8948 |
| 新疆 | 24341466 | 737197 | 148521 | 130149 | 77666 |
| 不分地区 | 57796611 | | | | |

续前 单位：万元

| 地区 |  |  | （二） |  |  |  |
|---|---|---|---|---|---|---|
|  | 渔业 | 农、林、牧、渔服务业 | 采矿业 | 煤炭开采和洗选业 | 石油和天然气开采业 | 黑色金属矿采选业 |
| **全国总计** | **1298594** | **9327141** | **81708267** | **30569292** | **27914820** | **8437870** |
| 北京 |  | 5430 | 214206 | 19229 | 131610 | 63367 |
| 天津 | 33021 | 73144 | 3943872 |  | 3931621 | 850 |
| 河北 | 26325 | 501467 | 2800575 | 719137 | 97733 | 1440649 |
| 山西 | 2520 | 275874 | 6486049 | 5997223 | 164860 | 186743 |
| 内蒙古 | 140 | 811225 | 9649225 | 5204007 | 1873272 | 1108307 |
| 辽宁 | 315825 | 213448 | 3416580 | 319230 | 890336 | 1430298 |
| 吉林 | 19298 | 260527 | 3784639 | 575161 | 2062276 | 291150 |
| 黑龙江 | 14260 | 455659 | 5031697 | 1393791 | 3326766 | 177616 |
| 上海 | 564 | 900 | 82380 |  | 82098 | 282 |
| 江苏 | 32089 | 110715 | 554123 | 173423 | 253422 | 32948 |
| 浙江 | 955 | 174305 | 6925 | 703 |  |  |
| 安徽 | 70891 | 221274 | 3161617 | 1982189 | 1960 | 493311 |
| 福建 | 30536 | 108571 | 639062 | 243246 |  | 75394 |
| 江西 | 58299 | 245818 | 1428517 | 414185 |  | 213596 |
| 山东 | 216885 | 499553 | 4154423 | 996455 | 2066549 | 344946 |
| 河南 | 73277 | 858379 | 7072046 | 3157020 | 758849 | 422140 |
| 湖北 | 70047 | 601162 | 1226807 | 147698 | 305268 | 361209 |
| 湖南 | 64007 | 271457 | 2302676 | 1015539 | 5930 | 253597 |
| 广东 | 67481 | 82234 | 820924 |  | 540291 | 84770 |
| 广西 | 117912 | 362728 | 1355483 | 97359 | 18904 | 297898 |
| 海南 | 13330 | 52367 | 85116 |  | 44032 | 8718 |
| 重庆 | 5657 | 157507 | 905275 | 621241 | 102738 | 36633 |
| 四川 | 20651 | 663046 | 1786522 | 944793 | 175516 | 296359 |
| 贵州 | 2300 | 148588 | 1353328 | 1211993 | 4172 | 5528 |
| 云南 | 1250 | 738175 | 1741683 | 605321 | 7205 | 309040 |
| 西藏 | 1280 | 78288 | 97469 |  |  | 10333 |
| 陕西 | 18406 | 459583 | 4879414 | 2054626 | 2136197 | 146696 |
| 甘肃 | 450 | 289490 | 1023364 | 545084 | 175559 | 42224 |
| 青海 |  | 153774 | 503006 | 76086 | 333587 | 29462 |
| 宁夏 | 20163 | 72367 | 1069188 | 1019950 | 41018 |  |
| 新疆 | 775 | 380086 | 4982740 | 1034603 | 3233715 | 273806 |
| 不分地区 |  |  | 5149336 |  | 5149336 |  |

续前 单位：万元

| 地区 | 有色金属矿采选业 | 非金属矿采选业 | 其他采矿业 | （三）制造业 | 农副食品加工业 | 食品制造业 |
|---|---|---|---|---|---|---|
| **全国总计** | **8300060** | **6273698** | **212527** | **587060676** | **28301065** | **15094662** |
| 北京 | | | | 1640907 | 14117 | 34159 |
| 天津 | 2191 | 9210 | | 12939490 | 168408 | 262197 |
| 河北 | 194149 | 348907 | | 42119010 | 1620208 | 986472 |
| 山西 | 60536 | 76687 | | 8587237 | 269274 | 226872 |
| 内蒙古 | 856042 | 606097 | 1500 | 15993832 | 899345 | 527531 |
| 辽宁 | 241256 | 523640 | 11820 | 44321287 | 2203599 | 712476 |
| 吉林 | 426325 | 425026 | 4701 | 25697301 | 2180977 | 862621 |
| 黑龙江 | 63546 | 66778 | 3200 | 10943612 | 1717469 | 652798 |
| 上海 | | | | 6871265 | 50340 | 115383 |
| 江苏 | 3300 | 91030 | | 60813570 | 1291867 | 1061354 |
| 浙江 | 1170 | 5052 | | 18127195 | 157613 | 166064 |
| 安徽 | 271898 | 407009 | 5250 | 27427056 | 1369543 | 569369 |
| 福建 | 176670 | 129463 | 14289 | 15153870 | 602142 | 464533 |
| 江西 | 442317 | 342359 | 16060 | 30498532 | 1286549 | 697045 |
| 山东 | 425313 | 316658 | 4502 | 62811752 | 3670331 | 1843715 |
| 河南 | 1856671 | 860868 | 16498 | 51351307 | 3731570 | 2153947 |
| 湖北 | 61422 | 330924 | 20286 | 23078807 | 1112582 | 781676 |
| 湖南 | 539136 | 465778 | 22696 | 21479855 | 1515372 | 657848 |
| 广东 | 123411 | 72452 | | 17742885 | 217226 | 282712 |
| 广西 | 592007 | 327022 | 22293 | 13565195 | 941810 | 302833 |
| 海南 | 1050 | | 31316 | 542628 | 24880 | 6233 |
| 重庆 | 21145 | 123118 | 400 | 13200312 | 492245 | 200084 |
| 四川 | 112119 | 243429 | 14306 | 27032519 | 1124524 | 685742 |
| 贵州 | 54411 | 68944 | 8280 | 3453336 | 91486 | 39420 |
| 云南 | 708506 | 104471 | 7140 | 5785964 | 296926 | 140923 |
| 西藏 | 85396 | 1740 | | 180588 | 13236 | 2777 |
| 陕西 | 394495 | 147400 | | 12954252 | 580443 | 253508 |
| 甘肃 | 210728 | 47869 | 1900 | 3964934 | 232106 | 115293 |
| 青海 | 42017 | 20354 | 1500 | 1818821 | 59513 | 25725 |
| 宁夏 | 700 | 7520 | | 2700046 | 90118 | 46467 |
| 新疆 | 332133 | 103893 | 4590 | 4263311 | 275246 | 216885 |
| 不分地区 | | | | | | |

单位：万元

| 地区 | 饮料制造业 | 烟草制品业 | 纺织业 | 纺织服装鞋帽制造业 | 皮革、毛皮羽绒及其制品业 | 木材加工及木竹藤棕、草制品业 |
|---|---|---|---|---|---|---|
| **全国总计** | **10788469** | **2166077** | **17643749** | **10505938** | **5182309** | **10164864** |
| 北京 | 23938 | 17385 | 3566 | 18209 | 1161 | 300 |
| 天津 | 86767 | 38698 | 78964 | 66990 | 28340 | 30295 |
| 河北 | 493582 | 52889 | 1864136 | 557041 | 576351 | 696212 |
| 山西 | 131698 | 10861 | 130881 | 1075 | 11138 | 75842 |
| 内蒙古 | 442047 | 46303 | 151293 | 37345 | 106305 | 156488 |
| 辽宁 | 516469 | 8476 | 495589 | 624948 | 223152 | 631217 |
| 吉林 | 1086303 | 115763 | 233860 | 224906 | 38479 | 1229100 |
| 黑龙江 | 471891 | 54826 | 118335 | 9404 | 16760 | 766124 |
| 上海 | 59574 | 133813 | 66967 | 22293 | 2450 | 6208 |
| 江苏 | 426504 | 62012 | 2854109 | 1339975 | 192499 | 637068 |
| 浙江 | 179375 | 31983 | 1383065 | 689528 | 198843 | 229602 |
| 安徽 | 376690 | 26811 | 818800 | 975122 | 186627 | 554621 |
| 福建 | 339998 | 265126 | 696510 | 639973 | 620382 | 506926 |
| 江西 | 481651 | 16904 | 1020474 | 1085259 | 476100 | 689782 |
| 山东 | 752340 | 26756 | 2229679 | 1283802 | 435226 | 746585 |
| 河南 | 1183393 | 47830 | 2192588 | 960405 | 680486 | 809546 |
| 湖北 | 575211 | 90993 | 886306 | 550551 | 106717 | 253026 |
| 湖南 | 462560 | 262679 | 468257 | 346921 | 156585 | 491387 |
| 广东 | 255333 | 92341 | 438970 | 528304 | 230552 | 122860 |
| 广西 | 320653 | 31288 | 223861 | 170758 | 193481 | 797417 |
| 海南 | 1000 | | 857 | | | 4891 |
| 重庆 | 154257 | 21802 | 209830 | 120005 | 75430 | 133656 |
| 四川 | 977698 | 136039 | 477879 | 170077 | 580462 | 443619 |
| 贵州 | 203697 | 112044 | 2970 | 2767 | 170 | 16071 |
| 云南 | 208575 | 345265 | 20605 | 3528 | 1450 | 40981 |
| 西藏 | 37487 | | 4895 | | 1321 | 440 |
| 陕西 | 218223 | 101046 | 221555 | 47008 | 33417 | 57252 |
| 甘肃 | 177868 | 8863 | 16911 | 2691 | 6555 | 16998 |
| 青海 | 23632 | | 101824 | 14778 | | |
| 宁夏 | 33707 | 4364 | 29291 | 7120 | 1200 | 5030 |
| 新疆 | 86348 | 2917 | 200922 | 5155 | 670 | 15320 |
| 不分地区 | | | | | | |

| 地　区 | 家　具制造业 | 造纸及纸制品业 | 印刷业和记录媒介的复制 | 文教体育用品制造 | 石油加工炼焦及核燃料加工 | 化学原料及化学制品制造业 |
|---|---|---|---|---|---|---|
| **全国总计** | **6451610** | **12441015** | **5673712** | **2172265** | **18398163** | **59798935** |
| 北　京 | 2100 | 28785 | 70082 | 1222 | 85725 | 133214 |
| 天　津 | 70597 | 242127 | 71166 | 10933 | 1179846 | 1610497 |
| 河　北 | 988541 | 642166 | 445679 | 135116 | 1214380 | 3789992 |
| 山　西 | 14730 | 46162 | 22908 | 2841 | 1025476 | 1028347 |
| 内蒙古 | 28940 | 200910 | 35140 | 383 | 1569342 | 2942941 |
| 辽　宁 | 419676 | 629990 | 215225 | 46659 | 1929348 | 3130582 |
| 吉　林 | 274597 | 453548 | 347342 | 38360 | 90032 | 2456434 |
| 黑龙江 | 191712 | 106359 | 67690 | 25372 | 668526 | 700937 |
| 上　海 | 315 | 8428 | 17974 | 21630 | 258716 | 806001 |
| 江　苏 | 391777 | 959864 | 358865 | 291964 | 267796 | 6409774 |
| 浙　江 | 202598 | 533771 | 221476 | 239128 | 173393 | 2626197 |
| 安　徽 | 330235 | 415747 | 378428 | 202261 | 277650 | 1716576 |
| 福　建 | 249169 | 461490 | 107167 | 101056 | 1118474 | 688421 |
| 江　西 | 299954 | 430769 | 358149 | 166621 | 345535 | 2832063 |
| 山　东 | 575943 | 2019303 | 623616 | 300898 | 1829888 | 7129985 |
| 河　南 | 752700 | 1122559 | 564038 | 155995 | 591680 | 4760169 |
| 湖　北 | 200234 | 346440 | 327517 | 48944 | 196161 | 2232238 |
| 湖　南 | 156025 | 802806 | 317361 | 51988 | 207982 | 1693982 |
| 广　东 | 300009 | 312825 | 275239 | 255055 | 636345 | 940032 |
| 广　西 | 176595 | 918045 | 152546 | 36129 | 480076 | 1199029 |
| 海　南 |  | 186680 | 6171 |  | 41906 | 74811 |
| 重　庆 | 70574 | 593488 | 93552 | 14454 | 33387 | 1279969 |
| 四　川 | 629139 | 546234 | 327043 | 12013 | 289427 | 2959355 |
| 贵　州 | 3125 | 32298 | 25867 | 160 | 192991 | 722991 |
| 云　南 | 19739 | 142641 | 48240 | 750 | 295557 | 993209 |
| 西　藏 |  | 650 | 300 |  | 266 | 7386 |
| 陕　西 | 68196 | 124349 | 139105 | 11100 | 1538987 | 1927795 |
| 甘　肃 | 29635 | 54284 | 19251 | 50 | 600168 | 464084 |
| 青　海 | 1752 | 700 | 11390 |  | 17904 | 641092 |
| 宁　夏 |  | 42857 | 3410 | 1183 | 172326 | 1028237 |
| 新　疆 | 3003 | 34740 | 21775 |  | 1068873 | 872595 |
| 不分地区 |  |  |  |  |  |  |

 单位：万元

| 地区 | 医药制造业 | 化学纤维制造业 | 橡胶制品业 | 塑料制品业 | 非金属矿物制品业 | 黑色金属冶炼及压延加工业 |
|---|---|---|---|---|---|---|
| **全国总计** | **14542899** | **2760786** | **6582076** | **14057149** | **59044427** | **32649259** |
| 北京 | 78401 | 381 | 1755 | 15070 | 54843 | 24787 |
| 天津 | 362589 | 5699 | 418768 | 244737 | 412396 | 1096808 |
| 河北 | 803361 | 272569 | 708280 | 1221644 | 4066138 | 6181234 |
| 山西 | 213235 | 5429 | 70054 | 258475 | 1273662 | 1193801 |
| 内蒙古 | 347065 | 11140 | 40588 | 558553 | 1884442 | 999517 |
| 辽宁 | 749539 | 43723 | 528957 | 1036250 | 3849034 | 3495223 |
| 吉林 | 1526438 | 39457 | 133828 | 662711 | 2263034 | 375065 |
| 黑龙江 | 344584 | 1590 | 31541 | 206736 | 1132610 | 193477 |
| 上海 | 133795 | 17117 | 15614 | 70299 | 96238 | 1216562 |
| 江苏 | 1138403 | 532592 | 447561 | 1252991 | 2852143 | 2640646 |
| 浙江 | 414129 | 354841 | 205046 | 556478 | 663437 | 394082 |
| 安徽 | 555891 | 138253 | 276690 | 1107581 | 3202799 | 773142 |
| 福建 | 182850 | 182021 | 239268 | 440008 | 1181225 | 365231 |
| 江西 | 974795 | 336570 | 231154 | 600025 | 4329097 | 967105 |
| 山东 | 1860427 | 201379 | 1787675 | 1574562 | 4177838 | 1294984 |
| 河南 | 1296549 | 84573 | 524072 | 1104029 | 8294090 | 1857059 |
| 湖北 | 766930 | 34525 | 119785 | 563206 | 2472851 | 2267470 |
| 湖南 | 572051 | 51045 | 102010 | 409823 | 2724571 | 1480721 |
| 广东 | 348311 | 85656 | 120088 | 689221 | 1198064 | 905717 |
| 广西 | 195559 | 11959 | 50720 | 207230 | 2034743 | 962105 |
| 海南 | 18154 |  | 9817 | 11462 | 86400 | 3102 |
| 重庆 | 195072 | 148720 | 137087 | 186616 | 1369221 | 1373425 |
| 四川 | 780736 | 96758 | 147069 | 616599 | 4174135 | 1078223 |
| 贵州 | 92080 |  | 24000 | 46144 | 942343 | 190694 |
| 云南 | 186211 |  | 20037 | 69783 | 847609 | 308333 |
| 西藏 | 27474 |  |  | 5000 | 24295 |  |
| 陕西 | 224317 | 7387 | 173567 | 135854 | 1652340 | 204262 |
| 甘肃 | 81766 |  | 7364 | 74634 | 569790 | 275004 |
| 青海 | 30088 |  | 350 | 9790 | 255434 | 106897 |
| 宁夏 | 31615 |  | 2493 | 11687 | 474337 | 112774 |
| 新疆 | 10484 | 97402 | 6838 | 109951 | 485268 | 311809 |
| 不分地区 |  |  |  |  |  |  |

单位：万元

| 地区 | 有色金属冶炼及压延加工业 | 金属制品业 | 通用设备制造业 | 专用设备制造业 | 交通运输设备制造业 | 电气机械及器材制造业 |
|---|---|---|---|---|---|---|
| **全国总计** | **21537806** | **28178357** | **44611569** | **30760267** | **49751065** | **35577668** |
| 北京 | 4536 | 20439 | 191580 | 111274 | 366737 | 78783 |
| 天津 | 93970 | 833953 | 912535 | 795444 | 1500095 | 1298082 |
| 河北 | 728748 | 3375944 | 2839689 | 2169796 | 1803903 | 2623807 |
| 山西 | 727007 | 119836 | 454317 | 287167 | 366931 | 278945 |
| 内蒙古 | 1818693 | 410924 | 922470 | 350973 | 86567700 | 369830 |
| 辽宁 | 1037942 | 2693149 | 5661061 | 3171798 | 4538310 | 2517128 |
| 吉林 | 216901 | 1133536 | 1622237 | 1433426 | 4995490 | 903979 |
| 黑龙江 | 210934 | 283397 | 1025995 | 483760 | 633518 | 558101 |
| 上海 | 72647 | 109910 | 354042 | 233846 | 1469816 | 235921 |
| 江苏 | 787999 | 3803776 | 6520905 | 4162061 | 5812389 | 5169737 |
| 浙江 | 223603 | 870524 | 1671071 | 973592 | 1718346 | 1604075 |
| 安徽 | 451449 | 1632886 | 2470125 | 1420340 | 3087939 | 2375529 |
| 福建 | 659598 | 584431 | 707772 | 509461 | 1053470 | 788076 |
| 江西 | 2422579 | 1082144 | 987610 | 898582 | 1365305 | 3471793 |
| 山东 | 1029233 | 4064786 | 6596652 | 3860587 | 5469620 | 3701734 |
| 河南 | 3007847 | 2133508 | 4184478 | 3131897 | 1999700 | 2496386 |
| 湖北 | 407381 | 1028296 | 1302419 | 1189509 | 2923179 | 959871 |
| 湖南 | 1440796 | 697259 | 1312588 | 1239625 | 1596129 | 1157327 |
| 广东 | 254622 | 860372 | 592346 | 561028 | 1858863 | 1472906 |
| 广西 | 880057 | 409394 | 410916 | 433380 | 957406 | 392743 |
| 海南 | 436 | 12235 | 324 | 470 | 13167 | 1717 |
| 重庆 | 549288 | 420479 | 791281 | 557510 | 2546884 | 584891 |
| 四川 | 868542 | 911130 | 2010729 | 1578855 | 1539155 | 1354383 |
| 贵州 | 372817 | 30367 | 40920 | 40688 | 121856 | 28308 |
| 云南 | 929545 | 93368 | 125484 | 107321 | 157312 | 131793 |
| 西藏 | 28867 | 7260 | 300 | 5911 | | 2570 |
| 陕西 | 678244 | 381462 | 702888 | 796305 | 915807 | 711541 |
| 甘肃 | 742602 | 64274 | 100199 | 70950 | 20162 | 166695 |
| 青海 | 417082 | 10793 | 18150 | 3535 | 16660 | 15321 |
| 宁夏 | 380326 | 23639 | 45102 | 27899 | 26104 | 87350 |
| 新疆 | 93515 | 74886 | 35384 | 153277 | 11135 | 38346 |
| 不分地区 | | | | | | |

续前　　　　单位：万元

| 地　　区 | 通信设备计算机及其他电子设备制造 | 仪器仪表及文化办公用机械制造业 | 工艺品及其他制造业 | 废弃资源废旧材料回收加工业 | （四）电力燃气及水的生产与供应业 |
|---|---|---|---|---|---|
| **全国总计** | **26236279** | **5270069** | **8269300** | **2448867** | **135454481** |
| 北　　京 | 216143 | 23879 | 9006 | 9330 | 1516546 |
| 天　　津 | 655244 | 66317 | 232104 | 64924 | 2744342 |
| 河　　北 | 667375 | 101685 | 365516 | 126556 | 5262905 |
| 山　　西 | 289474 | 28838 | 16490 | 5471 | 5220127 |
| 内 蒙 古 | 163360 | 30060 | 16983 | 59244 | 11240622 |
| 辽　　宁 | 2220103 | 461046 | 416960 | 113658 | 6538337 |
| 吉　　林 | 231050 | 258115 | 139461 | 130251 | 3387874 |
| 黑 龙 江 | 35349 | 52199 | 150558 | 31060 | 3625778 |
| 上　　海 | 540102 | 61514 | 662700 | 11050 | 3864359 |
| 江　　苏 | 5997458 | 1693248 | 1283143 | 173090 | 5566457 |
| 浙　　江 | 783183 | 173983 | 422488 | 65681 | 5036282 |
| 安　　徽 | 1062106 | 244900 | 341597 | 87349 | 2900520 |
| 福　　建 | 591153 | 161493 | 584249 | 62197 | 4699166 |
| 江　　西 | 1811712 | 181599 | 482346 | 169261 | 2968507 |
| 山　　东 | 2148963 | 495319 | 650726 | 429200 | 4866386 |
| 河　　南 | 551902 | 302379 | 472599 | 203333 | 5731892 |
| 湖　　北 | 995699 | 104178 | 154289 | 80623 | 4947453 |
| 湖　　南 | 549846 | 188938 | 266291 | 99082 | 3807925 |
| 广　　东 | 2763837 | 209869 | 729364 | 204818 | 10074988 |
| 广　　西 | 421963 | 37559 | 58928 | 156012 | 3507177 |
| 海　　南 | 31841 | 726 |  | 5348 | 682184 |
| 重　　庆 | 479285 | 67662 | 284376 | 15782 | 2422194 |
| 四　　川 | 2100704 | 127079 | 231980 | 57191 | 7298002 |
| 贵　　州 | 51659 | 8045 | 10165 | 7193 | 2713020 |
| 云　　南 | 44562 | 20006 | 178235 | 7976 | 7205073 |
| 西　　藏 |  | 2060 | 3827 | 4266 | 414689 |
| 陕　　西 | 810650 | 148630 | 70859 | 18155 | 3867484 |
| 甘　　肃 | 6252 | 8424 | 9947 | 22114 | 4077950 |
| 青　　海 | 10700 | 4689 | 20908 | 114 | 1158678 |
| 宁　　夏 | 3794 | 5630 | 586 | 1400 | 1822862 |
| 新　　疆 | 810 |  | 2619 | 27138 | 2915033 |
| 不分地区 |  |  |  |  | 3369669 |

续前 单位：万元

| 地区 | 电力、热力的生产与供应 | 燃气的生产与供应 | 水的生产与供应业 | (五)建筑业 | 房屋和土木工程建筑业 | 建筑安装业 | 建筑装饰业 |
|---|---|---|---|---|---|---|---|
| **全国总计** | **111390690** | **6506521** | **17557270** | **15691339** | **13046573** | **701987** | **576100** |
| 北京 | 1241199 | 97239 | 178108 | 44139 | 42289 | 85 | 185 |
| 天津 | 2333914 | 117358 | 293070 | 228656 | 183088 | 400 | 7500 |
| 河北 | 4063571 | 259781 | 939553 | 215128 | 136145 | 25700 | 7238 |
| 山西 | 4510493 | 365781 | 343853 | 216531 | 170530 | 9149 | |
| 内蒙古 | 9342999 | 813825 | 1083798 | 656937 | 528039 | 18826 | 24401 |
| 辽宁 | 5499616 | 218299 | 820422 | 1126059 | 711126 | 183090 | 105866 |
| 吉林 | 2834085 | 159843 | 393946 | 378960 | 261467 | 55969 | 19062 |
| 黑龙江 | 2946091 | 139637 | 540050 | 532171 | 436054 | 53132 | 16178 |
| 上海 | 2666287 | 255714 | 942358 | 68050 | 60709 | 3447 | |
| 江苏 | 3826137 | 344582 | 1395738 | 857405 | 667409 | 40687 | 81783 |
| 浙江 | 4058927 | 102295 | 875060 | 178967 | 159315 | 2331 | 11635 |
| 安徽 | 2017032 | 252498 | 630990 | 2264932 | 1982652 | 43217 | 39521 |
| 福建 | 4087221 | 219432 | 392513 | 254341 | 172373 | 17674 | 7460 |
| 江西 | 1953628 | 286159 | 728720 | 140735 | 59204 | 29746 | 28952 |
| 山东 | 3882457 | 423851 | 560078 | 2733954 | 2375908 | 73243 | 28362 |
| 河南 | 4299237 | 594512 | 838143 | 172981 | 133743 | 20068 | 16980 |
| 湖北 | 3982637 | 316097 | 648719 | 266696 | 207815 | 9293 | 29587 |
| 湖南 | 2612362 | 222250 | 973313 | 831578 | 676257 | 31087 | 65082 |
| 广东 | 7825757 | 184488 | 2064743 | 108725 | 94767 | 5498 | 1491 |
| 广西 | 2841190 | 73196 | 592791 | 247370 | 204618 | 4541 | 11484 |
| 海南 | 441740 | 36650 | 203794 | 92373 | 92274 | | |
| 重庆 | 1835319 | 167046 | 419829 | 786998 | 654780 | 15621 | 16040 |
| 四川 | 6573196 | 255321 | 469485 | 359976 | 317934 | 11084 | 8074 |
| 贵州 | 2472079 | 86189 | 154752 | 59273 | 34438 | 4452 | 5278 |
| 云南 | 6956973 | 54534 | 193566 | 32866 | 24056 | | 750 |
| 西藏 | 385759 | 8379 | 20551 | 200495 | 190892 | 142 | 5732 |
| 陕西 | 3266292 | 241393 | 359799 | 504139 | 451806 | 10337 | 9479 |
| 甘肃 | 3910354 | 70149 | 97447 | 1826866 | 1756541 | 13116 | 22085 |
| 青海 | 1141552 | 4300 | 12826 | 88626 | 76244 | 100 | 4195 |
| 宁夏 | 1702497 | 33154 | 87211 | 38410 | 34669 | 281 | 1700 |
| 新疆 | 2510420 | 102569 | 302044 | 177002 | 149431 | 19671 | |
| 不分地区 | 3369669 | | | | | | |

续前　　单位：万元

| 地　　区 | 其　他<br>建筑业 | （六）<br>交通运输<br>仓储和邮政业 | 铁　路<br>运输业 | 道　路<br>运输业 | 城市公共<br>交通业 | 水　上<br>运输业 |
|---|---|---|---|---|---|---|
| **全国总计** | **1366679** | **232713211** | **66608687** | **105576192** | **20340618** | **16706559** |
| 北　　京 | 1580 | 6125359 | 440860 | 943052 | 4392702 | |
| 天　　津 | 37668 | 4721142 | 676984 | 1419930 | 911529 | 1312442 |
| 河　　北 | 46045 | 9362844 | 413684 | 6320754 | 107035 | 1227063 |
| 山　　西 | 36852 | 7038510 | 822462 | 5825279 | 26206 | |
| 内 蒙 古 | 85671 | 7813860 | 2199653 | 4618612 | 58758 | |
| 辽　　宁 | 125977 | 7214713 | 453956 | 2554537 | 1030023 | 1327916 |
| 吉　　林 | 42462 | 3969592 | 554727 | 2442275 | 244263 | 7000 |
| 黑 龙 江 | 26807 | 6254168 | 533177 | 5082225 | 58980 | 22864 |
| 上　　海 | 3894 | 8732869 | 256878 | 2019647 | 4479161 | 739909 |
| 江　　苏 | 67526 | 8866612 | 235116 | 4449137 | 1205264 | 1625175 |
| 浙　　江 | 5686 | 8999799 | 1267320 | 3992225 | 957277 | 1944750 |
| 安　　徽 | 199542 | 4042716 | 633766 | 2485977 | 73394 | 349378 |
| 福　　建 | 56834 | 8344200 | 1126551 | 5169811 | 308291 | 1081538 |
| 江　　西 | 22833 | 3348729 | 394366 | 2423620 | 61109 | 57226 |
| 山　　东 | 256441 | 8392518 | 331501 | 3104591 | 109628 | 2668688 |
| 河　　南 | 2190 | 4844231 | 447773 | 2357200 | 193419 | 92228 |
| 湖　　北 | 20001 | 7227669 | 408571 | 4993235 | 671962 | 441146 |
| 湖　　南 | 59152 | 9522063 | 379319 | 8323652 | 195399 | 29728 |
| 广　　东 | 6969 | 14440012 | 1433310 | 6732120 | 3263882 | 969293 |
| 广　　西 | 26727 | 5376267 | 352663 | 3369204 | 117561 | 623231 |
| 海　　南 | 99 | 1845546 | 645942 | 332009 | 2133 | 237472 |
| 重　　庆 | 100557 | 6130989 | 225727 | 4256758 | 698272 | 501197 |
| 四　　川 | 22884 | 10890927 | 2334413 | 7393845 | 439053 | 77439 |
| 贵　　州 | 15105 | 3732867 | 448499 | 3091279 | 60412 | 30090 |
| 云　　南 | 8060 | 5421824 | 838943 | 3530839 | 117875 | 12034 |
| 西　　藏 | 3729 | 788225 | 71622 | 633512 | 47914 | |
| 陕　　西 | 32517 | 5547452 | 528215 | 3962244 | 417373 | |
| 甘　　肃 | 35124 | 1454795 | 234672 | 1034587 | 70939 | 3162 |
| 青　　海 | 8087 | 1038041 | 300227 | 704875 | 53 | |
| 宁　　夏 | 1760 | 598208 | 108196 | 422838 | 8005 | |
| 新　　疆 | 7900 | 3039815 | 1248535 | 1586323 | 12746 | |
| 不分地区 | | 47586649 | 46261059 | | | 1325590 |

单位：万元

| 地　区 | 航空运输业 | 管道运输业 | 装卸搬运和其他运输服务业 | 仓储业 | 邮政业 | （七）信息传输计算机服务和软件业 |
|---|---|---|---|---|---|---|
| **全国总计** | **6048524** | **730803** | **2218950** | **14133169** | **349709** | **25434791** |
| 北　京 | 217004 | | 3233 | 94670 | 33838 | 1391993 |
| 天　津 | 95885 | | 12010 | 292362 | | 513192 |
| 河　北 | 27017 | 32386 | 173171 | 1038014 | 23720 | 112340 |
| 山　西 | 80922 | | 18254 | 263039 | 2348 | 876800 |
| 内蒙古 | 102102 | 64515 | 64282 | 703611 | 2327 | 478529 |
| 辽　宁 | 223253 | 115544 | 227442 | 1249227 | 32815 | 1321260 |
| 吉　林 | 9020 | 7778 | 126551 | 564856 | 13122 | 570403 |
| 黑龙江 | 92163 | 8900 | 48092 | 398932 | 8835 | 1463011 |
| 上　海 | 868033 | | 10705 | 344668 | 13868 | 1257674 |
| 江　苏 | 28903 | 31800 | 212949 | 1073568 | 4700 | 1379397 |
| 浙　江 | 166547 | 18398 | 41682 | 591601 | 19999 | 1575067 |
| 安　徽 | 102378 | 14000 | 94514 | 284929 | 4380 | 911219 |
| 福　建 | 209482 | 2969 | 60080 | 352618 | 32860 | 1473783 |
| 江　西 | 158732 | 3550 | 104681 | 116004 | 29441 | 492150 |
| 山　东 | 124362 | 85290 | 292399 | 1675899 | 160 | 691335 |
| 河　南 | 54460 | 116961 | 223959 | 1323784 | 34447 | 742767 |
| 湖　北 | 22498 | 43988 | 98338 | 538217 | 9714 | 692723 |
| 湖　南 | 62864 | 15835 | 72735 | 440621 | 1910 | 1014996 |
| 广　东 | 1262495 | | 43411 | 721052 | 14449 | 2781762 |
| 广　西 | 65840 | 25403 | 53588 | 741244 | 27533 | 924457 |
| 海　南 | 617135 | | 3919 | 1200 | 5736 | 196320 |
| 重　庆 | 195739 | 7808 | 39227 | 199314 | 6947 | 530599 |
| 四　川 | 216329 | 5182 | 77141 | 346603 | 922 | 1359436 |
| 贵　州 | 14301 | 1239 | 20234 | 65826 | 987 | 600281 |
| 云　南 | 755030 | 3100 | 4000 | 151789 | 8214 | 627574 |
| 西　藏 | 16000 | | | 9850 | 9327 | 94647 |
| 陕　西 | 110553 | 97802 | 51361 | 378473 | 1431 | 582381 |
| 甘　肃 | 27458 | 16483 | 4389 | 57925 | 5180 | 186175 |
| 青　海 | 4958 | | 4000 | 23928 | | 29062 |
| 宁　夏 | 24341 | | 26497 | 8331 | | 130948 |
| 新　疆 | 92720 | 11872 | 6106 | 81014 | 499 | 432510 |
| 不分地区 | | | | | | |

单位：万元

| 地　　区 | 电信和其他信息传输服务业 | 计算机服务业 | 软件业 | (八) 批发和零售业 | 批发业 | 零售业 |
|---|---|---|---|---|---|---|
| **全国总计** | **22789186** | **620009** | **2025596** | **44909825** | **21234279** | **23675546** |
| 北　　京 | 1211760 | 25510 | 154723 | 98298 | 61454 | 36844 |
| 天　　津 | 493842 | | 19350 | 623587 | 306676 | 316911 |
| 河　　北 | 82334 | 10477 | 19529 | 3805462 | 1700309 | 2105153 |
| 山　　西 | 768876 | 3100 | 104824 | 775392 | 402472 | 372920 |
| 内 蒙 古 | 455641 | 6500 | 16388 | 2109005 | 1381644 | 727361 |
| 辽　　宁 | 753963 | 187612 | 379685 | 3887762 | 2085549 | 1802213 |
| 吉　　林 | 470365 | 65634 | 34404 | 2185498 | 1212933 | 972565 |
| 黑 龙 江 | 1376988 | 9967 | 76056 | 1366207 | 608127 | 758080 |
| 上　　海 | 1209280 | 1752 | 46642 | 167012 | 48453 | 118559 |
| 江　　苏 | 948194 | 19465 | 411738 | 3654075 | 1201171 | 2452904 |
| 浙　　江 | 1395899 | 5972 | 173196 | 1257148 | 521484 | 735664 |
| 安　　徽 | 784738 | 46385 | 80096 | 1929813 | 1036079 | 893734 |
| 福　　建 | 1451635 | 7550 | 14598 | 925442 | 508550 | 416892 |
| 江　　西 | 418958 | 32518 | 40674 | 1610314 | 673227 | 937087 |
| 山　　东 | 568128 | 36865 | 86342 | 6098557 | 2770779 | 3327778 |
| 河　　南 | 708318 | 24236 | 10213 | 3082649 | 1158422 | 1924227 |
| 湖　　北 | 568666 | 20490 | 103567 | 2406140 | 948167 | 1457973 |
| 湖　　南 | 922325 | 28988 | 63683 | 1604677 | 945790 | 658887 |
| 广　　东 | 2675602 | 16794 | 89366 | 1351273 | 629736 | 721537 |
| 广　　西 | 894093 | 20443 | 9921 | 1102444 | 417219 | 685225 |
| 海　　南 | 196320 | | | 25238 | 9718 | 15520 |
| 重　　庆 | 515991 | 3064 | 11544 | 348360 | 266012 | 82348 |
| 四　　川 | 1327323 | 20289 | 11824 | 1029978 | 564883 | 465095 |
| 贵　　州 | 582736 | 6145 | 11400 | 191974 | 85672 | 106302 |
| 云　　南 | 619205 | 48 | 8321 | 1073900 | 715232 | 358668 |
| 西　　藏 | 94647 | | | 58747 | 5802 | 52945 |
| 陕　　西 | 520132 | 19014 | 43235 | 1380066 | 589392 | 790674 |
| 甘　　肃 | 180774 | 1124 | 4277 | 387183 | 158136 | 229047 |
| 青　　海 | 28996 | 66 | | 58714 | 22261 | 36453 |
| 宁　　夏 | 130948 | | | 51770 | 26583 | 25187 |
| 新　　疆 | 432509 | 1 | | 263140 | 172347 | 90793 |
| 不分地区 | | | | | | |

续前　　　　单位：万元

| 地　　区 | （九）住宿和餐饮业 | 住宿业 | 餐饮业 | （十）金融业 | 银行业 | 证券业 |
|---|---|---|---|---|---|---|
| **全国总计** | **23286075** | **14878864** | **8407211** | **3485442** | **2651198** | **276752** |
| 北　　京 | 262451 | 238255 | 24196 | 73970 | 55384 | 3296 |
| 天　　津 | 269462 | 120763 | 148699 | 15959 | 14319 | |
| 河　　北 | 990308 | 682375 | 307933 | 119365 | 63719 | 25050 |
| 山　　西 | 410732 | 323565 | 87167 | 18677 | 18677 | |
| 内 蒙 古 | 601435 | 278659 | 322776 | 232605 | 159735 | 27675 |
| 辽　　宁 | 1726569 | 871957 | 854612 | 410232 | 235776 | 107349 |
| 吉　　林 | 714392 | 418830 | 295562 | 82762 | 63982 | |
| 黑 龙 江 | 457152 | 296231 | 160921 | 64985 | 52798 | 4150 |
| 上　　海 | 376168 | 345158 | 31010 | 156296 | 85157 | 15978 |
| 江　　苏 | 1976350 | 976914 | 999436 | 143917 | 82672 | 18880 |
| 浙　　江 | 925197 | 686102 | 239095 | 216244 | 213818 | 1183 |
| 安　　徽 | 1177281 | 655325 | 521956 | 161162 | 129339 | 3477 |
| 福　　建 | 863617 | 649114 | 214503 | 169125 | 145778 | 7928 |
| 江　　西 | 1535614 | 1004134 | 531480 | 216838 | 176316 | 6030 |
| 山　　东 | 2198164 | 1327267 | 870897 | 145464 | 124331 | 3340 |
| 河　　南 | 1513428 | 830823 | 682605 | 121855 | 100724 | 1860 |
| 湖　　北 | 1467677 | 844723 | 622954 | 161334 | 123420 | 2210 |
| 湖　　南 | 905660 | 653158 | 252502 | 123667 | 92935 | 3800 |
| 广　　东 | 1308705 | 908420 | 400285 | 193790 | 125276 | 40445 |
| 广　　西 | 588760 | 431048 | 157712 | 168390 | 157152 | 1556 |
| 海　　南 | 346077 | 345637 | 440 | 25657 | 25657 | |
| 重　　庆 | 171052 | 118469 | 52583 | 88368 | 76519 | 1111 |
| 四　　川 | 750208 | 516210 | 233998 | 73756 | 43036 | |
| 贵　　州 | 155629 | 128229 | 27400 | 73969 | 69497 | 980 |
| 云　　南 | 393633 | 361804 | 31829 | 50031 | 50031 | |
| 西　　藏 | 88004 | 71107 | 16897 | 3777 | 3777 | |
| 陕　　西 | 733859 | 548444 | 185415 | 60209 | 60134 | |
| 甘　　肃 | 188761 | 98614 | 90147 | 28299 | 26374 | 454 |
| 青　　海 | 31119 | 22206 | 8913 | 22989 | 13839 | |
| 宁　　夏 | 33460 | 29230 | 4230 | 9582 | 9481 | |
| 新　　疆 | 125151 | 96093 | 29058 | 52168 | 51545 | |
| 不分地区 | | | | | | |

续前

单位：万元

| 地区 | 保险业 | 其他金融活动 | （十一）房地产业 | （十二）租赁和商务服务业 | 租赁业 | 商务服务业 |
|---|---|---|---|---|---|---|
| **全国总计** | **179646** | **377846** | **431276404** | **18804384** | **1136169** | **17668215** |
| 北京 | 15110 | 180 | 24801038 | 211427 | 1527 | 209900 |
| 天津 | | 1640 | 7716880 | 1570613 | 561200 | 1009413 |
| 河北 | 8137 | 22459 | 20286602 | 1115501 | 43155 | 1072346 |
| 山西 | | | 7636887 | 132123 | 8025 | 124098 |
| 内蒙古 | 9605 | 35590 | 9352905 | 275266 | 33175 | 242091 |
| 辽宁 | 23037 | 44070 | 27246609 | 1609604 | 68677 | 1540927 |
| 吉林 | 9895 | 8885 | 9372266 | 506842 | 43788 | 463054 |
| 黑龙江 | 3610 | 4427 | 7384133 | 272254 | 23965 | 248289 |
| 上海 | 34570 | 20591 | 15664801 | 1102674 | 26304 | 1076370 |
| 江苏 | 2626 | 39739 | 37350343 | 2031558 | 14308 | 2017250 |
| 浙江 | 67 | 1176 | 25266381 | 1003881 | 5238 | 998643 |
| 安徽 | 8856 | 19490 | 20728804 | 486672 | 12433 | 474239 |
| 福建 | 1032 | 14387 | 12689732 | 655016 | 37980 | 617036 |
| 江西 | 5695 | 28797 | 7418459 | 549606 | 28484 | 521122 |
| 山东 | 1707 | 16086 | 34019225 | 1244965 | 57358 | 1187607 |
| 河南 | 7010 | 12261 | 22154525 | 275003 | 55216 | 219787 |
| 湖北 | 14110 | 21594 | 13654414 | 1289403 | 20813 | 1268590 |
| 湖南 | 9010 | 17922 | 12826015 | 634280 | 36369 | 597911 |
| 广东 | 14978 | 13091 | 35176711 | 1134183 | 1628 | 1132555 |
| 广西 | 7407 | 2275 | 9769485 | 568949 | 8471 | 560478 |
| 海南 | | | 3161582 | 11365 | | 11365 |
| 重庆 | 1759 | 8979 | 14337978 | 291913 | 14121 | 277792 |
| 四川 | 89 | 30631 | 19608246 | 838316 | 16898 | 821418 |
| 贵州 | 66 | 3426 | 4461365 | 73781 | 5251 | 68530 |
| 云南 | | | 8981855 | 153425 | 120 | 153305 |
| 西藏 | | | 349724 | 5197 | | 5197 |
| 陕西 | 75 | | 11026830 | 566333 | 9228 | 557105 |
| 甘肃 | 471 | 1000 | 2658510 | 64007 | 232 | 63775 |
| 青海 | | 9150 | 785651 | 17262 | | 17262 |
| 宁夏 | 101 | | 1759484 | 9958 | 235 | 9723 |
| 新疆 | 623 | | 3628964 | 103007 | 1970 | 101037 |
| 不分地区 | | | | | | |

单位：万元

| 地　　区 | （十三）科研技术服务和地质勘查业 | 研究与试验发展 | 专业技术服务业 | 科技交流和推广服务业 | 地质勘查业 | （十四）水利环境和公共设施管理业 |
|---|---|---|---|---|---|---|
| **全国总计** | **10840333** | **3699809** | **3029829** | **2350494** | **1760201** | **178788972** |
| 北　　京 | 515355 | 426883 | 63396 | 25076 | | 2629367 |
| 天　　津 | 165318 | 89466 | 61866 | 13986 | | 6788804 |
| 河　　北 | 760413 | 276684 | 162595 | 114071 | 207063 | 10803347 |
| 山　　西 | 70177 | 43797 | 9249 | 17131 | | 4311044 |
| 内 蒙 古 | 397567 | 59813 | 39420 | 18025 | 280309 | 5912027 |
| 辽　　宁 | 945500 | 241319 | 413862 | 187714 | 102605 | 8834138 |
| 吉　　林 | 470616 | 191042 | 138356 | 81582 | 59636 | 5251410 |
| 黑 龙 江 | 730503 | 181965 | 143851 | 61585 | 343102 | 3057968 |
| 上　　海 | 187941 | 136510 | 15659 | 32379 | 3393 | 6302926 |
| 江　　苏 | 986511 | 259490 | 177576 | 533591 | 15854 | 12107575 |
| 浙　　江 | 267241 | 61869 | 149714 | 51654 | 4004 | 8087773 |
| 安　　徽 | 283188 | 78038 | 116623 | 58890 | 29637 | 8254581 |
| 福　　建 | 146694 | 19049 | 57457 | 45105 | 25083 | 5652754 |
| 江　　西 | 272363 | 163538 | 71926 | 27197 | 9702 | 5254620 |
| 山　　东 | 1090445 | 371050 | 203008 | 347911 | 168476 | 10257554 |
| 河　　南 | 329400 | 105393 | 97444 | 102964 | 23599 | 7609424 |
| 湖　　北 | 469470 | 171589 | 121197 | 152962 | 23722 | 7219807 |
| 湖　　南 | 322132 | 141455 | 110407 | 65744 | 4526 | 7390543 |
| 广　　东 | 549611 | 81111 | 317322 | 150526 | 652 | 10528403 |
| 广　　西 | 157479 | 45617 | 93812 | 14027 | 4023 | 5436821 |
| 海　　南 | 20731 | 6947 | 11413 | 2088 | 283 | 679121 |
| 重　　庆 | 175742 | 35960 | 63486 | 54935 | 21361 | 5255837 |
| 四　　川 | 165345 | 66167 | 65231 | 11081 | 22866 | 11390717 |
| 贵　　州 | 82236 | 44141 | 20368 | 1142 | 16585 | 2082493 |
| 云　　南 | 105287 | 67060 | 21209 | 7576 | 9442 | 5006496 |
| 西　　藏 | 4339 | | 3434 | 905 | | 189669 |
| 陕　　西 | 730887 | 235352 | 134494 | 85614 | 275427 | 7212922 |
| 甘　　肃 | 194435 | 56402 | 41850 | 70098 | 26085 | 939557 |
| 青　　海 | 35768 | 19010 | 2456 | 3981 | 10321 | 563495 |
| 宁　　夏 | 4438 | 300 | 318 | 3820 | | 572114 |
| 新　　疆 | 121473 | 22792 | 19102 | 7134 | 72445 | 1690297 |
| 不分地区 | 81728 | | 81728 | | | 1515368 |

续前　　　　单位：万元

| 地　　区 | 水　利<br>管理业 | 环　境<br>管理业 | 公共设施<br>管 理 业 | （十五）<br>居民服务和<br>其他服务业 | 居　民<br>服务业 | 其　他<br>服务业 |
|---|---|---|---|---|---|---|
| **全国总计** | **22179031** | **11973443** | **144636498** | **5185762** | **3173860** | **2011902** |
| 北　　京 | 46252 | 481908 | 2101207 | 24509 | 15886 | 8623 |
| 天　　津 | 377600 | 116631 | 6294573 | 341192 | 33779 | 307413 |
| 河　　北 | 1108335 | 1042557 | 8652455 | 380934 | 315529 | 65405 |
| 山　　西 | 746214 | 335432 | 3229398 | 51450 | 24754 | 26696 |
| 内 蒙 古 | 907756 | 333685 | 4670586 | 277221 | 148161 | 129060 |
| 辽　　宁 | 613834 | 750052 | 7470252 | 547760 | 354682 | 193078 |
| 吉　　林 | 567015 | 220148 | 4464247 | 202156 | 94355 | 107801 |
| 黑 龙 江 | 719339 | 278340 | 2060289 | 132906 | 76285 | 56621 |
| 上　　海 | 433853 | 213428 | 5655645 | 17591 | 14757 | 2834 |
| 江　　苏 | 798850 | 513441 | 10795284 | 407222 | 323774 | 83448 |
| 浙　　江 | 1282104 | 263856 | 6541813 | 58551 | 41880 | 16671 |
| 安　　徽 | 829021 | 412328 | 7013232 | 224560 | 151977 | 72583 |
| 福　　建 | 459881 | 241228 | 4951645 | 71296 | 43955 | 27341 |
| 江　　西 | 465024 | 358464 | 4431132 | 150786 | 68744 | 82042 |
| 山　　东 | 1021813 | 1249741 | 7986000 | 767950 | 495387 | 272563 |
| 河　　南 | 911999 | 695827 | 6001598 | 396425 | 275114 | 121311 |
| 湖　　北 | 1098778 | 567668 | 5553361 | 189874 | 114500 | 75374 |
| 湖　　南 | 1029563 | 694906 | 5666074 | 261304 | 170041 | 91263 |
| 广　　东 | 1648567 | 703000 | 8176836 | 125803 | 73278 | 52525 |
| 广　　西 | 628314 | 356480 | 4452027 | 73426 | 41642 | 31784 |
| 海　　南 | 127910 | 63569 | 487642 | 180 | 180 | |
| 重　　庆 | 770197 | 372849 | 4112791 | 22468 | 17268 | 5200 |
| 四　　川 | 957463 | 410490 | 10022764 | 67229 | 50029 | 17200 |
| 贵　　州 | 220891 | 187120 | 1674482 | 53241 | 45181 | 8060 |
| 云　　南 | 844738 | 532241 | 3629517 | 84496 | 43359 | 41137 |
| 西　　藏 | 104920 | 14657 | 70092 | 3489 | 1654 | 1835 |
| 陕　　西 | 872695 | 299381 | 6040846 | 160068 | 80008 | 80060 |
| 甘　　肃 | 274400 | 80309 | 584848 | 44394 | 18445 | 25949 |
| 青　　海 | 85351 | 41637 | 436507 | 5388 | 4838 | 550 |
| 宁　　夏 | 197195 | 40137 | 334782 | 11760 | 9912 | 1848 |
| 新　　疆 | 513791 | 101933 | 1074573 | 30133 | 24506 | 5627 |
| 不分地区 | 1515368 | | | | | |

续前

单位：万元

| 地　区 | (十六)<br>教　育 | (十七)<br>卫生社会保障和社会福利业 | 卫　生 | 社　会<br>保障业 | 社　会<br>福利业 | (十八)<br>文化体育和娱乐业 |
|---|---|---|---|---|---|---|
| **全国总计** | **32424595** | **16979995** | **14476012** | **832992** | **1670991** | **21253927** |
| 北　京 | 540794 | 365824 | 325897 | 20 | 39907 | 615659 |
| 天　津 | 361686 | 158279 | 150108 | 5173 | 2998 | 237299 |
| 河　北 | 1319969 | 1077415 | 920108 | 8172 | 149135 | 788734 |
| 山　西 | 991124 | 351924 | 306717 | 11152 | 34055 | 511579 |
| 内蒙古 | 979721 | 452811 | 365174 | 13186 | 74451 | 786311 |
| 辽　宁 | 1258501 | 832928 | 739287 | 13090 | 80551 | 1288561 |
| 吉　林 | 747404 | 531858 | 457813 | 24024 | 50021 | 357053 |
| 黑龙江 | 901169 | 560573 | 393978 | 3620 | 162975 | 219248 |
| 上　海 | 373901 | 226929 | 204572 | 2293 | 20064 | 546866 |
| 江　苏 | 2015395 | 777713 | 713400 | 15747 | 48566 | 1242507 |
| 浙　江 | 1098828 | 697843 | 594988 | 64670 | 38185 | 711061 |
| 安　徽 | 1489779 | 857062 | 729421 | 7762 | 119879 | 861272 |
| 福　建 | 897134 | 435223 | 292328 | 87857 | 55038 | 457857 |
| 江　西 | 1077833 | 491779 | 446332 | 14523 | 30924 | 720219 |
| 山　东 | 2199632 | 1120312 | 900803 | 84464 | 135045 | 3302260 |
| 河　南 | 2048171 | 1098144 | 968109 | 18018 | 112017 | 1251230 |
| 湖　北 | 1244508 | 745218 | 688568 | 11334 | 45316 | 974648 |
| 湖　南 | 938016 | 885877 | 659824 | 173350 | 52703 | 722899 |
| 广　东 | 1704183 | 1086827 | 1033193 | 23243 | 30391 | 1904065 |
| 广　西 | 1073766 | 533699 | 485968 | 16786 | 30945 | 316143 |
| 海　南 | 159503 | 123750 | 87924 | 34316 | 1510 | 663008 |
| 重　庆 | 1081118 | 296662 | 258404 | 10958 | 27300 | 368014 |
| 四　川 | 3198761 | 1325183 | 1146538 | 59820 | 118825 | 645624 |
| 贵　州 | 386560 | 152580 | 143041 | 2890 | 6649 | 138985 |
| 云　南 | 1181819 | 485302 | 427131 | 35827 | 22344 | 491448 |
| 西　藏 | 98648 | 34915 | 22417 | 4786 | 7712 | 44710 |
| 陕　西 | 1489588 | 611279 | 431465 | 54197 | 125617 | 555339 |
| 甘　肃 | 507641 | 276633 | 238859 | 19764 | 18010 | 179187 |
| 青　海 | 125775 | 51403 | 48545 |  | 2858 | 129945 |
| 宁　夏 | 292421 | 79398 | 67710 | 8795 | 2893 | 106487 |
| 新　疆 | 641247 | 254652 | 227390 | 3155 | 24107 | 115709 |
| 不分地区 |  |  |  |  |  |  |

续前

单位：万元

| 地区 | 新闻出版业 | 广播电视电影和音像业 | 文化艺术业 | 体育 | 娱乐业 | （十九）公共管理和社会组织 |
|---|---|---|---|---|---|---|
| **全国总计** | **529866** | **1630964** | **7188525** | **4192786** | **7711786** | **40341512** |
| 北京 | 27669 | 146361 | 360677 | 26380 | 54572 | 396941 |
| 天津 | 4578 | 11522 | 57236 | 55756 | 108207 | 656045 |
| 河北 | 37333 | 54539 | 281768 | 86464 | 328630 | 1044772 |
| 山西 | 3537 | 34484 | 315351 | 115402 | 42805 | 192518 |
| 内蒙古 | 2213 | 99165 | 404577 | 133198 | 147158 | 1472504 |
| 辽宁 | 65623 | 72496 | 179071 | 376022 | 595349 | 2039708 |
| 吉林 | 5500 | 101083 | 80866 | 35372 | 134232 | 359283 |
| 黑龙江 | 1000 | 14019 | 77669 | 45481 | 81079 | 1765053 |
| 上海 | 4277 | 48098 | 373239 | 29592 | 91660 | 156123 |
| 江苏 | 15189 | 92607 | 597844 | 210086 | 326781 | 1483026 |
| 浙江 | 25037 | 23351 | 403489 | 121720 | 137464 | 776702 |
| 安徽 | 39901 | 70893 | 204924 | 128721 | 416833 | 1369050 |
| 福建 | 692 | 44320 | 169549 | 98660 | 144636 | 1459976 |
| 江西 | 13510 | 41500 | 183567 | 157696 | 323946 | 794407 |
| 山东 | 49532 | 146897 | 1116301 | 530752 | 1458778 | 6491738 |
| 河南 | 29990 | 56254 | 516528 | 167010 | 481448 | 1225242 |
| 湖北 | 40350 | 65137 | 292854 | 135415 | 440892 | 2922886 |
| 湖南 | 40950 | 101163 | 161588 | 138340 | 280858 | 1916347 |
| 广东 | 47289 | 101209 | 325895 | 1131978 | 297694 | 875790 |
| 广西 | 6007 | 38116 | 82753 | 23088 | 166179 | 811921 |
| 海南 | 730 | 1717 | 18493 | 19205 | 622863 | 619288 |
| 重庆 | 2866 | 34269 | 158741 | 60700 | 111438 | 690188 |
| 四川 | 10973 | 64897 | 200023 | 87825 | 281906 | 1255087 |
| 贵州 | 157 | 13320 | 39549 | 59483 | 26476 | 446855 |
| 云南 | 3237 | 29147 | 99910 | 56769 | 302385 | 1059143 |
| 西藏 |  | 13971 | 16135 | 974 | 13630 | 415585 |
| 陕西 | 41799 | 53716 | 220497 | 39284 | 200043 | 4377064 |
| 甘肃 | 3831 | 27007 | 57708 | 24682 | 65959 | 2014351 |
| 青海 | 138 | 2667 | 63118 | 53511 | 10511 | 225973 |
| 宁夏 |  | 16409 | 56248 | 27873 | 5957 | 166168 |
| 新疆 | 5958 | 10630 | 72357 | 15347 | 11417 | 767917 |
| 不分地区 |  |  |  |  |  | 93861 |

续前

| 地区 | | | | | | (二十)国际组织 |
|---|---|---|---|---|---|---|
| | 中国共产党机关 | 国家机构 | 人民政协和民主党派 | 群众团体、社会团体、宗教组织 | 基层群众自治组织 | |
| **全国总计** | **264933** | **31381709** | **79773** | **1130486** | **7484611** | |
| 北　　京 | 28719 | 363402 | 817 | 4003 | | |
| 天　　津 | | 521374 | | 11252 | 123419 | |
| 河　　北 | 2450 | 679261 | | 47134 | 315927 | |
| 山　　西 | 1842 | 154835 | | 3899 | 31942 | |
| 内 蒙 古 | 9450 | 1210050 | 885 | 79940 | 172179 | |
| 辽　　宁 | 6551 | 1586744 | 2800 | 154531 | 289082 | |
| 吉　　林 | | 329154 | | 9422 | 20707 | |
| 黑 龙 江 | 1148 | 1499130 | | 42664 | 222111 | |
| 上　　海 | 1197 | 145414 | | 4962 | 4550 | |
| 江　　苏 | 5560 | 1265351 | | 43032 | 169083 | |
| 浙　　江 | 13806 | 677423 | 1700 | 35667 | 48106 | |
| 安　　徽 | 34779 | 1138703 | | 58478 | 137090 | |
| 福　　建 | 8316 | 1199235 | 1150 | 95941 | 155334 | |
| 江　　西 | 1464 | 733337 | 1600 | 29805 | 28201 | |
| 山　　东 | 15795 | 3608126 | 6653 | 63784 | 2797380 | |
| 河　　南 | 2500 | 918720 | 4160 | 80834 | 219028 | |
| 湖　　北 | 9910 | 2154153 | 7360 | 87125 | 664338 | |
| 湖　　南 | 5150 | 1758014 | | 34192 | 118991 | |
| 广　　东 | 6995 | 794127 | 16374 | 30078 | 28216 | |
| 广　　西 | 1325 | 734188 | 858 | 14527 | 61023 | |
| 海　　南 | 7778 | 610430 | | 660 | 420 | |
| 重　　庆 | 8415 | 562160 | 14430 | 44590 | 60593 | |
| 四　　川 | 12376 | 1183736 | 1771 | 30643 | 26561 | |
| 贵　　州 | 3580 | 408014 | 8898 | 22806 | 3557 | |
| 云　　南 | 3895 | 899479 | | 13872 | 141897 | |
| 西　　藏 | 1501 | 394160 | | 7735 | 12189 | |
| 陕　　西 | 46783 | 2751120 | 6750 | 37090 | 1535321 | |
| 甘　　肃 | 11709 | 1899371 | 1493 | 15343 | 86435 | |
| 青　　海 | 2963 | 212481 | 28 | 9854 | 647 | |
| 宁　　夏 | 87 | 159222 | | 6689 | 170 | |
| 新　　疆 | 8889 | 736934 | 2046 | 9934 | 10114 | |
| 不分地区 | | 93861 | | | | |

# 各地区按行业门类分的城镇住宅投资

单位：万元

| 地区 | 合计 | 农、林、牧、渔业 | 采矿业 | 制造业 | 电力、燃气及水的生产和供应业 |
|---|---|---|---|---|---|
| **全国总计** | **305127395** | **1179050** | **230170** | **1778669** | **162728** |
| 北　京 | 9679218 | | | 7245 | |
| 天　津 | 5423172 | | | 1790 | |
| 河　北 | 15008255 | 3611 | 5315 | 86696 | 40 |
| 山　西 | 6112434 | 19351 | 3860 | 16788 | 2123 |
| 内蒙古 | 7023339 | 128554 | 9657 | 30699 | 12676 |
| 辽　宁 | 19841282 | 335 | 1137 | 12220 | 1018 |
| 吉　林 | 7090009 | 29153 | 5300 | 8080 | 525 |
| 黑龙江 | 7273805 | 643951 | 162 | 18190 | 10300 |
| 上　海 | 9202104 | | | 8941 | |
| 江　苏 | 25980677 | 42 | | 87289 | 1460 |
| 浙　江 | 17310452 | | | 30609 | 1640 |
| 安　徽 | 13795559 | 6198 | 4148 | 49345 | 5457 |
| 福　建 | 8568717 | 1306 | 652 | 60264 | 1120 |
| 江　西 | 5954865 | 2807 | 2700 | 138762 | 2219 |
| 山　东 | 24575055 | 4191 | 9434 | 155634 | 5110 |
| 河　南 | 15942417 | 5492 | 17217 | 55674 | 1140 |
| 湖　北 | 9302113 | 24503 | 1299 | 110442 | 10233 |
| 湖　南 | 9451081 | 4633 | 10181 | 45876 | 2689 |
| 广　东 | 23627842 | 1538 | 459 | 97065 | 494 |
| 广　西 | 6861838 | 17168 | 7993 | 77309 | 12801 |
| 海　南 | 3167316 | 16979 | | 6076 | 20520 |
| 重　庆 | 9140361 | 5877 | 12077 | 149620 | 3272 |
| 四　川 | 15456216 | 10969 | 9476 | 103754 | 11101 |
| 贵　州 | 3208209 | 5028 | 6669 | 17250 | 9705 |
| 云　南 | 6855176 | 70709 | 16428 | 20621 | 9818 |
| 西　藏 | 287122 | 30 | | 214 | 233 |
| 陕　西 | 10907358 | 27245 | 65929 | 300017 | 22689 |
| 甘　肃 | 2783619 | 67051 | 23391 | 45305 | 5782 |
| 青　海 | 752202 | 56954 | 637 | 2322 | 101 |
| 宁　夏 | 1412610 | 260 | 190 | 2743 | 96 |
| 新　疆 | 3131250 | 25115 | 15859 | 31829 | 8366 |
| 不分地区 | 1722 | | | | |

续前

单位：万元

| 地区 | 建筑业 | 交通运输、仓储和邮政业 | 信息传输、计算机服务和软件业 | 批发和零售业 | 住宿和餐饮业 |
|---|---|---|---|---|---|
| **全国总计** | **1793826** | **268702** | **14733** | **560293** | **322021** |
| 北京 | | | | | |
| 天津 | | | | | 1302 |
| 河北 | 9594 | 4327 | | 56130 | 9406 |
| 山西 | 3800 | 636 | | 11537 | 2000 |
| 内蒙古 | 73575 | 14583 | | 14467 | 3538 |
| 辽宁 | 6395 | 3064 | | 19056 | 4180 |
| 吉林 | 12645 | 850 | | 9022 | 1830 |
| 黑龙江 | 121612 | 1179 | 1380 | 28151 | 2600 |
| 上海 | | | | | |
| 江苏 | 17510 | | | 8900 | |
| 浙江 | 8028 | 530 | | 8045 | 7119 |
| 安徽 | 286159 | 7940 | 2800 | 7538 | 34386 |
| 福建 | 95286 | 2546 | | 3990 | 10108 |
| 江西 | | 7409 | | 5985 | 16480 |
| 山东 | 247968 | 4565 | 990 | 61174 | 8178 |
| 河南 | | 6746 | | 33587 | 26688 |
| 湖北 | 1361 | 7860 | | 38923 | 12337 |
| 湖南 | 58340 | 6930 | | 35117 | 13591 |
| 广东 | 30 | 4407 | 80 | 6022 | 24633 |
| 广西 | 7274 | 12773 | 4857 | 32904 | 12362 |
| 海南 | 6843 | 14527 | | 1658 | 2884 |
| 重庆 | 126085 | 10607 | 500 | 6312 | 10906 |
| 四川 | 22458 | 26645 | 750 | 15384 | 23307 |
| 贵州 | 5637 | 1961 | | 7336 | 4050 |
| 云南 | 3339 | 21568 | | 16931 | 12737 |
| 西藏 | 5726 | 7091 | 86 | | 200 |
| 陕西 | 126465 | 72623 | 1520 | 93243 | 71146 |
| 甘肃 | 504083 | 8672 | | 26792 | 2635 |
| 青海 | 15043 | 1818 | | 3798 | 2470 |
| 宁夏 | 7064 | | | 570 | 290 |
| 新疆 | 21506 | 16623 | 1770 | 7721 | 658 |
| 不分地区 | | 222 | | | |

续前 单位：万元

| 地区 | 金融业 | 房地产业 | 租赁和商务服务业 | 科学研究、技术服务和地质勘查业 | 水利、环境和公共设施管理业 |
|---|---|---|---|---|---|
| **全国总计** | **82231** | **286415505** | **491814** | **241300** | **3697318** |
| 北京 | | 9640086 | | | |
| 天津 | | 5125177 | 136702 | | 15550 |
| 河北 | 2600 | 14580792 | 1660 | 18820 | 41503 |
| 山西 | 300 | 5927174 | 2100 | 1460 | 49134 |
| 内蒙古 | 20425 | 6464476 | 6240 | 3941 | 3295 |
| 辽宁 | 521 | 19521110 | 21130 | 24500 | 104806 |
| 吉林 | | 6941583 | | | 58382 |
| 黑龙江 | 10900 | 5627962 | 19815 | 19855 | 139618 |
| 上海 | | 9193163 | | | |
| 江苏 | | 25588433 | 70000 | 5498 | 84155 |
| 浙江 | | 16809671 | 1075 | 5192 | 295113 |
| 安徽 | | 13108040 | 1340 | 2500 | 128411 |
| 福建 | 30 | 8098160 | 360 | | 91776 |
| 江西 | | 5652111 | 3337 | 1208 | 44871 |
| 山东 | 21056 | 22607510 | 1490 | 25984 | 198569 |
| 河南 | 600 | 15367107 | 5910 | 16237 | 241810 |
| 湖北 | 190 | 8534019 | 5140 | 24026 | 60352 |
| 湖南 | 1370 | 8870701 | 10001 | 2850 | 151397 |
| 广东 | | 23366342 | 16039 | 2371 | 27982 |
| 广西 | 3215 | 6481504 | 11445 | 8113 | 44357 |
| 海南 | | 2769466 | 206 | 4027 | 3773 |
| 重庆 | 400 | 8380613 | 97654 | 1835 | 110799 |
| 四川 | 3233 | 13520310 | 12888 | 17707 | 1241028 |
| 贵州 | 347 | 2991120 | 1280 | 2382 | 66250 |
| 云南 | 468 | 6355235 | 10351 | 2897 | 45707 |
| 西藏 | 334 | 215751 | | 55 | 54 |
| 陕西 | 10642 | 8195433 | 51127 | 39494 | 396226 |
| 甘肃 | 850 | 1711031 | 350 | 9518 | 40871 |
| 青海 | 340 | 583177 | | 35 | 7764 |
| 宁夏 | | 1349275 | | | 703 |
| 新疆 | 4410 | 2838973 | 4174 | 795 | 3062 |
| 不分地区 | | | | | |

续前　　　　单位：万元

| 地　　区 | 居民服务和其他服务业 | 教　　育 | 卫　　生、社会保障和社会福利业 | 文化、体育和娱乐业 | 公共管理和社会组织 | 国际组织 |
|---|---|---|---|---|---|---|
| **全国总计** | **201288** | **1212037** | **743474** | **196264** | **5535972** | |
| 北　　京 | | 16237 | 15550 | | 100 | |
| 天　　津 | 1180 | 9482 | | | 131989 | |
| 河　　北 | 17075 | 21156 | 13092 | 4496 | 131942 | |
| 山　　西 | | 46779 | 16150 | 50 | 9192 | |
| 内 蒙 古 | 950 | 15162 | 8046 | 1500 | 211555 | |
| 辽　　宁 | 333 | 6650 | 8597 | | 106230 | |
| 吉　　林 | | 11457 | 500 | | 10682 | |
| 黑 龙 江 | 1680 | 78226 | 101486 | 3015 | 443723 | |
| 上　　海 | | | | | | |
| 江　　苏 | 45580 | 30521 | 6600 | | 34689 | |
| 浙　　江 | 9450 | 26647 | 21061 | 12918 | 73354 | |
| 安　　徽 | 2620 | 29922 | 24041 | 360 | 94354 | |
| 福　　建 | 7590 | 45245 | 88032 | 401 | 61851 | |
| 江　　西 | | 31223 | 19696 | 2940 | 23117 | |
| 山　　东 | 36035 | 58395 | 37616 | 38445 | 1052711 | |
| 河　　南 | 660 | 62208 | 21610 | 3550 | 76181 | |
| 湖　　北 | 19042 | 64366 | 19696 | 5100 | 363224 | |
| 湖　　南 | 4480 | 27457 | 76265 | 4980 | 124223 | |
| 广　　东 | 20 | 59720 | 9680 | 3210 | 7750 | |
| 广　　西 | 130 | 51743 | 24254 | 3022 | 48614 | |
| 海　　南 | | 13467 | 34861 | 4649 | 267380 | |
| 重　　庆 | 6543 | 45063 | 19480 | 910 | 151808 | |
| 四　　川 | 10297 | 182764 | 52003 | 39515 | 152627 | |
| 贵　　州 | 280 | 26229 | 3677 | 463 | 58545 | |
| 云　　南 | 993 | 55969 | 36504 | 38856 | 136045 | |
| 西　　藏 | 8 | 17842 | 1140 | 150 | 38208 | |
| 陕　　西 | 19560 | 98644 | 62341 | 25994 | 1227020 | |
| 甘　　肃 | 770 | 18091 | 3046 | 1720 | 313661 | |
| 青　　海 | 1964 | 1333 | 1808 | | 72638 | |
| 宁　　夏 | 9140 | 11702 | 8145 | 20 | 22412 | |
| 新　　疆 | 4908 | 48337 | 8497 | | 88647 | |
| 不分地区 | | | | | 1500 | |

# 国民经济行业小类按构成分的城镇投资

单位：万元

| 行　　业 | 投资额 | 建筑安装工程 | 设备工器具购置 | 其他费用 |
|---|---|---|---|---|
| **全国总计** | **1939203894** | **1197803582** | **423338463** | **318061849** |
| （一）农、林、牧、渔业 | 33563903 | 20968138 | 4462944 | 8132821 |
| 农业 | 7432447 | 4963927 | 728966 | 1739554 |
| 谷物及其他作物的种植 | 3007807 | 2156595 | 252827 | 598385 |
| 谷物的种植 | 1744297 | 1353576 | 158363 | 232358 |
| 薯类的种植 | 165786 | 105559 | 19325 | 40902 |
| 油料的种植 | 135547 | 70306 | 14314 | 50927 |
| 豆类的种植 | 99895 | 85369 | 9488 | 5038 |
| 棉花的种植 | 70440 | 42303 | 2272 | 25865 |
| 麻类的种植 | 13436 | 2867 | 1719 | 8850 |
| 糖料的种植 | 29814 | 18982 | 2244 | 8588 |
| 烟草的种植 | 142653 | 114491 | 5912 | 22250 |
| 其他作物的种植 | 605939 | 363142 | 39190 | 203607 |
| 蔬菜、园艺作物的种植 | 2803188 | 1918013 | 305542 | 579633 |
| 蔬菜的种植 | 1955720 | 1374776 | 216424 | 364520 |
| 花卉的种植 | 422820 | 253219 | 45327 | 124274 |
| 其他园艺作物的种植 | 424648 | 290018 | 43791 | 90839 |
| 水果、坚果、饮料和香料作物的种植 | 1357263 | 747353 | 138410 | 471500 |
| 水果、坚果的种植 | 1034139 | 568238 | 105831 | 360070 |
| 茶及其他饮料作物的种植 | 297199 | 165262 | 30654 | 101283 |
| 香料作物的种植 | 25925 | 13853 | 1925 | 10147 |
| 中药材的种植 | 264189 | 141966 | 32187 | 90036 |
| 林业 | 5843141 | 2628004 | 236928 | 2978209 |
| 林木的培育和种植 | 5546025 | 2461573 | 205984 | 2878468 |
| 育种和育苗 | 654545 | 340920 | 58354 | 255271 |
| 造林 | 4276601 | 1792614 | 100789 | 2383198 |
| 林木的抚育和管理 | 614879 | 328039 | 46841 | 239999 |
| 木材和竹材的采运 | 202198 | 113303 | 26210 | 62685 |
| 木材的采运 | 199910 | 112902 | 25231 | 61777 |
| 竹材的采运 | 2288 | 401 | 979 | 908 |
| 林产品的采集 | 94918 | 53128 | 4734 | 37056 |
| 畜牧业 | 9662580 | 6059456 | 1799062 | 1804062 |
| 牲畜的饲养 | 3895632 | 2322691 | 672769 | 900172 |
| 猪的饲养 | 3394466 | 2301054 | 575736 | 517676 |
| 家禽的饲养 | 1844051 | 1138657 | 436749 | 268645 |
| 狩猎和捕捉动物 | 20965 | 13550 | 3395 | 4020 |
| 其他畜牧业 | 507466 | 283504 | 110413 | 113549 |
| 渔业 | 1298594 | 736135 | 318867 | 243592 |
| 海洋渔业 | 628537 | 295314 | 229311 | 103912 |
| 海水养殖 | 502191 | 268506 | 136212 | 97473 |

续表 1　　单位：万元

| 行　　业 | 投资额 | 建筑安装工程 | 设备工器具购置 | 其他费用 |
|---|---|---|---|---|
| 海洋捕捞 | 126346 | 26808 | 93099 | 6439 |
| 内陆渔业 | 670057 | 440821 | 89556 | 139680 |
| 内陆养殖 | 660574 | 436698 | 84744 | 139132 |
| 内陆捕捞 | 9483 | 4123 | 4812 | 548 |
| 农、林、牧、渔服务业 | 9327141 | 6580616 | 1379121 | 1367404 |
| 农业服务业 | 8414924 | 5989719 | 1253899 | 1171306 |
| 灌溉服务 | 2323238 | 1882740 | 190741 | 249757 |
| 农产品初加工服务 | 932697 | 462534 | 332169 | 137994 |
| 其他农业服务 | 5158989 | 3644445 | 730989 | 783555 |
| 林业服务业 | 264612 | 127548 | 37674 | 99390 |
| 畜牧服务业 | 515260 | 387188 | 71455 | 56617 |
| 兽医服务 | 133473 | 102635 | 19160 | 11678 |
| 其他畜牧服务 | 381787 | 284553 | 52295 | 44939 |
| 渔业服务业 | 132345 | 76161 | 16093 | 40091 |
| **（二）采矿业** | **81708267** | **48548281** | **24269285** | **8890701** |
| 煤炭开采和洗选业 | 30569292 | 15978166 | 10565636 | 4025490 |
| 烟煤和无烟煤的开采洗选 | 27776134 | 14239006 | 9865075 | 3672053 |
| 褐煤的开采洗选 | 2408156 | 1529768 | 616578 | 261810 |
| 其他煤炭采选 | 385002 | 209392 | 83983 | 91627 |
| 石油和天然气开采业 | 27914820 | 20235448 | 5516413 | 2162959 |
| 天然原油和天然气开采 | 24119062 | 18826715 | 3245421 | 2046926 |
| 与石油和天然气开采有关的服务活动 | 3795758 | 1408733 | 2270992 | 116033 |
| 黑色金属矿采选业 | 8437870 | 4398016 | 3047932 | 991922 |
| 铁矿采选 | 7751248 | 4042883 | 2779169 | 929196 |
| 其他黑色金属矿采选 | 686622 | 355133 | 268763 | 62726 |
| 有色金属矿采选业 | 8300060 | 4858458 | 2456890 | 984712 |
| 常用有色金属矿采选 | 4610276 | 2561534 | 1503188 | 545554 |
| 铜矿采选 | 1213079 | 650686 | 391413 | 170980 |
| 铅锌矿采选 | 1577740 | 962961 | 409409 | 205370 |
| 镍钴矿采选 | 196642 | 119167 | 59485 | 17990 |
| 锡矿采选 | 272391 | 162204 | 89075 | 21112 |
| 锑矿采选 | 65278 | 41661 | 19490 | 4127 |
| 铝矿采选 | 665608 | 320137 | 288235 | 57236 |
| 镁矿采选 | 87675 | 44502 | 29705 | 13468 |
| 其他常用有色金属矿采选 | 531863 | 260216 | 216376 | 55271 |
| 贵金属矿采选 | 2382982 | 1581865 | 612023 | 189094 |
| 金矿采选 | 2241352 | 1474727 | 586165 | 180460 |
| 银矿采选 | 96276 | 75304 | 14257 | 6715 |
| 其他贵金属矿采选 | 45354 | 31834 | 11601 | 1919 |
| 稀有稀土金属矿采选 | 1306802 | 715059 | 341679 | 250064 |

续表 2 单位：万元

| 行　　业 | 投资额 | 建筑安装工程 | 设备工器具购置 | 其他费用 |
|---|---|---|---|---|
| 钨钼矿采选 | 1003835 | 542614 | 257312 | 203909 |
| 稀土金属矿采选 | 51494 | 38606 | 9415 | 3473 |
| 放射性金属矿采选 | 23129 | 14358 | 5361 | 3410 |
| 其他稀有金属矿采选 | 228344 | 119481 | 69591 | 39272 |
| 非金属矿采选业 | 6273698 | 2986495 | 2593174 | 694029 |
| 土砂石开采 | 4374197 | 2028749 | 1873716 | 471732 |
| 石灰石、石膏开采 | 992650 | 479755 | 412269 | 100626 |
| 建筑装饰用石开采 | 1304767 | 581643 | 565661 | 157463 |
| 耐火土石开采 | 517707 | 273709 | 188078 | 55920 |
| 粘土及其他土砂石开采 | 1559073 | 693642 | 707708 | 157723 |
| 化学矿采选 | 500140 | 289982 | 162922 | 47236 |
| 采盐 | 302753 | 158050 | 112840 | 31863 |
| 石棉及其他非金属矿采选 | 1096608 | 509714 | 443696 | 143198 |
| 石棉、云母矿采选 | 24076 | 10333 | 10480 | 3263 |
| 石墨、滑石采选 | 181012 | 64464 | 70922 | 45626 |
| 宝石、玉石开采 | 42410 | 27982 | 9494 | 4934 |
| 其他非金属矿采选 | 849110 | 406935 | 352800 | 89375 |
| 其他采矿业 | 212527 | 91698 | 89240 | 31589 |
| 其他采矿业 | 212527 | 91698 | 89240 | 31589 |
| **（三）制造业** | **587060676** | **274387538** | **257974359** | **54698779** |
| 农副食品加工业 | 28301065 | 14882725 | 10897995 | 2520345 |
| 谷物磨制 | 4574118 | 2454137 | 1720979 | 399002 |
| 饲料加工 | 3402681 | 1745150 | 1378201 | 279330 |
| 植物油加工 | 4112711 | 2038372 | 1726845 | 347494 |
| 食用植物油加工 | 3749125 | 1857341 | 1585545 | 306239 |
| 非食用植物油加工 | 363586 | 181031 | 141300 | 41255 |
| 制糖 | 692828 | 286590 | 346919 | 59319 |
| 屠宰及肉类加工 | 5803210 | 3166636 | 2100613 | 535961 |
| 畜禽屠宰 | 2747980 | 1447101 | 1045981 | 254898 |
| 肉制品及副产品加工 | 3055230 | 1719535 | 1054632 | 281063 |
| 水产品加工 | 1691109 | 916373 | 596953 | 177783 |
| 水产品冷冻加工 | 1190497 | 622718 | 444309 | 123470 |
| 鱼糜制品及水产品干腌制加工 | 191563 | 97168 | 74001 | 20394 |
| 水产饲料制造 | 101557 | 63818 | 29784 | 7955 |
| 鱼油提取及制品的制造 | 10579 | 5895 | 3034 | 1650 |
| 其他水产品加工 | 196913 | 126774 | 45825 | 24314 |
| 蔬菜、水果和坚果加工 | 3403394 | 1908411 | 1192797 | 302186 |
| 其他农副食品加工 | 4621014 | 2367056 | 1834688 | 419270 |
| 淀粉及淀粉制品的制造 | 1829264 | 866664 | 809709 | 152891 |
| 豆制品制造 | 746870 | 355505 | 327502 | 63863 |

续表 3 单位：万元

| 行　　业 | 投资额 | 建筑安装工程 | 设备工器具购置 | 其他费用 |
|---|---|---|---|---|
| 蛋品加工 | 168204 | 72856 | 77963 | 17385 |
| 其他未列明的农副食品加工 | 1876676 | 1072031 | 619514 | 185131 |
| 食品制造业 | 15094662 | 7708531 | 6070331 | 1315800 |
| 焙烤食品制造 | 2219969 | 1158014 | 872128 | 189827 |
| 糕点、面包制造 | 1002702 | 545282 | 371624 | 85796 |
| 饼干及其他焙烤食品制造 | 1217267 | 612732 | 500504 | 104031 |
| 糖果、巧克力及蜜饯制造 | 827318 | 369323 | 390723 | 67272 |
| 糖果、巧克力制造 | 532195 | 232372 | 258088 | 41735 |
| 蜜饯制作 | 295123 | 136951 | 132635 | 25537 |
| 方便食品制造 | 2826314 | 1547578 | 1046498 | 232238 |
| 米、面制品制造 | 1270435 | 713149 | 461283 | 96003 |
| 速冻食品制造 | 614148 | 329068 | 241066 | 44014 |
| 方便面及其他方便食品制造 | 941731 | 505361 | 344149 | 92221 |
| 液体乳及乳制品制造 | 1408067 | 672076 | 610477 | 125514 |
| 罐头制造 | 1129947 | 517195 | 507874 | 104878 |
| 肉、禽类罐头制造 | 199977 | 116022 | 61199 | 22756 |
| 水产品罐头制造 | 70128 | 28902 | 35157 | 6069 |
| 蔬菜、水果罐头制造 | 681808 | 313580 | 308135 | 60093 |
| 其他罐头食品制造 | 178034 | 58691 | 103383 | 15960 |
| 调味品、发酵制品制造 | 2066629 | 1010945 | 885316 | 170368 |
| 味精制造 | 536664 | 265351 | 237390 | 33923 |
| 酱油、食醋及类似制品的制造 | 600745 | 314238 | 241881 | 44626 |
| 其他调味品、发酵制品制造 | 929220 | 431356 | 406045 | 91819 |
| 其他食品制造 | 4616418 | 2433400 | 1757315 | 425703 |
| 营养、保健食品制造 | 1219257 | 634436 | 450879 | 133942 |
| 冷冻饮品及食用冰制造 | 424582 | 185926 | 211598 | 27058 |
| 盐加工 | 295950 | 176638 | 102899 | 16413 |
| 食品及饲料添加剂制造 | 1434133 | 706094 | 620102 | 107937 |
| 其他未列明的食品制造 | 1242496 | 730306 | 371837 | 140353 |
| 饮料制造业 | 10788469 | 5216851 | 4472785 | 1098833 |
| 酒精制造 | 780753 | 342755 | 337755 | 100243 |
| 酒的制造 | 4883404 | 2535703 | 1820491 | 527210 |
| 白酒制造 | 2644590 | 1501583 | 854892 | 288115 |
| 啤酒制造 | 1179205 | 496128 | 579548 | 103529 |
| 黄酒制造 | 164947 | 101477 | 42035 | 21435 |
| 葡萄酒制造 | 601812 | 293273 | 234391 | 74148 |
| 其他酒制造 | 292850 | 143242 | 109625 | 39983 |
| 软饮料制造 | 4283583 | 1856979 | 2072488 | 354116 |
| 碳酸饮料制造 | 647471 | 255672 | 349282 | 42517 |
| 瓶（罐）装饮用水制造 | 1007520 | 443353 | 471583 | 92584 |

续表 4 单位：万元

| 行　　业 | 投资额 | 建筑安装工程 | 设备工器具购置 | 其他费用 |
|---|---|---|---|---|
| 果菜汁及果菜汁饮料制造 | 1301110 | 552466 | 631782 | 116862 |
| 含乳饮料和植物蛋白饮料制造 | 604869 | 272876 | 288045 | 43948 |
| 固体饮料制造 | 126871 | 53479 | 66568 | 6824 |
| 茶饮料及其他软饮料制造 | 595742 | 279133 | 265228 | 51381 |
| 精制茶加工 | 840729 | 481414 | 242051 | 117264 |
| 烟草制品业 | 2166077 | 862413 | 999910 | 303754 |
| 烟叶复烤 | 197669 | 98267 | 64195 | 35207 |
| 卷烟制造 | 1884607 | 727422 | 909438 | 247747 |
| 其他烟草制品加工 | 83801 | 36724 | 26277 | 20800 |
| 纺织业 | 17643749 | 7564351 | 8757582 | 1321816 |
| 棉、化纤纺织及印染精加工 | 9001205 | 3517153 | 4906022 | 578030 |
| 棉、化纤纺织加工 | 7983366 | 3125626 | 4357185 | 500555 |
| 棉、化纤印染精加工 | 1017839 | 391527 | 548837 | 77475 |
| 毛纺织和染整精加工 | 885337 | 394827 | 418353 | 72157 |
| 毛条加工 | 163615 | 77473 | 74319 | 11823 |
| 毛纺织 | 562252 | 246002 | 273672 | 42578 |
| 毛染整精加工 | 159470 | 71352 | 70362 | 17756 |
| 麻纺织 | 290617 | 155849 | 117039 | 17729 |
| 丝绢纺织及精加工 | 738247 | 333856 | 326368 | 78023 |
| 缫丝加工 | 302401 | 150226 | 126849 | 25326 |
| 绢纺和丝织加工 | 339242 | 147366 | 151979 | 39897 |
| 丝印染精加工 | 96604 | 36264 | 47540 | 12800 |
| 纺织制成品制造 | 3722372 | 1783685 | 1608320 | 330367 |
| 棉及化纤制品制造 | 1664141 | 798649 | 720095 | 145397 |
| 毛制品制造 | 138810 | 57805 | 64288 | 16717 |
| 麻制品制造 | 59973 | 30518 | 23746 | 5709 |
| 丝制品制造 | 156712 | 70658 | 74236 | 11818 |
| 绳、索、缆的制造 | 160067 | 73491 | 73970 | 12606 |
| 纺织带和帘子布制造 | 167208 | 73746 | 82791 | 10671 |
| 无纺布制造 | 703536 | 351057 | 277433 | 75046 |
| 其他纺织制成品制造 | 671925 | 327761 | 291761 | 52403 |
| 针织品、编织品及其制品制造 | 3005971 | 1378981 | 1381480 | 245510 |
| 棉、化纤针织品及编织品制造 | 1706654 | 746809 | 852581 | 107264 |
| 毛针织品及编织品制造 | 643406 | 282729 | 318311 | 42366 |
| 丝针织品及编织品制造 | 196548 | 99744 | 58001 | 38803 |
| 其他针织品及编织品制造 | 459363 | 249699 | 152587 | 57077 |
| 纺织服装、鞋、帽制造业 | 10505938 | 5495668 | 4116998 | 893272 |
| 纺织服装制造 | 9679183 | 5070160 | 3801880 | 807143 |
| 纺织面料鞋的制造 | 722783 | 375604 | 268365 | 78814 |
| 制帽 | 103972 | 49904 | 46753 | 7315 |

续表 5 单位：万元

| 行　　业 | 投资额 | 建筑安装工程 | 设备工器具购置 | 其他费用 |
|---|---|---|---|---|
| 皮革、毛皮、羽毛(绒)及其制品业 | 5182309 | 2974850 | 1641729 | 565730 |
| 皮革鞣制加工 | 619200 | 259274 | 306756 | 53170 |
| 皮革制品制造 | 3842046 | 2247814 | 1130663 | 463569 |
| 皮鞋制造 | 2424514 | 1448372 | 666476 | 309666 |
| 皮革服装制造 | 252272 | 140340 | 101910 | 10022 |
| 皮箱、包(袋)制造 | 638902 | 371350 | 205168 | 62384 |
| 皮手套及皮装饰制品制造 | 133517 | 58851 | 40697 | 33969 |
| 其他皮革制品制造 | 392841 | 228901 | 116412 | 47528 |
| 毛皮鞣制及制品加工 | 404004 | 272701 | 104094 | 27209 |
| 毛皮鞣制加工 | 152888 | 109615 | 37765 | 5508 |
| 毛皮服装加工 | 184715 | 122580 | 49100 | 13035 |
| 其他毛皮制品加工 | 66401 | 40506 | 17229 | 8666 |
| 羽毛(绒)加工及制品制造 | 317059 | 195061 | 100216 | 21782 |
| 羽毛(绒)加工 | 156368 | 88437 | 54926 | 13005 |
| 羽毛(绒)制品加工 | 160691 | 106624 | 45290 | 8777 |
| 木材加工及木竹藤棕草制品制造 | 10164864 | 4912856 | 4264435 | 987573 |
| 锯材、木片加工 | 2336808 | 1148561 | 922297 | 265950 |
| 锯材加工 | 1382548 | 694406 | 509560 | 178582 |
| 木片加工 | 954260 | 454155 | 412737 | 87368 |
| 人造板制造 | 4587595 | 2130951 | 2066398 | 390246 |
| 胶合板制造 | 1684858 | 753674 | 797196 | 133988 |
| 纤维板制造 | 959582 | 423162 | 446977 | 89443 |
| 刨花板制造 | 403685 | 176426 | 200141 | 27118 |
| 其他人造板、材制造 | 1539470 | 777689 | 622084 | 139697 |
| 木制品制造 | 2499357 | 1240938 | 1014844 | 243575 |
| 建筑用木料及木材组件加工 | 1620738 | 812847 | 644164 | 163727 |
| 木容器制造 | 154380 | 83533 | 59221 | 11626 |
| 软木制品及其他木制品制造 | 724239 | 344558 | 311459 | 68222 |
| 竹、藤、棕、草制品制造 | 741104 | 392406 | 260896 | 87802 |
| 家具制造业 | 6451610 | 3560925 | 2264358 | 626327 |
| 木质家具制造 | 4544454 | 2498396 | 1584107 | 461951 |
| 竹、藤家具制造 | 123523 | 55964 | 55775 | 11784 |
| 金属家具制造 | 898869 | 467904 | 353210 | 77755 |
| 塑料家具制造 | 98437 | 48593 | 44772 | 5072 |
| 其他家具制造 | 786327 | 490068 | 226494 | 69765 |
| 造纸及纸制品业 | 12441015 | 5540196 | 5819984 | 1080835 |
| 纸浆制造 | 2446605 | 1174326 | 1096916 | 175363 |
| 造纸 | 5707577 | 2431713 | 2723880 | 551984 |
| 机制纸及纸板制造 | 4894774 | 2050440 | 2359129 | 485205 |
| 手工纸制造 | 139696 | 47071 | 84924 | 7701 |

续表 6 单位：万元

| 行业 | 投资额 | 建筑安装工程 | 设备工器具购置 | 其他费用 |
|---|---|---|---|---|
| 加工纸制造 | 673107 | 334202 | 279827 | 59078 |
| 纸制品制造 | 4286833 | 1934157 | 1999188 | 353488 |
| 纸和纸板容器的制造 | 2473095 | 1037293 | 1237955 | 197847 |
| 其他纸制品制造 | 1813738 | 896864 | 761233 | 155641 |
| 印刷业和记录媒介的复制 | 5673712 | 2615116 | 2535673 | 522923 |
| 印刷 | 5189863 | 2343923 | 2362521 | 483419 |
| 书、报、刊印刷 | 1230474 | 542461 | 559110 | 128903 |
| 本册印制 | 334912 | 140944 | 161178 | 32790 |
| 包装装潢及其他印刷 | 3624477 | 1660518 | 1642233 | 321726 |
| 装订及其他印刷服务活动 | 309596 | 173855 | 118612 | 17129 |
| 记录媒介的复制 | 174253 | 97338 | 54540 | 22375 |
| 文教体育用品制造业 | 2172265 | 1174994 | 828710 | 168561 |
| 文化用品制造 | 457548 | 258021 | 166470 | 33057 |
| 文具制造 | 162134 | 87045 | 61430 | 13659 |
| 笔的制造 | 131663 | 72663 | 47660 | 11340 |
| 教学用模型及教具制造 | 54545 | 35116 | 15656 | 3773 |
| 墨水、墨汁制造 | 34313 | 20165 | 12217 | 1931 |
| 其他文化用品制造 | 74893 | 43032 | 29507 | 2354 |
| 体育用品制造 | 748593 | 447964 | 245071 | 55558 |
| 球类制造 | 76570 | 41663 | 28120 | 6787 |
| 体育器材及配件制造 | 246237 | 139397 | 89496 | 17344 |
| 训练健身器材制造 | 134934 | 76892 | 39061 | 18981 |
| 运动防护用具制造 | 96913 | 75686 | 18112 | 3115 |
| 其他体育用品制造 | 193939 | 114326 | 70282 | 9331 |
| 乐器制造 | 123981 | 55625 | 55683 | 12673 |
| 中乐器制造 | 22908 | 11408 | 9492 | 2008 |
| 西乐器制造 | 63769 | 27826 | 28342 | 7601 |
| 电子乐器制造 | 10304 | 6073 | 4031 | 200 |
| 其他乐器及零件制造 | 27000 | 10318 | 13818 | 2864 |
| 玩具制造 | 703998 | 348254 | 305433 | 50311 |
| 游艺器材及娱乐用品制造 | 138145 | 65130 | 56053 | 16962 |
| 露天游乐场所游乐设备制造 | 91948 | 40119 | 40659 | 11170 |
| 游艺用品及室内游艺器材制造 | 46197 | 25011 | 15394 | 5792 |
| 石油加工、炼焦及核燃料加工业 | 18398163 | 8131374 | 8391950 | 1874839 |
| 精炼石油产品的制造 | 11302188 | 4817411 | 5223372 | 1261405 |
| 原油加工及石油制品制造 | 10776923 | 4491210 | 5069257 | 1216456 |
| 人造原油生产 | 525265 | 326201 | 154115 | 44949 |
| 炼焦及其他 | 7095975 | 3313963 | 3168578 | 613434 |
| 化学原料及化学制品制造业 | 59798935 | 25990427 | 27789798 | 6018710 |

续表 7　　　　　　　　　　　　　　　　　　　　　　　　　　　　单位：万元

| 行　　业 | 投资额 | 建筑安装工程 | 设备工器具购置 | 其他费用 |
|---|---|---|---|---|
| 基础化学原料制造 | 22857976 | 9685719 | 10961839 | 2210418 |
| 无机酸制造 | 1971079 | 868665 | 918825 | 183589 |
| 无机碱制造 | 3138660 | 1031775 | 1879887 | 226998 |
| 无机盐制造 | 2394807 | 1201609 | 992189 | 201009 |
| 有机化学原料制造 | 11770857 | 5102531 | 5373421 | 1294905 |
| 其他基础化学原料制造 | 3582573 | 1481139 | 1797517 | 303917 |
| 肥料制造 | 9358184 | 4151774 | 4400513 | 805897 |
| 氮肥制造 | 4127463 | 1583735 | 2187106 | 356622 |
| 磷肥制造 | 989712 | 506056 | 404492 | 79164 |
| 钾肥制造 | 327039 | 167059 | 124812 | 35168 |
| 复混肥料制造 | 2337070 | 1077991 | 1074572 | 184507 |
| 有机肥料及微生物肥料制造 | 1135126 | 547624 | 470650 | 116852 |
| 其他肥料制造 | 441774 | 269309 | 138881 | 33584 |
| 农药制造 | 2245427 | 1022769 | 992032 | 230626 |
| 化学农药制造 | 1427090 | 631212 | 707880 | 87998 |
| 生物化学农药及微生物农药制造 | 818337 | 391557 | 284152 | 142628 |
| 涂料、油墨、颜料及类似产品制造 | 3459419 | 1632649 | 1334448 | 492322 |
| 涂料制造 | 1774296 | 935357 | 629523 | 209416 |
| 油墨及类似产品制造 | 221963 | 111782 | 90976 | 19205 |
| 颜料制造 | 377714 | 187482 | 153455 | 36777 |
| 染料制造 | 523095 | 230148 | 255955 | 36992 |
| 密封用填料及类似品制造 | 562351 | 167880 | 204539 | 189932 |
| 合成材料制造 | 4848207 | 2049688 | 2316396 | 482123 |
| 初级形态的塑料及合成树脂制造 | 2627682 | 1065445 | 1270208 | 292029 |
| 合成橡胶制造 | 856342 | 388575 | 397929 | 69838 |
| 合成纤维单(聚合)体的制造 | 759889 | 296191 | 395435 | 68263 |
| 其他合成材料制造 | 604294 | 299477 | 252824 | 51993 |
| 专用化学产品制造 | 14544261 | 6091974 | 7056647 | 1395640 |
| 化学试剂和助剂制造 | 3646297 | 1532463 | 1797318 | 316516 |
| 专项化学用品制造 | 4301633 | 1545530 | 2323289 | 432814 |
| 林产化学产品制造 | 423716 | 222815 | 166128 | 34773 |
| 环境污染处理专用药剂材料制造 | 353222 | 190359 | 124235 | 38628 |
| 动物胶制造 | 133081 | 82748 | 45519 | 4814 |
| 其他专用化学产品制造 | 5686312 | 2518059 | 2600158 | 568095 |
| 日用化学产品制造 | 2485461 | 1355854 | 727923 | 401684 |
| 肥皂及合成洗涤剂制造 | 508102 | 266996 | 191770 | 49336 |
| 化妆品制造 | 309694 | 155210 | 121411 | 33073 |
| 口腔清洁用品制造 | 18158 | 8543 | 9095 | 520 |

续表 8　　　　单位：万元

| 行　　业 | 投资额 | 建筑安装工程 | 设备工器具购置 | 其他费用 |
|---|---|---|---|---|
| 香料、香精制造 | 343314 | 180799 | 118340 | 44175 |
| 其他日用化学产品制造 | 1306193 | 744306 | 287307 | 274580 |
| 医药制造业 | 14542899 | 7380480 | 5649975 | 1512444 |
| 化学药品原药制造 | 2560509 | 1271159 | 1076358 | 212992 |
| 化学药品制剂制造 | 2875567 | 1385999 | 1207699 | 281869 |
| 中药饮片加工 | 1475227 | 832340 | 483300 | 159587 |
| 中成药制造 | 2920424 | 1454706 | 1089198 | 376520 |
| 兽用药品制造 | 878464 | 487354 | 340473 | 50637 |
| 生物、生化制品的制造 | 2621882 | 1340539 | 929974 | 351369 |
| 卫生材料及医药用品制造 | 1210826 | 608383 | 522973 | 79470 |
| 化学纤维制造业 | 2760786 | 1147947 | 1431372 | 181467 |
| 纤维素纤维原料及纤维制造 | 1061437 | 502448 | 496924 | 62065 |
| 化纤浆粕制造 | 402778 | 190289 | 194321 | 18168 |
| 人造纤维（纤维素纤维）制造 | 658659 | 312159 | 302603 | 43897 |
| 合成纤维制造 | 1699349 | 645499 | 934448 | 119402 |
| 锦纶纤维制造 | 183743 | 60517 | 115354 | 7872 |
| 涤纶纤维制造 | 576074 | 159043 | 378548 | 38483 |
| 腈纶纤维制造 | 34596 | 13897 | 19174 | 1525 |
| 维纶纤维制造 | 236556 | 74334 | 143638 | 18584 |
| 其他合成纤维制造 | 668380 | 337708 | 277734 | 52938 |
| 橡胶制品业 | 6582076 | 2855511 | 3170306 | 556259 |
| 轮胎制造 | 2670766 | 918255 | 1603878 | 148633 |
| 车辆、飞机及工程机械轮胎制造 | 2344671 | 767522 | 1447952 | 129197 |
| 力车胎制造 | 167789 | 62470 | 94908 | 10411 |
| 轮胎翻新加工 | 158306 | 88263 | 61018 | 9025 |
| 橡胶板、管、带的制造 | 1559031 | 719021 | 637228 | 202782 |
| 橡胶零件制造 | 775700 | 394861 | 349012 | 31827 |
| 再生橡胶制造 | 243123 | 116187 | 109941 | 16995 |
| 日用及医用橡胶制品制造 | 383770 | 175950 | 129223 | 78597 |
| 橡胶靴鞋制造 | 140749 | 75026 | 57899 | 7824 |
| 其他橡胶制品制造 | 808937 | 456211 | 283125 | 69601 |
| 塑料制品业 | 14057149 | 6683992 | 6131500 | 1241657 |
| 塑料薄膜制造 | 1677039 | 672012 | 875045 | 129982 |
| 塑料板、管、型材的制造 | 4722492 | 2189213 | 2068914 | 464365 |
| 塑料丝、绳及编织品的制造 | 1262917 | 645461 | 520035 | 97421 |
| 泡沫塑料制造 | 759993 | 359709 | 345228 | 55056 |
| 塑料人造革、合成革制造 | 480500 | 245167 | 186128 | 49205 |
| 塑料包装箱及容器制造 | 1552739 | 766808 | 655577 | 130354 |
| 塑料零件制造 | 868098 | 415101 | 385573 | 67424 |
| 日用塑料制造 | 1217138 | 613997 | 494633 | 108508 |

续表 9

单位：万元

| 行　　业 | 投资额 | 建筑安装工程 | 设备工器具购置 | 其他费用 |
|---|---|---|---|---|
| 塑料鞋制造 | 221022 | 108590 | 93880 | 18552 |
| 日用塑料杂品制造 | 996116 | 505407 | 400753 | 89956 |
| 其他塑料制品制造 | 1516233 | 776524 | 600367 | 139342 |
| 非金属矿物制品业 | 59044427 | 28523561 | 25256278 | 5264588 |
| 水泥、石灰和石膏的制造 | 16780266 | 7981946 | 7268336 | 1529984 |
| 水泥制造 | 15815308 | 7509362 | 6849281 | 1456665 |
| 石灰和石膏制造 | 964958 | 472584 | 419055 | 73319 |
| 水泥及石膏制品制造 | 7637986 | 3539089 | 3388984 | 709913 |
| 水泥制品制造 | 4228002 | 1949470 | 1877473 | 401059 |
| 砼结构构件制造 | 1432561 | 674892 | 623338 | 134331 |
| 石棉水泥制品制造 | 127250 | 45415 | 68769 | 13066 |
| 轻质建筑材料制造 | 1225828 | 606670 | 515319 | 103839 |
| 其他水泥制品制造 | 624345 | 262642 | 304085 | 57618 |
| 砖瓦、石材及其他建筑材料制造 | 15521171 | 7967951 | 6192175 | 1361045 |
| 粘土砖瓦及建筑砌块制造 | 5496921 | 2878354 | 2142616 | 475951 |
| 建筑陶瓷制品制造 | 2508524 | 1149907 | 1109481 | 249136 |
| 建筑用石加工 | 2475623 | 1389794 | 852355 | 233474 |
| 防水建筑材料制造 | 884831 | 432340 | 375035 | 77456 |
| 隔热和隔音材料制造 | 1239561 | 603725 | 541529 | 94307 |
| 其他建筑材料制造 | 2915711 | 1513831 | 1171159 | 230721 |
| 玻璃及玻璃制品制造 | 7031809 | 3003334 | 3437545 | 590930 |
| 平板玻璃制造 | 1541653 | 726187 | 660014 | 155452 |
| 技术玻璃制品制造 | 1173222 | 533367 | 529383 | 110472 |
| 光学玻璃制造 | 336956 | 125284 | 177786 | 33886 |
| 玻璃仪器制造 | 148906 | 72362 | 67919 | 8625 |
| 日用玻璃制品及玻璃包装容器制造 | 1204389 | 488244 | 623542 | 92603 |
| 玻璃保温容器制造 | 79513 | 50370 | 24109 | 5034 |
| 玻璃纤维及制品制造 | 1333134 | 476410 | 775914 | 80810 |
| 玻璃纤维增强塑料制品制造 | 567497 | 238185 | 289825 | 39487 |
| 其他玻璃制品制造 | 646539 | 292925 | 289053 | 64561 |
| 陶瓷制品制造 | 3285636 | 1810675 | 1137284 | 337677 |
| 卫生陶瓷制品制造 | 495990 | 277296 | 179381 | 39313 |
| 特种陶瓷制品制造 | 1241405 | 672773 | 427325 | 141307 |
| 日用陶瓷制品制造 | 1357359 | 759643 | 457204 | 140512 |
| 园林、陈设艺术及其他陶瓷制造 | 190882 | 100963 | 73374 | 16545 |
| 耐火材料制品制造 | 3413209 | 1752776 | 1419548 | 240885 |
| 石棉制品制造 | 245927 | 106124 | 116339 | 23464 |
| 云母制品制造 | 102698 | 67288 | 24110 | 11300 |
| 耐火陶瓷制品及其他耐火材料制造 | 3064584 | 1579364 | 1279099 | 206121 |
| 石墨及其他非金属矿物制品制造 | 5374350 | 2467790 | 2412406 | 494154 |

续表 10　　单位：万元

| 行　　业 | 投资额 | 建筑安装工程 | 设备工器具购置 | 其他费用 |
|---|---|---|---|---|
| 石墨及碳素制品制造 | 2025619 | 955746 | 916372 | 153501 |
| 其他非金属矿物制品制造 | 3348731 | 1512044 | 1496034 | 340653 |
| 黑色金属冶炼及压延加工业 | 32649259 | 12894344 | 17110663 | 2644252 |
| 炼铁 | 2013080 | 885659 | 994009 | 133412 |
| 炼钢 | 7770851 | 3329278 | 3804003 | 637570 |
| 钢压延加工 | 20504410 | 7686086 | 11320482 | 1497842 |
| 铁合金冶炼 | 2360918 | 993321 | 992169 | 375428 |
| 有色金属冶炼及压延加工业 | 21537806 | 10251535 | 9265866 | 2020405 |
| 常用有色金属冶炼 | 9799085 | 5009901 | 3839560 | 949624 |
| 铜冶炼 | 1912790 | 901658 | 790543 | 220589 |
| 铅锌冶炼 | 1716801 | 917666 | 626205 | 172930 |
| 镍钴冶炼 | 1127263 | 595737 | 463880 | 67646 |
| 锡冶炼 | 151491 | 73166 | 64456 | 13869 |
| 锑冶炼 | 56314 | 21419 | 29842 | 5053 |
| 铝冶炼 | 3121570 | 1530847 | 1283173 | 307550 |
| 镁冶炼 | 714407 | 442165 | 193372 | 78870 |
| 其他常用有色金属冶炼 | 998449 | 527243 | 388089 | 83117 |
| 贵金属冶炼 | 599530 | 291647 | 224178 | 83705 |
| 金冶炼 | 426930 | 203726 | 167912 | 55292 |
| 银冶炼 | 63458 | 31258 | 23871 | 8329 |
| 其他贵金属冶炼 | 109142 | 56663 | 32395 | 20084 |
| 稀有稀土金属冶炼 | 2065408 | 1005130 | 895166 | 165112 |
| 钨钼冶炼 | 611603 | 226198 | 336235 | 49170 |
| 稀土金属冶炼 | 440380 | 224241 | 182752 | 33387 |
| 其他稀有金属冶炼 | 1013425 | 554691 | 376179 | 82555 |
| 有色金属合金制造 | 1528067 | 736482 | 662009 | 129576 |
| 有色金属压延加工 | 7545716 | 3208375 | 3644953 | 692388 |
| 常用有色金属压延加工 | 6724241 | 2864924 | 3296583 | 562734 |
| 贵金属压延加工 | 314358 | 162746 | 125920 | 25692 |
| 稀有稀土金属压延加工 | 507117 | 180705 | 222450 | 103962 |
| 金属制品业 | 28178357 | 13705477 | 12067334 | 2405546 |
| 结构性金属制品制造 | 12519017 | 6352371 | 5077508 | 1089138 |
| 金属结构制造 | 10024577 | 4999689 | 4176581 | 848307 |
| 金属门窗制造 | 2494440 | 1352682 | 900927 | 240831 |
| 金属工具制造 | 2830201 | 1214674 | 1428498 | 187029 |
| 切削工具制造 | 567301 | 264359 | 258252 | 44690 |
| 手工具制造 | 382932 | 186453 | 172354 | 24125 |
| 农用及园林用金属工具制造 | 236893 | 101074 | 113637 | 22182 |
| 刀剪及类似日用金属工具制造 | 197637 | 88520 | 98711 | 10406 |
| 其他金属工具制造 | 1445438 | 574268 | 785544 | 85626 |

续表 11　　　　单位：万元

| 行　　业 | 投资额 | 建筑安装工程 | 设备工器具购置 | 其他费用 |
|---|---|---|---|---|
| 集装箱及金属包装容器制造 | 1753528 | 893877 | 719324 | 140327 |
| 集装箱制造 | 281030 | 174787 | 85331 | 20912 |
| 金属压力容器制造 | 691615 | 357827 | 282206 | 51582 |
| 金属包装容器制造 | 780883 | 361263 | 351787 | 67833 |
| 金属丝绳及其制品的制造 | 1789050 | 727687 | 867480 | 193883 |
| 建筑、安全用金属制品制造 | 3121683 | 1562585 | 1281717 | 277381 |
| 建筑、家具用金属配件制造 | 799697 | 435752 | 267228 | 96717 |
| 建筑装饰及水暖管道零件制造 | 1546510 | 698826 | 731739 | 115945 |
| 安全、消防用金属制品制造 | 449826 | 259969 | 153607 | 36250 |
| 其他建筑、安全用金属制品制造 | 325650 | 168038 | 129143 | 28469 |
| 金属表面处理及热处理加工 | 1572138 | 691403 | 757784 | 122951 |
| 搪瓷制品制造 | 294778 | 163876 | 97327 | 33575 |
| 工业生产配套用搪瓷制品制造 | 42107 | 30872 | 9985 | 1250 |
| 搪瓷卫生洁具制造 | 108964 | 48452 | 42168 | 18344 |
| 搪瓷日用品及其他搪瓷制品制造 | 143707 | 84552 | 45174 | 13981 |
| 不锈钢及类似日用金属制品制造 | 1659050 | 858101 | 647926 | 153023 |
| 金属制厨房调理及卫生器具制造 | 399746 | 178071 | 178554 | 43121 |
| 金属制厨用器皿及餐具制造 | 519274 | 287288 | 189272 | 42714 |
| 其他日用金属制品制造 | 740030 | 392742 | 280100 | 67188 |
| 其他金属制品制造 | 2638912 | 1240903 | 1189770 | 208239 |
| 铸币及贵金属制品实验室用品制造 | 53839 | 16719 | 24216 | 12904 |
| 其他未列明的金属制品制造 | 2585073 | 1224184 | 1165554 | 195335 |
| 通用设备制造业 | 44611569 | 21052557 | 19926119 | 3632893 |
| 锅炉及原动机制造 | 3722938 | 1717466 | 1762068 | 243404 |
| 锅炉及辅助设备制造 | 1439314 | 744359 | 562945 | 132010 |
| 内燃机及配件制造 | 1222328 | 466473 | 670344 | 85511 |
| 汽轮机及辅机制造 | 583886 | 253409 | 319085 | 11392 |
| 水轮机及辅机制造 | 118271 | 59166 | 56101 | 3004 |
| 其他原动机制造 | 359139 | 194059 | 153593 | 11487 |
| 金属加工机械制造 | 6855827 | 3199699 | 3139966 | 516162 |
| 金属切削机床制造 | 1547051 | 696023 | 750641 | 100387 |
| 金属成形机床制造 | 756833 | 345841 | 355850 | 55142 |
| 铸造机械制造 | 1465551 | 716056 | 644427 | 105068 |
| 金属切割及焊接设备制造 | 335434 | 163642 | 138982 | 32810 |
| 机床附件制造 | 683676 | 297051 | 332484 | 54141 |
| 其他金属加工机械制造 | 2067282 | 981086 | 917582 | 168614 |
| 起重运输设备制造 | 3174264 | 1567916 | 1299609 | 306739 |
| 泵、阀门、压缩机及类似机械的制造 | 5947235 | 2882789 | 2530080 | 534366 |
| 泵及真空设备制造 | 1615126 | 771971 | 689081 | 154074 |
| 气体压缩机械制造 | 737390 | 367849 | 296117 | 73424 |

续表 12　　单位：万元

| 行　　业 | 投资额 | 建筑安装工程 | 设备工器具购置 | 其他费用 |
|---|---|---|---|---|
| 阀门和旋塞的制造 | 1787234 | 849302 | 816776 | 121156 |
| 液压和气压动力机械及元件制造 | 1807485 | 893667 | 728106 | 185712 |
| 轴承、齿轮、传动和驱动部件制造 | 3878702 | 1536907 | 2013713 | 328082 |
| 轴承制造 | 2316191 | 920103 | 1217373 | 178715 |
| 齿轮、传动和驱动部件制造 | 1562511 | 616804 | 796340 | 149367 |
| 烘炉、熔炉及电炉制造 | 291510 | 166187 | 96954 | 28369 |
| 风机、衡器、包装设备等通用设备制造 | 6266601 | 2987496 | 2748518 | 530587 |
| 风机、风扇制造 | 1480524 | 685663 | 664019 | 130842 |
| 气体、液体分离及纯净设备制造 | 696933 | 333916 | 321956 | 41061 |
| 制冷、空调设备制造 | 999925 | 461140 | 457120 | 81665 |
| 风动和电动工具制造 | 518402 | 245825 | 222880 | 49697 |
| 喷枪及类似器具制造 | 162919 | 55976 | 75949 | 30994 |
| 包装专用设备制造 | 327573 | 124905 | 186234 | 16434 |
| 衡器制造 | 137410 | 70166 | 61143 | 6101 |
| 其他通用设备制造 | 1942915 | 1009905 | 759217 | 173793 |
| 通用零部件制造及机械修理 | 7325549 | 3647629 | 3058484 | 619436 |
| 金属密封件制造 | 511250 | 225069 | 241625 | 44556 |
| 紧固件、弹簧制造 | 1127521 | 585525 | 444766 | 97230 |
| 机械零部件加工及设备修理 | 4010725 | 1969292 | 1722751 | 318682 |
| 其他通用零部件制造 | 1676053 | 867743 | 649342 | 158968 |
| 金属铸、锻加工 | 7148943 | 3346468 | 3276727 | 525748 |
| 钢铁铸件制造 | 5533066 | 2638960 | 2502750 | 391356 |
| 锻件及粉末冶金制品制造 | 1615877 | 707508 | 773977 | 134392 |
| 专用设备制造业 | 30760267 | 15581059 | 12294353 | 2884855 |
| 矿山、冶金、建筑专用设备制造 | 11615618 | 5878251 | 4617009 | 1120358 |
| 采矿、采石设备制造 | 3780097 | 1887869 | 1560277 | 331951 |
| 石油钻采专用设备制造 | 2278111 | 1012668 | 1083115 | 182328 |
| 建筑工程用机械制造 | 2694013 | 1384390 | 999248 | 310375 |
| 建筑材料生产专用机械制造 | 832893 | 446536 | 306171 | 80186 |
| 冶金专用设备制造 | 2030504 | 1146788 | 668198 | 215518 |
| 化工、木材、非金属加工专用设备制造 | 4317612 | 2015678 | 1909639 | 392295 |
| 炼油、化工生产专用设备制造 | 1031060 | 478823 | 419359 | 132878 |
| 橡胶加工专用设备制造 | 249193 | 124245 | 114169 | 10779 |
| 塑料加工专用设备制造 | 487456 | 254284 | 167805 | 65367 |
| 木材加工机械制造 | 206647 | 98694 | 99841 | 8112 |
| 模具制造 | 2010526 | 875854 | 982561 | 152111 |
| 其他非金属加工专用设备制造 | 332730 | 183778 | 125904 | 23048 |
| 食品、饮料、烟草及饲料专用设备制造 | 1126984 | 536118 | 482405 | 108461 |
| 食品、饮料、烟草工业专用设备制造 | 414375 | 195219 | 186272 | 32884 |
| 农副食品加工专用设备制造 | 618520 | 281748 | 264991 | 71781 |

单位：万元

| 行　　业 | 投资额 | 建筑安装工程 | 设备工器具购置 | 其他费用 |
|---|---|---|---|---|
| 饲料生产专用设备制造 | 94089 | 59151 | 31142 | 3796 |
| 印刷、制药、日化生产专用设备制造 | 1605836 | 805465 | 666513 | 133858 |
| 制浆和造纸专用设备制造 | 430976 | 211480 | 199120 | 20376 |
| 印刷专用设备制造 | 308692 | 134883 | 150606 | 23203 |
| 日用化工专用设备制造 | 143366 | 85516 | 43677 | 14173 |
| 制药专用设备制造 | 124609 | 64899 | 50571 | 9139 |
| 照明器具生产专用设备制造 | 337797 | 186262 | 109592 | 41943 |
| 玻璃、陶瓷和搪瓷制品专用设备制造 | 102042 | 41743 | 50404 | 9895 |
| 其他日用品生产专用设备制造 | 158354 | 80682 | 62543 | 15129 |
| 纺织、服装和皮革工业专用设备制造 | 964010 | 465634 | 398211 | 100165 |
| 纺织专用设备制造 | 627232 | 269017 | 278651 | 79564 |
| 皮革、毛皮及其制品加工设备制造 | 81313 | 47208 | 29857 | 4248 |
| 缝纫机械制造 | 178690 | 102913 | 62622 | 13155 |
| 其他服装加工专用设备制造 | 76775 | 46496 | 27081 | 3198 |
| 电子和电工机械专用设备制造 | 3334267 | 1860212 | 1211599 | 262456 |
| 农、林、牧、渔专用机械制造 | 2018122 | 963160 | 859788 | 195174 |
| 拖拉机制造 | 369301 | 202138 | 127949 | 39214 |
| 机械化农业及园艺机具制造 | 718378 | 326874 | 330816 | 60688 |
| 营林及木竹采伐机械制造 | 16401 | 9361 | 6176 | 864 |
| 畜牧机械制造 | 46609 | 29894 | 11128 | 5587 |
| 渔业机械制造 | 10874 | 7504 | 2845 | 525 |
| 农林牧渔机械配件制造 | 545376 | 222125 | 258486 | 64765 |
| 其他农林牧渔业机械制造 | 311183 | 165264 | 122388 | 23531 |
| 医疗仪器设备及器械制造 | 1475440 | 735096 | 603782 | 136562 |
| 医疗诊断、监护及治疗设备制造 | 427231 | 180921 | 203665 | 42645 |
| 口腔科用设备及器具制造 | 12758 | 3654 | 8096 | 1008 |
| 实验室及医用消毒设备和器具制造 | 48138 | 17173 | 19794 | 11171 |
| 医疗、外科及兽医用器械制造 | 500116 | 278179 | 185579 | 36358 |
| 机械治疗及病房护理设备制造 | 129749 | 73469 | 44133 | 12147 |
| 假肢、人工器官及植（介）入器械制造 | 51634 | 23029 | 24660 | 3945 |
| 其他医疗设备及器械制造 | 305814 | 158671 | 117855 | 29288 |
| 环保、社会公共安全及其他专用设备制造 | 4302378 | 2321445 | 1545407 | 435526 |
| 环境污染防治专用设备制造 | 1340363 | 722943 | 511851 | 105569 |
| 地质勘查专用设备制造 | 27215 | 12065 | 13276 | 1874 |
| 邮政专用机械及器材制造 | 1200 | 465 | 635 | 100 |
| 商业、饮食、服务业专用设备制造 | 67444 | 46660 | 14548 | 6236 |

续表 14 单位：万元

| 行　　业 | 投资额 | 建筑安装工程 | 设备工器具购置 | 其他费用 |
|---|---|---|---|---|
| 社会公共安全设备及器材制造 | 304763 | 139922 | 139066 | 25775 |
| 交通安全及管制专用设备制造 | 63997 | 42984 | 18900 | 2113 |
| 水资源专用机械制造 | 286758 | 158992 | 98548 | 29218 |
| 其他专用设备制造 | 2210638 | 1197414 | 748583 | 264641 |
| 交通运输设备制造业 | 49751065 | 21633007 | 22743962 | 5374096 |
| 铁路运输设备制造 | 2706494 | 1220272 | 1195200 | 291022 |
| 铁路机车车辆及动车组制造 | 910070 | 402900 | 397525 | 109645 |
| 工矿有轨专用车辆制造 | 108418 | 82013 | 12747 | 13658 |
| 铁路机车车辆配件制造 | 715891 | 223726 | 408848 | 83317 |
| 铁路专用设备及器材、配件制造 | 558198 | 275984 | 224701 | 57513 |
| 其他铁路设备制造及设备修理 | 413917 | 235649 | 151379 | 26889 |
| 汽车制造 | 32882576 | 13537690 | 15779595 | 3565291 |
| 汽车整车制造 | 9231888 | 2820733 | 5291368 | 1119787 |
| 改装汽车制造 | 1570708 | 753272 | 677880 | 139556 |
| 电车制造 | 222169 | 130359 | 78728 | 13082 |
| 汽车车身、挂车的制造 | 1057669 | 593538 | 349187 | 114944 |
| 汽车零部件及配件制造 | 19789555 | 8754370 | 8993216 | 2041969 |
| 汽车修理 | 1010587 | 485418 | 389216 | 135953 |
| 摩托车制造 | 1543100 | 676359 | 679530 | 187211 |
| 摩托车整车制造 | 610070 | 260369 | 239199 | 110502 |
| 摩托车零部件及配件制造 | 933030 | 415990 | 440331 | 76709 |
| 自行车制造 | 1171121 | 560656 | 492871 | 117594 |
| 脚踏自行车及残疾人座车制造 | 422102 | 214646 | 169630 | 37826 |
| 助动自行车制造 | 749019 | 346010 | 323241 | 79768 |
| 船舶及浮动装置制造 | 8986239 | 4558506 | 3686923 | 740810 |
| 金属船舶制造 | 5252055 | 2659448 | 2235840 | 356767 |
| 非金属船舶制造 | 127155 | 69855 | 42696 | 14604 |
| 娱乐船和运动船的建造和修理 | 183334 | 116627 | 52390 | 14317 |
| 船用配套设备制造 | 2185285 | 1046357 | 903003 | 235925 |
| 船舶修理及拆船 | 1085639 | 592699 | 382458 | 110482 |
| 航标器材及其他浮动装置的制造 | 152771 | 73520 | 70536 | 8715 |
| 交通器材及其他交通运输设备制造 | 2461535 | 1079524 | 909843 | 472168 |
| 交通管理用金属标志及设施制造 | 126805 | 60328 | 54573 | 11904 |
| 其他交通运输设备制造 | 2334730 | 1019196 | 855270 | 460264 |
| 电气机械及器材制造业 | 35577668 | 17290047 | 14856652 | 3430969 |

续表 15　　　　单位：万元

| 行　　业 | 投资额 | 建筑安装工程 | 设备工器具购置 | 其他费用 |
| --- | --- | --- | --- | --- |
| 电机制造 | 4680419 | 2166378 | 2007037 | 507004 |
| 发电机及发电机组制造 | 2897927 | 1355186 | 1210542 | 332199 |
| 电动机制造 | 1089851 | 491637 | 486847 | 111367 |
| 微电机及其他电机制造 | 692641 | 319555 | 309648 | 63438 |
| 输配电及控制设备制造 | 9045631 | 4455922 | 3661251 | 928458 |
| 变压器、整流器和电感器制造 | 2901620 | 1422278 | 1218415 | 260927 |
| 电容器及其配套设备制造 | 587302 | 291082 | 236885 | 59335 |
| 配电开关控制设备制造 | 2218024 | 1062640 | 912810 | 242574 |
| 电力电子元器件制造 | 2271838 | 1130072 | 874177 | 267589 |
| 其他输配电及控制设备制造 | 1066847 | 549850 | 418964 | 98033 |
| 电线、电缆、光缆及电工器材制造 | 5650134 | 2637438 | 2481329 | 531367 |
| 电线电缆制造 | 4191953 | 1954993 | 1879393 | 357567 |
| 光纤、光缆制造 | 517769 | 250072 | 164960 | 102737 |
| 绝缘制品制造 | 392486 | 159472 | 208991 | 24023 |
| 其他电工器材制造 | 547926 | 272901 | 227985 | 47040 |
| 电池制造 | 5652865 | 2406787 | 2786777 | 459301 |
| 家用电力器具制造 | 2951971 | 1451513 | 1227497 | 272961 |
| 家用制冷电器具制造 | 535743 | 234972 | 262694 | 38077 |
| 家用空气调节器制造 | 470921 | 283628 | 172022 | 15271 |
| 家用通风电器具制造 | 103682 | 42851 | 52151 | 8680 |
| 家用厨房电器具制造 | 509841 | 244187 | 213717 | 51937 |
| 家用清洁卫生电器具制造 | 281998 | 141548 | 102104 | 38346 |
| 家用美容、保健电器具制造 | 60144 | 27253 | 25773 | 7118 |
| 家用电力器具专用配件制造 | 324431 | 142690 | 138075 | 43666 |
| 其他家用电力器具制造 | 665211 | 334384 | 260961 | 69866 |
| 非电力家用器具制造 | 2995790 | 1436842 | 1277152 | 281796 |
| 燃气、太阳能及类似能源器具制造 | 2831635 | 1353008 | 1214425 | 264202 |
| 其他非电力家用器具制造 | 164155 | 83834 | 62727 | 17594 |
| 照明器具制造 | 2653891 | 1309909 | 1065787 | 278195 |
| 电光源制造 | 961384 | 438467 | 423220 | 99697 |
| 照明灯具制造 | 1311016 | 677423 | 492842 | 140751 |
| 灯用电器附件及其他照明器具制造 | 381491 | 194019 | 149725 | 37747 |
| 其他电气机械及器材制造 | 1946967 | 1425258 | 349822 | 171887 |
| 车辆专用照明及电气信号设备制造 | 302289 | 164473 | 94926 | 42890 |
| 其他未列明的电气机械制造 | 1644678 | 1260785 | 254896 | 128997 |
| 通信设备、计算机及其他电子设备制造 | 26236279 | 9923720 | 13924134 | 2388425 |
| 通信设备制造 | 3452577 | 1512087 | 1514361 | 426129 |
| 通信传输设备制造 | 808307 | 408468 | 335203 | 64636 |
| 通信交换设备制造 | 207737 | 75282 | 125853 | 6602 |
| 通信终端设备制造 | 200047 | 90243 | 84627 | 25177 |

续表 16 单位：万元

| 行　　业 | 投资额 | 建筑安装工程 | 设备工器具购置 | 其他费用 |
|---|---|---|---|---|
| 移动通信及终端设备制造 | 1400759 | 553428 | 680737 | 166594 |
| 其他通信设备制造 | 835727 | 384666 | 287941 | 163120 |
| 广播电视设备制造 | 379856 | 207857 | 128292 | 43707 |
| 广播电视节目制作及发射设备制造 | 58735 | 30137 | 14001 | 14597 |
| 广播电视接收设备及器材制造 | 228502 | 116620 | 95075 | 16807 |
| 应用电视设备及其他广播设备制造 | 92619 | 61100 | 19216 | 12303 |
| 电子计算机制造 | 2792959 | 915152 | 1676861 | 200946 |
| 电子计算机整机制造 | 613557 | 152558 | 415842 | 45157 |
| 计算机网络设备制造 | 415818 | 236836 | 133846 | 45136 |
| 电子计算机外部设备制造 | 1763584 | 525758 | 1127173 | 110653 |
| 电子器件制造 | 9690525 | 2903785 | 5935110 | 851630 |
| 电子真空器件制造 | 506462 | 181168 | 292670 | 32624 |
| 半导体分立器件制造 | 825999 | 293118 | 497772 | 35109 |
| 集成电路制造 | 3592547 | 797576 | 2504834 | 290137 |
| 光电子器件及其他电子器件制造 | 4765517 | 1631923 | 2639834 | 493760 |
| 电子元件制造 | 6115299 | 2617308 | 3007541 | 490450 |
| 电子元件及组件制造 | 5270276 | 2383322 | 2462621 | 424333 |
| 印制电路板制造 | 845023 | 233986 | 544920 | 66117 |
| 家用视听设备制造 | 1170258 | 582625 | 499914 | 87719 |
| 家用影视设备制造 | 948392 | 487807 | 400031 | 60554 |
| 家用音响设备制造 | 221866 | 94818 | 99883 | 27165 |
| 其他电子设备制造 | 2634805 | 1184906 | 1162055 | 287844 |
| 仪器仪表及文化、办公用机械制造 | 5270069 | 2538964 | 2323007 | 408098 |
| 通用仪器仪表制造 | 2182980 | 1091882 | 922769 | 168329 |
| 工业自动控制系统装置制造 | 1028728 | 479330 | 470832 | 78566 |
| 电工仪器仪表制造 | 526163 | 311701 | 178746 | 35716 |
| 绘图、计算及测量仪器制造 | 120785 | 46050 | 58249 | 16486 |
| 实验分析仪器制造 | 105801 | 59488 | 39840 | 6473 |
| 试验机制造 | 55558 | 35350 | 18303 | 1905 |
| 供应用仪表及其他通用仪器制造 | 345945 | 159963 | 156799 | 29183 |
| 专用仪器仪表制造 | 1400006 | 591130 | 719235 | 89641 |
| 环境监测专用仪器仪表制造 | 98538 | 42765 | 46834 | 8939 |
| 汽车及其他用计数仪表制造 | 152373 | 67885 | 76319 | 8169 |
| 农林牧渔专用仪器仪表制造 | 9292 | 8777 | 200 | 315 |
| 地质勘探和地震专用仪器制造 | 49907 | 22396 | 22902 | 4609 |
| 教学专用仪器制造 | 56004 | 27377 | 25431 | 3196 |
| 电子测量仪器制造 | 139803 | 72623 | 58039 | 9141 |

续表 17　　单位：万元

| 行　　业 | 投资额 | 建筑安装工程 | 设备工器具购置 | 其他费用 |
|---|---|---|---|---|
| 其他专用仪器制造 | 894089 | 349307 | 489510 | 55272 |
| 钟表与计时仪器制造 | 172231 | 93754 | 58135 | 20342 |
| 光学仪器及眼镜制造 | 601430 | 298357 | 259477 | 43596 |
| 光学仪器制造 | 467049 | 230082 | 203981 | 32986 |
| 眼镜制造 | 134381 | 68275 | 55496 | 10610 |
| 文化、办公用机械制造 | 575897 | 226333 | 303157 | 46407 |
| 电影机械制造 | 33460 | 6875 | 22610 | 3975 |
| 幻灯及投影设备制造 | 15361 | 9685 | 3285 | 2391 |
| 照相机及器材制造 | 156850 | 45775 | 99635 | 11440 |
| 复印和胶印设备制造 | 275841 | 112790 | 136140 | 26911 |
| 计算器及货币专用设备制造 | 42934 | 26657 | 15499 | 778 |
| 其他文化、办公用机械制造 | 51451 | 24551 | 25988 | 912 |
| 其他仪器仪表的制造及修理 | 337525 | 237508 | 60234 | 39783 |
| 工艺品及其他制造业 | 8269300 | 5040438 | 2028552 | 1200310 |
| 工艺美术品制造 | 2595213 | 1396975 | 943336 | 254902 |
| 雕塑工艺品制造 | 505431 | 284005 | 163903 | 57523 |
| 金属工艺品制造 | 264707 | 129568 | 105157 | 29982 |
| 漆器工艺品制造 | 40541 | 22265 | 12816 | 5460 |
| 花画工艺品制造 | 125482 | 62912 | 49632 | 12938 |
| 天然植物纤维编织工艺品制造 | 134549 | 72137 | 54815 | 7597 |
| 抽纱刺绣工艺品制造 | 286865 | 136412 | 121509 | 28944 |
| 地毯、挂毯制造 | 230836 | 102144 | 96842 | 31850 |
| 珠宝首饰及有关物品的制造 | 338802 | 194848 | 105801 | 38153 |
| 其他工艺美术品制造 | 668000 | 392684 | 232861 | 42455 |
| 日用杂品制造 | 719320 | 386135 | 239321 | 93864 |
| 制镜及类似品加工 | 57363 | 24380 | 25672 | 7311 |
| 鬃毛加工、制刷及清扫工具的制造 | 102629 | 53220 | 42243 | 7166 |
| 其他日用杂品制造 | 559328 | 308535 | 171406 | 79387 |
| 煤制品制造 | 255056 | 116665 | 110962 | 27429 |
| 其他未列明的制造业 | 4699711 | 3140663 | 734933 | 824115 |
| 废弃资源和废旧材料回收加工业 | 2448867 | 1253622 | 942048 | 253197 |
| 金属废料和碎屑的加工处理 | 1516701 | 802771 | 545125 | 168805 |
| 非金属废料和碎屑的加工处理 | 932166 | 450851 | 396923 | 84392 |
| **（四）电力燃气及水的生产和供应业** | **135454481** | **67031908** | **49805893** | **18616680** |
| 电力、热力的生产和供应业 | 111390690 | 50201972 | 44925647 | 16263071 |
| 电力生产 | 69630367 | 28271496 | 30124032 | 11234839 |
| 火力发电 | 29350680 | 11449683 | 14119455 | 3781542 |
| 水力发电 | 18264504 | 10284777 | 2877143 | 5102584 |
| 核力发电 | 5688130 | 1493627 | 2644556 | 1549947 |

续表 18　　单位：万元

| 行　　业 | 投资额 | 建筑安装工程 | 设备工器具购置 | 其他费用 |
|---|---|---|---|---|
| 其他能源发电 | 16327053 | 5043409 | 10482878 | 800766 |
| 电力供应 | 36171534 | 18316174 | 13174024 | 4681336 |
| 热力生产和供应 | 5588789 | 3614302 | 1627591 | 346896 |
| 燃气生产和供应业 | 6506521 | 4173663 | 1812704 | 520154 |
| 燃气生产和供应业 | 6506521 | 4173663 | 1812704 | 520154 |
| 水的生产和供应业 | 17557270 | 12656273 | 3067542 | 1833455 |
| 自来水的生产和供应 | 8468805 | 6298444 | 1338951 | 831410 |
| 污水处理及其再生利用 | 8631383 | 6012101 | 1660199 | 959083 |
| 其他水的处理、利用与分配 | 457082 | 345728 | 68392 | 42962 |
| **（五）建筑业** | **15691339** | **11113432** | **3109520** | **1468387** |
| 房屋和土木工程建筑业 | 13046573 | 9520841 | 2319899 | 1205833 |
| 房屋工程建筑 | 5931533 | 4726007 | 785654 | 419872 |
| 土木工程建筑 | 7115040 | 4794834 | 1534245 | 785961 |
| 铁路、道路、隧道和桥梁工程建筑 | 4741947 | 3374055 | 976378 | 391514 |
| 水利和港口工程建筑 | 1099683 | 634130 | 252644 | 212909 |
| 工矿工程建筑 | 202525 | 65800 | 95065 | 41660 |
| 架线和管道工程建筑 | 449566 | 265216 | 128995 | 55355 |
| 其他土木工程建筑 | 621319 | 455633 | 81163 | 84523 |
| 建筑安装业 | 701987 | 398400 | 257948 | 45639 |
| 建筑安装业 | 701987 | 398400 | 257948 | 45639 |
| 建筑装饰业 | 576100 | 358487 | 180294 | 37319 |
| 建筑装饰业 | 576100 | 358487 | 180294 | 37319 |
| 其他建筑业 | 1366679 | 835704 | 351379 | 179596 |
| 工程准备 | 426030 | 268436 | 70839 | 86755 |
| 提供施工设备服务 | 228849 | 100144 | 120789 | 7916 |
| 其他未列明的建筑活动 | 711800 | 467124 | 159751 | 84925 |
| **（六）交通运输、仓储和邮政业** | **232713211** | **161969361** | **27718787** | **43025063** |
| 铁路运输业 | 66608687 | 42526487 | 10204719 | 13877481 |
| 铁路旅客运输 | 33966911 | 24754482 | 982869 | 8229560 |
| 铁路货物运输 | 25267565 | 12379248 | 8617301 | 4271016 |
| 铁路运输辅助活动 | 7374211 | 5392757 | 604549 | 1376905 |
| 客运火车站 | 1456735 | 912480 | 66355 | 477900 |
| 货运火车站 | 325998 | 238795 | 21769 | 65434 |
| 其他铁路运输辅助活动 | 5591478 | 4241482 | 516425 | 833571 |
| 道路运输业 | 105576192 | 85789914 | 3239573 | 16546705 |
| 公路旅客运输 | 41378310 | 33208908 | 634699 | 7534703 |
| 道路货物运输 | 20096879 | 15741399 | 2027290 | 2328190 |
| 道路运输辅助活动 | 44101003 | 36839607 | 577584 | 6683812 |
| 客运汽车站 | 1164120 | 795176 | 93564 | 275380 |
| 公路管理与养护 | 39111022 | 32771083 | 328330 | 6011609 |

单位：万元

| 行　　业 | 投资额 | 建筑安装工程 | 设备工器具购置 | 其他费用 |
|---|---|---|---|---|
| 其他道路运输辅助活动 | 3825861 | 3273348 | 155690 | 396823 |
| 城市公共交通业 | 20340618 | 10115649 | 3679086 | 6545883 |
| 公共电汽车客运 | 1968234 | 718579 | 1025339 | 224316 |
| 轨道交通 | 16418056 | 8048403 | 2205518 | 6164135 |
| 出租车客运 | 347836 | 47580 | 290886 | 9370 |
| 城市轮渡 | 37812 | 23478 | 12343 | 1991 |
| 其他城市公共交通 | 1568680 | 1277609 | 145000 | 146071 |
| 水上运输业 | 16706559 | 8982740 | 5487006 | 2236813 |
| 水上旅客运输 | 470224 | 225742 | 172306 | 72176 |
| 远洋旅客运输 | 20512 | 156 | 19800 | 556 |
| 沿海旅客运输 | 85665 | 7263 | 77332 | 1070 |
| 内河旅客运输 | 364047 | 218323 | 75174 | 70550 |
| 水上货物运输 | 4115523 | 538536 | 3501016 | 75971 |
| 远洋货物运输 | 1804888 | 42833 | 1756226 | 5829 |
| 沿海货物运输 | 1407684 | 314937 | 1043794 | 48953 |
| 内河货物运输 | 902951 | 180766 | 700996 | 21189 |
| 水上运输辅助活动 | 12120812 | 8218462 | 1813684 | 2088666 |
| 客运港口 | 290380 | 188146 | 18432 | 83802 |
| 货运港口 | 10168716 | 7078869 | 1464207 | 1625640 |
| 其他水上运输辅助活动 | 1661716 | 951447 | 331045 | 379224 |
| 航空运输业 | 6048524 | 2671757 | 2354644 | 1022123 |
| 航空客货运输 | 3497081 | 1060476 | 2043665 | 392940 |
| 航空旅客运输 | 3394974 | 1030118 | 1974784 | 390072 |
| 航空货物运输 | 102107 | 30358 | 68881 | 2868 |
| 通用航空服务 | 188391 | 144816 | 29300 | 14275 |
| 航空运输辅助活动 | 2363052 | 1466465 | 281679 | 614908 |
| 机场 | 2193859 | 1358782 | 235627 | 599450 |
| 空中交通管理 | 44555 | 21178 | 23107 | 270 |
| 其他航空运输辅助活动 | 124638 | 86505 | 22945 | 15188 |
| 管道运输业 | 730803 | 463548 | 223563 | 43692 |
| 管道运输业 | 730803 | 463548 | 223563 | 43692 |
| 装卸搬运和其他运输服务业 | 2218950 | 1342703 | 481542 | 394705 |
| 装卸搬运 | 451518 | 247139 | 115323 | 89056 |
| 运输代理服务 | 1767432 | 1095564 | 366219 | 305649 |
| 仓储业 | 14133169 | 9856364 | 1954878 | 2321927 |
| 谷物、棉花等农产品仓储 | 2364203 | 1732270 | 333924 | 298009 |
| 其他仓储 | 11768966 | 8124094 | 1620954 | 2023918 |
| 邮政业 | 349709 | 220199 | 93776 | 35734 |
| 国家邮政 | 242283 | 155220 | 65848 | 21215 |
| 其他寄递服务 | 107426 | 64979 | 27928 | 14519 |
| **（七）信息传输、计算机服务和软件业** | **25434791** | **11528501** | **12786875** | **1119415** |

续表 20　　单位：万元

| 行　　业 | 投资额 | 建筑安装工程 | 设备工器具购置 | 其他费用 |
|---|---|---|---|---|
| 电信和其他信息传输服务业 | 22789186 | 9756721 | 12232437 | 800028 |
| 电信 | 19186591 | 8542835 | 9979942 | 663814 |
| 固定电信服务 | 6083647 | 2769429 | 3031660 | 282558 |
| 移动电信服务 | 12435865 | 5367887 | 6702896 | 365082 |
| 其他电信服务 | 667079 | 405519 | 245386 | 16174 |
| 互联网信息服务 | 2515938 | 679108 | 1790593 | 46237 |
| 广播电视传输服务 | 1037533 | 500502 | 451613 | 85418 |
| 有线广播电视传输服务 | 891756 | 388470 | 422001 | 81285 |
| 无线广播电视传输服务 | 145777 | 112032 | 29612 | 4133 |
| 卫星传输服务 | 49124 | 34276 | 10289 | 4559 |
| 计算机服务业 | 620009 | 351661 | 204611 | 63737 |
| 计算机系统服务 | 220034 | 159074 | 48254 | 12706 |
| 数据处理 | 60702 | 27901 | 27362 | 5439 |
| 计算机维修 | 19182 | 9660 | 8296 | 1226 |
| 其他计算机服务 | 320091 | 155026 | 120699 | 44366 |
| 软件业 | 2025596 | 1420119 | 349827 | 255650 |
| 公共软件服务 | 1463499 | 1048885 | 270150 | 144464 |
| 基础软件服务 | 475582 | 337538 | 73789 | 64255 |
| 应用软件服务 | 987917 | 711347 | 196361 | 80209 |
| 其他软件服务 | 562097 | 371234 | 79677 | 111186 |
| **（八）批发和零售业** | **44909825** | **31659416** | **7674570** | **5575839** |
| 批发业 | 21234279 | 14570561 | 4311655 | 2352063 |
| 农畜产品批发 | 1547177 | 1027034 | 275102 | 245041 |
| 谷物、豆及薯类批发 | 635807 | 400307 | 130246 | 105254 |
| 种子、饲料批发 | 190187 | 131058 | 30474 | 28655 |
| 棉、麻批发 | 72645 | 36028 | 26617 | 10000 |
| 牲畜批发 | 78827 | 53897 | 14036 | 10894 |
| 其他农畜产品批发 | 569711 | 405744 | 73729 | 90238 |
| 食品、饮料及烟草制品批发 | 3262049 | 2432393 | 411670 | 417986 |
| 米、面制品及食用油批发 | 461207 | 314736 | 77818 | 68653 |
| 糕点、糖果及糖批发 | 122739 | 91668 | 16308 | 14763 |
| 果品、蔬菜批发 | 1250469 | 951962 | 119264 | 179243 |
| 肉、禽、蛋及水产品批发 | 455691 | 353461 | 48486 | 53744 |
| 盐及调味品批发 | 65871 | 54786 | 8575 | 2510 |
| 饮料及茶叶批发 | 204987 | 130679 | 57784 | 16524 |
| 烟草制品批发 | 420387 | 306389 | 44708 | 69290 |
| 其他食品批发 | 280698 | 228712 | 38727 | 13259 |
| 纺织、服装及日用品批发 | 2201692 | 1642370 | 311939 | 247383 |
| 纺织品、针织品及原料批发 | 633957 | 476497 | 96343 | 61117 |
| 服装批发 | 645892 | 466735 | 97333 | 81824 |

 单位：万元

| 行　　业 | 投资额 | 建筑安装工程 | 设备工器具购置 | 其他费用 |
|---|---|---|---|---|
| 鞋帽批发 | 130418 | 95665 | 15386 | 19367 |
| 厨房、卫生间用具及日用杂货批发 | 102054 | 60729 | 26626 | 14699 |
| 化妆品及卫生用品批发 | 74113 | 51077 | 10696 | 12340 |
| 其他日用品批发 | 615258 | 491667 | 65555 | 58036 |
| 文化、体育用品及器材批发 | 476766 | 329550 | 109474 | 37742 |
| 文具用品批发 | 108818 | 79153 | 13105 | 16560 |
| 体育用品批发 | 19162 | 10843 | 7013 | 1306 |
| 图书批发 | 72273 | 47050 | 15751 | 9472 |
| 报刊批发 | 600 | | 600 | |
| 音像制品及电子出版物批发 | 8920 | 6600 | 2250 | 70 |
| 首饰、工艺品及收藏品批发 | 107796 | 76531 | 22133 | 9132 |
| 其他文化用品批发 | 159197 | 109373 | 48622 | 1202 |
| 医药及医疗器材批发 | 603689 | 408068 | 116726 | 78895 |
| 西药批发 | 262662 | 176982 | 54788 | 30892 |
| 中药材及中成药批发 | 181658 | 133527 | 24064 | 24067 |
| 医疗用品及器材批发 | 159369 | 97559 | 37874 | 23936 |
| 矿产品、建材及化工产品批发 | 7349740 | 4779095 | 1858780 | 711865 |
| 煤炭及制品批发 | 857503 | 513460 | 274401 | 69642 |
| 石油及制品批发 | 1192268 | 675929 | 421016 | 95323 |
| 非金属矿及制品批发 | 104549 | 63236 | 34497 | 6816 |
| 金属及金属矿批发 | 1253049 | 694686 | 419732 | 138631 |
| 建材批发 | 3247023 | 2403705 | 495705 | 347613 |
| 化肥批发 | 170240 | 116044 | 31422 | 22774 |
| 农药批发 | 32804 | 19815 | 11472 | 1517 |
| 农用薄膜批发 | 10160 | 6894 | 2267 | 999 |
| 其他化工产品批发 | 482144 | 285326 | 168268 | 28550 |
| 机械设备、五金交电及电子产品批发 | 3733982 | 2482453 | 844182 | 407347 |
| 农业机械批发 | 380614 | 226197 | 90442 | 63975 |
| 汽车、摩托车及零配件批发 | 978179 | 658755 | 187951 | 131473 |
| 五金、交电批发 | 887002 | 668381 | 132140 | 86481 |
| 家用电器批发 | 228354 | 147030 | 49981 | 31343 |
| 计算机、软件及辅助设备批发 | 186111 | 108623 | 52503 | 24985 |
| 通讯及广播电视设备批发 | 89413 | 59589 | 27614 | 2210 |
| 其他机械设备及电子产品批发 | 984309 | 613878 | 303551 | 66880 |
| 贸易经纪与代理 | 377640 | 249089 | 81465 | 47086 |
| 其他批发 | 1681544 | 1220509 | 302317 | 158718 |
| 再生物资回收与批发 | 483251 | 260324 | 138296 | 84631 |
| 其他未列明的批发 | 1198293 | 960185 | 164021 | 74087 |
| 零售业 | 23675546 | 17088855 | 3362915 | 3223776 |
| 综合零售 | 11846491 | 8920838 | 1143100 | 1782553 |

续表 22

单位：万元

| 行　　业 | 投资额 | 建筑安装工程 | 设备工器具购置 | 其他费用 |
|---|---|---|---|---|
| 百货零售 | 6424352 | 4807542 | 566062 | 1050748 |
| 超级市场零售 | 2844775 | 2036519 | 384154 | 424102 |
| 其他综合零售 | 2577364 | 2076777 | 192884 | 307703 |
| 食品、饮料及烟草制品专门零售 | 1096898 | 816566 | 165131 | 115201 |
| 粮油零售 | 109661 | 77680 | 23754 | 8227 |
| 糕点、面包零售 | 16321 | 13547 | 1816 | 958 |
| 果品、蔬菜零售 | 301828 | 220264 | 45235 | 36329 |
| 肉、禽、蛋及水产品零售 | 127798 | 99373 | 18582 | 9843 |
| 饮料及茶叶零售 | 98655 | 69423 | 20212 | 9020 |
| 烟草制品零售 | 52518 | 32094 | 11454 | 8970 |
| 其他食品零售 | 390117 | 304185 | 44078 | 41854 |
| 纺织、服装及日用品专门零售 | 1439896 | 1062150 | 224500 | 153246 |
| 纺织品及针织品零售 | 167271 | 121729 | 27878 | 17664 |
| 服装零售 | 898012 | 676884 | 119674 | 101454 |
| 鞋帽零售 | 52116 | 35538 | 11426 | 5152 |
| 钟表、眼镜零售 | 45076 | 29264 | 10953 | 4859 |
| 化妆品及卫生用品零售 | 25333 | 13844 | 9201 | 2288 |
| 其他日用品零售 | 252088 | 184891 | 45368 | 21829 |
| 文化、体育用品及器材专门零售 | 576556 | 433096 | 85534 | 57926 |
| 文具用品零售 | 46615 | 34997 | 7055 | 4563 |
| 体育用品零售 | 46398 | 33924 | 4536 | 7938 |
| 图书零售 | 129461 | 102915 | 14267 | 12279 |
| 报刊零售 | 490 | 490 | | |
| 音像制品及电子出版物零售 | 8630 | 6250 | 1180 | 1200 |
| 珠宝首饰零售 | 116107 | 71250 | 30037 | 14820 |
| 工艺美术品及收藏品零售 | 130458 | 100696 | 20316 | 9446 |
| 照相器材零售 | 5689 | 5328 | 311 | 50 |
| 其他文化用品零售 | 92708 | 77246 | 7832 | 7630 |
| 医药及医疗器材专门零售 | 426522 | 246195 | 100645 | 79682 |
| 药品零售 | 331900 | 188762 | 67199 | 75939 |
| 医疗用品及器材零售 | 94622 | 57433 | 33446 | 3743 |
| 汽车、摩托车、燃料及零配件专门零售 | 4194302 | 2729530 | 882348 | 582424 |
| 汽车零售 | 2980237 | 1965291 | 573618 | 441328 |
| 汽车零配件零售 | 361706 | 250513 | 69954 | 41239 |
| 摩托车及零配件零售 | 114345 | 81084 | 25923 | 7338 |
| 机动车燃料零售 | 738014 | 432642 | 212853 | 92519 |
| 家用电器及电子产品专门零售 | 1022408 | 614340 | 254084 | 153984 |
| 家用电器零售 | 571875 | 338344 | 129946 | 103585 |
| 计算机、软件及辅助设备零售 | 183346 | 126167 | 37984 | 19195 |
| 通信设备零售 | 116006 | 66774 | 36425 | 12807 |

续表 23

单位：万元

| 行　　业 | 投资额 | 建筑安装工程 | 设备工器具购置 | 其他费用 |
|---|---|---|---|---|
| 其他电子产品零售 | 151181 | 83055 | 49729 | 18397 |
| 五金、家具及室内装修材料专门零售 | 2143135 | 1605858 | 328743 | 208534 |
| 五金零售 | 299321 | 219246 | 63449 | 16626 |
| 家具零售 | 1154154 | 871437 | 187258 | 95459 |
| 涂料零售 | 33180 | 23115 | 9363 | 702 |
| 其他室内装修材料零售 | 656480 | 492060 | 68673 | 95747 |
| 无店铺及其他零售 | 929338 | 660282 | 178830 | 90226 |
| 流动货摊零售 | 9189 | 9089 | 70 | 30 |
| 邮购及电子销售 | 23717 | 21824 | 750 | 1143 |
| 生活用燃料零售 | 342303 | 234947 | 83837 | 23519 |
| 花卉零售 | 58034 | 45329 | 8355 | 4350 |
| 旧货零售 | 49098 | 28311 | 7682 | 13105 |
| 其他未列明的零售 | 446997 | 320782 | 78136 | 48079 |
| **（九）住宿和餐饮业** | **23286075** | **16910458** | **3318169** | **3057448** |
| 住宿业 | 14878864 | 11003548 | 1713805 | 2161511 |
| 旅游饭店 | 10896953 | 8103939 | 1099564 | 1693450 |
| 一般旅馆 | 2863949 | 2043312 | 505341 | 315296 |
| 其他住宿服务 | 1117962 | 856297 | 108900 | 152765 |
| 餐饮业 | 8407211 | 5906910 | 1604364 | 895937 |
| 正餐服务 | 7107387 | 4975621 | 1356986 | 774780 |
| 快餐服务 | 342570 | 214694 | 98503 | 29373 |
| 饮料及冷饮服务 | 208030 | 142042 | 50375 | 15613 |
| 其他餐饮服务 | 749224 | 574553 | 98500 | 76171 |
| **（十）金融业** | **3485442** | **1849965** | **1139941** | **495536** |
| 银行业 | 2651198 | 1297124 | 953577 | 400497 |
| 中央银行 | 164852 | 119312 | 33039 | 12501 |
| 商业银行 | 2238618 | 1038102 | 885261 | 315255 |
| 其他银行 | 247728 | 139710 | 35277 | 72741 |
| 证券业 | 276752 | 208056 | 64840 | 3856 |
| 证券市场管理 | 69976 | 60604 | 6516 | 2856 |
| 证券经纪与交易 | 162563 | 112949 | 49134 | 480 |
| 证券投资 | 10735 | 7112 | 3623 | |
| 证券分析与咨询 | 33478 | 27391 | 5567 | 520 |
| 保险业 | 179646 | 105488 | 49021 | 25137 |
| 人寿保险 | 121901 | 82172 | 19282 | 20447 |
| 非人寿保险 | 42945 | 16312 | 24953 | 1680 |
| 保险辅助服务 | 14800 | 7004 | 4786 | 3010 |
| 其他金融活动 | 377846 | 239297 | 72503 | 66046 |
| 金融信托与管理 | 77557 | 25366 | 19895 | 32296 |
| 金融租赁 | 65304 | 53178 | 6615 | 5511 |

续表 24 单位：万元

| 行　　业 | 投资额 | 建筑安装工程 | 设备工器具购置 | 其他费用 |
|---|---|---|---|---|
| 财务公司 | 2380 | 1017 | 1363 | |
| 邮政储蓄 | 16705 | 7459 | 8698 | 548 |
| 典当 | 41280 | 27042 | 11327 | 2911 |
| 其他未列明的金融活动 | 174620 | 125235 | 24605 | 24780 |
| **（十一）房地产业** | **431276404** | **314723417** | **6104113** | **110448874** |
| 房地产业 | 431276404 | 314723417 | 6104113 | 110448874 |
| 房地产开发经营 | 382278885 | 275177251 | 4991878 | 102109756 |
| 物业管理 | 1028604 | 713801 | 208131 | 106672 |
| 房地产中介服务 | 285151 | 226389 | 29742 | 29020 |
| 其他房地产活动 | 47683764 | 38605976 | 874362 | 8203426 |
| **（十二）租赁和商务服务业** | **18804384** | **13055020** | **2396996** | **3352368** |
| 租赁业 | 1136169 | 211693 | 892885 | 31591 |
| 机械设备租赁 | 1122596 | 198180 | 892835 | 31581 |
| 汽车租赁 | 103011 | 18895 | 78732 | 5384 |
| 农业机械租赁 | 20954 | 8957 | 9977 | 2020 |
| 建筑工程机械与设备租赁 | 293537 | 113812 | 165984 | 13741 |
| 计算机及通讯设备租赁 | 5280 | 4390 | 460 | 430 |
| 其他机械与设备租赁 | 699814 | 52126 | 637682 | 10006 |
| 文化及日用品出租 | 13573 | 13513 | 50 | 10 |
| 图书及音像制品出租 | 4832 | 4832 | | |
| 其他文化及日用品出租 | 8741 | 8681 | 50 | 10 |
| 商务服务业 | 17668215 | 12843327 | 1504111 | 3320777 |
| 企业管理服务 | 8449599 | 5780275 | 716173 | 1953151 |
| 企业管理机构 | 2734086 | 1893644 | 360325 | 480117 |
| 投资与资产管理 | 4076083 | 2779557 | 241714 | 1054812 |
| 其他企业管理服务 | 1639430 | 1107074 | 114134 | 418222 |
| 法律服务 | 65706 | 50835 | 9321 | 5550 |
| 律师及相关的法律服务 | 53111 | 39951 | 8421 | 4739 |
| 公证服务 | 6420 | 4925 | 870 | 625 |
| 其他法律服务 | 6175 | 5959 | 30 | 186 |
| 咨询与调查 | 440026 | 300359 | 101162 | 38505 |
| 会计、审计及税务服务 | 62888 | 45141 | 15567 | 2180 |
| 市场调查 | 28003 | 12703 | 15141 | 159 |
| 社会经济咨询 | 172483 | 118069 | 31067 | 23347 |
| 其他专业咨询 | 176652 | 124446 | 39387 | 12819 |
| 广告业 | 342400 | 208456 | 110584 | 23360 |
| 知识产权服务 | 33625 | 23525 | 8862 | 1238 |
| 职业中介服务 | 89960 | 63029 | 19461 | 7470 |
| 市场管理 | 2318927 | 1787070 | 175546 | 356311 |
| 旅行社 | 187798 | 135658 | 31085 | 21055 |

单位：万元

| 行　　业 | 投资额 | 建筑安装工程 | 设备工器具购置 | 其他费用 |
|---|---|---|---|---|
| 其他商务服务 | 5740174 | 4494120 | 331917 | 914137 |
| 会议及展览服务 | 2875291 | 2422027 | 119358 | 333906 |
| 包装服务 | 173991 | 86799 | 27175 | 60017 |
| 保安服务 | 42070 | 24034 | 15381 | 2655 |
| 办公服务 | 699295 | 568693 | 61292 | 69310 |
| 其他未列明的商务服务 | 1949527 | 1392567 | 108711 | 448249 |
| **（十三）科研技术服务和地质勘查业** | **10840333** | **6791787** | **2484998** | **1563548** |
| 研究与试验发展 | 3699809 | 2295116 | 892961 | 511732 |
| 自然科学研究与试验发展 | 782804 | 432404 | 263226 | 87174 |
| 工程和技术研究与试验发展 | 1957252 | 1177574 | 484777 | 294901 |
| 农业科学研究与试验发展 | 553790 | 385887 | 86592 | 81311 |
| 医学研究与试验发展 | 306598 | 216706 | 46194 | 43698 |
| 社会人文科学研究与试验发展 | 99365 | 82545 | 12172 | 4648 |
| 专业技术服务业 | 3029829 | 1935768 | 687637 | 406424 |
| 气象服务 | 204921 | 61708 | 128599 | 14614 |
| 地震服务 | 32356 | 20496 | 8887 | 2973 |
| 海洋服务 | 19855 | 2631 | 15599 | 1625 |
| 测绘服务 | 55019 | 30073 | 19056 | 5890 |
| 技术检测 | 769012 | 474910 | 204352 | 89750 |
| 环境监测 | 80888 | 46956 | 21585 | 12347 |
| 工程技术与规划管理 | 1132470 | 792925 | 191725 | 147820 |
| 工程管理服务 | 313712 | 231078 | 58881 | 23753 |
| 工程勘察设计 | 460409 | 280539 | 118010 | 61860 |
| 规划管理 | 358349 | 281308 | 14834 | 62207 |
| 其他专业技术服务 | 735308 | 506069 | 97834 | 131405 |
| 科技交流和推广服务业 | 2350494 | 1591844 | 452013 | 306637 |
| 技术推广服务 | 829248 | 497370 | 244024 | 87854 |
| 科技中介服务 | 669758 | 481452 | 47629 | 140677 |
| 其他科技服务 | 851488 | 613022 | 160360 | 78106 |
| 地质勘查业 | 1760201 | 969059 | 452387 | 338755 |
| 矿产地质勘查 | 1483282 | 746784 | 424490 | 312008 |
| 能源矿产地质勘查 | 1103252 | 552999 | 354066 | 196187 |
| 固体矿产地质勘查 | 363186 | 184348 | 65205 | 113633 |
| 其他矿产地质勘查 | 16844 | 9437 | 5219 | 2188 |
| 基础地质勘查 | 84885 | 64156 | 11340 | 9389 |
| 地质勘查技术服务 | 192034 | 158119 | 16557 | 17358 |
| **（十四）水利环境和公共设施管理业** | **178788972** | **129329082** | **6215500** | **43244390** |
| 水利管理业 | 22179031 | 17440368 | 929627 | 3809036 |
| 防洪管理 | 6840446 | 5607814 | 218359 | 1014273 |
| 水资源管理 | 11649025 | 8808469 | 577797 | 2262759 |

续表 26 单位：万元

| 行　　业 | 投资额 | 建筑安装工程 | 设备工器具购置 | 其他费用 |
|---|---|---|---|---|
| 水库管理 | 4060264 | 3411974 | 120242 | 528048 |
| 调水、引水管理 | 5951577 | 4014230 | 351317 | 1586030 |
| 其他水资源管理 | 1637184 | 1382265 | 106238 | 148681 |
| 其他水利管理 | 3689560 | 3024085 | 133471 | 532004 |
| 环境管理业 | 11973443 | 8277292 | 1380721 | 2315430 |
| 自然保护 | 1028032 | 721127 | 86079 | 220826 |
| 自然保护区管理 | 454804 | 342163 | 24132 | 88509 |
| 野生动植物保护 | 145250 | 77771 | 41000 | 26479 |
| 其他自然保护 | 427978 | 301193 | 20947 | 105838 |
| 环境治理 | 10945411 | 7556165 | 1294642 | 2094604 |
| 城市市容管理 | 1534004 | 951446 | 59799 | 522759 |
| 城市环境卫生管理 | 2373065 | 1726148 | 322814 | 324103 |
| 水污染治理 | 3771273 | 2780173 | 444152 | 546948 |
| 危险废物治理 | 292914 | 145250 | 107943 | 39721 |
| 其他环境治理 | 2974155 | 1953148 | 359934 | 661073 |
| 公共设施管理业 | 144636498 | 103611422 | 3905152 | 37119924 |
| 市政公共设施管理 | 122348383 | 87563349 | 2635403 | 32149631 |
| 城市绿化管理 | 5766481 | 3783995 | 179627 | 1802859 |
| 游览景区管理 | 16521634 | 12264078 | 1090122 | 3167434 |
| 风景名胜区管理 | 5336564 | 4037789 | 358887 | 939888 |
| 公园管理 | 4592539 | 3486396 | 226904 | 879239 |
| 其他游览景区管理 | 6592531 | 4739893 | 504331 | 1348307 |
| **（十五）居民服务和其他服务业** | **5185762** | **3362258** | **1018055** | **805449** |
| 居民服务业 | 3173860 | 2299443 | 541291 | 333126 |
| 家庭服务 | 159101 | 109326 | 24153 | 25622 |
| 托儿所 | 22712 | 13799 | 1408 | 7505 |
| 洗染服务 | 28033 | 14939 | 11846 | 1248 |
| 理发及美容保健服务 | 228541 | 130075 | 79600 | 18866 |
| 洗浴服务 | 774612 | 509929 | 174103 | 90580 |
| 婚姻服务 | 29642 | 19731 | 7603 | 2308 |
| 殡葬服务 | 360136 | 281955 | 33868 | 44313 |
| 摄影扩印服务 | 91485 | 50008 | 32401 | 9076 |
| 其他居民服务 | 1479598 | 1169681 | 176309 | 133608 |
| 其他服务业 | 2011902 | 1062815 | 476764 | 472323 |
| 修理与维护 | 844238 | 441895 | 296480 | 105863 |
| 汽车、摩托车维护与保养 | 747074 | 406834 | 275358 | 64882 |
| 办公设备维修 | 11859 | 3307 | 7163 | 1389 |
| 家用电器修理 | 7621 | 4925 | 1899 | 797 |
| 其他日用品修理 | 77684 | 26829 | 12060 | 38795 |
| 清洁服务 | 104919 | 70632 | 28031 | 6256 |

续表 27　　　　单位：万元

| 行　　业 | 投资额 | 建筑安装工程 | 设备工器具购置 | 其他费用 |
|---|---|---|---|---|
| 建筑物清洁服务 | 3883 | 3634 | 209 | 40 |
| 其他清洁服务 | 101036 | 66998 | 27822 | 6216 |
| 其他未列明的服务 | 1062745 | 550288 | 152253 | 360204 |
| **（十六）教育** | **32424595** | **25957966** | **2766913** | **3699716** |
| 教育 | 32424595 | 25957966 | 2766913 | 3699716 |
| 学前教育 | 739701 | 590537 | 81952 | 67212 |
| 初等教育 | 5527117 | 4752525 | 296706 | 477886 |
| 中等教育 | 12224415 | 10113767 | 770269 | 1340379 |
| 初中教育 | 5351723 | 4591297 | 310394 | 450032 |
| 高中教育 | 3475983 | 2866522 | 200146 | 409315 |
| 中等专业教育 | 988113 | 742555 | 86023 | 159535 |
| 职业中学教育 | 1441971 | 1140191 | 82206 | 219574 |
| 技工学校教育 | 694668 | 546002 | 70001 | 78665 |
| 其他中等教育 | 271957 | 227200 | 21499 | 23258 |
| 高等教育 | 10877194 | 8267922 | 1274210 | 1335062 |
| 普通高等教育 | 9947045 | 7592991 | 1197114 | 1156940 |
| 成人高等教育 | 930149 | 674931 | 77096 | 178122 |
| 其他教育 | 3056168 | 2233215 | 343776 | 479177 |
| 职业技能培训 | 2126646 | 1545409 | 269425 | 311812 |
| 特殊教育 | 148064 | 119531 | 8060 | 20473 |
| 其他未列明的教育 | 781458 | 568275 | 66291 | 146892 |
| **（十七）卫生社会保障和社会福利业** | **16979995** | **12284916** | **3111746** | **1583333** |
| 卫生 | 14476012 | 10267270 | 2929887 | 1278855 |
| 医院 | 11033232 | 7682087 | 2320262 | 1030883 |
| 综合医院 | 8214891 | 5803198 | 1695012 | 716681 |
| 中医医院 | 980406 | 738020 | 142596 | 99790 |
| 中西医结合医院 | 277931 | 170002 | 88476 | 19453 |
| 民族医院 | 45864 | 40450 | 2893 | 2521 |
| 专科医院 | 1210482 | 704173 | 362263 | 144046 |
| 疗养院 | 303658 | 226244 | 29022 | 48392 |
| 卫生院及社区医疗活动 | 1921375 | 1498627 | 306548 | 116200 |
| 门诊部医疗活动 | 313333 | 232909 | 56208 | 24216 |
| 计划生育技术服务活动 | 276976 | 232404 | 27025 | 17547 |
| 妇幼保健活动 | 278210 | 227914 | 30230 | 20066 |
| 专科疾病防治活动 | 70573 | 38074 | 28926 | 3573 |
| 疾病预防控制及防疫活动 | 196223 | 148542 | 27687 | 19994 |
| 其他卫生活动 | 386090 | 206713 | 133001 | 46376 |
| 社会保障业 | 832992 | 646286 | 86893 | 99813 |
| 社会保障业 | 832992 | 646286 | 86893 | 99813 |
| 社会福利业 | 1670991 | 1371360 | 94966 | 204665 |

续表 28　　单位：万元

| 行　　业 | 投资额 | 建筑安装工程 | 设备工器具购置 | 其他费用 |
|---|---|---|---|---|
| 提供住宿的社会福利 | 1440238 | 1203118 | 81697 | 155423 |
| 干部休养所 | 249472 | 222346 | 7085 | 20041 |
| 收养收容服务 | 1190766 | 980772 | 74612 | 135382 |
| 不提供住宿的社会福利 | 230753 | 168242 | 13269 | 49242 |
| **（十八）文化、体育和娱乐业** | **21253927** | **15437325** | **2424627** | **3391975** |
| 新闻出版业 | 529866 | 351982 | 100713 | 77171 |
| 新闻业 | 210624 | 160973 | 20476 | 29175 |
| 出版业 | 319242 | 191009 | 80237 | 47996 |
| 图书出版 | 65674 | 38618 | 24341 | 2715 |
| 报纸出版 | 199733 | 118716 | 37734 | 43283 |
| 期刊出版 | 29655 | 19838 | 9817 | |
| 音像制品出版 | 2960 | 1350 | 1610 | |
| 电子出版物出版 | 4772 | 1772 | 3000 | |
| 其他出版 | 16448 | 10715 | 3735 | 1998 |
| 广播、电视、电影和音像业 | 1630964 | 1001922 | 445542 | 183500 |
| 广播 | 381383 | 261854 | 80855 | 38674 |
| 电视 | 872477 | 482672 | 273240 | 116565 |
| 电影 | 312634 | 215086 | 70868 | 26680 |
| 电影制作与发行 | 89519 | 58513 | 19629 | 11377 |
| 电影放映 | 223115 | 156573 | 51239 | 15303 |
| 音像制作 | 64470 | 42310 | 20579 | 1581 |
| 文化艺术业 | 7188525 | 5638380 | 494400 | 1055745 |
| 文艺创作与表演 | 287171 | 205934 | 37678 | 43559 |
| 艺术表演场馆 | 1172991 | 957324 | 118483 | 97184 |
| 图书馆与档案馆 | 601858 | 499198 | 45076 | 57584 |
| 图书馆 | 469008 | 378958 | 40711 | 49339 |
| 档案馆 | 132850 | 120240 | 4365 | 8245 |
| 文物及文化保护 | 1223255 | 835815 | 29050 | 358390 |
| 博物馆 | 1500899 | 1205651 | 111157 | 184091 |
| 烈士陵园、纪念馆 | 253656 | 204824 | 9561 | 39271 |
| 群众文化活动 | 1572099 | 1285816 | 87129 | 199154 |
| 文化艺术经纪代理 | 79992 | 65366 | 7526 | 7100 |
| 其他文化艺术 | 496604 | 378452 | 48740 | 69412 |
| 体育 | 4192786 | 3303670 | 206865 | 682251 |
| 体育组织 | 273193 | 188162 | 29982 | 55049 |
| 体育场馆 | 3729733 | 2989860 | 140071 | 599802 |
| 其他体育 | 189860 | 125648 | 36812 | 27400 |
| 娱乐业 | 7711786 | 5141371 | 1177107 | 1393308 |
| 室内娱乐活动 | 1614538 | 1060893 | 389521 | 164124 |
| 游乐园 | 1821344 | 1041357 | 428841 | 351146 |

续表 29 单位：万元

| 行业 | 合计 | 中央项目 | 地方项目 | | | | |
|---|---|---|---|---|---|---|---|
| | | | 省属 | 地市属 | 县属 | 其他 |
| 休闲健身娱乐活动 | 3044266 | 4763 | 3039503 | 73358 | 257502 | 491132 | 2217511 |
| 其他娱乐活动 | 1231638 | 72924 | 1158714 | 18527 | 150900 | 302997 | 686290 |
| **（十九）公共管理和社会组织** | **40341512** | **1054092** | **39287420** | **2582560** | **7107054** | **18982189** | **1.1E+07** |
| 中国共产党机关 | 264933 | 44344 | 220589 | 38610 | 44804 | 113187 | 23988 |
| 中国共产党机关 | 264933 | 44344 | 220589 | 38610 | 44804 | 113187 | 23988 |
| 国家机构 | 31381709 | 982857 | 30398852 | 2409787 | 6556615 | 17074032 | 4358418 |
| 国家权力机构 | 1142295 | 99090 | 1043205 | 41839 | 164547 | 607240 | 229579 |
| 国家行政机构 | 28723022 | 792128 | 27930894 | 2157377 | 6081393 | 15688531 | 4003593 |
| 综合事务管理机构 | 10375079 | 240039 | 10135040 | 367805 | 2340297 | 5489254 | 1937684 |
| 对外事务管理机构 | 150572 | 23107 | 127465 | 2451 | 70705 | 48449 | 5860 |
| 公共安全管理机构 | 2800209 | 246143 | 2554066 | 532403 | 850754 | 956551 | 214358 |
| 社会事务管理机构 | 3229070 | 63481 | 3165589 | 191161 | 546434 | 2060135 | 367859 |
| 经济事务管理机构 | 8023281 | 154977 | 7868304 | 633586 | 1547668 | 4809800 | 877250 |
| 政府事务管理机构 | 3186441 | 17871 | 3168570 | 301619 | 543681 | 1822465 | 500805 |
| 行政监督检查机构 | 958370 | 46510 | 911860 | 128352 | 181854 | 501877 | 99777 |
| 人民法院和人民检察院 | 854341 | 20752 | 833589 | 80341 | 234390 | 477754 | 41104 |
| 人民法院 | 463368 | 10423 | 452945 | 31927 | 104951 | 288356 | 27711 |
| 人民检察院 | 390973 | 10329 | 380644 | 48414 | 129439 | 189398 | 13393 |
| 其他国家机构 | 662051 | 70887 | 591164 | 130230 | 76285 | 300507 | 84142 |
| 人民政协和民主党派 | 79773 | 817 | 78956 | 23111 | 15721 | 38734 | 1390 |
| 人民政协 | 56476 | | 56476 | 15240 | 1561 | 38285 | 1390 |
| 民主党派 | 23297 | 817 | 22480 | 7871 | 14160 | 449 | |
| 群众团体、社会团体和宗教组织 | 1130486 | 20537 | 1109949 | 100759 | 149506 | 257118 | 602566 |
| 群众团体 | 146482 | 12000 | 134482 | 8047 | 51175 | 39758 | 35502 |
| 工会 | 85198 | 12000 | 73198 | 3832 | 48025 | 15121 | 6220 |
| 妇联 | 1945 | | 1945 | | 1000 | 945 | |
| 共青团 | 3938 | | 3938 | 838 | 800 | 2300 | |
| 其他群众团体 | 55401 | | 55401 | 3377 | 1350 | 21392 | 29282 |
| 社会团体 | 298643 | 310 | 298333 | 58059 | 20997 | 61040 | 158237 |
| 专业性团体 | 80309 | | 80309 | 7656 | 5020 | 28596 | 39037 |
| 行业性团体 | 98245 | | 98245 | 40172 | 6925 | 22963 | 28185 |
| 其他社会团体 | 120089 | 310 | 119779 | 10231 | 9052 | 9481 | 91015 |
| 宗教组织 | 685361 | 8227 | 677134 | 34653 | 77334 | 156320 | 408827 |
| 基层群众自治组织 | 7484611 | 5537 | 7479074 | 10293 | 340408 | 1499118 | 5629255 |
| 社区自治组织 | 2291115 | 2038 | 2289077 | | 15848 | 480840 | 1792389 |
| 村民自治组织 | 5193496 | 3499 | 5189997 | 10293 | 324560 | 1018278 | 3836866 |
| **（二十）国际组织** | | | | | | | |
| 国际组织 | | | | | | | |

# 国民经济行业小类按隶属关系分的城镇投资

单位：万元

| 行　　业 | 合　　计 | 中央项目 | 地方项目 | | | | |
|---|---|---|---|---|---|---|---|
| | | | | 省　属 | 地市属 | 县　属 | 其　他 |
| **全　国　总　计** | **1939203894** | **206973896** | **1732229998** | **174983776** | **257797224** | **326728681** | **972720317** |
| （一）农、林、牧、渔业 | 33563903 | 369643 | 33194260 | 1442320 | 2125630 | 14001606 | 15624704 |
| 农业 | 7432447 | 101366 | 7331081 | 832201 | 462526 | 2351620 | 3684734 |
| 谷物及其他作物的种植 | 3007807 | 41390 | 2966417 | 811865 | 210381 | 1161117 | 783054 |
| 谷物的种植 | 1744297 | 20981 | 1723316 | 709984 | 87940 | 662575 | 262817 |
| 薯类的种植 | 165786 | 1323 | 164463 | 766 | 1085 | 71698 | 90914 |
| 油料的种植 | 135547 | | 135547 | | 2520 | 67059 | 65968 |
| 豆类的种植 | 99895 | 1400 | 98495 | 81780 | | 12239 | 4476 |
| 棉花的种植 | 70440 | 1045 | 69395 | | 28000 | 30355 | 11040 |
| 麻类的种植 | 13436 | | 13436 | | 2100 | 2595 | 8741 |
| 糖料的种植 | 29814 | | 29814 | 3700 | | 19165 | 6949 |
| 烟草的种植 | 142653 | 6672 | 135981 | 8433 | 22771 | 67922 | 36855 |
| 其他作物的种植 | 605939 | 9969 | 595970 | 7202 | 65965 | 227509 | 295294 |
| 蔬菜、园艺作物的种植 | 2803188 | 52336 | 2750852 | 17578 | 183242 | 688952 | 1861080 |
| 蔬菜的种植 | 1955720 | 45036 | 1910684 | 8908 | 163876 | 592549 | 1145351 |
| 花卉的种植 | 422820 | | 422820 | | 10043 | 56876 | 355901 |
| 其他园艺作物的种植 | 424648 | 7300 | 417348 | 8670 | 9323 | 39527 | 359828 |
| 水果、坚果、饮料和香料作物的种植 | 1357263 | 6190 | 1351073 | 2758 | 58763 | 418083 | 871469 |
| 水果、坚果的种植 | 1034139 | 5659 | 1028480 | 2758 | 56242 | 294967 | 674513 |
| 茶及其他饮料作物的种植 | 297199 | | 297199 | | 1501 | 110012 | 185686 |
| 香料作物的种植 | 25925 | 531 | 25394 | | 1020 | 13104 | 11270 |
| 中药材的种植 | 264189 | 1450 | 262739 | | 10140 | 83468 | 169131 |
| 林业 | 5843141 | 74886 | 5768255 | 333959 | 930733 | 3275015 | 1228548 |
| 林木的培育和种植 | 5546025 | 63807 | 5482218 | 164762 | 887842 | 3240153 | 1189461 |
| 育种和育苗 | 654545 | 1790 | 652755 | 18792 | 29475 | 254329 | 350159 |
| 造林 | 4276601 | 52157 | 4224444 | 95645 | 815912 | 2625144 | 687743 |
| 林木的抚育和管理 | 614879 | 9860 | 605019 | 50325 | 42455 | 360680 | 151559 |
| 木材和竹材的采运 | 202198 | 10888 | 191310 | 110022 | 42891 | 19159 | 19238 |
| 木材的采运 | 199910 | 10888 | 189022 | 110022 | 42891 | 19091 | 17018 |
| 竹材的采运 | 2288 | | 2288 | | | 68 | 2220 |
| 林产品的采集 | 94918 | 191 | 94727 | 59175 | | 15703 | 19849 |
| 畜牧业 | 9662580 | 44238 | 9618342 | 78679 | 257622 | 2287804 | 6994237 |
| 牲畜的饲养 | 3895632 | 30142 | 3865490 | 57498 | 167338 | 1178866 | 2461788 |
| 猪的饲养 | 3394466 | 9469 | 3384997 | 18719 | 72041 | 707025 | 2587212 |
| 家禽的饲养 | 1844051 | 3977 | 1840074 | 1298 | 10415 | 254712 | 1573649 |
| 狩猎和捕捉动物 | 20965 | | 20965 | | | 120 | 20845 |
| 其他畜牧业 | 507466 | 650 | 506816 | 1164 | 7828 | 147081 | 350743 |
| 渔业 | 1298594 | 3866 | 1294728 | 4207 | 43963 | 185412 | 1061146 |
| 海洋渔业 | 628537 | | 628537 | | 9800 | 76081 | 542656 |
| 海水养殖 | 502191 | | 502191 | | 9800 | 51189 | 441202 |

续表 1　　　　单位：万元

| 行　　业 | 合　计 | 中央项目 | 地方项目 | | | | |
| --- | --- | --- | --- | --- | --- | --- | --- |
| | | | | 省　属 | 地市属 | 县　属 | 其　他 |
| 海洋捕捞 | 126346 | | 126346 | | | 24892 | 101454 |
| 内陆渔业 | 670057 | 3866 | 666191 | 4207 | 34163 | 109331 | 518490 |
| 内陆养殖 | 660574 | 3866 | 656708 | 4207 | 34163 | 109331 | 509007 |
| 内陆捕捞 | 9483 | | 9483 | | | | 9483 |
| 农、林、牧、渔服务业 | 9327141 | 145287 | 9181854 | 193274 | 430786 | 5901755 | 2656039 |
| 农业服务业 | 8414924 | 135553 | 8279371 | 145555 | 389547 | 5376491 | 2367778 |
| 灌溉服务 | 2323238 | 45685 | 2277553 | 74693 | 172005 | 1645259 | 385596 |
| 农产品初加工服务 | 932697 | 38169 | 894528 | 8123 | 25023 | 119103 | 742279 |
| 其他农业服务 | 5158989 | 51699 | 5107290 | 62739 | 192519 | 3612129 | 1239903 |
| 林业服务业 | 264612 | 3945 | 260667 | 26333 | 21694 | 168650 | 43990 |
| 畜牧服务业 | 515260 | 5632 | 509628 | 14535 | 16826 | 321689 | 156578 |
| 兽医服务 | 133473 | 2002 | 131471 | 14535 | 5752 | 83109 | 28075 |
| 其他畜牧服务 | 381787 | 3630 | 378157 | | 11074 | 238580 | 128503 |
| 渔业服务业 | 132345 | 157 | 132188 | 6851 | 2719 | 34925 | 87693 |
| **（二）采矿业** | **81708267** | **26272246** | **55436021** | **12715393** | **2052317** | **8423360** | **32244951** |
| 煤炭开采和洗选业 | 30569292 | 2895578 | 27673714 | 8342095 | 1192839 | 5057248 | 13081532 |
| 烟煤和无烟煤的开采洗选 | 27776134 | 2455925 | 25320209 | 8234466 | 1152888 | 4574421 | 11358434 |
| 褐煤的开采洗选 | 2408156 | 439653 | 1968503 | 92797 | 27233 | 334785 | 1513688 |
| 其他煤炭采选 | 385002 | | 385002 | 14832 | 12718 | 148042 | 209410 |
| 石油和天然气开采业 | 27914820 | 22808921 | 5105899 | 2298258 | 286925 | 752639 | 1768077 |
| 天然原油和天然气开采 | 24119062 | 20430948 | 3688114 | 1748945 | 216389 | 593209 | 1129571 |
| 与石油和天然气开采有关的服务活动 | 3795758 | 2377973 | 1417785 | 549313 | 70536 | 159430 | 638506 |
| 黑色金属矿采选业 | 8437870 | 237988 | 8199882 | 1000205 | 141766 | 772833 | 6285078 |
| 铁矿采选 | 7751248 | 236048 | 7515200 | 841801 | 141766 | 705115 | 5826518 |
| 其他黑色金属矿采选 | 686622 | 1940 | 684682 | 158404 | | 67718 | 458560 |
| 有色金属矿采选业 | 8300060 | 233434 | 8066626 | 864050 | 207048 | 1284697 | 5710831 |
| 常用有色金属矿采选 | 4610276 | 202943 | 4407333 | 507744 | 111432 | 586505 | 3201652 |
| 铜矿采选 | 1213079 | 43940 | 1169139 | 217981 | 40339 | 150623 | 760196 |
| 铅锌矿采选 | 1577740 | | 1577740 | 67625 | 25113 | 302290 | 1182712 |
| 镍钴矿采选 | 196642 | 36991 | 159651 | 33205 | | 13911 | 112535 |
| 锡矿采选 | 272391 | | 272391 | 109579 | | 31148 | 131664 |
| 锑矿采选 | 65278 | | 65278 | 7760 | | 19350 | 38168 |
| 铝矿采选 | 665608 | 103177 | 562431 | 36000 | 16122 | 12320 | 497989 |
| 镁矿采选 | 87675 | | 87675 | | 339 | 6950 | 80386 |
| 其他常用有色金属矿采选 | 531863 | 18835 | 513028 | 35594 | 29519 | 49913 | 398002 |
| 贵金属矿采选 | 2382982 | 17582 | 2365400 | 202703 | 56621 | 467330 | 1638746 |
| 金矿采选 | 2241352 | 17582 | 2223770 | 202703 | 55221 | 448856 | 1516990 |
| 银矿采选 | 96276 | | 96276 | | 1400 | 16074 | 78802 |
| 其他贵金属矿采选 | 45354 | | 45354 | | | 2400 | 42954 |
| 稀有稀土金属矿采选 | 1306802 | 12909 | 1293893 | 153603 | 38995 | 230862 | 870433 |

续表 2　　　　　　　　　　　　　　　　　　　　　　　　　　单位：万元

| 行　　业 | 合　计 | 中央项目 | 地方项目 | | | | |
|---|---|---|---|---|---|---|---|
| | | | | 省　属 | 地市属 | 县　属 | 其　他 |
| 钨钼矿采选 | 1003835 | | 1003835 | 113575 | 38995 | 156209 | 695056 |
| 稀土金属矿采选 | 51494 | | 51494 | | | 20262 | 31232 |
| 放射性金属矿采选 | 23129 | 12909 | 10220 | 220 | | 6000 | 4000 |
| 其他稀有金属矿采选 | 228344 | | 228344 | 39808 | | 48391 | 140145 |
| 非金属矿采选业 | 6273698 | 95727 | 6177971 | 179469 | 218639 | 538031 | 5241832 |
| 土砂石开采 | 4374197 | 6106 | 4368091 | 50229 | 83850 | 299742 | 3934270 |
| 石灰石、石膏开采 | 992650 | | 992650 | 14520 | 59906 | 34292 | 883932 |
| 建筑装饰用石开采 | 1304767 | 4000 | 1300767 | 4840 | 4360 | 120603 | 1170964 |
| 耐火土石开采 | 517707 | | 517707 | 10012 | | 27678 | 480017 |
| 粘土及其他土砂石开采 | 1559073 | 2106 | 1556967 | 20857 | 19584 | 117169 | 1399357 |
| 化学矿采选 | 500140 | 80141 | 419999 | 67354 | 20620 | 60180 | 271845 |
| 采盐 | 302753 | 9345 | 293408 | 45716 | 45059 | 83986 | 118647 |
| 石棉及其他非金属矿采选 | 1096608 | 135 | 1096473 | 16170 | 69110 | 94123 | 917070 |
| 石棉、云母矿采选 | 24076 | | 24076 | | | 6500 | 17576 |
| 石墨、滑石采选 | 181012 | | 181012 | | 1000 | 15594 | 164418 |
| 宝石、玉石开采 | 42410 | | 42410 | 8400 | | 3213 | 30797 |
| 其他非金属矿采选 | 849110 | 135 | 848975 | 7770 | 68110 | 68816 | 704279 |
| 其他采矿业 | 212527 | 598 | 211929 | 31316 | 5100 | 17912 | 157601 |
| 其他采矿业 | 212527 | 598 | 211929 | 31316 | 5100 | 17912 | 157601 |
| **（三）制造业** | **587060676** | **31046720** | **556013956** | **27006102** | **42196533** | **59686709** | **427124612** |
| 农副食品加工业 | 28301065 | 152063 | 28149002 | 209639 | 971412 | 3351608 | 23616343 |
| 谷物磨制 | 4574118 | 58958 | 4515160 | 26212 | 196322 | 415022 | 3877604 |
| 饲料加工 | 3402681 | 7316 | 3395365 | 16054 | 51552 | 258358 | 3069401 |
| 植物油加工 | 4112711 | 17425 | 4095286 | 28215 | 198585 | 574485 | 3294001 |
| 食用植物油加工 | 3749125 | 17425 | 3731700 | 28215 | 188095 | 519296 | 2996094 |
| 非食用植物油加工 | 363586 | | 363586 | | 10490 | 55189 | 297907 |
| 制糖 | 692828 | 3650 | 689178 | 32782 | 21788 | 216416 | 418192 |
| 屠宰及肉类加工 | 5803210 | 26480 | 5776730 | 17928 | 200937 | 906807 | 4651058 |
| 畜禽屠宰 | 2747980 | 19387 | 2728593 | 3318 | 108606 | 482967 | 2133702 |
| 肉制品及副产品加工 | 3055230 | 7093 | 3048137 | 14610 | 92331 | 423840 | 2517356 |
| 水产品加工 | 1691109 | 24 | 1691085 | 2296 | 54506 | 119192 | 1515091 |
| 水产品冷冻加工 | 1190497 | | 1190497 | 2296 | 49806 | 46117 | 1092278 |
| 鱼糜制品及水产品干腌制加工 | 191563 | | 191563 | | | 23797 | 167766 |
| 水产饲料制造 | 101557 | | 101557 | | | 1030 | 100527 |
| 鱼油提取及制品的制造 | 10579 | | 10579 | | | | 10579 |
| 其他水产品加工 | 196913 | 24 | 196889 | | 4700 | 48248 | 143941 |
| 蔬菜、水果和坚果加工 | 3403394 | 35955 | 3367439 | 22820 | 62658 | 296609 | 2985352 |
| 其他农副食品加工 | 4621014 | 2255 | 4618759 | 63332 | 185064 | 564719 | 3805644 |
| 淀粉及淀粉制品的制造 | 1829264 | 380 | 1828884 | 49195 | 100898 | 212012 | 1466779 |
| 豆制品制造 | 746870 | | 746870 | | 5274 | 57857 | 683739 |

续表 3

单位：万元

| 行　　业 | 合　计 | 中央项目 | 地方项目 | | | | |
|---|---|---|---|---|---|---|---|
| | | | | 省　属 | 地市属 | 县　属 | 其　他 |
| 蛋品加工 | 168204 | | 168204 | 465 | | 39764 | 127975 |
| 其他未列明的农副食品加工 | 1876676 | 1875 | 1874801 | 13672 | 78892 | 255086 | 1527151 |
| 食品制造业 | 15094662 | 99293 | 14995369 | 170111 | 729437 | 1854891 | 12240930 |
| 焙烤食品制造 | 2219969 | 8200 | 2211769 | 708 | 56388 | 135679 | 2018994 |
| 糕点、面包制造 | 1002702 | | 1002702 | 708 | 22462 | 39421 | 940111 |
| 饼干及其他焙烤食品制造 | 1217267 | 8200 | 1209067 | | 33926 | 96258 | 1078883 |
| 糖果、巧克力及蜜饯制造 | 827318 | | 827318 | 3924 | 18709 | 34722 | 769963 |
| 糖果、巧克力制造 | 532195 | | 532195 | 3924 | 11658 | 28156 | 488457 |
| 蜜饯制作 | 295123 | | 295123 | | 7051 | 6566 | 281506 |
| 方便食品制造 | 2826314 | 554 | 2825760 | 24936 | 130158 | 253703 | 2416963 |
| 米、面制品制造 | 1270435 | 554 | 1269881 | 24936 | 47228 | 132794 | 1064923 |
| 速冻食品制造 | 614148 | | 614148 | | 49008 | 31662 | 533478 |
| 方便面及其他方便食品制造 | 941731 | | 941731 | | 33922 | 89247 | 818562 |
| 液体乳及乳制品制造 | 1408067 | 5794 | 1402273 | 76152 | 184908 | 343591 | 797622 |
| 罐头制造 | 1129947 | 63887 | 1066060 | 806 | 11886 | 163245 | 890123 |
| 肉、禽类罐头制造 | 199977 | | 199977 | | 6672 | 65449 | 127856 |
| 水产品罐头制造 | 70128 | | 70128 | 806 | | 11055 | 58267 |
| 蔬菜、水果罐头制造 | 681808 | 63657 | 618151 | | 50 | 48875 | 569226 |
| 其他罐头食品制造 | 178034 | 230 | 177804 | | 5164 | 37866 | 134774 |
| 调味品、发酵制品制造 | 2066629 | | 2066629 | 15518 | 58237 | 321098 | 1671776 |
| 味精制造 | 536664 | | 536664 | 10010 | 17540 | 98478 | 410636 |
| 酱油、食醋及类似制品的制造 | 600745 | | 600745 | 2800 | 8542 | 118824 | 470579 |
| 其他调味品、发酵制品制造 | 929220 | | 929220 | 2708 | 32155 | 103796 | 790561 |
| 其他食品制造 | 4616418 | 20858 | 4595560 | 48067 | 269151 | 602853 | 3675489 |
| 营养、保健食品制造 | 1219257 | | 1219257 | 4000 | 14291 | 124049 | 1076917 |
| 冷冻饮品及食用冰制造 | 424582 | | 424582 | 1692 | 21207 | 18540 | 383143 |
| 盐加工 | 295950 | 20683 | 275267 | 7413 | 63520 | 55998 | 148336 |
| 食品及饲料添加剂制造 | 1434133 | | 1434133 | 6015 | 44228 | 263395 | 1120495 |
| 其他未列明的食品制造 | 1242496 | 175 | 1242321 | 28947 | 125905 | 140871 | 946598 |
| 饮料制造业 | 10788469 | 53843 | 10734626 | 161969 | 654012 | 1648981 | 8269664 |
| 酒精制造 | 780753 | 25468 | 755285 | 5400 | 96399 | 115272 | 538214 |
| 酒的制造 | 4883404 | 13012 | 4870392 | 123340 | 331920 | 984601 | 3430531 |
| 白酒制造 | 2644590 | 250 | 2644340 | 85654 | 140489 | 654369 | 1763828 |
| 啤酒制造 | 1179205 | 12572 | 1166633 | 9588 | 166501 | 196272 | 794272 |
| 黄酒制造 | 164947 | | 164947 | 8580 | 9396 | 21265 | 125706 |
| 葡萄酒制造 | 601812 | 190 | 601622 | 15583 | 15013 | 64811 | 506215 |
| 其他酒制造 | 292850 | | 292850 | 3935 | 521 | 47884 | 240510 |
| 软饮料制造 | 4283583 | 15363 | 4268220 | 33229 | 189458 | 450624 | 3594909 |
| 碳酸饮料制造 | 647471 | | 647471 | 13600 | 46535 | 18853 | 568483 |
| 瓶（罐）装饮用水制造 | 1007520 | 10599 | 996921 | | 68344 | 119234 | 809343 |

续表 4　　　　　　　　　　　　　　　　　　　　　　　　　　　　　　单位：万元

| 行　　业 | 合　计 | 中央项目 | 地方项目 | | | | |
|---|---|---|---|---|---|---|---|
| | | | | 省　属 | 地市属 | 县　属 | 其　他 |
| 果菜汁及果菜汁饮料制造 | 1301110 | | 1301110 | 15282 | 33398 | 168601 | 1083829 |
| 含乳饮料和植物蛋白饮料制 | 604869 | | 604869 | | 11750 | 66411 | 526708 |
| 固体饮料制造 | 126871 | | 126871 | 4347 | 240 | 42423 | 79861 |
| 茶饮料及其他软饮料制造 | 595742 | 4764 | 590978 | | 29191 | 35102 | 526685 |
| 精制茶加工 | 840729 | | 840729 | | 36235 | 98484 | 706010 |
| 烟草制品业 | 2166077 | 1066641 | 1099436 | 721627 | 203541 | 54088 | 120180 |
| 烟叶复烤 | 197669 | 70757 | 126912 | 24005 | 47467 | 29756 | 25684 |
| 卷烟制造 | 1884607 | 987786 | 896821 | 678454 | 149241 | 15186 | 53940 |
| 其他烟草制品加工 | 83801 | 8098 | 75703 | 19168 | 6833 | 9146 | 40556 |
| 纺织业 | 17643749 | 40529 | 17603220 | 119167 | 797308 | 1822127 | 14864618 |
| 棉、化纤纺织及印染精加工 | 9001205 | 29509 | 8971696 | 26110 | 308360 | 1037493 | 7599733 |
| 棉、化纤纺织加工 | 7983366 | 27294 | 7956072 | 21961 | 296815 | 953751 | 6683545 |
| 棉、化纤印染精加工 | 1017839 | 2215 | 1015624 | 4149 | 11545 | 83742 | 916188 |
| 毛纺织和染整精加工 | 885337 | 600 | 884737 | 8538 | 153079 | 88064 | 635056 |
| 毛条加工 | 163615 | | 163615 | | 4985 | 21496 | 137134 |
| 毛纺织 | 562252 | 600 | 561652 | 5837 | 140727 | 47836 | 367252 |
| 毛染整精加工 | 159470 | | 159470 | 2701 | 7367 | 18732 | 130670 |
| 麻纺织 | 290617 | | 290617 | 11619 | 16474 | 43874 | 218650 |
| 丝绢纺织及精加工 | 738247 | | 738247 | 4700 | 13157 | 104442 | 615948 |
| 缫丝加工 | 302401 | | 302401 | 4700 | 6250 | 52077 | 239374 |
| 绢纺和丝织加工 | 339242 | | 339242 | | 6907 | 50365 | 281970 |
| 丝印染精加工 | 96604 | | 96604 | | | 2000 | 94604 |
| 纺织制成品制造 | 3722372 | 3418 | 3718954 | 34665 | 181935 | 278761 | 3223593 |
| 棉及化纤制品制造 | 1664141 | | 1664141 | 33826 | 118405 | 136395 | 1375515 |
| 毛制品制造 | 138810 | | 138810 | | 9215 | 6380 | 123215 |
| 麻制品制造 | 59973 | | 59973 | | | 2900 | 57073 |
| 丝制品制造 | 156712 | | 156712 | | | 8231 | 148481 |
| 绳、索、缆的制造 | 160067 | | 160067 | | 2000 | 7735 | 150332 |
| 纺织带和帘子布制造 | 167208 | | 167208 | | | 14949 | 152259 |
| 无纺布制造 | 703536 | 3418 | 700118 | | 14231 | 37530 | 648357 |
| 其他纺织制成品制造 | 671925 | | 671925 | 839 | 38084 | 64641 | 568361 |
| 针织品、编织品及其制品制造 | 3005971 | 7002 | 2998969 | 33535 | 124303 | 269493 | 2571638 |
| 棉、化纤针织品及编织品制造 | 1706654 | 542 | 1706112 | 31103 | 93343 | 114956 | 1466710 |
| 毛针织品及编织品制造 | 643406 | 175 | 643231 | 2432 | 5723 | 61310 | 573766 |
| 丝针织品及编织品制造 | 196548 | 6285 | 190263 | | 2695 | 7818 | 179750 |
| 其他针织品及编织品制造 | 459363 | | 459363 | | 22542 | 85409 | 351412 |
| 纺织服装、鞋、帽制造业 | 10505938 | 21434 | 10484504 | 55808 | 302489 | 794927 | 9331280 |
| 纺织服装制造 | 9679183 | 21434 | 9657749 | 55808 | 293167 | 739060 | 8569714 |
| 纺织面料鞋的制造 | 722783 | | 722783 | | 8342 | 49433 | 665008 |
| 制帽 | 103972 | | 103972 | | 980 | 6434 | 96558 |

续表 5　　单位：万元

| 行　业 | 合　计 | 中央项目 | 地方项目 | | | | |
|---|---|---|---|---|---|---|---|
| | | | 省　属 | 地市属 | 县　属 | 其　他 | |
| 皮革、毛皮、羽毛(绒)及其制品业 | 5182309 | 13156 | 5169153 | 13983 | 86164 | 789390 | 4279616 |
| 皮革鞣制加工 | 619200 | | 619200 | 1332 | 1 | 165305 | 452562 |
| 皮革制品制造 | 3842046 | 12624 | 3829422 | 11351 | 67882 | 592637 | 3157552 |
| 皮鞋制造 | 2424514 | 12624 | 2411890 | 11351 | 24900 | 421333 | 1954306 |
| 皮革服装制造 | 252272 | | 252272 | | 16388 | 61500 | 174384 |
| 皮箱、包(袋)制造 | 638902 | | 638902 | | 24394 | 68386 | 546122 |
| 皮手套及皮装饰制品制造 | 133517 | | 133517 | | | 14726 | 118791 |
| 其他皮革制品制造 | 392841 | | 392841 | | 2200 | 26692 | 363949 |
| 毛皮鞣制及制品加工 | 404004 | 532 | 403472 | | 8670 | 18462 | 376340 |
| 毛皮鞣制加工 | 152888 | | 152888 | | | 7547 | 145341 |
| 毛皮服装加工 | 184715 | 532 | 184183 | | | 4115 | 180068 |
| 其他毛皮制品加工 | 66401 | | 66401 | | 8670 | 6800 | 50931 |
| 羽毛(绒)加工及制品制造 | 317059 | | 317059 | 1300 | 9611 | 12986 | 293162 |
| 羽毛(绒)加工 | 156368 | | 156368 | | 9611 | 1500 | 145257 |
| 羽毛(绒)制品加工 | 160691 | | 160691 | 1300 | | 11486 | 147905 |
| 木材加工及木竹藤棕草制品制造 | 10164864 | 10958 | 10153906 | 76046 | 239873 | 1059814 | 8778173 |
| 锯材、木片加工 | 2336808 | | 2336808 | 29167 | 15184 | 291520 | 2000937 |
| 锯材加工 | 1382548 | | 1382548 | 24632 | 5930 | 192512 | 1159474 |
| 木片加工 | 954260 | | 954260 | 4535 | 9254 | 99008 | 841463 |
| 人造板制造 | 4587595 | 3670 | 4583925 | 21569 | 179053 | 486460 | 3896843 |
| 胶合板制造 | 1684858 | | 1684858 | | 17716 | 123482 | 1543660 |
| 纤维板制造 | 959582 | 3670 | 955912 | 20069 | 67177 | 181413 | 687253 |
| 刨花板制造 | 403685 | | 403685 | | 18472 | 39840 | 345373 |
| 其他人造板、材制造 | 1539470 | | 1539470 | 1500 | 75688 | 141725 | 1320557 |
| 木制品制造 | 2499357 | 7288 | 2492069 | 25310 | 38211 | 220810 | 2207738 |
| 建筑用木料及木材组件加工 | 1620738 | 7288 | 1613450 | 18874 | 26227 | 69998 | 1498351 |
| 木容器制造 | 154380 | | 154380 | | 1573 | 18942 | 133865 |
| 软木制品及其他木制品制造 | 724239 | | 724239 | 6436 | 10411 | 131870 | 575522 |
| 竹、藤、棕、草制品制造 | 741104 | | 741104 | | 7425 | 61024 | 672655 |
| 家具制造业 | 6451610 | | 6451610 | 19236 | 159612 | 261919 | 6010843 |
| 木质家具制造 | 4544454 | | 4544454 | 18974 | 93797 | 198731 | 4232952 |
| 竹、藤家具制造 | 123523 | | 123523 | | 6110 | 10871 | 106542 |
| 金属家具制造 | 898869 | | 898869 | | 1451 | 24666 | 872752 |
| 塑料家具制造 | 98437 | | 98437 | | 3902 | 3600 | 90935 |
| 其他家具制造 | 786327 | | 786327 | 262 | 54352 | 24051 | 707662 |
| 造纸及纸制品业 | 12441015 | 21995 | 12419020 | 245508 | 858565 | 1454827 | 9860120 |
| 纸浆制造 | 2446605 | 9042 | 2437563 | 95866 | 294887 | 351931 | 1694879 |
| 造纸 | 5707577 | 11183 | 5696394 | 145102 | 399610 | 735483 | 4416199 |
| 机制纸及纸板制造 | 4894774 | 11183 | 4883591 | 139604 | 381337 | 653603 | 3709047 |
| 手工纸制造 | 139696 | | 139696 | | 935 | 3647 | 135114 |

续表 6

单位：万元

| 行　　业 | 合　计 | 中央项目 | 地方项目 | | | | |
|---|---|---|---|---|---|---|---|
| | | | | 省　属 | 地市属 | 县　属 | 其　他 |
| 加工纸制造 | 673107 | | 673107 | 5498 | 17338 | 78233 | 572038 |
| 纸制品制造 | 4286833 | 1770 | 4285063 | 4540 | 164068 | 367413 | 3749042 |
| 纸和纸板容器的制造 | 2473095 | 1200 | 2471895 | 3062 | 129990 | 211181 | 2127662 |
| 其他纸制品制造 | 1813738 | 570 | 1813168 | 1478 | 34078 | 156232 | 1621380 |
| 印刷业和记录媒介的复制 | 5673712 | 96855 | 5576857 | 236623 | 339548 | 439701 | 4560985 |
| 印刷 | 5189863 | 92104 | 5097759 | 178656 | 298881 | 401977 | 4218245 |
| 书、报、刊印刷 | 1230474 | 30697 | 1199777 | 128964 | 93717 | 85523 | 891573 |
| 本册印制 | 334912 | | 334912 | 10681 | 9205 | 33339 | 281687 |
| 包装装潢及其他印刷 | 3624477 | 61407 | 3563070 | 39011 | 195959 | 283115 | 3044985 |
| 装订及其他印刷服务活动 | 309596 | | 309596 | 15167 | 19557 | 27299 | 247573 |
| 记录媒介的复制 | 174253 | 4751 | 169502 | 42800 | 21110 | 10425 | 95167 |
| 文教体育用品制造业 | 2172265 | | 2172265 | 1807 | 94632 | 145514 | 1930312 |
| 文化用品制造 | 457548 | | 457548 | 1807 | 9123 | 26705 | 419913 |
| 文具制造 | 162134 | | 162134 | | 2000 | 3310 | 156824 |
| 笔的制造 | 131663 | | 131663 | | 1732 | 9964 | 119967 |
| 教学用模型及教具制造 | 54545 | | 54545 | | | 1201 | 53344 |
| 墨水、墨汁制造 | 34313 | | 34313 | | | 7200 | 27113 |
| 其他文化用品制造 | 74893 | | 74893 | 1807 | 5391 | 5030 | 62665 |
| 体育用品制造 | 748593 | | 748593 | | 7402 | 78753 | 662438 |
| 球类制造 | 76570 | | 76570 | | 7252 | 90 | 69228 |
| 体育器材及配件制造 | 246237 | | 246237 | | | 23563 | 222674 |
| 训练健身器材制造 | 134934 | | 134934 | | | 8117 | 126817 |
| 运动防护用具制造 | 96913 | | 96913 | | 150 | 3500 | 93263 |
| 其他体育用品制造 | 193939 | | 193939 | | | 43483 | 150456 |
| 乐器制造 | 123981 | | 123981 | | 2184 | 10856 | 110941 |
| 中乐器制造 | 22908 | | 22908 | | | 6958 | 15950 |
| 西乐器制造 | 63769 | | 63769 | | 2184 | 1183 | 60402 |
| 电子乐器制造 | 10304 | | 10304 | | | 2715 | 7589 |
| 其他乐器及零件制造 | 27000 | | 27000 | | | | 27000 |
| 玩具制造 | 703998 | | 703998 | | 75923 | 29200 | 598875 |
| 游艺器材及娱乐用品制造 | 138145 | | 138145 | | | | 138145 |
| 露天游乐场所游乐设备制造 | 91948 | | 91948 | | | | 91948 |
| 游艺用品及室内游艺器材制造 | 46197 | | 46197 | | | | 46197 |
| 石油加工、炼焦及核燃料加工业 | 18398163 | 5622706 | 12775457 | 1502149 | 1276077 | 2340151 | 7657080 |
| 精炼石油产品的制造 | 11302188 | 5287542 | 6014646 | 855403 | 727354 | 908499 | 3523390 |
| 原油加工及石油制品制造 | 10776923 | 5034533 | 5742390 | 770699 | 720404 | 882514 | 3368773 |
| 人造原油生产 | 525265 | 253009 | 272256 | 84704 | 6950 | 25985 | 154617 |
| 炼焦及其他 | 7095975 | 335164 | 6760811 | 646746 | 548723 | 1431652 | 4133690 |
| 化学原料及化学制品制造业 | 59798935 | 3547208 | 56251727 | 4219961 | 6326652 | 8468509 | 37236605 |

续表 7　　单位：万元

| 行　业 | 合　计 | 中央项目 | 地方项目 | | | | |
|---|---|---|---|---|---|---|---|
| | | | | 省　属 | 地市属 | 县　属 | 其　他 |
| 基础化学原料制造 | 22857976 | 2363741 | 20494235 | 2427820 | 2523808 | 3301430 | 12241177 |
| 无机酸制造 | 1971079 | 4951 | 1966128 | 44667 | 135912 | 656522 | 1129027 |
| 无机碱制造 | 3138660 | 31109 | 3107551 | 830789 | 552919 | 641737 | 1082106 |
| 无机盐制造 | 2394807 | 326588 | 2068219 | 141505 | 94973 | 445696 | 1386045 |
| 有机化学原料制造 | 11770857 | 1599636 | 10171221 | 1304017 | 1309056 | 1116069 | 6442079 |
| 其他基础化学原料制造 | 3582573 | 401457 | 3181116 | 106842 | 430948 | 441406 | 2201920 |
| 肥料制造 | 9358184 | 273566 | 9084618 | 1103817 | 1323766 | 1685455 | 4971580 |
| 氮肥制造 | 4127463 | 160684 | 3966779 | 631972 | 1113899 | 727755 | 1493153 |
| 磷肥制造 | 989712 | 670 | 989042 | 194711 | 62856 | 236463 | 495012 |
| 钾肥制造 | 327039 | | 327039 | | 1200 | 142327 | 183512 |
| 复混肥料制造 | 2337070 | 112142 | 2224928 | 226551 | 90917 | 368496 | 1538964 |
| 有机肥料及微生物肥料制造 | 1135126 | 70 | 1135056 | 5909 | 28334 | 180532 | 920281 |
| 其他肥料制造 | 441774 | | 441774 | 44674 | 26560 | 29882 | 340658 |
| 农药制造 | 2245427 | 2350 | 2243077 | 17145 | 160589 | 329624 | 1735719 |
| 化学农药制造 | 1427090 | 2350 | 1424740 | 17145 | 72144 | 229994 | 1105457 |
| 生物化学农药及微生物农药制造 | 818337 | | 818337 | | 88445 | 99630 | 630262 |
| 涂料、油墨、颜料及类似产品制造 | 3459419 | 6210 | 3453209 | 49359 | 116273 | 233843 | 3053734 |
| 涂料制造 | 1774296 | 6000 | 1768296 | 17112 | 76886 | 154336 | 1519962 |
| 油墨及类似产品制造 | 221963 | | 221963 | 3072 | 14309 | 2384 | 202198 |
| 颜料制造 | 377714 | | 377714 | 27645 | 20250 | 13380 | 316439 |
| 染料制造 | 523095 | 210 | 522885 | 1530 | | 54491 | 466864 |
| 密封用填料及类似品制造 | 562351 | | 562351 | | 4828 | 9252 | 548271 |
| 合成材料制造 | 4848207 | 427551 | 4420656 | 236608 | 359472 | 695397 | 3129179 |
| 初级形态的塑料及合成树脂制造 | 2627682 | 187080 | 2440602 | 149258 | 147318 | 517944 | 1626082 |
| 合成橡胶制造 | 856342 | 2863 | 853479 | 278 | 102451 | 25862 | 724888 |
| 合成纤维单(聚合)体的制造 | 759889 | 237608 | 522281 | 77690 | 81039 | 86935 | 276617 |
| 其他合成材料制造 | 604294 | | 604294 | 9382 | 28664 | 64656 | 501592 |
| 专用化学产品制造 | 14544261 | 468465 | 14075796 | 349087 | 1118391 | 1991318 | 10617000 |
| 化学试剂和助剂制造 | 3646297 | 35614 | 3610683 | 29419 | 89958 | 497741 | 2993565 |
| 专项化学用品制造 | 4301633 | 113526 | 4188107 | 16360 | 442145 | 821836 | 2907766 |
| 林产化学产品制造 | 423716 | | 423716 | 1722 | 11810 | 42741 | 367443 |
| 环境污染处理专用药剂材料制造 | 353222 | 1650 | 351572 | 2937 | 15462 | 77418 | 255755 |
| 动物胶制造 | 133081 | | 133081 | 17567 | 2920 | 28341 | 84253 |
| 其他专用化学产品制造 | 5686312 | 317675 | 5368637 | 281082 | 556096 | 523241 | 4008218 |
| 日用化学产品制造 | 2485461 | 5325 | 2480136 | 36125 | 724353 | 231442 | 1488216 |
| 肥皂及合成洗涤剂制造 | 508102 | | 508102 | 792 | 60313 | 63393 | 383604 |
| 化妆品制造 | 309694 | | 309694 | 2472 | 40001 | 16410 | 250811 |
| 口腔清洁用品制造 | 18158 | | 18158 | | 2355 | 92 | 15711 |

续表 8　　　　单位：万元

| 行　　业 | 合　计 | 中央项目 | 地方项目 | | | | |
|---|---|---|---|---|---|---|---|
| | | | | 省　属 | 地市属 | 县　属 | 其　他 |
| 香料、香精制造 | 343314 | 5325 | 337989 | 18150 | 12126 | 24809 | 282904 |
| 其他日用化学产品制造 | 1306193 | | 1306193 | 14711 | 609558 | 126738 | 555186 |
| 医药制造业 | 14542899 | 83098 | 14459801 | 456898 | 1312852 | 1943932 | 10746119 |
| 化学药品原药制造 | 2560509 | 4310 | 2556199 | 104325 | 161434 | 348423 | 1942017 |
| 化学药品制剂制造 | 2875567 | 3148 | 2872419 | 96764 | 223384 | 360978 | 2191293 |
| 中药饮片加工 | 1475227 | 1061 | 1474166 | 14608 | 213099 | 230987 | 1015472 |
| 中成药制造 | 2920424 | 11845 | 2908579 | 165108 | 239047 | 481608 | 2022816 |
| 兽用药品制造 | 878464 | 30835 | 847629 | 7011 | 91794 | 99474 | 649350 |
| 生物、生化制品的制造 | 2621882 | 31899 | 2589983 | 60067 | 168483 | 289849 | 2071584 |
| 卫生材料及医药用品制造 | 1210826 | | 1210826 | 9015 | 215611 | 132613 | 853587 |
| 化学纤维制造业 | 2760786 | 142790 | 2617996 | 50687 | 188400 | 231375 | 2147534 |
| 纤维素纤维原料及纤维制造 | 1061437 | 4923 | 1056514 | 5000 | 108761 | 96051 | 846702 |
| 化纤浆粕制造 | 402778 | | 402778 | | 10500 | 15307 | 376971 |
| 人造纤维（纤维素纤维）制造 | 658659 | 4923 | 653736 | 5000 | 98261 | 80744 | 469731 |
| 合成纤维制造 | 1699349 | 137867 | 1561482 | 45687 | 79639 | 135324 | 1300832 |
| 锦纶纤维制造 | 183743 | | 183743 | 7650 | 3948 | 21555 | 150590 |
| 涤纶纤维制造 | 576074 | 383 | 575691 | 1387 | 32118 | 26036 | 516150 |
| 腈纶纤维制造 | 34596 | 1618 | 32978 | | | 11737 | 21241 |
| 维纶纤维制造 | 236556 | 135866 | 100690 | 30991 | 2191 | | 67508 |
| 其他合成纤维制造 | 668380 | | 668380 | 5659 | 41382 | 75996 | 545343 |
| 橡胶制品业 | 6582076 | 74353 | 6507723 | 222333 | 545818 | 592978 | 5146594 |
| 轮胎制造 | 2670766 | 74353 | 2596413 | 119483 | 274870 | 264804 | 1937256 |
| 车辆、飞机及工程机械轮胎制造 | 2344671 | 74353 | 2270318 | 119483 | 266185 | 263029 | 1621621 |
| 力车胎制造 | 167789 | | 167789 | | 3368 | | 164421 |
| 轮胎翻新加工 | 158306 | | 158306 | | 5317 | 1775 | 151214 |
| 橡胶板、管、带的制造 | 1559031 | | 1559031 | 83160 | 189234 | 79129 | 1207508 |
| 橡胶零件制造 | 775700 | | 775700 | 2703 | 41194 | 24952 | 706851 |
| 再生橡胶制造 | 243123 | | 243123 | | 1705 | 21177 | 220241 |
| 日用及医用橡胶制品制造 | 383770 | | 383770 | | 987 | 152558 | 230225 |
| 橡胶靴鞋制造 | 140749 | | 140749 | 12490 | 3083 | 6130 | 119046 |
| 其他橡胶制品制造 | 808937 | | 808937 | 4497 | 34745 | 44228 | 725467 |
| 塑料制品业 | 14057149 | 24181 | 14032968 | 229647 | 458263 | 1144924 | 12200134 |
| 塑料薄膜制造 | 1677039 | 530 | 1676509 | 18601 | 17167 | 135900 | 1504841 |
| 塑料板、管、型材的制造 | 4722492 | 605 | 4721887 | 190603 | 196616 | 509295 | 3825373 |
| 塑料丝、绳及编织品的制造 | 1262917 | 16147 | 1246770 | 1310 | 38907 | 112300 | 1094253 |
| 泡沫塑料制造 | 759993 | | 759993 | 1038 | 1980 | 38041 | 718934 |
| 塑料人造革、合成革制造 | 480500 | | 480500 | | 4104 | 3700 | 472696 |
| 塑料包装箱及容器制造 | 1552739 | 670 | 1552069 | 5926 | 46363 | 67824 | 1431956 |
| 塑料零件制造 | 868098 | 5899 | 862199 | 2473 | 54169 | 62703 | 742854 |
| 日用塑料制造 | 1217138 | | 1217138 | | 10913 | 65950 | 1140275 |

续表 9 单位：万元

| 行　　业 | 合　计 | 中央项目 | 地方项目 | | | | |
|---|---|---|---|---|---|---|---|
| | | | | 省　属 | 地市属 | 县　属 | 其　他 |
| 塑料鞋制造 | 221022 | | 221022 | | 176 | 1626 | 219220 |
| 日用塑料杂品制造 | 996116 | | 996116 | | 10737 | 64324 | 921055 |
| 其他塑料制品制造 | 1516233 | 330 | 1515903 | 9696 | 88044 | 149211 | 1268952 |
| 非金属矿物制品业 | 59044427 | 1124833 | 57919594 | 1459840 | 2548109 | 7050662 | 46860983 |
| 水泥、石灰和石膏的制造 | 16780266 | 437862 | 16342404 | 1096385 | 1039563 | 3170483 | 11035973 |
| 水泥制造 | 15815308 | 422600 | 15392708 | 1093646 | 1021121 | 3059406 | 10218535 |
| 石灰和石膏制造 | 964958 | 15262 | 949696 | 2739 | 18442 | 111077 | 817438 |
| 水泥及石膏制品制造 | 7637986 | 139731 | 7498255 | 90835 | 303121 | 501195 | 6603104 |
| 水泥制品制造 | 4228002 | 74319 | 4153683 | 73685 | 178727 | 319447 | 3581824 |
| 砼结构构件制造 | 1432561 | 62080 | 1370481 | 13750 | 50071 | 105864 | 1200796 |
| 石棉水泥制品制造 | 127250 | 2512 | 124738 | | 935 | 9991 | 113812 |
| 轻质建筑材料制造 | 1225828 | 20 | 1225808 | | 63906 | 23924 | 1137978 |
| 其他水泥制品制造 | 624345 | 800 | 623545 | 3400 | 9482 | 41969 | 568694 |
| 砖瓦、石材及其他建筑材料制造 | 15521171 | 52390 | 15468781 | 51079 | 434806 | 1523073 | 13459823 |
| 粘土砖瓦及建筑砌块制造 | 5496921 | 27340 | 5469581 | 34107 | 135468 | 455858 | 4844148 |
| 建筑陶瓷制品制造 | 2508524 | | 2508524 | | 41301 | 404618 | 2062605 |
| 建筑用石加工 | 2475623 | 150 | 2475473 | 2000 | 118472 | 224386 | 2130615 |
| 防水建筑材料制造 | 884831 | 4500 | 880331 | | 37416 | 87334 | 755581 |
| 隔热和隔音材料制造 | 1239561 | 1200 | 1238361 | 1200 | 44462 | 96270 | 1096429 |
| 其他建筑材料制造 | 2915711 | 19200 | 2896511 | 13772 | 57687 | 254607 | 2570445 |
| 玻璃及玻璃制品制造 | 7031809 | 265275 | 6766534 | 69722 | 370022 | 594368 | 5732422 |
| 平板玻璃制造 | 1541653 | 740 | 1540913 | | 74736 | 124997 | 1341180 |
| 技术玻璃制品制造 | 1173222 | | 1173222 | 38467 | 100599 | 131484 | 902672 |
| 光学玻璃制造 | 336956 | 3390 | 333566 | | 51346 | 19980 | 262240 |
| 玻璃仪器制造 | 148906 | | 148906 | 2601 | 6905 | 21635 | 117765 |
| 日用玻璃制品及玻璃包装容器制造 | 1204389 | 80 | 1204309 | 1894 | 64272 | 86142 | 1052001 |
| 玻璃保温容器制造 | 79513 | | 79513 | | 9243 | 11050 | 59220 |
| 玻璃纤维及制品制造 | 1333134 | 229538 | 1103596 | 12355 | 11772 | 125487 | 953982 |
| 玻璃纤维增强塑料制品制造 | 567497 | 20453 | 547044 | 14405 | 21300 | 20675 | 490664 |
| 其他玻璃制品制造 | 646539 | 11074 | 635465 | | 29849 | 52918 | 552698 |
| 陶瓷制品制造 | 3285636 | 10229 | 3275407 | 13 | 60843 | 534305 | 2680246 |
| 卫生陶瓷制品制造 | 495990 | | 495990 | | 1368 | 86329 | 408293 |
| 特种陶瓷制品制造 | 1241405 | 10172 | 1231233 | 13 | 19479 | 70211 | 1141530 |
| 日用陶瓷制品制造 | 1357359 | 57 | 1357302 | | 39596 | 356799 | 960907 |
| 园林、陈设艺术及其他陶瓷制造 | 190882 | | 190882 | | 400 | 20966 | 169516 |
| 耐火材料制品制造 | 3413209 | 22401 | 3390808 | 5671 | 39061 | 195676 | 3150400 |
| 石棉制品制造 | 245927 | | 245927 | | 6580 | 22245 | 217102 |
| 云母制品制造 | 102698 | 7195 | 95503 | | 3750 | | 91753 |
| 耐火陶瓷制品及其他耐火材料制造 | 3064584 | 15206 | 3049378 | 5671 | 28731 | 173431 | 2841545 |
| 石墨及其他非金属矿物制品制造 | 5374350 | 196945 | 5177405 | 146135 | 300693 | 531562 | 4199015 |

续表 10　　　　单位：万元

| 行　　业 | 合　计 | 中央项目 | 地方项目 | | | | |
|---|---|---|---|---|---|---|---|
| | | | | 省　属 | 地市属 | 县　属 | 其　他 |
| 石墨及碳素制品制造 | 2025619 | 35372 | 1990247 | 7653 | 55472 | 255352 | 1671770 |
| 其他非金属矿物制品制造 | 3348731 | 161573 | 3187158 | 138482 | 245221 | 276210 | 2527245 |
| 黑色金属冶炼及压延加工业 | 32649259 | 6265096 | 26384163 | 7438551 | 2549262 | 2522095 | 13874255 |
| 炼铁 | 2013080 | 17485 | 1995595 | 269274 | 220222 | 259770 | 1246329 |
| 炼钢 | 7770851 | 855792 | 6915059 | 2681159 | 1086787 | 290295 | 2856818 |
| 钢压延加工 | 20504410 | 5349243 | 15155167 | 4448542 | 811598 | 1782123 | 8112904 |
| 铁合金冶炼 | 2360918 | 42576 | 2318342 | 39576 | 430655 | 189907 | 1658204 |
| 有色金属冶炼及压延加工业 | 21537806 | 1253229 | 20284577 | 2482075 | 1866521 | 3417681 | 12518300 |
| 常用有色金属冶炼 | 9799085 | 810074 | 8989011 | 1657862 | 565126 | 1636575 | 5129448 |
| 铜冶炼 | 1912790 | 46255 | 1866535 | 339853 | 292105 | 538872 | 695705 |
| 铅锌冶炼 | 1716801 | 2148 | 1714653 | 333442 | 167631 | 305485 | 908095 |
| 镍钴冶炼 | 1127263 | 500 | 1126763 | 400706 | 5530 | 109964 | 610563 |
| 锡冶炼 | 151491 | 1979 | 149512 | 25225 | 5400 | 15765 | 103122 |
| 锑冶炼 | 56314 | | 56314 | 1627 | 7013 | 8350 | 39324 |
| 铝冶炼 | 3121570 | 683290 | 2438280 | 473952 | 11911 | 413561 | 1538856 |
| 镁冶炼 | 714407 | 4320 | 710087 | | 65919 | 142376 | 501792 |
| 其他常用有色金属冶炼 | 998449 | 71582 | 926867 | 83057 | 9617 | 102202 | 731991 |
| 贵金属冶炼 | 599530 | 3680 | 595850 | 58555 | 40037 | 149690 | 347568 |
| 金冶炼 | 426930 | 3680 | 423250 | 36775 | 31567 | 131790 | 223118 |
| 银冶炼 | 63458 | | 63458 | 4639 | | | 58819 |
| 其他贵金属冶炼 | 109142 | | 109142 | 17141 | 8470 | 17900 | 65631 |
| 稀有稀土金属冶炼 | 2065408 | 80474 | 1984934 | 252500 | 531590 | 255964 | 944880 |
| 钨钼冶炼 | 611603 | | 611603 | 215919 | 52793 | 92230 | 250661 |
| 稀土金属冶炼 | 440380 | | 440380 | 17783 | 60663 | 30085 | 331849 |
| 其他稀有金属冶炼 | 1013425 | 80474 | 932951 | 18798 | 418134 | 133649 | 362370 |
| 有色金属合金制造 | 1528067 | 3428 | 1524639 | 94799 | 48694 | 147790 | 1233356 |
| 有色金属压延加工 | 7545716 | 355573 | 7190143 | 418359 | 681074 | 1227662 | 4863048 |
| 常用有色金属压延加工 | 6724241 | 342870 | 6381371 | 256659 | 562421 | 1148811 | 4413480 |
| 贵金属压延加工 | 314358 | 1000 | 313358 | 3000 | 107408 | 43179 | 159771 |
| 稀有稀土金属压延加工 | 507117 | 11703 | 495414 | 158700 | 11245 | 35672 | 289797 |
| 金属制品业 | 28178357 | 419020 | 27759337 | 251061 | 983692 | 1734468 | 24790116 |
| 结构性金属制品制造 | 12519017 | 208936 | 12310081 | 40991 | 408901 | 649204 | 11210985 |
| 金属结构制造 | 10024577 | 208936 | 9815641 | 40872 | 336597 | 523405 | 8914767 |
| 金属门窗制造 | 2494440 | | 2494440 | 119 | 72304 | 125799 | 2296218 |
| 金属工具制造 | 2830201 | 11175 | 2819026 | 8390 | 79341 | 193391 | 2537904 |
| 切削工具制造 | 567301 | 11175 | 556126 | 5687 | 47318 | 36411 | 466710 |
| 手工具制造 | 382932 | | 382932 | | 13461 | 22959 | 346512 |
| 农用及园林用金属工具制造 | 236893 | | 236893 | | | 30830 | 206063 |
| 刀剪及类似日用金属工具制造 | 197637 | | 197637 | 1540 | 1199 | 9741 | 185157 |
| 其他金属工具制造 | 1445438 | | 1445438 | 1163 | 17363 | 93450 | 1333462 |

| 行　　业 | 合　计 | 中央项目 | 地方项目 | | | | |
|---|---|---|---|---|---|---|---|
| | | | | 省 属 | 地市属 | 县　属 | 其　他 |
| 集装箱及金属包装容器制造 | 1753528 | 17910 | 1735618 | 15333 | 121088 | 98553 | 1500644 |
| 集装箱制造 | 281030 | 2950 | 278080 | | | 11312 | 266768 |
| 金属压力容器制造 | 691615 | 2833 | 688782 | 15333 | 48938 | 61843 | 562668 |
| 金属包装容器制造 | 780883 | 12127 | 768756 | | 72150 | 25398 | 671208 |
| 金属丝绳及其制品的制造 | 1789050 | 106533 | 1682517 | 76803 | 86880 | 117067 | 1401767 |
| 建筑、安全用金属制品制造 | 3121683 | 4819 | 3116864 | 61819 | 120032 | 141054 | 2793959 |
| 建筑、家具用金属配件制造 | 799697 | | 799697 | 56697 | 12263 | 47003 | 683734 |
| 建筑装饰及水暖管道零件制造 | 1546510 | | 1546510 | 42 | 81944 | 52894 | 1411630 |
| 安全、消防用金属制品制造 | 449826 | 950 | 448876 | 2200 | 19351 | 27897 | 399428 |
| 其他建筑、安全用金属制品制造 | 325650 | 3869 | 321781 | 2880 | 6474 | 13260 | 299167 |
| 金属表面处理及热处理加工 | 1572138 | 38157 | 1533981 | 12826 | 48257 | 215748 | 1257150 |
| 搪瓷制品制造 | 294778 | | 294778 | | 12693 | 2050 | 280035 |
| 工业生产配套用搪瓷制品制造 | 42107 | | 42107 | | 9119 | | 32988 |
| 搪瓷卫生洁具制造 | 108964 | | 108964 | | 674 | 2050 | 106240 |
| 搪瓷日用品及其他搪瓷制品制造 | 143707 | | 143707 | | 2900 | | 140807 |
| 不锈钢及类似日用金属制品制造 | 1659050 | | 1659050 | 1410 | 14924 | 119568 | 1523148 |
| 金属制厨房调理及卫生器具制造 | 399746 | | 399746 | | 3810 | 24852 | 371084 |
| 金属制厨用器皿及餐具制造 | 519274 | | 519274 | 1390 | 3827 | 43231 | 470826 |
| 其他日用金属制品制造 | 740030 | | 740030 | 20 | 7287 | 51485 | 681238 |
| 其他金属制品制造 | 2638912 | 31490 | 2607422 | 33489 | 91576 | 197833 | 2284524 |
| 铸币及贵金属制品实验室用品制造 | 53839 | 17190 | 36649 | | 12613 | | 24036 |
| 其他未列明的金属制品制造 | 2585073 | 14300 | 2570773 | 33489 | 78963 | 197833 | 2260488 |
| 通用设备制造业 | 44611569 | 1473572 | 43137997 | 822755 | 2523642 | 3667512 | 36124088 |
| 锅炉及原动机制造 | 3722938 | 582024 | 3140914 | 147359 | 258242 | 420158 | 2315155 |
| 锅炉及辅助设备制造 | 1439314 | 62428 | 1376886 | 14346 | 71483 | 208635 | 1082422 |
| 内燃机及配件制造 | 1222328 | 91467 | 1130861 | 80908 | 139349 | 147671 | 762933 |
| 汽轮机及辅机制造 | 583886 | 360216 | 223670 | 42579 | 23386 | 8070 | 149635 |
| 水轮机及辅机制造 | 118271 | | 118271 | 6038 | 15744 | 12491 | 83998 |
| 其他原动机制造 | 359139 | 67913 | 291226 | 3488 | 8280 | 43291 | 236167 |
| 金属加工机械制造 | 6855827 | 251981 | 6603846 | 99893 | 611050 | 424075 | 5468828 |
| 金属切削机床制造 | 1547051 | 7070 | 1539981 | 76116 | 316755 | 98803 | 1048307 |
| 金属成形机床制造 | 756833 | 4500 | 752333 | 2896 | 117271 | 60127 | 572039 |
| 铸造机械制造 | 1465551 | 8140 | 1457411 | 1500 | 30754 | 57417 | 1367740 |
| 金属切割及焊接设备制造 | 335434 | 380 | 335054 | 10000 | 7716 | 17070 | 300268 |
| 机床附件制造 | 683676 | 44438 | 639238 | 6143 | 48549 | 42697 | 541849 |
| 其他金属加工机械制造 | 2067282 | 187453 | 1879829 | 3238 | 90005 | 147961 | 1638625 |
| 起重运输设备制造 | 3174264 | 75695 | 3098569 | 192936 | 137428 | 237597 | 2530608 |
| 泵、阀门、压缩机及类似机械的制造 | 5947235 | 64719 | 5882516 | 158407 | 365313 | 508895 | 4849901 |
| 泵及真空设备制造 | 1615126 | 36896 | 1578230 | 7613 | 173671 | 123664 | 1273282 |
| 气体压缩机械制造 | 737390 | 3951 | 733439 | 66925 | 26528 | 45881 | 594105 |

续表 12

单位：万元

| 行业 | 合计 | 中央项目 | 地方项目 | 省属 | 地市属 | 县属 | 其他 |
|---|---|---|---|---|---|---|---|
| 阀门和旋塞的制造 | 1787234 | 5790 | 1781444 | | 60032 | 118217 | 1603195 |
| 液压和气压动力机械及元件制造 | 1807485 | 18082 | 1789403 | 83869 | 105082 | 221133 | 1379319 |
| 轴承、齿轮、传动和驱动部件制造 | 3878702 | 76506 | 3802196 | 35377 | 262906 | 374496 | 3129417 |
| 轴承制造 | 2316191 | 50366 | 2265825 | 34403 | 94148 | 251753 | 1885521 |
| 齿轮、传动和驱动部件制造 | 1562511 | 26140 | 1536371 | 974 | 168758 | 122743 | 1243896 |
| 烘炉、熔炉及电炉制造 | 291510 | | 291510 | 3764 | 25345 | 40480 | 221921 |
| 风机、衡器、包装设备等通用设备制造 | 6266601 | 228003 | 6038598 | 47747 | 313222 | 479017 | 5198612 |
| 风机、风扇制造 | 1480524 | 3600 | 1476924 | 29878 | 126723 | 129567 | 1190756 |
| 气体、液体分离及纯净设备制造 | 696933 | 5106 | 691827 | 4158 | 34277 | 70564 | 582828 |
| 制冷、空调设备制造 | 999925 | 890 | 999035 | 1478 | 65402 | 88801 | 843354 |
| 风动和电动工具制造 | 518402 | | 518402 | | 5380 | 15116 | 497906 |
| 喷枪及类似器具制造 | 162919 | 7000 | 155919 | | 8350 | 3475 | 144094 |
| 包装专用设备制造 | 327573 | | 327573 | | 1271 | 18248 | 308054 |
| 衡器制造 | 137410 | | 137410 | 2000 | 6683 | 3530 | 125197 |
| 其他通用设备制造 | 1942915 | 211407 | 1731508 | 10233 | 65136 | 149716 | 1506423 |
| 通用零部件制造及机械修理 | 7325549 | 90699 | 7234850 | 89014 | 256808 | 702977 | 6186051 |
| 金属密封件制造 | 511250 | 1186 | 510064 | | 21093 | 73516 | 415455 |
| 紧固件、弹簧制造 | 1127521 | 11258 | 1116263 | 3876 | 24993 | 138055 | 949339 |
| 机械零部件加工及设备修理 | 4010725 | 62708 | 3948017 | 67061 | 72531 | 376982 | 3431443 |
| 其他通用零部件制造 | 1676053 | 15547 | 1660506 | 18077 | 138191 | 114424 | 1389814 |
| 金属铸、锻加工 | 7148943 | 103945 | 7044998 | 48258 | 293328 | 479817 | 6223595 |
| 钢铁铸件制造 | 5533066 | 8054 | 5525012 | 3041 | 256418 | 404893 | 4860660 |
| 锻件及粉末冶金制品制造 | 1615877 | 95891 | 1519986 | 45217 | 36910 | 74924 | 1362935 |
| 专用设备制造业 | 30760267 | 1214250 | 29546017 | 553514 | 2837188 | 3056328 | 23098987 |
| 矿山、冶金、建筑专用设备制造 | 11615618 | 652448 | 10963170 | 387406 | 1235804 | 1282604 | 8057356 |
| 采矿、采石设备制造 | 3780097 | 99965 | 3680132 | 155404 | 225129 | 338471 | 2961128 |
| 石油钻采专用设备制造 | 2278111 | 84353 | 2193758 | 57592 | 80357 | 210343 | 1845466 |
| 建筑工程用机械制造 | 2694013 | 44122 | 2649891 | 51083 | 332680 | 454760 | 1811368 |
| 建筑材料生产专用机械制造 | 832893 | 3800 | 829093 | | 41765 | 140572 | 646756 |
| 冶金专用设备制造 | 2030504 | 420208 | 1610296 | 123327 | 555873 | 138458 | 792638 |
| 化工、木材、非金属加工专用设备制造 | 4317612 | 132580 | 4185032 | 23543 | 452364 | 279802 | 3429323 |
| 炼油、化工生产专用设备制造 | 1031060 | 124481 | 906579 | 7220 | 273807 | 107058 | 518494 |
| 橡胶加工专用设备制造 | 249193 | 2939 | 246254 | 2800 | 49401 | 31988 | 162065 |
| 塑料加工专用设备制造 | 487456 | 2500 | 484956 | | 45532 | 13930 | 425494 |
| 木材加工机械制造 | 206647 | | 206647 | | 7110 | 14720 | 184817 |
| 模具制造 | 2010526 | 2660 | 2007866 | 13523 | 69499 | 98835 | 1826009 |
| 其他非金属加工专用设备制造 | 332730 | | 332730 | | 7015 | 13271 | 312444 |
| 食品、饮料、烟草及饲料专用设备制造 | 1126984 | 7114 | 1119870 | 6016 | 16558 | 95053 | 1002243 |
| 食品、饮料、烟草工业专用设备制造 | 414375 | 7114 | 407261 | 6016 | 2277 | 52891 | 346077 |
| 农副食品加工专用设备制造 | 618520 | | 618520 | | 14281 | 39362 | 564877 |

续表 13 单位：万元

| 行　　业 | 合　计 | 中央项目 | 地方项目 | | | | |
| --- | --- | --- | --- | --- | --- | --- | --- |
| | | | | 省　属 | 地市属 | 县 属 | 其 他 |
| 饲料生产专用设备制造 | 94089 | | 94089 | | | 2800 | 91289 |
| 印刷、制药、日化生产专用设备制造 | 1605836 | 35122 | 1570714 | 15588 | 60954 | 164636 | 1329536 |
| 制浆和造纸专用设备制造 | 430976 | 15042 | 415934 | 7600 | 11428 | 62652 | 334254 |
| 印刷专用设备制造 | 308692 | 20080 | 288612 | 120 | 18280 | 40419 | 229793 |
| 日用化工专用设备制造 | 143366 | | 143366 | 2708 | 562 | 8777 | 131319 |
| 制药专用设备制造 | 124609 | | 124609 | 2810 | 12813 | 7459 | 101527 |
| 照明器具生产专用设备制造 | 337797 | | 337797 | | 16821 | 37830 | 283146 |
| 玻璃、陶瓷和搪瓷制品专用设备制造 | 102042 | | 102042 | 2350 | 1050 | 2598 | 96044 |
| 其他日用品生产专用设备制造 | 158354 | | 158354 | | | 4901 | 153453 |
| 纺织、服装和皮革工业专用设备制造 | 964010 | 13941 | 950069 | 9978 | 44922 | 97930 | 797239 |
| 纺织专用设备制造 | 627232 | 13941 | 613291 | 9978 | 27696 | 90074 | 485543 |
| 皮革、毛皮及其制品加工设备制造 | 81313 | | 81313 | | 6041 | 1800 | 73472 |
| 缝纫机械制造 | 178690 | | 178690 | | 8203 | 2961 | 167526 |
| 其他服装加工专用设备制造 | 76775 | | 76775 | | 2982 | 3095 | 70698 |
| 电子和电工机械专用设备制造 | 3334267 | 276808 | 3057459 | 39945 | 450177 | 346275 | 2221062 |
| 农、林、牧、渔专用机械制造 | 2018122 | 8839 | 2009283 | 5488 | 149044 | 174370 | 1680381 |
| 拖拉机制造 | 369301 | 1865 | 367436 | 1065 | 83611 | 26889 | 255871 |
| 机械化农业及园艺机具制造 | 718378 | 6576 | 711802 | | 30060 | 64794 | 616948 |
| 营林及木竹采伐机械制造 | 16401 | | 16401 | | | 4875 | 11526 |
| 畜牧机械制造 | 46609 | | 46609 | 3245 | 2020 | 800 | 40544 |
| 渔业机械制造 | 10874 | 398 | 10476 | | | | 10476 |
| 农林牧渔机械配件制造 | 545376 | | 545376 | 1178 | 2500 | 36903 | 504795 |
| 其他农林牧渔业机械制造 | 311183 | | 311183 | | 30853 | 40109 | 240221 |
| 医疗仪器设备及器械制造 | 1475440 | 27364 | 1448076 | 11417 | 112491 | 80944 | 1243224 |
| 医疗诊断、监护及治疗设备制造 | 427231 | 27000 | 400231 | 445 | 55119 | 7970 | 336697 |
| 口腔科用设备及器具制造 | 12758 | | 12758 | | 6561 | | 6197 |
| 实验室及医用消毒设备和器具制造 | 48138 | 114 | 48024 | | 4904 | 1800 | 41320 |
| 医疗、外科及兽医用器械制造 | 500116 | | 500116 | 2413 | 24315 | 23316 | 450072 |
| 机械治疗及病房护理设备制造 | 129749 | | 129749 | | 3651 | 1507 | 124591 |
| 假肢、人工器官及植（介）入器械制造 | 51634 | | 51634 | | 504 | 2590 | 48540 |
| 其他医疗设备及器械制造 | 305814 | 250 | 305564 | 8559 | 17437 | 43761 | 235807 |
| 环保、社会公共安全及其他专用设备制造 | 4302378 | 60034 | 4242344 | 54133 | 314874 | 534714 | 3338623 |
| 环境污染防治专用设备制造 | 1340363 | 3600 | 1336763 | 2953 | 96720 | 163279 | 1073811 |
| 地质勘查专用设备制造 | 27215 | 4610 | 22605 | 1513 | | 4000 | 17092 |
| 邮政专用机械及器材制造 | 1200 | | 1200 | | | | 1200 |
| 商业、饮食、服务业专用设备制造 | 67444 | | 67444 | | 6120 | 696 | 60628 |

续表 14　　单位：万元

| 行　　业 | 合　计 | 中央项目 | 地方项目 | | | | |
|---|---|---|---|---|---|---|---|
| | | | | 省　属 | 地市属 | 县　属 | 其　他 |
| 社会公共安全设备及器材制造 | 304763 | 81 | 304682 | 1885 | 5904 | 12260 | 284633 |
| 交通安全及管制专用设备制造 | 63997 | | 63997 | | 1600 | 3917 | 58480 |
| 水资源专用机械制造 | 286758 | | 286758 | 780 | 5500 | 34148 | 246330 |
| 其他专用设备制造 | 2210638 | 51743 | 2158895 | 47002 | 199030 | 316414 | 1596449 |
| 交通运输设备制造业 | 49751065 | 6895482 | 42855583 | 2650577 | 5082784 | 3499015 | 31623207 |
| 铁路运输设备制造 | 2706494 | 1129235 | 1577259 | 91237 | 107489 | 137202 | 1241331 |
| 铁路机车车辆及动车组制造 | 910070 | 617135 | 292935 | 4500 | 32263 | 5900 | 250272 |
| 工矿有轨专用车辆制造 | 108418 | 312 | 108106 | | 700 | 16375 | 91031 |
| 铁路机车车辆配件制造 | 715891 | 277913 | 437978 | | 48709 | 37820 | 351449 |
| 铁路专用设备及器材、配件制造 | 558198 | 73890 | 484308 | 38347 | 6537 | 41772 | 397652 |
| 其他铁路设备制造及设备修理 | 413917 | 159985 | 253932 | 48390 | 19280 | 35335 | 150927 |
| 汽车制造 | 32882576 | 3087237 | 29795339 | 2414321 | 3774377 | 2909928 | 20696713 |
| 汽车整车制造 | 9231888 | 2353027 | 6878861 | 1715565 | 1249993 | 497037 | 3416266 |
| 改装汽车制造 | 1570708 | 25312 | 1545396 | 164969 | 261748 | 117921 | 1000758 |
| 电车制造 | 222169 | 374 | 221795 | 6880 | 18343 | 32835 | 163737 |
| 汽车车身、挂车的制造 | 1057669 | | 1057669 | | 187956 | 43800 | 825913 |
| 汽车零部件及配件制造 | 19789555 | 707589 | 19081966 | 521464 | 2024264 | 2142432 | 14393806 |
| 汽车修理 | 1010587 | 935 | 1009652 | 5443 | 32073 | 75903 | 896233 |
| 摩托车制造 | 1543100 | 101623 | 1441477 | 3807 | 16479 | 100047 | 1321144 |
| 摩托车整车制造 | 610070 | 82891 | 527179 | 2855 | 3855 | 31526 | 488943 |
| 摩托车零部件及配件制造 | 933030 | 18732 | 914298 | 952 | 12624 | 68521 | 832201 |
| 自行车制造 | 1171121 | 222 | 1170899 | 1537 | 104824 | 70806 | 993732 |
| 脚踏自行车及残疾人座车制造 | 422102 | 222 | 421880 | 1537 | 79793 | 41017 | 299533 |
| 助动自行车制造 | 749019 | | 749019 | | 25031 | 29789 | 694199 |
| 船舶及浮动装置制造 | 8986239 | 1523254 | 7462985 | 35582 | 639093 | 194730 | 6593580 |
| 金属船舶制造 | 5252055 | 1029646 | 4222409 | 4800 | 223413 | 118747 | 3875449 |
| 非金属船舶制造 | 127155 | | 127155 | | 8059 | | 119096 |
| 娱乐船和运动船的建造和修理 | 183334 | | 183334 | 29000 | 2721 | 1700 | 149913 |
| 船用配套设备制造 | 2185285 | 189251 | 1996034 | 655 | 185222 | 72927 | 1737230 |
| 船舶修理及拆船 | 1085639 | 301357 | 784282 | 578 | 219678 | 356 | 563670 |
| 航标器材及其他浮动装置的制造 | 152771 | 3000 | 149771 | 549 | | 1000 | 148222 |
| 交通器材及其他交通运输设备制造 | 2461535 | 1053911 | 1407624 | 104093 | 440522 | 86302 | 776707 |
| 交通管理用金属标志及设施制造 | 126805 | | 126805 | 300 | | 965 | 125540 |
| 其他交通运输设备制造 | 2334730 | 1053911 | 1280819 | 103793 | 440522 | 85337 | 651167 |
| 电气机械及器材制造业 | 35577668 | 416472 | 35161196 | 929656 | 3505722 | 2803291 | 27922527 |

续表 15 单位：万元

| 行业 | 合计 | 中央项目 | 地方项目 | | | | |
|---|---|---|---|---|---|---|---|
| | | | | 省属 | 地市属 | 县属 | 其他 |
| 电机制造 | 4680419 | 167114 | 4513305 | 162509 | 446657 | 273403 | 3630736 |
| 发电机及发电机组制造 | 2897927 | 143545 | 2754382 | 120683 | 328588 | 177423 | 2127688 |
| 电动机制造 | 1089851 | 22769 | 1067082 | 34032 | 85248 | 66251 | 881551 |
| 微电机及其他电机制造 | 692641 | 800 | 691841 | 7794 | 32821 | 29729 | 621497 |
| 输配电及控制设备制造 | 9045631 | 136847 | 8908784 | 231321 | 786529 | 672317 | 7218617 |
| 变压器、整流器和电感器制造 | 2901620 | 93826 | 2807794 | 146863 | 289459 | 271247 | 2100225 |
| 电容器及其配套设备制造 | 587302 | 848 | 586454 | 937 | 80065 | 38541 | 466911 |
| 配电开关控制设备制造 | 2218024 | 6903 | 2211121 | 60272 | 204404 | 136619 | 1809826 |
| 电力电子元器件制造 | 2271838 | | 2271838 | 10554 | 148900 | 151139 | 1961245 |
| 其他输配电及控制设备制造 | 1066847 | 35270 | 1031577 | 12695 | 63701 | 74771 | 880410 |
| 电线、电缆、光缆及电工器材制造 | 5650134 | 3582 | 5646552 | 27783 | 311097 | 525758 | 4781914 |
| 电线电缆制造 | 4191953 | 2382 | 4189571 | 27783 | 188069 | 421284 | 3552435 |
| 光纤、光缆制造 | 517769 | | 517769 | | 31628 | 20590 | 465551 |
| 绝缘制品制造 | 392486 | | 392486 | | 49914 | 20277 | 322295 |
| 其他电工器材制造 | 547926 | 1200 | 546726 | | 41486 | 63607 | 441633 |
| 电池制造 | 5652865 | 49319 | 5603546 | 390844 | 546069 | 307872 | 4358761 |
| 家用电力器具制造 | 2951971 | 2348 | 2949623 | 78229 | 339170 | 366642 | 2165582 |
| 家用制冷电器具制造 | 535743 | | 535743 | 10257 | 90297 | 50019 | 385170 |
| 家用空气调节器制造 | 470921 | 2348 | 468573 | 27345 | 40651 | 59230 | 341347 |
| 家用通风电器具制造 | 103682 | | 103682 | | 200 | 16157 | 87325 |
| 家用厨房电器具制造 | 509841 | | 509841 | 40627 | 58964 | 23105 | 387145 |
| 家用清洁卫生电器具制造 | 281998 | | 281998 | | 98456 | 15698 | 167844 |
| 家用美容、保健电器具制造 | 60144 | | 60144 | | 109 | | 60035 |
| 家用电力器具专用配件制造 | 324431 | | 324431 | | 7780 | 78455 | 238196 |
| 其他家用电力器具制造 | 665211 | | 665211 | | 42713 | 123978 | 498520 |
| 非电力家用器具制造 | 2995790 | 40729 | 2955061 | 11740 | 126805 | 381942 | 2434574 |
| 燃气、太阳能及类似能源器具制造 | 2831635 | 40729 | 2790906 | 11740 | 125576 | 372139 | 2281451 |
| 其他非电力家用器具制造 | 164155 | | 164155 | | 1229 | 9803 | 153123 |
| 照明器具制造 | 2653891 | | 2653891 | 15 | 140190 | 228639 | 2285047 |
| 电光源制造 | 961384 | | 961384 | | 75081 | 92634 | 793669 |
| 照明灯具制造 | 1311016 | | 1311016 | 15 | 38563 | 115190 | 1157248 |
| 灯用电器附件及其他照明器具制造 | 381491 | | 381491 | | 26546 | 20815 | 334130 |
| 其他电气机械及器材制造 | 1946967 | 16533 | 1930434 | 27215 | 809205 | 46718 | 1047296 |
| 车辆专用照明及电气信号设备制造 | 302289 | 5570 | 296719 | | 17191 | 1620 | 277908 |
| 其他未列明的电气机械制造 | 1644678 | 10963 | 1633715 | 27215 | 792014 | 45098 | 769388 |
| 通信设备、计算机及其他电子设备制造 | 26236279 | 623986 | 25612293 | 1156957 | 3308332 | 1698320 | 19448684 |
| 通信设备制造 | 3452577 | 336383 | 3116194 | 122852 | 421412 | 189161 | 2382769 |
| 通信传输设备制造 | 808307 | 45291 | 763016 | 36401 | 27018 | 30393 | 669204 |
| 通信交换设备制造 | 207737 | 50410 | 157327 | 498 | 13390 | 70386 | 73053 |
| 通信终端设备制造 | 200047 | 8764 | 191283 | 16912 | 53787 | 7776 | 112808 |

续表 16　　　　单位：万元

| 行　　业 | 合　计 | 中央项目 | 地方项目 | | | | |
|---|---|---|---|---|---|---|---|
| | | | | 省　属 | 地市属 | 县　属 | 其　他 |
| 移动通信及终端设备制造 | 1400759 | 175728 | 1225031 | 49864 | 177852 | 48696 | 948619 |
| 其他通信设备制造 | 835727 | 56190 | 779537 | 19177 | 149365 | 31910 | 579085 |
| 广播电视设备制造 | 379856 | 2096 | 377760 | 9000 | 12201 | 64844 | 291715 |
| 广播电视节目制作及发射设备制造 | 58735 | | 58735 | | 5003 | 39357 | 14375 |
| 广播电视接收设备及器材制造 | 228502 | 2096 | 226406 | 9000 | 4183 | 15965 | 197258 |
| 应用电视设备及其他广播设备制造 | 92619 | | 92619 | | 3015 | 9522 | 80082 |
| 电子计算机制造 | 2792959 | 9458 | 2783501 | 20839 | 427905 | 127038 | 2207719 |
| 电子计算机整机制造 | 613557 | 9058 | 604499 | 18279 | 137564 | 7140 | 441516 |
| 计算机网络设备制造 | 415818 | | 415818 | 560 | 31039 | 23627 | 360592 |
| 电子计算机外部设备制造 | 1763584 | 400 | 1763184 | 2000 | 259302 | 96271 | 1405611 |
| 电子器件制造 | 9690525 | 181751 | 9508774 | 743550 | 984032 | 508416 | 7272776 |
| 电子真空器件制造 | 506462 | 30095 | 476367 | 56258 | 18036 | 78309 | 323764 |
| 半导体分立器件制造 | 825999 | 16236 | 809763 | 37978 | 95952 | 20940 | 654893 |
| 集成电路制造 | 3592547 | 92960 | 3499587 | 336336 | 585793 | 17066 | 2560392 |
| 光电子器件及其他电子器件制造 | 4765517 | 42460 | 4723057 | 312978 | 284251 | 392101 | 3733727 |
| 电子元件制造 | 6115299 | 48785 | 6066514 | 122586 | 627999 | 553606 | 4762323 |
| 电子元件及组件制造 | 5270276 | 36113 | 5234163 | 112986 | 513629 | 489906 | 4117642 |
| 印制电路板制造 | 845023 | 12672 | 832351 | 9600 | 114370 | 63700 | 644681 |
| 家用视听设备制造 | 1170258 | 5820 | 1164438 | 27568 | 274327 | 45984 | 816559 |
| 家用影视设备制造 | 948392 | 5820 | 942572 | 27568 | 271028 | 13387 | 630589 |
| 家用音响设备制造 | 221866 | | 221866 | | 3299 | 32597 | 185970 |
| 其他电子设备制造 | 2634805 | 39693 | 2595112 | 110562 | 560456 | 209271 | 1714823 |
| 仪器仪表及文化、办公用机械制造 | 5270069 | 142914 | 5127155 | 95273 | 364965 | 440224 | 4226693 |
| 通用仪器仪表制造 | 2182980 | 6108 | 2176872 | 45836 | 133456 | 189491 | 1808089 |
| 工业自动控制系统装置制造 | 1028728 | 6108 | 1022620 | 40440 | 89299 | 121418 | 771463 |
| 电工仪器仪表制造 | 526163 | | 526163 | 2485 | 13247 | 29801 | 480630 |
| 绘图、计算及测量仪器制造 | 120785 | | 120785 | | 10584 | 4700 | 105501 |
| 实验分析仪器制造 | 105801 | | 105801 | | 2633 | 6803 | 96365 |
| 试验机制造 | 55558 | | 55558 | 2175 | 6939 | | 46444 |
| 供应用仪表及其他通用仪器制造 | 345945 | | 345945 | 736 | 10754 | 26769 | 307686 |
| 专用仪器仪表制造 | 1400006 | 33165 | 1366841 | 18444 | 36043 | 55334 | 1257020 |
| 环境监测专用仪器仪表制造 | 98538 | | 98538 | 1617 | 4415 | 1650 | 90856 |
| 汽车及其他用计数仪表制造 | 152373 | 9288 | 143085 | 1037 | 5239 | 18300 | 118509 |
| 农林牧渔专用仪器仪表制造 | 9292 | | 9292 | | 492 | | 8800 |
| 地质勘探和地震专用仪器制造 | 49907 | | 49907 | | 4546 | 9911 | 35450 |
| 教学专用仪器制造 | 56004 | | 56004 | | 980 | 5197 | 49827 |
| 电子测量仪器制造 | 139803 | | 139803 | 140 | 4268 | 6881 | 128514 |

续表 17 单位：万元

| 行业 | 合计 | 中央项目 | 地方项目 | 省属 | 地市属 | 县属 | 其他 |
|---|---|---|---|---|---|---|---|
| 其他专用仪器制造 | 894089 | 23877 | 870212 | 15650 | 16103 | 13395 | 825064 |
| 钟表与计时仪器制造 | 172231 | | 172231 | 24204 | 7793 | 16050 | 124184 |
| 光学仪器及眼镜制造 | 601430 | 78183 | 523247 | | 69852 | 22736 | 430659 |
| 光学仪器制造 | 467049 | 78183 | 388866 | | 69852 | 17140 | 301874 |
| 眼镜制造 | 134381 | | 134381 | | | 5596 | 128785 |
| 文化、办公用机械制造 | 575897 | 25458 | 550439 | 6789 | 72806 | 70626 | 400218 |
| 电影机械制造 | 33460 | | 33460 | | 25216 | | 8244 |
| 幻灯及投影设备制造 | 15361 | 900 | 14461 | 820 | | 250 | 13391 |
| 照相机及器材制造 | 156850 | | 156850 | 5969 | 21499 | 8503 | 120879 |
| 复印和胶印设备制造 | 275841 | 24558 | 251283 | | 3384 | 56600 | 191299 |
| 计算器及货币专用设备制造 | 42934 | | 42934 | | 11664 | | 31270 |
| 其他文化、办公用机械制造 | 51451 | | 51451 | | 11043 | 5273 | 35135 |
| 其他仪器仪表的制造及修理 | 337525 | | 337525 | | 45015 | 85987 | 206523 |
| 工艺品及其他制造业 | 8269300 | 129485 | 8139815 | 442694 | 904756 | 1016167 | 5776198 |
| 工艺美术品制造 | 2595213 | 39730 | 2555483 | 29014 | 67877 | 260873 | 2197719 |
| 雕塑工艺品制造 | 505431 | 170 | 505261 | 17688 | 10035 | 59865 | 417673 |
| 金属工艺品制造 | 264707 | | 264707 | | 2553 | 22260 | 239894 |
| 漆器工艺品制造 | 40541 | | 40541 | | 4475 | 200 | 35866 |
| 花画工艺品制造 | 125482 | | 125482 | | 1770 | 3675 | 120037 |
| 天然植物纤维编织工艺品制造 | 134549 | | 134549 | 8700 | 5320 | 7296 | 113233 |
| 抽纱刺绣工艺品制造 | 286865 | | 286865 | | | 8087 | 278778 |
| 地毯、挂毯制造 | 230836 | 71 | 230765 | 264 | 18200 | 29450 | 182851 |
| 珠宝首饰及有关物品的制造 | 338802 | 39489 | 299313 | 773 | 4748 | 40965 | 252827 |
| 其他工艺美术品制造 | 668000 | | 668000 | 1589 | 20776 | 89075 | 556560 |
| 日用杂品制造 | 719320 | | 719320 | | 14653 | 48029 | 656638 |
| 制镜及类似品加工 | 57363 | | 57363 | | 600 | 5673 | 51090 |
| 鬃毛加工、制刷及清扫工具的制造 | 102629 | | 102629 | | 3000 | 13385 | 86244 |
| 其他日用杂品制造 | 559328 | | 559328 | | 11053 | 28971 | 519304 |
| 煤制品制造 | 255056 | | 255056 | | 2500 | 18050 | 234506 |
| 其他未列明的制造业 | 4699711 | 89755 | 4609956 | 413680 | 819726 | 689215 | 2687335 |
| 废弃资源和废旧材料回收加工业 | 2448867 | 17278 | 2431589 | 9950 | 176905 | 381290 | 1863444 |
| 金属废料和碎屑的加工处理 | 1516701 | 2092 | 1514609 | 2940 | 130900 | 215326 | 1165443 |
| 非金属废料和碎屑的加工处理 | 932166 | 15186 | 916980 | 7010 | 46005 | 165964 | 698001 |
| **（四）电力燃气及水的生产和供应业** | **135454481** | **45900837** | **89553644** | **23832191** | **14411610** | **24135772** | **27174071** |
| 电力、热力的生产和供应业 | 111390690 | 45168358 | 66222332 | 21790417 | 8249673 | 15481602 | 20700640 |
| 电力生产 | 69630367 | 27362463 | 42267904 | 11932280 | 3805081 | 9455153 | 17075390 |
| 火力发电 | 29350680 | 12044623 | 17306057 | 7668042 | 1841811 | 2768198 | 5028006 |
| 水力发电 | 18264504 | 7497385 | 10767119 | 2296304 | 737539 | 2822975 | 4910301 |
| 核力发电 | 5688130 | 5169106 | 519024 | 3000 | 503905 | 3419 | 8700 |

续表 18　　　　单位：万元

| 行　　业 | 合　计 | 中央项目 | 地方项目 | 省　属 | 地市属 | 县　属 | 其　他 |
|---|---|---|---|---|---|---|---|
| 其他能源发电 | 16327053 | 2651349 | 13675704 | 1964934 | 721826 | 3860561 | 7128383 |
| 电力供应 | 36171534 | 17631297 | 18540237 | 9324067 | 3020831 | 4365597 | 1829742 |
| 热力生产和供应 | 5588789 | 174598 | 5414191 | 534070 | 1423761 | 1660852 | 1795508 |
| 燃气生产和供应业 | 6506521 | 542432 | 5964089 | 655995 | 1200969 | 1127034 | 2980091 |
| 燃气生产和供应业 | 6506521 | 542432 | 5964089 | 655995 | 1200969 | 1127034 | 2980091 |
| 水的生产和供应业 | 17557270 | 190047 | 17367223 | 1385779 | 4960968 | 7527136 | 3493340 |
| 自来水的生产和供应 | 8468805 | 87311 | 8381494 | 911657 | 2624503 | 3290244 | 1555090 |
| 污水处理及其再生利用 | 8631383 | 96210 | 8535173 | 458941 | 2234107 | 3996802 | 1845323 |
| 其他水的处理、利用与分配 | 457082 | 6526 | 450556 | 15181 | 102358 | 240090 | 92927 |
| **（五）建筑业** | **15691339** | **1325791** | **14365548** | **956995** | **1567240** | **4936610** | **6904703** |
| 房屋和土木工程建筑业 | 13046573 | 1279429 | 11767144 | 911327 | 1353331 | 4362489 | 5139997 |
| 房屋工程建筑 | 5931533 | 186339 | 5745194 | 218754 | 464188 | 1891714 | 3170538 |
| 土木工程建筑 | 7115040 | 1093090 | 6021950 | 692573 | 889143 | 2470775 | 1969459 |
| 铁路、道路、隧道和桥梁工程建筑 | 4741947 | 871588 | 3870359 | 482203 | 415603 | 1844692 | 1127861 |
| 水利和港口工程建筑 | 1099683 | 152901 | 946782 | 78873 | 194999 | 312568 | 360342 |
| 工矿工程建筑 | 202525 | 55700 | 146825 | 46501 | 16767 | 63556 | 20001 |
| 架线和管道工程建筑 | 449566 | 11439 | 438127 | 53611 | 58396 | 138385 | 187735 |
| 其他土木工程建筑 | 621319 | 1462 | 619857 | 31385 | 203378 | 111574 | 273520 |
| 建筑安装业 | 701987 | 20322 | 681665 | 34643 | 64947 | 72517 | 509558 |
| 建筑安装业 | 701987 | 20322 | 681665 | 34643 | 64947 | 72517 | 509558 |
| 建筑装饰业 | 576100 | 2658 | 573442 | 3658 | 53475 | 47298 | 469011 |
| 建筑装饰业 | 576100 | 2658 | 573442 | 3658 | 53475 | 47298 | 469011 |
| 其他建筑业 | 1366679 | 23382 | 1343297 | 7367 | 95487 | 454306 | 786137 |
| 工程准备 | 426030 |  | 426030 | 2997 | 16392 | 180440 | 226201 |
| 提供施工设备服务 | 228849 | 440 | 228409 | 930 | 12336 | 23090 | 192053 |
| 其他未列明的建筑活动 | 711800 | 22942 | 688858 | 3440 | 66759 | 250776 | 367883 |
| **（六）交通运输、仓储和邮政业** | **232713211** | **68030437** | **164682774** | **55189335** | **43019876** | **38274463** | **28199100** |
| 铁路运输业 | 66608687 | 60591782 | 6016905 | 1943993 | 2007802 | 1001308 | 1063802 |
| 铁路旅客运输 | 33966911 | 31838719 | 2128192 | 1077274 | 763109 | 162870 | 124939 |
| 铁路货物运输 | 25267565 | 23161743 | 2105822 | 667848 | 337437 | 328541 | 771996 |
| 铁路运输辅助活动 | 7374211 | 5591320 | 1782891 | 198871 | 907256 | 509897 | 166867 |
| 客运火车站 | 1456735 | 586061 | 870674 | 47624 | 647605 | 155850 | 19595 |
| 货运火车站 | 325998 | 191550 | 134448 | 22719 | 32729 | 16567 | 62433 |
| 其他铁路运输辅助活动 | 5591478 | 4813709 | 777769 | 128528 | 226922 | 337480 | 84839 |
| 道路运输业 | 105576192 | 1892078 | 103684114 | 37239958 | 24132766 | 32966634 | 9344756 |
| 公路旅客运输 | 41378310 | 692000 | 40686310 | 20487106 | 7496409 | 10140444 | 2562351 |
| 道路货物运输 | 20096879 | 74219 | 20022660 | 4117601 | 5092780 | 6805502 | 4006777 |
| 道路运输辅助活动 | 44101003 | 1125859 | 42975144 | 12635251 | 11543577 | 16020688 | 2775628 |
| 客运汽车站 | 1164120 | 1541 | 1162579 | 27211 | 395654 | 449106 | 290608 |
| 公路管理与养护 | 39111022 | 580173 | 38530849 | 12006638 | 10740618 | 13981849 | 1801744 |

续表 19　　　　单位：万元

| 行　　业 | 合　计 | 中央项目 | 地方项目 | | | | |
|---|---|---|---|---|---|---|---|
| | | | | 省　属 | 地市属 | 县　属 | 其　他 |
| 其他道路运输辅助活动 | 3825861 | 544145 | 3281716 | 601402 | 407305 | 1589733 | 683276 |
| 城市公共交通业 | 20340618 | 298726 | 20041892 | 9422434 | 9054928 | 848420 | 716110 |
| 公共电汽车客运 | 1968234 | 1205 | 1967029 | 399876 | 951241 | 448584 | 167328 |
| 轨道交通 | 16418056 | 273753 | 16144303 | 8282844 | 7538892 | 36848 | 285719 |
| 出租车客运 | 347836 | 6517 | 341319 | 89568 | 52010 | 29215 | 170526 |
| 城市轮渡 | 37812 | | 37812 | 10923 | 4409 | 8250 | 14230 |
| 其他城市公共交通 | 1568680 | 17251 | 1551429 | 639223 | 508376 | 325523 | 78307 |
| 水上运输业 | 16706559 | 3065119 | 13641440 | 2874858 | 4392693 | 1007126 | 5366763 |
| 水上旅客运输 | 470224 | 220417 | 249807 | 5450 | 72584 | 61356 | 110417 |
| 远洋旅客运输 | 20512 | | 20512 | | | | 20512 |
| 沿海旅客运输 | 85665 | 30637 | 55028 | 1766 | 32663 | 7760 | 12839 |
| 内河旅客运输 | 364047 | 189780 | 174267 | 3684 | 39921 | 53596 | 77066 |
| 水上货物运输 | 4115523 | 1650963 | 2464560 | 203644 | 354204 | 252277 | 1654435 |
| 远洋货物运输 | 1804888 | 1303385 | 501503 | 99364 | 60900 | 34145 | 307094 |
| 沿海货物运输 | 1407684 | 59505 | 1348179 | 45466 | 255445 | 127996 | 919272 |
| 内河货物运输 | 902951 | 288073 | 614878 | 58814 | 37859 | 90136 | 428069 |
| 水上运输辅助活动 | 12120812 | 1193739 | 10927073 | 2665764 | 3965905 | 693493 | 3601911 |
| 客运港口 | 290380 | | 290380 | 116907 | 39563 | 29412 | 104498 |
| 货运港口 | 10168716 | 834819 | 9333897 | 2221119 | 3523798 | 557198 | 3031782 |
| 其他水上运输辅助活动 | 1661716 | 358920 | 1302796 | 327738 | 402544 | 106883 | 465631 |
| 航空运输业 | 6048524 | 1068074 | 4980450 | 2658726 | 855132 | 146291 | 1320301 |
| 航空客货运输 | 3497081 | 609584 | 2887497 | 1370490 | 387063 | 82211 | 1047733 |
| 航空旅客运输 | 3394974 | 536932 | 2858042 | 1367490 | 387063 | 82211 | 1021278 |
| 航空货物运输 | 102107 | 72652 | 29455 | 3000 | | | 26455 |
| 通用航空服务 | 188391 | 485 | 187906 | 35465 | 61357 | 22671 | 68413 |
| 航空运输辅助活动 | 2363052 | 458005 | 1905047 | 1252771 | 406712 | 41409 | 204155 |
| 机场 | 2193859 | 393900 | 1799959 | 1216580 | 376495 | 33418 | 173466 |
| 空中交通管理 | 44555 | 40154 | 4401 | | 1907 | | 2494 |
| 其他航空运输辅助活动 | 124638 | 23951 | 100687 | 36191 | 28310 | 7991 | 28195 |
| 管道运输业 | 730803 | 205187 | 525616 | 131710 | 73392 | 66850 | 253664 |
| 管道运输业 | 730803 | 205187 | 525616 | 131710 | 73392 | 66850 | 253664 |
| 装卸搬运和其他运输服务业 | 2218950 | 26597 | 2192353 | 135917 | 283023 | 218298 | 1555115 |
| 装卸搬运 | 451518 | 8185 | 443333 | 34511 | 50624 | 28242 | 329956 |
| 运输代理服务 | 1767432 | 18412 | 1749020 | 101406 | 232399 | 190056 | 1225159 |
| 仓储业 | 14133169 | 753131 | 13380038 | 721531 | 2180588 | 2004054 | 8473865 |
| 谷物、棉花等农产品仓储 | 2364203 | 111410 | 2252793 | 184643 | 200673 | 604979 | 1262498 |
| 其他仓储 | 11768966 | 641721 | 11127245 | 536888 | 1979915 | 1399075 | 7211367 |
| 邮政业 | 349709 | 129743 | 219966 | 60208 | 39552 | 15482 | 104724 |
| 国家邮政 | 242283 | 129743 | 112540 | 59310 | 35402 | 12632 | 5196 |
| 其他寄递服务 | 107426 | | 107426 | 898 | 4150 | 2850 | 99528 |
| **（七）信息传输、计算机服务和软件业** | **25434791** | **13112824** | **12321967** | **5061488** | **1759937** | **1259887** | **4240655** |

续表 20　　　　　　　　　　　　　　　　　　　　　　　　　　　　　　单位：万元

| 行　　业 | 合　计 | 中央项目 | 地方项目 | | | | |
|---|---|---|---|---|---|---|---|
| | | | | 省　属 | 地市属 | 县　属 | 其　他 |
| 电信和其他信息传输服务业 | 22789186 | 13085099 | 9704087 | 5006239 | 1397959 | 981322 | 2318567 |
| 电信 | 19186591 | 11419860 | 7766731 | 4435147 | 1037934 | 554827 | 1738823 |
| 固定电信服务 | 6083647 | 4254478 | 1829169 | 1186440 | 384416 | 126941 | 131372 |
| 移动电信服务 | 12435865 | 6819630 | 5616235 | 3152197 | 596638 | 374732 | 1492668 |
| 其他电信服务 | 667079 | 345752 | 321327 | 96510 | 56880 | 53154 | 114783 |
| 互联网信息服务 | 2515938 | 1642870 | 873068 | 303017 | 162644 | 59615 | 347792 |
| 广播电视传输服务 | 1037533 | 21877 | 1015656 | 262965 | 194155 | 359796 | 198740 |
| 有线广播电视传输服务 | 891756 | 14023 | 877733 | 240593 | 131123 | 319092 | 186925 |
| 无线广播电视传输服务 | 145777 | 7854 | 137923 | 22372 | 63032 | 40704 | 11815 |
| 卫星传输服务 | 49124 | 492 | 48632 | 5110 | 3226 | 7084 | 33212 |
| 计算机服务业 | 620009 | 9397 | 610612 | 5018 | 31591 | 38894 | 535109 |
| 计算机系统服务 | 220034 | 5022 | 215012 | 78 | 20710 | 30147 | 164077 |
| 数据处理 | 60702 | | 60702 | 2750 | 2964 | 5230 | 49758 |
| 计算机维修 | 19182 | | 19182 | | | 600 | 18582 |
| 其他计算机服务 | 320091 | 4375 | 315716 | 2190 | 7917 | 2917 | 302692 |
| 软件业 | 2025596 | 18328 | 2007268 | 50231 | 330387 | 239671 | 1386979 |
| 公共软件服务 | 1463499 | 18328 | 1445171 | 46734 | 217887 | 225277 | 955273 |
| 基础软件服务 | 475582 | 4087 | 471495 | 32826 | 68532 | 83184 | 286953 |
| 应用软件服务 | 987917 | 14241 | 973676 | 13908 | 149355 | 142093 | 668320 |
| 其他软件服务 | 562097 | | 562097 | 3497 | 112500 | 14394 | 431706 |
| **（八）批发和零售业** | **44909825** | **616736** | **44293089** | **986717** | **3073979** | **5058548** | **35173845** |
| 批发业 | 21234279 | 549102 | 20685177 | 577222 | 1513880 | 2305501 | 16288574 |
| 农畜产品批发 | 1547177 | 8300 | 1538877 | 57589 | 120085 | 340411 | 1020792 |
| 谷物、豆及薯类批发 | 635807 | 5700 | 630107 | 21156 | 76926 | 89446 | 442579 |
| 种子、饲料批发 | 190187 | | 190187 | 13823 | 6340 | 32096 | 137928 |
| 棉、麻批发 | 72645 | | 72645 | 5610 | 16374 | 7752 | 42909 |
| 牲畜批发 | 78827 | | 78827 | 17000 | | 13515 | 48312 |
| 其他农畜产品批发 | 569711 | 2600 | 567111 | | 20445 | 197602 | 349064 |
| 食品、饮料及烟草制品批发 | 3262049 | 77860 | 3184189 | 163300 | 441810 | 389110 | 2189969 |
| 米、面制品及食用油批发 | 461207 | | 461207 | 900 | 70017 | 76200 | 314090 |
| 糕点、糖果及糖批发 | 122739 | | 122739 | 608 | 29070 | 2834 | 90227 |
| 果品、蔬菜批发 | 1250469 | 665 | 1249804 | 4974 | 104812 | 165429 | 974589 |
| 肉、禽、蛋及水产品批发 | 455691 | | 455691 | 12382 | 74663 | 36370 | 332276 |
| 盐及调味品批发 | 65871 | 4267 | 61604 | 18222 | 10162 | 3688 | 29532 |
| 饮料及茶叶批发 | 204987 | 450 | 204537 | 9642 | 13845 | 6913 | 174137 |
| 烟草制品批发 | 420387 | 71925 | 348462 | 116372 | 131718 | 57179 | 43193 |
| 其他食品批发 | 280698 | 553 | 280145 | 200 | 7523 | 40497 | 231925 |
| 纺织、服装及日用品批发 | 2201692 | | 2201692 | 24497 | 133572 | 234500 | 1809123 |
| 纺织品、针织品及原料批发 | 633957 | | 633957 | 12052 | 15460 | 59107 | 547338 |
| 服装批发 | 645892 | | 645892 | 10547 | 55435 | 95288 | 484622 |

续表 21 单位：万元

| 行　　业 | 合　计 | 中央项目 | 地方项目 | | | | |
|---|---|---|---|---|---|---|---|
| | | | | 省　属 | 地市属 | 县　属 | 其　他 |
| 鞋帽批发 | 130418 | | 130418 | | 30346 | 3601 | 96471 |
| 厨房、卫生间用具及日用杂货 | 102054 | | 102054 | | 2421 | 4208 | 95425 |
| 化妆品及卫生用品批发 | 74113 | | 74113 | | 2972 | 380 | 70761 |
| 其他日用品批发 | 615258 | | 615258 | 1898 | 26938 | 71916 | 514506 |
| 文化、体育用品及器材批发 | 476766 | | 476766 | 34864 | 26313 | 37093 | 378496 |
| 文具用品批发 | 108818 | | 108818 | | 1758 | 18622 | 88438 |
| 体育用品批发 | 19162 | | 19162 | | 5926 | | 13236 |
| 图书批发 | 72273 | | 72273 | 34864 | 12318 | 2779 | 22312 |
| 报刊批发 | 600 | | 600 | | | | 600 |
| 音像制品及电子出版物批发 | 8920 | | 8920 | | | | 8920 |
| 首饰、工艺品及收藏品批发 | 107796 | | 107796 | | 2420 | 15692 | 89684 |
| 其他文化用品批发 | 159197 | | 159197 | | 3891 | | 155306 |
| 医药及医疗器材批发 | 603689 | 1115 | 602574 | 13877 | 31440 | 42904 | 514353 |
| 西药批发 | 262662 | 65 | 262597 | 7265 | 24826 | 34700 | 195806 |
| 中药材及中成药批发 | 181658 | 1050 | 180608 | 382 | 6614 | 2744 | 170868 |
| 医疗用品及器材批发 | 159369 | | 159369 | 6230 | | 5460 | 147679 |
| 矿产品、建材及化工产品批发 | 7349740 | 437606 | 6912134 | 234965 | 359367 | 870274 | 5447528 |
| 煤炭及制品批发 | 857503 | 13230 | 844273 | 28684 | 36572 | 155064 | 623953 |
| 石油及制品批发 | 1192268 | 417421 | 774847 | 152416 | 89771 | 136734 | 395926 |
| 非金属矿及制品批发 | 104549 | | 104549 | 2800 | 6290 | 700 | 94759 |
| 金属及金属矿批发 | 1253049 | 2928 | 1250121 | 28967 | 49883 | 29881 | 1141390 |
| 建材批发 | 3247023 | 1500 | 3245523 | 10138 | 152098 | 451574 | 2631713 |
| 化肥批发 | 170240 | 2527 | 167713 | 11875 | 184 | 31353 | 124301 |
| 农药批发 | 32804 | | 32804 | | | 3674 | 29130 |
| 农用薄膜批发 | 10160 | | 10160 | | | 1000 | 9160 |
| 其他化工产品批发 | 482144 | | 482144 | 85 | 24569 | 60294 | 397196 |
| 机械设备、五金交电及电子产品批发 | 3733982 | 3910 | 3730072 | 38677 | 307801 | 290758 | 3092836 |
| 农业机械批发 | 380614 | | 380614 | 2650 | 37100 | 71036 | 269828 |
| 汽车、摩托车及零配件批发 | 978179 | | 978179 | 13647 | 99256 | 101614 | 763662 |
| 五金、交电批发 | 887002 | 1120 | 885882 | 3490 | 50115 | 54854 | 777423 |
| 家用电器批发 | 228354 | | 228354 | 178 | 11749 | 6542 | 209885 |
| 计算机、软件及辅助设备批发 | 186111 | | 186111 | 866 | 50779 | 8565 | 125901 |
| 通讯及广播电视设备批发 | 89413 | | 89413 | 2000 | 10749 | 3806 | 72858 |
| 其他机械设备及电子产品批发 | 984309 | 2790 | 981519 | 15846 | 48053 | 44341 | 873279 |
| 贸易经纪与代理 | 377640 | 3925 | 373715 | 750 | 42402 | 19433 | 311130 |
| 其他批发 | 1681544 | 16386 | 1665158 | 8703 | 51090 | 81018 | 1524347 |
| 再生物资回收与批发 | 483251 | | 483251 | 4190 | 9597 | 31385 | 438079 |
| 其他未列明的批发 | 1198293 | 16386 | 1181907 | 4513 | 41493 | 49633 | 1086268 |
| 零售业 | 23675546 | 67634 | 23607912 | 409495 | 1560099 | 2753047 | 18885271 |
| 综合零售 | 11846491 | 14519 | 11831972 | 126968 | 736752 | 1695476 | 9272776 |

续表 22　　　　单位：万元

| 行业 | 合计 | 中央项目 | 地方项目 | 省属 | 地市属 | 县属 | 其他 |
|---|---|---|---|---|---|---|---|
| 百货零售 | 6424352 | 6210 | 6418142 | 81400 | 384885 | 970319 | 4981538 |
| 超级市场零售 | 2844775 | 60 | 2844715 | 37886 | 249684 | 374897 | 2182248 |
| 其他综合零售 | 2577364 | 8249 | 2569115 | 7682 | 102183 | 350260 | 2108990 |
| 食品、饮料及烟草制品专门零售 | 1096898 | 4664 | 1092234 | 24128 | 28643 | 167962 | 871501 |
| 粮油零售 | 109661 | | 109661 | 532 | 5210 | 16991 | 86928 |
| 糕点、面包零售 | 16321 | | 16321 | | | 120 | 16201 |
| 果品、蔬菜零售 | 301828 | 261 | 301567 | | 13550 | 57853 | 230164 |
| 肉、禽、蛋及水产品零售 | 127798 | 3548 | 124250 | 878 | 300 | 16618 | 106454 |
| 饮料及茶叶零售 | 98655 | | 98655 | 10591 | 1926 | 3260 | 82878 |
| 烟草制品零售 | 52518 | 618 | 51900 | 6261 | 3387 | 9138 | 33114 |
| 其他食品零售 | 390117 | 237 | 389880 | 5866 | 4270 | 63982 | 315762 |
| 纺织、服装及日用品专门零售 | 1439896 | | 1439896 | 17482 | 164064 | 145133 | 1113217 |
| 纺织品及针织品零售 | 167271 | | 167271 | | 17865 | 37910 | 111496 |
| 服装零售 | 898012 | | 898012 | 17482 | 142565 | 90482 | 647483 |
| 鞋帽零售 | 52116 | | 52116 | | | 800 | 51316 |
| 钟表、眼镜零售 | 45076 | | 45076 | | | 415 | 44661 |
| 化妆品及卫生用品零售 | 25333 | | 25333 | | 689 | | 24644 |
| 其他日用品零售 | 252088 | | 252088 | | 2945 | 15526 | 233617 |
| 文化、体育用品及器材专门零售 | 576556 | 4542 | 572014 | 59842 | 29955 | 50606 | 431611 |
| 文具用品零售 | 46615 | | 46615 | | | 3240 | 43375 |
| 体育用品零售 | 46398 | | 46398 | 9675 | | 10710 | 26013 |
| 图书零售 | 129461 | 2425 | 127036 | 43466 | 25448 | 14568 | 43554 |
| 报刊零售 | 490 | | 490 | | | 490 | |
| 音像制品及电子出版物零售 | 8630 | | 8630 | | | 2630 | 6000 |
| 珠宝首饰零售 | 116107 | | 116107 | 5275 | 1225 | 10957 | 98650 |
| 工艺美术品及收藏品零售 | 130458 | 2117 | 128341 | 1426 | 2476 | 6411 | 118028 |
| 照相器材零售 | 5689 | | 5689 | | | 1000 | 4689 |
| 其他文化用品零售 | 92708 | | 92708 | | 806 | 600 | 91302 |
| 医药及医疗器材专门零售 | 426522 | | 426522 | 292 | 73206 | 31573 | 321451 |
| 药品零售 | 331900 | | 331900 | 292 | 69758 | 30543 | 231307 |
| 医疗用品及器材零售 | 94622 | | 94622 | | 3448 | 1030 | 90144 |
| 汽车、摩托车、燃料及零配件专门零售 | 4194302 | 42909 | 4151393 | 81313 | 319732 | 351241 | 3399107 |
| 汽车零售 | 2980237 | 108 | 2980129 | 36634 | 148320 | 258422 | 2536753 |
| 汽车零配件零售 | 361706 | | 361706 | | 84618 | 10986 | 266102 |
| 摩托车及零配件零售 | 114345 | | 114345 | | 1400 | 12300 | 100645 |
| 机动车燃料零售 | 738014 | 42801 | 695213 | 44679 | 85394 | 69533 | 495607 |
| 家用电器及电子产品专门零售 | 1022408 | | 1022408 | 10670 | 142201 | 120311 | 749226 |
| 家用电器零售 | 571875 | | 571875 | 10000 | 99511 | 65805 | 396559 |
| 计算机、软件及辅助设备零售 | 183346 | | 183346 | 170 | 42290 | 9592 | 131294 |
| 通信设备零售 | 116006 | | 116006 | | | 16515 | 99491 |

续表 23

单位：万元

| 行　　业 | 合　计 | 中央项目 | 地方项目 | | | | |
|---|---|---|---|---|---|---|---|
| | | | | 省　属 | 地市属 | 县　属 | 其　他 |
| 其他电子产品零售 | 151181 | | 151181 | 500 | 400 | 28399 | 121882 |
| 五金、家具及室内装修材料专门零售 | 2143135 | | 2143135 | 88000 | 43659 | 109725 | 1901751 |
| 五金零售 | 299321 | | 299321 | | 6188 | 39853 | 253280 |
| 家具零售 | 1154154 | | 1154154 | 6000 | 22166 | 45715 | 1080273 |
| 涂料零售 | 33180 | | 33180 | | | 2976 | 30204 |
| 其他室内装修材料零售 | 656480 | | 656480 | 82000 | 15305 | 21181 | 537994 |
| 无店铺及其他零售 | 929338 | 1000 | 928338 | 800 | 21887 | 81020 | 824631 |
| 流动货摊零售 | 9189 | | 9189 | | | 1200 | 7989 |
| 邮购及电子销售 | 23717 | | 23717 | | | | 23717 |
| 生活用燃料零售 | 342303 | 1000 | 341303 | 600 | 696 | 18706 | 321301 |
| 花卉零售 | 58034 | | 58034 | | | 9835 | 48199 |
| 旧货零售 | 49098 | | 49098 | | | 1000 | 48098 |
| 其他未列明的零售 | 446997 | | 446997 | 200 | 21191 | 50279 | 375327 |
| **（九）住宿和餐饮业** | **23286075** | **402072** | **22884003** | **881946** | **1785868** | **2453209** | **17762980** |
| 住宿业 | 14878864 | 370429 | 14508435 | 724315 | 1380539 | 1831262 | 10572319 |
| 旅游饭店 | 10896953 | 280241 | 10616712 | 567756 | 1185612 | 1465512 | 7397832 |
| 一般旅馆 | 2863949 | 57156 | 2806793 | 97127 | 87859 | 237718 | 2384089 |
| 其他住宿服务 | 1117962 | 33032 | 1084930 | 59432 | 107068 | 128032 | 790398 |
| 餐饮业 | 8407211 | 31643 | 8375568 | 157631 | 405329 | 621947 | 7190661 |
| 正餐服务 | 7107387 | 30112 | 7077275 | 142822 | 380675 | 514545 | 6039233 |
| 快餐服务 | 342570 | | 342570 | 6050 | 6990 | 24810 | 304720 |
| 饮料及冷饮服务 | 208030 | | 208030 | | 2690 | 2074 | 203266 |
| 其他餐饮服务 | 749224 | 1531 | 747693 | 8759 | 14974 | 80518 | 643442 |
| **（十）金融业** | **3485442** | **812618** | **2672824** | **507981** | **782237** | **499182** | **883424** |
| 银行业 | 2651198 | 741795 | 1909403 | 454605 | 599116 | 350024 | 505658 |
| 中央银行 | 164852 | 101379 | 63473 | 6976 | 21174 | 29927 | 5396 |
| 商业银行 | 2238618 | 608210 | 1630408 | 412735 | 501451 | 284098 | 432124 |
| 其他银行 | 247728 | 32206 | 215522 | 34894 | 76491 | 35999 | 68138 |
| 证券业 | 276752 | 7798 | 268954 | 12547 | 146597 | 12010 | 97800 |
| 证券市场管理 | 69976 | | 69976 | | 16028 | | 53948 |
| 证券经纪与交易 | 162563 | 4502 | 158061 | 12547 | 104369 | 1200 | 39945 |
| 证券投资 | 10735 | 3296 | 7439 | | 1200 | 3080 | 3159 |
| 证券分析与咨询 | 33478 | | 33478 | | 25000 | 7730 | 748 |
| 保险业 | 179646 | 59865 | 119781 | 14595 | 10423 | 7610 | 87153 |
| 人寿保险 | 121901 | 56682 | 65219 | 5495 | 8305 | 2285 | 49134 |
| 非人寿保险 | 42945 | 3183 | 39762 | 9100 | 1618 | 2575 | 26469 |
| 保险辅助服务 | 14800 | | 14800 | | 500 | 2750 | 11550 |
| 其他金融活动 | 377846 | 3160 | 374686 | 26234 | 26101 | 129538 | 192813 |
| 金融信托与管理 | 77557 | | 77557 | 14058 | 1050 | 30963 | 31486 |
| 金融租赁 | 65304 | | 65304 | | 18194 | 23800 | 23310 |

续表 24　　　　单位：万元

| 行业 | 合计 | 中央项目 | 地方项目 | | | | |
|---|---|---|---|---|---|---|---|
| | | | | 省属 | 地市属 | 县属 | 其他 |
| 财务公司 | 2380 | | 2380 | | | | 2380 |
| 邮政储蓄 | 16705 | 3160 | 13545 | 3791 | 1000 | 535 | 8219 |
| 典当 | 41280 | | 41280 | | 397 | 4481 | 36402 |
| 其他未列明的金融活动 | 174620 | | 174620 | 8385 | 5460 | 69759 | 91016 |
| **（十一）房地产业** | **431276404** | **7961425** | **423314979** | **21151283** | **57752723** | **42824652** | **301586321** |
| 房地产业 | 431276404 | 7961425 | 423314979 | 21151283 | 57752723 | 42824652 | 301586321 |
| 房地产开发经营 | 382278885 | 6706262 | 375572623 | 19258177 | 51539868 | 29655791 | 275118787 |
| 物业管理 | 1028604 | 40813 | 987791 | 53616 | 117530 | 144475 | 672170 |
| 房地产中介服务 | 285151 | 2683 | 282468 | 2680 | 48615 | 126615 | 104558 |
| 其他房地产活动 | 47683764 | 1211667 | 46472097 | 1836810 | 6046710 | 12897771 | 25690806 |
| **（十二）租赁和商务服务业** | **18804384** | **341249** | **18463135** | **1972446** | **4183918** | **3392712** | **8914059** |
| 租赁业 | 1136169 | 12337 | 1123832 | 49912 | 575560 | 41492 | 456868 |
| 机械设备租赁 | 1122596 | 12337 | 1110259 | 49912 | 575560 | 41372 | 443415 |
| 汽车租赁 | 103011 | | 103011 | 29454 | 2561 | 9496 | 61500 |
| 农业机械租赁 | 20954 | | 20954 | | | 1788 | 19166 |
| 建筑工程机械与设备租赁 | 293537 | | 293537 | | 4950 | 28590 | 259997 |
| 计算机及通讯设备租赁 | 5280 | | 5280 | | | | 5280 |
| 其他机械与设备租赁 | 699814 | 12337 | 687477 | 20458 | 568049 | 1498 | 97472 |
| 文化及日用品出租 | 13573 | | 13573 | | | 120 | 13453 |
| 图书及音像制品出租 | 4832 | | 4832 | | | | 4832 |
| 其他文化及日用品出租 | 8741 | | 8741 | | | 120 | 8621 |
| 商务服务业 | 17668215 | 328912 | 17339303 | 1922534 | 3608358 | 3351220 | 8457191 |
| 企业管理服务 | 8449599 | 187724 | 8261875 | 625052 | 1711391 | 2166584 | 3758848 |
| 企业管理机构 | 2734086 | 57682 | 2676404 | 248896 | 536613 | 508627 | 1382268 |
| 投资与资产管理 | 4076083 | 127975 | 3948108 | 307891 | 1016098 | 1220653 | 1403466 |
| 其他企业管理服务 | 1639430 | 2067 | 1637363 | 68265 | 158680 | 437304 | 973114 |
| 法律服务 | 65706 | 240 | 65466 | 1599 | 4575 | 14944 | 44348 |
| 律师及相关的法律服务 | 53111 | 240 | 52871 | 1599 | 750 | 11304 | 39218 |
| 公证服务 | 6420 | | 6420 | | 1320 | 850 | 4250 |
| 其他法律服务 | 6175 | | 6175 | | 2505 | 2790 | 880 |
| 咨询与调查 | 440026 | 5463 | 434563 | 12317 | 30768 | 55003 | 336475 |
| 会计、审计及税务服务 | 62888 | | 62888 | 2840 | 4200 | 6576 | 49272 |
| 市场调查 | 28003 | 5463 | 22540 | | | 12335 | 10205 |
| 社会经济咨询 | 172483 | | 172483 | 4454 | 9981 | 18805 | 139243 |
| 其他专业咨询 | 176652 | | 176652 | 5023 | 16587 | 17287 | 137755 |
| 广告业 | 342400 | 486 | 341914 | 674 | 19192 | 28785 | 293263 |
| 知识产权服务 | 33625 | | 33625 | 327 | | | 33298 |
| 职业中介服务 | 89960 | | 89960 | 550 | 18435 | 27546 | 43429 |
| 市场管理 | 2318927 | 167 | 2318760 | 47916 | 86179 | 581727 | 1602938 |
| 旅行社 | 187798 | 275 | 187523 | 4798 | 12929 | 26797 | 142999 |

续表 25

单位：万元

| 行业 | 合计 | 中央项目 | 地方项目 | | | | |
|---|---|---|---|---|---|---|---|
| | | | | 省属 | 地市属 | 县属 | 其他 |
| 其他商务服务 | 5740174 | 134557 | 5605617 | 1229301 | 1724889 | 449834 | 2201593 |
| 会议及展览服务 | 2875291 | 133737 | 2741554 | 1097936 | 732986 | 171780 | 738852 |
| 包装服务 | 173991 | | 173991 | 57700 | | 11900 | 104391 |
| 保安服务 | 42070 | | 42070 | 3400 | 5529 | 23567 | 9574 |
| 办公服务 | 699295 | 400 | 698895 | 47537 | 126170 | 78592 | 446596 |
| 其他未列明的商务服务 | 1949527 | 420 | 1949107 | 22728 | 860204 | 163995 | 902180 |
| **（十三）科研技术服务和地质勘查业** | **10840333** | **2389901** | **8450432** | **1288254** | **1276164** | **2257604** | **3628410** |
| 研究与试验发展 | 3699809 | 1392289 | 2307520 | 511222 | 259015 | 423572 | 1113711 |
| 自然科学研究与试验发展 | 782804 | 525589 | 257215 | 58981 | 10770 | 40847 | 146617 |
| 工程和技术研究与试验发展 | 1957252 | 709448 | 1247804 | 246085 | 147601 | 254174 | 599944 |
| 农业科学研究与试验发展 | 553790 | 58116 | 495674 | 177896 | 41618 | 98527 | 177633 |
| 医学研究与试验发展 | 306598 | 79410 | 227188 | 25394 | 26883 | 13794 | 161117 |
| 社会人文科学研究与试验发展 | 99365 | 19726 | 79639 | 2866 | 32143 | 16230 | 28400 |
| 专业技术服务业 | 3029829 | 336264 | 2693565 | 368257 | 644179 | 567269 | 1113860 |
| 气象服务 | 204921 | 108617 | 96304 | 32995 | 24923 | 37466 | 920 |
| 地震服务 | 32356 | 12468 | 19888 | 1299 | 2270 | 13569 | 2750 |
| 海洋服务 | 19855 | 663 | 19192 | 2410 | 14994 | 1788 | |
| 测绘服务 | 55019 | 11238 | 43781 | 20881 | 11206 | 4596 | 7098 |
| 技术检测 | 769012 | 28336 | 740676 | 90771 | 152989 | 107673 | 389243 |
| 环境监测 | 80888 | 4085 | 76803 | 9679 | 20137 | 21988 | 24999 |
| 工程技术与规划管理 | 1132470 | 162709 | 969761 | 150537 | 140769 | 290982 | 387473 |
| 工程管理服务 | 313712 | 19381 | 294331 | 13517 | 25970 | 74695 | 180149 |
| 工程勘察设计 | 460409 | 143328 | 317081 | 127403 | 41689 | 47592 | 100397 |
| 规划管理 | 358349 | | 358349 | 9617 | 73110 | 168695 | 106927 |
| 其他专业技术服务 | 735308 | 8148 | 727160 | 59685 | 276891 | 89207 | 301377 |
| 科技交流和推广服务业 | 2350494 | 53350 | 2297144 | 85097 | 338473 | 733775 | 1139799 |
| 技术推广服务 | 829248 | 19341 | 809907 | 27530 | 77256 | 248667 | 456454 |
| 科技中介服务 | 669758 | | 669758 | 10377 | 183908 | 234888 | 240585 |
| 其他科技服务 | 851488 | 34009 | 817479 | 47190 | 77309 | 250220 | 442760 |
| 地质勘查业 | 1760201 | 607998 | 1152203 | 323678 | 34497 | 532988 | 261040 |
| 矿产地质勘查 | 1483282 | 585555 | 897727 | 175021 | 12723 | 468573 | 241410 |
| 能源矿产地质勘查 | 1103252 | 574750 | 528502 | 86970 | 8986 | 325506 | 107040 |
| 固体矿产地质勘查 | 363186 | 10272 | 352914 | 81968 | 937 | 140567 | 129442 |
| 其他矿产地质勘查 | 16844 | 533 | 16311 | 6083 | 2800 | 2500 | 4928 |
| 基础地质勘查 | 84885 | 670 | 84215 | 30214 | 2500 | 42891 | 8610 |
| 地质勘查技术服务 | 192034 | 21773 | 170261 | 118443 | 19274 | 21524 | 11020 |
| **（十四）水利环境公共设施管理业** | **178788972** | **4199368** | **174589604** | **9686878** | **58821074** | **74831077** | **31250575** |
| 水利管理业 | 22179031 | 2254933 | 19924098 | 1764458 | 4229015 | 11918148 | 2012477 |
| 防洪管理 | 6840446 | 232097 | 6608349 | 552903 | 1801257 | 3737192 | 516997 |
| 水资源管理 | 11649025 | 1913586 | 9735439 | 981583 | 1870005 | 5880079 | 1003772 |

续表 26　　　　　　　　　　　　　　　　　　　　　　　　　　单位：万元

| 行　　业 | 合　计 | 中央项目 | 地方项目 | | | | |
|---|---|---|---|---|---|---|---|
| | | | | 省　属 | 地市属 | 县　属 | 其　他 |
| 水库管理 | 4060264 | 244386 | 3815878 | 223789 | 540917 | 2608456 | 442716 |
| 调水、引水管理 | 5951577 | 1627714 | 4323863 | 675463 | 956360 | 2276937 | 415103 |
| 其他水资源管理 | 1637184 | 41486 | 1595698 | 82331 | 372728 | 994686 | 145953 |
| 其他水利管理 | 3689560 | 109250 | 3580310 | 229972 | 557753 | 2300877 | 491708 |
| 环境管理业 | 11973443 | 188879 | 11784564 | 520484 | 2435164 | 6182483 | 2646433 |
| 自然保护 | 1028032 | 17152 | 1010880 | 18852 | 244286 | 521898 | 225844 |
| 自然保护区管理 | 454804 | 3986 | 450818 | 15972 | 38539 | 322351 | 73956 |
| 野生动植物保护 | 145250 | 598 | 144652 | | 63873 | 38083 | 42696 |
| 其他自然保护 | 427978 | 12568 | 415410 | 2880 | 141874 | 161464 | 109192 |
| 环境治理 | 10945411 | 171727 | 10773684 | 501632 | 2190878 | 5660585 | 2420589 |
| 城市市容管理 | 1534004 | 14281 | 1519723 | 25651 | 526460 | 736320 | 231292 |
| 城市环境卫生管理 | 2373065 | 20502 | 2352563 | 77499 | 519031 | 1366346 | 389687 |
| 水污染治理 | 3771273 | 33991 | 3737282 | 145178 | 697635 | 2172105 | 722364 |
| 危险废物治理 | 292914 | 24325 | 268589 | 36739 | 23471 | 90334 | 118045 |
| 其他环境治理 | 2974155 | 78628 | 2895527 | 216565 | 424281 | 1295480 | 959201 |
| 公共设施管理业 | 144636498 | 1755556 | 142880942 | 7401936 | 52156895 | 56730446 | 26591665 |
| 市政公共设施管理 | 122348383 | 1683115 | 120665268 | 6801956 | 47182795 | 48009213 | 18671304 |
| 城市绿化管理 | 5766481 | 24495 | 5741986 | 182597 | 1757260 | 2829418 | 972711 |
| 游览景区管理 | 16521634 | 47946 | 16473688 | 417383 | 3216840 | 5891815 | 6947650 |
| 风景名胜区管理 | 5336564 | 5431 | 5331133 | 66132 | 867293 | 2295867 | 2101841 |
| 公园管理 | 4592539 | 12850 | 4579689 | 200705 | 1435194 | 1834354 | 1109436 |
| 其他游览景区管理 | 6592531 | 29665 | 6562866 | 150546 | 914353 | 1761594 | 3736373 |
| **（十五）居民服务和其他服务业** | **5185762** | **48621** | **5137141** | **122254** | **762929** | **866317** | **3385641** |
| 居民服务业 | 3173860 | 32851 | 3141009 | 23987 | 407592 | 567959 | 2141471 |
| 家庭服务 | 159101 | 60 | 159041 | 9311 | 46286 | 38088 | 65356 |
| 托儿所 | 22712 | | 22712 | | 13169 | 4000 | 5543 |
| 洗染服务 | 28033 | | 28033 | | 1500 | 930 | 25603 |
| 理发及美容保健服务 | 228541 | 370 | 228171 | | 12777 | 10514 | 204880 |
| 洗浴服务 | 774612 | 97 | 774515 | 2100 | 31195 | 52069 | 689151 |
| 婚姻服务 | 29642 | | 29642 | | | 1600 | 28042 |
| 殡葬服务 | 360136 | 5867 | 354269 | 4174 | 51832 | 150552 | 147711 |
| 摄影扩印服务 | 91485 | | 91485 | 1269 | 550 | 760 | 88906 |
| 其他居民服务 | 1479598 | 26457 | 1453141 | 7133 | 250283 | 309446 | 886279 |
| 其他服务业 | 2011902 | 15770 | 1996132 | 98267 | 355337 | 298358 | 1244170 |
| 修理与维护 | 844238 | 259 | 843979 | 76929 | 50544 | 100085 | 616421 |
| 汽车、摩托车维护与保养 | 747074 | 259 | 746815 | 76929 | 46494 | 45579 | 577813 |
| 办公设备维修 | 11859 | | 11859 | | | 4546 | 7313 |
| 家用电器修理 | 7621 | | 7621 | | | 1060 | 6561 |
| 其他日用品修理 | 77684 | | 77684 | | 4050 | 48900 | 24734 |
| 清洁服务 | 104919 | | 104919 | | 9499 | 28115 | 67305 |

| 行　　业 | 合　计 | 中央项目 | 地方项目 | | | | |
|---|---|---|---|---|---|---|---|
| | | | | 省　属 | 地市属 | 县　属 | 其　他 |
| 建筑物清洁服务 | 3883 | | 3883 | | | 2444 | 1439 |
| 其他清洁服务 | 101036 | | 101036 | | 9499 | 25671 | 65866 |
| 其他未列明的服务 | 1062745 | 15511 | 1047234 | 21338 | 295294 | 170158 | 560444 |
| **（十六）教育** | **32424595** | **1780967** | **30643628** | **5688316** | **6289243** | **12240932** | **6425137** |
| 教育 | 32424595 | 1780967 | 30643628 | 5688316 | 6289243 | 12240932 | 6425137 |
| 学前教育 | 739701 | 14676 | 725025 | 19010 | 70545 | 305347 | 330123 |
| 初等教育 | 5527117 | 23987 | 5503130 | 79471 | 460905 | 3933650 | 1029104 |
| 中等教育 | 12224415 | 145363 | 12079052 | 619677 | 2677892 | 6683529 | 2097954 |
| 初中教育 | 5351723 | 65693 | 5286030 | 54259 | 575070 | 3679154 | 977547 |
| 高中教育 | 3475983 | 39456 | 3436527 | 84888 | 965770 | 1974172 | 411697 |
| 中等专业教育 | 988113 | 22642 | 965471 | 214631 | 397583 | 147468 | 205789 |
| 职业中学教育 | 1441971 | 3121 | 1438850 | 86803 | 403701 | 698417 | 249929 |
| 技工学校教育 | 694668 | 7197 | 687471 | 129539 | 313588 | 103518 | 140826 |
| 其他中等教育 | 271957 | 7254 | 264703 | 49557 | 22180 | 80800 | 112166 |
| 高等教育 | 10877194 | 1494504 | 9382690 | 4615744 | 2260822 | 648130 | 1857994 |
| 普通高等教育 | 9947045 | 1475340 | 8471705 | 4316423 | 2039455 | 595617 | 1520210 |
| 成人高等教育 | 930149 | 19164 | 910985 | 299321 | 221367 | 52513 | 337784 |
| 其他教育 | 3056168 | 102437 | 2953731 | 354414 | 819079 | 670276 | 1109962 |
| 职业技能培训 | 2126646 | 74003 | 2052643 | 185147 | 567615 | 387010 | 912871 |
| 特殊教育 | 148064 | 2790 | 145274 | 20373 | 51442 | 47976 | 25483 |
| 其他未列明的教育 | 781458 | 25644 | 755814 | 148894 | 200022 | 235290 | 171608 |
| **（十七）卫生社会保障和社会福利业** | **16979995** | **679090** | **16300905** | **2077977** | **3740198** | **6943374** | **3539356** |
| 卫生 | 14476012 | 625057 | 13850955 | 1897642 | 3317598 | 5816049 | 2819666 |
| 医院 | 11033232 | 576253 | 10456979 | 1827243 | 2995820 | 3689914 | 1944002 |
| 综合医院 | 8214891 | 449617 | 7765274 | 1342404 | 2222110 | 2974574 | 1226186 |
| 中医医院 | 980406 | 13518 | 966888 | 107556 | 337726 | 430750 | 90856 |
| 中西医结合医院 | 277931 | 1665 | 276266 | 17059 | 80744 | 116885 | 61578 |
| 民族医院 | 45864 | 1600 | 44264 | 10000 | 10423 | 13041 | 10800 |
| 专科医院 | 1210482 | 69980 | 1140502 | 289037 | 273352 | 118303 | 459810 |
| 疗养院 | 303658 | 39873 | 263785 | 61187 | 71465 | 36361 | 94772 |
| 卫生院及社区医疗活动 | 1921375 | 33136 | 1888239 | 11925 | 97602 | 1281893 | 496819 |
| 门诊部医疗活动 | 313333 | 1460 | 311873 | 4332 | 48382 | 146323 | 112836 |
| 计划生育技术服务活动 | 276976 | 2179 | 274797 | 2463 | 10375 | 221019 | 40940 |
| 妇幼保健活动 | 278210 | 1876 | 276334 | 17880 | 72141 | 173461 | 12852 |
| 专科疾病防治活动 | 70573 | 279 | 70294 | 5886 | 17929 | 24538 | 21941 |
| 疾病预防控制及防疫活动 | 196223 | 7192 | 189031 | 18310 | 32072 | 99427 | 39222 |
| 其他卫生活动 | 386090 | 2682 | 383408 | 9603 | 43277 | 179474 | 151054 |
| 社会保障业 | 832992 | 13466 | 819526 | 32642 | 142709 | 401384 | 242791 |
| 社会保障业 | 832992 | 13466 | 819526 | 32642 | 142709 | 401384 | 242791 |
| 社会福利业 | 1670991 | 40567 | 1630424 | 147693 | 279891 | 725941 | 476899 |

续表 28　　　　单位：万元

| 行　　业 | 合　计 | 中央项目 | 地方项目 | | | | |
|---|---|---|---|---|---|---|---|
| | | | | 省　属 | 地市属 | 县　属 | 其　他 |
| 提供住宿的社会福利 | 1440238 | 32414 | 1407824 | 145816 | 236942 | 628011 | 397055 |
| 干部休养所 | 249472 | 17365 | 232107 | 125436 | 44829 | 37178 | 24664 |
| 收养收容服务 | 1190766 | 15049 | 1175717 | 20380 | 192113 | 590833 | 372391 |
| 不提供住宿的社会福利 | 230753 | 8153 | 222600 | 1877 | 42949 | 97930 | 79844 |
| **（十八）文化、体育和娱乐业** | **21253927** | **629259** | **20624668** | **1833340** | **5088694** | **5660478** | **8042156** |
| 新闻出版业 | 529866 | 7314 | 522552 | 236080 | 114773 | 50256 | 121443 |
| 新闻业 | 210624 | 5345 | 205279 | 18499 | 46146 | 47488 | 93146 |
| 出版业 | 319242 | 1969 | 317273 | 217581 | 68627 | 2768 | 28297 |
| 图书出版 | 65674 | 603 | 65071 | 55811 | | | 9260 |
| 报纸出版 | 199733 | 1366 | 198367 | 129477 | 64227 | 650 | 4013 |
| 期刊出版 | 29655 | | 29655 | 27867 | | 1788 | |
| 音像制品出版 | 2960 | | 2960 | 2960 | | | |
| 电子出版物出版 | 4772 | | 4772 | | 4000 | 330 | 442 |
| 其他出版 | 16448 | | 16448 | 1466 | 400 | | 14582 |
| 广播、电视、电影和音像业 | 1630964 | 150590 | 1480374 | 337543 | 352309 | 521152 | 269370 |
| 广播 | 381383 | 15487 | 365896 | 96427 | 85501 | 127410 | 56558 |
| 电视 | 872477 | 100536 | 771941 | 204661 | 211335 | 285254 | 70691 |
| 电影 | 312634 | 32313 | 280321 | 36455 | 39834 | 105382 | 98650 |
| 电影制作与发行 | 89519 | 31813 | 57706 | 21206 | 5612 | 27213 | 3675 |
| 电影放映 | 223115 | 500 | 222615 | 15249 | 34222 | 78169 | 94975 |
| 音像制作 | 64470 | 2254 | 62216 | | 15639 | 3106 | 43471 |
| 文化艺术业 | 7188525 | 252164 | 6936361 | 837055 | 2043223 | 2451354 | 1604729 |
| 文艺创作与表演 | 287171 | 5492 | 281679 | 39891 | 89365 | 39503 | 112920 |
| 艺术表演场馆 | 1172991 | 9815 | 1163176 | 377805 | 409656 | 169409 | 206306 |
| 图书馆与档案馆 | 601858 | 61782 | 540076 | 113894 | 211028 | 167146 | 48008 |
| 图书馆 | 469008 | 53948 | 415060 | 92672 | 147967 | 131804 | 42617 |
| 档案馆 | 132850 | 7834 | 125016 | 21222 | 63061 | 35342 | 5391 |
| 文物及文化保护 | 1223255 | 1971 | 1221284 | 25714 | 488748 | 448835 | 257987 |
| 博物馆 | 1500899 | 153120 | 1347779 | 222397 | 379678 | 547496 | 198208 |
| 烈士陵园、纪念馆 | 253656 | | 253656 | 3500 | 70445 | 145743 | 33968 |
| 群众文化活动 | 1572099 | 19984 | 1552115 | 41525 | 290396 | 724679 | 495515 |
| 文化艺术经纪代理 | 79992 | | 79992 | | 14400 | 32364 | 33228 |
| 其他文化艺术 | 496604 | | 496604 | 12329 | 89507 | 176179 | 218589 |
| 体育 | 4192786 | 32494 | 4160292 | 305942 | 1939682 | 1397634 | 517034 |
| 体育组织 | 273193 | 5656 | 267537 | 51469 | 12960 | 131971 | 71137 |
| 体育场馆 | 3729733 | 26538 | 3703195 | 237698 | 1907549 | 1193396 | 364552 |
| 其他体育 | 189860 | 300 | 189560 | 16775 | 19173 | 72267 | 81345 |
| 娱乐业 | 7711786 | 186697 | 7525089 | 116720 | 638707 | 1240082 | 5529580 |
| 室内娱乐活动 | 1614538 | 41900 | 1572638 | 13855 | 89497 | 173903 | 1295383 |
| 游乐园 | 1821344 | 67110 | 1754234 | 10980 | 140808 | 272050 | 1330396 |

续表 29　　　　单位：万元

| 行　　业 | 合　计 | 中央项目 | 地方项目 | | | | |
|---|---|---|---|---|---|---|---|
| | | | | 省　属 | 地市属 | 县　属 | 其　他 |
| 休闲健身娱乐活动 | 3044266 | 4763 | 3039503 | 73358 | 257502 | 491132 | 2217511 |
| 其他娱乐活动 | 1231638 | 72924 | 1158714 | 18527 | 150900 | 302997 | 686290 |
| **（十九）公共管理和社会组织** | **40341512** | **1054092** | **39287420** | **2582560** | **7107054** | **18982189** | **10615617** |
| 中国共产党机关 | 264933 | 44344 | 220589 | 38610 | 44804 | 113187 | 23988 |
| 中国共产党机关 | 264933 | 44344 | 220589 | 38610 | 44804 | 113187 | 23988 |
| 国家机构 | 31381709 | 982857 | 30398852 | 2409787 | 6556615 | 17074032 | 4358418 |
| 国家权力机构 | 1142295 | 99090 | 1043205 | 41839 | 164547 | 607240 | 229579 |
| 国家行政机构 | 28723022 | 792128 | 27930894 | 2157377 | 6081393 | 15688531 | 4003593 |
| 综合事务管理机构 | 10375079 | 240039 | 10135040 | 367805 | 2340297 | 5489254 | 1937684 |
| 对外事务管理机构 | 150572 | 23107 | 127465 | 2451 | 70705 | 48449 | 5860 |
| 公共安全管理机构 | 2800209 | 246143 | 2554066 | 532403 | 850754 | 956551 | 214358 |
| 社会事务管理机构 | 3229070 | 63481 | 3165589 | 191161 | 546434 | 2060135 | 367859 |
| 经济事务管理机构 | 8023281 | 154977 | 7868304 | 633586 | 1547668 | 4809800 | 877250 |
| 政府事务管理机构 | 3186441 | 17871 | 3168570 | 301619 | 543681 | 1822465 | 500805 |
| 行政监督检查机构 | 958370 | 46510 | 911860 | 128352 | 181854 | 501877 | 99777 |
| 人民法院和人民检察院 | 854341 | 20752 | 833589 | 80341 | 234390 | 477754 | 41104 |
| 人民法院 | 463368 | 10423 | 452945 | 31927 | 104951 | 288356 | 27711 |
| 人民检察院 | 390973 | 10329 | 380644 | 48414 | 129439 | 189398 | 13393 |
| 其他国家机构 | 662051 | 70887 | 591164 | 130230 | 76285 | 300507 | 84142 |
| 人民政协和民主党派 | 79773 | 817 | 78956 | 23111 | 15721 | 38734 | 1390 |
| 人民政协 | 56476 | | 56476 | 15240 | 1561 | 38285 | 1390 |
| 民主党派 | 23297 | 817 | 22480 | 7871 | 14160 | 449 | |
| 群众团体、社会团体和宗教组织 | 1130486 | 20537 | 1109949 | 100759 | 149506 | 257118 | 602566 |
| 群众团体 | 146482 | 12000 | 134482 | 8047 | 51175 | 39758 | 35502 |
| 工会 | 85198 | 12000 | 73198 | 3832 | 48025 | 15121 | 6220 |
| 妇联 | 1945 | | 1945 | | 1000 | 945 | |
| 共青团 | 3938 | | 3938 | 838 | 800 | 2300 | |
| 其他群众团体 | 55401 | | 55401 | 3377 | 1350 | 21392 | 29282 |
| 社会团体 | 298643 | 310 | 298333 | 58059 | 20997 | 61040 | 158237 |
| 专业性团体 | 80309 | | 80309 | 7656 | 5020 | 28596 | 39037 |
| 行业性团体 | 98245 | | 98245 | 40172 | 6925 | 22963 | 28185 |
| 其他社会团体 | 120089 | 310 | 119779 | 10231 | 9052 | 9481 | 91015 |
| 宗教组织 | 685361 | 8227 | 677134 | 34653 | 77334 | 156320 | 408827 |
| 基层群众自治组织 | 7484611 | 5537 | 7479074 | 10293 | 340408 | 1499118 | 5629255 |
| 社区自治组织 | 2291115 | 2038 | 2289077 | | 15848 | 480840 | 1792389 |
| 村民自治组织 | 5193496 | 3499 | 5189997 | 10293 | 324560 | 1018278 | 3836866 |
| **（二十）国际组织** | | | | | | | |
| 国际组织 | | | | | | | |

# 国民经济行业小类按建设性质分的城镇投资

单位：万元

| 行　　业 | 新　建 | 扩　建 | 改　建 | 单纯建造生活设施 | 迁　建 | 恢　复 | 单纯购置 |
|---|---|---|---|---|---|---|---|
| **全　国　总　计** | **899931538** | **303037533** | **271718638** | **15008378** | **19266311** | **4176666** | **63646750** |
| **（一）农、林、牧、渔业** | **20370876** | **6911076** | **4945487** | **251210** | **50045** | **250192** | **785017** |
| 农业 | 4479214 | 1193777 | 1482723 | 151662 | 5503 | 17494 | 102074 |
| 谷物及其他作物的种植 | 1337572 | 378633 | 1050846 | 135579 | 4912 | 12129 | 88136 |
| 谷物的种植 | 536063 | 184427 | 802261 | 130636 | 3312 | 11708 | 75890 |
| 薯类的种植 | 123646 | 31911 | 9334 | | | 260 | 635 |
| 油料的种植 | 102685 | 17847 | 14049 | | | 18 | 948 |
| 豆类的种植 | 23304 | 5472 | 57705 | 4943 | | | 8471 |
| 棉花的种植 | 5625 | 26518 | 38187 | | | | 110 |
| 麻类的种植 | 8463 | 2173 | 2800 | | | | |
| 糖料的种植 | 23992 | 4643 | 1179 | | | | |
| 烟草的种植 | 106983 | 28742 | 6611 | | | | 317 |
| 其他作物的种植 | 406811 | 76900 | 118720 | | 1600 | 143 | 1765 |
| 蔬菜、园艺作物的种植 | 2035585 | 482030 | 271291 | 5183 | 541 | 5147 | 3411 |
| 蔬菜的种植 | 1393315 | 319136 | 236481 | | 541 | 5147 | 1100 |
| 花卉的种植 | 316144 | 82806 | 18769 | 3280 | | | 1821 |
| 其他园艺作物的种植 | 326126 | 80088 | 16041 | 1903 | | | 490 |
| 水果、坚果、饮料和香料作物的种植 | 929860 | 276562 | 130319 | 10900 | 50 | 45 | 9527 |
| 水果、坚果的种植 | 713804 | 208635 | 92558 | 10900 | 50 | 45 | 8147 |
| 茶及其他饮料作物的种植 | 198646 | 60823 | 37230 | | | | 500 |
| 香料作物的种植 | 17410 | 7104 | 531 | | | | 880 |
| 中药材的种植 | 176197 | 56552 | 30267 | | | 173 | 1000 |
| 林业 | 3314276 | 1624165 | 778769 | 25628 | 2809 | 57789 | 39705 |
| 林木的培育和种植 | 3231890 | 1505922 | 708141 | 18740 | 2072 | 57454 | 21806 |
| 育种和育苗 | 420416 | 183519 | 28735 | 1300 | 400 | 19683 | 492 |
| 造林 | 2504253 | 1119008 | 596808 | 14071 | 1672 | 32497 | 8292 |
| 林木的抚育和管理 | 307221 | 203395 | 82598 | 3369 | | 5274 | 13022 |
| 木材和竹材的采运 | 13812 | 104751 | 60299 | 5063 | 737 | 335 | 17201 |
| 木材的采运 | 13552 | 104751 | 58271 | 5063 | 737 | 335 | 17201 |
| 竹材的采运 | 260 | | 2028 | | | | |
| 林产品的采集 | 68574 | 13492 | 10329 | 1825 | | | 698 |
| 畜牧业 | 6889987 | 2085056 | 544255 | 22785 | 11859 | 42714 | 65924 |
| 牲畜的饲养 | 2787141 | 883974 | 179381 | 16395 | 2646 | 11287 | 14808 |
| 猪的饲养 | 2485928 | 682504 | 177022 | 3890 | | 21725 | 23397 |
| 家禽的饲养 | 1274096 | 419830 | 126693 | 2500 | 1766 | 3357 | 15809 |
| 狩猎和捕捉动物 | 16775 | 4190 | | | | | |
| 其他畜牧业 | 326047 | 94558 | 61159 | | 7447 | 6345 | 11910 |
| 渔业 | 694138 | 280715 | 180145 | | 763 | 1025 | 141808 |
| 海洋渔业 | 260835 | 118662 | 109472 | | | | 139568 |
| 海水养殖 | 228327 | 114764 | 98072 | | | | 61028 |

注:本表不含房地产开发投资。

续表 1

单位：万元

| 行　　业 | 新　建 | 扩　建 | 改　建 | 单纯建造生活设施 | 迁　建 | 恢　复 | 单纯购置 |
|---|---|---|---|---|---|---|---|
| 海洋捕捞 | 32508 | 3898 | 11400 | | | | 78540 |
| 内陆渔业 | 433303 | 162053 | 70673 | | 763 | 1025 | 2240 |
| 内陆养殖 | 426803 | 161473 | 68910 | | 763 | 1025 | 1600 |
| 内陆捕捞 | 6500 | 580 | 1763 | | | | 640 |
| 农、林、牧、渔服务业 | 4993261 | 1727363 | 1959595 | 51135 | 29111 | 131170 | 435506 |
| 农业服务业 | 4402563 | 1547848 | 1878654 | 48593 | 16988 | 121358 | 398920 |
| 灌溉服务 | 1011631 | 512139 | 756763 | 6040 | | 23277 | 13388 |
| 农产品初加工服务 | 489379 | 213276 | 195109 | | 2360 | 1450 | 31123 |
| 其他农业服务 | 2901553 | 822433 | 926782 | 42553 | 14628 | 96631 | 354409 |
| 林业服务业 | 188117 | 33149 | 19322 | 1530 | 71 | 2044 | 20379 |
| 畜牧服务业 | 315254 | 118650 | 49742 | 1012 | 12052 | 7768 | 10782 |
| 兽医服务 | 77249 | 30653 | 22617 | 508 | 852 | 424 | 1170 |
| 其他畜牧服务 | 238005 | 87997 | 27125 | 504 | 11200 | 7344 | 9612 |
| 渔业服务业 | 87327 | 27716 | 11877 | | | | 5425 |
| **（二）采矿业** | **34275322** | **19306400** | **24946299** | **36642** | **169814** | **136883** | **2836907** |
| 煤炭开采和洗选业 | 11706888 | 5376228 | 12755501 | 23782 | 120565 | 76199 | 510129 |
| 烟煤和无烟煤的开采洗选 | 10225993 | 4596909 | 12354961 | 23772 | 120565 | 73999 | 379935 |
| 褐煤的开采洗选 | 1270653 | 709584 | 298193 | 10 | | 2200 | 127516 |
| 其他煤炭采选 | 210242 | 69735 | 102347 | | | | 2678 |
| 石油和天然气开采业 | 12116938 | 7809023 | 6297944 | 9057 | 826 | 4505 | 1676527 |
| 天然原油和天然气开采 | 11301560 | 7255582 | 5535774 | 9057 | | 4505 | 12584 |
| 与石油和天然气开采有关的服务活动 | 815378 | 553441 | 762170 | | 826 | | 1663943 |
| 黑色金属矿采选业 | 3733350 | 2391633 | 2035580 | 2535 | 41213 | 21913 | 211646 |
| 铁矿采选 | 3504230 | 2301954 | 1735238 | 2335 | 41213 | 19713 | 146565 |
| 其他黑色金属矿采选 | 229120 | 89679 | 300342 | 200 | | 2200 | 65081 |
| 有色金属矿采选业 | 3568820 | 2180012 | 2382260 | 670 | 3050 | 25726 | 139522 |
| 常用有色金属矿采选 | 2070282 | 1292980 | 1194345 | 670 | 3000 | 1894 | 47105 |
| 铜矿采选 | 495411 | 356200 | 343956 | 170 | | | 17342 |
| 铅锌矿采选 | 849161 | 299381 | 404074 | | 2800 | 1734 | 20590 |
| 镍钴矿采选 | 59352 | 78911 | 58379 | | | | |
| 锡矿采选 | 100936 | 29962 | 140695 | 500 | | | 298 |
| 锑矿采选 | 18620 | 7360 | 39138 | | | 160 | |
| 铝矿采选 | 215564 | 380903 | 65601 | | | | 3540 |
| 镁矿采选 | 28065 | 22270 | 37340 | | | | |
| 其他常用有色金属矿采选 | 303173 | 117993 | 105162 | | 200 | | 5335 |
| 贵金属矿采选 | 905650 | 629829 | 755713 | | | 3593 | 88197 |
| 金矿采选 | 845909 | 564409 | 739244 | | | 3593 | 88197 |
| 银矿采选 | 35636 | 54210 | 6430 | | | | |
| 其他贵金属矿采选 | 24105 | 11210 | 10039 | | | | |
| 稀有稀土金属矿采选 | 592888 | 257203 | 432202 | | 50 | 20239 | 4220 |

续表 2 单位：万元

| 行　　业 | 新　建 | 扩　建 | 改　建 | 单纯建造生活设施 | 迁　建 | 恢　复 | 单纯购置 |
|---|---|---|---|---|---|---|---|
| 钨钼矿采选 | 471562 | 193235 | 316075 | | 50 | 19313 | 3600 |
| 稀土金属矿采选 | 26284 | 6800 | 18410 | | | | |
| 放射性金属矿采选 | 6899 | 600 | 15630 | | | | |
| 其他稀有金属矿采选 | 88143 | 56568 | 82087 | | | 926 | 620 |
| 非金属矿采选业 | 3032593 | 1511414 | 1425391 | | 4160 | 8540 | 291600 |
| 土砂石开采 | 2143100 | 1017953 | 975207 | | 4140 | 305 | 233492 |
| 石灰石、石膏开采 | 425537 | 225222 | 300010 | | | | 41881 |
| 建筑装饰用石开采 | 628902 | 317178 | 287881 | | 4140 | | 66666 |
| 耐火土石开采 | 282756 | 136124 | 90383 | | | 305 | 8139 |
| 粘土及其他土砂石开采 | 805905 | 339429 | 296933 | | | | 116806 |
| 化学矿采选 | 184502 | 214873 | 68985 | | | 2000 | 29780 |
| 采盐 | 121301 | 75155 | 98993 | | 20 | | 7284 |
| 石棉及其他非金属矿采选 | 583690 | 203433 | 282206 | | | 6235 | 21044 |
| 石棉、云母矿采选 | 10575 | 7200 | 5301 | | | | 1000 |
| 石墨、滑石采选 | 54658 | 21694 | 101037 | | | | 3623 |
| 宝石、玉石开采 | 26259 | 3850 | 11831 | | | | 470 |
| 其他非金属矿采选 | 492198 | 170689 | 164037 | | | 6235 | 15951 |
| 其他采矿业 | 116733 | 38090 | 49623 | 598 | | | 7483 |
| 其他采矿业 | 116733 | 38090 | 49623 | 598 | | | 7483 |
| **（三）制造业** | **295626027** | **127942144** | **123153741** | **752538** | **11724369** | **361250** | **27500607** |
| 农副食品加工业 | 14508749 | 7179139 | 5481910 | 26099 | 246765 | 22754 | 835649 |
| 谷物磨制 | 2391052 | 1129259 | 897147 | 16914 | 40210 | 3304 | 96232 |
| 饲料加工 | 1724496 | 781501 | 733049 | 310 | 28782 | 1085 | 133458 |
| 植物油加工 | 1990611 | 1078776 | 895081 | 3400 | 39956 | 148 | 104739 |
| 食用植物油加工 | 1787967 | 1005001 | 822107 | 3400 | 36123 | 148 | 94379 |
| 非食用植物油加工 | 202644 | 73775 | 72974 | | 3833 | | 10360 |
| 制糖 | 242470 | 190355 | 251462 | 999 | 1400 | | 6142 |
| 屠宰及肉类加工 | 3324511 | 1430909 | 859525 | 4013 | 75193 | 8367 | 100692 |
| 畜禽屠宰 | 1503521 | 736343 | 432390 | 3713 | 31121 | 5645 | 35247 |
| 肉制品及副产品加工 | 1820990 | 694566 | 427135 | 300 | 44072 | 2722 | 65445 |
| 水产品加工 | 714353 | 408870 | 427386 | 360 | 6525 | 2496 | 131119 |
| 水产品冷冻加工 | 440080 | 306567 | 340663 | 360 | 632 | | 102195 |
| 鱼糜制品及水产品干腌制加工 | 76325 | 36111 | 53424 | | 3501 | | 22202 |
| 水产饲料制造 | 60898 | 12132 | 24845 | | | | 3682 |
| 鱼油提取及制品的制造 | 5929 | 4650 | | | | | |
| 其他水产品加工 | 131121 | 49410 | 8454 | | 2392 | 2496 | 3040 |
| 蔬菜、水果和坚果加工 | 1746317 | 1049755 | 471233 | 103 | 25397 | 404 | 110185 |
| 其他农副食品加工 | 2374939 | 1109714 | 947027 | | 29302 | 6950 | 153082 |
| 淀粉及淀粉制品的制造 | 899416 | 489851 | 370558 | | 9174 | | 60265 |
| 豆制品制造 | 359813 | 203924 | 138698 | | 7757 | | 36678 |

续表 3　　　　　单位：万元

| 行　　业 | 新　建 | 扩　建 | 改　建 | 单纯建造生活设施 | 迁　建 | 恢　复 | 单纯购置 |
|---|---|---|---|---|---|---|---|
| 蛋品加工 | 55870 | 41683 | 59426 | | 1560 | | 9665 |
| 其他未列明的农副食品加工 | 1059840 | 374256 | 378345 | | 10811 | 6950 | 46474 |
| 食品制造业 | 7487824 | 3850601 | 2973210 | 14684 | 159964 | 10386 | 597993 |
| 焙烤食品制造 | 1210510 | 541676 | 306196 | | 25306 | 800 | 135481 |
| 糕点、面包制造 | 503941 | 279696 | 123119 | | 8932 | 800 | 86214 |
| 饼干及其他焙烤食品制造 | 706569 | 261980 | 183077 | | 16374 | | 49267 |
| 糖果、巧克力及蜜饯制造 | 410949 | 185992 | 152151 | | 23034 | | 55192 |
| 糖果、巧克力制造 | 228770 | 133205 | 115349 | | 5938 | | 48933 |
| 蜜饯制作 | 182179 | 52787 | 36802 | | 17096 | | 6259 |
| 方便食品制造 | 1322297 | 766950 | 603367 | 3100 | 19677 | 4744 | 106179 |
| 米、面制品制造 | 566895 | 351889 | 291166 | 3100 | 12556 | 4744 | 40085 |
| 速冻食品制造 | 304741 | 148479 | 131115 | | 3944 | | 25869 |
| 方便面及其他方便食品制造 | 450661 | 266582 | 181086 | | 3177 | | 40225 |
| 液体乳及乳制品制造 | 729382 | 346612 | 254771 | 10520 | 17591 | | 49191 |
| 罐头制造 | 643476 | 246945 | 190313 | 1064 | 22057 | 942 | 25150 |
| 肉、禽类罐头制造 | 115458 | 39279 | 39055 | | 3592 | | 2593 |
| 水产品罐头制造 | 28815 | 13973 | 22130 | | | | 5210 |
| 蔬菜、水果罐头制造 | 375855 | 180685 | 108423 | | 4735 | 942 | 11168 |
| 其他罐头食品制造 | 123348 | 13008 | 20705 | 1064 | 13730 | | 6179 |
| 调味品、发酵制品制造 | 846706 | 617724 | 517372 | | 16361 | | 68466 |
| 味精制造 | 272492 | 85355 | 174193 | | | | 4624 |
| 酱油、食醋及类似制品的制造 | 179658 | 260263 | 133062 | | 11780 | | 15982 |
| 其他调味品、发酵制品制造 | 394556 | 272106 | 210117 | | 4581 | | 47860 |
| 其他食品制造 | 2324504 | 1144702 | 949040 | | 35938 | 3900 | 158334 |
| 营养、保健食品制造 | 626630 | 323788 | 205444 | | 13060 | | 50335 |
| 冷冻饮品及食用冰制造 | 157716 | 150568 | 73587 | | 1000 | 200 | 41511 |
| 盐加工 | 198975 | 11420 | 75427 | | | | 10128 |
| 食品及饲料添加剂制造 | 677883 | 355563 | 360491 | | 9982 | 2500 | 27714 |
| 其他未列明的食品制造 | 663300 | 303363 | 234091 | | 11896 | 1200 | 28646 |
| 饮料制造业 | 4884344 | 2433427 | 2681595 | 7522 | 253817 | 27703 | 500061 |
| 酒精制造 | 322775 | 153995 | 251743 | | 50039 | | 2201 |
| 酒的制造 | 1976054 | 1268966 | 1334200 | 5314 | 127787 | 16570 | 154513 |
| 白酒制造 | 1025285 | 745263 | 764008 | 5314 | 41292 | 16230 | 47198 |
| 啤酒制造 | 529388 | 205436 | 320863 | | 67831 | | 55687 |
| 黄酒制造 | 64141 | 55837 | 29962 | | 11382 | | 3625 |
| 葡萄酒制造 | 232026 | 194425 | 128751 | | 2790 | | 43820 |
| 其他酒制造 | 125214 | 68005 | 90616 | | 4492 | 340 | 4183 |
| 软饮料制造 | 2156990 | 906707 | 808299 | 2208 | 70227 | 6618 | 332534 |
| 碳酸饮料制造 | 323744 | 88196 | 74908 | | 12086 | 4978 | 143559 |
| 瓶（罐）装饮用水制造 | 476677 | 260373 | 221931 | | 4889 | 1160 | 42490 |

续表 4　　单位：万元

| 行业 | 新建 | 扩建 | 改建 | 单纯建造生活设施 | 迁建 | 恢复 | 单纯购置 |
|---|---|---|---|---|---|---|---|
| 果菜汁及果菜汁饮料制造 | 683642 | 256697 | 271434 | 2208 | 33052 | 480 | 53597 |
| 含乳饮料和植物蛋白饮料制造 | 317582 | 157425 | 110932 | | | | 18930 |
| 固体饮料制造 | 39608 | 19105 | 36240 | | 18240 | | 13678 |
| 茶饮料及其他软饮料制造 | 315737 | 124911 | 92854 | | 1960 | | 60280 |
| 精制茶加工 | 428525 | 103759 | 287353 | | 5764 | 4515 | 10813 |
| 烟草制品业 | 343765 | 272629 | 900119 | | 370053 | | 279511 |
| 烟叶复烤 | 66527 | 23663 | 101770 | | 5100 | | 609 |
| 卷烟制造 | 235047 | 232041 | 775569 | | 364953 | | 276997 |
| 其他烟草制品加工 | 42191 | 16925 | 22780 | | | | 1905 |
| 纺织业 | 7504113 | 4768092 | 3871560 | 26199 | 236636 | 15228 | 1221921 |
| 棉、化纤纺织及印染精加工 | 3462849 | 2513212 | 2218399 | 25899 | 136555 | 5408 | 638883 |
| 棉、化纤纺织加工 | 3112056 | 2254666 | 1949582 | 25899 | 121208 | 4000 | 515955 |
| 棉、化纤印染精加工 | 350793 | 258546 | 268817 | | 15347 | 1408 | 122928 |
| 毛纺织和染整精加工 | 402695 | 221052 | 199512 | | 10708 | | 51370 |
| 毛条加工 | 88957 | 22711 | 47723 | | 10 | | 4214 |
| 毛纺织 | 265832 | 131144 | 119046 | | 7997 | | 38233 |
| 毛染整精加工 | 47906 | 67197 | 32743 | | 2701 | | 8923 |
| 麻纺织 | 98721 | 80808 | 99639 | | 69 | 1300 | 10080 |
| 丝绢纺织及精加工 | 210204 | 305975 | 179286 | | 10025 | 5242 | 27515 |
| 缫丝加工 | 104855 | 61925 | 121125 | | 675 | 5012 | 8809 |
| 绢纺和丝织加工 | 71589 | 211377 | 34600 | | 9350 | 230 | 12096 |
| 丝印染精加工 | 33760 | 32673 | 23561 | | | | 6610 |
| 纺织制成品制造 | 1856490 | 1004865 | 597062 | 300 | 57985 | 3278 | 202392 |
| 棉及化纤制品制造 | 804174 | 438788 | 306451 | | 25569 | 3278 | 85881 |
| 毛制品制造 | 63566 | 43557 | 21036 | 300 | | | 10351 |
| 麻制品制造 | 28726 | 17369 | 12918 | | | | 960 |
| 丝制品制造 | 66201 | 59625 | 19426 | | | | 11460 |
| 绳、索、缆的制造 | 72499 | 37949 | 39540 | | 350 | | 9729 |
| 纺织带和帘子布制造 | 67954 | 56219 | 31066 | | 5911 | | 6058 |
| 无纺布制造 | 409720 | 166881 | 78227 | | 16996 | | 31712 |
| 其他纺织制成品制造 | 343650 | 184477 | 88398 | | 9159 | | 46241 |
| 针织品、编织品及其制品制造 | 1473154 | 642180 | 577662 | | 21294 | | 291681 |
| 棉、化纤针织品及编织品制造 | 760735 | 436327 | 327537 | | 10750 | | 171305 |
| 毛针织品及编织品制造 | 348555 | 77623 | 142647 | | 3344 | | 71237 |
| 丝针织品及编织品制造 | 106541 | 31227 | 45454 | | 200 | | 13126 |
| 其他针织品及编织品制造 | 257323 | 97003 | 62024 | | 7000 | | 36013 |
| 纺织服装、鞋、帽制造业 | 5526475 | 2422140 | 1850196 | 4190 | 119109 | | 583828 |
| 纺织服装制造 | 5076027 | 2219908 | 1700218 | 2910 | 114709 | | 565411 |
| 纺织面料鞋的制造 | 395009 | 164673 | 140944 | 1280 | 3650 | | 17227 |
| 制帽 | 55439 | 37559 | 9034 | | 750 | | 1190 |

续表 5 单位：万元

| 行业 | 新建 | 扩建 | 改建 | 单纯建造生活设施 | 迁建 | 恢复 | 单纯购置 |
|---|---|---|---|---|---|---|---|
| 皮革、毛皮、羽毛(绒)及其制品业 | 3293281 | 1051164 | 562830 | 10052 | 57504 | | 207478 |
| 皮革鞣制加工 | 283172 | 204302 | 103026 | | 5451 | | 23249 |
| 皮革制品制造 | 2573170 | 672304 | 367706 | 10052 | 50318 | | 168496 |
| 皮鞋制造 | 1642594 | 416743 | 237074 | 9484 | 18748 | | 99871 |
| 皮革服装制造 | 119434 | 88592 | 19177 | | 10669 | | 14400 |
| 皮箱、包(袋)制造 | 432981 | 124169 | 51662 | 360 | 600 | | 29130 |
| 皮手套及皮装饰制品制造 | 99192 | 14831 | 13006 | 208 | | | 6280 |
| 其他皮革制品制造 | 278969 | 27969 | 46787 | | 20301 | | 18815 |
| 毛皮鞣制及制品加工 | 239544 | 119656 | 37392 | | | | 7412 |
| 毛皮鞣制加工 | 116445 | 27013 | 9430 | | | | |
| 毛皮服装加工 | 83350 | 73153 | 23162 | | | | 5050 |
| 其他毛皮制品加工 | 39749 | 19490 | 4800 | | | | 2362 |
| 羽毛(绒)加工及制品制造 | 197395 | 54902 | 54706 | | 1735 | | 8321 |
| 羽毛(绒)加工 | 96595 | 22067 | 36246 | | | | 1460 |
| 羽毛(绒)制品加工 | 100800 | 32835 | 18460 | | 1735 | | 6861 |
| 木材加工及木竹藤棕草制品制造 | 4760343 | 2838566 | 2119741 | 7358 | 85037 | 16314 | 337505 |
| 锯材、木片加工 | 1031935 | 637133 | 544828 | | 26077 | 1102 | 95733 |
| 锯材加工 | 532546 | 416783 | 359747 | | 23527 | | 49945 |
| 木片加工 | 499389 | 220350 | 185081 | | 2550 | 1102 | 45788 |
| 人造板制造 | 2088025 | 1410191 | 927829 | 3400 | 28834 | 9832 | 119484 |
| 胶合板制造 | 685328 | 613113 | 321055 | | 9201 | 3300 | 52861 |
| 纤维板制造 | 443003 | 298908 | 204782 | | 8341 | 2010 | 2538 |
| 刨花板制造 | 189333 | 136187 | 63415 | | | | 14750 |
| 其他人造板、材制造 | 770361 | 361983 | 338577 | 3400 | 11292 | 4522 | 49335 |
| 木制品制造 | 1233982 | 634927 | 499328 | 3645 | 20760 | 4180 | 102535 |
| 建筑用木料及木材组件加工 | 821788 | 413877 | 309044 | 3645 | 15130 | 980 | 56274 |
| 木容器制造 | 75927 | 31600 | 36165 | | 5630 | | 5058 |
| 软木制品及其他木制品制造 | 336267 | 189450 | 154119 | | | 3200 | 41203 |
| 竹、藤、棕、草制品制造 | 406401 | 156315 | 147756 | 313 | 9366 | 1200 | 19753 |
| 家具制造业 | 3693560 | 1500225 | 996642 | 1044 | 33103 | 3000 | 224036 |
| 木质家具制造 | 2720980 | 1052255 | 634098 | 896 | 14274 | 3000 | 118951 |
| 竹、藤家具制造 | 55354 | 19700 | 31648 | | 6800 | | 10021 |
| 金属家具制造 | 362667 | 294358 | 194075 | | 3519 | | 44250 |
| 塑料家具制造 | 67513 | 6160 | 8964 | | 1900 | | 13900 |
| 其他家具制造 | 487046 | 127752 | 127857 | 148 | 6610 | | 36914 |
| 造纸及纸制品业 | 5467046 | 3417967 | 2800447 | 7845 | 224732 | 420 | 522558 |
| 纸浆制造 | 1134256 | 899779 | 341267 | | 60278 | | 11025 |
| 造纸 | 2419867 | 1464026 | 1555922 | 7295 | 116637 | 420 | 143410 |
| 机制纸及纸板制造 | 2037730 | 1237356 | 1398326 | 6360 | 109017 | 420 | 105565 |
| 手工纸制造 | 75022 | 37555 | 14505 | 935 | 3420 | | 8259 |

续表 6 单位：万元

| 行　　业 | 新　建 | 扩　建 | 改　建 | 单纯建造生活设施 | 迁　建 | 恢　复 | 单纯购置 |
|---|---|---|---|---|---|---|---|
| 加工纸制造 | 307115 | 189115 | 143091 | | 4200 | | 29586 |
| 纸制品制造 | 1912923 | 1054162 | 903258 | 550 | 47817 | | 368123 |
| 纸和纸板容器的制造 | 980286 | 606886 | 595239 | | 35498 | | 255186 |
| 其他纸制品制造 | 932637 | 447276 | 308019 | 550 | 12319 | | 112937 |
| 印刷业和记录媒介的复制 | 2528597 | 1188351 | 1157574 | 6400 | 106187 | 9900 | 676703 |
| 印刷 | 2296103 | 1074208 | 1072011 | 6400 | 99611 | 9900 | 631630 |
| 书、报、刊印刷 | 519651 | 203102 | 249712 | 6400 | 43459 | | 208150 |
| 本册印制 | 123278 | 84012 | 95399 | | 5785 | | 26438 |
| 包装装潢及其他印刷 | 1653174 | 787094 | 726900 | | 50367 | 9900 | 397042 |
| 装订及其他印刷服务活动 | 157444 | 54490 | 64701 | | 6576 | | 26385 |
| 记录媒介的复制 | 75050 | 59653 | 20862 | | | | 18688 |
| 文教体育用品制造业 | 1113648 | 591512 | 276740 | 1150 | 35543 | 15 | 153657 |
| 文化用品制造 | 210134 | 101127 | 83008 | | 27766 | | 35513 |
| 文具制造 | 64238 | 56338 | 24257 | | 5360 | | 11941 |
| 笔的制造 | 63266 | 26609 | 8852 | | 16328 | | 16608 |
| 教学用模型及教具制造 | 27066 | 3839 | 21246 | | 2000 | | 394 |
| 墨水、墨汁制造 | 23140 | | 11173 | | | | |
| 其他文化用品制造 | 32424 | 14341 | 17480 | | 4078 | | 6570 |
| 体育用品制造 | 409216 | 206596 | 67796 | | 2310 | | 62675 |
| 球类制造 | 44081 | 16868 | 6407 | | 2310 | | 6904 |
| 体育器材及配件制造 | 127927 | 69344 | 28806 | | | | 20160 |
| 训练健身器材制造 | 74889 | 42812 | 15407 | | | | 1826 |
| 运动防护用具制造 | 83818 | 7782 | 1971 | | | | 3342 |
| 其他体育用品制造 | 78501 | 69790 | 15205 | | | | 30443 |
| 乐器制造 | 44303 | 28818 | 37889 | 1150 | 200 | | 11621 |
| 中乐器制造 | 9850 | 1850 | 8198 | | | | 3010 |
| 西乐器制造 | 21977 | 15728 | 18834 | 1150 | 200 | | 5880 |
| 电子乐器制造 | 7703 | 1000 | 400 | | | | 1201 |
| 其他乐器及零件制造 | 4773 | 10240 | 10457 | | | | 1530 |
| 玩具制造 | 362795 | 220728 | 74786 | | 5267 | 15 | 40407 |
| 游艺器材及娱乐用品制造 | 87200 | 34243 | 13261 | | | | 3441 |
| 露天游乐场所游乐设备制造 | 59350 | 17916 | 12900 | | | | 1782 |
| 游艺用品及室内游艺器材制造 | 27850 | 16327 | 361 | | | | 1659 |
| 石油加工、炼焦及核燃料加工业 | 9702499 | 3516466 | 4761448 | 101906 | 105558 | 14822 | 195464 |
| 精炼石油产品的制造 | 5562401 | 2138989 | 3368016 | 96906 | 17410 | | 118466 |
| 原油加工及石油制品制造 | 5077208 | 2124554 | 3346841 | 96906 | 17410 | | 114004 |
| 人造原油生产 | 485193 | 14435 | 21175 | | | | 4462 |
| 炼焦及其他 | 4140098 | 1377477 | 1393432 | 5000 | 88148 | 14822 | 76998 |
| 化学原料及化学制品制造业 | 31589432 | 12392964 | 12832545 | 21091 | 1543815 | 54855 | 1364233 |

续表 7 单位：万元

| 行　　业 | 新　建 | 扩　建 | 改　建 | 单纯建造生活设施 | 迁　建 | 恢　复 | 单纯购置 |
|---|---|---|---|---|---|---|---|
| 基础化学原料制造 | 13362525 | 4159025 | 4039410 | 9804 | 928998 | 34369 | 323845 |
| 无机酸制造 | 943575 | 455207 | 535651 | 6001 | 16213 | 3930 | 10502 |
| 无机碱制造 | 1377402 | 618882 | 546808 | 3503 | 520716 | 380 | 70969 |
| 无机盐制造 | 1174953 | 484787 | 608213 | | 103423 | 10466 | 12965 |
| 有机化学原料制造 | 7920639 | 1740747 | 1671502 | | 272512 | 6650 | 158807 |
| 其他基础化学原料制造 | 1945956 | 859402 | 677236 | 300 | 16134 | 12943 | 70602 |
| 肥料制造 | 4086443 | 2726151 | 2347155 | 4072 | 88748 | 1200 | 104415 |
| 氮肥制造 | 1250149 | 1702455 | 1107458 | 1082 | 35323 | 600 | 30396 |
| 磷肥制造 | 394419 | 226251 | 351074 | 2990 | 5800 | | 9178 |
| 钾肥制造 | 212038 | 59043 | 55958 | | | | |
| 复混肥料制造 | 1369863 | 411855 | 512425 | | 19080 | 600 | 23247 |
| 有机肥料及微生物肥料制造 | 612455 | 228573 | 235379 | | 20745 | | 37974 |
| 其他肥料制造 | 247519 | 97974 | 84861 | | 7800 | | 3620 |
| 农药制造 | 1008795 | 519902 | 541499 | | 111885 | | 63346 |
| 化学农药制造 | 551149 | 333519 | 389797 | | 111845 | | 40780 |
| 生物化学农药及微生物农药制造 | 457646 | 186383 | 151702 | | 40 | | 22566 |
| 涂料、油墨、颜料及类似产品制造 | 2024121 | 559142 | 668496 | | 67954 | 1010 | 138696 |
| 涂料制造 | 1007638 | 330832 | 335089 | | 36529 | | 64208 |
| 油墨及类似产品制造 | 145940 | 43313 | 18968 | | 1868 | 1010 | 10864 |
| 颜料制造 | 177187 | 37784 | 137929 | | 6700 | | 18114 |
| 染料制造 | 234045 | 106442 | 133862 | | 17628 | | 31118 |
| 密封用填料及类似品制造 | 459311 | 40771 | 42648 | | 5229 | | 14392 |
| 合成材料制造 | 2539272 | 1200141 | 1002033 | 4197 | 17883 | 740 | 83941 |
| 初级形态的塑料及合成树脂制造 | 1271184 | 841826 | 447222 | 4197 | 10920 | 740 | 51593 |
| 合成橡胶制造 | 566960 | 142229 | 138281 | | 1500 | | 7372 |
| 合成纤维单(聚合)体的制造 | 365110 | 148041 | 232287 | | | | 14451 |
| 其他合成材料制造 | 336018 | 68045 | 184243 | | 5463 | | 10525 |
| 专用化学产品制造 | 7025700 | 2858294 | 3896833 | 2562 | 239604 | 16763 | 504505 |
| 化学试剂和助剂制造 | 1665500 | 727120 | 984335 | | 38940 | 8160 | 222242 |
| 专项化学用品制造 | 1665748 | 986884 | 1417843 | | 101344 | 5888 | 123926 |
| 林产化学产品制造 | 243208 | 68803 | 93444 | 2000 | 4752 | 2715 | 8794 |
| 环境污染处理专用药剂材料制造 | 217625 | 44232 | 67827 | | 10000 | | 13538 |
| 动物胶制造 | 66570 | 32243 | 32613 | | 980 | | 675 |
| 其他专用化学产品制造 | 3167049 | 999012 | 1300771 | 562 | 83588 | | 135330 |
| 日用化学产品制造 | 1542576 | 370309 | 337119 | 456 | 88743 | 773 | 145485 |
| 肥皂及合成洗涤剂制造 | 243770 | 88200 | 113938 | | 41132 | | 21062 |
| 化妆品制造 | 143995 | 72971 | 41779 | 356 | 1901 | 143 | 48549 |
| 口腔清洁用品制造 | 4344 | 1763 | 5439 | | | | 6612 |

续表 8

单位：万元

| 行　　业 | 新　建 | 扩　建 | 改　建 | 单纯建造生活设施 | 迁　建 | 恢　复 | 单纯购置 |
|---|---|---|---|---|---|---|---|
| 香料、香精制造 | 201438 | 60455 | 41295 | | 27143 | 630 | 12353 |
| 其他日用化学产品制造 | 949029 | 146920 | 134668 | 100 | 18567 | | 56909 |
| 医药制造业 | 7077681 | 3103464 | 3408010 | 13449 | 332316 | 15108 | 592871 |
| 化学药品原药制造 | 1228333 | 644059 | 538250 | | 73379 | | 76488 |
| 化学药品制剂制造 | 1240487 | 736301 | 739084 | 4800 | 59895 | 362 | 94638 |
| 中药饮片加工 | 721687 | 296940 | 399573 | 804 | 20198 | 1980 | 34045 |
| 中成药制造 | 1202334 | 644994 | 854227 | 7845 | 94884 | 3866 | 112274 |
| 兽用药品制造 | 462540 | 192947 | 164050 | | 25417 | 7480 | 26030 |
| 生物、生化制品的制造 | 1608529 | 426554 | 497723 | | 27202 | 1420 | 60454 |
| 卫生材料及医药用品制造 | 613771 | 161669 | 215103 | | 31341 | | 188942 |
| 化学纤维制造业 | 1210966 | 977038 | 446803 | 8000 | 5995 | | 111984 |
| 纤维素纤维原料及纤维制造 | 668880 | 232079 | 129228 | 8000 | | | 23250 |
| 化纤浆粕制造 | 326176 | 26722 | 49042 | | | | 838 |
| 人造纤维（纤维素纤维）制造 | 342704 | 205357 | 80186 | 8000 | | | 22412 |
| 合成纤维制造 | 542086 | 744959 | 317575 | | 5995 | | 88734 |
| 锦纶纤维制造 | 78889 | 58088 | 33819 | | 965 | | 11982 |
| 涤纶纤维制造 | 123728 | 368500 | 73511 | | 3000 | | 7335 |
| 腈纶纤维制造 | 4824 | 6500 | 18933 | | 530 | | 3809 |
| 维纶纤维制造 | 39300 | 119704 | 52522 | | | | 25030 |
| 其他合成纤维制造 | 295345 | 192167 | 138790 | | 1500 | | 40578 |
| 橡胶制品业 | 2970577 | 1621357 | 1356502 | 20450 | 98236 | 2010 | 512944 |
| 轮胎制造 | 918369 | 683186 | 782967 | 14750 | 24902 | | 246592 |
| 车辆、飞机及工程机械轮胎制 | 718527 | 641638 | 720385 | 14750 | 22170 | | 227201 |
| 力车胎制造 | 112940 | 20465 | 20351 | | 2732 | | 11301 |
| 轮胎翻新加工 | 86902 | 21083 | 42231 | | | | 8090 |
| 橡胶板、管、带的制造 | 865061 | 360098 | 209434 | 5700 | 20540 | 2000 | 96198 |
| 橡胶零件制造 | 310392 | 200810 | 147863 | | 19121 | | 97514 |
| 再生橡胶制造 | 120319 | 72665 | 42882 | | | 10 | 7247 |
| 日用及医用橡胶制品制造 | 265173 | 70114 | 27326 | | 264 | | 20893 |
| 橡胶靴鞋制造 | 78998 | 24912 | 24664 | | 134 | | 12041 |
| 其他橡胶制品制造 | 412265 | 209572 | 121366 | | 33275 | | 32459 |
| 塑料制品业 | 7133738 | 3527397 | 2329948 | 17908 | 176465 | 8870 | 862823 |
| 塑料薄膜制造 | 795370 | 482682 | 236525 | 1800 | 13246 | 3060 | 144356 |
| 塑料板、管、型材的制造 | 2731252 | 1055695 | 653187 | 15168 | 60324 | | 206866 |
| 塑料丝、绳及编织品的制造 | 538617 | 419578 | 242941 | | 6594 | 3810 | 51377 |
| 泡沫塑料制造 | 319789 | 234009 | 108907 | | 20750 | | 76538 |
| 塑料人造革、合成革制造 | 294956 | 103833 | 53733 | | 10739 | | 17239 |
| 塑料包装箱及容器制造 | 727836 | 401806 | 298949 | | 26930 | | 97218 |
| 塑料零件制造 | 412201 | 180606 | 177803 | | 16863 | 2000 | 78625 |
| 日用塑料制造 | 607925 | 323445 | 190569 | 940 | 6912 | | 87347 |

单位：万元

| 行　　业 | 新　建 | 扩　建 | 改　建 | 单纯建造生活设施 | 迁　建 | 恢　复 | 单纯购置 |
|---|---|---|---|---|---|---|---|
| 塑料鞋制造 | 137915 | 18921 | 34549 | 290 | 2412 | | 26935 |
| 日用塑料杂品制造 | 470010 | 304524 | 156020 | 650 | 4500 | | 60412 |
| 其他塑料制品制造 | 705792 | 325743 | 367334 | | 14107 | | 103257 |
| 非金属矿物制品业 | 31738740 | 11957299 | 13111512 | 63565 | 571153 | 48525 | 1553633 |
| 水泥、石灰和石膏的制造 | 9155793 | 3196758 | 4057482 | 9418 | 152585 | 7866 | 200364 |
| 水泥制造 | 8653942 | 3014487 | 3789949 | 7818 | 152535 | 7866 | 188711 |
| 石灰和石膏制造 | 501851 | 182271 | 267533 | 1600 | 50 | | 11653 |
| 水泥及石膏制品制造 | 4232266 | 1366262 | 1512062 | 17327 | 90644 | 8961 | 410464 |
| 水泥制品制造 | 2266778 | 735096 | 897226 | 100 | 60266 | 7450 | 261086 |
| 砼结构构件制造 | 877899 | 264289 | 211553 | 17227 | 15411 | 550 | 45632 |
| 石棉水泥制品制造 | 31060 | 44904 | 31467 | | 3532 | | 16287 |
| 轻质建筑材料制造 | 737201 | 223461 | 215930 | | 5470 | 961 | 42805 |
| 其他水泥制品制造 | 319328 | 98512 | 155886 | | 5965 | | 44654 |
| 砖瓦、石材及其他建筑材料制造 | 8506621 | 3225527 | 3254816 | 30200 | 112251 | 11760 | 379996 |
| 粘土砖瓦及建筑砌块制造 | 3122171 | 989798 | 1229791 | 14600 | 34335 | 3524 | 102702 |
| 建筑陶瓷制品制造 | 1221726 | 682577 | 558682 | | 5720 | | 39819 |
| 建筑用石加工 | 1180300 | 711070 | 535287 | | 1117 | 6696 | 41153 |
| 防水建筑材料制造 | 418660 | 139411 | 276389 | 10000 | 6750 | | 33621 |
| 隔热和隔音材料制造 | 759861 | 216337 | 198364 | | 7510 | 1540 | 55949 |
| 其他建筑材料制造 | 1803903 | 486334 | 456303 | 5600 | 56819 | | 106752 |
| 玻璃及玻璃制品制造 | 3567969 | 1426036 | 1614839 | 3020 | 143539 | 9328 | 267078 |
| 平板玻璃制造 | 987711 | 179847 | 258784 | | 87615 | | 27696 |
| 技术玻璃制品制造 | 622291 | 243871 | 250014 | | 22560 | | 34486 |
| 光学玻璃制造 | 108037 | 73634 | 135797 | | 2740 | | 16748 |
| 玻璃仪器制造 | 51451 | 40615 | 52982 | | | | 3858 |
| 日用玻璃制品及玻璃包装容器制造 | 491149 | 275782 | 379385 | | 7585 | 788 | 49700 |
| 玻璃保温容器制造 | 34878 | 16198 | 27417 | 1020 | | | |
| 玻璃纤维及制品制造 | 699643 | 370391 | 229969 | | 4806 | 8170 | 20155 |
| 玻璃纤维增强塑料制品制造 | 337908 | 66965 | 106994 | | 10545 | 370 | 44715 |
| 其他玻璃制品制造 | 234901 | 158733 | 173497 | 2000 | 7688 | | 69720 |
| 陶瓷制品制造 | 1887617 | 575330 | 760735 | 2100 | 14150 | 1300 | 44404 |
| 卫生陶瓷制品制造 | 321843 | 127387 | 33442 | | | | 13318 |
| 特种陶瓷制品制造 | 646750 | 259510 | 306119 | | 10252 | 1300 | 17474 |
| 日用陶瓷制品制造 | 778138 | 168968 | 395493 | 2100 | 3898 | | 8762 |
| 园林、陈设艺术及其他陶瓷制造 | 140886 | 19465 | 25681 | | | | 4850 |
| 耐火材料制品制造 | 1388116 | 1042146 | 855550 | | 14605 | 500 | 112292 |
| 石棉制品制造 | 140181 | 38023 | 51413 | | 700 | | 15610 |
| 云母制品制造 | 56342 | 29942 | 16414 | | | | |
| 耐火陶瓷制品及其他耐火材料制造 | 1191593 | 974181 | 787723 | | 13905 | 500 | 96682 |
| 石墨及其他非金属矿物制品制造 | 3000358 | 1125240 | 1056028 | 1500 | 43379 | 8810 | 139035 |

续表 10　　单位：万元

| 行　　业 | 新　建 | 扩　建 | 改　建 | 单纯建造生活设施 | 迁　建 | 恢　复 | 单纯购置 |
|---|---|---|---|---|---|---|---|
| 石墨及碳素制品制造 | 877368 | 548415 | 524715 | | 23372 | 1067 | 50682 |
| 其他非金属矿物制品制造 | 2122990 | 576825 | 531313 | 1500 | 20007 | 7743 | 88353 |
| 黑色金属冶炼及压延加工业 | 12397279 | 6567768 | 10844531 | 22485 | 2265768 | 12297 | 539131 |
| 炼铁 | 692633 | 479280 | 791308 | 2363 | 4800 | 4200 | 38496 |
| 炼钢 | 2215278 | 2021374 | 3392226 | 12074 | 12261 | | 117638 |
| 钢压延加工 | 8246275 | 3783696 | 5930864 | 8048 | 2219560 | | 315967 |
| 铁合金冶炼 | 1243093 | 283418 | 730133 | | 29147 | 8097 | 67030 |
| 有色金属冶炼及压延加工业 | 11361315 | 4391764 | 5192111 | 40070 | 132538 | 3470 | 416538 |
| 常用有色金属冶炼 | 4529399 | 1965155 | 3167166 | 16950 | 47107 | 160 | 73148 |
| 铜冶炼 | 1123394 | 381885 | 392238 | 1940 | | 160 | 13173 |
| 铅锌冶炼 | 711226 | 269187 | 705575 | 758 | 24275 | | 5780 |
| 镍钴冶炼 | 458395 | 217782 | 445786 | 4300 | | | 1000 |
| 锡冶炼 | 46546 | 11636 | 72318 | | 250 | | 20741 |
| 锑冶炼 | 5785 | 4340 | 46189 | | | | |
| 铝冶炼 | 1313512 | 866953 | 906423 | 9952 | 12752 | | 11978 |
| 镁冶炼 | 422918 | 42591 | 239163 | | 5930 | | 3805 |
| 其他常用有色金属冶炼 | 447623 | 170781 | 359474 | | 3900 | | 16671 |
| 贵金属冶炼 | 269346 | 114755 | 173541 | 7000 | 560 | 100 | 34228 |
| 金冶炼 | 173008 | 64615 | 148819 | 7000 | 560 | 100 | 32828 |
| 银冶炼 | 20891 | 37465 | 4902 | | | | 200 |
| 其他贵金属冶炼 | 75447 | 12675 | 19820 | | | | 1200 |
| 稀有稀土金属冶炼 | 1275038 | 266465 | 433259 | 14860 | 6474 | 850 | 68462 |
| 钨钼冶炼 | 283814 | 167216 | 127613 | 14860 | | | 18100 |
| 稀土金属冶炼 | 199720 | 50990 | 155703 | | | | 33967 |
| 其他稀有金属冶炼 | 791504 | 48259 | 149943 | | 6474 | 850 | 16395 |
| 有色金属合金制造 | 936745 | 251934 | 234678 | | 3000 | 2360 | 99350 |
| 有色金属压延加工 | 4350787 | 1793455 | 1183467 | 1260 | 75397 | | 141350 |
| 常用有色金属压延加工 | 3921356 | 1642758 | 961314 | | 75397 | | 123416 |
| 贵金属压延加工 | 166638 | 31079 | 108313 | | | | 8328 |
| 稀有稀土金属压延加工 | 262793 | 119618 | 113840 | 1260 | | | 9606 |
| 金属制品业 | 14943224 | 6519936 | 4710646 | 9878 | 413279 | 43528 | 1537866 |
| 结构性金属制品制造 | 7073736 | 2805443 | 1975108 | 1860 | 157515 | 11108 | 494247 |
| 金属结构制造 | 5648593 | 2278541 | 1602456 | 1600 | 116175 | 11108 | 366104 |
| 金属门窗制造 | 1425143 | 526902 | 372652 | 260 | 41340 | | 128143 |
| 金属工具制造 | 1200078 | 592453 | 693992 | 4300 | 43677 | 27000 | 268701 |
| 切削工具制造 | 284993 | 119838 | 110050 | 4300 | 12604 | | 35516 |
| 手工具制造 | 129226 | 95453 | 82431 | | 2897 | 27000 | 45925 |
| 农用及园林用金属工具制造 | 136951 | 50416 | 41317 | | 3360 | | 4849 |
| 刀剪及类似日用金属工具制造 | 132670 | 36199 | 16491 | | 7389 | | 4888 |
| 其他金属工具制造 | 516238 | 290547 | 443703 | | 17427 | | 177523 |

续表 11 单位：万元

| 行业 | 新建 | 扩建 | 改建 | 单纯建造生活设施 | 迁建 | 恢复 | 单纯购置 |
|---|---|---|---|---|---|---|---|
| 集装箱及金属包装容器制造 | 984920 | 353151 | 309473 | | 27468 | | 78516 |
| 集装箱制造 | 149351 | 36766 | 82547 | | 4419 | | 7947 |
| 金属压力容器制造 | 425663 | 129933 | 100364 | | 13299 | | 22356 |
| 金属包装容器制造 | 409906 | 186452 | 126562 | | 9750 | | 48213 |
| 金属丝绳及其制品的制造 | 808405 | 363198 | 318844 | 3258 | 116536 | 500 | 178309 |
| 建筑、安全用金属制品制造 | 1832984 | 701546 | 427332 | | 22132 | | 137689 |
| 建筑、家具用金属配件制造 | 444253 | 193665 | 104600 | | 4338 | | 52841 |
| 建筑装饰及水暖管道零件制造 | 970413 | 311314 | 197917 | | 17794 | | 49072 |
| 安全、消防用金属制品制造 | 252158 | 120557 | 63482 | | | | 13629 |
| 其他建筑、安全用金属制品制造 | 166160 | 76010 | 61333 | | | | 22147 |
| 金属表面处理及热处理加工 | 771007 | 469886 | 261829 | | 7019 | | 62397 |
| 搪瓷制品制造 | 168029 | 68776 | 54213 | | | | 3760 |
| 工业生产配套用搪瓷制品制造 | 25848 | 8860 | 7019 | | | | 380 |
| 搪瓷卫生洁具制造 | 84085 | 20725 | 1760 | | | | 2394 |
| 搪瓷日用品及其他搪瓷制品制造 | 58096 | 39191 | 45434 | | | | 986 |
| 不锈钢及类似日用金属制品制造 | 959873 | 398611 | 210419 | | 11475 | | 78672 |
| 金属制厨房调理及卫生器具制造 | 217412 | 100427 | 52149 | | | | 29758 |
| 金属制厨用器皿及餐具制造 | 268141 | 170579 | 53198 | | 4520 | | 22836 |
| 其他日用金属制品制造 | 474320 | 127605 | 105072 | | 6955 | | 26078 |
| 其他金属制品制造 | 1144192 | 766872 | 459436 | 460 | 27457 | 4920 | 235575 |
| 铸币及贵金属制品实验室用品制造 | 28451 | 19698 | 4690 | | | | 1000 |
| 其他未列明的金属制品制造 | 1115741 | 747174 | 454746 | 460 | 27457 | 4920 | 234575 |
| 通用设备制造业 | 20200807 | 10710578 | 9385124 | 41837 | 1355757 | 22227 | 2895239 |
| 锅炉及原动机制造 | 1476119 | 609992 | 1072272 | 1579 | 404206 | 2222 | 156548 |
| 锅炉及辅助设备制造 | 702557 | 314405 | 318031 | | 51047 | 610 | 52664 |
| 内燃机及配件制造 | 429012 | 257071 | 353887 | | 125559 | 1612 | 55187 |
| 汽轮机及辅机制造 | 83979 | 10867 | 237877 | 89 | 225800 | | 25274 |
| 水轮机及辅机制造 | 58306 | 25588 | 24113 | | | | 10264 |
| 其他原动机制造 | 202265 | 2061 | 138364 | 1490 | 1800 | | 13159 |
| 金属加工机械制造 | 3128214 | 1550244 | 1528813 | 8504 | 121893 | 7797 | 510362 |
| 金属切削机床制造 | 626882 | 488349 | 309787 | 3360 | 39709 | 2572 | 76392 |
| 金属成形机床制造 | 348636 | 173091 | 145408 | | 15140 | 1200 | 73358 |
| 铸造机械制造 | 779714 | 261249 | 307480 | 4420 | 23092 | 200 | 89396 |
| 金属切割及焊接设备制造 | 164286 | 91216 | 39959 | | 14308 | | 25665 |
| 机床附件制造 | 340104 | 164978 | 119331 | 324 | 3060 | | 55879 |
| 其他金属加工机械制造 | 868592 | 371361 | 606848 | 400 | 26584 | 3825 | 189672 |
| 起重运输设备制造 | 1673069 | 633826 | 650912 | 1480 | 106274 | | 108703 |
| 泵、阀门、压缩机及类似机械的制造 | 2547427 | 1526694 | 1183879 | 2730 | 225171 | | 461334 |
| 泵及真空设备制造 | 595382 | 373675 | 369476 | 1730 | 134547 | | 140316 |
| 气体压缩机械制造 | 235706 | 215407 | 165531 | 1000 | 26485 | | 93261 |

续表 12　　单位：万元

| 行业 | 新建 | 扩建 | 改建 | 单纯建造生活设施 | 迁建 | 恢复 | 单纯购置 |
|---|---|---|---|---|---|---|---|
| 阀门和旋塞的制造 | 940497 | 490575 | 250335 | | 14822 | | 91005 |
| 液压和气压动力机械及元件制造 | 775842 | 447037 | 398537 | | 49317 | | 136752 |
| 轴承、齿轮、传动和驱动部件制造 | 1878795 | 998947 | 648114 | 6797 | 70516 | 8450 | 267083 |
| 轴承制造 | 1130000 | 598906 | 357834 | 3350 | 50859 | 4300 | 170942 |
| 齿轮、传动和驱动部件制造 | 748795 | 400041 | 290280 | 3447 | 19657 | 4150 | 96141 |
| 烘炉、熔炉及电炉制造 | 145662 | 62695 | 57172 | | 6259 | | 19722 |
| 风机、衡器、包装设备等通用设备制造 | 2884120 | 1558484 | 1236797 | 15452 | 143682 | | 428066 |
| 风机、风扇制造 | 795706 | 362929 | 179959 | | 79378 | | 62552 |
| 气体、液体分离及纯净设备制造 | 297502 | 202082 | 153368 | | | | 43981 |
| 制冷、空调设备制造 | 475864 | 192870 | 206922 | 30 | 3736 | | 120503 |
| 风动和电动工具制造 | 284038 | 79489 | 131743 | | 2950 | | 20182 |
| 喷枪及类似器具制造 | 49946 | 15887 | 91391 | | | | 5695 |
| 包装专用设备制造 | 107395 | 119047 | 37333 | | 5710 | | 58088 |
| 衡器制造 | 77314 | 18140 | 31731 | | 1350 | | 8875 |
| 其他通用设备制造 | 796355 | 568040 | 404350 | 15422 | 50558 | | 108190 |
| 通用零部件制造及机械修理 | 3565114 | 1680544 | 1388298 | | 118262 | | 573331 |
| 金属密封件制造 | 209391 | 138353 | 129258 | | 2650 | | 31598 |
| 紧固件、弹簧制造 | 489526 | 314679 | 183607 | | 40982 | | 98727 |
| 机械零部件加工及设备修理 | 1889486 | 944217 | 786316 | | 51494 | | 339212 |
| 其他通用零部件制造 | 976711 | 283295 | 289117 | | 23136 | | 103794 |
| 金属铸、锻加工 | 2902287 | 2089152 | 1618867 | 5295 | 159494 | 3758 | 370090 |
| 钢铁铸件制造 | 2456259 | 1567306 | 1061984 | 5295 | 144311 | 398 | 297513 |
| 锻件及粉末冶金制品制造 | 446028 | 521846 | 556883 | | 15183 | 3360 | 72577 |
| 专用设备制造业 | 15691923 | 6588055 | 5761585 | 89443 | 617064 | 16525 | 1995672 |
| 矿山、冶金、建筑专用设备制造 | 5955373 | 2482531 | 2390855 | 36605 | 242105 | 4350 | 503799 |
| 采矿、采石设备制造 | 1876984 | 875046 | 725654 | 18145 | 114716 | 800 | 168752 |
| 石油钻采专用设备制造 | 1325358 | 381282 | 371974 | 12160 | 16638 | | 170699 |
| 建筑工程用机械制造 | 1268558 | 797812 | 499427 | | 61451 | 3550 | 63215 |
| 建筑材料生产专用机械制造 | 440467 | 170066 | 167691 | 4200 | 7391 | | 43078 |
| 冶金专用设备制造 | 1044006 | 258325 | 626109 | 2100 | 41909 | | 58055 |
| 化工、木材、非金属加工专用设备制造 | 1970807 | 1119712 | 689990 | 7629 | 92895 | 6985 | 429594 |
| 炼油、化工生产专用设备制造 | 449691 | 354981 | 153028 | 1000 | 27201 | 6500 | 38659 |
| 橡胶加工专用设备制造 | 101627 | 47129 | 59577 | 2500 | 14588 | | 23772 |
| 塑料加工专用设备制造 | 233701 | 147825 | 61003 | 3332 | 9821 | | 31774 |
| 木材加工机械制造 | 74619 | 66876 | 32727 | | 10760 | | 21665 |
| 模具制造 | 965175 | 398702 | 329577 | 797 | 26025 | 485 | 289765 |
| 其他非金属加工专用设备制造 | 145994 | 104199 | 54078 | | 4500 | | 23959 |
| 食品、饮料、烟草及饲料专用设备制造 | 591919 | 242835 | 219141 | | 33210 | | 39879 |
| 食品、饮料、烟草工业专用设备制造 | 179658 | 80064 | 122974 | | 4810 | | 26869 |
| 农副食品加工专用设备制造 | 347675 | 146333 | 90212 | | 28400 | | 5900 |

续表 13 单位：万元

| 行　　业 | 新　建 | 扩　建 | 改　建 | 单纯建造生活设施 | 迁　建 | 恢　复 | 单纯购置 |
|---|---|---|---|---|---|---|---|
| 饲料生产专用设备制造 | 64586 | 16438 | 5955 | | | | 7110 |
| 印刷、制药、日化生产专用设备制造 | 892019 | 275132 | 279962 | 7283 | 64414 | 130 | 86896 |
| 制浆和造纸专用设备制造 | 223837 | 96120 | 90738 | 4983 | 4670 | | 10628 |
| 印刷专用设备制造 | 180858 | 45546 | 39682 | 2300 | 6574 | 130 | 33602 |
| 日用化工专用设备制造 | 74367 | 30518 | 23190 | | 8107 | | 7184 |
| 制药专用设备制造 | 50774 | 11211 | 56782 | | | | 5842 |
| 照明器具生产专用设备制造 | 248458 | 60099 | 17820 | | | | 11420 |
| 玻璃、陶瓷和搪瓷制品专用设备制造 | 47586 | 19338 | 29794 | | | | 5324 |
| 其他日用品生产专用设备制造 | 66139 | 12300 | 21956 | | 45063 | | 12896 |
| 纺织、服装和皮革工业专用设备制造 | 494198 | 241677 | 148014 | | 4526 | | 75595 |
| 纺织专用设备制造 | 322872 | 141311 | 112021 | | 2000 | | 49028 |
| 皮革、毛皮及其制品加工设备制造 | 30428 | 42396 | 4083 | | 426 | | 3980 |
| 缝纫机械制造 | 94434 | 46505 | 19758 | | 2100 | | 15893 |
| 其他服装加工专用设备制造 | 46464 | 11465 | 12152 | | | | 6694 |
| 电子和电工机械专用设备制造 | 1685426 | 735566 | 610251 | 33360 | 51426 | 1560 | 216678 |
| 农、林、牧、渔专用机械制造 | 1010572 | 439613 | 393811 | 2776 | 44129 | 3500 | 123721 |
| 拖拉机制造 | 181019 | 73275 | 60952 | | 28480 | | 25575 |
| 机械化农业及园艺机具制造 | 337519 | 169945 | 164115 | 1478 | 8989 | | 36332 |
| 营林及木竹采伐机械制造 | 6275 | 3300 | 3850 | | | | 2976 |
| 畜牧机械制造 | 32279 | 200 | 8830 | | | 3500 | 1800 |
| 渔业机械制造 | 4620 | 3650 | 1700 | | 506 | | 398 |
| 农林牧渔机械配件制造 | 312305 | 94845 | 98358 | | 1980 | | 37888 |
| 其他农林牧渔业机械制造 | 136555 | 94398 | 56006 | 1298 | 4174 | | 18752 |
| 医疗仪器设备及器械制造 | 707191 | 256820 | 315029 | 800 | 19460 | | 176140 |
| 医疗诊断、监护及治疗设备制造 | 204437 | 34783 | 88969 | | 11812 | | 87230 |
| 口腔科用设备及器具制造 | | | 11958 | 800 | | | |
| 实验室及医用消毒设备和器具制造 | 26500 | 2167 | 5614 | | 4200 | | 9657 |
| 医疗、外科及兽医用器械制造 | 220015 | 112591 | 125749 | | 2950 | | 38811 |
| 机械治疗及病房护理设备制造 | 68403 | 14748 | 39308 | | | | 7290 |
| 假肢、人工器官及植（介）入器械制造 | 27034 | 680 | 10836 | | | | 13084 |
| 其他医疗设备及器械制造 | 160802 | 91851 | 32595 | | 498 | | 20068 |
| 环保、社会公共安全及其他专用设备制造 | 2384418 | 794169 | 714532 | 990 | 64899 | | 343370 |
| 环境污染防治专用设备制造 | 677436 | 299572 | 261734 | 490 | 32596 | | 68535 |
| 地质勘查专用设备制造 | 4530 | | 13953 | | 6246 | | 2486 |
| 邮政专用机械及器材制造 | | | 1200 | | | | |
| 商业、饮食、服务业专用设备制造 | 50892 | 620 | 13050 | | | | 2882 |

续表 14　　单位：万元

| 行　　业 | 新　建 | 扩　建 | 改　建 | 单纯建造生活设施 | 迁　建 | 恢　复 | 单纯购置 |
|---|---|---|---|---|---|---|---|
| 社会公共安全设备及器材制造 | 149584 | 87899 | 50220 | 500 | 500 | | 16060 |
| 交通安全及管制专用设备制造 | 27431 | 26869 | 4417 | | | | 5280 |
| 水资源专用机械制造 | 159978 | 50934 | 43517 | | 12532 | | 19797 |
| 其他专用设备制造 | 1314567 | 328275 | 326441 | | 13025 | | 228330 |
| 交通运输设备制造业 | 24428564 | 10036235 | 11045119 | 54814 | 1223625 | 5298 | 2957410 |
| 铁路运输设备制造 | 1148166 | 321759 | 807988 | 11390 | 158607 | | 258584 |
| 铁路机车车辆及动车组制造 | 354768 | 59409 | 287838 | | 115344 | | 92711 |
| 工矿有轨专用车辆制造 | 47166 | 44065 | 17187 | | | | |
| 铁路机车车辆配件制造 | 316106 | 87692 | 180150 | | 31150 | | 100793 |
| 铁路专用设备及器材、配件制造 | 257010 | 101187 | 164344 | 4400 | 850 | | 30407 |
| 其他铁路设备制造及设备修理 | 173116 | 29406 | 158469 | 6990 | 11263 | | 34673 |
| 汽车制造 | 15109805 | 6891999 | 8137274 | 32410 | 735715 | 5250 | 1970123 |
| 汽车整车制造 | 3036182 | 1912126 | 3355314 | 19800 | 432170 | | 476296 |
| 改装汽车制造 | 821300 | 378188 | 320257 | | 12454 | | 38509 |
| 电车制造 | 122469 | 57714 | 39986 | | | | 2000 |
| 汽车车身、挂车的制造 | 644333 | 182187 | 203053 | | | | 28096 |
| 汽车零部件及配件制造 | 9951644 | 4180932 | 4015333 | 6651 | 279674 | 5250 | 1350071 |
| 汽车修理 | 533877 | 180852 | 203331 | 5959 | 11417 | | 75151 |
| 摩托车制造 | 596667 | 314748 | 307273 | 2550 | 154492 | | 167370 |
| 摩托车整车制造 | 254109 | 108480 | 80729 | 2550 | 125955 | | 38247 |
| 摩托车零部件及配件制造 | 342558 | 206268 | 226544 | | 28537 | | 129123 |
| 自行车制造 | 738335 | 265395 | 93489 | 180 | 16624 | | 57098 |
| 脚踏自行车及残疾人座车制造 | 211311 | 154820 | 33546 | | 3114 | | 19311 |
| 助动自行车制造 | 527024 | 110575 | 59943 | 180 | 13510 | | 37787 |
| 船舶及浮动装置制造 | 5642724 | 1893166 | 916672 | | 112347 | | 421330 |
| 金属船舶制造 | 3083147 | 1256854 | 662058 | | 95505 | | 154491 |
| 非金属船舶制造 | 68471 | 26304 | 24030 | | | | 8350 |
| 娱乐船和运动船的建造和修理 | 145226 | 20650 | 12929 | | 624 | | 3905 |
| 船用配套设备制造 | 1454180 | 320097 | 174449 | | 14418 | | 222141 |
| 船舶修理及拆船 | 752014 | 268361 | 31921 | | 1800 | | 31543 |
| 航标器材及其他浮动装置的制造 | 139686 | 900 | 11285 | | | | 900 |
| 交通器材及其他交通运输设备制造 | 1192867 | 349168 | 782423 | 8284 | 45840 | 48 | 82905 |
| 交通管理用金属标志及设施制造 | 78383 | 22647 | 23240 | | 140 | | 2395 |
| 其他交通运输设备制造 | 1114484 | 326521 | 759183 | 8284 | 45700 | 48 | 80510 |
| 电气机械及器材制造业 | 20369052 | 7061038 | 5530500 | 73602 | 563055 | 6422 | 1973999 |

 单位：万元

| 行业 | 新建 | 扩建 | 改建 | 单纯建造生活设施 | 迁建 | 恢复 | 单纯购置 |
|---|---|---|---|---|---|---|---|
| 电机制造 | 2786261 | 696797 | 752765 | 18335 | 97464 | | 328797 |
| 发电机及发电机组制造 | 2067295 | 245178 | 387551 | 17870 | 21984 | | 158049 |
| 电动机制造 | 378550 | 302695 | 228368 | 465 | 73917 | | 105856 |
| 微电机及其他电机制造 | 340416 | 148924 | 136846 | | 1563 | | 64892 |
| 输配电及控制设备制造 | 4787053 | 1884112 | 1690536 | 23859 | 122398 | | 537673 |
| 变压器、整流器和电感器制造 | 1592986 | 573997 | 561780 | 2896 | 44097 | | 125864 |
| 电容器及其配套设备制造 | 358266 | 62050 | 93000 | | 11508 | | 62478 |
| 配电开关控制设备制造 | 942761 | 579632 | 477741 | 20963 | 34194 | | 162733 |
| 电力电子元器件制造 | 1307224 | 432365 | 382710 | | 10938 | | 138601 |
| 其他输配电及控制设备制造 | 585816 | 236068 | 175305 | | 21661 | | 47997 |
| 电线、电缆、光缆及电工器材制造 | 2700353 | 1524339 | 963697 | 6984 | 169298 | 1776 | 283687 |
| 电线电缆制造 | 2032072 | 1126229 | 682173 | 6984 | 135722 | 1420 | 207353 |
| 光纤、光缆制造 | 268743 | 189310 | 48285 | | 8516 | | 2915 |
| 绝缘制品制造 | 174506 | 68918 | 113100 | | 8850 | | 27112 |
| 其他电工器材制造 | 225032 | 139882 | 120139 | | 16210 | 356 | 46307 |
| 电池制造 | 3693250 | 994253 | 660940 | 922 | 65384 | | 238116 |
| 家用电力器具制造 | 1625974 | 516883 | 485514 | | 10062 | | 313538 |
| 家用制冷电器具制造 | 276937 | 72793 | 123114 | | | | 62899 |
| 家用空气调节器制造 | 260395 | 93915 | 45892 | | | | 70719 |
| 家用通风电器具制造 | 57636 | 13731 | 17234 | | | | 15081 |
| 家用厨房电器具制造 | 308430 | 125743 | 45076 | | 2100 | | 28492 |
| 家用清洁卫生电器具制造 | 140826 | 49498 | 81783 | | | | 9891 |
| 家用美容、保健电器具制造 | 25620 | 17258 | 6766 | | | | 10500 |
| 家用电力器具专用配件制造 | 172900 | 54237 | 64585 | | 3462 | | 29247 |
| 其他家用电力器具制造 | 383230 | 89708 | 101064 | | 4500 | | 86709 |
| 非电力家用器具制造 | 1605907 | 807467 | 497985 | 2900 | 5993 | 2000 | 73538 |
| 燃气、太阳能及类似能源器具制造 | 1497735 | 776293 | 474185 | 2900 | 5993 | 2000 | 72529 |
| 其他非电力家用器具制造 | 108172 | 31174 | 23800 | | | | 1009 |
| 照明器具制造 | 1697696 | 428306 | 332084 | 1950 | 49736 | 2646 | 141473 |
| 电光源制造 | 636211 | 148730 | 115635 | 1950 | 1700 | | 57158 |
| 照明灯具制造 | 835146 | 207524 | 155238 | | 47806 | 2646 | 62656 |
| 灯用电器附件及其他照明器具制造 | 226339 | 72052 | 61211 | | 230 | | 21659 |
| 其他电气机械及器材制造 | 1472558 | 208881 | 146979 | 18652 | 42720 | | 57177 |
| 车辆专用照明及电气信号设备制造 | 113898 | 110481 | 46889 | | 10564 | | 20457 |
| 其他未列明的电气机械制造 | 1358660 | 98400 | 100090 | 18652 | 32156 | | 36720 |
| 通信设备、计算机及其他电子设备制造 | 14334919 | 4500834 | 4309626 | 45554 | 112007 | 543 | 2932796 |
| 通信设备制造 | 2187112 | 258209 | 410854 | 37822 | 18924 | | 539656 |
| 通信传输设备制造 | 474281 | 94830 | 73819 | 25180 | 10011 | | 130186 |
| 通信交换设备制造 | 99623 | 28141 | 43702 | | | | 36271 |
| 通信终端设备制造 | 93205 | 13002 | 60629 | 2842 | | | 30369 |

续表 16　　单位：万元

| 行　　业 | 新　建 | 扩　建 | 改建 | 单纯建造生活设施 | 迁　建 | 恢　复 | 单纯购置 |
|---|---|---|---|---|---|---|---|
| 移动通信及终端设备制造 | 932071 | 83882 | 137385 | | 1211 | | 246210 |
| 其他通信设备制造 | 587932 | 38354 | 95319 | 9800 | 7702 | | 96620 |
| 广播电视设备制造 | 152721 | 70525 | 96417 | | | | 60193 |
| 广播电视节目制作及发射设备制造 | 44683 | | 1450 | | | | 12602 |
| 广播电视接收设备及器材制造 | 69213 | 32410 | 87064 | | | | 39815 |
| 应用电视设备及其他广播设备制造 | 38825 | 38115 | 7903 | | | | 7776 |
| 电子计算机制造 | 1598802 | 290241 | 500139 | | 10545 | | 393232 |
| 电子计算机整机制造 | 234310 | 54135 | 162143 | | | | 162969 |
| 计算机网络设备制造 | 307573 | 44768 | 34236 | | 400 | | 28841 |
| 电子计算机外部设备制造 | 1056919 | 191338 | 303760 | | 10145 | | 201422 |
| 电子器件制造 | 5340921 | 2118381 | 1589607 | 52 | 992 | 543 | 640029 |
| 电子真空器件制造 | 234230 | 142888 | 70535 | | | | 58809 |
| 半导体分立器件制造 | 445925 | 111248 | 211577 | | | | 57249 |
| 集成电路制造 | 1996822 | 549609 | 802516 | | | 543 | 243057 |
| 光电子器件及其他电子器件制造 | 2663944 | 1314636 | 504979 | 52 | 992 | | 280914 |
| 电子元件制造 | 2970880 | 1263450 | 926900 | 7680 | 69197 | | 877192 |
| 电子元件及组件制造 | 2589647 | 1127854 | 748462 | 7680 | 58589 | | 738044 |
| 印制电路板制造 | 381233 | 135596 | 178438 | | 10608 | | 139148 |
| 家用视听设备制造 | 663646 | 145967 | 269286 | | 4498 | | 86861 |
| 家用影视设备制造 | 517944 | 130063 | 234020 | | 1250 | | 65115 |
| 家用音响设备制造 | 145702 | 15904 | 35266 | | 3248 | | 21746 |
| 其他电子设备制造 | 1420837 | 354061 | 516423 | | 7851 | | 335633 |
| 仪器仪表及文化、办公用机械制造 | 2617187 | 986414 | 1020062 | 4200 | 176408 | | 465798 |
| 通用仪器仪表制造 | 1197095 | 323451 | 420768 | 3200 | 71441 | | 167025 |
| 工业自动控制系统装置制造 | 592300 | 146060 | 187260 | 3000 | 22945 | | 77163 |
| 电工仪器仪表制造 | 353341 | 63898 | 74628 | | 6956 | | 27340 |
| 绘图、计算及测量仪器制造 | 64674 | 18773 | 27401 | | 2400 | | 7537 |
| 实验分析仪器制造 | 34759 | 25494 | 25632 | | 7480 | | 12436 |
| 试验机制造 | 13529 | 7822 | 7761 | | 23060 | | 3386 |
| 供应用仪表及其他通用仪器制造 | 138492 | 61404 | 98086 | 200 | 8600 | | 39163 |
| 专用仪器仪表制造 | 828708 | 193397 | 279708 | | 25079 | | 73114 |
| 环境监测专用仪器仪表制造 | 57515 | 17616 | 13657 | | | | 9750 |
| 汽车及其他用计数仪表制造 | 67443 | 35291 | 39994 | | | | 9645 |
| 农林牧渔专用仪器仪表制造 | 8092 | | 1200 | | | | |
| 地质勘探和地震专用仪器制造 | 31869 | 4230 | 8528 | | | | 5280 |
| 教学专用仪器制造 | 15880 | 14820 | 18254 | | | | 7050 |
| 电子测量仪器制造 | 81286 | 15990 | 22559 | | | | 19968 |

续表 17　　　　　　　　　　　　　　　　　　　　　　　　　　单位：万元

| 行　　业 | 新　建 | 扩　建 | 改　建 | 单纯建造生活设施 | 迁　建 | 恢　复 | 单纯购置 |
|---|---|---|---|---|---|---|---|
| 　　其他专用仪器制造 | 566623 | 105450 | 175516 | | 25079 | | 21421 |
| 　钟表与计时仪器制造 | 47761 | 42206 | 41957 | | 26373 | | 13934 |
| 　光学仪器及眼镜制造 | 267770 | 130679 | 83517 | 1000 | 43626 | | 74838 |
| 　　光学仪器制造 | 197115 | 106047 | 62644 | 1000 | 43621 | | 56622 |
| 　　眼镜制造 | 70655 | 24632 | 20873 | | 5 | | 18216 |
| 　文化、办公用机械制造 | 160817 | 193167 | 86209 | | 6810 | | 128894 |
| 　　电影机械制造 | 30228 | 2780 | | | | | 452 |
| 　　幻灯及投影设备制造 | 9896 | 5050 | | | | | 415 |
| 　　照相机及器材制造 | 60735 | 14019 | 4095 | | 5969 | | 72032 |
| 　　复印和胶印设备制造 | 27307 | 142131 | 67224 | | | | 39179 |
| 　　计算器及货币专用设备制造 | 12585 | 15601 | 3267 | | 841 | | 10640 |
| 　　其他文化、办公用机械制造 | 20066 | 13586 | 11623 | | | | 6176 |
| 　其他仪器仪表的制造及修理 | 115036 | 103514 | 107903 | | 3079 | | 7993 |
| 工艺品及其他制造业 | 5170859 | 1614086 | 967078 | 11743 | 79953 | 1030 | 424551 |
| 　工艺美术品制造 | 1303414 | 640003 | 469172 | | 17035 | 1030 | 164559 |
| 　　雕塑工艺品制造 | 315350 | 123108 | 48654 | | 35 | 400 | 17884 |
| 　　金属工艺品制造 | 151607 | 50052 | 28465 | | | | 34583 |
| 　　漆器工艺品制造 | 17481 | 3415 | 7445 | | 8000 | | 4200 |
| 　　花画工艺品制造 | 54987 | 21494 | 27121 | | 3270 | | 18610 |
| 　　天然植物纤维编织工艺品制造 | 69948 | 37011 | 24620 | | | | 2970 |
| 　　抽纱刺绣工艺品制造 | 104971 | 101793 | 56114 | | | | 23987 |
| 　　地毯、挂毯制造 | 70875 | 87972 | 60493 | | | 480 | 11016 |
| 　　珠宝首饰及有关物品的制造 | 139258 | 61188 | 108562 | | 2100 | | 27694 |
| 　　其他工艺美术品制造 | 378937 | 153970 | 107698 | | 3630 | 150 | 23615 |
| 　日用杂品制造 | 387144 | 154892 | 122343 | | 9950 | | 44991 |
| 　　制镜及类似品加工 | 37547 | 6759 | 11788 | | | | 1269 |
| 　　鬃毛加工、制刷及清扫工具的制造 | 32053 | 37843 | 22573 | | 6000 | | 4160 |
| 　　其他日用杂品制造 | 317544 | 110290 | 87982 | | 3950 | | 39562 |
| 　煤制品制造 | 140114 | 39192 | 60925 | | | | 14825 |
| 　其他未列明的制造业 | 3340187 | 779999 | 314638 | 11743 | 52968 | | 200176 |
| 废弃资源和废旧材料回收加工业 | 1575520 | 355638 | 468027 | | 22927 | | 26755 |
| 　金属废料和碎屑的加工处理 | 965247 | 209355 | 320598 | | 6991 | | 14510 |
| 　非金属废料和碎屑的加工处理 | 610273 | 146283 | 147429 | | 15936 | | 12245 |
| **（四）电力燃气及水的生产和供应业** | **88793471** | **27285968** | **18060094** | **227605** | **142279** | **242934** | **702130** |
| 电力、热力的生产和供应业 | 73874217 | 22322454 | 14298875 | 110294 | 88160 | 198081 | 498609 |
| 　电力生产 | 51669809 | 12422220 | 5098218 | 25956 | 9764 | 164012 | 240388 |
| 　　火力发电 | 18070388 | 7596347 | 3489559 | 22996 | 6018 | | 165372 |
| 　　水力发电 | 16121695 | 1187907 | 764779 | 2281 | 3746 | 163732 | 20364 |
| 　　核力发电 | 4427762 | 1233482 | 26356 | 530 | | | |

续表 18 单位：万元

| 行　　业 | 新　建 | 扩　建 | 改　建 | 单纯建造生活设施 | 迁　建 | 恢　复 | 单纯购置 |
|---|---|---|---|---|---|---|---|
| 其他能源发电 | 13049964 | 2404484 | 817524 | 149 | | 280 | 54652 |
| 电力供应 | 19294292 | 8796960 | 7824301 | 31532 | 39198 | 34069 | 151182 |
| 热力生产和供应 | 2910116 | 1103274 | 1376356 | 52806 | 39198 | | 107039 |
| 燃气生产和供应业 | 4542589 | 1002590 | 789907 | 25288 | 43577 | 13507 | 89063 |
| 燃气生产和供应业 | 4542589 | 1002590 | 789907 | 25288 | 43577 | 13507 | 89063 |
| 水的生产和供应业 | 10376665 | 3960924 | 2971312 | 92023 | 10542 | 31346 | 114458 |
| 自来水的生产和供应 | 4357646 | 2221290 | 1703122 | 73404 | 8224 | 25331 | 79788 |
| 污水处理及其再生利用 | 5695700 | 1705896 | 1172490 | 17782 | 2318 | 5402 | 31795 |
| 其他水的处理、利用与分配 | 323319 | 33738 | 95700 | 837 | | 613 | 2875 |
| **（五）建筑业** | **9207170** | **1853980** | **2251943** | **243383** | **168333** | **58966** | **1907564** |
| 房屋和土木工程建筑业 | 7977856 | 1457933 | 1711385 | 229243 | 113972 | 58904 | 1497280 |
| 房屋工程建筑 | 4129350 | 504420 | 553761 | 186253 | 90039 | 19572 | 448138 |
| 土木工程建筑 | 3848506 | 953513 | 1157624 | 42990 | 23933 | 39332 | 1049142 |
| 铁路、道路、隧道和桥梁工程建筑 | 2496492 | 640385 | 799692 | 24529 | 15655 | 18637 | 746557 |
| 水利和港口工程建筑 | 633393 | 136665 | 134957 | 2000 | | 4750 | 187918 |
| 工矿工程建筑 | 105869 | 26811 | 18415 | | 1000 | | 50430 |
| 架线和管道工程建筑 | 174756 | 83625 | 123520 | 16240 | 7278 | 14995 | 29152 |
| 其他土木工程建筑 | 437996 | 66027 | 81040 | 221 | | 950 | 35085 |
| 建筑安装业 | 259733 | 107852 | 170583 | 7450 | 18150 | | 138219 |
| 建筑安装业 | 259733 | 107852 | 170583 | 7450 | 18150 | | 138219 |
| 建筑装饰业 | 184831 | 74703 | 194624 | 1908 | 21019 | | 99015 |
| 建筑装饰业 | 184831 | 74703 | 194624 | 1908 | 21019 | | 99015 |
| 其他建筑业 | 784750 | 213492 | 175351 | 4782 | 15192 | 62 | 173050 |
| 工程准备 | 290624 | 52601 | 23602 | 1984 | 12092 | | 45127 |
| 提供施工设备服务 | 114518 | 33618 | 9862 | | 560 | | 70291 |
| 其他未列明的建筑活动 | 379608 | 127273 | 141887 | 2798 | 2540 | 62 | 57632 |
| **（六）交通运输、仓储和邮政业** | **159684942** | **29286043** | **25656901** | **225133** | **574439** | **814869** | **16470884** |
| 铁路运输业 | 49588721 | 6190976 | 2819277 | 25000 | 65057 | | 7919656 |
| 铁路旅客运输 | 31352662 | 1960675 | 634574 | 19000 | | | |
| 铁路货物运输 | 12571604 | 3310871 | 1473116 | | 8000 | | 7903974 |
| 铁路运输辅助活动 | 5664455 | 919430 | 711587 | 6000 | 57057 | | 15682 |
| 客运火车站 | 1294142 | 95791 | 36738 | | 30064 | | |
| 货运火车站 | 296489 | 27979 | 1000 | | | | 530 |
| 其他铁路运输辅助活动 | 4073824 | 795660 | 673849 | 6000 | 26993 | | 15152 |
| 道路运输业 | 67441524 | 15615389 | 19615572 | 159040 | 181901 | 797392 | 1765374 |
| 公路旅客运输 | 28674852 | 5217838 | 6543811 | 28741 | 50375 | 444072 | 418621 |
| 道路货物运输 | 11826192 | 3234821 | 3537159 | 53032 | 31139 | 231899 | 1182637 |
| 道路运输辅助活动 | 26940480 | 7162730 | 9534602 | 77267 | 100387 | 121421 | 164116 |
| 客运汽车站 | 813201 | 139598 | 90619 | 9580 | 60977 | 8420 | 41725 |
| 公路管理与养护 | 24056328 | 6460622 | 8337835 | 50632 | 11046 | 92358 | 102201 |

续表 19 单位：万元

| 行业 | 新建 | 扩建 | 改建 | 单纯建造生活设施 | 迁建 | 恢复 | 单纯购置 |
|---|---|---|---|---|---|---|---|
| 其他道路运输辅助活动 | 2070951 | 562510 | 1106148 | 17055 | 28364 | 20643 | 20190 |
| 城市公共交通业 | 17481846 | 883156 | 676087 | 2786 | 7182 | 3014 | 1286547 |
| 公共电汽车客运 | 712073 | 114055 | 223718 | 2786 | 2562 | 2129 | 910911 |
| 轨道交通 | 15488810 | 574727 | 297755 | | | | 56764 |
| 出租车客运 | 33544 | 53576 | 17803 | | | | 242913 |
| 城市轮渡 | 18454 | 1758 | 6490 | | | 833 | 10277 |
| 其他城市公共交通 | 1228965 | 139040 | 130321 | | 4620 | 52 | 65682 |
| 水上运输业 | 10144217 | 2041846 | 849392 | 3531 | 64629 | 2682 | 3600262 |
| 水上旅客运输 | 283240 | 52037 | 14334 | | | 122 | 120491 |
| 远洋旅客运输 | | 712 | | | | | 19800 |
| 沿海旅客运输 | 24594 | 2805 | 2756 | | | | 55510 |
| 内河旅客运输 | 258646 | 48520 | 11578 | | | 122 | 45181 |
| 水上货物运输 | 489314 | 253452 | 238972 | 631 | 250 | | 3132904 |
| 远洋货物运输 | 133693 | 60179 | 17374 | | | | 1593642 |
| 沿海货物运输 | 228038 | 134681 | 126663 | | | | 918302 |
| 内河货物运输 | 127583 | 58592 | 94935 | 631 | 250 | | 620960 |
| 水上运输辅助活动 | 9371663 | 1736357 | 596086 | 2900 | 64379 | 2560 | 346867 |
| 客运港口 | 200679 | 31308 | 5964 | | 48629 | | 3800 |
| 货运港口 | 8310766 | 1431868 | 321396 | | 15550 | 2300 | 86836 |
| 其他水上运输辅助活动 | 860218 | 273181 | 268726 | 2900 | 200 | 260 | 256231 |
| 航空运输业 | 2154126 | 1698741 | 627547 | | 35600 | | 1532510 |
| 航空客货运输 | 972804 | 487785 | 527939 | | | | 1508553 |
| 航空旅客运输 | 942731 | 486415 | 524939 | | | | 1440889 |
| 航空货物运输 | 30073 | 1370 | 3000 | | | | 67664 |
| 通用航空服务 | 82355 | 99804 | | | | | 6232 |
| 航空运输辅助活动 | 1098967 | 1111152 | 99608 | | 35600 | | 17725 |
| 机场 | 1036170 | 1030042 | 78271 | | 35600 | | 13776 |
| 空中交通管理 | 2882 | 35490 | 2954 | | | | 3229 |
| 其他航空运输辅助活动 | 59915 | 45620 | 18383 | | | | 720 |
| 管道运输业 | 460451 | 167676 | 92858 | 5290 | | | 4528 |
| 管道运输业 | 460451 | 167676 | 92858 | 5290 | | | 4528 |
| 装卸搬运和其他运输服务业 | 1517325 | 341315 | 174462 | 1533 | 11168 | 5063 | 168084 |
| 装卸搬运 | 207124 | 93355 | 80653 | 949 | 8668 | 4456 | 56313 |
| 运输代理服务 | 1310201 | 247960 | 93809 | 584 | 2500 | 607 | 111771 |
| 仓储业 | 10664420 | 2310015 | 761759 | 26157 | 197595 | 6718 | 166505 |
| 谷物、棉花等农产品仓储 | 1634993 | 531932 | 139701 | 112 | 46233 | 4328 | 6904 |
| 其他仓储 | 9029427 | 1778083 | 622058 | 26045 | 151362 | 2390 | 159601 |
| 邮政业 | 232312 | 36929 | 39947 | 1796 | 11307 | | 27418 |
| 国家邮政 | 133286 | 36129 | 34748 | 1796 | 11307 | | 25017 |
| 其他寄递服务 | 99026 | 800 | 5199 | | | | 2401 |
| **（七）信息传输、计算机服务和软件业** | **8367596** | **9258942** | **5790653** | **14261** | **19951** | **59212** | **1924176** |

续表 20 单位：万元

| 行　　业 | 新　建 | 扩　建 | 改　建 | 单纯建造生活设施 | 迁　建 | 恢　复 | 单纯购置 |
|---|---|---|---|---|---|---|---|
| 电信和其他信息传输服务业 | 6660793 | 9021739 | 5350715 | 12771 | 13031 | 57212 | 1672925 |
| 电信 | 5338708 | 7869489 | 4647373 | 5930 | 10651 | 46408 | 1268032 |
| 固定电信服务 | 1058268 | 2459328 | 2340653 | 2030 | 2324 | 5330 | 215714 |
| 移动电信服务 | 4066504 | 5100902 | 2202122 | 2300 | 8327 | 41025 | 1014685 |
| 其他电信服务 | 213936 | 309259 | 104598 | 1600 | | 53 | 37633 |
| 互联网信息服务 | 855071 | 962786 | 369050 | | | | 329031 |
| 广播电视传输服务 | 441479 | 189114 | 316969 | 6541 | 2380 | 10804 | 70246 |
| 有线广播电视传输服务 | 343508 | 170900 | 293482 | 5760 | 2120 | 10367 | 65619 |
| 无线广播电视传输服务 | 97971 | 18214 | 23487 | 781 | 260 | 437 | 4627 |
| 卫星传输服务 | 25535 | 350 | 17323 | 300 | | | 5616 |
| 计算机服务业 | 244070 | 96622 | 179510 | 500 | 6920 | 2000 | 90387 |
| 计算机系统服务 | 61681 | 58371 | 76503 | | 5500 | | 17979 |
| 数据处理 | 31157 | 8630 | 6620 | | | | 14295 |
| 计算机维修 | 4189 | 6636 | 2163 | | | | 6194 |
| 其他计算机服务 | 147043 | 22985 | 94224 | 500 | 1420 | 2000 | 51919 |
| 软件业 | 1462733 | 140581 | 260428 | 990 | | | 160864 |
| 公共软件服务 | 1124205 | 78722 | 140390 | 990 | | | 119192 |
| 基础软件服务 | 393855 | 12471 | 31952 | | | | 37304 |
| 应用软件服务 | 730350 | 66251 | 108438 | 990 | | | 81888 |
| 其他软件服务 | 338528 | 61859 | 120038 | | | | 41672 |
| **（八）批发和零售业** | **26305085** | **8693680** | **7561849** | **114292** | **284743** | **15124** | **1935052** |
| 批发业 | 11833346 | 4582143 | 3269784 | 50044 | 202301 | 1350 | 1295311 |
| 农畜产品批发 | 1030940 | 308637 | 154726 | 5587 | 6450 | | 40837 |
| 谷物、豆及薯类批发 | 424537 | 106339 | 85477 | 2650 | 6450 | | 10354 |
| 种子、饲料批发 | 129840 | 42431 | 14272 | 210 | | | 3434 |
| 棉、麻批发 | 44176 | 14624 | 11245 | | | | 2600 |
| 牲畜批发 | 66527 | 7165 | 5135 | | | | |
| 其他农畜产品批发 | 365860 | 138078 | 38597 | 2727 | | | 24449 |
| 食品、饮料及烟草制品批发 | 1962183 | 666973 | 446171 | 14560 | 99048 | | 73114 |
| 米、面制品及食用油批发 | 273299 | 93765 | 49425 | 1200 | 35163 | | 8355 |
| 糕点、糖果及糖批发 | 74783 | 22225 | 18504 | 869 | | | 6358 |
| 果品、蔬菜批发 | 795117 | 247235 | 141702 | 2476 | 42586 | | 21353 |
| 肉、禽、蛋及水产品批发 | 299988 | 93864 | 51189 | | 2700 | | 7950 |
| 盐及调味品批发 | 34471 | 10696 | 13931 | 4800 | 50 | | 1923 |
| 饮料及茶叶批发 | 80295 | 39874 | 77651 | 200 | 2460 | | 4507 |
| 烟草制品批发 | 303893 | 42964 | 36144 | 5015 | 16089 | | 16282 |
| 其他食品批发 | 100337 | 116350 | 57625 | | | | 6386 |
| 纺织、服装及日用品批发 | 1184393 | 509331 | 430371 | 3485 | 2200 | | 71912 |
| 纺织品、针织品及原料批发 | 324192 | 172531 | 112498 | 355 | | | 24381 |
| 服装批发 | 364128 | 123633 | 137934 | | 2200 | | 17997 |

续表 21 单位：万元

| 行　　业 | 新　建 | 扩　建 | 改　建 | 单纯建造生活设施 | 迁　建 | 恢　复 | 单纯购置 |
|---|---|---|---|---|---|---|---|
| 鞋帽批发 | 79224 | 17765 | 30665 | | | | 2764 |
| 厨房、卫生间用具及日用杂货批发 | 30650 | 34856 | 29489 | 30 | | | 7029 |
| 化妆品及卫生用品批发 | 32040 | 11288 | 28696 | | | | 2089 |
| 其他日用品批发 | 354159 | 149258 | 91089 | 3100 | | | 17652 |
| 文化、体育用品及器材批发 | 250543 | 69744 | 97067 | | 936 | | 58476 |
| 文具用品批发 | 50992 | 25079 | 24118 | | 936 | | 7693 |
| 体育用品批发 | 8891 | 596 | 5886 | | | | 3789 |
| 图书批发 | 40142 | 13811 | 8577 | | | | 9743 |
| 报刊批发 | | | | | | | 600 |
| 音像制品及电子出版物批发 | 8500 | | | | | | 420 |
| 首饰、工艺品及收藏品批发 | 47491 | 21588 | 35432 | | | | 3285 |
| 其他文化用品批发 | 94527 | 8670 | 23054 | | | | 32946 |
| 医药及医疗器材批发 | 292416 | 150670 | 118128 | 473 | 1150 | | 40852 |
| 西药批发 | 130798 | 46382 | 64083 | 473 | 650 | | 20276 |
| 中药材及中成药批发 | 88773 | 79518 | 11790 | | 500 | | 1077 |
| 医疗用品及器材批发 | 72845 | 24770 | 42255 | | | | 19499 |
| 矿产品、建材及化工产品批发 | 3869104 | 1794206 | 1094631 | 8261 | 71928 | 1350 | 510260 |
| 煤炭及制品批发 | 488860 | 147504 | 170838 | 2500 | 2970 | | 44831 |
| 石油及制品批发 | 399677 | 408954 | 200150 | 3750 | 6891 | 50 | 172796 |
| 非金属矿及制品批发 | 39019 | 15034 | 35831 | | | | 14665 |
| 金属及金属矿批发 | 708143 | 211292 | 227796 | 1081 | 22895 | | 81842 |
| 建材批发 | 1926891 | 863971 | 309179 | 150 | 30750 | 1300 | 114782 |
| 化肥批发 | 114619 | 19302 | 27840 | 542 | | | 7937 |
| 农药批发 | 19490 | 5363 | 1968 | | | | 5983 |
| 农用薄膜批发 | 9660 | | | | | | 500 |
| 其他化工产品批发 | 162745 | 122786 | 121029 | 238 | 8422 | | 66924 |
| 机械设备、五金交电及电子产品批发 | 1917581 | 783502 | 630915 | 7904 | 19243 | | 374837 |
| 农业机械批发 | 276853 | 47828 | 25425 | 1330 | | | 29178 |
| 汽车、摩托车及零配件批发 | 650825 | 181873 | 77081 | 800 | 7100 | | 60500 |
| 五金、交电批发 | 426643 | 237614 | 170590 | 2050 | 5580 | | 44525 |
| 家用电器批发 | 131716 | 37718 | 36376 | | | | 22544 |
| 计算机、软件及辅助设备批发 | 78531 | 2524 | 63352 | 1245 | | | 40459 |
| 通讯及广播电视设备批发 | 30546 | 20725 | 29917 | 489 | | | 7736 |
| 其他机械设备及电子产品批发 | 322467 | 255220 | 228174 | 1990 | 6563 | | 169895 |
| 贸易经纪与代理 | 174279 | 62696 | 112466 | | | | 28199 |
| 其他批发 | 1151907 | 236384 | 185309 | 9774 | 1346 | | 96824 |
| 再生物资回收与批发 | 253461 | 146709 | 55603 | 184 | 1000 | | 26294 |
| 其他未列明的批发 | 898446 | 89675 | 129706 | 9590 | 346 | | 70530 |
| 零售业 | 14471739 | 4111537 | 4292065 | 64248 | 82442 | 13774 | 639741 |
| 综合零售 | 7779783 | 2019044 | 1852169 | 29192 | 18455 | 8600 | 139248 |

续表 22　　单位：万元

| 行　　业 | 新　建 | 扩　建 | 改　建 | 单纯建造生活设施 | 迁　建 | 恢　复 | 单纯购置 |
|---|---|---|---|---|---|---|---|
| 百货零售 | 4142165 | 1053326 | 1119210 | 14330 | 12325 | 8600 | 74396 |
| 超级市场零售 | 1855019 | 510524 | 416167 | 7750 | 2400 | | 52915 |
| 其他综合零售 | 1782599 | 455194 | 316792 | 7112 | 3730 | | 11937 |
| 食品、饮料及烟草制品专门零售 | 579258 | 167032 | 297587 | 5767 | 7406 | 1574 | 38274 |
| 粮油零售 | 46412 | 29439 | 28236 | 4522 | | | 1052 |
| 糕点、面包零售 | 6707 | 1400 | 7654 | | | | 560 |
| 果品、蔬菜零售 | 149895 | 55477 | 64997 | 45 | 4000 | 1574 | 25840 |
| 肉、禽、蛋及水产品零售 | 82351 | 19338 | 23359 | | | | 2750 |
| 饮料及茶叶零售 | 62637 | 2770 | 30464 | | | | 2784 |
| 烟草制品零售 | 34620 | 5308 | 8889 | | | | 3701 |
| 其他食品零售 | 196636 | 53300 | 133988 | 1200 | 3406 | | 1587 |
| 纺织、服装及日用品专门零售 | 602035 | 242274 | 519260 | 11524 | 9000 | | 55803 |
| 纺织品及针织品零售 | 82855 | 29739 | 48388 | 400 | | | 5889 |
| 服装零售 | 382187 | 144928 | 336796 | 500 | 9000 | | 24601 |
| 鞋帽零售 | 10900 | 16050 | 22256 | | | | 2910 |
| 钟表、眼镜零售 | 5468 | 15585 | 17401 | | | | 6622 |
| 化妆品及卫生用品零售 | 8094 | 5726 | 5983 | | | | 5530 |
| 其他日用品零售 | 112531 | 30246 | 88436 | 10624 | | | 10251 |
| 文化、体育用品及器材专门零售 | 223082 | 159865 | 162635 | 10570 | | | 20404 |
| 文具用品零售 | 11611 | 17066 | 16248 | | | | 1690 |
| 体育用品零售 | 12063 | 19990 | 14239 | | | | 106 |
| 图书零售 | 84731 | 18739 | 12145 | 10070 | | | 3776 |
| 报刊零售 | | 490 | | | | | |
| 音像制品及电子出版物零售 | 5950 | 1480 | 1200 | | | | |
| 珠宝首饰零售 | 47848 | 19399 | 41385 | 500 | | | 6975 |
| 工艺美术品及收藏品零售 | 45199 | 42655 | 35292 | | | | 7312 |
| 照相器材零售 | | 710 | 4979 | | | | |
| 其他文化用品零售 | 15680 | 39336 | 37147 | | | | 545 |
| 医药及医疗器材专门零售 | 130538 | 128456 | 122263 | 1130 | | | 44135 |
| 药品零售 | 91728 | 121774 | 99300 | 1130 | | | 17968 |
| 医疗用品及器材零售 | 38810 | 6682 | 22963 | | | | 26167 |
| 汽车、摩托车、燃料及零配件专门零售 | 2951962 | 692663 | 384637 | 1475 | 15245 | 1300 | 147020 |
| 汽车零售 | 2151130 | 504863 | 240602 | 1000 | 3150 | | 79492 |
| 汽车零配件零售 | 244342 | 46657 | 45209 | | | | 25498 |
| 摩托车及零配件零售 | 74415 | 23973 | 8568 | | 2189 | | 5200 |
| 机动车燃料零售 | 482075 | 117170 | 90258 | 475 | 9906 | 1300 | 36830 |
| 家用电器及电子产品专门零售 | 393591 | 158841 | 369107 | 2700 | 526 | | 97643 |
| 家用电器零售 | 244791 | 99960 | 183758 | | | | 43366 |
| 计算机、软件及辅助设备零售 | 76035 | 17194 | 70521 | | 526 | | 19070 |
| 通信设备零售 | 33802 | 7310 | 67798 | | | | 7096 |

续表 23 单位：万元

| 行　　业 | 新　建 | 扩　建 | 改　建 | 单纯建造生活设施 | 迁　建 | 恢　复 | 单纯购置 |
|---|---|---|---|---|---|---|---|
| 其他电子产品零售 | 38963 | 34377 | 47030 | 2700 | | | 28111 |
| 五金、家具及室内装修材料专门零售 | 1224806 | 403030 | 443299 | 1890 | 13750 | | 56360 |
| 五金零售 | 111012 | 108972 | 53778 | 100 | 2000 | | 23459 |
| 家具零售 | 700346 | 191683 | 240453 | 470 | 8950 | | 12252 |
| 涂料零售 | 15010 | 11257 | 2795 | | | | 4118 |
| 其他室内装修材料零售 | 398438 | 91118 | 146273 | 1320 | 2800 | | 16531 |
| 无店铺及其他零售 | 586684 | 140332 | 141108 | | 18060 | 2300 | 40854 |
| 流动货摊零售 | 2400 | 6589 | 200 | | | | |
| 邮购及电子销售 | 16600 | 4499 | 1988 | | | | 630 |
| 生活用燃料零售 | 280593 | 35416 | 13583 | | 2060 | 1500 | 9151 |
| 花卉零售 | 31507 | 20754 | 5773 | | | | |
| 旧货零售 | 28163 | 3570 | 1365 | | 16000 | | |
| 其他未列明的零售 | 227421 | 69504 | 118199 | | | 800 | 31073 |
| **（九）住宿和餐饮业** | **14025125** | **3603310** | **4928837** | **60519** | **41898** | **72482** | **553904** |
| 住宿业 | 9840717 | 2136061 | 2528035 | 37432 | 17454 | 30391 | 288774 |
| 旅游饭店 | 7711179 | 1496722 | 1458833 | 21556 | 11654 | 16648 | 180361 |
| 一般旅馆 | 1358631 | 491719 | 896013 | 9401 | 3500 | 13743 | 90942 |
| 其他住宿服务 | 770907 | 147620 | 173189 | 6475 | 2300 | | 17471 |
| 餐饮业 | 4184408 | 1467249 | 2400802 | 23087 | 24444 | 42091 | 265130 |
| 正餐服务 | 3559916 | 1242134 | 2008296 | 21380 | 18390 | 41591 | 215680 |
| 快餐服务 | 132728 | 68389 | 111663 | 1630 | 1554 | | 26606 |
| 饮料及冷饮服务 | 100983 | 10745 | 91858 | | 1000 | | 3444 |
| 其他餐饮服务 | 390781 | 145981 | 188985 | 77 | 3500 | 500 | 19400 |
| **（十）金融业** | **1465755** | **442594** | **850871** | **9547** | **44183** | **1435** | **671057** |
| 银行业 | 990838 | 344297 | 691767 | 9458 | 40897 | 1435 | 572506 |
| 中央银行 | 83191 | 24451 | 31553 | | 9935 | 517 | 15205 |
| 商业银行 | 755548 | 306313 | 595800 | 9091 | 28047 | 918 | 542901 |
| 其他银行 | 152099 | 13533 | 64414 | 367 | 2915 | | 14400 |
| 证券业 | 189334 | 20560 | 26999 | | | | 39859 |
| 证券市场管理 | 52490 | 16760 | 500 | | | | 226 |
| 证券经纪与交易 | 103366 | 3800 | 19387 | | | | 36010 |
| 证券投资 | | | 7112 | | | | 3623 |
| 证券分析与咨询 | 33478 | | | | | | |
| 保险业 | 73915 | 22588 | 58830 | 89 | 2786 | | 21438 |
| 人寿保险 | 67877 | 16318 | 27495 | | 700 | | 9511 |
| 非人寿保险 | 6038 | 5953 | 20079 | 89 | 2086 | | 8700 |
| 保险辅助服务 | | 317 | 11256 | | | | 3227 |
| 其他金融活动 | 211668 | 55149 | 73275 | | 500 | | 37254 |
| 金融信托与管理 | 34763 | 8903 | 18301 | | | | 15590 |
| 金融租赁 | 59819 | | 3070 | | | | 2415 |

续表 24　　单位：万元

| 行　　业 | 新　建 | 扩　建 | 改　建 | 单纯建造生活设施 | 迁　建 | 恢　复 | 单纯购置 |
|---|---|---|---|---|---|---|---|
| 财务公司 | | | 1060 | | | | 1320 |
| 邮政储蓄 | 330 | 2165 | 7751 | | | | 6459 |
| 典当 | 10865 | 7516 | 17133 | | 500 | | 5266 |
| 其他未列明的金融活动 | 105891 | 36565 | 25960 | | | | 6204 |
| **（十一）房地产业** | **46075875** | **6856637** | **5265471** | **9300375** | **809203** | **317865** | **232898** |
| 房地产业 | 46075875 | 6856637 | 5265471 | 9300375 | 809203 | 317865 | 232898 |
| 房地产开发经营 | 14988916 | 1896701 | 1420568 | 1400327 | 57040 | 36317 | 60936 |
| 物业管理 | 477195 | 112778 | 300877 | 24757 | 2800 | 2400 | 107797 |
| 房地产中介服务 | 174053 | 33971 | 53296 | 5000 | 900 | | 17931 |
| 其他房地产活动 | 30435711 | 4813187 | 3490730 | 7870291 | 748463 | 279148 | 46234 |
| **（十二）租赁和商务服务业** | **12199203** | **2233055** | **2638980** | **104264** | **298063** | **15835** | **1314984** |
| 租赁业 | 211945 | 72796 | 77230 | | | | 774198 |
| 机械设备租赁 | 203440 | 70560 | 74398 | | | | 774198 |
| 汽车租赁 | 26236 | 4294 | 5218 | | | | 67263 |
| 农业机械租赁 | 15335 | | | | | | 5619 |
| 建筑工程机械与设备租赁 | 132773 | 40166 | 36074 | | | | 84524 |
| 计算机及通讯设备租赁 | 4800 | 480 | | | | | |
| 其他机械与设备租赁 | 24296 | 25620 | 33106 | | | | 616792 |
| 文化及日用品出租 | 8505 | 2236 | 2832 | | | | |
| 图书及音像制品出租 | | 2000 | 2832 | | | | |
| 其他文化及日用品出租赁 | 8505 | 236 | | | | | |
| 商务服务业 | 11987258 | 2160259 | 2561750 | 104264 | 298063 | 15835 | 540786 |
| 企业管理服务 | 5778164 | 885399 | 1245900 | 89938 | 141200 | | 308998 |
| 企业管理机构 | 2029000 | 215137 | 288108 | 10689 | 11472 | | 179680 |
| 投资与资产管理 | 2670423 | 454891 | 657378 | 68030 | 124778 | | 100583 |
| 其他企业管理服务 | 1078741 | 215371 | 300414 | 11219 | 4950 | | 28735 |
| 法律服务 | 19284 | 2870 | 35055 | | | 3055 | 5442 |
| 律师及相关的法律服务 | 12075 | 1584 | 31655 | | | 3055 | 4742 |
| 公证服务 | 2720 | | 3000 | | | | 700 |
| 其他法律服务 | 4489 | 1286 | 400 | | | | |
| 咨询与调查 | 190678 | 59947 | 127126 | 6475 | 1560 | 100 | 54140 |
| 会计、审计及税务服务 | 20064 | 9117 | 22441 | | | 100 | 11166 |
| 市场调查 | 12561 | | 7159 | | | | 8283 |
| 社会经济咨询 | 75569 | 23248 | 53571 | 6475 | 1560 | | 12060 |
| 其他专业咨询 | 82484 | 27582 | 43955 | | | | 22631 |
| 广告业 | 67359 | 56049 | 160734 | | 1630 | | 56628 |
| 知识产权服务 | 10275 | 5830 | 15960 | | | | 1560 |
| 职业中介服务 | 36611 | 23327 | 20128 | | | | 9894 |
| 市场管理 | 1388057 | 409582 | 404503 | 2721 | 71276 | 12680 | 30108 |
| 旅行社 | 95036 | 46597 | 26637 | | 1150 | | 18378 |

| 行　　业 | 新　建 | 扩　建 | 改　建 | 单纯建造生活设施 | 迁　建 | 恢　复 | 单纯购置 |
|---|---|---|---|---|---|---|---|
| 其他商务服务 | 4401794 | 670658 | 525707 | 5130 | 81247 | | 55638 |
| 会议及展览服务 | 2151890 | 390216 | 248363 | | 72812 | | 12010 |
| 包装服务 | 104607 | 35945 | 23009 | | | | 10430 |
| 保安服务 | 25124 | | 7460 | | | | 9486 |
| 办公服务 | 497121 | 50278 | 131977 | 5080 | 7450 | | 7389 |
| 其他未列明的商务服务 | 1623052 | 194219 | 114898 | 50 | 985 | | 16323 |
| **（十三）科研技术服务和地质勘查业** | **5999192** | **1985378** | **1703781** | **75713** | **239773** | **11798** | **824698** |
| 研究与试验发展 | 2014988 | 721058 | 520557 | 16636 | 101356 | 4349 | 320865 |
| 自然科学研究与试验发展 | 356710 | 164619 | 77905 | 4014 | 2964 | | 176592 |
| 工程和技术研究与试验发展 | 1127669 | 372559 | 314292 | 8740 | 26823 | 439 | 106730 |
| 农业科学研究与试验发展 | 339426 | 106176 | 42894 | 3882 | 34609 | 3910 | 22893 |
| 医学研究与试验发展 | 153021 | 64621 | 40713 | | 36960 | | 11283 |
| 社会人文科学研究与试验发 | 38162 | 13083 | 44753 | | | | 3367 |
| 专业技术服务业 | 1905384 | 392773 | 380281 | 23503 | 44228 | 4776 | 278884 |
| 气象服务 | 145789 | 7944 | 8550 | 359 | 3570 | 247 | 38462 |
| 地震服务 | 19166 | 1402 | 8627 | | | | 3161 |
| 海洋服务 | 2494 | | 4198 | | | | 13163 |
| 测绘服务 | 5936 | 27616 | 6447 | 223 | | | 14797 |
| 技术检测 | 510561 | 96700 | 87404 | | 14848 | 326 | 59173 |
| 环境监测 | 45280 | 14693 | 3492 | 1068 | | 4203 | 12152 |
| 工程技术与规划管理 | 643945 | 193584 | 152897 | 21853 | 25810 | | 94381 |
| 工程管理服务 | 171764 | 48476 | 31991 | 14518 | 9855 | | 37108 |
| 工程勘察设计 | 247004 | 63667 | 89961 | 5536 | 5071 | | 49170 |
| 规划管理 | 225177 | 81441 | 30945 | 1799 | 10884 | | 8103 |
| 其他专业技术服务 | 532213 | 50834 | 108666 | | | | 43595 |
| 科技交流和推广服务业 | 1510657 | 348534 | 312515 | 13082 | 584 | 513 | 164609 |
| 技术推广服务 | 446954 | 144495 | 144643 | 7582 | 512 | 513 | 84549 |
| 科技中介服务 | 526323 | 82109 | 43885 | | | | 17441 |
| 其他科技服务 | 537380 | 121930 | 123987 | 5500 | 72 | | 62619 |
| 地质勘查业 | 568163 | 523013 | 490428 | 22492 | 93605 | 2160 | 60340 |
| 矿产地质勘查 | 460647 | 489823 | 464633 | 19180 | | | 48999 |
| 能源矿产地质勘查 | 353783 | 342442 | 367871 | 3832 | | | 35324 |
| 固体矿产地质勘查 | 98478 | 143205 | 96762 | 15348 | | | 9393 |
| 其他矿产地质勘查 | 8386 | 4176 | | | | | 4282 |
| 基础地质勘查 | 45177 | 7486 | 19501 | 2801 | 2000 | 2160 | 5760 |
| 地质勘查技术服务 | 62339 | 25704 | 6294 | 511 | 91605 | | 5581 |
| **（十四）水利环境和公共设施管理业** | **110918162** | **34938604** | **29963948** | **937348** | **854067** | **684870** | **491973** |
| 水利管理业 | 12186558 | 4025316 | 5535681 | 121022 | 33644 | 258565 | 18245 |
| 防洪管理 | 3623980 | 1248158 | 1814456 | 61112 | 22178 | 70497 | 65 |
| 水资源管理 | 6452598 | 2071586 | 2908144 | 45405 | 6356 | 151000 | 13936 |

续表 26

单位：万元

| 行　　业 | 新　建 | 扩　建 | 改　建 | 单纯建造生活设施 | 迁　建 | 恢　复 | 单纯购置 |
|---|---|---|---|---|---|---|---|
| 水库管理 | 1563133 | 858199 | 1538560 | 806 | 2259 | 91867 | 5440 |
| 调水、引水管理 | 4050997 | 923712 | 926385 | 15166 | 1497 | 27426 | 6394 |
| 其他水资源管理 | 838468 | 289675 | 443199 | 29433 | 2600 | 31707 | 2102 |
| 其他水利管理 | 2109980 | 705572 | 813081 | 14505 | 5110 | 37068 | 4244 |
| 环境管理业 | 6684135 | 2060340 | 2833055 | 75809 | 142359 | 53256 | 124489 |
| 自然保护 | 558303 | 225796 | 209033 | 15849 | 798 | 15031 | 3222 |
| 自然保护区管理 | 247069 | 116836 | 80277 | 2399 |  | 8223 |  |
| 野生动植物保护 | 100536 | 15319 | 25381 |  | 798 | 456 | 2760 |
| 其他自然保护 | 210698 | 93641 | 103375 | 13450 |  | 6352 | 462 |
| 环境治理 | 6125832 | 1834544 | 2624022 | 59960 | 141561 | 38225 | 121267 |
| 城市市容管理 | 385870 | 460978 | 644736 | 32463 |  | 1000 | 8957 |
| 城市环境卫生管理 | 1649846 | 293570 | 331015 | 8489 | 31709 | 5088 | 53348 |
| 水污染治理 | 2307609 | 660662 | 780697 | 6095 |  | 4446 | 11764 |
| 危险废物治理 | 170794 | 25210 | 87940 | 2610 |  | 100 | 6260 |
| 其他环境治理 | 1611713 | 394124 | 779634 | 10303 | 109852 | 27591 | 40938 |
| 公共设施管理业 | 92047469 | 28852948 | 21595212 | 740517 | 678064 | 373049 | 349239 |
| 市政公共设施管理 | 78900695 | 23557534 | 18204120 | 553269 | 650730 | 250753 | 231282 |
| 城市绿化管理 | 3110266 | 1319599 | 1181000 | 82816 | 10627 | 17803 | 44370 |
| 游览景区管理 | 10036508 | 3975815 | 2210092 | 104432 | 16707 | 104493 | 73587 |
| 风景名胜区管理 | 2889123 | 1726108 | 630908 | 2004 | 538 | 65289 | 22594 |
| 公园管理 | 2979038 | 849198 | 737492 | 5909 | 10430 | 10363 | 109 |
| 其他游览景区管理 | 4168347 | 1400509 | 841692 | 96519 | 5739 | 28841 | 50884 |
| **（十五）居民服务和其他服务业** | **2716333** | **983102** | **1122295** | **61094** | **53470** | **1800** | **247668** |
| 居民服务业 | 1798856 | 581281 | 598534 | 36410 | 40128 | 1800 | 116851 |
| 家庭服务 | 97823 | 38774 | 17364 | 2250 |  |  | 2890 |
| 托儿所 | 19291 | 2180 | 1091 |  |  |  | 150 |
| 洗染服务 | 13877 | 4644 | 5595 |  |  |  | 3917 |
| 理发及美容保健服务 | 55434 | 68057 | 84286 |  | 2000 |  | 18764 |
| 洗浴服务 | 345332 | 148667 | 238616 | 5540 |  |  | 36457 |
| 婚姻服务 | 12654 | 8400 | 5869 |  |  |  | 2719 |
| 殡葬服务 | 227945 | 88619 | 6547 |  | 33308 | 1540 | 2177 |
| 摄影扩印服务 | 23062 | 5512 | 54776 |  | 820 |  | 7315 |
| 其他居民服务 | 1003438 | 216428 | 184390 | 28620 | 4000 | 260 | 42462 |
| 其他服务业 | 917477 | 401821 | 523761 | 24684 | 13342 |  | 130817 |
| 修理与维护 | 455745 | 146573 | 181921 | 2194 | 1977 |  | 55828 |
| 汽车、摩托车维护与保养 | 424739 | 132475 | 136544 | 2194 | 1977 |  | 49145 |
| 办公设备维修 | 4450 | 490 | 476 |  |  |  | 6443 |
| 家用电器修理 | 1026 | 4698 | 1657 |  |  |  | 240 |
| 其他日用品修理 | 25530 | 8910 | 43244 |  |  |  |  |
| 清洁服务 | 43638 | 28387 | 19193 |  |  |  | 13701 |

续表 27 单位：万元

| 行　　业 | 新　建 | 扩　建 | 改　建 | 单纯建造生活设施 | 迁　建 | 恢　复 | 单纯购置 |
|---|---|---|---|---|---|---|---|
| 建筑物清洁服务 | 1010 | 2444 | 429 | | | | |
| 其他清洁服务 | 42628 | 25943 | 18764 | | | | 13701 |
| 其他未列明的服务 | 418094 | 226861 | 322647 | 22490 | 11365 | | 61288 |
| **（十六）教育** | **17771873** | **7852552** | **2826314** | **458125** | **1855269** | **552635** | **1107827** |
| 教育 | 17771873 | 7852552 | 2826314 | 458125 | 1855269 | 552635 | 1107827 |
| 学前教育 | 476374 | 109439 | 102518 | 6228 | 12851 | 22671 | 9620 |
| 初等教育 | 2843689 | 1215091 | 911857 | 51058 | 164560 | 276964 | 63898 |
| 中等教育 | 6778582 | 2769935 | 1251074 | 165648 | 807417 | 249652 | 202107 |
| 初中教育 | 2801781 | 1247590 | 742041 | 108533 | 187577 | 176852 | 87349 |
| 高中教育 | 1894055 | 850240 | 228550 | 33208 | 366692 | 52622 | 50616 |
| 中等专业教育 | 584114 | 218429 | 79858 | 1640 | 64803 | 9106 | 30163 |
| 职业中学教育 | 901995 | 290028 | 88313 | 6506 | 130761 | 9540 | 14828 |
| 技工学校教育 | 426252 | 122157 | 59963 | 13529 | 57104 | | 15663 |
| 其他中等教育 | 170385 | 41491 | 52349 | 2232 | 480 | 1532 | 3488 |
| 高等教育 | 5688795 | 3214253 | 296207 | 208731 | 715151 | 849 | 753208 |
| 普通高等教育 | 4975588 | 3113676 | 269930 | 186248 | 672772 | 347 | 728484 |
| 成人高等教育 | 713207 | 100577 | 26277 | 22483 | 42379 | 502 | 24724 |
| 其他教育 | 1984433 | 543834 | 264658 | 26460 | 155290 | 2499 | 78994 |
| 职业技能培训 | 1405840 | 392026 | 174252 | 21766 | 74877 | 200 | 57685 |
| 特殊教育 | 89788 | 30920 | 13863 | 234 | 11136 | 2069 | 54 |
| 其他未列明的教育 | 488805 | 120888 | 76543 | 4460 | 69277 | 230 | 21255 |
| **（十七）卫生社会保障和社会福利业** | **8239749** | **4036363** | **1968197** | **180545** | **897016** | **222462** | **1435663** |
| 卫生 | 6600943 | 3664153 | 1796688 | 28318 | 812807 | 205308 | 1367795 |
| 医院 | 5043864 | 2792554 | 1167417 | 22454 | 706656 | 109329 | 1190958 |
| 综合医院 | 3777585 | 2183260 | 815516 | 14362 | 447580 | 89132 | 887456 |
| 中医医院 | 428664 | 276183 | 61660 | 5914 | 142856 | 14362 | 50767 |
| 中西医结合医院 | 77713 | 97892 | 44573 | | 11189 | 3300 | 43264 |
| 民族医院 | 23151 | 6560 | 1157 | 428 | 12272 | 250 | 2046 |
| 专科医院 | 521280 | 180878 | 222544 | | 88256 | 2285 | 195239 |
| 疗养院 | 215471 | 47781 | 21967 | 1750 | 4503 | | 12186 |
| 卫生院及社区医疗活动 | 784940 | 522909 | 378645 | 2074 | 54330 | 85079 | 93398 |
| 门诊部医疗活动 | 160219 | 77057 | 56168 | | 3350 | 2087 | 14452 |
| 计划生育技术服务活动 | 182213 | 45559 | 39903 | 694 | 2702 | 2169 | 3736 |
| 妇幼保健活动 | 141367 | 63029 | 29390 | 130 | 35043 | 2708 | 6543 |
| 专科疾病防治活动 | 20659 | 14486 | 19307 | | 1 | | 16120 |
| 疾病预防控制及防疫活动 | 97225 | 44249 | 28745 | 2966 | 10725 | 2936 | 9377 |
| 其他卫生活动 | 170456 | 104310 | 77113 | | | 1000 | 33211 |
| 社会保障业 | 543846 | 77455 | 57583 | 23383 | 62392 | 3391 | 64942 |
| 社会保障业 | 543846 | 77455 | 57583 | 23383 | 62392 | 3391 | 64942 |
| 社会福利业 | 1094960 | 294755 | 113926 | 128844 | 21817 | 13763 | 2926 |

续表 28 单位：万元

| 行　　业 | 新　建 | 扩　建 | 改　建 | 单纯建造生活设施 | 迁　建 | 恢　复 | 单纯购置 |
|---|---|---|---|---|---|---|---|
| 提供住宿的社会福利 | 927696 | 269014 | 86506 | 120151 | 21807 | 12537 | 2527 |
| 干部休养所 | 118560 | 24016 | 11991 | 94640 |  | 265 |  |
| 收养收容服务 | 809136 | 244998 | 74515 | 25511 | 21807 | 12272 | 2527 |
| 不提供住宿的社会福利 | 167264 | 25741 | 27420 | 8693 | 10 | 1226 | 399 |
| **（十八）文化、体育和娱乐业** | **14997156** | **2976970** | **2644253** | **50810** | **77878** | **93875** | **412985** |
| 新闻出版业 | 333148 | 68684 | 70864 |  |  | 445 | 56725 |
| 新闻业 | 157487 | 35474 | 16333 |  |  | 445 | 885 |
| 出版业 | 175661 | 33210 | 54531 |  |  |  | 55840 |
| 图书出版 | 22357 | 19812 | 10028 |  |  |  | 13477 |
| 报纸出版 | 119206 | 13398 | 36983 |  |  |  | 30146 |
| 期刊出版 | 18050 |  | 1788 |  |  |  | 9817 |
| 音像制品出版 | 2960 |  |  |  |  |  |  |
| 电子出版物出版 | 4772 |  |  |  |  |  |  |
| 其他出版 | 8316 |  | 5732 |  |  |  | 2400 |
| 广播、电视、电影和音像业 | 799326 | 314122 | 341956 | 15900 | 7771 | 3335 | 148554 |
| 广播 | 244713 | 75997 | 39817 | 848 |  | 50 | 19958 |
| 电视 | 404091 | 179735 | 178708 | 9825 | 4975 | 3165 | 91978 |
| 电影 | 111680 | 50986 | 117108 | 5227 | 2796 | 120 | 24717 |
| 电影制作与发行 | 45599 | 15946 | 18386 |  |  |  | 9588 |
| 电影放映 | 66081 | 35040 | 98722 | 5227 | 2796 | 120 | 15129 |
| 音像制作 | 38842 | 7404 | 6323 |  |  |  | 11901 |
| 文化艺术业 | 4922527 | 1037445 | 1047422 | 9367 | 54174 | 81210 | 36380 |
| 文艺创作与表演 | 202793 | 27703 | 46360 |  |  |  | 10315 |
| 艺术表演场馆 | 1016042 | 54530 | 100787 |  |  |  | 1632 |
| 图书馆与档案馆 | 417260 | 133841 | 30073 | 340 | 18914 | 26 | 1404 |
| 图书馆 | 316833 | 112159 | 29778 | 200 | 8608 | 26 | 1404 |
| 档案馆 | 100427 | 21682 | 295 | 140 | 10306 |  |  |
| 文物及文化保护 | 588002 | 220189 | 360162 | 86 | 7692 | 46259 | 865 |
| 博物馆 | 1114578 | 277677 | 87959 |  | 10864 | 985 | 8836 |
| 烈士陵园、纪念馆 | 116299 | 70690 | 40291 |  | 3530 | 21886 | 960 |
| 群众文化活动 | 1070020 | 176519 | 290499 | 8545 | 12048 | 7528 | 6940 |
| 文化艺术经纪代理 | 32289 | 32300 | 14677 |  |  |  | 726 |
| 其他文化艺术 | 365244 | 43996 | 76614 | 396 | 1126 | 4526 | 4702 |
| 体育 | 3539206 | 415742 | 190080 | 4226 | 4370 | 5360 | 33802 |
| 体育组织 | 198684 | 37853 | 23830 |  | 2380 |  | 10446 |
| 体育场馆 | 3225547 | 353470 | 136328 | 3066 | 1990 | 4660 | 4672 |
| 其他体育 | 114975 | 24419 | 29922 | 1160 |  | 700 | 18684 |
| 娱乐业 | 5402949 | 1140977 | 993931 | 21317 | 11563 | 3525 | 137524 |
| 室内娱乐活动 | 817760 | 247491 | 450417 | 4800 | 3093 |  | 90977 |
| 游乐园 | 1541864 | 180357 | 89038 |  | 1555 |  | 8530 |

续表 29　　　　　　　　单位：万元

| 行　　业 | 新　建 | 扩　建 | 改　建 | 单纯建造生活设施 | 迁　建 | 恢　复 | 单纯购置 |
|---|---|---|---|---|---|---|---|
| 　休闲健身娱乐活动 | 2263862 | 454933 | 286325 | 15531 | 2500 | 3525 | 17590 |
| 　其他娱乐活动 | 779463 | 258196 | 168151 | 986 | 4415 | | 20427 |
| **（十九）公共管理和社会组织** | **22892626** | **6590735** | **5438724** | **1904974** | **961518** | **262179** | **2290756** |
| 中国共产党机关 | 145355 | 41992 | 54062 | 2487 | 18554 | | 2483 |
| 　中国共产党机关 | 145355 | 41992 | 54062 | 2487 | 18554 | | 2483 |
| 国家机构 | 17844253 | 5057550 | 4363537 | 936833 | 818692 | 162706 | 2198138 |
| 　国家权力机构 | 565690 | 324620 | 134157 | 17276 | 14550 | 4735 | 81267 |
| 　国家行政机构 | 16299027 | 4435895 | 4096036 | 883804 | 774941 | 154090 | 2079229 |
| 　　综合事务管理机构 | 5795199 | 1497669 | 1924227 | 342317 | 334938 | 58017 | 422712 |
| 　　对外事务管理机构 | 98172 | 46268 | 4184 | | | | 1948 |
| 　　公共安全管理机构 | 1622020 | 504455 | 168172 | 75791 | 205182 | 12001 | 212588 |
| 　　社会事务管理机构 | 1890860 | 570048 | 441102 | 79467 | 96467 | 10029 | 141097 |
| 　　经济事务管理机构 | 4503861 | 1224117 | 1081757 | 299528 | 51862 | 63082 | 799074 |
| 　　政府事务管理机构 | 1747256 | 424082 | 402116 | 74559 | 63113 | 10258 | 465057 |
| 　　行政监督检查机构 | 641659 | 169256 | 74478 | 12142 | 23379 | 703 | 36753 |
| 　人民法院和人民检察院 | 615222 | 143265 | 48985 | 7018 | 24374 | 2681 | 12796 |
| 　　人民法院 | 341896 | 78462 | 17220 | 4598 | 15532 | 2681 | 2979 |
| 　　人民检察院 | 273326 | 64803 | 31765 | 2420 | 8842 | | 9817 |
| 　其他国家机构 | 364314 | 153770 | 84359 | 28735 | 4827 | 1200 | 24846 |
| 人民政协和民主党派 | 41390 | 7199 | 12017 | 670 | | | 18497 |
| 　人民政协 | 26781 | 201 | 10850 | 670 | | | 17974 |
| 　民主党派 | 14609 | 6998 | 1167 | | | | 523 |
| 群众团体、社会团体和宗教组织 | 706021 | 236202 | 120616 | 2659 | 12152 | 33210 | 19626 |
| 　群众团体 | 95909 | 32343 | 7629 | 647 | 7902 | 378 | 1674 |
| 　　工会 | 75465 | 3143 | 5734 | 5 | 145 | | 706 |
| 　　妇联 | 1865 | | 80 | | | | |
| 　　共青团 | 2190 | | 910 | | | | 838 |
| 　　其他群众团体 | 16389 | 29200 | 905 | 642 | 7757 | 378 | 130 |
| 　社会团体 | 227959 | 22685 | 38235 | 2012 | | | 7752 |
| 　　专业性团体 | 65207 | 2116 | 12820 | | | | 166 |
| 　　行业性团体 | 65764 | 8884 | 18921 | 600 | | | 4076 |
| 　　其他社会团体 | 96988 | 11685 | 6494 | 1412 | | | 3510 |
| 　宗教组织 | 382153 | 181174 | 74752 | | 4250 | 32832 | 10200 |
| 基层群众自治组织 | 4155607 | 1247792 | 888492 | 962325 | 112120 | 66263 | 52012 |
| 　社区自治组织 | 1120387 | 461839 | 428771 | 196580 | 21427 | 53575 | 8536 |
| 　村民自治组织 | 3035220 | 785953 | 459721 | 765745 | 90693 | 12688 | 43476 |
| **（二十）国际组织** | | | | | | | |
| 国际组织 | | | | | | | |

# 各地区按隶属关系分的城镇新增固定资产

单位：万元

| 地区 | 合计 | 中央项目 | 地方项目 | | | | |
|---|---|---|---|---|---|---|---|
| | | | | 省属 | 地市属 | 县属 | 其他 |
| **全国总计** | **1139438875** | **105718487** | **1033720388** | **80157415** | **118677454** | **205678191** | **629207328** |
| 北　　京 | 21355596 | 4409489 | 16946107 | 5732160 | 3142374 | | 8071573 |
| 天　　津 | 23618292 | 5087320 | 18530972 | 4031146 | 5153853 | 1040093 | 8305880 |
| 河　　北 | 68365793 | 5118618 | 63247175 | 1420799 | 5561579 | 14941237 | 41323560 |
| 山　　西 | 24364004 | 1170232 | 23193772 | 5446340 | 2922014 | 6421945 | 8403473 |
| 内 蒙 古 | 46205901 | 2619395 | 43586506 | 4224649 | 4560707 | 13611713 | 21189437 |
| 辽　　宁 | 68569175 | 4380674 | 64188501 | 2280998 | 7421914 | 6816716 | 47668873 |
| 吉　　林 | 41537919 | 3570569 | 37967350 | 1928864 | 3818135 | 8088232 | 24132119 |
| 黑 龙 江 | 34780249 | 4967288 | 29812961 | 4247416 | 4075848 | 8322902 | 13166795 |
| 上　　海 | 23316770 | 4231792 | 19084978 | 8195262 | 4241683 | 53920 | 6594113 |
| 江　　苏 | 103036183 | 2405196 | 100630987 | 1994551 | 10117107 | 14447764 | 74071565 |
| 浙　　江 | 41356038 | 4222223 | 37133815 | 1232168 | 5641281 | 8776202 | 21484164 |
| 安　　徽 | 45428032 | 774508 | 44653524 | 3279431 | 6493527 | 6757484 | 28123082 |
| 福　　建 | 23786125 | 2209519 | 21576606 | 2036759 | 3013249 | 3282610 | 13243988 |
| 江　　西 | 39755858 | 566572 | 39189286 | 2078578 | 2482519 | 7971513 | 26656676 |
| 山　　东 | 86240043 | 3801007 | 82439036 | 1997379 | 5552365 | 11165369 | 63723923 |
| 河　　南 | 81774242 | 2637932 | 79136310 | 2856945 | 5470795 | 13917338 | 56891232 |
| 湖　　北 | 47180272 | 3928576 | 43251696 | 1544243 | 5907539 | 9284636 | 26515278 |
| 湖　　南 | 35715885 | 1183637 | 34532248 | 2112257 | 2945553 | 9167608 | 20306830 |
| 广　　东 | 57904390 | 6412723 | 51491667 | 3703126 | 8257607 | 6631775 | 32899159 |
| 广　　西 | 24425977 | 1348144 | 23077833 | 1546512 | 2794897 | 5390238 | 13346186 |
| 海　　南 | 3407306 | 225200 | 3182106 | 646599 | 632451 | 588232 | 1314824 |
| 重　　庆 | 25252101 | 1169009 | 24083092 | 1565037 | 4461129 | 4224056 | 13832870 |
| 四　　川 | 55175840 | 3563852 | 51611988 | 2160799 | 5194978 | 17011623 | 27244588 |
| 贵　　州 | 11015530 | 1454313 | 9561217 | 2322093 | 1487534 | 2127387 | 3624203 |
| 云　　南 | 18121007 | 943270 | 17177737 | 1950580 | 1375480 | 5707250 | 8144427 |
| 西　　藏 | 2217300 | 1345443 | 871857 | 109387 | 108381 | 221218 | 432871 |
| 陕　　西 | 28684111 | 2673876 | 26010235 | 4224990 | 3387584 | 9838546 | 8559115 |
| 甘　　肃 | 10736992 | 787098 | 9949894 | 2656534 | 622196 | 3926010 | 2745154 |
| 青　　海 | 2865502 | 119709 | 2745793 | 303496 | 461497 | 1302418 | 678382 |
| 宁　　夏 | 5559842 | 441741 | 5118101 | 1577083 | 514690 | 726692 | 2299636 |
| 新　　疆 | 18806682 | 9069644 | 9737038 | 751234 | 856988 | 3915464 | 4213352 |
| 不分地区 | 18879918 | 18879918 | | | | | |

# 各地区按建设性质分的城镇新增固定资产

单位：万元

| 地　　区 | 新　建 | 扩　建 | 改　建 | 单纯建造生活设施 | 迁　建 | 恢　复 | 单纯购置 |
|---|---|---|---|---|---|---|---|
| **全国总计** | **473703805** | **212871566** | **192569396** | **10152226** | **12839233** | **2401133** | **48594268** |
| 北　京 | 3682115 | 3478273 | 1162468 | 424722 | 27524 | 15507 | 1019619 |
| 天　津 | 6593914 | 4628822 | 4266763 | 13824 | 217782 | 14995 | 1662429 |
| 河　北 | 33971581 | 14359600 | 9077025 | 147530 | 3829237 | 48775 | 1396013 |
| 山　西 | 7889651 | 4487256 | 8295923 | 1342838 | 51508 | 45730 | 445624 |
| 内蒙古 | 27030703 | 6538165 | 6413778 | 477888 | 124973 | 93592 | 934462 |
| 辽　宁 | 32748893 | 11362705 | 8944824 | 67840 | 494431 | 109613 | 4293092 |
| 吉　林 | 13078492 | 10800875 | 11485731 | 207600 | 1039755 | 4311 | 1700938 |
| 黑龙江 | 9674432 | 6374402 | 11206061 | 1377524 | 229522 | 60783 | 2200286 |
| 上　海 | 8973687 | 1541262 | 1974902 | 24781 | 155586 | 149 | 1323960 |
| 江　苏 | 41968218 | 20867609 | 11895590 | 70771 | 1055715 | 10822 | 3116366 |
| 浙　江 | 15065093 | 9097792 | 4876808 | 95887 | 653020 | 2623 | 1495030 |
| 安　徽 | 20778912 | 8154526 | 8526472 | 191236 | 368093 | 46105 | 672827 |
| 福　建 | 9409089 | 4824189 | 2562196 | 30536 | 161446 | 11071 | 2411071 |
| 江　西 | 20652125 | 5905467 | 8249965 | 151220 | 224376 | 78721 | 1657198 |
| 山　东 | 24697413 | 23639409 | 20053374 | 1316058 | 815005 | 112490 | 3252205 |
| 河　南 | 48820608 | 16344225 | 8054026 | 497491 | 308729 | 71363 | 1217342 |
| 湖　北 | 17232885 | 9728632 | 10542490 | 207950 | 395835 | 66479 | 1976528 |
| 湖　南 | 10444143 | 4082255 | 14142553 | 60657 | 110690 | 77702 | 366400 |
| 广　东 | 24063123 | 7687509 | 6309602 | 280249 | 161848 | 39736 | 2737774 |
| 广　西 | 9214874 | 4967556 | 6193533 | 194318 | 170199 | 55194 | 942068 |
| 海　南 | 1467446 | 247546 | 257304 | 13033 | 3270 |  | 268684 |
| 重　庆 | 10847433 | 2678193 | 3428137 | 36724 | 544811 | 52916 | 792107 |
| 四　川 | 26368446 | 6961887 | 9421078 | 218392 | 990232 | 1090352 | 1204570 |
| 贵　州 | 4217671 | 1483849 | 2369854 | 176138 | 52330 | 24091 | 535021 |
| 云　南 | 8096043 | 2650604 | 2357706 | 99878 | 192692 | 51952 | 465934 |
| 西　藏 | 1249431 | 337319 | 297579 | 162644 |  | 57352 | 29228 |
| 陕　西 | 13369011 | 4845767 | 5112137 | 1318347 | 354319 | 107706 | 873712 |
| 甘　肃 | 5148031 | 2601420 | 1570350 | 82419 | 43162 | 35138 | 269298 |
| 青　海 | 1648443 | 409547 | 446206 | 28394 | 7031 | 3775 | 35091 |
| 宁　夏 | 3052819 | 867068 | 466406 | 11669 | 23445 |  | 1230 |
| 新　疆 | 5225933 | 8225718 | 2134658 | 823668 | 32667 | 12090 | 607406 |
| 不分地区 | 7023147 | 2692119 | 473897 |  |  |  | 8690755 |

注:本表不含房地产开发投资。

# 各地区按行业门类分的城镇新增固定资产

单位：万元

| 地　　区 | 合　计 | 农、林、牧、渔业 | 采 矿 业 | 制 造 业 | 电力、燃气及水的生产和供应业 |
|---|---|---|---|---|---|
| **全国总计** | **1139438875** | **25292662** | **57812565** | **403170127** | **70018726** |
| 北　　京 | 21355596 | 18656 | 196075 | 988331 | 1345081 |
| 天　　津 | 23618292 | 345436 | 3329632 | 7898074 | 1182243 |
| 河　　北 | 68365793 | 1864919 | 2341788 | 33510745 | 3108433 |
| 山　　西 | 24364004 | 917300 | 4481049 | 5073144 | 3237676 |
| 内 蒙 古 | 46205901 | 2370239 | 5167148 | 11208453 | 7227112 |
| 辽　　宁 | 68569175 | 1151381 | 2293417 | 29059496 | 3411382 |
| 吉　　林 | 41537919 | 1020577 | 2820853 | 19776532 | 2170275 |
| 黑 龙 江 | 34780249 | 1903134 | 4615460 | 8652781 | 2246827 |
| 上　　海 | 23316770 | 20673 | 822 | 4152113 | 1221939 |
| 江　　苏 | 103036183 | 311092 | 176784 | 48188900 | 3821048 |
| 浙　　江 | 41356038 | 119551 | 4103 | 10449999 | 3176021 |
| 安　　徽 | 45428032 | 716894 | 1932506 | 17258106 | 2147408 |
| 福　　建 | 23786125 | 285723 | 494119 | 7922488 | 2570512 |
| 江　　西 | 39755858 | 743989 | 1136000 | 23154137 | 1747618 |
| 山　　东 | 86240043 | 1301620 | 3581416 | 35905019 | 2940898 |
| 河　　南 | 81774242 | 2878499 | 5752838 | 39544912 | 4432842 |
| 湖　　北 | 47180272 | 1397951 | 926484 | 16726411 | 1684534 |
| 湖　　南 | 35715885 | 837776 | 1675957 | 12247561 | 2392174 |
| 广　　东 | 57904390 | 283313 | 649996 | 14803520 | 4141318 |
| 广　　西 | 24425977 | 928411 | 1543144 | 7425545 | 2058963 |
| 海　　南 | 3407306 | 123760 |  | 82943 | 210079 |
| 重　　庆 | 25252101 | 773570 | 775545 | 7053408 | 1392044 |
| 四　　川 | 55175840 | 1334802 | 1249447 | 19253810 | 3203826 |
| 贵　　州 | 11015530 | 206233 | 620217 | 1654445 | 1068893 |
| 云　　南 | 18121007 | 843849 | 1207788 | 3173201 | 1632239 |
| 西　　藏 | 2217300 | 169819 | 36061 | 62111 | 362326 |
| 陕　　西 | 28684111 | 1061422 | 2463641 | 6891563 | 1816668 |
| 甘　　肃 | 10736992 | 459043 | 436812 | 2190067 | 1237613 |
| 青　　海 | 2865502 | 145623 | 82911 | 783151 | 146986 |
| 宁　　夏 | 5559842 | 133811 | 103238 | 2200661 | 741653 |
| 新　　疆 | 18806682 | 623596 | 3635687 | 5878500 | 1942095 |
| 不分地区 | 18879918 |  | 4081627 |  |  |

续前　　单位：万元

| 地　　区 | 建筑业 | 交通运输、仓储和邮政业 | 信息传输、计算机服务和软件业 | 批发和零售业 | 住宿和餐饮业 |
|---|---|---|---|---|---|
| **全国总计** | **9633102** | **95931072** | **15672745** | **32509027** | **16241431** |
| 北　　京 | 111083 | 2130255 | 566762 | 84021 | 232011 |
| 天　　津 | 99420 | 486385 | 246907 | 381854 | 191812 |
| 河　　北 | 190247 | 4167507 | 113016 | 3081151 | 710278 |
| 山　　西 | 180854 | 1819238 | 376723 | 527935 | 317799 |
| 内 蒙 古 | 441496 | 3999985 | 418807 | 1662578 | 598747 |
| 辽　　宁 | 938717 | 4058862 | 864654 | 3229421 | 1261212 |
| 吉　　林 | 308199 | 1917662 | 541194 | 1845281 | 628719 |
| 黑 龙 江 | 401573 | 3480537 | 557269 | 1168212 | 370367 |
| 上　　海 | 48428 | 3815681 | 20188 | 165190 | 210965 |
| 江　　苏 | 471898 | 4798721 | 757400 | 2759259 | 1459549 |
| 浙　　江 | 87636 | 6977064 | 1229730 | 770164 | 584846 |
| 安　　徽 | 1847307 | 1874480 | 667123 | 1270705 | 862250 |
| 福　　建 | 71366 | 2033142 | 739300 | 441700 | 396736 |
| 江　　西 | 118917 | 952376 | 410235 | 1397764 | 1145548 |
| 山　　东 | 1372345 | 4141049 | 376529 | 4004731 | 1231455 |
| 河　　南 | 95599 | 2713906 | 576229 | 2534984 | 1182031 |
| 湖　　北 | 242215 | 5014333 | 554505 | 1792341 | 1150860 |
| 湖　　南 | 428978 | 2154395 | 349384 | 1059145 | 595902 |
| 广　　东 | 102512 | 5385897 | 2342379 | 955175 | 924751 |
| 广　　西 | 129515 | 2678357 | 560208 | 748202 | 317255 |
| 海　　南 | 24073 | 467106 | 178878 | 13578 | 44661 |
| 重　　庆 | 431833 | 1797998 | 178622 | 198466 | 118103 |
| 四　　川 | 270205 | 5733041 | 989064 | 498001 | 510153 |
| 贵　　州 | 48444 | 2249131 | 560183 | 125208 | 66657 |
| 云　　南 | 27221 | 1246677 | 515839 | 260066 | 298767 |
| 西　　藏 | 155612 | 399919 | 80268 | 22966 | 66894 |
| 陕　　西 | 232791 | 2199797 | 248428 | 1038196 | 481419 |
| 甘　　肃 | 531916 | 1420099 | 128198 | 255226 | 122901 |
| 青　　海 | 76337 | 257479 | 7866 | 34664 | 25264 |
| 宁　　夏 | 20601 | 253372 | 111341 | 14507 | 19100 |
| 新　　疆 | 125764 | 582447 | 405516 | 168336 | 114419 |
| 不分地区 |  | 14724174 |  |  |  |

续前

单位：万元

| 地　　区 | 金融业 | 房地产业 | 租赁和商　务服务业 | 科学研究、技术服务和地质勘查业 | 水利、环境和公共设施管　理　业 |
|---|---|---|---|---|---|
| **全国总计** | **2470653** | **225532870** | **9483741** | **6907544** | **93611734** |
| 北　　京 | 125780 | 12024211 | 172468 | 227833 | 1175989 |
| 天　　津 | 15459 | 6292652 | 651286 | 60520 | 1266268 |
| 河　　北 | 88717 | 8971523 | 264403 | 458102 | 6138821 |
| 山　　西 | 19230 | 3624018 | 47925 | 34095 | 2528219 |
| 内 蒙 古 | 183073 | 5269598 | 243469 | 262959 | 4009734 |
| 辽　　宁 | 215985 | 11230393 | 883711 | 581705 | 5841711 |
| 吉　　林 | 77680 | 4246028 | 612549 | 375197 | 3467225 |
| 黑 龙 江 | 45476 | 4990304 | 485862 | 691896 | 1743338 |
| 上　　海 | 4437 | 9516306 | 38761 | 50248 | 3464272 |
| 江　　苏 | 81593 | 26001177 | 1371153 | 694059 | 8235215 |
| 浙　　江 | 113047 | 10879211 | 382990 | 151959 | 4333046 |
| 安　　徽 | 92600 | 8998318 | 267224 | 172760 | 4342458 |
| 福　　建 | 136524 | 4814570 | 113710 | 81207 | 1776485 |
| 江　　西 | 194945 | 3435060 | 304590 | 111297 | 3026047 |
| 山　　东 | 104473 | 16725947 | 517172 | 690018 | 5201949 |
| 河　　南 | 98405 | 11884883 | 218606 | 188622 | 5322865 |
| 湖　　北 | 144366 | 7920615 | 510769 | 322171 | 4296015 |
| 湖　　南 | 83427 | 7660570 | 418508 | 248720 | 2840022 |
| 广　　东 | 144327 | 20381193 | 694784 | 304976 | 4027755 |
| 广　　西 | 131375 | 3670864 | 351906 | 109739 | 2210784 |
| 海　　南 | 22268 | 1206210 | 5764 | 13407 | 409257 |
| 重　　庆 | 65847 | 8007114 | 98302 | 107630 | 2633781 |
| 四　　川 | 42162 | 10902560 | 343358 | 162555 | 6901864 |
| 贵　　州 | 58634 | 2597063 | 40635 | 73053 | 878345 |
| 云　　南 | 32519 | 5178649 | 107342 | 62039 | 1811437 |
| 西　　藏 | 230 | 227313 | 5207 | 1207 | 164356 |
| 陕　　西 | 50180 | 3382085 | 183837 | 389688 | 3360473 |
| 甘　　肃 | 25751 | 1312709 | 66899 | 150147 | 379647 |
| 青　　海 | 27919 | 321612 | 5062 | 24654 | 393264 |
| 宁　　夏 | 4281 | 1235307 | 22903 | 2505 | 384188 |
| 新　　疆 | 39943 | 2624807 | 52586 | 102576 | 1046904 |
| 不分地区 | | | | | |

续前　　　　单位：万元

| 地　　区 | 居民服务和其他服务业 | 教　育 | 卫　生、社会保障和社会福利业 | 文化、体育和娱乐业 | 公共管理和社会组织 | 国际组织 |
|---|---|---|---|---|---|---|
| **全国总计** | **3721525** | **20982038** | **10549749** | **11340516** | **28557048** | |
| 北　京 | 14989 | 473453 | 127174 | 1114414 | 227010 | |
| 天　津 | 212759 | 238811 | 106491 | 102485 | 509798 | |
| 河　北 | 169844 | 902972 | 876624 | 580975 | 825728 | |
| 山　西 | 36402 | 626960 | 187473 | 200957 | 127007 | |
| 内蒙古 | 154043 | 711113 | 403229 | 491337 | 1382781 | |
| 辽　宁 | 485911 | 726414 | 594182 | 511902 | 1228719 | |
| 吉　林 | 174423 | 585321 | 415395 | 264198 | 290611 | |
| 黑龙江 | 129424 | 841369 | 659901 | 145848 | 1650671 | |
| 上　海 | 26809 | 162492 | 220726 | 65924 | 110796 | |
| 江　苏 | 284974 | 1259024 | 531035 | 823561 | 1009741 | |
| 浙　江 | 27481 | 906735 | 280551 | 391379 | 490525 | |
| 安　徽 | 192326 | 960226 | 392309 | 578674 | 854358 | |
| 福　建 | 35573 | 505839 | 225938 | 148009 | 993184 | |
| 江　西 | 125073 | 619990 | 251836 | 326250 | 554186 | |
| 山　东 | 495474 | 1044395 | 495506 | 1798642 | 4311405 | |
| 河　南 | 327976 | 1407762 | 794243 | 816545 | 1002495 | |
| 湖　北 | 149505 | 850779 | 550487 | 672079 | 2273852 | |
| 湖　南 | 161979 | 558328 | 473081 | 404145 | 1125833 | |
| 广　东 | 73865 | 1196407 | 432801 | 363810 | 695611 | |
| 广　西 | 37726 | 536902 | 310597 | 143818 | 532666 | |
| 海　南 | 2168 | 84575 | 59393 | 32084 | 427102 | |
| 重　庆 | 22131 | 707706 | 246491 | 192430 | 451080 | |
| 四　川 | 79698 | 2104812 | 688554 | 280873 | 627055 | |
| 贵　州 | 31061 | 224484 | 89020 | 70720 | 353104 | |
| 云　南 | 40140 | 561125 | 274876 | 245625 | 601608 | |
| 西　藏 | 1946 | 76042 | 25746 | 20358 | 338919 | |
| 陕　西 | 171609 | 1026593 | 442523 | 312398 | 2930800 | |
| 甘　肃 | 27759 | 321635 | 144998 | 99981 | 1425591 | |
| 青　海 | 5598 | 80782 | 31846 | 29830 | 384654 | |
| 宁　夏 | 1885 | 126426 | 26366 | 38974 | 118723 | |
| 新　疆 | 20974 | 552566 | 190357 | 72291 | 627318 | |
| 不分地区 | | | | | 74117 | |

# 各地区按工业行业大类分的城镇新增固定资产

单位：万元

| 地区 | 工业合计 | 煤炭开采和洗选业 | 石油和天然气开采业 | 黑色金属矿采选业 | 有色金属矿采选业 | 非金属矿采选业 | 其他矿采选业 |
|---|---|---|---|---|---|---|---|
| **全国总计** | **531001418** | **17774063** | **22324761** | **5731483** | **6712005** | **5119227** | **151026** |
| 北京 | 2529487 | 7300 | 131610 | 57165 | | | |
| 天津 | 12409949 | | 3318971 | 850 | 900 | 8911 | |
| 河北 | 38960966 | 488911 | 186928 | 1177272 | 141187 | 347490 | |
| 山西 | 12791869 | 4246395 | 15958 | 138545 | 27636 | 52515 | |
| 内蒙古 | 23602713 | 2201199 | 766354 | 791799 | 972887 | 433409 | 1500 |
| 辽宁 | 34764295 | 257958 | 371627 | 990243 | 208672 | 453597 | 11320 |
| 吉林 | 24767660 | 557278 | 1524533 | 94620 | 260644 | 379328 | 4450 |
| 黑龙江 | 15515068 | 1174394 | 3217033 | 113259 | 38598 | 68976 | 3200 |
| 上海 | 5374874 | | 772 | 50 | | | |
| 江苏 | 52186732 | 58710 | 23139 | 23611 | 2500 | 68824 | |
| 浙江 | 13630123 | 703 | | | 1000 | 2400 | |
| 安徽 | 21338020 | 1121303 | | 245892 | 245440 | 315171 | 4700 |
| 福建 | 10987119 | 203488 | | 56297 | 114241 | 110984 | 9109 |
| 江西 | 26037755 | 323885 | | 181667 | 341685 | 273803 | 14960 |
| 山东 | 42427333 | 550914 | 2383370 | 245550 | 145956 | 253951 | 1675 |
| 河南 | 49730592 | 2280022 | 656097 | 394915 | 1606308 | 799998 | 15498 |
| 湖北 | 19337429 | 115175 | 299818 | 126753 | 58618 | 299088 | 27032 |
| 湖南 | 16315692 | 768881 | 880 | 188083 | 374129 | 315474 | 28510 |
| 广东 | 19594834 | | 547278 | 2557 | 37840 | 62321 | |
| 广西 | 11027652 | 94361 | 15194 | 240205 | 906145 | 272021 | 15218 |
| 海南 | 293022 | | | | | | |
| 重庆 | 9220997 | 522298 | 102745 | 30458 | 18700 | 101344 | |
| 四川 | 23707083 | 677596 | 140177 | 66183 | 155365 | 202473 | 7653 |
| 贵州 | 3343555 | 533031 | | 2280 | 27681 | 55225 | 2000 |
| 云南 | 6013228 | 449246 | 100 | 222788 | 480258 | 54195 | 1201 |
| 西藏 | 460498 | | | 1095 | 33000 | 1966 | |
| 陕西 | 11171872 | 589586 | 1499392 | 103004 | 182735 | 88924 | |
| 甘肃 | 3864492 | 156653 | 91709 | 25626 | 141630 | 21194 | |
| 青海 | 1013048 | 32439 | | 8580 | 18648 | 20244 | 3000 |
| 宁夏 | 3045552 | 103238 | | | | | |
| 新疆 | 11456282 | 259099 | 2949449 | 202136 | 169602 | 55401 | |
| 不分地区 | 4081627 | | 4081627 | | | | |

续前

单位：万元

| 地区 | 农副食品加工业 | 食品制造业 | 饮料制造业 | 烟草制品业 | 纺织业 | 纺织服装鞋帽制造业 | 皮革、毛皮、羽绒及其制品业 |
|---|---|---|---|---|---|---|---|
| **全国总计** | **20465756** | **11072132** | **7838659** | **1044025** | **13100572** | **7883553** | **3653173** |
| 北京 | 13129 | 44188 | 19542 | | 10272 | 2428 | 174 |
| 天津 | 82300 | 162602 | 61924 | | 59454 | 59192 | 29938 |
| 河北 | 1226355 | 656775 | 340974 | 31511 | 1505787 | 476322 | 528636 |
| 山西 | 173898 | 143323 | 94676 | 7826 | 79931 | | 4388 |
| 内蒙古 | 747119 | 908360 | 255984 | 5166 | 111097 | 46532 | 112480 |
| 辽宁 | 1665378 | 489528 | 340730 | 55397 | 439584 | 551923 | 162380 |
| 吉林 | 1813698 | 780778 | 942900 | 49442 | 158282 | 159652 | 33374 |
| 黑龙江 | 1304534 | 388194 | 473215 | 44826 | 110614 | 9404 | 18910 |
| 上海 | 19680 | 91756 | 6500 | 51823 | 51585 | 17253 | 2450 |
| 江苏 | 1022224 | 676089 | 222563 | 4752 | 2263539 | 1076257 | 133693 |
| 浙江 | 119745 | 109601 | 132374 | | 863431 | 478823 | 300104 |
| 安徽 | 993533 | 351445 | 229831 | 7135 | 557866 | 650714 | 145789 |
| 福建 | 326726 | 245873 | 178297 | 130540 | 436561 | 327425 | 212675 |
| 江西 | 976599 | 510885 | 277913 | 9928 | 788069 | 818105 | 330293 |
| 山东 | 2552509 | 1056967 | 521869 | 14981 | 1486111 | 845495 | 306140 |
| 河南 | 2561952 | 1577279 | 1217461 | 85530 | 1589134 | 680679 | 482567 |
| 湖北 | 879970 | 680208 | 355833 | 98767 | 809379 | 475010 | 45739 |
| 湖南 | 904719 | 390074 | 264313 | 110196 | 315464 | 212418 | 90947 |
| 广东 | 107467 | 177869 | 217280 | 34493 | 393247 | 469243 | 163137 |
| 广西 | 666899 | 243753 | 183474 | 11300 | 137106 | 150304 | 108161 |
| 海南 | 4364 | 1313 | | | 857 | | |
| 重庆 | 412604 | 188167 | 122228 | 12140 | 189994 | 76945 | 80821 |
| 四川 | 882105 | 600920 | 712284 | 110487 | 432727 | 226512 | 348885 |
| 贵州 | 48370 | 15029 | 131396 | 19127 | 1150 | 626 | 60 |
| 云南 | 180903 | 77114 | 155399 | 113337 | 24040 | 15610 | 350 |
| 西藏 | 7610 | 1530 | 10977 | | 6195 | | |
| 陕西 | 331006 | 159023 | 134736 | 14688 | 172427 | 27404 | 1270 |
| 甘肃 | 125530 | 66099 | 100408 | 8463 | 8580 | 403 | 8612 |
| 青海 | 32212 | 22699 | 22077 | | 4611 | 16778 | |
| 宁夏 | 52487 | 40613 | 27802 | 12000 | 3640 | 2400 | 1200 |
| 新疆 | 230131 | 214078 | 83699 | 170 | 89838 | 9696 | |
| 不分地区 | | | | | | | |

单位：万元

| 地　区 | 木材加工木竹藤棕、草制品业 | 家　具制造业 | 造 纸 及纸制品业 | 印刷业、记录媒介的 复 制 | 文教体育用品制造业 | 石 油 加 工炼 焦 及 核燃料加工业 | 化学原料及化学制品制造业 |
|---|---|---|---|---|---|---|---|
| **全国总计** | **8371940** | **5272230** | **7767827** | **4172045** | **1567903** | **14536718** | **39224257** |
| 北　京 | 300 | 4616 | 33586 | 44256 | 1573 | 62917 | 58996 |
| 天　津 | 29795 | 16682 | 219667 | 41333 | 10219 | 164108 | 942425 |
| 河　北 | 611372 | 854820 | 739047 | 339311 | 102012 | 922362 | 2950266 |
| 山　西 | 49450 | 11810 | 25335 | 8530 | 2841 | 881362 | 869961 |
| 内蒙古 | 145934 | 29030 | 213062 | 34587 | 383 | 2254638 | 920760 |
| 辽　宁 | 576781 | 398275 | 456039 | 200091 | 40827 | 562474 | 2119849 |
| 吉　林 | 1072203 | 247939 | 294142 | 282328 | 44080 | 69230 | 1821120 |
| 黑龙江 | 832191 | 152193 | 108205 | 53876 | 23332 | 253084 | 567365 |
| 上　海 | 3720 | 315 | 4878 | 9574 | 13577 | 314259 | 281759 |
| 江　苏 | 618800 | 423920 | 616468 | 243610 | 219316 | 175834 | 5240414 |
| 浙　江 | 203223 | 164889 | 267790 | 184375 | 109972 | 89056 | 772064 |
| 安　徽 | 412403 | 238881 | 270349 | 309473 | 148614 | 43683 | 1290105 |
| 福　建 | 318278 | 115728 | 260443 | 69629 | 68924 | 50778 | 411832 |
| 江　西 | 462742 | 197663 | 344782 | 271996 | 115692 | 272179 | 2055845 |
| 山　东 | 557536 | 417690 | 790878 | 412954 | 160947 | 683400 | 4630188 |
| 河　南 | 668856 | 664012 | 878878 | 443013 | 143160 | 338750 | 3328660 |
| 湖　北 | 181678 | 234157 | 301647 | 263902 | 56481 | 94212 | 1552608 |
| 湖　南 | 335744 | 122593 | 404124 | 196707 | 33190 | 209090 | 1162504 |
| 广　东 | 55589 | 234114 | 187824 | 235029 | 195721 | 2143487 | 762287 |
| 广　西 | 574843 | 126102 | 387571 | 87407 | 35278 | 63937 | 762593 |
| 海　南 | 16241 |  | 2440 | 1780 |  | 2610 |  |
| 重　庆 | 80723 | 66344 | 177872 | 76692 | 13028 | 22624 | 795664 |
| 四　川 | 465401 | 490982 | 453876 | 230514 | 14375 | 93852 | 2358344 |
| 贵　州 | 9796 | 3457 | 3250 | 12247 | 160 | 18456 | 514655 |
| 云　南 | 29325 | 2740 | 82928 | 17503 | 668 | 77941 | 574101 |
| 西　藏 |  |  | 650 |  |  | 266 | 1036 |
| 陕　西 | 47198 | 26693 | 171508 | 63843 | 12300 | 827261 | 1084230 |
| 甘　肃 | 7928 | 22930 | 26048 | 13470 | 50 | 109463 | 146490 |
| 青　海 |  | 1752 |  | 8630 |  | 17193 | 183348 |
| 宁　夏 | 2000 |  | 15117 | 4800 | 1183 | 381279 | 365542 |
| 新　疆 | 1890 | 1903 | 29423 | 10585 |  | 3336933 | 699246 |
| 不分地区 |  |  |  |  |  |  |  |

续前

单位：万元

| 地　　区 | 医　药<br>制造业 | 化学纤维<br>制 造 业 | 橡　胶<br>制品业 | 塑　料<br>制品业 | 非金属矿<br>物制品业 | 黑色金属<br>冶炼及压<br>延加工业 | 有色金属<br>冶炼及压<br>延加工业 |
|---|---|---|---|---|---|---|---|
| **全国总计** | **9508391** | **2240828** | **4312555** | **10156753** | **40937178** | **25127915** | **13306089** |
| 北　　京 | 57040 | | 6898 | 22448 | 28827 | 850 | 1362 |
| 天　　津 | 125972 | 4946 | 192932 | 189375 | 253943 | 1957933 | 84823 |
| 河　　北 | 533772 | 246991 | 571780 | 1083510 | 3071165 | 5543530 | 809439 |
| 山　　西 | 128492 | 5429 | 17150 | 51924 | 703709 | 689955 | 391176 |
| 内 蒙 古 | 237564 | 4140 | 38438 | 196416 | 1370132 | 689885 | 963752 |
| 辽　　宁 | 409113 | 8396 | 580757 | 775826 | 3061705 | 1781601 | 694602 |
| 吉　　林 | 1024401 | 31960 | 111778 | 553031 | 1753243 | 283518 | 331469 |
| 黑 龙 江 | 285474 | 1260 | 27911 | 172274 | 1028331 | 130692 | 47134 |
| 上　　海 | 113398 | 17117 | 9768 | 54093 | 40825 | 605000 | 1426 |
| 江　　苏 | 865952 | 482017 | 479694 | 898376 | 2341507 | 2027902 | 583142 |
| 浙　　江 | 200563 | 216281 | 64384 | 439529 | 381204 | 198700 | 137189 |
| 安　　徽 | 322829 | 38694 | 160019 | 724514 | 1970664 | 301654 | 289543 |
| 福　　建 | 124782 | 199463 | 162201 | 245592 | 780182 | 212116 | 210461 |
| 江　　西 | 671832 | 413648 | 223621 | 472500 | 2817450 | 1618360 | 1508091 |
| 山　　东 | 1121153 | 94013 | 825980 | 993217 | 2743580 | 879570 | 557449 |
| 河　　南 | 1014280 | 65913 | 316285 | 960937 | 6724078 | 2297367 | 1903322 |
| 湖　　北 | 610711 | 20274 | 139712 | 500407 | 2111063 | 1365348 | 222470 |
| 湖　　南 | 410641 | 153306 | 84780 | 208274 | 1663086 | 841512 | 677072 |
| 广　　东 | 168669 | 38133 | 61984 | 617378 | 588512 | 1331980 | 121172 |
| 广　　西 | 99090 | 10960 | 17607 | 155636 | 1510045 | 239579 | 344559 |
| 海　　南 | 9009 | | 554 | 4158 | 34331 | 3102 | |
| 重　　庆 | 120793 | 33288 | 39514 | 91629 | 667977 | 103530 | 165526 |
| 四　　川 | 528341 | 24962 | 98210 | 452767 | 3016340 | 569904 | 262879 |
| 贵　　州 | 55819 | | 7247 | 22329 | 335891 | 181089 | 88167 |
| 云　　南 | 29484 | | 8468 | 46587 | 491318 | 183884 | 722735 |
| 西　　藏 | 721 | | | 5000 | 21895 | | |
| 陕　　西 | 173149 | 15987 | 48210 | 86786 | 650837 | 116778 | 297872 |
| 甘　　肃 | 47596 | | 7805 | 43129 | 210594 | 361148 | 667163 |
| 青　　海 | 9776 | | | 4580 | 127080 | 98123 | 184666 |
| 宁　　夏 | 2600 | | 1650 | 3597 | 146746 | 14210 | 999761 |
| 新　　疆 | 5375 | 113650 | 7218 | 80934 | 290918 | 499095 | 37667 |
| 不分地区 | | | | | | | |

续前　　　　　　　　　　　　　　　　　　单位：万元

| 地　　区 | 金　属制品业 | 通用设备制造业 | 专用设备制造业 | 交通运输设备制造业 | 电气机械及器材制造业 | 通信设备计算机及其他电子设备制造 |
|---|---|---|---|---|---|---|
| **全国总计** | **19916252** | **30986774** | **20720114** | **28566465** | **23717820** | **17399463** |
| 北　京 | 10776 | 123367 | 59773 | 216719 | 40412 | 109145 |
| 天　津 | 602374 | 552715 | 442225 | 696292 | 313574 | 367177 |
| 河　北 | 2434821 | 2110000 | 1549666 | 1472705 | 1961363 | 441566 |
| 山　西 | 47769 | 315921 | 169748 | 65506 | 55855 | 57876 |
| 内蒙古 | 332815 | 715659 | 199570 | 357594 | 211457 | 18440 |
| 辽　宁 | 2064312 | 4253929 | 1821796 | 1876167 | 2025805 | 993267 |
| 吉　林 | 915112 | 1306100 | 1235521 | 3261818 | 662851 | 171016 |
| 黑龙江 | 254569 | 828367 | 353067 | 355871 | 590541 | 39083 |
| 上　海 | 67722 | 269777 | 113648 | 1317078 | 149909 | 197466 |
| 江　苏 | 3104591 | 5021662 | 3334277 | 4520575 | 3825279 | 5820341 |
| 浙　江 | 569807 | 1119372 | 667982 | 842172 | 841491 | 503475 |
| 安　徽 | 1106300 | 1701428 | 890846 | 1788221 | 1445478 | 447919 |
| 福　建 | 331773 | 440718 | 323106 | 527004 | 376426 | 356765 |
| 江　西 | 919602 | 599856 | 619390 | 937771 | 3151632 | 1228001 |
| 山　东 | 1989717 | 3795048 | 2470593 | 2204428 | 2117852 | 684973 |
| 河　南 | 1651622 | 3281333 | 2408880 | 1522910 | 1527291 | 351412 |
| 湖　北 | 775515 | 833933 | 1059574 | 1790976 | 650929 | 401214 |
| 湖　南 | 395696 | 633906 | 760605 | 417313 | 588095 | 276158 |
| 广　东 | 604853 | 450345 | 454161 | 905702 | 1200776 | 2034513 |
| 广　西 | 266806 | 216893 | 209481 | 341603 | 180111 | 198161 |
| 海　南 | 452 | 324 | 470 | 938 | | |
| 重　庆 | 355106 | 447057 | 292676 | 1547794 | 605546 | 106045 |
| 四　川 | 668925 | 1250077 | 809951 | 925759 | 711139 | 2203691 |
| 贵　州 | 22866 | 28192 | 25828 | 72752 | 13286 | 16094 |
| 云　南 | 49070 | 60488 | 15171 | 109053 | 35369 | 22147 |
| 西　藏 | 3500 | | 311 | | 2250 | |
| 陕　西 | 265236 | 496809 | 361834 | 454213 | 337317 | 348022 |
| 甘　肃 | 51676 | 36084 | 47910 | 1108 | 43200 | 1262 |
| 青　海 | 6993 | 12950 | 2535 | | 16330 | |
| 宁　夏 | 15230 | 52622 | 5760 | 27282 | 5780 | 3424 |
| 新　疆 | 30646 | 31842 | 13759 | 9141 | 30476 | 810 |
| 不分地区 | | | | | | |

续前

单位：万元

| 地 区 | 仪器仪表及文化办公用机械制造业 | 工艺品及其他制造业 | 废弃资源废旧材料回收加工业 | 电力、热力的生产与供应业 | 燃气的生产与供应业 | 水的生产与供应业 |
|---|---|---|---|---|---|---|
| **全国总计** | **3525228** | **5128778** | **1648734** | **56086820** | **4057350** | **9874556** |
| 北 京 | 7525 | 6222 | 990 | 1200617 | 56288 | 88176 |
| 天 津 | 41043 | 137619 | 55492 | 978867 | 81603 | 121773 |
| 河 北 | 132936 | 201220 | 60731 | 2331601 | 140074 | 636758 |
| 山 西 | 11762 | 4760 | 2781 | 2792148 | 266714 | 178814 |
| 内 蒙 古 | 14785 | 15250 | 57424 | 6181702 | 251260 | 794150 |
| 辽 宁 | 382807 | 164584 | 105573 | 2808620 | 181856 | 420906 |
| 吉 林 | 176471 | 122462 | 66613 | 1839769 | 105248 | 225258 |
| 黑 龙 江 | 43940 | 135233 | 19091 | 1753282 | 102186 | 391359 |
| 上 海 | 15858 | 309899 | | 1018207 | 108237 | 95495 |
| 江 苏 | 834923 | 995380 | 115803 | 2608298 | 119967 | 1092783 |
| 浙 江 | 158364 | 263188 | 50851 | 2552602 | 23929 | 599490 |
| 安 徽 | 142959 | 218096 | 59121 | 1630637 | 117208 | 399563 |
| 福 建 | 130787 | 294552 | 52851 | 1774501 | 578788 | 217223 |
| 江 西 | 136679 | 334223 | 68790 | 1115404 | 140887 | 491327 |
| 山 东 | 263015 | 363711 | 363055 | 2429223 | 219587 | 292088 |
| 河 南 | 315084 | 393397 | 150870 | 3388905 | 456085 | 587852 |
| 湖 北 | 66714 | 105370 | 42610 | 1046887 | 185020 | 452627 |
| 湖 南 | 106222 | 205799 | 73013 | 1752013 | 118974 | 521187 |
| 广 东 | 174052 | 532965 | 141538 | 3509550 | 117548 | 514220 |
| 广 西 | 26153 | 46751 | 23382 | 1691807 | 50726 | 316430 |
| 海 南 | | | | 180891 | 610 | 28578 |
| 重 庆 | 83924 | 60375 | 16782 | 1060674 | 103830 | 227540 |
| 四 川 | 113357 | 140572 | 55672 | 2639610 | 225515 | 338701 |
| 贵 州 | 4093 | 1250 | 1763 | 927101 | 8064 | 133728 |
| 云 南 | 12214 | 26436 | 8818 | 1403457 | 9967 | 218815 |
| 西 藏 | | 170 | | 338237 | 4491 | 19598 |
| 陕 西 | 108375 | 36860 | 19691 | 1544421 | 90876 | 181371 |
| 甘 肃 | 7718 | 3200 | 16000 | 1156059 | 33056 | 48498 |
| 青 海 | 3518 | 7300 | | 137010 | | 9976 |
| 宁 夏 | 9950 | 586 | 1400 | 627161 | 63137 | 51355 |
| 新 疆 | | 1348 | 18029 | 1667559 | 95619 | 178917 |
| 不分地区 | | | | | | |

# 国民经济行业大类按隶属关系分的城镇新增固定资产

单位：万元

| 行　　业 | 合　计 | 中央项目 | 地方项目 | 省　属 | 地市属 | 县　属 | 其　他 |
|---|---|---|---|---|---|---|---|
| **全　国　总　计** | **1139438875** | **105718487** | **1033720388** | **80157415** | **118677454** | **205678191** | **629207328** |
| **（一）农、林、牧、渔业** | **25292662** | **275277** | **25017385** | **1185085** | **1459824** | **10667317** | **11705159** |
| 农业 | 5607094 | 56795 | 5550299 | 787737 | 365434 | 1836815 | 2560313 |
| 林业 | 4567117 | 53222 | 4513895 | 232112 | 705947 | 2678467 | 897369 |
| 畜牧业 | 7103409 | 19618 | 7083791 | 69301 | 62175 | 1542190 | 5410125 |
| 渔业 | 955805 | 3700 | 952105 | 2187 | 32233 | 144551 | 773134 |
| 农、林、牧、渔服务业 | 7059237 | 141942 | 6917295 | 93748 | 294035 | 4465294 | 2064218 |
| **（二）采矿业** | **57812565** | **19634221** | **38178344** | **7947357** | **1188255** | **5093195** | **23949537** |
| 煤炭开采和洗选业 | 17774063 | 788295 | 16985768 | 4858459 | 409662 | 2476863 | 9240784 |
| 石油和天然气开采业 | 22324761 | 18056594 | 4268167 | 2215328 | 395385 | 669559 | 987895 |
| 黑色金属矿采选业 | 5731483 | 13984 | 5717499 | 313636 | 62470 | 576658 | 4764735 |
| 有色金属矿采选业 | 6712005 | 736766 | 5975239 | 452426 | 183353 | 974802 | 4364658 |
| 非金属矿采选业 | 5119227 | 37984 | 5081243 | 107508 | 132685 | 388605 | 4452445 |
| 其他采矿业 | 151026 | 598 | 150428 | | 4700 | 6708 | 139020 |
| **（三）制造业** | **403170127** | **21882712** | **381287415** | **17710338** | **22814534** | **39035333** | **301727210** |
| 农副食品加工业 | 20465756 | 92614 | 20373142 | 145257 | 659096 | 2272655 | 17296134 |
| 食品制造业 | 11072132 | 97861 | 10974271 | 80395 | 368789 | 1220147 | 9304940 |
| 饮料制造业 | 7838659 | 37832 | 7800827 | 78632 | 679170 | 911439 | 6131586 |
| 烟草制品业 | 1044025 | 475366 | 568659 | 239228 | 141958 | 106263 | 81210 |
| 纺织业 | 13100572 | 13679 | 13086893 | 41607 | 500144 | 1238636 | 11306506 |
| 纺织服装、鞋、帽制造业 | 7883553 | 9617 | 7873936 | 8685 | 183348 | 610209 | 7071694 |
| 皮革、毛皮、羽毛(绒)及其制品业 | 3653173 | 2472 | 3650701 | 14751 | 74095 | 370186 | 3191669 |
| 木材加工及木、竹、藤、棕、草制品业 | 8371940 | 7288 | 8364652 | 49653 | 144949 | 945990 | 7224060 |
| 家具制造业 | 5272230 | | 5272230 | 14141 | 66158 | 200034 | 4991897 |
| 造纸及纸制品业 | 7767827 | 15564 | 7752263 | 76279 | 361957 | 1162688 | 6151339 |
| 印刷业和记录媒介的复制 | 4172045 | 46810 | 4125235 | 135274 | 190608 | 329234 | 3470119 |
| 文教体育用品制造业 | 1567903 | | 1567903 | | 27978 | 72225 | 1467700 |
| 石油加工、炼焦及核燃料加工业 | 14536718 | 6238425 | 8298293 | 797330 | 322361 | 1453577 | 5725025 |
| 化学原料及化学制品制造业 | 39224257 | 2190354 | 37033903 | 2640361 | 4121820 | 5373007 | 24898715 |
| 医药制造业 | 9508391 | 78821 | 9429570 | 202727 | 832577 | 1417101 | 6977165 |
| 化学纤维制造业 | 2240828 | 158520 | 2082308 | 21354 | 88202 | 220675 | 1752077 |
| 橡胶制品业 | 4312555 | | 4312555 | 32200 | 248847 | 266412 | 3765096 |
| 塑料制品业 | 10156753 | 25727 | 10131026 | 86054 | 299616 | 670716 | 9074640 |
| 非金属矿物制品业 | 40937178 | 424468 | 40512710 | 785079 | 1417430 | 4265374 | 34044827 |
| 黑色金属冶炼及压延加工业 | 25127915 | 5102387 | 20025528 | 6821767 | 1322863 | 1467072 | 10413826 |
| 有色金属冶炼及压延加工业 | 13306089 | 255582 | 13050507 | 2694847 | 450428 | 2044044 | 7861188 |
| 金属制品业 | 19916252 | 197207 | 19719045 | 115144 | 669176 | 1218554 | 17716171 |
| 通用设备制造业 | 30986774 | 738433 | 30248341 | 462034 | 1279285 | 2612238 | 25894784 |
| 专用设备制造业 | 20720114 | 955002 | 19765112 | 193958 | 1163165 | 1989466 | 16418523 |

注:本表不含房地产开发投资。

续表 1

单位：万元

| 行　　业 | 合　计 | 中央项目 | 地方项目 | | | | |
|---|---|---|---|---|---|---|---|
| | | | | 省　属 | 地市属 | 县　属 | 其　他 |
| 交通运输设备制造业 | 28566465 | 4054819 | 24511646 | 890829 | 2233004 | 2062240 | 19325573 |
| 电气机械及器材制造业 | 23717820 | 118547 | 23599273 | 445717 | 2091561 | 1882125 | 19179870 |
| 通信设备、计算机及其他电子设备制造业 | 17399463 | 342122 | 17057341 | 428777 | 2273937 | 1274809 | 13079818 |
| 仪器仪表文化办公用机械制造业 | 3525228 | 173347 | 3351881 | 86260 | 211570 | 365848 | 2688203 |
| 工艺品及其他制造业 | 5128778 | 18868 | 5109910 | 118524 | 327281 | 783436 | 3880669 |
| 废弃资源和废旧材料回收加工业 | 1648734 | 10980 | 1637754 | 3474 | 63161 | 228933 | 1342186 |
| **（四）电力燃气水的生产供应业** | **70018726** | **16789092** | **53229634** | **14820545** | **7187910** | **14552139** | **16669040** |
| 电力、热力的生产和供应业 | 56086820 | 16060437 | 40026383 | 14229557 | 4330462 | 9044256 | 12422108 |
| 燃气生产和供应业 | 4057350 | 624548 | 3432802 | 269021 | 624343 | 763244 | 1776194 |
| 水的生产和供应业 | 9874556 | 104107 | 9770449 | 321967 | 2233105 | 4744639 | 2470738 |
| **（五）建筑业** | **9633102** | **1179741** | **8453361** | **452610** | **706557** | **2626152** | **4668042** |
| 房屋和土木工程建筑业 | 7754891 | 1143519 | 6611372 | 411204 | 585694 | 2258667 | 3355807 |
| 建筑安装业 | 521790 | 11154 | 510636 | 32261 | 34437 | 51421 | 392517 |
| 建筑装饰业 | 446664 | 2658 | 444006 | 3358 | 33976 | 43623 | 363049 |
| 其他建筑业 | 909757 | 22410 | 887347 | 5787 | 52450 | 272441 | 556669 |
| **（六）交通运输、仓储和邮政业** | **95931072** | **25132513** | **70798559** | **11741138** | **17657108** | **24238684** | **17161629** |
| 铁路运输业 | 21225877 | 19793919 | 1431958 | 185937 | 612913 | 244136 | 388972 |
| 道路运输业 | 49267576 | 1002368 | 48265208 | 9145483 | 10706193 | 21406807 | 7006725 |
| 城市公共交通业 | 4235835 | 29705 | 4206130 | 793764 | 2652778 | 421796 | 337792 |
| 水上运输业 | 7673811 | 1448868 | 6224943 | 416726 | 2414353 | 598913 | 2794951 |
| 航空运输业 | 2681356 | 935559 | 1745797 | 617768 | 389797 | 93442 | 644790 |
| 管道运输业 | 512386 | 104580 | 407806 | 170076 | 23514 | 67207 | 147009 |
| 装卸搬运和其他运输服务业 | 1400330 | 13907 | 1386423 | 88499 | 158135 | 115463 | 1024326 |
| 仓储业 | 8670264 | 1719501 | 6950763 | 288514 | 668622 | 1274867 | 4718760 |
| 邮政业 | 263637 | 84106 | 179531 | 34371 | 30803 | 16053 | 98304 |
| **（七）信息传输、计算机服务和软件** | **15672745** | **7685108** | **7987637** | **3449905** | **1248091** | **846086** | **2443555** |
| 电信和其他信息传输服务业 | 14437702 | 7671268 | 6766434 | 3407578 | 1088231 | 780500 | 1490125 |
| 计算机服务业 | 419547 | 10984 | 408563 | 5018 | 10143 | 10118 | 383284 |
| 软件业 | 815496 | 2856 | 812640 | 37309 | 149717 | 55468 | 570146 |
| **（八）批发和零售业** | **32509027** | **469936** | **32039091** | **611546** | **1893993** | **3900334** | **25633218** |
| 批发业 | 14772460 | 410719 | 14361741 | 377822 | 825708 | 1730002 | 11428209 |
| 零售业 | 17736567 | 59217 | 17677350 | 233724 | 1068285 | 2170332 | 14205009 |
| **（九）住宿和餐饮业** | **16241431** | **378650** | **15862781** | **420572** | **893875** | **1626590** | **12921744** |
| 住宿业 | 9410564 | 347437 | 9063127 | 315705 | 635528 | 1042598 | 7069296 |
| 餐饮业 | 6830867 | 31213 | 6799654 | 104867 | 258347 | 583992 | 5852448 |
| **（十）金融业** | **2470653** | **744110** | **1726543** | **329473** | **384918** | **381489** | **630663** |
| 银行业 | 1961231 | 722615 | 1238616 | 292215 | 332770 | 280397 | 333234 |
| 证券业 | 87887 | 7798 | 80089 | 9168 | 27963 | 7680 | 35278 |
| 保险业 | 109350 | 11467 | 97883 | 9873 | 10125 | 5524 | 72361 |

续表 2

单位：万元

| 行业 | 合计 | 中央项目 | 地方项目 | | | | |
|---|---|---|---|---|---|---|---|
| | | | | 省属 | 地市属 | 县属 | 其他 |
| 其他金融活动 | 312185 | 2230 | 309955 | 18217 | 14060 | 87888 | 189790 |
| **（十一）房地产业** | **225532870** | **3986520** | **221546350** | **8911103** | **27181704** | **22743915** | **162709628** |
| 房地产业 | 225532870 | 3986520 | 221546350 | 8911103 | 27181704 | 22743915 | 162709628 |
| **（十二）租赁和商务服务业** | **9483741** | **76167** | **9407574** | **657336** | **1114415** | **1901884** | **5733939** |
| 租赁业 | 460397 | 12337 | 448060 | 49912 | 12780 | 33084 | 352284 |
| 商务服务业 | 9023344 | 63830 | 8959514 | 607424 | 1101635 | 1868800 | 5381655 |
| **（十三）科研技术服务和地质勘查业** | **6907544** | **1487224** | **5420320** | **752052** | **839321** | **1343492** | **2485455** |
| 研究与试验发展 | 2344215 | 856092 | 1488123 | 294942 | 125833 | 322695 | 744653 |
| 专业技术服务业 | 1986719 | 176500 | 1810219 | 252919 | 365239 | 361459 | 830602 |
| 科技交流和推广服务业 | 1581567 | 27272 | 1554295 | 56861 | 321826 | 500877 | 674731 |
| 地质勘查业 | 995043 | 427360 | 567683 | 147330 | 26423 | 158461 | 235469 |
| **（十四）水利、环境和公共设施管理业** | **93611734** | **2457144** | **91154590** | **3578077** | **22552478** | **46105748** | **18918287** |
| 水利管理业 | 11669306 | 217071 | 11452235 | 820530 | 1725035 | 7447064 | 1459606 |
| 环境管理业 | 6394159 | 100084 | 6294075 | 120337 | 907958 | 3606769 | 1659011 |
| 公共设施管理业 | 75548269 | 2139989 | 73408280 | 2637210 | 19919485 | 35051915 | 15799670 |
| **（十五）居民服务和其他服务业** | **3721525** | **19057** | **3702468** | **46562** | **374578** | **595458** | **2685870** |
| 居民服务业 | 2327350 | 15738 | 2311612 | 28054 | 131155 | 394525 | 1757878 |
| 其他服务业 | 1394175 | 3319 | 1390856 | 18508 | 243423 | 200933 | 927992 |
| **（十六）教育** | **20982038** | **1396392** | **19585646** | **3172400** | **3183751** | **8777488** | **4452007** |
| 教育 | 20982038 | 1396392 | 19585646 | 3172400 | 3183751 | 8777488 | 4452007 |
| **（十七）卫生、社会保障和社会福利业** | **10549749** | **606142** | **9943607** | **1329231** | **1873715** | **4259727** | **2480934** |
| 卫生 | 8887807 | 568190 | 8319617 | 1083365 | 1641899 | 3523236 | 2071117 |
| 社会保障业 | 463065 | 13594 | 449471 | 29194 | 75910 | 238296 | 106071 |
| 社会福利业 | 1198877 | 24358 | 1174519 | 216672 | 155906 | 498195 | 303746 |
| **（十八）文化、体育和娱乐业** | **11340516** | **805014** | **10535502** | **1143982** | **1913102** | **3168104** | **4310314** |
| 新闻出版业 | 320800 | 16923 | 303877 | 147646 | 87787 | 33878 | 34566 |
| 广播、电视、电影和音像业 | 1301646 | 173496 | 1128150 | 432722 | 146049 | 348452 | 200927 |
| 文化艺术业 | 3921828 | 594902 | 3326926 | 328935 | 852351 | 1170446 | 975194 |
| 体育 | 1765098 | 14886 | 1750212 | 195019 | 551481 | 756693 | 247019 |
| 娱乐业 | 4031144 | 4807 | 4026337 | 39660 | 275434 | 858635 | 2852608 |
| **（十九）公共管理和社会组织** | **28557048** | **713467** | **27843581** | **1898103** | **4209325** | **13815056** | **7921097** |
| 中国共产党机关 | 270436 | 42942 | 227494 | 90064 | 9174 | 107008 | 21248 |
| 国家机构 | 21465774 | 655113 | 20810661 | 1729427 | 4020689 | 12156041 | 2904504 |
| 人民政协和民主党派 | 82150 | | 82150 | 19281 | 15200 | 43549 | 4120 |
| 群众团体、社会团体和宗教组织 | 801283 | 11562 | 789721 | 57758 | 88354 | 208501 | 435108 |
| 基层群众自治组织 | 5937405 | 3850 | 5933555 | 1573 | 75908 | 1299957 | 4556117 |
| **（二十）国际组织** | | | | | | | |
| 国际组织 | | | | | | | |

# 国民经济行业大类按建设性质分的城镇新增固定资产

单位：万元

| 行　　业 | 新　建 | 扩　建 | 改　建 | 单纯建造生活设施 | 迁　建 | 恢　复 | 单纯购置 |
|---|---|---|---|---|---|---|---|
| **全　国　总　计** | **473703805** | **212871566** | **192569396** | **10152226** | **12839233** | **2401133** | **48594268** |
| （一）农、林、牧、渔业 | 14382524 | 5588352 | 4377730 | 240198 | 54048 | 120757 | 529053 |
| 农业 | 3087087 | 928829 | 1342221 | 150240 | 5453 | 11046 | 82218 |
| 林业 | 2412360 | 1313689 | 773082 | 18764 | 1348 | 24863 | 23011 |
| 畜牧业 | 4834152 | 1733844 | 431970 | 24395 | 14875 | 28481 | 35692 |
| 渔业 | 479708 | 222543 | 164798 |  | 1263 | 1025 | 86468 |
| 农、林、牧、渔服务业 | 3569217 | 1389447 | 1665659 | 46799 | 31109 | 55342 | 301664 |
| **（二）采矿业** | **21810917** | **14500333** | **19328459** | **32308** | **60448** | **183322** | **1896778** |
| 煤炭开采和洗选业 | 4954691 | 2963612 | 9394335 | 28720 | 15830 | 90340 | 326535 |
| 石油和天然气开采业 | 9091067 | 6533878 | 5593186 |  | 826 | 4500 | 1101304 |
| 黑色金属矿采选业 | 2441024 | 1762053 | 1368396 | 2190 | 36602 | 16900 | 104318 |
| 有色金属矿采选业 | 2843162 | 1959502 | 1739136 | 800 | 3050 | 71077 | 95278 |
| 非金属矿采选业 | 2405834 | 1250753 | 1195082 |  | 4140 | 505 | 262913 |
| 其他采矿业 | 75139 | 30535 | 38324 | 598 |  |  | 6430 |
| **（三）制造业** | **186879600** | **99444108** | **87412865** | **475984** | **9070109** | **231970** | **2E+07** |
| 农副食品加工业 | 9586295 | 5739406 | 4361441 | 18064 | 142180 | 22920 | 595450 |
| 食品制造业 | 5390456 | 2845359 | 2304612 | 14634 | 90478 | 9936 | 416657 |
| 饮料制造业 | 3257670 | 1927254 | 2100343 | 930 | 130629 | 26013 | 395820 |
| 烟草制品业 | 178911 | 242221 | 410504 |  | 4422 |  | 207967 |
| 纺织业 | 4955512 | 3725232 | 3180303 | 15251 | 218994 | 8270 | 997010 |
| 纺织服装、鞋、帽制造业 | 3974393 | 1812296 | 1544477 | 4338 | 87141 |  | 460908 |
| 皮革、毛皮、羽毛(绒)及其制品业 | 2190574 | 846169 | 432187 | 1060 | 29522 |  | 153661 |
| 木材加工及木、竹、藤、棕、草制品业 | 3813181 | 2497830 | 1772700 | 7863 | 40454 | 14304 | 225608 |
| 家具制造业 | 2919787 | 1307423 | 833077 | 4708 | 55981 | 3000 | 148254 |
| 造纸及纸制品业 | 2853504 | 2301665 | 2006711 | 7700 | 217254 |  | 380993 |
| 印刷业和记录媒介的复制 | 1706478 | 933409 | 913286 | 2650 | 66724 | 9900 | 539598 |
| 文教体育用品制造业 | 825305 | 389380 | 222807 | 1150 | 26216 |  | 103045 |
| 石油加工、炼焦及核燃料加工业 | 7366778 | 4788874 | 2190915 | 66025 | 8700 | 2400 | 113026 |
| 化学原料及化学制品制造业 | 18334180 | 9301119 | 9894853 | 5686 | 676703 | 25121 | 986595 |
| 医药制造业 | 4216406 | 2167139 | 2444565 | 21759 | 207061 | 7586 | 443875 |
| 化学纤维制造业 | 1086044 | 581912 | 494664 | 1600 | 2030 |  | 74578 |
| 橡胶制品业 | 1900671 | 1278488 | 659356 | 5700 | 31957 | 10 | 436373 |
| 塑料制品业 | 4809011 | 2749395 | 1770368 | 14615 | 128028 | 3140 | 682196 |
| 非金属矿物制品业 | 20891979 | 8938071 | 9512243 | 34395 | 366587 | 42927 | 1150976 |
| 黑色金属冶炼及压延加工业 | 7491875 | 5988248 | 7804630 | 11283 | 3389955 | 11617 | 430307 |
| 有色金属冶炼及压延加工业 | 6637890 | 2610955 | 3596786 | 19385 | 95606 | 4110 | 341357 |
| 金属制品业 | 9991897 | 5228632 | 3222528 | 6685 | 349820 | 1200 | 1115490 |
| 通用设备制造业 | 13765755 | 8018303 | 6367964 | 40205 | 661687 | 8911 | 2123949 |
| 专用设备制造业 | 9930300 | 5219735 | 3759879 | 75742 | 454152 | 9590 | 1270716 |

注:本表不含房地产开发投资。

续表 1 单位：万元

| 行　　业 | 新　建 | 扩　建 | 改　建 | 单纯建造生活设施 | 迁　建 | 恢　复 | 单纯购置 |
|---|---|---|---|---|---|---|---|
| 交通运输设备制造业 | 13212284 | 6635132 | 6203797 | 37150 | 774676 | 8000 | 1695426 |
| 电气机械及器材制造业 | 12196081 | 5761678 | 3813587 | 28702 | 500414 | 12815 | 1404543 |
| 通信设备、计算机及其他电子设备制造业 | 8207397 | 3234947 | 3770611 | 22404 | 59106 | | 2104998 |
| 仪器仪表文化办公用机械制造业 | 1423621 | 834980 | 762740 | 4000 | 153622 | | 346265 |
| 工艺品及其他制造业 | 2768363 | 1276596 | 715631 | 2300 | 79165 | 200 | 286523 |
| 废弃资源和废旧材料回收加工业 | 997002 | 262260 | 345300 | | 20845 | | 23327 |
| **（四）电力燃气水的生产供应业** | **40221860** | **16360613** | **12590756** | **166772** | **140446** | **73362** | **464917** |
| 电力、热力的生产和供应业 | 31938747 | 13327939 | 10225639 | 75284 | 99818 | 59292 | 360101 |
| 燃气生产和供应业 | 2688690 | 706610 | 559974 | 15510 | 35763 | 1879 | 48924 |
| 水的生产和供应业 | 5594423 | 2326064 | 1805143 | 75978 | 4865 | 12191 | 55892 |
| **（五）建筑业** | **4851782** | **1167622** | **1731718** | **175710** | **84724** | **45841** | **1575705** |
| 房屋和土木工程建筑业 | 4062473 | 885884 | 1328706 | 160944 | 44023 | 45779 | 1227082 |
| 建筑安装业 | 160102 | 89665 | 129529 | 8150 | 11380 | | 122964 |
| 建筑装饰业 | 154795 | 54361 | 161330 | 1908 | 500 | | 73770 |
| 其他建筑业 | 474412 | 137712 | 112153 | 4708 | 28821 | 62 | 151889 |
| **（六）交通运输、仓储和邮政业** | **45906946** | **18093188** | **16422510** | **150540** | **313074** | **329270** | **1.5E+07** |
| 铁路运输业 | 7069318 | 4801700 | 1376965 | 4000 | 59779 | | 7914115 |
| 道路运输业 | 25016550 | 9239693 | 13004568 | 106793 | 102706 | 319512 | 1477754 |
| 城市公共交通业 | 2724251 | 196479 | 237233 | | 1325 | 4452 | 1072095 |
| 水上运输业 | 2846537 | 1393165 | 459200 | 2900 | 200 | 1682 | 2970127 |
| 航空运输业 | 667250 | 410610 | 599314 | | | | 1004182 |
| 管道运输业 | 260053 | 193764 | 53279 | 5290 | | | |
| 装卸搬运和其他运输服务业 | 823573 | 290152 | 148464 | 1533 | 11168 | 149 | 125291 |
| 仓储业 | 6327818 | 1521854 | 516408 | 26788 | 131372 | 3475 | 142549 |
| 邮政业 | 171596 | 45771 | 27079 | 3236 | 6524 | | 9431 |
| **（七）信息传输、计算机服务和软件业** | **5849052** | **5349635** | **3207897** | **19291** | **22461** | **30798** | **1193611** |
| 电信和其他信息传输服务业 | 5288524 | 5229610 | 2900737 | 10291 | 13221 | 28798 | 966521 |
| 计算机服务业 | 89283 | 67282 | 172834 | | 9240 | 2000 | 78908 |
| 软件业 | 471245 | 52743 | 134326 | 9000 | | | 148182 |
| **（八）批发和零售业** | **17718199** | **6722773** | **6371473** | **89833** | **193440** | **10500** | **1402809** |
| 批发业 | 7463342 | 3360857 | 2867283 | 47386 | 115574 | 50 | 917968 |
| 零售业 | 10254857 | 3361916 | 3504190 | 42447 | 77866 | 10450 | 484841 |
| **（九）住宿和餐饮业** | **8517762** | **2911948** | **4228605** | **64112** | **32041** | **32588** | **454375** |
| 住宿业 | 5285413 | 1723061 | 2088855 | 49727 | 16597 | 12988 | 233923 |
| 餐饮业 | 3232349 | 1188887 | 2139750 | 14385 | 15444 | 19600 | 220452 |
| **（十）金融业** | **878326** | **321631** | **676028** | **5545** | **23819** | **967** | **564337** |
| 银行业 | 659420 | 255796 | 518269 | 5456 | 23449 | 967 | 497874 |
| 证券业 | 29650 | 15360 | 26999 | | | | 15878 |
| 保险业 | 30251 | 3071 | 59190 | 89 | 370 | | 16379 |

续表 2　　　　单位：万元

| 行　　业 | 新　建 | 扩　建 | 改　建 | 单纯建造生活设施 | 迁　建 | 恢　复 | 单纯购置 |
|---|---|---|---|---|---|---|---|
| 其他金融活动 | 159005 | 47404 | 71570 | | | | 34206 |
| **（十一）房地产业** | **25821336** | **4204997** | **2952969** | **5424789** | **406050** | **223992** | **191489** |
| 房地产业 | 25821336 | 4204997 | 2952969 | 5424789 | 406050 | 223992 | 191489 |
| **（十二）租赁和商务服务业** | **5581377** | **1442139** | **1654633** | **85145** | **90449** | **5835** | **624163** |
| 租赁业 | 153329 | 43384 | 69217 | | | | 194467 |
| 商务服务业 | 5428048 | 1398755 | 1585416 | 85145 | 90449 | 5835 | 429696 |
| **（十三）科研技术服务和地质勘查业** | **3235687** | **1323691** | **1535041** | **56311** | **93193** | **3385** | **660236** |
| 研究与试验发展 | 1035799 | 528878 | 472965 | 13868 | 58594 | 899 | 233212 |
| 专业技术服务业 | 1056326 | 309333 | 321720 | 17860 | 23040 | 326 | 258114 |
| 科技交流和推广服务业 | 908852 | 306514 | 244938 | 9612 | 1034 | | 110617 |
| 地质勘查业 | 234710 | 178966 | 495418 | 14971 | 10525 | 2160 | 58293 |
| **（十四）水利、环境和公共设施管理业** | **52402236** | **19905255** | **19617182** | **499894** | **359258** | **428410** | **399499** |
| 水利管理业 | 5284482 | 2382972 | 3760480 | 55647 | 16981 | 154211 | 14533 |
| 环境管理业 | 3375839 | 1032815 | 1762040 | 60787 | 22860 | 44720 | 95098 |
| 公共设施管理业 | 43741915 | 16489468 | 14094662 | 383460 | 319417 | 229479 | 289868 |
| **（十五）居民服务和其他服务业** | **1802614** | **732743** | **926720** | **65418** | **19629** | **1580** | **172821** |
| 居民服务业 | 1208369 | 464777 | 540187 | 28864 | 19629 | 1580 | 63944 |
| 其他服务业 | 594245 | 267966 | 386533 | 36554 | | | 108877 |
| **（十六）教育** | **10655157** | **5502058** | **2371685** | **408638** | **847634** | **333720** | **863146** |
| 教育 | 10655157 | 5502058 | 2371685 | 408638 | 847634 | 333720 | 863146 |
| **（十七）卫生、社会保障和社会福利业** | **4534841** | **2593348** | **1527350** | **283116** | **426498** | **71728** | **1112868** |
| 卫生 | 3534023 | 2319820 | 1426151 | 22827 | 406535 | 68381 | 1110070 |
| 社会保障业 | 345979 | 48715 | 24964 | 35455 | 7060 | 750 | 142 |
| 社会福利业 | 654839 | 224813 | 76235 | 224834 | 12903 | 2597 | 2656 |
| **（十八）文化、体育和娱乐业** | **7270280** | **1778656** | **1800177** | **37226** | **56988** | **49676** | **347513** |
| 新闻出版业 | 193743 | 41239 | 37988 | | | | 47830 |
| 广播、电视、电影和音像业 | 711767 | 180370 | 267187 | 14000 | 4655 | 600 | 123067 |
| 文化艺术业 | 2764296 | 518382 | 528686 | 9167 | 33501 | 42176 | 25620 |
| 体育 | 1240445 | 331780 | 148508 | 3653 | 5600 | 4260 | 30852 |
| 娱乐业 | 2360029 | 706885 | 817808 | 10406 | 13232 | 2640 | 120144 |
| **（十九）公共管理和社会组织** | **15383309** | **4928476** | **3835598** | **1871396** | **544924** | **223432** | **1769913** |
| 中国共产党机关 | 199166 | 38944 | 26599 | 2307 | 1253 | | 2167 |
| 国家机构 | 11484143 | 3795303 | 2985297 | 935435 | 438119 | 133335 | 1694142 |
| 人民政协和民主党派 | 44934 | 7199 | 11200 | 320 | | | 18497 |
| 群众团体、社会团体和宗教组织 | 446419 | 185906 | 107981 | 740 | 9955 | 31502 | 18780 |
| 基层群众自治组织 | 3208647 | 901124 | 704521 | 932594 | 95597 | 58595 | 36327 |
| **（二十）国际组织** | | | | | | | |
| 国际组织 | | | | | | | |

# 各地区城镇投资项目个数

单位：个

| 地　　区 | 施工项目个数 | 新开工项目个数 | 全部建成投产项目个数 | 项目建成投产率（%） |
|---|---|---|---|---|
| **全国总计** | **451262** | **339795** | **288033** | **63.83** |
| 北　京 | 2893 | 1371 | 1294 | 44.73 |
| 天　津 | 4345 | 3355 | 2744 | 63.15 |
| 河　北 | 29270 | 24703 | 22368 | 76.42 |
| 山　西 | 9638 | 7375 | 6097 | 63.26 |
| 内蒙古 | 12370 | 10409 | 9272 | 74.96 |
| 辽　宁 | 19374 | 16988 | 14506 | 74.87 |
| 吉　林 | 11533 | 9949 | 9154 | 79.37 |
| 黑龙江 | 10440 | 8995 | 8582 | 82.20 |
| 上　海 | 8897 | 4141 | 1934 | 21.74 |
| 江　苏 | 20223 | 13398 | 13118 | 64.87 |
| 浙　江 | 16230 | 8812 | 7810 | 48.12 |
| 安　徽 | 22658 | 16009 | 13703 | 60.48 |
| 福　建 | 11937 | 6618 | 4576 | 38.33 |
| 江　西 | 14311 | 10533 | 8956 | 62.58 |
| 山　东 | 29422 | 20876 | 17783 | 60.44 |
| 河　南 | 36889 | 31894 | 28652 | 77.67 |
| 湖　北 | 20934 | 17357 | 14982 | 71.57 |
| 湖　南 | 18982 | 15143 | 9825 | 51.76 |
| 广　东 | 19990 | 14254 | 11958 | 59.82 |
| 广　西 | 23551 | 18264 | 15459 | 65.64 |
| 海　南 | 1725 | 1117 | 922 | 53.45 |
| 重　庆 | 10891 | 7479 | 7327 | 67.28 |
| 四　川 | 26494 | 19643 | 15343 | 57.91 |
| 贵　州 | 10463 | 7989 | 7278 | 69.56 |
| 云　南 | 18708 | 12997 | 10048 | 53.71 |
| 西　藏 | 2826 | 2198 | 1986 | 70.28 |
| 陕　西 | 13931 | 11197 | 8582 | 61.60 |
| 甘　肃 | 9452 | 7056 | 5592 | 59.16 |
| 青　海 | 2667 | 1763 | 1599 | 59.96 |
| 宁　夏 | 1874 | 1482 | 1123 | 59.93 |
| 新　疆 | 8153 | 6366 | 5425 | 66.54 |
| 不分地区 | 191 | 64 | 35 | 18.32 |

注:本表不含房地产开发投资。

# 国民经济行业小类城镇投资项目个数

单位：个

| 行　　业 | 施工项目个数 | 新开工项目个数 | 全部建成投产项目个数 | 项目建成投产率(%) |
|---|---|---|---|---|
| **全　国　总　计** | **451262** | **339795** | **288033** | **63.83** |
| **（一）农、林、牧、渔业** | **21845** | **18723** | **16166** | **74.00** |
| 农业 | 4419 | 3775 | 3240 | 73.32 |
| 谷物及其他作物的种植 | 1800 | 1568 | 1379 | 76.61 |
| 谷物的种植 | 1097 | 996 | 861 | 78.49 |
| 薯类的种植 | 77 | 66 | 59 | 76.62 |
| 油料的种植 | 80 | 73 | 43 | 53.75 |
| 豆类的种植 | 62 | 61 | 56 | 90.32 |
| 棉花的种植 | 26 | 20 | 18 | 69.23 |
| 麻类的种植 | 11 | 4 | 8 | 72.73 |
| 糖料的种植 | 25 | 22 | 19 | 76.00 |
| 烟草的种植 | 132 | 86 | 111 | 84.09 |
| 其他作物的种植 | 290 | 240 | 204 | 70.34 |
| 蔬菜、园艺作物的种植 | 1659 | 1425 | 1211 | 73.00 |
| 蔬菜的种植 | 1221 | 1085 | 946 | 77.48 |
| 花卉的种植 | 238 | 187 | 162 | 68.07 |
| 其他园艺作物的种植 | 200 | 153 | 103 | 51.50 |
| 水果、坚果、饮料和香料作物的种植 | 773 | 634 | 518 | 67.01 |
| 水果、坚果的种植 | 588 | 484 | 396 | 67.35 |
| 茶及其他饮料作物的种植 | 168 | 136 | 110 | 65.48 |
| 香料作物的种植 | 17 | 14 | 12 | 70.59 |
| 中药材的种植 | 187 | 148 | 132 | 70.59 |
| 林业 | 3565 | 3042 | 2819 | 79.07 |
| 林木的培育和种植 | 3295 | 2835 | 2586 | 78.48 |
| 育种和育苗 | 460 | 390 | 329 | 71.52 |
| 造林 | 2420 | 2103 | 1960 | 80.99 |
| 林木的抚育和管理 | 415 | 342 | 297 | 71.57 |
| 木材和竹材的采运 | 133 | 88 | 107 | 80.45 |
| 木材的采运 | 130 | 85 | 104 | 80.00 |
| 竹材的采运 | 3 | 3 | 3 | 100.00 |
| 林产品的采集 | 137 | 119 | 126 | 91.97 |
| 畜牧业 | 5991 | 5117 | 4351 | 72.63 |
| 牲畜的饲养 | 2211 | 1948 | 1598 | 72.27 |
| 猪的饲养 | 2268 | 1927 | 1658 | 73.10 |
| 家禽的饲养 | 1113 | 894 | 814 | 73.14 |
| 狩猎和捕捉动物 | 11 | 10 | 7 | 63.64 |
| 其他畜牧业 | 388 | 338 | 274 | 70.62 |
| 渔业 | 625 | 516 | 417 | 66.72 |
| 海洋渔业 | 184 | 149 | 133 | 72.28 |
| 海水养殖 | 164 | 131 | 116 | 70.73 |

注:本表不含房地产开发投资。

续表 1　　　　单位：个

| 行　　业 | 施工项目个数 | 新开工项目个数 | 全部建成投产项目个数 | 项目建成投产率（%） |
| --- | --- | --- | --- | --- |
| 海洋捕捞 | 20 | 18 | 17 | 85.00 |
| 内陆渔业 | 441 | 367 | 284 | 64.40 |
| 内陆养殖 | 438 | 364 | 282 | 64.38 |
| 内陆捕捞 | 3 | 3 | 2 | 66.67 |
| 农、林、牧、渔服务业 | 7245 | 6273 | 5339 | 73.69 |
| 农业服务业 | 6045 | 5221 | 4445 | 73.53 |
| 灌溉服务 | 1858 | 1584 | 1460 | 78.58 |
| 农产品初加工服务 | 608 | 511 | 458 | 75.33 |
| 其他农业服务 | 3579 | 3126 | 2527 | 70.61 |
| 林业服务业 | 301 | 259 | 219 | 72.76 |
| 畜牧服务业 | 829 | 735 | 639 | 77.08 |
| 兽医服务 | 462 | 422 | 373 | 80.74 |
| 其他畜牧服务 | 367 | 313 | 266 | 72.48 |
| 渔业服务业 | 70 | 58 | 36 | 51.43 |
| **（二）采矿业** | **14474** | **11010** | **9894** | **68.36** |
| 煤炭开采和洗选业 | 5844 | 4229 | 3850 | 65.88 |
| 烟煤和无烟煤的开采洗选 | 5480 | 3960 | 3586 | 65.44 |
| 褐煤的开采洗选 | 244 | 169 | 173 | 70.90 |
| 其他煤炭采选 | 120 | 100 | 91 | 75.83 |
| 石油和天然气开采业 | 377 | 238 | 196 | 51.99 |
| 天然原油和天然气开采 | 256 | 153 | 132 | 51.56 |
| 与石油和天然气开采有关的服务活动 | 121 | 85 | 64 | 52.89 |
| 黑色金属矿采选业 | 2296 | 1838 | 1631 | 71.04 |
| 铁矿采选 | 2026 | 1618 | 1467 | 72.41 |
| 其他黑色金属矿采选 | 270 | 220 | 164 | 60.74 |
| 有色金属矿采选业 | 2530 | 1864 | 1664 | 65.77 |
| 常用有色金属矿采选 | 1562 | 1140 | 1028 | 65.81 |
| 铜矿采选 | 405 | 246 | 218 | 53.83 |
| 铅锌矿采选 | 570 | 412 | 391 | 68.60 |
| 镍钴矿采选 | 41 | 27 | 24 | 58.54 |
| 锡矿采选 | 223 | 201 | 190 | 85.20 |
| 锑矿采选 | 27 | 21 | 11 | 40.74 |
| 铝矿采选 | 91 | 81 | 75 | 82.42 |
| 镁矿采选 | 28 | 22 | 16 | 57.14 |
| 其他常用有色金属矿采选 | 177 | 130 | 103 | 58.19 |
| 贵金属矿采选 | 631 | 488 | 423 | 67.04 |
| 金矿采选 | 566 | 439 | 381 | 67.31 |
| 银矿采选 | 45 | 35 | 28 | 62.22 |
| 其他贵金属矿采选 | 20 | 14 | 14 | 70.00 |
| 稀有稀土金属矿采选 | 337 | 236 | 213 | 63.20 |

续表 2　　单位：个

| 行　　业 | 施工项目个数 | 新开工项目个数 | 全部建成投产项目个数 | 项目建成投产率(%) |
|---|---|---|---|---|
| 钨钼矿采选 | 244 | 176 | 164 | 67.21 |
| 稀土金属矿采选 | 18 | 11 | 14 | 77.78 |
| 放射性金属矿采选 | 10 | 6 | 5 | 50.00 |
| 其他稀有金属矿采选 | 65 | 43 | 30 | 46.15 |
| 非金属矿采选业 | 3324 | 2759 | 2486 | 74.79 |
| 土砂石开采 | 2628 | 2234 | 2038 | 77.55 |
| 石灰石、石膏开采 | 553 | 481 | 432 | 78.12 |
| 建筑装饰用石开采 | 774 | 660 | 600 | 77.52 |
| 耐火土石开采 | 302 | 206 | 185 | 61.26 |
| 粘土及其他土砂石开采 | 999 | 887 | 821 | 82.18 |
| 化学矿采选 | 149 | 108 | 94 | 63.09 |
| 采盐 | 82 | 57 | 51 | 62.20 |
| 石棉及其他非金属矿采选 | 465 | 360 | 303 | 65.16 |
| 石棉、云母矿采选 | 11 | 11 | 8 | 72.73 |
| 石墨、滑石采选 | 91 | 65 | 50 | 54.95 |
| 宝石、玉石开采 | 27 | 17 | 16 | 59.26 |
| 其他非金属矿采选 | 336 | 267 | 229 | 68.15 |
| 其他采矿业 | 103 | 82 | 67 | 65.05 |
| 其他采矿业 | 103 | 82 | 67 | 65.05 |
| **（三）制造业** | **159150** | **117443** | **103329** | **64.93** |
| 农副食品加工业 | 11412 | 9052 | 7784 | 68.21 |
| 谷物磨制 | 2240 | 1907 | 1709 | 76.29 |
| 饲料加工 | 1564 | 1280 | 1072 | 68.54 |
| 植物油加工 | 1386 | 1123 | 936 | 67.53 |
| 食用植物油加工 | 1281 | 1048 | 873 | 68.15 |
| 非食用植物油加工 | 105 | 75 | 63 | 60.00 |
| 制糖 | 267 | 206 | 181 | 67.79 |
| 屠宰及肉类加工 | 1912 | 1444 | 1233 | 64.49 |
| 畜禽屠宰 | 959 | 717 | 645 | 67.26 |
| 肉制品及副产品加工 | 953 | 727 | 588 | 61.70 |
| 水产品加工 | 638 | 478 | 392 | 61.44 |
| 水产品冷冻加工 | 434 | 325 | 261 | 60.14 |
| 鱼糜制品及水产品干腌制加工 | 77 | 54 | 50 | 64.94 |
| 水产饲料制造 | 52 | 44 | 39 | 75.00 |
| 鱼油提取及制品的制造 | 5 | 3 | 3 | 60.00 |
| 其他水产品加工 | 70 | 52 | 39 | 55.71 |
| 蔬菜、水果和坚果加工 | 1502 | 1115 | 1003 | 66.78 |
| 其他农副食品加工 | 1903 | 1499 | 1258 | 66.11 |
| 淀粉及淀粉制品的制造 | 701 | 543 | 476 | 67.90 |
| 豆制品制造 | 329 | 266 | 236 | 71.73 |

续表 3 单位：个

| 行　　业 | 施工项目个数 | 新开工项目个数 | 全部建成投产项目个数 | 项目建成投产率(%) |
|---|---|---|---|---|
| 蛋品加工 | 77 | 58 | 47 | 61.04 |
| 其他未列明的农副食品加工 | 796 | 632 | 499 | 62.69 |
| 食品制造业 | 5375 | 4083 | 3596 | 66.90 |
| 焙烤食品制造 | 970 | 762 | 672 | 69.28 |
| 糕点、面包制造 | 452 | 371 | 318 | 70.35 |
| 饼干及其他焙烤食品制造 | 518 | 391 | 354 | 68.34 |
| 糖果、巧克力及蜜饯制造 | 379 | 308 | 273 | 72.03 |
| 糖果、巧克力制造 | 201 | 154 | 141 | 70.15 |
| 蜜饯制作 | 178 | 154 | 132 | 74.16 |
| 方便食品制造 | 1004 | 799 | 706 | 70.32 |
| 米、面制品制造 | 536 | 442 | 396 | 73.88 |
| 速冻食品制造 | 209 | 169 | 149 | 71.29 |
| 方便面及其他方便食品制造 | 259 | 188 | 161 | 62.16 |
| 液体乳及乳制品制造 | 361 | 245 | 211 | 58.45 |
| 罐头制造 | 443 | 326 | 280 | 63.21 |
| 肉、禽类罐头制造 | 84 | 55 | 48 | 57.14 |
| 水产品罐头制造 | 27 | 17 | 14 | 51.85 |
| 蔬菜、水果罐头制造 | 287 | 223 | 193 | 67.25 |
| 其他罐头食品制造 | 45 | 31 | 25 | 55.56 |
| 调味品、发酵制品制造 | 708 | 527 | 486 | 68.64 |
| 味精制造 | 100 | 73 | 62 | 62.00 |
| 酱油、食醋及类似制品的制造 | 263 | 200 | 188 | 71.48 |
| 其他调味品、发酵制品制造 | 345 | 254 | 236 | 68.41 |
| 其他食品制造 | 1510 | 1116 | 968 | 64.11 |
| 营养、保健食品制造 | 440 | 324 | 304 | 69.09 |
| 冷冻饮品及食用冰制造 | 168 | 130 | 114 | 67.86 |
| 盐加工 | 59 | 44 | 31 | 52.54 |
| 食品及饲料添加剂制造 | 385 | 288 | 236 | 61.30 |
| 其他未列明的食品制造 | 458 | 330 | 283 | 61.79 |
| 饮料制造业 | 3662 | 2798 | 2364 | 64.55 |
| 酒精制造 | 147 | 103 | 95 | 64.63 |
| 酒的制造 | 1719 | 1310 | 1131 | 65.79 |
| 白酒制造 | 1090 | 866 | 749 | 68.72 |
| 啤酒制造 | 245 | 165 | 146 | 59.59 |
| 黄酒制造 | 70 | 45 | 35 | 50.00 |
| 葡萄酒制造 | 176 | 133 | 112 | 63.64 |
| 其他酒制造 | 138 | 101 | 89 | 64.49 |
| 软饮料制造 | 1274 | 984 | 831 | 65.23 |
| 碳酸饮料制造 | 134 | 99 | 96 | 71.64 |
| 瓶（罐）装饮用水制造 | 410 | 336 | 288 | 70.24 |

续表 4 单位：个

| 行　　业 | 施工项目个数 | 新开工项目个数 | 全部建成投产项目个数 | 项目建成投产率（%） |
|---|---|---|---|---|
| 果菜汁及果菜汁饮料制造 | 329 | 247 | 194 | 58.97 |
| 含乳饮料和植物蛋白饮料制造 | 160 | 116 | 108 | 67.50 |
| 固体饮料制造 | 45 | 41 | 29 | 64.44 |
| 茶饮料及其他软饮料制造 | 196 | 145 | 116 | 59.18 |
| 精制茶加工 | 522 | 401 | 307 | 58.81 |
| 烟草制品业 | 422 | 281 | 234 | 55.45 |
| 烟叶复烤 | 66 | 51 | 44 | 66.67 |
| 卷烟制造 | 306 | 187 | 156 | 50.98 |
| 其他烟草制品加工 | 50 | 43 | 34 | 68.00 |
| 纺织业 | 6734 | 4963 | 4543 | 67.46 |
| 棉、化纤纺织及印染精加工 | 3091 | 2287 | 2082 | 67.36 |
| 棉、化纤纺织加工 | 2732 | 2042 | 1853 | 67.83 |
| 棉、化纤印染精加工 | 359 | 245 | 229 | 63.79 |
| 毛纺织和染整精加工 | 338 | 252 | 228 | 67.46 |
| 毛条加工 | 88 | 70 | 58 | 65.91 |
| 毛纺织 | 204 | 150 | 138 | 67.65 |
| 毛染整精加工 | 46 | 32 | 32 | 69.57 |
| 麻纺织 | 101 | 70 | 66 | 65.35 |
| 丝绢纺织及精加工 | 419 | 302 | 268 | 63.96 |
| 缫丝加工 | 167 | 118 | 109 | 65.27 |
| 绢纺和丝织加工 | 193 | 138 | 117 | 60.62 |
| 丝印染精加工 | 59 | 46 | 42 | 71.19 |
| 纺织制成品制造 | 1436 | 1067 | 927 | 64.55 |
| 棉及化纤制品制造 | 609 | 475 | 386 | 63.38 |
| 毛制品制造 | 68 | 52 | 39 | 57.35 |
| 麻制品制造 | 36 | 31 | 25 | 69.44 |
| 丝制品制造 | 87 | 50 | 50 | 57.47 |
| 绳、索、缆的制造 | 97 | 73 | 72 | 74.23 |
| 纺织带和帘子布制造 | 64 | 38 | 49 | 76.56 |
| 无纺布制造 | 271 | 214 | 181 | 66.79 |
| 其他纺织制成品制造 | 204 | 134 | 125 | 61.27 |
| 针织品、编织品及其制品制造 | 1349 | 985 | 972 | 72.05 |
| 棉、化纤针织品及编织品制造 | 781 | 573 | 570 | 72.98 |
| 毛针织品及编织品制造 | 312 | 224 | 238 | 76.28 |
| 丝针织品及编织品制造 | 98 | 72 | 64 | 65.31 |
| 其他针织品及编织品制造 | 158 | 116 | 100 | 63.29 |
| 纺织服装、鞋、帽制造业 | 4805 | 3548 | 3141 | 65.37 |
| 纺织服装制造 | 4407 | 3209 | 2839 | 64.42 |
| 纺织面料鞋的制造 | 327 | 277 | 243 | 74.31 |
| 制帽 | 71 | 62 | 59 | 83.10 |

续表 5　　　　单位：个

| 行　　业 | 施工项目个数 | 新开工项目个数 | 全部建成投产项目个　数 | 项目建成投产率(%) |
|---|---|---|---|---|
| 皮革、毛皮、羽毛(绒)及其制品业 | 2138 | 1425 | 1337 | 62.54 |
| 皮革鞣制加工 | 210 | 151 | 135 | 64.29 |
| 皮革制品制造 | 1604 | 1030 | 966 | 60.22 |
| 皮鞋制造 | 963 | 574 | 577 | 59.92 |
| 皮革服装制造 | 145 | 118 | 113 | 77.93 |
| 皮箱、包(袋)制造 | 261 | 172 | 150 | 57.47 |
| 皮手套及皮装饰制品制造 | 75 | 60 | 58 | 77.33 |
| 其他皮革制品制造 | 160 | 106 | 68 | 42.50 |
| 毛皮鞣制及制品加工 | 176 | 141 | 128 | 72.73 |
| 毛皮鞣制加工 | 60 | 46 | 41 | 68.33 |
| 毛皮服装加工 | 89 | 74 | 73 | 82.02 |
| 其他毛皮制品加工 | 27 | 21 | 14 | 51.85 |
| 羽毛(绒)加工及制品制造 | 148 | 103 | 108 | 72.97 |
| 羽毛(绒)加工 | 71 | 52 | 51 | 71.83 |
| 羽毛(绒)制品加工 | 77 | 51 | 57 | 74.03 |
| 木材加工及木、竹、藤、棕、草制造 | 5146 | 4248 | 3816 | 74.15 |
| 锯材、木片加工 | 1370 | 1184 | 1064 | 77.66 |
| 锯材加工 | 719 | 625 | 584 | 81.22 |
| 木片加工 | 651 | 559 | 480 | 73.73 |
| 人造板制造 | 2173 | 1791 | 1607 | 73.95 |
| 胶合板制造 | 991 | 824 | 740 | 74.67 |
| 纤维板制造 | 333 | 258 | 221 | 66.37 |
| 刨花板制造 | 157 | 139 | 124 | 78.98 |
| 其他人造板、材制造 | 692 | 570 | 522 | 75.43 |
| 木制品制造 | 1103 | 893 | 797 | 72.26 |
| 建筑用木料及木材组件加工制造 | 671 | 525 | 471 | 70.19 |
| 木容器制造 | 96 | 80 | 70 | 72.92 |
| 软木制品及其他木制品制造 | 336 | 288 | 256 | 76.19 |
| 竹、藤、棕、草制品制造 | 500 | 380 | 348 | 69.60 |
| 家具制造业 | 2936 | 2360 | 2112 | 71.93 |
| 木质家具制造 | 2129 | 1721 | 1532 | 71.96 |
| 竹、藤家具制造 | 80 | 64 | 59 | 73.75 |
| 金属家具制造 | 366 | 293 | 276 | 75.41 |
| 塑料家具制造 | 64 | 55 | 43 | 67.19 |
| 其他家具制造 | 297 | 227 | 202 | 68.01 |
| 造纸及纸制品业 | 3522 | 2785 | 2455 | 69.70 |
| 纸浆制造 | 198 | 131 | 114 | 57.58 |
| 造纸 | 1417 | 1089 | 937 | 66.13 |
| 机制纸及纸板制造 | 1144 | 873 | 762 | 66.61 |
| 手工纸制造 | 50 | 42 | 36 | 72.00 |

续表 6 单位：个

| 行　　业 | 施工项目个数 | 新开工项目个数 | 全部建成投产项目个数 | 项目建成投产率(%) |
|---|---|---|---|---|
| 加工纸制造 | 223 | 174 | 139 | 62.33 |
| 纸制品制造 | 1907 | 1565 | 1404 | 73.62 |
| 纸和纸板容器的制造 | 1075 | 897 | 815 | 75.81 |
| 其他纸制品制造 | 832 | 668 | 589 | 70.79 |
| 印刷业和记录媒介的复制 | 2241 | 1668 | 1516 | 67.65 |
| 印刷 | 2091 | 1565 | 1424 | 68.10 |
| 书、报、刊印刷 | 453 | 331 | 293 | 64.68 |
| 本册印制 | 162 | 128 | 126 | 77.78 |
| 包装装潢及其他印刷 | 1476 | 1106 | 1005 | 68.09 |
| 装订及其他印刷服务活动 | 117 | 92 | 81 | 69.23 |
| 记录媒介的复制 | 33 | 11 | 11 | 33.33 |
| 文教体育用品制造业 | 1063 | 760 | 696 | 65.48 |
| 文化用品制造 | 272 | 193 | 176 | 64.71 |
| 文具制造 | 86 | 64 | 52 | 60.47 |
| 笔的制造 | 94 | 65 | 67 | 71.28 |
| 教学用模型及教具制造 | 40 | 24 | 22 | 55.00 |
| 墨水、墨汁制造 | 10 | 9 | 9 | 90.00 |
| 其他文化用品制造 | 42 | 31 | 26 | 61.90 |
| 体育用品制造 | 313 | 208 | 188 | 60.06 |
| 球类制造 | 55 | 44 | 39 | 70.91 |
| 体育器材及配件制造 | 103 | 66 | 58 | 56.31 |
| 训练健身器材制造 | 59 | 37 | 33 | 55.93 |
| 运动防护用具制造 | 27 | 23 | 17 | 62.96 |
| 其他体育用品制造 | 69 | 38 | 41 | 59.42 |
| 乐器制造 | 76 | 59 | 55 | 72.37 |
| 中乐器制造 | 13 | 9 | 13 | 100.00 |
| 西乐器制造 | 37 | 29 | 24 | 64.86 |
| 电子乐器制造 | 5 | 4 | 3 | 60.00 |
| 其他乐器及零件制造 | 21 | 17 | 15 | 71.43 |
| 玩具制造 | 342 | 255 | 239 | 69.88 |
| 游艺器材及娱乐用品制造 | 60 | 45 | 38 | 63.33 |
| 露天游乐场所游乐设备制造 | 37 | 27 | 27 | 72.97 |
| 游艺用品及室内游艺器材制造 | 23 | 18 | 11 | 47.83 |
| 石油加工、炼焦及核燃料加工业 | 1811 | 1081 | 959 | 52.95 |
| 精炼石油产品的制造 | 1126 | 713 | 630 | 55.95 |
| 原油加工及石油制品制造 | 1076 | 671 | 604 | 56.13 |
| 人造原油生产 | 50 | 42 | 26 | 52.00 |
| 炼焦及其他 | 685 | 368 | 329 | 48.03 |
| 化学原料及化学制品制造业 | 11940 | 8813 | 7724 | 64.69 |

续表 7　　单位：个

| 行　　业 | 施工项目个数 | 新开工项目个数 | 全部建成投产项目个数 | 项目建成投产率（%） |
|---|---|---|---|---|
| 基础化学原料制造 | 3080 | 2212 | 1973 | 64.06 |
| 无机酸制造 | 389 | 279 | 258 | 66.32 |
| 无机碱制造 | 257 | 169 | 158 | 61.48 |
| 无机盐制造 | 560 | 439 | 372 | 66.43 |
| 有机化学原料制造 | 1145 | 785 | 719 | 62.79 |
| 其他基础化学原料制造 | 729 | 540 | 466 | 63.92 |
| 肥料制造 | 1923 | 1483 | 1242 | 64.59 |
| 氮肥制造 | 421 | 265 | 258 | 61.28 |
| 磷肥制造 | 242 | 201 | 154 | 63.64 |
| 钾肥制造 | 60 | 39 | 35 | 58.33 |
| 复混肥料制造 | 637 | 513 | 433 | 67.97 |
| 有机肥料及微生物肥料制造 | 430 | 359 | 274 | 63.72 |
| 其他肥料制造 | 133 | 106 | 88 | 66.17 |
| 农药制造 | 495 | 352 | 290 | 58.59 |
| 化学农药制造 | 355 | 267 | 212 | 59.72 |
| 生物化学农药及微生物农药制造 | 140 | 85 | 78 | 55.71 |
| 涂料、油墨、颜料及类似产品制造 | 1224 | 919 | 813 | 66.42 |
| 涂料制造 | 795 | 602 | 523 | 65.79 |
| 油墨及类似产品制造 | 80 | 58 | 51 | 63.75 |
| 颜料制造 | 115 | 80 | 85 | 73.91 |
| 染料制造 | 147 | 112 | 97 | 65.99 |
| 密封用填料及类似品制造 | 87 | 67 | 57 | 65.52 |
| 合成材料制造 | 810 | 569 | 495 | 61.11 |
| 初级形态的塑料及合成树脂制造 | 425 | 312 | 270 | 63.53 |
| 合成橡胶制造 | 117 | 83 | 68 | 58.12 |
| 合成纤维单(聚合)体的制造 | 95 | 56 | 53 | 55.79 |
| 其他合成材料制造 | 173 | 118 | 104 | 60.12 |
| 专用化学产品制造 | 3693 | 2776 | 2464 | 66.72 |
| 化学试剂和助剂制造 | 975 | 755 | 659 | 67.59 |
| 专项化学用品制造 | 850 | 628 | 583 | 68.59 |
| 林产化学产品制造 | 232 | 152 | 136 | 58.62 |
| 环境污染处理专用药剂材料制造 | 106 | 82 | 68 | 64.15 |
| 动物胶制造 | 57 | 42 | 35 | 61.40 |
| 其他专用化学产品制造 | 1473 | 1117 | 983 | 66.73 |
| 日用化学产品制造 | 715 | 502 | 447 | 62.52 |
| 肥皂及合成洗涤剂制造 | 179 | 129 | 126 | 70.39 |
| 化妆品制造 | 120 | 84 | 70 | 58.33 |
| 口腔清洁用品制造 | 10 | 7 | 6 | 60.00 |

续表 8 单位：个

| 行　　业 | 施工项目个数 | 新开工项目个数 | 全部建成投产项目个数 | 项目建成投产率（%） |
|---|---|---|---|---|
| 香料、香精制造 | 144 | 101 | 83 | 57.64 |
| 其他日用化学产品制造 | 262 | 181 | 162 | 61.83 |
| 医药制造业 | 3922 | 2635 | 2195 | 55.97 |
| 化学药品原药制造 | 626 | 397 | 324 | 51.76 |
| 化学药品制剂制造 | 671 | 437 | 365 | 54.40 |
| 中药饮片加工 | 558 | 401 | 329 | 58.96 |
| 中成药制造 | 855 | 578 | 456 | 53.33 |
| 兽用药品制造 | 258 | 180 | 173 | 67.05 |
| 生物、生化制品的制造 | 596 | 358 | 307 | 51.51 |
| 卫生材料及医药用品制造 | 358 | 284 | 241 | 67.32 |
| 化学纤维制造业 | 487 | 306 | 295 | 60.57 |
| 纤维素纤维原料及纤维制造 | 153 | 113 | 99 | 64.71 |
| 化纤浆粕制造 | 43 | 31 | 31 | 72.09 |
| 人造纤维（纤维素纤维）制造 | 110 | 82 | 68 | 61.82 |
| 合成纤维制造 | 334 | 193 | 196 | 58.68 |
| 锦纶纤维制造 | 51 | 31 | 38 | 74.51 |
| 涤纶纤维制造 | 102 | 52 | 51 | 50.00 |
| 腈纶纤维制造 | 16 | 16 | 15 | 93.75 |
| 维纶纤维制造 | 42 | 17 | 15 | 35.71 |
| 其他合成纤维制造 | 123 | 77 | 77 | 62.60 |
| 橡胶制品业 | 1523 | 1101 | 999 | 65.59 |
| 轮胎制造 | 321 | 203 | 153 | 47.66 |
| 车辆、飞机及工程机械轮胎制造 | 220 | 123 | 91 | 41.36 |
| 力车胎制造 | 38 | 26 | 20 | 52.63 |
| 轮胎翻新加工 | 63 | 54 | 42 | 66.67 |
| 橡胶板、管、带的制造 | 427 | 330 | 311 | 72.83 |
| 橡胶零件制造 | 279 | 209 | 192 | 68.82 |
| 再生橡胶制造 | 96 | 77 | 69 | 71.88 |
| 日用及医用橡胶制品制造 | 76 | 48 | 53 | 69.74 |
| 橡胶靴鞋制造 | 70 | 55 | 49 | 70.00 |
| 其他橡胶制品制造 | 254 | 179 | 172 | 67.72 |
| 塑料制品业 | 5723 | 4440 | 3953 | 69.07 |
| 塑料薄膜制造 | 640 | 504 | 456 | 71.25 |
| 塑料板、管、型材的制造 | 1509 | 1144 | 977 | 64.74 |
| 塑料丝、绳及编织品的制造 | 653 | 529 | 448 | 68.61 |
| 泡沫塑料制造 | 316 | 266 | 243 | 76.90 |
| 塑料人造革、合成革制造 | 156 | 95 | 82 | 52.56 |
| 塑料包装箱及容器制造 | 660 | 528 | 474 | 71.82 |
| 塑料零件制造 | 432 | 328 | 307 | 71.06 |
| 日用塑料制造 | 680 | 514 | 473 | 69.56 |

续表 9 单位：个

| 行　业 | 施工项目个数 | 新开工项目个数 | 全部建成投产项目个数 | 项目建成投产率(%) |
|---|---|---|---|---|
| 塑料鞋制造 | 131 | 95 | 101 | 77.10 |
| 日用塑料杂品制造 | 549 | 419 | 372 | 67.76 |
| 其他塑料制品制造 | 677 | 532 | 493 | 72.82 |
| 非金属矿物制品业 | 18683 | 15171 | 13413 | 71.79 |
| 水泥、石灰和石膏的制造 | 2343 | 1713 | 1429 | 60.99 |
| 水泥制造 | 1881 | 1317 | 1100 | 58.48 |
| 石灰和石膏制造 | 462 | 396 | 329 | 71.21 |
| 水泥及石膏制品制造 | 3028 | 2534 | 2236 | 73.84 |
| 水泥制品制造 | 1617 | 1375 | 1203 | 74.40 |
| 砼结构构件制造 | 586 | 477 | 443 | 75.60 |
| 石棉水泥制品制造 | 63 | 55 | 55 | 87.30 |
| 轻质建筑材料制造 | 479 | 379 | 338 | 70.56 |
| 其他水泥制品制造 | 283 | 248 | 197 | 69.61 |
| 砖瓦、石材及其他建筑材料制造 | 7706 | 6521 | 5863 | 76.08 |
| 粘土砖瓦及建筑砌块制造 | 3782 | 3298 | 3054 | 80.75 |
| 建筑陶瓷制品制造 | 634 | 534 | 398 | 62.78 |
| 建筑用石加工 | 1387 | 1173 | 1064 | 76.71 |
| 防水建筑材料制造 | 344 | 279 | 240 | 69.77 |
| 隔热和隔音材料制造 | 451 | 365 | 333 | 73.84 |
| 其他建筑材料制造 | 1108 | 872 | 774 | 69.86 |
| 玻璃及玻璃制品制造 | 1886 | 1405 | 1215 | 64.42 |
| 平板玻璃制造 | 236 | 168 | 132 | 55.93 |
| 技术玻璃制品制造 | 334 | 236 | 190 | 56.89 |
| 光学玻璃制造 | 74 | 47 | 48 | 64.86 |
| 玻璃仪器制造 | 53 | 36 | 43 | 81.13 |
| 日用玻璃制品及玻璃包装容器制造 | 427 | 328 | 292 | 68.38 |
| 玻璃保温容器制造 | 48 | 36 | 25 | 52.08 |
| 玻璃纤维及制品制造 | 297 | 223 | 215 | 72.39 |
| 玻璃纤维增强塑料制品制造 | 208 | 169 | 145 | 69.71 |
| 其他玻璃制品制造 | 209 | 162 | 125 | 59.81 |
| 陶瓷制品制造 | 1070 | 795 | 700 | 65.42 |
| 卫生陶瓷制品制造 | 139 | 108 | 88 | 63.31 |
| 特种陶瓷制品制造 | 350 | 243 | 252 | 72.00 |
| 日用陶瓷制品制造 | 485 | 372 | 305 | 62.89 |
| 园林、陈设艺术及其他陶瓷制造 | 96 | 72 | 55 | 57.29 |
| 耐火材料制品制造 | 1170 | 1045 | 941 | 80.43 |
| 石棉制品制造 | 116 | 100 | 87 | 75.00 |
| 云母制品制造 | 45 | 40 | 39 | 86.67 |
| 耐火陶瓷制品及其他耐火材料制造 | 1009 | 905 | 815 | 80.77 |
| 石墨及其他非金属矿物制品制造 | 1480 | 1158 | 1029 | 69.53 |

续表 10 单位：个

| 行业 | 施工项目个数 | 新开工项目个数 | 全部建成投产项目个数 | 项目建成投产率(%) |
|---|---|---|---|---|
| 石墨及碳素制品制造 | 596 | 470 | 410 | 68.79 |
| 其他非金属矿物制品制造 | 884 | 688 | 619 | 70.02 |
| 黑色金属冶炼及压延加工业 | 3660 | 2449 | 2191 | 59.86 |
| 炼铁 | 481 | 310 | 317 | 65.90 |
| 炼钢 | 537 | 343 | 281 | 52.33 |
| 钢压延加工 | 2056 | 1357 | 1217 | 59.19 |
| 铁合金冶炼 | 586 | 439 | 376 | 64.16 |
| 有色金属冶炼及压延加工业 | 3774 | 2503 | 2013 | 53.34 |
| 常用有色金属冶炼 | 1675 | 1048 | 836 | 49.91 |
| 铜冶炼 | 275 | 147 | 108 | 39.27 |
| 铅锌冶炼 | 332 | 232 | 189 | 56.93 |
| 镍钴冶炼 | 243 | 51 | 75 | 30.86 |
| 锡冶炼 | 66 | 53 | 43 | 65.15 |
| 锑冶炼 | 41 | 34 | 26 | 63.41 |
| 铝冶炼 | 311 | 222 | 147 | 47.27 |
| 镁冶炼 | 103 | 72 | 64 | 62.14 |
| 其他常用有色金属冶炼 | 304 | 237 | 184 | 60.53 |
| 贵金属冶炼 | 138 | 93 | 51 | 36.96 |
| 金冶炼 | 94 | 63 | 26 | 27.66 |
| 银冶炼 | 13 | 11 | 6 | 46.15 |
| 其他贵金属冶炼 | 31 | 19 | 19 | 61.29 |
| 稀有稀土金属冶炼 | 312 | 202 | 174 | 55.77 |
| 钨钼冶炼 | 90 | 53 | 46 | 51.11 |
| 稀土金属冶炼 | 98 | 74 | 68 | 69.39 |
| 其他稀有金属冶炼 | 124 | 75 | 60 | 48.39 |
| 有色金属合金制造 | 311 | 196 | 170 | 54.66 |
| 有色金属压延加工 | 1338 | 964 | 782 | 58.45 |
| 常用有色金属压延加工 | 1178 | 858 | 708 | 60.10 |
| 贵金属压延加工 | 62 | 47 | 29 | 46.77 |
| 稀有稀土金属压延加工 | 98 | 59 | 45 | 45.92 |
| 金属制品业 | 9434 | 7071 | 6293 | 66.71 |
| 结构性金属制品制造 | 4130 | 3149 | 2769 | 67.05 |
| 金属结构制造 | 2922 | 2194 | 1911 | 65.40 |
| 金属门窗制造 | 1208 | 955 | 858 | 71.03 |
| 金属工具制造 | 1072 | 810 | 729 | 68.00 |
| 切削工具制造 | 237 | 189 | 167 | 70.46 |
| 手工具制造 | 190 | 137 | 135 | 71.05 |
| 农用及园林用金属工具制造 | 132 | 112 | 94 | 71.21 |
| 刀剪及类似日用金属工具制造 | 103 | 75 | 58 | 56.31 |
| 其他金属工具制造 | 410 | 297 | 275 | 67.07 |

续表 11

单位：个

| 行　　业 | 施工项目个数 | 新开工项目个数 | 全部建成投产项目个数 | 项目建成投产率(%) |
|---|---|---|---|---|
| 集装箱及金属包装容器制造 | 493 | 371 | 338 | 68.56 |
| 集装箱制造 | 46 | 34 | 26 | 56.52 |
| 金属压力容器制造 | 182 | 134 | 129 | 70.88 |
| 金属包装容器制造 | 265 | 203 | 183 | 69.06 |
| 金属丝绳及其制品的制造 | 440 | 334 | 292 | 66.36 |
| 建筑、安全用金属制品制造 | 1119 | 824 | 725 | 64.79 |
| 建筑、家具用金属配件制造 | 321 | 233 | 194 | 60.44 |
| 建筑装饰及水暖管道零件制造 | 508 | 375 | 330 | 64.96 |
| 安全、消防用金属制品制造 | 155 | 118 | 108 | 69.68 |
| 其他建筑、安全用金属制品制造 | 135 | 98 | 93 | 68.89 |
| 金属表面处理及热处理加工 | 474 | 349 | 332 | 70.04 |
| 搪瓷制品制造 | 99 | 68 | 65 | 65.66 |
| 工业生产配套用搪瓷制品制造 | 19 | 17 | 14 | 73.68 |
| 搪瓷卫生洁具制造 | 37 | 22 | 20 | 54.05 |
| 搪瓷日用品及其他搪瓷制品制造 | 43 | 29 | 31 | 72.09 |
| 不锈钢及类似日用金属制品制造 | 713 | 509 | 464 | 65.08 |
| 金属制厨房调理及卫生器具制造 | 166 | 118 | 117 | 70.48 |
| 金属制厨用器皿及餐具制造 | 211 | 160 | 123 | 58.29 |
| 其他日用金属制品制造 | 336 | 231 | 224 | 66.67 |
| 其他金属制品制造 | 894 | 657 | 579 | 64.77 |
| 铸币及贵金属制实验室用品制造 | 15 | 13 | 5 | 33.33 |
| 其他未列明的金属制品制造 | 879 | 644 | 574 | 65.30 |
| 通用设备制造业 | 13378 | 9855 | 8920 | 66.68 |
| 锅炉及原动机制造 | 787 | 539 | 482 | 61.25 |
| 锅炉及辅助设备制造 | 398 | 302 | 269 | 67.59 |
| 内燃机及配件制造 | 237 | 139 | 135 | 56.96 |
| 汽轮机及辅机制造 | 68 | 40 | 29 | 42.65 |
| 水轮机及辅机制造 | 28 | 17 | 14 | 50.00 |
| 其他原动机制造 | 56 | 41 | 35 | 62.50 |
| 金属加工机械制造 | 2089 | 1467 | 1314 | 62.90 |
| 金属切削机床制造 | 334 | 200 | 171 | 51.20 |
| 金属成形机床制造 | 222 | 142 | 139 | 62.61 |
| 铸造机械制造 | 505 | 363 | 349 | 69.11 |
| 金属切割及焊接设备制造 | 146 | 113 | 100 | 68.49 |
| 机床附件制造 | 226 | 179 | 142 | 62.83 |
| 其他金属加工机械制造 | 656 | 470 | 413 | 62.96 |
| 起重运输设备制造 | 735 | 534 | 494 | 67.21 |
| 泵、阀门、压缩机及类似机械的制造 | 1903 | 1329 | 1179 | 61.95 |
| 泵及真空设备制造 | 512 | 374 | 345 | 67.38 |
| 气体压缩机械制造 | 195 | 104 | 92 | 47.18 |

续表 12　　　　单位：个

| 行　　业 | 施工项目个数 | 新开工项目个数 | 全部建成投产项目个数 | 项目建成投产率（%） |
|---|---|---|---|---|
| 阀门和旋塞的制造 | 629 | 413 | 411 | 65.34 |
| 液压和气压动力机械及元件制造 | 567 | 438 | 331 | 58.38 |
| 轴承、齿轮、传动和驱动部件的制造 | 1183 | 840 | 774 | 65.43 |
| 轴承制造 | 749 | 536 | 496 | 66.22 |
| 齿轮、传动和驱动部件制造 | 434 | 304 | 278 | 64.06 |
| 烘炉、熔炉及电炉制造 | 87 | 68 | 55 | 63.22 |
| 风机、衡器、包装设备等通用设备制造 | 1629 | 1151 | 1042 | 63.97 |
| 风机、风扇制造 | 253 | 186 | 164 | 64.82 |
| 气体、液体分离及纯净设备制造 | 194 | 131 | 125 | 64.43 |
| 制冷、空调设备制造 | 269 | 171 | 154 | 57.25 |
| 风动和电动工具制造 | 155 | 105 | 82 | 52.90 |
| 喷枪及类似器具制造 | 30 | 21 | 22 | 73.33 |
| 包装专用设备制造 | 138 | 107 | 113 | 81.88 |
| 衡器制造 | 60 | 45 | 43 | 71.67 |
| 其他通用设备制造 | 530 | 385 | 339 | 63.96 |
| 通用零部件制造及机械修理 | 2777 | 2169 | 1988 | 71.59 |
| 金属密封件制造 | 196 | 141 | 114 | 58.16 |
| 紧固件、弹簧制造 | 434 | 336 | 328 | 75.58 |
| 机械零部件加工及设备修理 | 1549 | 1249 | 1141 | 73.66 |
| 其他通用零部件制造 | 598 | 443 | 405 | 67.73 |
| 金属铸、锻加工 | 2188 | 1758 | 1592 | 72.76 |
| 钢铁铸件制造 | 1744 | 1423 | 1285 | 73.68 |
| 锻件及粉末冶金制品制造 | 444 | 335 | 307 | 69.14 |
| 专用设备制造业 | 8600 | 6164 | 5427 | 63.10 |
| 矿山、冶金、建筑专用设备制造 | 2699 | 1930 | 1720 | 63.73 |
| 采矿、采石设备制造 | 1054 | 797 | 682 | 64.71 |
| 石油钻采专用设备制造 | 487 | 366 | 325 | 66.74 |
| 建筑工程用机械制造 | 600 | 390 | 363 | 60.50 |
| 建筑材料生产专用机械制造 | 288 | 214 | 195 | 67.71 |
| 冶金专用设备制造 | 270 | 163 | 155 | 57.41 |
| 化工、木材、非金属加工专用设备制造 | 1437 | 1052 | 989 | 68.82 |
| 炼油、化工生产专用设备制造 | 229 | 177 | 164 | 71.62 |
| 橡胶加工专用设备制造 | 74 | 50 | 39 | 52.70 |
| 塑料加工专用设备制造 | 159 | 105 | 103 | 64.78 |
| 木材加工机械制造 | 85 | 65 | 62 | 72.94 |
| 模具制造 | 797 | 587 | 554 | 69.51 |
| 其他非金属加工专用设备制造 | 93 | 68 | 67 | 72.04 |
| 食品、饮料、烟草及饲料生产设备制造 | 372 | 303 | 270 | 72.58 |
| 食品、饮料、烟草工业专用设备制造 | 166 | 131 | 113 | 68.07 |
| 农副食品加工专用设备制造 | 175 | 144 | 133 | 76.00 |

续表 13　　单位：个

| 行　　业 | 施工项目个数 | 新开工项目个数 | 全部建成投产项目个数 | 项目建成投产率（%） |
|---|---|---|---|---|
| 饲料生产专用设备制造 | 31 | 28 | 24 | 77.42 |
| 印刷、制药、日化生产专用设备制造 | 571 | 404 | 345 | 60.42 |
| 制浆和造纸专用设备制造 | 147 | 117 | 92 | 62.59 |
| 印刷专用设备制造 | 130 | 83 | 82 | 63.08 |
| 日用化工专用设备制造 | 49 | 36 | 34 | 69.39 |
| 制药专用设备制造 | 41 | 29 | 20 | 48.78 |
| 照明器具生产专用设备制造 | 114 | 86 | 62 | 54.39 |
| 玻璃、陶瓷和搪瓷制品生产设备制造 | 44 | 26 | 31 | 70.45 |
| 其他日用品生产专用设备制造 | 46 | 27 | 24 | 52.17 |
| 纺织、服装和皮革工业专用设备制造 | 374 | 225 | 212 | 56.68 |
| 纺织专用设备制造 | 236 | 133 | 140 | 59.32 |
| 皮革、毛皮及其制品加工设备制造 | 46 | 29 | 18 | 39.13 |
| 缝纫机械制造 | 61 | 44 | 35 | 57.38 |
| 其他服装加工专用设备制造 | 31 | 19 | 19 | 61.29 |
| 电子和电工机械专用设备制造 | 781 | 503 | 425 | 54.42 |
| 农、林、牧、渔专用机械制造 | 779 | 655 | 534 | 68.55 |
| 拖拉机制造 | 93 | 72 | 44 | 47.31 |
| 机械化农业及园艺机具制造 | 293 | 239 | 220 | 75.09 |
| 营林及木竹采伐机械制造 | 6 | 6 | 2 | 33.33 |
| 畜牧机械制造 | 16 | 12 | 11 | 68.75 |
| 渔业机械制造 | 7 | 6 | 4 | 57.14 |
| 农林牧渔机械配件制造 | 244 | 217 | 165 | 67.62 |
| 其他农林牧渔业机械制造 | 120 | 103 | 88 | 73.33 |
| 医疗仪器设备及器械制造 | 412 | 267 | 232 | 56.31 |
| 医疗诊断、监护及治疗设备制造 | 115 | 57 | 55 | 47.83 |
| 口腔科用设备及器具制造 | 4 | 4 | 2 | 50.00 |
| 实验室及医用消毒设备和器具制造 | 18 | 12 | 14 | 77.78 |
| 医疗、外科及兽医用器械制造 | 116 | 89 | 80 | 68.97 |
| 机械治疗及病房护理设备制造 | 38 | 24 | 19 | 50.00 |
| 假肢、人工器官及植（介）入器械制造 | 15 | 11 | 9 | 60.00 |
| 其他医疗设备及器械制造 | 106 | 70 | 53 | 50.00 |
| 环保、社会公共安全及其他设备制造 | 1175 | 825 | 700 | 59.57 |
| 环境污染防治专用设备制造 | 450 | 318 | 277 | 61.56 |
| 地质勘查专用设备制造 | 10 | 8 | 5 | 50.00 |
| 邮政专用机械及器材制造 | 1 | 1 | 1 | 100.00 |
| 商业、饮食、服务业专用设备制造 | 18 | 13 | 11 | 61.11 |

续表 14　　　　单位：个

| 行　　业 | 施工项目个数 | 新开工项目个数 | 全部建成投产项目个数 | 项目建成投产率（%） |
|---|---|---|---|---|
| 社会公共安全设备及器材制造 | 100 | 78 | 60 | 60.00 |
| 交通安全及管制专用设备制造 | 30 | 19 | 17 | 56.67 |
| 水资源专用机械制造 | 83 | 63 | 42 | 50.60 |
| 其他专用设备制造 | 483 | 325 | 287 | 59.42 |
| 交通运输设备制造业 | 9210 | 6075 | 5198 | 56.44 |
| 铁路运输设备制造 | 473 | 359 | 266 | 56.24 |
| 铁路机车车辆及动车组制造 | 58 | 28 | 11 | 18.97 |
| 工矿有轨专用车辆制造 | 28 | 26 | 14 | 50.00 |
| 铁路机车车辆配件制造 | 164 | 136 | 97 | 59.15 |
| 铁路专用设备及器材、配件制造 | 150 | 115 | 91 | 60.67 |
| 其他铁路设备制造及设备修理 | 73 | 54 | 53 | 72.60 |
| 汽车制造 | 6604 | 4359 | 3799 | 57.53 |
| 汽车整车制造 | 549 | 264 | 200 | 36.43 |
| 改装汽车制造 | 242 | 149 | 125 | 51.65 |
| 电车制造 | 57 | 43 | 27 | 47.37 |
| 汽车车身、挂车的制造 | 173 | 124 | 76 | 43.93 |
| 汽车零部件及配件制造 | 5023 | 3285 | 2914 | 58.01 |
| 汽车修理 | 560 | 494 | 457 | 81.61 |
| 摩托车制造 | 506 | 367 | 313 | 61.86 |
| 摩托车整车制造 | 93 | 63 | 55 | 59.14 |
| 摩托车零部件及配件制造 | 413 | 304 | 258 | 62.47 |
| 自行车制造 | 412 | 318 | 271 | 65.78 |
| 脚踏自行车及残疾人座车制造 | 162 | 147 | 126 | 77.78 |
| 助动自行车制造 | 250 | 171 | 145 | 58.00 |
| 船舶及浮动装置制造 | 791 | 428 | 355 | 44.88 |
| 金属船舶制造 | 387 | 214 | 169 | 43.67 |
| 非金属船舶制造 | 45 | 30 | 21 | 46.67 |
| 娱乐船和运动船的建造和修理 | 29 | 14 | 12 | 41.38 |
| 船用配套设备制造 | 233 | 114 | 108 | 46.35 |
| 船舶修理及拆船 | 84 | 50 | 40 | 47.62 |
| 航标器材及其他浮动装置的制造 | 13 | 6 | 5 | 38.46 |
| 交通器材及其他交通运输设备制造 | 424 | 244 | 194 | 45.75 |
| 交通管理用金属标志及设施制造 | 55 | 45 | 37 | 67.27 |
| 其他交通运输设备制造 | 369 | 199 | 157 | 42.55 |
| 电气机械及器材制造业 | 8723 | 6124 | 5059 | 58.00 |

续表 15　　　　　单位：个

| 行　　业 | 施工项目个数 | 新开工项目个数 | 全部建成投产项目个数 | 项目建成投产率(%) |
|---|---|---|---|---|
| 电机制造 | 1002 | 686 | 561 | 55.99 |
| 发电机及发电机组制造 | 391 | 264 | 194 | 49.62 |
| 电动机制造 | 361 | 257 | 219 | 60.66 |
| 微电机及其他电机制造 | 250 | 165 | 148 | 59.20 |
| 输配电及控制设备制造 | 2599 | 1843 | 1541 | 59.29 |
| 变压器、整流器和电感器制造 | 784 | 550 | 450 | 57.40 |
| 电容器及其配套设备制造 | 171 | 122 | 116 | 67.84 |
| 配电开关控制设备制造 | 728 | 518 | 441 | 60.58 |
| 电力电子元器件制造 | 595 | 409 | 334 | 56.13 |
| 其他输配电及控制设备制造 | 321 | 244 | 200 | 62.31 |
| 电线、电缆、光缆及电工器材制造 | 1672 | 1236 | 1100 | 65.79 |
| 电线电缆制造 | 1253 | 927 | 837 | 66.80 |
| 光纤、光缆制造 | 104 | 78 | 62 | 59.62 |
| 绝缘制品制造 | 130 | 97 | 83 | 63.85 |
| 其他电工器材制造 | 185 | 134 | 118 | 63.78 |
| 电池制造 | 732 | 479 | 338 | 46.17 |
| 家用电力器具制造 | 799 | 522 | 451 | 56.45 |
| 家用制冷电器具制造 | 103 | 67 | 70 | 67.96 |
| 家用空气调节器制造 | 79 | 47 | 33 | 41.77 |
| 家用通风电器具制造 | 44 | 34 | 25 | 56.82 |
| 家用厨房电器具制造 | 183 | 125 | 107 | 58.47 |
| 家用清洁卫生电器具制造 | 80 | 47 | 45 | 56.25 |
| 家用美容、保健电器具制造 | 25 | 14 | 10 | 40.00 |
| 家用电力器具专用配件制造 | 98 | 68 | 57 | 58.16 |
| 其他家用电力器具制造 | 187 | 120 | 104 | 55.61 |
| 非电力家用器具制造 | 585 | 431 | 329 | 56.24 |
| 燃气、太阳能及类似能源的器具制造 | 533 | 387 | 299 | 56.10 |
| 其他非电力家用器具制造 | 52 | 44 | 30 | 57.69 |
| 照明器具制造 | 981 | 693 | 540 | 55.05 |
| 电光源制造 | 283 | 194 | 138 | 48.76 |
| 照明灯具制造 | 504 | 360 | 270 | 53.57 |
| 灯用电器附件及其他照明器具制造 | 194 | 139 | 132 | 68.04 |
| 其他电气机械及器材制造 | 353 | 234 | 199 | 56.37 |
| 车辆专用照明及电气信号设备制造 | 71 | 51 | 38 | 53.52 |
| 其他未列明的电气机械制造 | 282 | 183 | 161 | 57.09 |
| 通信设备、计算机及其他电子设备制造 | 4007 | 2404 | 2159 | 53.88 |
| 通信设备制造 | 501 | 292 | 255 | 50.90 |
| 通信传输设备制造 | 110 | 68 | 57 | 51.82 |
| 通信交换设备制造 | 47 | 26 | 30 | 63.83 |
| 通信终端设备制造 | 53 | 24 | 27 | 50.94 |

续表 16

单位：个

| 行　　业 | 施工项目个数 | 新开工项目个数 | 全部建成投产项目个　数 | 项目建成投产率(%) |
|---|---|---|---|---|
| 移动通信及终端设备制造 | 136 | 78 | 59 | 43.38 |
| 其他通信设备制造 | 155 | 96 | 82 | 52.90 |
| 广播电视设备制造 | 88 | 55 | 45 | 51.14 |
| 广播电视节目制作及发射设备制造 | 9 | 5 | 4 | 44.44 |
| 广播电视接收设备及器材制造 | 54 | 38 | 27 | 50.00 |
| 应用电视设备及其他广播设备制造 | 25 | 12 | 14 | 56.00 |
| 电子计算机制造 | 320 | 164 | 158 | 49.38 |
| 电子计算机整机制造 | 58 | 35 | 26 | 44.83 |
| 计算机网络设备制造 | 61 | 27 | 28 | 45.90 |
| 电子计算机外部设备制造 | 201 | 102 | 104 | 51.74 |
| 电子器件制造 | 882 | 514 | 441 | 50.00 |
| 电子真空器件制造 | 85 | 52 | 48 | 56.47 |
| 半导体分立器件制造 | 120 | 70 | 63 | 52.50 |
| 集成电路制造 | 176 | 83 | 83 | 47.16 |
| 光电子器件及其他电子器件制造 | 501 | 309 | 247 | 49.30 |
| 电子元件制造 | 1496 | 931 | 883 | 59.02 |
| 电子元件及组件制造 | 1352 | 848 | 800 | 59.17 |
| 印制电路板制造 | 144 | 83 | 83 | 57.64 |
| 家用视听设备制造 | 178 | 104 | 80 | 44.94 |
| 家用影视设备制造 | 111 | 65 | 40 | 36.04 |
| 家用音响设备制造 | 67 | 39 | 40 | 59.70 |
| 其他电子设备制造 | 542 | 344 | 297 | 54.80 |
| 仪器仪表及文化、办公用机械制造 | 1413 | 903 | 871 | 61.64 |
| 通用仪器仪表制造 | 641 | 424 | 413 | 64.43 |
| 工业自动控制系统装置制造 | 260 | 155 | 157 | 60.38 |
| 电工仪器仪表制造 | 149 | 110 | 102 | 68.46 |
| 绘图、计算及测量仪器制造 | 55 | 40 | 33 | 60.00 |
| 实验分析仪器制造 | 41 | 31 | 30 | 73.17 |
| 试验机制造 | 20 | 12 | 12 | 60.00 |
| 供应用仪表及其他通用仪器制造 | 116 | 76 | 79 | 68.10 |
| 专用仪器仪表制造 | 311 | 214 | 186 | 59.81 |
| 环境监测专用仪器仪表制造 | 36 | 23 | 17 | 47.22 |
| 汽车及其他用计数仪表制造 | 56 | 36 | 38 | 67.86 |
| 农林牧渔专用仪器仪表制造 | 6 | 6 | 4 | 66.67 |
| 地质勘探和地震专用仪器制造 | 13 | 11 | 6 | 46.15 |
| 教学专用仪器制造 | 32 | 25 | 23 | 71.88 |
| 电子测量仪器制造 | 51 | 37 | 33 | 64.71 |

续表 17　　单位：个

| 行　　业 | 施工项目个数 | 新开工项目个数 | 全部建成投产项目个　数 | 项目建成投产率（%） |
|---|---|---|---|---|
| 其他专用仪器制造 | 117 | 76 | 65 | 55.56 |
| 钟表与计时仪器制造 | 75 | 38 | 48 | 64.00 |
| 光学仪器及眼镜制造 | 220 | 123 | 131 | 59.55 |
| 光学仪器制造 | 132 | 78 | 75 | 56.82 |
| 眼镜制造 | 88 | 45 | 56 | 63.64 |
| 文化、办公用机械制造 | 101 | 55 | 54 | 53.47 |
| 电影机械制造 | 4 | 2 | 2 | 50.00 |
| 幻灯及投影设备制造 | 5 | 3 | 2 | 40.00 |
| 照相机及器材制造 | 28 | 16 | 16 | 57.14 |
| 复印和胶印设备制造 | 28 | 14 | 14 | 50.00 |
| 计算器及货币专用设备制造 | 12 | 4 | 6 | 50.00 |
| 其他文化、办公用机械制造 | 24 | 16 | 14 | 58.33 |
| 其他仪器仪表的制造及修理 | 65 | 49 | 39 | 60.00 |
| 工艺品及其他制造业 | 2745 | 1865 | 1642 | 59.82 |
| 工艺美术品制造 | 1302 | 929 | 870 | 66.82 |
| 雕塑工艺品制造 | 283 | 201 | 191 | 67.49 |
| 金属工艺品制造 | 155 | 124 | 102 | 65.81 |
| 漆器工艺品制造 | 21 | 19 | 15 | 71.43 |
| 花画工艺品制造 | 71 | 50 | 43 | 60.56 |
| 天然植物纤维编织工艺品制造 | 79 | 49 | 57 | 72.15 |
| 抽纱刺绣工艺品制造 | 117 | 74 | 70 | 59.83 |
| 地毯、挂毯制造 | 86 | 69 | 57 | 66.28 |
| 珠宝首饰及有关物品的制造 | 132 | 88 | 89 | 67.42 |
| 其他工艺美术品制造 | 358 | 255 | 246 | 68.72 |
| 日用杂品制造 | 359 | 258 | 208 | 57.94 |
| 制镜及类似品加工 | 34 | 23 | 16 | 47.06 |
| 鬃毛加工、制刷及清扫工具制造 | 61 | 49 | 37 | 60.66 |
| 其他日用杂品制造 | 264 | 186 | 155 | 58.71 |
| 煤制品制造 | 119 | 105 | 96 | 80.67 |
| 其他未列明的制造业 | 965 | 573 | 468 | 48.50 |
| 废弃资源和废旧材料回收加工业 | 661 | 512 | 424 | 64.15 |
| 金属废料和碎屑的加工处理 | 360 | 280 | 234 | 65.00 |
| 非金属废料和碎屑的加工处理 | 301 | 232 | 190 | 63.12 |
| **（四）电力燃气及水的生产和供应业** | **23431** | **16295** | **13311** | **56.81** |
| 电力、热力的生产和供应业 | 14218 | 9698 | 8047 | 56.60 |
| 电力生产 | 4421 | 2200 | 1918 | 43.38 |
| 火力发电 | 1168 | 548 | 462 | 39.55 |
| 水力发电 | 2339 | 1038 | 1045 | 44.68 |
| 核力发电 | 22 | 9 | 6 | 27.27 |

续表 18　　单位：个

| 行　　业 | 施工项目个数 | 新开工项目个数 | 全部建成投产项目个数 | 项目建成投产率(%) |
|---|---|---|---|---|
| 其他能源发电 | 892 | 605 | 405 | 45.40 |
| 电力供应 | 8555 | 6545 | 5331 | 62.31 |
| 热力生产和供应 | 1242 | 953 | 798 | 64.25 |
| 燃气生产和供应业 | 2203 | 1570 | 1161 | 52.70 |
| 燃气生产和供应业 | 2203 | 1570 | 1161 | 52.70 |
| 水的生产和供应业 | 7010 | 5027 | 4103 | 58.53 |
| 自来水的生产和供应 | 4494 | 3407 | 2915 | 64.86 |
| 污水处理及其再生利用 | 2267 | 1414 | 1008 | 44.46 |
| 其他水的处理、利用与分配 | 249 | 206 | 180 | 72.29 |
| **（五）建筑业** | **7155** | **6043** | **4971** | **69.48** |
| 房屋和土木工程建筑业 | 5217 | 4257 | 3321 | 63.66 |
| 房屋工程建筑 | 2932 | 2442 | 1877 | 64.02 |
| 土木工程建筑 | 2285 | 1815 | 1444 | 63.19 |
| 铁路、道路、隧道和桥梁工程建筑 | 1550 | 1214 | 968 | 62.45 |
| 水利和港口工程建筑 | 313 | 252 | 202 | 64.54 |
| 工矿工程建筑 | 41 | 28 | 26 | 63.41 |
| 架线和管道工程建筑 | 170 | 147 | 116 | 68.24 |
| 其他土木工程建筑 | 211 | 174 | 132 | 62.56 |
| 建筑安装业 | 332 | 297 | 265 | 79.82 |
| 建筑安装业 | 332 | 297 | 265 | 79.82 |
| 建筑装饰业 | 1121 | 1096 | 1074 | 95.81 |
| 建筑装饰业 | 1121 | 1096 | 1074 | 95.81 |
| 其他建筑业 | 485 | 393 | 311 | 64.12 |
| 工程准备 | 139 | 111 | 99 | 71.22 |
| 提供施工设备服务 | 67 | 52 | 47 | 70.15 |
| 其他未列明的建筑活动 | 279 | 230 | 165 | 59.14 |
| **（六）交通运输、仓储和邮政业** | **33416** | **24894** | **21285** | **63.70** |
| 铁路运输业 | 864 | 503 | 353 | 40.86 |
| 铁路旅客运输 | 225 | 64 | 28 | 12.44 |
| 铁路货物运输 | 229 | 134 | 96 | 41.92 |
| 铁路运输辅助活动 | 410 | 305 | 229 | 55.85 |
| 客运火车站 | 69 | 48 | 27 | 39.13 |
| 货运火车站 | 38 | 28 | 15 | 39.47 |
| 其他铁路运输辅助活动 | 303 | 229 | 187 | 61.72 |
| 道路运输业 | 26072 | 19928 | 17295 | 66.34 |
| 公路旅客运输 | 9160 | 6671 | 5963 | 65.10 |
| 道路货物运输 | 6177 | 4856 | 4150 | 67.18 |
| 道路运输辅助活动 | 10735 | 8401 | 7182 | 66.90 |
| 客运汽车站 | 789 | 595 | 471 | 59.70 |
| 公路管理与养护 | 8149 | 6379 | 5620 | 68.97 |

续表 19　　　　单位：个

| 行　　业 | 施工项目个数 | 新开工项目个数 | 全部建成投产项目个数 | 项目建成投产率（%） |
|---|---|---|---|---|
| 其他道路运输辅助活动 | 1797 | 1427 | 1091 | 60.71 |
| 城市公共交通业 | 768 | 468 | 366 | 47.66 |
| 公共电汽车客运 | 332 | 228 | 174 | 52.41 |
| 轨道交通 | 134 | 40 | 13 | 9.70 |
| 出租车客运 | 36 | 27 | 30 | 83.33 |
| 城市轮渡 | 12 | 7 | 5 | 41.67 |
| 其他城市公共交通 | 254 | 166 | 144 | 56.69 |
| 水上运输业 | 1350 | 816 | 671 | 49.70 |
| 水上旅客运输 | 109 | 63 | 25 | 22.94 |
| 远洋旅客运输 | 1 | 1 | 1 | 100.00 |
| 沿海旅客运输 | 10 | 6 | 6 | 60.00 |
| 内河旅客运输 | 98 | 56 | 18 | 18.37 |
| 水上货物运输 | 207 | 114 | 115 | 55.56 |
| 远洋货物运输 | 18 | 10 | 8 | 44.44 |
| 沿海货物运输 | 95 | 47 | 60 | 63.16 |
| 内河货物运输 | 94 | 57 | 47 | 50.00 |
| 水上运输辅助活动 | 1034 | 639 | 531 | 51.35 |
| 客运港口 | 57 | 32 | 31 | 54.39 |
| 货运港口 | 782 | 485 | 421 | 53.84 |
| 其他水上运输辅助活动 | 195 | 122 | 79 | 40.51 |
| 航空运输业 | 290 | 140 | 143 | 49.31 |
| 航空客货运输 | 99 | 43 | 51 | 51.52 |
| 航空旅客运输 | 92 | 41 | 47 | 51.09 |
| 航空货物运输 | 7 | 2 | 4 | 57.14 |
| 通用航空服务 | 49 | 42 | 42 | 85.71 |
| 航空运输辅助活动 | 142 | 55 | 50 | 35.21 |
| 机场 | 105 | 43 | 33 | 31.43 |
| 空中交通管理 | 13 | 1 | 6 | 46.15 |
| 其他航空运输辅助活动 | 24 | 11 | 11 | 45.83 |
| 管道运输业 | 120 | 78 | 70 | 58.33 |
| 管道运输业 | 120 | 78 | 70 | 58.33 |
| 装卸搬运和其他运输服务业 | 552 | 419 | 336 | 60.87 |
| 装卸搬运 | 122 | 101 | 82 | 67.21 |
| 运输代理服务 | 430 | 318 | 254 | 59.07 |
| 仓储业 | 3210 | 2395 | 1919 | 59.78 |
| 谷物、棉花等农产品仓储 | 1022 | 856 | 683 | 66.83 |
| 其他仓储 | 2188 | 1539 | 1236 | 56.49 |
| 邮政业 | 190 | 147 | 132 | 69.47 |
| 国家邮政 | 154 | 117 | 106 | 68.83 |
| 其他寄递服务 | 36 | 30 | 26 | 72.22 |
| **（七）信息传输、计算机服务和软件业** | **13853** | **6951** | **4903** | **35.39** |

续表 20　　　　　　　　　　　　　　　　　　　　　　　　　　单位：个

| 行　　业 | 施工项目个数 | 新开工项目个数 | 全部建成投产项目个数 | 项目建成投产率（%） |
|---|---|---|---|---|
| 电信和其他信息传输服务业 | 13162 | 6424 | 4444 | 33.76 |
| 电信 | 11832 | 5630 | 3749 | 31.69 |
| 固定电信服务 | 5635 | 3064 | 1424 | 25.27 |
| 移动电信服务 | 5584 | 2225 | 2177 | 38.99 |
| 其他电信服务 | 613 | 341 | 148 | 24.14 |
| 互联网信息服务 | 761 | 340 | 326 | 42.84 |
| 广播电视传输服务 | 539 | 429 | 351 | 65.12 |
| 有线广播电视传输服务 | 428 | 344 | 291 | 67.99 |
| 无线广播电视传输服务 | 111 | 85 | 60 | 54.05 |
| 卫星传输服务 | 30 | 25 | 18 | 60.00 |
| 计算机服务业 | 357 | 315 | 302 | 84.59 |
| 计算机系统服务 | 88 | 71 | 67 | 76.14 |
| 数据处理 | 20 | 13 | 9 | 45.00 |
| 计算机维修 | 7 | 7 | 6 | 85.71 |
| 其他计算机服务 | 242 | 224 | 220 | 90.91 |
| 软件业 | 334 | 212 | 157 | 47.01 |
| 公共软件服务 | 237 | 150 | 106 | 44.73 |
| 基础软件服务 | 74 | 50 | 39 | 52.70 |
| 应用软件服务 | 163 | 100 | 67 | 41.10 |
| 其他软件服务 | 97 | 62 | 51 | 52.58 |
| **（八）批发和零售业** | **17748** | **14997** | **13393** | **75.46** |
| 批发业 | 7584 | 6408 | 5590 | 73.71 |
| 农畜产品批发 | 645 | 545 | 440 | 68.22 |
| 谷物、豆及薯类批发 | 252 | 207 | 185 | 73.41 |
| 种子、饲料批发 | 106 | 90 | 78 | 73.58 |
| 棉、麻批发 | 41 | 40 | 32 | 78.05 |
| 牲畜批发 | 39 | 35 | 30 | 76.92 |
| 其他农畜产品批发 | 207 | 173 | 115 | 55.56 |
| 食品、饮料及烟草制品批发 | 1367 | 1070 | 928 | 67.89 |
| 米、面制品及食用油批发 | 217 | 187 | 146 | 67.28 |
| 糕点、糖果及糖批发 | 40 | 35 | 34 | 85.00 |
| 果品、蔬菜批发 | 481 | 380 | 324 | 67.36 |
| 肉、禽、蛋及水产品批发 | 130 | 102 | 81 | 62.31 |
| 盐及调味品批发 | 37 | 31 | 24 | 64.86 |
| 饮料及茶叶批发 | 115 | 84 | 87 | 75.65 |
| 烟草制品批发 | 228 | 148 | 141 | 61.84 |
| 其他食品批发 | 119 | 103 | 91 | 76.47 |
| 纺织、服装及日用品批发 | 635 | 541 | 464 | 73.07 |
| 纺织品、针织品及原料批发 | 150 | 130 | 110 | 73.33 |
| 服装批发 | 165 | 140 | 117 | 70.91 |

续表 21　　单位：个

| 行　　业 | 施工项目个数 | 新开工项目个数 | 全部建成投产项目个数 | 项目建成投产率(%) |
|---|---|---|---|---|
| 鞋帽批发 | 39 | 30 | 26 | 66.67 |
| 厨房、卫生间用具及日用杂货批发 | 57 | 49 | 46 | 80.70 |
| 化妆品及卫生用品批发 | 50 | 47 | 45 | 90.00 |
| 其他日用品批发 | 174 | 145 | 120 | 68.97 |
| 文化、体育用品及器材批发 | 151 | 125 | 119 | 78.81 |
| 文具用品批发 | 45 | 43 | 41 | 91.11 |
| 体育用品批发 | 14 | 12 | 10 | 71.43 |
| 图书批发 | 25 | 15 | 15 | 60.00 |
| 报刊批发 | | | | |
| 音像制品及电子出版物批发 | 1 | 1 | 1 | 100.00 |
| 首饰、工艺品及收藏品批发 | 43 | 37 | 33 | 76.74 |
| 其他文化用品批发 | 23 | 17 | 19 | 82.61 |
| 医药及医疗器材批发 | 265 | 231 | 178 | 67.17 |
| 西药批发 | 133 | 119 | 85 | 63.91 |
| 中药材及中成药批发 | 65 | 49 | 38 | 58.46 |
| 医疗用品及器材批发 | 67 | 63 | 55 | 82.09 |
| 矿产品、建材及化工产品批发 | 2556 | 2209 | 1950 | 76.29 |
| 煤炭及制品批发 | 354 | 311 | 305 | 86.16 |
| 石油及制品批发 | 456 | 389 | 331 | 72.59 |
| 非金属矿及制品批发 | 44 | 43 | 39 | 88.64 |
| 金属及金属矿批发 | 438 | 382 | 334 | 76.26 |
| 建材批发 | 916 | 767 | 667 | 72.82 |
| 化肥批发 | 114 | 99 | 78 | 68.42 |
| 农药批发 | 19 | 17 | 16 | 84.21 |
| 农用薄膜批发 | 8 | 8 | 4 | 50.00 |
| 其他化工产品批发 | 207 | 193 | 176 | 85.02 |
| 机械设备、五金交电及电子产品批发 | 1304 | 1129 | 1023 | 78.45 |
| 农业机械批发 | 114 | 102 | 83 | 72.81 |
| 汽车、摩托车及零配件批发 | 303 | 230 | 196 | 64.69 |
| 五金、交电批发 | 275 | 239 | 221 | 80.36 |
| 家用电器批发 | 91 | 80 | 80 | 87.91 |
| 计算机、软件及辅助设备批发 | 55 | 48 | 45 | 81.82 |
| 通讯及广播电视设备批发 | 35 | 33 | 31 | 88.57 |
| 其他机械设备及电子产品批发 | 431 | 397 | 367 | 85.15 |
| 贸易经纪与代理 | 173 | 144 | 134 | 77.46 |
| 其他批发 | 488 | 414 | 354 | 72.54 |
| 再生物资回收与批发 | 232 | 202 | 175 | 75.43 |
| 其他未列明的批发 | 256 | 212 | 179 | 69.92 |
| 零售业 | 10164 | 8589 | 7803 | 76.77 |
| 综合零售 | 4374 | 3629 | 3250 | 74.30 |

续表 22

单位：个

| 行　　业 | 施工项目个数 | 新开工项目个数 | 全部建成投产项目个数 | 项目建成投产率(%) |
|---|---|---|---|---|
| 百货零售 | 1920 | 1571 | 1390 | 72.40 |
| 超级市场零售 | 1168 | 996 | 886 | 75.86 |
| 其他综合零售 | 1286 | 1062 | 974 | 75.74 |
| 食品、饮料及烟草制品专门零售 | 738 | 607 | 580 | 78.59 |
| 粮油零售 | 87 | 74 | 71 | 81.61 |
| 糕点、面包零售 | 20 | 19 | 19 | 95.00 |
| 果品、蔬菜零售 | 202 | 160 | 148 | 73.27 |
| 肉、禽、蛋及水产品零售 | 100 | 79 | 71 | 71.00 |
| 饮料及茶叶零售 | 68 | 65 | 59 | 86.76 |
| 烟草制品零售 | 35 | 31 | 31 | 88.57 |
| 其他食品零售 | 226 | 179 | 181 | 80.09 |
| 纺织、服装及日用品专门零售 | 751 | 681 | 629 | 83.75 |
| 纺织品及针织品零售 | 102 | 98 | 91 | 89.22 |
| 服装零售 | 414 | 365 | 343 | 82.85 |
| 鞋帽零售 | 38 | 37 | 35 | 92.11 |
| 钟表、眼镜零售 | 30 | 29 | 27 | 90.00 |
| 化妆品及卫生用品零售 | 24 | 22 | 21 | 87.50 |
| 其他日用品零售 | 143 | 130 | 112 | 78.32 |
| 文化、体育用品及器材专门零售 | 296 | 245 | 214 | 72.30 |
| 文具用品零售 | 27 | 25 | 20 | 74.07 |
| 体育用品零售 | 27 | 22 | 25 | 92.59 |
| 图书零售 | 75 | 57 | 41 | 54.67 |
| 报刊零售 | 1 | 1 | 1 | 100.00 |
| 音像制品及电子出版物零售 | 8 | 7 | 8 | 100.00 |
| 珠宝首饰零售 | 62 | 57 | 43 | 69.35 |
| 工艺美术品及收藏品零售 | 62 | 49 | 47 | 75.81 |
| 照相器材零售 | 7 | 7 | 7 | 100.00 |
| 其他文化用品零售 | 27 | 20 | 22 | 81.48 |
| 医药及医疗器材专门零售 | 271 | 251 | 239 | 88.19 |
| 药品零售 | 225 | 211 | 200 | 88.89 |
| 医疗用品及器材零售 | 46 | 40 | 39 | 84.78 |
| 汽车、摩托车、燃料及零配件专门零售 | 2016 | 1701 | 1515 | 75.15 |
| 汽车零售 | 1144 | 941 | 804 | 70.28 |
| 汽车零配件零售 | 151 | 128 | 116 | 76.82 |
| 摩托车及零配件零售 | 77 | 71 | 64 | 83.12 |
| 机动车燃料零售 | 644 | 561 | 531 | 82.45 |
| 家用电器及电子产品专门零售 | 486 | 449 | 425 | 87.45 |
| 家用电器零售 | 252 | 232 | 218 | 86.51 |
| 计算机、软件及辅助设备零售 | 71 | 67 | 58 | 81.69 |
| 通信设备零售 | 92 | 89 | 88 | 95.65 |

续表 23 单位：个

| 行业 | 施工项目个数 | 新开工项目个数 | 全部建成投产项目个数 | 项目建成投产率（%） |
|---|---|---|---|---|
| 其他电子产品零售 | 71 | 61 | 61 | 85.92 |
| 五金、家具及室内装修材料专门零售 | 784 | 658 | 609 | 77.68 |
| 五金零售 | 169 | 132 | 133 | 78.70 |
| 家具零售 | 374 | 319 | 294 | 78.61 |
| 涂料零售 | 22 | 14 | 13 | 59.09 |
| 其他室内装修材料零售 | 219 | 193 | 169 | 77.17 |
| 无店铺及其他零售 | 448 | 368 | 342 | 76.34 |
| 流动货摊零售 | 5 | 3 | 5 | 100.00 |
| 邮购及电子销售 | 5 | 4 | 3 | 60.00 |
| 生活用燃料零售 | 153 | 125 | 126 | 82.35 |
| 花卉零售 | 27 | 22 | 21 | 77.78 |
| 旧货零售 | 15 | 15 | 13 | 86.67 |
| 其他未列明的零售 | 243 | 199 | 174 | 71.60 |
| **（九）住宿和餐饮业** | **9482** | **7856** | **6945** | **73.24** |
| 住宿业 | 4718 | 3535 | 3011 | 63.82 |
| 旅游饭店 | 2529 | 1672 | 1331 | 52.63 |
| 一般旅馆 | 1784 | 1542 | 1404 | 78.70 |
| 其他住宿服务 | 405 | 321 | 276 | 68.15 |
| 餐饮业 | 4764 | 4321 | 3934 | 82.58 |
| 正餐服务 | 3891 | 3534 | 3235 | 83.14 |
| 快餐服务 | 270 | 253 | 242 | 89.63 |
| 饮料及冷饮服务 | 149 | 142 | 125 | 83.89 |
| 其他餐饮服务 | 454 | 392 | 332 | 73.13 |
| **（十）金融业** | **1381** | **1124** | **976** | **70.67** |
| 银行业 | 1110 | 888 | 755 | 68.02 |
| 中央银行 | 92 | 60 | 52 | 56.52 |
| 商业银行 | 873 | 701 | 610 | 69.87 |
| 其他银行 | 145 | 127 | 93 | 64.14 |
| 证券业 | 38 | 34 | 30 | 78.95 |
| 证券市场管理 | 11 | 9 | 7 | 63.64 |
| 证券经纪与交易 | 18 | 17 | 16 | 88.89 |
| 证券投资 | 3 | 3 | 3 | 100.00 |
| 证券分析与咨询 | 6 | 5 | 4 | 66.67 |
| 保险业 | 76 | 63 | 61 | 80.26 |
| 人寿保险 | 46 | 38 | 38 | 82.61 |
| 非人寿保险 | 25 | 20 | 18 | 72.00 |
| 保险辅助服务 | 5 | 5 | 5 | 100.00 |
| 其他金融活动 | 157 | 139 | 130 | 82.80 |
| 金融信托与管理 | 23 | 23 | 17 | 73.91 |
| 金融租赁 | 10 | 7 | 9 | 90.00 |

续表 24　　单位：个

| 行　　业 | 施工项目个数 | 新开工项目个数 | 全部建成投产项目个数 | 项目建成投产率(%) |
|---|---|---|---|---|
| 财务公司 | 2 | 2 | 2 | 100.00 |
| 邮政储蓄 | 15 | 14 | 13 | 86.67 |
| 典当 | 29 | 26 | 25 | 86.21 |
| 其他未列明的金融活动 | 78 | 67 | 64 | 82.05 |
| **（十一）房地产业** | **26238** | **21156** | **17833** | **67.97** |
| 房地产业 | 26238 | 21156 | 17833 | 67.97 |
| 房地产开发经营 | 6589 | 4981 | 4120 | 62.53 |
| 物业管理 | 426 | 384 | 330 | 77.46 |
| 房地产中介服务 | 96 | 81 | 67 | 69.79 |
| 其他房地产活动 | 19127 | 15710 | 13316 | 69.62 |
| **（十二）租赁和商务服务业** | **3665** | **2755** | **2230** | **60.85** |
| 租赁业 | 160 | 143 | 125 | 78.13 |
| 机械设备租赁 | 154 | 139 | 122 | 79.22 |
| 汽车租赁 | 25 | 21 | 21 | 84.00 |
| 农业机械租赁 | 7 | 7 | 4 | 57.14 |
| 建筑工程机械与设备租赁 | 93 | 83 | 76 | 81.72 |
| 计算机及通讯设备租赁 | 2 | 1 | 1 | 50.00 |
| 其他机械与设备租赁 | 27 | 27 | 20 | 74.07 |
| 文化及日用品出租 | 6 | 4 | 3 | 50.00 |
| 图书及音像制品出租 | 2 | 1 | 1 | 50.00 |
| 其他文化及日用品出租 | 4 | 3 | 2 | 50.00 |
| 商务服务业 | 3505 | 2612 | 2105 | 60.06 |
| 企业管理服务 | 1408 | 956 | 716 | 50.85 |
| 企业管理机构 | 425 | 287 | 234 | 55.06 |
| 投资与资产管理 | 643 | 412 | 271 | 42.15 |
| 其他企业管理服务 | 340 | 257 | 211 | 62.06 |
| 法律服务 | 50 | 47 | 40 | 80.00 |
| 律师及相关的法律服务 | 40 | 38 | 35 | 87.50 |
| 公证服务 | 4 | 4 | 3 | 75.00 |
| 其他法律服务 | 6 | 5 | 2 | 33.33 |
| 咨询与调查 | 198 | 180 | 162 | 81.82 |
| 会计、审计及税务服务 | 36 | 33 | 30 | 83.33 |
| 市场调查 | 8 | 6 | 6 | 75.00 |
| 社会经济咨询 | 82 | 76 | 71 | 86.59 |
| 其他专业咨询 | 72 | 65 | 55 | 76.39 |
| 广告业 | 179 | 175 | 165 | 92.18 |
| 知识产权服务 | 11 | 10 | 10 | 90.91 |
| 职业中介服务 | 58 | 39 | 39 | 67.24 |
| 市场管理 | 798 | 634 | 513 | 64.29 |
| 旅行社 | 83 | 57 | 55 | 66.27 |

续表 25　　　　单位：个

| 行　　业 | 施工项目个数 | 新开工项目个数 | 全部建成投产项目个数 | 项目建成投产率（%） |
|---|---|---|---|---|
| 其他商务服务 | 720 | 514 | 405 | 56.25 |
| 会议及展览服务 | 192 | 122 | 81 | 42.19 |
| 包装服务 | 43 | 37 | 32 | 74.42 |
| 保安服务 | 19 | 17 | 14 | 73.68 |
| 办公服务 | 166 | 124 | 88 | 53.01 |
| 其他未列明的商务服务 | 300 | 214 | 190 | 63.33 |
| **（十三）科研技术服务和地质勘查业** | **3236** | **2245** | **1899** | **58.68** |
| 研究与试验发展 | 985 | 600 | 465 | 47.21 |
| 自然科学研究与试验发展 | 181 | 108 | 94 | 51.93 |
| 工程和技术研究与试验发展 | 390 | 185 | 157 | 40.26 |
| 农业科学研究与试验发展 | 242 | 183 | 157 | 64.88 |
| 医学研究与试验发展 | 70 | 41 | 30 | 42.86 |
| 社会人文科学研究与试验发展 | 102 | 83 | 27 | 26.47 |
| 专业技术服务业 | 1143 | 846 | 693 | 60.63 |
| 气象服务 | 173 | 112 | 91 | 52.60 |
| 地震服务 | 32 | 23 | 19 | 59.38 |
| 海洋服务 | 7 | 5 | 3 | 42.86 |
| 测绘服务 | 16 | 11 | 11 | 68.75 |
| 技术检测 | 307 | 237 | 188 | 61.24 |
| 环境监测 | 52 | 39 | 32 | 61.54 |
| 工程技术与规划管理 | 395 | 308 | 244 | 61.77 |
| 工程管理服务 | 125 | 103 | 81 | 64.80 |
| 工程勘察设计 | 126 | 94 | 80 | 63.49 |
| 规划管理 | 144 | 111 | 83 | 57.64 |
| 其他专业技术服务 | 161 | 111 | 105 | 65.22 |
| 科技交流和推广服务业 | 754 | 580 | 497 | 65.92 |
| 技术推广服务 | 428 | 352 | 282 | 65.89 |
| 科技中介服务 | 125 | 73 | 74 | 59.20 |
| 其他科技服务 | 201 | 155 | 141 | 70.15 |
| 地质勘查业 | 354 | 219 | 244 | 68.93 |
| 矿产地质勘查 | 246 | 161 | 184 | 74.80 |
| 能源矿产地质勘查 | 85 | 52 | 64 | 75.29 |
| 固体矿产地质勘查 | 152 | 100 | 116 | 76.32 |
| 其他矿产地质勘查 | 9 | 9 | 4 | 44.44 |
| 基础地质勘查 | 74 | 39 | 42 | 56.76 |
| 地质勘查技术服务 | 34 | 19 | 18 | 52.94 |
| **（十四）水利环境和公共设施管理业** | **50187** | **36210** | **28692** | **57.17** |
| 水利管理业 | 10664 | 8028 | 6575 | 61.66 |
| 防洪管理 | 2430 | 1672 | 1365 | 56.17 |
| 水资源管理 | 6028 | 4634 | 3734 | 61.94 |

| 行　　业 | 施工项目个数 | 新开工项目个数 | 全部建成投产项目个　　数 | 项目建成投产率（%） |
| --- | --- | --- | --- | --- |
| 水库管理 | 2543 | 1849 | 1297 | 51.00 |
| 调水、引水管理 | 2352 | 1827 | 1550 | 65.90 |
| 其他水资源管理 | 1133 | 958 | 887 | 78.29 |
| 其他水利管理 | 2206 | 1722 | 1476 | 66.91 |
| 环境管理业 | 4884 | 3732 | 2660 | 54.46 |
| 自然保护 | 444 | 333 | 255 | 57.43 |
| 自然保护区管理 | 237 | 167 | 146 | 61.60 |
| 野生动植物保护 | 47 | 36 | 22 | 46.81 |
| 其他自然保护 | 160 | 130 | 87 | 54.38 |
| 环境治理 | 4440 | 3399 | 2405 | 54.17 |
| 城市市容管理 | 722 | 648 | 505 | 69.94 |
| 城市环境卫生管理 | 1354 | 1011 | 607 | 44.83 |
| 水污染治理 | 1148 | 807 | 560 | 48.78 |
| 危险废物治理 | 115 | 80 | 66 | 57.39 |
| 其他环境治理 | 1101 | 853 | 667 | 60.58 |
| 公共设施管理业 | 34639 | 24450 | 19457 | 56.17 |
| 市政公共设施管理 | 27452 | 19310 | 15357 | 55.94 |
| 城市绿化管理 | 2234 | 1870 | 1544 | 69.11 |
| 游览景区管理 | 4953 | 3270 | 2556 | 51.61 |
| 风景名胜区管理 | 1589 | 1018 | 804 | 50.60 |
| 公园管理 | 1462 | 990 | 798 | 54.58 |
| 其他游览景区管理 | 1902 | 1262 | 954 | 50.16 |
| **（十五）居民服务和其他服务业** | **3030** | **2667** | **2296** | **75.78** |
| 居民服务业 | 2098 | 1831 | 1603 | 76.41 |
| 家庭服务 | 71 | 64 | 46 | 64.79 |
| 托儿所 | 15 | 12 | 12 | 80.00 |
| 洗染服务 | 30 | 28 | 27 | 90.00 |
| 理发及美容保健服务 | 225 | 219 | 206 | 91.56 |
| 洗浴服务 | 502 | 456 | 425 | 84.66 |
| 婚姻服务 | 20 | 18 | 17 | 85.00 |
| 殡葬服务 | 286 | 202 | 173 | 60.49 |
| 摄影扩印服务 | 87 | 86 | 85 | 97.70 |
| 其他居民服务 | 862 | 746 | 612 | 71.00 |
| 其他服务业 | 932 | 836 | 693 | 74.36 |
| 修理与维护 | 543 | 495 | 429 | 79.01 |
| 汽车、摩托车维护与保养 | 497 | 454 | 394 | 79.28 |
| 办公设备维修 | 7 | 7 | 5 | 71.43 |
| 家用电器修理 | 11 | 10 | 10 | 90.91 |
| 其他日用品修理 | 28 | 24 | 20 | 71.43 |
| 清洁服务 | 71 | 67 | 45 | 63.38 |

续表 27　　单位：个

| 行　　业 | 施工项目个数 | 新开工项目个数 | 全部建成投产项目个数 | 项目建成投产率（%） |
| --- | --- | --- | --- | --- |
| 建筑物清洁服务 | 5 | 5 | 2 | 40.00 |
| 其他清洁服务 | 66 | 62 | 43 | 65.15 |
| 其他未列明的服务 | 318 | 274 | 219 | 68.87 |
| **（十六）教育** | **20797** | **16436** | **13352** | **64.20** |
| 教育 | 20797 | 16436 | 13352 | 64.20 |
| 学前教育 | 895 | 767 | 655 | 73.18 |
| 初等教育 | 7135 | 6043 | 4741 | 66.45 |
| 中等教育 | 9623 | 7670 | 6379 | 66.29 |
| 初中教育 | 6023 | 5066 | 4273 | 70.94 |
| 高中教育 | 1930 | 1355 | 1186 | 61.45 |
| 中等专业教育 | 393 | 296 | 201 | 51.15 |
| 职业中学教育 | 810 | 600 | 444 | 54.81 |
| 技工学校教育 | 294 | 212 | 153 | 52.04 |
| 其他中等教育 | 173 | 141 | 122 | 70.52 |
| 高等教育 | 1803 | 893 | 750 | 41.60 |
| 普通高等教育 | 1648 | 795 | 676 | 41.02 |
| 成人高等教育 | 155 | 98 | 74 | 47.74 |
| 其他教育 | 1341 | 1063 | 827 | 61.67 |
| 职业技能培训 | 807 | 639 | 527 | 65.30 |
| 特殊教育 | 144 | 126 | 77 | 53.47 |
| 其他未列明的教育 | 390 | 298 | 223 | 57.18 |
| **（十七）卫生社会保障和社会福利业** | **12299** | **10008** | **7461** | **60.66** |
| 卫生 | 10213 | 8292 | 6209 | 60.80 |
| 医院 | 4186 | 3001 | 1992 | 47.59 |
| 综合医院 | 3005 | 2109 | 1362 | 45.32 |
| 中医医院 | 516 | 384 | 226 | 43.80 |
| 中西医结合医院 | 131 | 100 | 79 | 60.31 |
| 民族医院 | 53 | 43 | 32 | 60.38 |
| 专科医院 | 377 | 288 | 234 | 62.07 |
| 疗养院 | 104 | 77 | 59 | 56.73 |
| 卫生院及社区医疗活动 | 3853 | 3423 | 2664 | 69.14 |
| 门诊部医疗活动 | 401 | 375 | 297 | 74.06 |
| 计划生育技术服务活动 | 1029 | 947 | 792 | 76.97 |
| 妇幼保健活动 | 305 | 213 | 181 | 59.34 |
| 专科疾病防治活动 | 56 | 45 | 37 | 66.07 |
| 疾病预防控制及防疫活动 | 171 | 119 | 92 | 53.80 |
| 其他卫生活动 | 212 | 169 | 154 | 72.64 |
| 社会保障业 | 441 | 369 | 283 | 64.17 |
| 社会保障业 | 441 | 369 | 283 | 64.17 |
| 社会福利业 | 1645 | 1347 | 969 | 58.91 |

续表 28

单位：个

| 行业 | 施工项目个数 | 新开工项目个数 | 全部建成投产项目个数 | 项目建成投产率(%) |
| --- | --- | --- | --- | --- |
| 提供住宿的社会福利 | 1415 | 1165 | 843 | 59.58 |
| 干部休养所 | 75 | 58 | 45 | 60.00 |
| 收养收容服务 | 1340 | 1107 | 798 | 59.55 |
| 不提供住宿的社会福利 | 230 | 182 | 126 | 54.78 |
| **（十八）文化、体育和娱乐业** | **7360** | **5553** | **4349** | **59.09** |
| 新闻出版业 | 112 | 68 | 39 | 34.82 |
| 新闻业 | 54 | 39 | 18 | 33.33 |
| 出版业 | 58 | 29 | 21 | 36.21 |
| 图书出版 | 13 | 6 | 6 | 46.15 |
| 报纸出版 | 32 | 12 | 10 | 31.25 |
| 期刊出版 | 2 | 1 | 1 | 50.00 |
| 音像制品出版 | 1 | 1 | 1 | 100.00 |
| 电子出版物出版 | 3 | 3 | 1 | 33.33 |
| 其他出版 | 7 | 6 | 2 | 28.57 |
| 广播、电视、电影和音像业 | 765 | 560 | 476 | 62.22 |
| 广播 | 166 | 118 | 102 | 61.45 |
| 电视 | 430 | 318 | 273 | 63.49 |
| 电影 | 150 | 108 | 87 | 58.00 |
| 电影制作与发行 | 30 | 16 | 15 | 50.00 |
| 电影放映 | 120 | 92 | 72 | 60.00 |
| 音像制作 | 19 | 16 | 14 | 73.68 |
| 文化艺术业 | 3274 | 2449 | 1837 | 56.11 |
| 文艺创作与表演 | 97 | 77 | 59 | 60.82 |
| 艺术表演场馆 | 205 | 128 | 108 | 52.68 |
| 图书馆与档案馆 | 271 | 173 | 122 | 45.02 |
| 图书馆 | 197 | 129 | 88 | 44.67 |
| 档案馆 | 74 | 44 | 34 | 45.95 |
| 文物及文化保护 | 493 | 352 | 244 | 49.49 |
| 博物馆 | 372 | 204 | 160 | 43.01 |
| 烈士陵园、纪念馆 | 174 | 142 | 94 | 54.02 |
| 群众文化活动 | 1410 | 1169 | 923 | 65.46 |
| 文化艺术经纪代理 | 14 | 10 | 8 | 57.14 |
| 其他文化艺术 | 238 | 194 | 119 | 50.00 |
| 体育 | 878 | 580 | 434 | 49.43 |
| 体育组织 | 83 | 68 | 59 | 71.08 |
| 体育场馆 | 659 | 393 | 288 | 43.70 |
| 其他体育 | 136 | 119 | 87 | 63.97 |
| 娱乐业 | 2331 | 1896 | 1563 | 67.05 |
| 室内娱乐活动 | 840 | 763 | 693 | 82.50 |
| 游乐园 | 242 | 179 | 116 | 47.93 |

续表 29 单位：个

| 行业 | 施工项目个数 | 新开工项目个数 | 全部建成投产项目个数 | 项目建成投产率（%） |
|---|---|---|---|---|
| 休闲健身娱乐活动 | 807 | 609 | 493 | 61.09 |
| 其他娱乐活动 | 442 | 345 | 261 | 59.05 |
| **（十九）公共管理和社会组织** | **22515** | **17429** | **14748** | **65.50** |
| 中国共产党机关 | 182 | 135 | 120 | 65.93 |
| 中国共产党机关 | 182 | 135 | 120 | 65.93 |
| 国家机构 | 18143 | 13779 | 11749 | 64.76 |
| 国家权力机构 | 612 | 482 | 419 | 68.46 |
| 国家行政机构 | 16275 | 12444 | 10571 | 64.95 |
| 综合事务管理机构 | 5498 | 4257 | 3642 | 66.24 |
| 对外事务管理机构 | 47 | 18 | 35 | 74.47 |
| 公共安全管理机构 | 2332 | 1552 | 1401 | 60.08 |
| 社会事务管理机构 | 2561 | 2130 | 1689 | 65.95 |
| 经济事务管理机构 | 3813 | 2918 | 2530 | 66.35 |
| 政府事务管理机构 | 1439 | 1141 | 906 | 62.96 |
| 行政监督检查机构 | 585 | 428 | 368 | 62.91 |
| 人民法院和人民检察院 | 871 | 549 | 486 | 55.80 |
| 人民法院 | 527 | 351 | 305 | 57.87 |
| 人民检察院 | 344 | 198 | 181 | 52.62 |
| 其他国家机构 | 385 | 304 | 273 | 70.91 |
| 人民政协和民主党派 | 35 | 24 | 21 | 60.00 |
| 人民政协 | 24 | 15 | 13 | 54.17 |
| 民主党派 | 11 | 9 | 8 | 72.73 |
| 群众团体、社会团体和宗教组织 | 683 | 548 | 453 | 66.33 |
| 群众团体 | 108 | 85 | 66 | 61.11 |
| 工会 | 50 | 34 | 27 | 54.00 |
| 妇联 | 3 | 3 | 2 | 66.67 |
| 共青团 | 3 | 3 | 2 | 66.67 |
| 其他群众团体 | 52 | 45 | 35 | 67.31 |
| 社会团体 | 169 | 148 | 117 | 69.23 |
| 专业性团体 | 44 | 42 | 31 | 70.45 |
| 行业性团体 | 53 | 43 | 42 | 79.25 |
| 其他社会团体 | 72 | 63 | 44 | 61.11 |
| 宗教组织 | 406 | 315 | 270 | 66.50 |
| 基层群众自治组织 | 3472 | 2943 | 2405 | 69.27 |
| 社区自治组织 | 1168 | 964 | 794 | 67.98 |
| 村民自治组织 | 2304 | 1979 | 1611 | 69.92 |
| **（二十）国际组织** | | | | |
| 国际组织 | | | | |

# 各地区城镇投资财务拨款

单位：万元

| 地　　区 | 本年资金来源合计 | 上年末结余资金 | 本年资金来源小计 | 本年各项应付款合计 |
|---|---|---|---|---|
| **全国总计** | **2325564732** | **137698043** | **2187866689** | **149440374** |
| 北　　京 | 93521582 | 12987574 | 80534008 | 1438680 |
| 天　　津 | 57258039 | 6716727 | 50541312 | 5206971 |
| 河　　北 | 120534881 | 5848296 | 114686585 | 6793994 |
| 山　　西 | 45103632 | 1880953 | 43222679 | 6068744 |
| 内 蒙 古 | 71157680 | 560802 | 70596878 | 4323190 |
| 辽　　宁 | 130017746 | 4116970 | 125900776 | 5944413 |
| 吉　　林 | 60474941 | 592285 | 59882656 | 1890460 |
| 黑 龙 江 | 49230731 | 977673 | 48253058 | 2179479 |
| 上　　海 | 68564373 | 9157859 | 59406514 | 8716608 |
| 江　　苏 | 191463385 | 13416405 | 178046980 | 15725163 |
| 浙　　江 | 108069827 | 10199925 | 97869902 | 7393996 |
| 安　　徽 | 90934911 | 4309597 | 86625314 | 7057326 |
| 福　　建 | 68510241 | 5591216 | 62919025 | 4832753 |
| 江　　西 | 72339200 | 2798264 | 69540936 | 3763544 |
| 山　　东 | 176715929 | 8763428 | 167952501 | 9900162 |
| 河　　南 | 120985147 | 3313928 | 117671219 | 3302220 |
| 湖　　北 | 81860534 | 2801623 | 79058911 | 6716143 |
| 湖　　南 | 76209328 | 2789972 | 73419356 | 5864299 |
| 广　　东 | 139954920 | 14413801 | 125541119 | 11841443 |
| 广　　西 | 52839223 | 1964400 | 50874823 | 2350175 |
| 海　　南 | 13098857 | 1634048 | 11464809 | 731987 |
| 重　　庆 | 61182088 | 5737427 | 55444661 | 5760066 |
| 四　　川 | 104632607 | 4587472 | 100045135 | 5996695 |
| 贵　　州 | 27593389 | 3151685 | 24441704 | 2609563 |
| 云　　南 | 48184639 | 3899204 | 44285435 | 4235577 |
| 西　　藏 | 3942814 | 19955 | 3922859 | 44787 |
| 陕　　西 | 69102825 | 2745045 | 66357780 | 3540953 |
| 甘　　肃 | 21754438 | 802057 | 20952381 | 1511192 |
| 青　　海 | 7044268 | 183276 | 6860992 | 478503 |
| 宁　　夏 | 9410092 | 181182 | 9228910 | 1251823 |
| 新　　疆 | 27154898 | 793059 | 26361839 | 1939465 |
| 不分地区 | 56717567 | 761935 | 55955632 | 30000 |

# 各地区城镇投资本年资金来源构成

单位：万元

| 地区 | 本年资金来源小计 | 国家预算内资金 | 国内贷款 | 债券 |
|---|---|---|---|---|
| **全国总计** | **2187866689** | **114936270** | **376341380** | **11571072** |
| 北京 | 80534008 | 968226 | 28522066 | 175001 |
| 天津 | 50541312 | 614504 | 12781855 | 544714 |
| 河北 | 114686585 | 3930846 | 15514394 | 128929 |
| 山西 | 43222679 | 3412441 | 8374804 | 40397 |
| 内蒙古 | 70596878 | 4068451 | 6935472 | 2130 |
| 辽宁 | 125900776 | 6113118 | 17805611 | 312946 |
| 吉林 | 59882656 | 2354599 | 4510550 | 10455 |
| 黑龙江 | 48253058 | 3446500 | 3654141 | 38783 |
| 上海 | 59406514 | 749170 | 14395740 | 308359 |
| 江苏 | 178046980 | 2628672 | 24892891 | |
| 浙江 | 97869902 | 3952895 | 19212111 | 70830 |
| 安徽 | 86625314 | 5028489 | 10378271 | 20898 |
| 福建 | 62919025 | 4797535 | 13442558 | 207913 |
| 江西 | 69540936 | 3986814 | 6730323 | 5620 |
| 山东 | 167952501 | 3868795 | 21078821 | 7020 |
| 河南 | 117671219 | 3480918 | 10703599 | 46500 |
| 湖北 | 79058911 | 6254674 | 13851408 | 22430 |
| 湖南 | 73419356 | 5842942 | 11635840 | 56262 |
| 广东 | 125541119 | 2644625 | 25859495 | 40718 |
| 广西 | 50874823 | 2694229 | 8240426 | 95590 |
| 海南 | 11464809 | 1074706 | 3105063 | 8126 |
| 重庆 | 55444661 | 3410945 | 11557185 | 215843 |
| 四川 | 100045135 | 8007762 | 16072594 | 606463 |
| 贵州 | 24441704 | 2259543 | 6786852 | 14000 |
| 云南 | 44285435 | 4459577 | 11038891 | 142976 |
| 西藏 | 3922859 | 2326485 | 76751 | 8346 |
| 陕西 | 66357780 | 7089333 | 9180618 | 14333 |
| 甘肃 | 20952381 | 3314871 | 3355971 | 17150 |
| 青海 | 6860992 | 905917 | 1421991 | 1762 |
| 宁夏 | 9228910 | 572238 | 2882531 | 8900 |
| 新疆 | 26361839 | 4596399 | 4595758 | 53117 |
| 不分地区 | 55955632 | 6080051 | 27746799 | 8344561 |

续前 单位：万元

| 地区 | 利用外资 | 外商直接投资 | 自筹资金 | 企事业单位自有资金 | 其他资金 |
|---|---|---|---|---|---|
| **全国总计** | **39835455** | **27824599** | **1275576668** | **553531728** | **369605844** |
| 北京 | 376608 | 324607 | 20690127 | 10475159 | 29801980 |
| 天津 | 1400825 | 934715 | 26924336 | 12644804 | 8275078 |
| 河北 | 814265 | 616341 | 82853214 | 32871450 | 11444937 |
| 山西 | 208900 | 152628 | 26182995 | 13194804 | 5003142 |
| 内蒙古 | 147388 | 27382 | 56489335 | 19593788 | 2954102 |
| 辽宁 | 4250278 | 3710487 | 84531915 | 52218527 | 12886908 |
| 吉林 | 476562 | 356833 | 48236713 | 15765624 | 4293777 |
| 黑龙江 | 501598 | 345502 | 35523351 | 13228125 | 5088685 |
| 上海 | 1368139 | 892916 | 24909711 | 16571388 | 17675395 |
| 江苏 | 9476675 | 7006696 | 98678208 | 58659965 | 42370534 |
| 浙江 | 1790343 | 1529150 | 41784366 | 15660266 | 31059357 |
| 安徽 | 839634 | 527278 | 57758917 | 19143131 | 12599105 |
| 福建 | 1884689 | 1341569 | 28777304 | 10675043 | 13809026 |
| 江西 | 1797865 | 1350772 | 48244307 | 17154258 | 8776007 |
| 山东 | 4334984 | 2635340 | 116791762 | 44326020 | 21871119 |
| 河南 | 499948 | 254224 | 89652353 | 27306268 | 13287901 |
| 湖北 | 697087 | 334598 | 48330284 | 14454952 | 9903028 |
| 湖南 | 682164 | 331406 | 45879668 | 19299129 | 9322480 |
| 广东 | 4442256 | 3134605 | 61337483 | 24120770 | 31216542 |
| 广西 | 737431 | 517126 | 29214110 | 23221048 | 9893037 |
| 海南 | 361425 | 274831 | 4333254 | 1655230 | 2582235 |
| 重庆 | 705885 | 477780 | 26621732 | 8992028 | 12933071 |
| 四川 | 456393 | 230576 | 53690001 | 36997238 | 21211922 |
| 贵州 | 107186 | 48325 | 10813039 | 5444252 | 4461084 |
| 云南 | 146985 | 77156 | 20661929 | 7688463 | 7835077 |
| 西藏 | | | 1128423 | 541781 | 382854 |
| 陕西 | 317034 | 191316 | 41041132 | 12205532 | 8715330 |
| 甘肃 | 165520 | 71259 | 11407922 | 2975624 | 2690947 |
| 青海 | 78243 | 76220 | 3302597 | 2069131 | 1150482 |
| 宁夏 | 39355 | 25181 | 4139497 | 1521922 | 1586389 |
| 新疆 | 83709 | 27780 | 12914909 | 7317865 | 4117947 |
| 不分地区 | 646081 | | 12731774 | 5538143 | 406366 |

# 国民经济行业大类城镇投资财务拨款

单位：万元

| 行　　业 | 本年资金来源合计 | 上年末结余资金 | 本年资金来源小计 | 本年各项应付款合计 |
|---|---|---|---|---|
| **全国总计** | **2325564732** | **137698043** | **2187866689** | **149440374** |
| **（一）农、林、牧、渔业** | **34448418** | **299953** | **34148465** | **1601660** |
| 农业 | 7692929 | 62511 | 7630418 | 342923 |
| 林业 | 5766182 | 47721 | 5718461 | 367770 |
| 畜牧业 | 10053803 | 74399 | 9979404 | 357971 |
| 渔业 | 1338245 | 2142 | 1336103 | 84968 |
| 农、林、牧、渔服务业 | 9597259 | 113180 | 9484079 | 448028 |
| **（二）采矿业** | **84564938** | **1094656** | **83470282** | **2503973** |
| 煤炭开采和洗选业 | 32033182 | 536956 | 31496226 | 1289191 |
| 石油和天然气开采业 | 28704592 | 91103 | 28613489 | 500177 |
| 黑色金属矿采选业 | 8694537 | 247643 | 8446894 | 231396 |
| 有色金属矿采选业 | 8611226 | 156714 | 8454512 | 302506 |
| 非金属矿采选业 | 6289246 | 54240 | 6235006 | 177355 |
| 其他采矿业 | 232155 | 8000 | 224155 | 3348 |
| **（三）制造业** | **626387457** | **16495772** | **609891685** | **21374066** |
| 农副食品加工业 | 29242256 | 358350 | 28883906 | 878994 |
| 食品制造业 | 15718351 | 418061 | 15300290 | 444791 |
| 饮料制造业 | 11503743 | 205206 | 11298537 | 272601 |
| 烟草制品业 | 2499454 | 274772 | 2224682 | 16482 |
| 纺织业 | 18703296 | 354863 | 18348433 | 461019 |
| 纺织服装、鞋、帽制造业 | 11392594 | 368310 | 11024284 | 431092 |
| 皮革、毛皮、羽毛(绒)及其制品业 | 5400267 | 82455 | 5317812 | 172221 |
| 木材加工及木、竹、藤、棕、草制品业 | 10446833 | 60547 | 10386286 | 251267 |
| 家具制造业 | 6614522 | 62633 | 6551889 | 164498 |
| 造纸及纸制品业 | 13408428 | 575542 | 12832886 | 353436 |
| 印刷业和记录媒介的复制 | 5941722 | 88540 | 5853182 | 133767 |
| 文教体育用品制造业 | 2250548 | 37423 | 2213125 | 81265 |
| 石油加工、炼焦及核燃料加工业 | 20042970 | 812426 | 19230544 | 581014 |
| 化学原料及化学制品制造业 | 63448589 | 1523007 | 61925582 | 2685712 |
| 医药制造业 | 15908255 | 311353 | 15596902 | 462866 |
| 化学纤维制造业 | 3190019 | 115941 | 3074078 | 90427 |
| 橡胶制品业 | 6901243 | 108963 | 6792280 | 208445 |
| 塑料制品业 | 14674730 | 206538 | 14468192 | 371194 |
| 非金属矿物制品业 | 63129407 | 988921 | 62140486 | 1791585 |
| 黑色金属冶炼及压延加工业 | 32985870 | 1588039 | 31397831 | 2087333 |
| 有色金属冶炼及压延加工业 | 23921524 | 742782 | 23178742 | 834306 |
| 金属制品业 | 29625988 | 531745 | 29094243 | 742751 |
| 通用设备制造业 | 46904151 | 721935 | 46182216 | 1076099 |
| 专用设备制造业 | 32517469 | 664214 | 31853255 | 868643 |

续表 1　　　　单位：万元

| 行　　业 | 本年资金来源合计 | 上年末结余资金 | 本年资金来源小计 | 本年各项应付款合计 |
|---|---|---|---|---|
| 交通运输设备制造业 | 54834097 | 2293998 | 52540099 | 1600155 |
| 电气机械及器材制造业 | 37690058 | 883774 | 36806284 | 1505783 |
| 通信设备、计算机及其他电子设备制造业 | 30073152 | 1729486 | 28343666 | 2234568 |
| 仪器仪表文化办公用机械制造业 | 5765132 | 165236 | 5599896 | 190815 |
| 工艺品及其他制造业 | 9135086 | 181883 | 8953203 | 344783 |
| 废弃资源和废旧材料回收加工业 | 2517703 | 38829 | 2478874 | 36154 |
| **（四）电力燃气水的生产供应业** | **142766274** | **5976573** | **136789701** | **8139885** |
| 电力、热力的生产和供应业 | 116669659 | 5146227 | 111523432 | 6504877 |
| 燃气生产和供应业 | 7083430 | 188539 | 6894891 | 264415 |
| 水的生产和供应业 | 19013185 | 641807 | 18371378 | 1370593 |
| **（五）建筑业** | **16303925** | **233799** | **16070126** | **712563** |
| 房屋和土木工程建筑业 | 13642988 | 170915 | 13472073 | 632820 |
| 建筑安装业 | 722554 | 20306 | 702248 | 11379 |
| 建筑装饰业 | 592942 | 3600 | 589342 | 6440 |
| 其他建筑业 | 1345441 | 38978 | 1306463 | 61924 |
| **（六）交通运输、仓储和邮政业** | **237326063** | **7351176** | **229974887** | **21036612** |
| 铁路运输业 | 65897166 | 772595 | 65124571 | 1398667 |
| 道路运输业 | 105295594 | 3335516 | 101960078 | 14535079 |
| 城市公共交通业 | 23318687 | 1339507 | 21979180 | 2018364 |
| 水上运输业 | 16970314 | 470694 | 16499620 | 1403429 |
| 航空运输业 | 6456557 | 775442 | 5681115 | 637983 |
| 管道运输业 | 1015358 | 51335 | 964023 | 29606 |
| 装卸搬运和其他运输服务业 | 2382948 | 45969 | 2336979 | 64473 |
| 仓储业 | 15620084 | 549813 | 15070271 | 942977 |
| 邮政业 | 369355 | 10305 | 359050 | 6034 |
| **（七）信息传输、计算机服务和软件业** | **25458070** | **417168** | **25040902** | **1701349** |
| 电信和其他信息传输服务业 | 22528596 | 340833 | 22187763 | 1577231 |
| 计算机服务业 | 680697 | 12096 | 668601 | 10289 |
| 软件业 | 2248777 | 64239 | 2184538 | 113829 |
| **（八）批发和零售业** | **46886215** | **995590** | **45890625** | **1805306** |
| 批发业 | 22206252 | 532069 | 21674183 | 789429 |
| 零售业 | 24679963 | 463521 | 24216442 | 1015877 |
| **（九）住宿和餐饮业** | **25077111** | **877440** | **24199671** | **1122405** |
| 住宿业 | 16343277 | 786146 | 15557131 | 684783 |
| 餐饮业 | 8733834 | 91294 | 8642540 | 437622 |
| **（十）金融业** | **3985033** | **209505** | **3775528** | **66492** |
| 银行业 | 3030447 | 203884 | 2826563 | 53634 |
| 证券业 | 390316 | 4123 | 386193 | 5423 |
| 保险业 | 180240 | 1468 | 178772 | |

续表 2 单位：万元

| 行业 | 本年资金来源合计 | 上年末结余资金 | 本年资金来源小计 | 本年各项应付款合计 |
|---|---|---|---|---|
| 其他金融活动 | 384030 | 30 | 384000 | 7435 |
| **（十一）房地产业** | **738737308** | **89146849** | **649590459** | **66982288** |
| 房地产业 | 738737308 | 89146849 | 649590459 | 66982288 |
| **（十二）租赁和商务服务业** | **20951638** | **857558** | **20094080** | **825105** |
| 租赁业 | 1148036 | 10814 | 1137222 | 11801 |
| 商务服务业 | 19803602 | 846744 | 18956858 | 813304 |
| **（十三）科研技术服务和地质勘查业** | **12167834** | **853783** | **11314051** | **377790** |
| 研究与试验发展 | 4457798 | 474078 | 3983720 | 99668 |
| 专业技术服务业 | 3445007 | 301580 | 3143427 | 144097 |
| 科技交流和推广服务业 | 2425959 | 72462 | 2353497 | 93024 |
| 地质勘查业 | 1839070 | 5663 | 1833407 | 41001 |
| **（十四）水利环境和公共设施管理业** | **186440727** | **7744428** | **178696299** | **14167913** |
| 水利管理业 | 24347663 | 1261977 | 23085686 | 1714047 |
| 环境管理业 | 13377696 | 654413 | 12723283 | 871315 |
| 公共设施管理业 | 148715368 | 5828038 | 142887330 | 11582551 |
| **（十五）居民服务和其他服务业** | **5376668** | **79078** | **5297590** | **157714** |
| 居民服务业 | 3263520 | 47900 | 3215620 | 112157 |
| 其他服务业 | 2113148 | 31178 | 2081970 | 45557 |
| **（十六）教育** | **34979749** | **1539187** | **33440562** | **2105748** |
| 教育 | 34979749 | 1539187 | 33440562 | 2105748 |
| **（十七）卫生、社会保障和社会福利业** | **19082372** | **1048476** | **18033896** | **1016172** |
| 卫生 | 16507803 | 1009437 | 15498366 | 844706 |
| 社会保障业 | 833019 | 8892 | 824127 | 61221 |
| 社会福利业 | 1741550 | 30147 | 1711403 | 110245 |
| **（十八）文化、体育和娱乐业** | **22986007** | **1647711** | **21338296** | **1681861** |
| 新闻出版业 | 596456 | 37971 | 558485 | 23934 |
| 广播、电视、电影和音像业 | 2045823 | 397016 | 1648807 | 98809 |
| 文化艺术业 | 7861168 | 622910 | 7238258 | 614234 |
| 体育 | 4059183 | 185739 | 3873444 | 533530 |
| 娱乐业 | 8423377 | 404075 | 8019302 | 411354 |
| **（十九）公共管理和社会组织** | **41638925** | **829341** | **40809584** | **2061472** |
| 中国共产党机关 | 300511 | 13930 | 286581 | 14682 |
| 国家机构 | 32510462 | 732268 | 31778194 | 1622192 |
| 人民政协和民主党派 | 84667 | 14253 | 70414 | 1806 |
| 群众团体、社会团体和宗教组织 | 1160156 | 26399 | 1133757 | 70554 |
| 基层群众自治组织 | 7583129 | 42491 | 7540638 | 352238 |
| **（二十）国际组织** | | | | |
| 国际组织 | | | | |

# 国民经济行业小类城镇投资资金来源构成

单位：万元

| 行　　业 | 本年资金来源小计 | 国家预算内资金 | 国内贷款 | 债　券 |
|---|---|---|---|---|
| **全　国　总　计** | **2187866689** | **114936270** | **376341380** | **11571072** |
| **（一）农、林、牧、渔业** | **34148465** | **5796411** | **1645057** | **17518** |
| 农业 | 7630418 | 916397 | 342749 | 1855 |
| 谷物及其他作物的种植 | 3117625 | 647808 | 41931 | 1805 |
| 谷物的种植 | 1781893 | 423634 | 29955 | 1805 |
| 薯类的种植 | 164976 | 23115 | 1800 | |
| 油料的种植 | 139227 | 17279 | 1380 | |
| 豆类的种植 | 101367 | 21541 | | |
| 棉花的种植 | 80074 | 3743 | | |
| 麻类的种植 | 12745 | 165 | | |
| 糖料的种植 | 27360 | 7749 | 2000 | |
| 烟草的种植 | 143339 | 35103 | 258 | |
| 其他作物的种植 | 666644 | 115479 | 6538 | |
| 蔬菜、园艺作物的种植 | 2852974 | 161341 | 237147 | |
| 蔬菜的种植 | 1942111 | 144403 | 151031 | |
| 花卉的种植 | 469136 | 11444 | 59926 | |
| 其他园艺作物的种植 | 441727 | 5494 | 26190 | |
| 水果、坚果、饮料和香料作物的种植 | 1392915 | 101967 | 51038 | 50 |
| 水果、坚果的种植 | 1065909 | 65231 | 43085 | 50 |
| 茶及其他饮料作物的种植 | 301903 | 32778 | 7953 | |
| 香料作物的种植 | 25103 | 3958 | | |
| 中药材的种植 | 266904 | 5281 | 12633 | |
| 林业 | 5718461 | 1707729 | 261092 | 7334 |
| 林木的培育和种植 | 5435048 | 1578697 | 255932 | 7334 |
| 育种和育苗 | 646185 | 86711 | 20455 | 1788 |
| 造林 | 4158253 | 1316159 | 217727 | 1516 |
| 林木的抚育和管理 | 630610 | 175827 | 17750 | 4030 |
| 木材和竹材的采运 | 186696 | 112863 | | |
| 木材的采运 | 184460 | 112655 | | |
| 竹材的采运 | 2236 | 208 | | |
| 林产品的采集 | 96717 | 16169 | 5160 | |
| 畜牧业 | 9979404 | 336887 | 670709 | 642 |
| 牲畜的饲养 | 3971939 | 188402 | 349107 | 637 |
| 猪的饲养 | 3426973 | 89087 | 151072 | 5 |
| 家禽的饲养 | 2030246 | 31946 | 138792 | |
| 狩猎和捕捉动物 | 22832 | | | |
| 其他畜牧业 | 527414 | 27452 | 31738 | |
| 渔业 | 1336103 | 17631 | 113900 | |
| 海洋渔业 | 662023 | 10336 | 77630 | |
| 海水养殖 | 534654 | 8130 | 71830 | |

续表 1 单位：万元

| 行　　业 | 本年资金来源小计 | 国家预算内资金 | 国内贷款 | 债券 |
|---|---|---|---|---|
| 海洋捕捞 | 127369 | 2206 | 5800 | |
| 内陆渔业 | 674080 | 7295 | 36270 | |
| 内陆养殖 | 664597 | 7295 | 36270 | |
| 内陆捕捞 | 9483 | | | |
| 农、林、牧、渔服务业 | 9484079 | 2817767 | 256607 | 7687 |
| 农业服务业 | 8486310 | 2510478 | 221607 | 5984 |
| 灌溉服务 | 2343591 | 905300 | 21077 | 1235 |
| 农产品初加工服务 | 959911 | 15765 | 46235 | |
| 其他农业服务 | 5182808 | 1589413 | 154295 | 4749 |
| 林业服务业 | 298931 | 107486 | 9000 | 577 |
| 畜牧服务业 | 530290 | 182935 | 13740 | 1126 |
| 兽医服务 | 136221 | 49379 | 2365 | |
| 其他畜牧服务 | 394069 | 133556 | 11375 | 1126 |
| 渔业服务业 | 168548 | 16868 | 12260 | |
| **（二）采矿业** | 83470282 | 834960 | 8745157 | 63566 |
| 煤炭开采和洗选业 | 31496226 | 454296 | 3702636 | 35836 |
| 烟煤和无烟煤的开采洗选 | 28833270 | 270338 | 3474346 | 35836 |
| 褐煤的开采洗选 | 2275284 | 182066 | 213299 | |
| 其他煤炭采选 | 387672 | 1892 | 14991 | |
| 石油和天然气开采业 | 28613489 | 262877 | 3763270 | 26000 |
| 天然原油和天然气开采 | 24540849 | 248863 | 3441562 | |
| 与石油和天然气开采有关的服务活动 | 4072640 | 14014 | 321708 | 26000 |
| 黑色金属矿采选业 | 8446894 | 8538 | 606375 | 300 |
| 铁矿采选 | 7800951 | 8488 | 572575 | 300 |
| 其他黑色金属矿采选 | 645943 | 50 | 33800 | |
| 有色金属矿采选业 | 8454512 | 81211 | 407365 | 1000 |
| 常用有色金属矿采选 | 4725432 | 30691 | 230198 | 1000 |
| 铜矿采选 | 1191990 | 4457 | 72466 | |
| 铅锌矿采选 | 1618595 | 14384 | 74167 | 1000 |
| 镍钴矿采选 | 208197 | 350 | 29620 | |
| 锡矿采选 | 280524 | | 4700 | |
| 锑矿采选 | 69723 | | | |
| 铝矿采选 | 672169 | 2000 | 17650 | |
| 镁矿采选 | 87677 | | 9200 | |
| 其他常用有色金属矿采选 | 596557 | 9500 | 22395 | |
| 贵金属矿采选 | 2454580 | 17982 | 136526 | |
| 金矿采选 | 2297489 | 17110 | 136026 | |
| 银矿采选 | 105542 | 872 | | |
| 其他贵金属矿采选 | 51549 | | 500 | |
| 稀有稀土金属矿采选 | 1274500 | 32538 | 40641 | |

续表 2

单位：万元

| 行　　业 | 本年资金来源小计 | 国家预算内资金 | 国内贷款 | 债　券 |
|---|---|---|---|---|
| 钨钼矿采选 | 990168 | 24088 | 30153 | |
| 稀土金属矿采选 | 52372 | | 1000 | |
| 放射性金属矿采选 | 22804 | 450 | | |
| 其他稀有金属矿采选 | 209156 | 8000 | 9488 | |
| 非金属矿采选业 | 6235006 | 27440 | 244211 | 430 |
| 土砂石开采 | 4358161 | 7136 | 144791 | 270 |
| 石灰石、石膏开采 | 977089 | 3115 | 34631 | 270 |
| 建筑装饰用石开采 | 1315726 | 793 | 40405 | |
| 耐火土石开采 | 512746 | | 19450 | |
| 粘土及其他土砂石开采 | 1552600 | 3228 | 50305 | |
| 化学矿采选 | 477344 | 7806 | 39719 | |
| 采盐 | 299825 | 10356 | 21800 | |
| 石棉及其他非金属矿采选 | 1099676 | 2142 | 37901 | 160 |
| 石棉、云母矿采选 | 23255 | | 1990 | |
| 石墨、滑石采选 | 180845 | | 6500 | |
| 宝石、玉石开采 | 42461 | 188 | | |
| 其他非金属矿采选 | 853115 | 1954 | 29411 | 160 |
| 其他采矿业 | 224155 | 598 | 21300 | |
| 其他采矿业 | 224155 | 598 | 21300 | |
| **（三）制造业** | 609891685 | 3427129 | 61376756 | 407861 |
| 农副食品加工业 | 28883906 | 151846 | 2199612 | 900 |
| 谷物磨制 | 4630175 | 32067 | 326609 | |
| 饲料加工 | 3467661 | 10368 | 189087 | |
| 植物油加工 | 4309825 | 20734 | 320359 | 600 |
| 食用植物油加工 | 3852635 | 18616 | 290519 | 600 |
| 非食用植物油加工 | 457190 | 2118 | 29840 | |
| 制糖 | 716628 | 1003 | 81071 | |
| 屠宰及肉类加工 | 5917687 | 31467 | 545746 | |
| 畜禽屠宰 | 2796854 | 17519 | 192310 | |
| 肉制品及副产品加工 | 3120833 | 13948 | 353436 | |
| 水产品加工 | 1707577 | 10749 | 114166 | |
| 水产品冷冻加工 | 1203405 | 5710 | 80821 | |
| 鱼糜制品及水产品干腌制加工 | 191858 | 1950 | 15795 | |
| 水产饲料制造 | 103357 | | 1450 | |
| 鱼油提取及制品的制造 | 10559 | | 200 | |
| 其他水产品加工 | 198398 | 3089 | 15900 | |
| 蔬菜、水果和坚果加工 | 3514596 | 24132 | 260801 | 300 |
| 其他农副食品加工 | 4619757 | 21326 | 361773 | |
| 淀粉及淀粉制品的制造 | 1842553 | 11487 | 151569 | |
| 豆制品制造 | 734093 | | 74256 | |

续表 3　　单位：万元

| 行　　业 | 本年资金来源小计 | 国家预算内资金 | 国内贷款 | 债　券 |
|---|---|---|---|---|
| 蛋品加工 | 179595 | | 15805 | |
| 其他未列明的农副食品加工 | 1863516 | 9839 | 120143 | |
| 食品制造业 | 15300290 | 70905 | 1266217 | 80 |
| 焙烤食品制造 | 2256371 | 6639 | 103061 | |
| 糕点、面包制造 | 1028501 | 639 | 30698 | |
| 饼干及其他焙烤食品制造 | 1227870 | 6000 | 72363 | |
| 糖果、巧克力及蜜饯制造 | 808876 | 547 | 37975 | |
| 糖果、巧克力制造 | 539086 | | 29600 | |
| 蜜饯制作 | 269790 | 547 | 8375 | |
| 方便食品制造 | 2840366 | 22854 | 233130 | |
| 米、面制品制造 | 1239801 | 20594 | 96109 | |
| 速冻食品制造 | 607027 | 1260 | 67598 | |
| 方便面及其他方便食品制造 | 993538 | 1000 | 69423 | |
| 液体乳及乳制品制造 | 1394090 | 2422 | 158730 | |
| 罐头制造 | 1127868 | 4870 | 117134 | |
| 肉、禽类罐头制造 | 193750 | | 9962 | |
| 水产品罐头制造 | 74688 | | 12300 | |
| 蔬菜、水果罐头制造 | 677120 | 4870 | 86042 | |
| 其他罐头食品制造 | 182310 | | 8830 | |
| 调味品、发酵制品制造 | 2111374 | 11126 | 132614 | |
| 味精制造 | 550195 | 1810 | 17090 | |
| 酱油、食醋及类似制品的制造 | 611993 | 645 | 48607 | |
| 其他调味品、发酵制品制造 | 949186 | 8671 | 66917 | |
| 其他食品制造 | 4761345 | 22447 | 483573 | 80 |
| 营养、保健食品制造 | 1230420 | 3949 | 63330 | |
| 冷冻饮品及食用冰制造 | 434329 | 1070 | 12213 | |
| 盐加工 | 481341 | 200 | 197275 | |
| 食品及饲料添加剂制造 | 1376185 | 3825 | 97680 | |
| 其他未列明的食品制造 | 1239070 | 13403 | 113075 | 80 |
| 饮料制造业 | 11298537 | 47919 | 829507 | 400 |
| 酒精制造 | 802063 | 1760 | 79257 | |
| 酒的制造 | 5086294 | 12777 | 347066 | |
| 白酒制造 | 2781779 | 9957 | 146338 | |
| 啤酒制造 | 1232026 | 920 | 123936 | |
| 黄酒制造 | 170131 | | 16491 | |
| 葡萄酒制造 | 607453 | | 44267 | |
| 其他酒制造 | 294905 | 1900 | 16034 | |
| 软饮料制造 | 4573880 | 26025 | 321124 | |
| 碳酸饮料制造 | 641983 | 1200 | 20024 | |
| 瓶（罐）装饮用水制造 | 1068457 | 3560 | 83172 | |

续表 4　　　　单位：万元

| 行　　业 | 本年资金来源小计 | 国家预算内资金 | 国内贷款 | 债　券 |
|---|---|---|---|---|
| 果菜汁及果菜汁饮料制造 | 1378988 | 19333 | 130450 | |
| 含乳饮料和植物蛋白饮料制造 | 706589 | 800 | 45160 | |
| 固体饮料制造 | 154150 | 582 | 13848 | |
| 茶饮料及其他软饮料制造 | 623713 | 550 | 28470 | |
| 精制茶加工 | 836300 | 7357 | 82060 | 400 |
| 烟草制品业 | 2224682 | 41272 | 26334 | |
| 烟叶复烤 | 203190 | 5401 | 3500 | |
| 卷烟制造 | 1933423 | 33571 | 20000 | |
| 其他烟草制品加工 | 88069 | 2300 | 2834 | |
| 纺织业 | 18348433 | 55989 | 1417913 | 1500 |
| 棉、化纤纺织及印染精加工 | 9456327 | 22986 | 759251 | 1300 |
| 棉、化纤纺织加工 | 8409895 | 20816 | 645255 | 400 |
| 棉、化纤印染精加工 | 1046432 | 2170 | 113996 | 900 |
| 毛纺织和染整精加工 | 894911 | 6844 | 111338 | |
| 毛条加工 | 187008 | 2717 | 44530 | |
| 毛纺织 | 548478 | 3707 | 43531 | |
| 毛染整精加工 | 159425 | 420 | 23277 | |
| 麻纺织 | 338537 | 530 | 47194 | |
| 丝绢纺织及精加工 | 783022 | 1710 | 118095 | |
| 缫丝加工 | 344022 | 1710 | 56049 | |
| 绢纺和丝织加工 | 343588 | | 53086 | |
| 丝印染精加工 | 95412 | | 8960 | |
| 纺织制成品制造 | 3764634 | | 268071 | 200 |
| 棉及化纤制品制造 | 1688187 | | 123590 | |
| 毛制品制造 | 153698 | | 6860 | |
| 麻制品制造 | 62298 | | 1350 | |
| 丝制品制造 | 151342 | | 21519 | 200 |
| 绳、索、缆的制造 | 164493 | | 6240 | |
| 纺织带和帘子布制造 | 165187 | | 18570 | |
| 无纺布制造 | 734183 | | 36680 | |
| 其他纺织制成品制造 | 645246 | | 53262 | |
| 针织品、编织品及其制品制造 | 3111002 | 23919 | 113964 | |
| 棉、化纤针织品及编织品制造 | 1753785 | 1200 | 68304 | |
| 毛针织品及编织品制造 | 662322 | 175 | 23735 | |
| 丝针织品及编织品制造 | 199368 | | 3800 | |
| 其他针织品及编织品制造 | 495527 | 22544 | 18125 | |
| 纺织服装、鞋、帽制造业 | 11024284 | 22550 | 721308 | 6450 |
| 纺织服装制造 | 10174700 | 22550 | 672758 | 6450 |
| 纺织面料鞋的制造 | 752659 | | 28420 | |
| 制帽 | 96925 | | 20130 | |

续表 5

单位：万元

| 行业 | 本年资金来源小计 | 国家预算内资金 | 国内贷款 | 债券 |
| --- | --- | --- | --- | --- |
| 皮革、毛皮、羽毛(绒)及其制品业 | 5317812 | 24040 | 300166 | 1000 |
| 皮革鞣制加工 | 624959 | 3710 | 38266 | 1000 |
| 皮革制品制造 | 3992399 | 20330 | 219052 | |
| 皮鞋制造 | 2535073 | 20330 | 150427 | |
| 皮革服装制造 | 249215 | | 11400 | |
| 皮箱、包(袋)制造 | 673416 | | 32677 | |
| 皮手套及皮装饰制品制造 | 131947 | | 4050 | |
| 其他皮革制品制造 | 402748 | | 20498 | |
| 毛皮鞣制及制品加工 | 408231 | | 31808 | |
| 毛皮鞣制加工 | 155288 | | 29908 | |
| 毛皮服装加工 | 184905 | | 1100 | |
| 其他毛皮制品加工 | 68038 | | 800 | |
| 羽毛(绒)加工及制品制造 | 292223 | | 11040 | |
| 羽毛(绒)加工 | 134183 | | 4550 | |
| 羽毛(绒)制品加工 | 158040 | | 6490 | |
| 木材加工及木、竹、藤、棕、草制造 | 10386286 | 41569 | 534561 | |
| 锯材、木片加工 | 2350864 | 10315 | 95463 | |
| 锯材加工 | 1387600 | 10 | 44428 | |
| 木片加工 | 963264 | 10305 | 51035 | |
| 人造板制造 | 4731356 | 19304 | 294155 | |
| 胶合板制造 | 1706273 | 255 | 92590 | |
| 纤维板制造 | 1021975 | 14879 | 121762 | |
| 刨花板制造 | 406186 | 2640 | 4962 | |
| 其他人造板、材制造 | 1596922 | 1530 | 74841 | |
| 木制品制造 | 2564471 | 6650 | 100263 | |
| 建筑用木料及木材组件加工 | 1678761 | 6300 | 59670 | |
| 木容器制造 | 160325 | | 7003 | |
| 软木制品及其他木制品制造 | 725385 | 350 | 33590 | |
| 竹、藤、棕、草制品制造 | 739595 | 5300 | 44680 | |
| 家具制造业 | 6551889 | 8514 | 330932 | |
| 木质家具制造 | 4634407 | 7864 | 248845 | |
| 竹、藤家具制造 | 124119 | | 4890 | |
| 金属家具制造 | 904714 | | 26400 | |
| 塑料家具制造 | 106766 | | 3900 | |
| 其他家具制造 | 781883 | 650 | 46897 | |
| 造纸及纸制品业 | 12832886 | 41658 | 2132259 | |
| 纸浆制造 | 2642094 | 19611 | 1006678 | |
| 造纸 | 5887821 | 9537 | 877600 | |
| 机制纸及纸板制造 | 5094737 | 9477 | 779826 | |
| 手工纸制造 | 132618 | | 56519 | |

续表 6 单位：万元

| 行　　业 | 本年资金来源小计 | 国家预算内资金 | 国内贷款 | 债　券 |
|---|---|---|---|---|
| 加工纸制造 | 660466 | 60 | 41255 | |
| 纸制品制造 | 4302971 | 12510 | 247981 | |
| 纸和纸板容器的制造 | 2491188 | 800 | 143456 | |
| 其他纸制品制造 | 1811783 | 11710 | 104525 | |
| 印刷业和记录媒介的复制 | 5853182 | 17222 | 287532 | 900 |
| 印刷 | 5355108 | 17222 | 274873 | 900 |
| 书、报、刊印刷 | 1232739 | 8498 | 66072 | 900 |
| 本册印制 | 350686 | 2860 | 27060 | |
| 包装装潢及其他印刷 | 3771683 | 5864 | 181741 | |
| 装订及其他印刷服务活动 | 322121 | | 10659 | |
| 记录媒介的复制 | 175953 | | 2000 | |
| 文教体育用品制造业 | 2213125 | 1533 | 114177 | 200 |
| 文化用品制造 | 455121 | 350 | 24040 | |
| 文具制造 | 161067 | 150 | 6780 | |
| 笔的制造 | 125896 | 200 | 9150 | |
| 教学用模型及教具制造 | 57635 | | 2300 | |
| 墨水、墨汁制造 | 34546 | | 800 | |
| 其他文化用品制造 | 75977 | | 5010 | |
| 体育用品制造 | 774175 | | 40677 | |
| 球类制造 | 76294 | | 1100 | |
| 体育器材及配件制造 | 271098 | | 19915 | |
| 训练健身器材制造 | 139093 | | 7510 | |
| 运动防护用具制造 | 89878 | | 1000 | |
| 其他体育用品制造 | 197812 | | 11152 | |
| 乐器制造 | 134583 | 1183 | 300 | |
| 中乐器制造 | 22758 | | 300 | |
| 西乐器制造 | 73765 | 1183 | | |
| 电子乐器制造 | 9868 | | | |
| 其他乐器及零件制造 | 28192 | | | |
| 玩具制造 | 709628 | | 45650 | 200 |
| 游艺器材及娱乐用品制造 | 139618 | | 3510 | |
| 露天游乐场所游乐设备制造 | 89234 | | 660 | |
| 游艺用品及室内游艺器材制造 | 50384 | | 2850 | |
| 石油加工、炼焦及核燃料加工业 | 19230544 | 365604 | 3528850 | 19715 |
| 精炼石油产品的制造 | 11338534 | 283625 | 2157627 | |
| 原油加工及石油制品制造 | 10782671 | 280625 | 2151327 | |
| 人造原油生产 | 555863 | 3000 | 6300 | |
| 炼焦及其他 | 7892010 | 81979 | 1371223 | 19715 |
| 化学原料及化学制品制造业 | 61925582 | 171183 | 9884467 | 51400 |

续表 7

单位：万元

| 行　　业 | 本年资金来源小计 | 国家预算内资金 | 国内贷款 | 债　券 |
|---|---|---|---|---|
| 基础化学原料制造 | 23331364 | 46898 | 3778803 | |
| 无机酸制造 | 2039997 | 8370 | 188234 | |
| 无机碱制造 | 3228666 | 2859 | 1007617 | |
| 无机盐制造 | 2405411 | 10300 | 322508 | |
| 有机化学原料制造 | 12151886 | 3798 | 1596808 | |
| 其他基础化学原料制造 | 3505404 | 21571 | 663636 | |
| 肥料制造 | 9940435 | 47122 | 2005340 | 11400 |
| 氮肥制造 | 4378529 | 27256 | 1285985 | 200 |
| 磷肥制造 | 1027091 | 7412 | 175183 | 1200 |
| 钾肥制造 | 314847 | | 28841 | |
| 复混肥料制造 | 2525374 | 4180 | 361233 | 10000 |
| 有机肥料及微生物肥料制造 | 1190991 | 7974 | 96578 | |
| 其他肥料制造 | 503603 | 300 | 57520 | |
| 农药制造 | 2297622 | 8094 | 170807 | |
| 化学农药制造 | 1484022 | 4434 | 106737 | |
| 生物化学农药及微生物农药制造 | 813600 | 3660 | 64070 | |
| 涂料、油墨、颜料及类似产品制造 | 3667126 | 10430 | 204777 | |
| 涂料制造 | 1849547 | 10430 | 69037 | |
| 油墨及类似产品制造 | 216830 | | 5138 | |
| 颜料制造 | 383733 | | 62892 | |
| 染料制造 | 654388 | | 56340 | |
| 密封用填料及类似品制造 | 562628 | | 11370 | |
| 合成材料制造 | 4835843 | 27000 | 931417 | 40000 |
| 初级形态的塑料及合成树脂制造 | 2623408 | 19273 | 665538 | 40000 |
| 合成橡胶制造 | 831928 | 4027 | 196021 | |
| 合成纤维单(聚合)体的制造 | 766705 | 3700 | 33912 | |
| 其他合成材料制造 | 613802 | | 35946 | |
| 专用化学产品制造 | 15430826 | 31524 | 2294004 | |
| 化学试剂和助剂制造 | 3750719 | 1974 | 517672 | |
| 专项化学用品制造 | 4828557 | 6982 | 1072496 | |
| 林产化学产品制造 | 448503 | 1345 | 27295 | |
| 环境污染处理专用药剂材料制造 | 383850 | 1640 | 13615 | |
| 动物胶制造 | 138843 | 163 | 17585 | |
| 其他专用化学产品制造 | 5880354 | 19420 | 645341 | |
| 日用化学产品制造 | 2422366 | 115 | 499319 | |
| 肥皂及合成洗涤剂制造 | 535533 | 15 | 31858 | |
| 化妆品制造 | 297908 | | 10953 | |
| 口腔清洁用品制造 | 33329 | | | |

续表 8　　　　单位：万元

| 行　　业 | 本年资金来源小计 | 国家预算内资金 | 国内贷款 | 债　券 |
|---|---|---|---|---|
| 香料、香精制造 | 361290 | 100 | 11550 | |
| 其他日用化学产品制造 | 1194306 | | 444958 | |
| 医药制造业 | 15596902 | 90671 | 1258549 | |
| 化学药品原药制造 | 3229806 | 32894 | 284703 | |
| 化学药品制剂制造 | 2901464 | 17931 | 159865 | |
| 中药饮片加工 | 1592266 | 8595 | 133120 | |
| 中成药制造 | 3092216 | 9686 | 326858 | |
| 兽用药品制造 | 882991 | 7300 | 64055 | |
| 生物、生化制品的制造 | 2683698 | 13915 | 228912 | |
| 卫生材料及医药用品制造 | 1214461 | 350 | 61036 | |
| 化学纤维制造业 | 3074078 | 5383 | 357289 | |
| 纤维素纤维原料及纤维制造 | 1204231 | 1030 | 117962 | |
| 化纤浆粕制造 | 488828 | 30 | 20200 | |
| 人造纤维（纤维素纤维）制造 | 715403 | 1000 | 97762 | |
| 合成纤维制造 | 1869847 | 4353 | 239327 | |
| 锦纶纤维制造 | 186064 | 2350 | 7250 | |
| 涤纶纤维制造 | 675989 | | 165950 | |
| 腈纶纤维制造 | 34152 | | 2000 | |
| 维纶纤维制造 | 286332 | 1733 | 15650 | |
| 其他合成纤维制造 | 687310 | 270 | 48477 | |
| 橡胶制品业 | 6792280 | 71297 | 715258 | |
| 轮胎制造 | 2941754 | 68404 | 489668 | |
| 车辆、飞机及工程机械轮胎制造 | 2617461 | 68404 | 467118 | |
| 力车胎制造 | 167449 | | 10800 | |
| 轮胎翻新加工 | 156844 | | 11750 | |
| 橡胶板、管、带的制造 | 1513130 | 1000 | 78547 | |
| 橡胶零件制造 | 787727 | | 52870 | |
| 再生橡胶制造 | 246275 | | 5805 | |
| 日用及医用橡胶制品制造 | 339817 | 430 | 60452 | |
| 橡胶靴鞋制造 | 144411 | | 4400 | |
| 其他橡胶制品制造 | 819166 | 1463 | 23516 | |
| 塑料制品业 | 14468192 | 11513 | 1006333 | |
| 塑料薄膜制造 | 1693412 | | 100692 | |
| 塑料板、管、型材的制造 | 5051045 | 6271 | 504678 | |
| 塑料丝、绳及编织品的制造 | 1250581 | 460 | 78168 | |
| 泡沫塑料制造 | 765524 | 3782 | 42358 | |
| 塑料人造革、合成革制造 | 501493 | | 5858 | |
| 塑料包装箱及容器制造 | 1569128 | | 83268 | |
| 塑料零件制造 | 869697 | | 25572 | |
| 日用塑料制造 | 1281873 | 180 | 82458 | |

续表 9　　单位：万元

| 行　　业 | 本年资金来源小计 | 国家预算内资金 | 国内贷款 | 债　券 |
|---|---|---|---|---|
| 塑料鞋制造 | 227558 | | 21320 | |
| 日用塑料杂品制造 | 1054315 | 180 | 61138 | |
| 其他塑料制品制造 | 1485439 | 820 | 83281 | |
| 非金属矿物制品业 | 62140486 | 281996 | 6255772 | 50226 |
| 水泥、石灰和石膏的制造 | 18323249 | 43039 | 3094670 | 46426 |
| 水泥制造 | 17320149 | 40829 | 3065058 | 46326 |
| 石灰和石膏制造 | 1003100 | 2210 | 29612 | 100 |
| 水泥及石膏制品制造 | 7818144 | 108074 | 414996 | 3200 |
| 水泥制品制造 | 4337488 | 55358 | 223041 | 3000 |
| 砼结构构件制造 | 1465628 | 46376 | 63519 | |
| 石棉水泥制品制造 | 135117 | | 10640 | |
| 轻质建筑材料制造 | 1230201 | 4750 | 69713 | |
| 其他水泥制品制造 | 649710 | 1590 | 48083 | 200 |
| 砖瓦、石材及其他建筑材料制造 | 15817500 | 62531 | 757192 | 300 |
| 粘土砖瓦及建筑砌块制造 | 5551013 | 15349 | 228746 | 300 |
| 建筑陶瓷制品制造 | 2664656 | 3100 | 146258 | |
| 建筑用石加工 | 2516044 | 2678 | 83708 | |
| 防水建筑材料制造 | 915457 | 1603 | 70913 | |
| 隔热和隔音材料制造 | 1253821 | 35900 | 59818 | |
| 其他建筑材料制造 | 2916509 | 3901 | 167749 | |
| 玻璃及玻璃制品制造 | 7692445 | 18452 | 1220557 | 300 |
| 平板玻璃制造 | 1753284 | 11195 | 336860 | |
| 技术玻璃制品制造 | 1173103 | 3900 | 103326 | |
| 光学玻璃制造 | 273324 | 400 | 14267 | |
| 玻璃仪器制造 | 144158 | | 7960 | |
| 日用玻璃制品及玻璃包装容器制造 | 1212188 | 2115 | 86490 | |
| 玻璃保温容器制造 | 79243 | | 3199 | |
| 玻璃纤维及制品制造 | 1404649 | 532 | 261950 | 300 |
| 玻璃纤维增强塑料制品制造 | 614793 | | 49868 | |
| 其他玻璃制品制造 | 1037703 | 310 | 356637 | |
| 陶瓷制品制造 | 3418327 | 12560 | 134444 | |
| 卫生陶瓷制品制造 | 515802 | 1440 | 12745 | |
| 特种陶瓷制品制造 | 1293248 | 220 | 54239 | |
| 日用陶瓷制品制造 | 1415050 | 10900 | 65060 | |
| 园林、陈设艺术及其他陶瓷制造 | 194227 | | 2400 | |
| 耐火材料制品制造 | 3402471 | 1586 | 185754 | |
| 石棉制品制造 | 262403 | 890 | 17410 | |
| 云母制品制造 | 104959 | | 4650 | |
| 耐火陶瓷制品及其他耐火材料制造 | 3035109 | 696 | 163694 | |
| 石墨及其他非金属矿物制品制造 | 5668350 | 35754 | 448159 | |

续表 10　　单位：万元

| 行　　业 | 本年资金来源小计 | 国家预算内资金 | 国内贷款 | 债　券 |
|---|---|---|---|---|
| 石墨及碳素制品制造 | 2271249 | 29094 | 187025 | |
| 其他非金属矿物制品制造 | 3397101 | 6660 | 261134 | |
| 黑色金属冶炼及压延加工业 | 31397831 | 67449 | 3530551 | 120650 |
| 炼铁 | 2093268 | | 193625 | |
| 炼钢 | 7781246 | 56556 | 466236 | 119700 |
| 钢压延加工 | 19157255 | 7100 | 2729104 | 950 |
| 铁合金冶炼 | 2366062 | 3793 | 141586 | |
| 有色金属冶炼及压延加工业 | 23178742 | 142581 | 3139069 | 4400 |
| 常用有色金属冶炼 | 10703131 | 74086 | 1903895 | 1000 |
| 铜冶炼 | 2114326 | 10800 | 191123 | |
| 铅锌冶炼 | 2199327 | 31210 | 463703 | 1000 |
| 镍钴冶炼 | 1244827 | | 149253 | |
| 锡冶炼 | 154364 | | 3300 | |
| 锑冶炼 | 62856 | | 6910 | |
| 铝冶炼 | 3002388 | 4076 | 801504 | |
| 镁冶炼 | 918550 | 28000 | 183712 | |
| 其他常用有色金属冶炼 | 1006493 | | 104390 | |
| 贵金属冶炼 | 656279 | 1030 | 59042 | 2400 |
| 金冶炼 | 470036 | 1030 | 42812 | 400 |
| 银冶炼 | 73715 | | 16130 | |
| 其他贵金属冶炼 | 112528 | | 100 | 2000 |
| 稀有稀土金属冶炼 | 2411752 | 8956 | 290622 | |
| 钨钼冶炼 | 616630 | 1977 | 38972 | |
| 稀土金属冶炼 | 457578 | 3600 | 13320 | |
| 其他稀有金属冶炼 | 1337544 | 3379 | 238330 | |
| 有色金属合金制造 | 1716819 | 608 | 90205 | |
| 有色金属压延加工 | 7690761 | 57901 | 795305 | 1000 |
| 常用有色金属压延加工 | 6890220 | 57097 | 701337 | 1000 |
| 贵金属压延加工 | 326776 | | 43700 | |
| 稀有稀土金属压延加工 | 473765 | 804 | 50268 | |
| 金属制品业 | 29094243 | 93128 | 2099287 | 50000 |
| 结构性金属制品制造 | 12716419 | 11417 | 927450 | 50000 |
| 金属结构制造 | 10202609 | 11417 | 773316 | 50000 |
| 金属门窗制造 | 2513810 | | 154134 | |
| 金属工具制造 | 2905526 | 6749 | 123819 | |
| 切削工具制造 | 619313 | 3749 | 50043 | |
| 手工具制造 | 378555 | | 7652 | |
| 农用及园林用金属工具制造 | 238961 | | 7750 | |
| 刀剪及类似日用金属工具制造 | 200557 | 400 | 4162 | |
| 其他金属工具制造 | 1468140 | 2600 | 54212 | |

续表 11 单位：万元

| 行　　业 | 本年资金来源小计 | 国家预算内资金 | 国内贷款 | 债　券 |
|---|---|---|---|---|
| 集装箱及金属包装容器制造 | 1772043 | 8212 | 155983 | |
| 集装箱制造 | 268549 | | 29720 | |
| 金属压力容器制造 | 733613 | 8212 | 68003 | |
| 金属包装容器制造 | 769881 | | 58260 | |
| 金属丝绳及其制品的制造 | 2031950 | 1500 | 307322 | |
| 建筑、安全用金属制品制造 | 3326559 | | 127357 | |
| 建筑、家具用金属配件制造 | 801350 | | 36033 | |
| 建筑装饰及水暖管道零件制造 | 1732480 | | 71054 | |
| 安全、消防用金属制品制造 | 463609 | | 11850 | |
| 其他建筑、安全用金属制品制造 | 329120 | | 8420 | |
| 金属表面处理及热处理加工 | 1616600 | 120 | 165947 | |
| 搪瓷制品制造 | 322065 | | 27725 | |
| 工业生产配套用搪瓷制品制造 | 43138 | | 980 | |
| 搪瓷卫生洁具制造 | 113841 | | 7045 | |
| 搪瓷日用品及其他搪瓷制品制造 | 165086 | | 19700 | |
| 不锈钢及类似日用金属制品制造 | 1741257 | 1850 | 120230 | |
| 金属制厨房调理及卫生器具制造 | 403358 | 350 | 22818 | |
| 金属制厨用器皿及餐具制造 | 556974 | 1500 | 62925 | |
| 其他日用金属制品制造 | 780925 | | 34487 | |
| 其他金属制品制造 | 2661824 | 63280 | 143454 | |
| 铸币及贵金属制实验室用品制造 | 52508 | | 6718 | |
| 其他未列明的金属制品制造 | 2609316 | 63280 | 136736 | |
| 通用设备制造业 | 46182216 | 354724 | 3255090 | 16600 |
| 锅炉及原动机制造 | 3878107 | 171773 | 387740 | |
| 锅炉及辅助设备制造 | 1487531 | 53980 | 171359 | |
| 内燃机及配件制造 | 1326716 | 4900 | 161470 | |
| 汽轮机及辅机制造 | 584514 | 112219 | 24250 | |
| 水轮机及辅机制造 | 112697 | 32 | 12200 | |
| 其他原动机制造 | 366649 | 642 | 18461 | |
| 金属加工机械制造 | 7062525 | 15170 | 573183 | 5000 |
| 金属切削机床制造 | 1643192 | 7249 | 218994 | 5000 |
| 金属成形机床制造 | 799080 | 3237 | 78880 | |
| 铸造机械制造 | 1483763 | 1670 | 109771 | |
| 金属切割及焊接设备制造 | 339990 | | 15500 | |
| 机床附件制造 | 697358 | 1700 | 40783 | |
| 其他金属加工机械制造 | 2099142 | 1314 | 109255 | |
| 起重运输设备制造 | 3225500 | 1090 | 314667 | |
| 泵、阀门、压缩机及类似机械的制造 | 6219369 | 18473 | 408947 | |
| 泵及真空设备制造 | 1694759 | 13870 | 125059 | |
| 气体压缩机械制造 | 816887 | 400 | 53272 | |

续表 12 单位：万元

| 行　　业 | 本年资金来源小计 | 国家预算内资金 | 国内贷款 | 债　券 |
|---|---|---|---|---|
| 阀门和旋塞的制造 | 1837219 | 2883 | 123223 | |
| 液压和气压动力机械及元件制造 | 1870504 | 1320 | 107393 | |
| 轴承、齿轮、传动和驱动部件制造 | 4135196 | 88643 | 292267 | 11000 |
| 轴承制造 | 2418925 | 43953 | 199644 | 11000 |
| 齿轮、传动和驱动部件制造 | 1716271 | 44690 | 92623 | |
| 烘炉、熔炉及电炉制造 | 319978 | | 20900 | |
| 风机衡器包装设备等通用设备制造 | 6548104 | 13475 | 379578 | |
| 风机、风扇制造 | 1502041 | 2035 | 104065 | |
| 气体、液体分离及纯净设备制造 | 769333 | 2800 | 46124 | |
| 制冷、空调设备制造 | 1020575 | 3600 | 45806 | |
| 风动和电动工具制造 | 560260 | | 104662 | |
| 喷枪及类似器具制造 | 154696 | 3500 | 2086 | |
| 包装专用设备制造 | 326682 | 540 | 9000 | |
| 衡器制造 | 137460 | | 2150 | |
| 其他通用设备制造 | 2077057 | 1000 | 65685 | |
| 通用零部件制造及机械修理 | 7515901 | 24443 | 438323 | 600 |
| 金属密封件制造 | 518083 | | 32787 | |
| 紧固件、弹簧制造 | 1141423 | | 63658 | |
| 机械零部件加工及设备修理 | 4163488 | 9034 | 212806 | |
| 其他通用零部件制造 | 1692907 | 15409 | 129072 | 600 |
| 金属铸、锻加工 | 7277536 | 21657 | 439485 | |
| 钢铁铸件制造 | 5626077 | 6167 | 317868 | |
| 锻件及粉末冶金制品制造 | 1651459 | 15490 | 121617 | |
| 专用设备制造业 | 31853255 | 227524 | 2632939 | 65240 |
| 矿山、冶金、建筑专用设备制造 | 11949261 | 77847 | 1263451 | 64000 |
| 采矿、采石设备制造 | 3856838 | 29462 | 269295 | |
| 石油钻采专用设备制造 | 2350053 | 7625 | 216706 | |
| 建筑工程用机械制造 | 2751007 | 1060 | 235871 | |
| 建筑材料生产专用机械制造 | 841705 | 7200 | 74282 | |
| 冶金专用设备制造 | 2149658 | 32500 | 467297 | 64000 |
| 化工木材非金属加工专用设备制造 | 4417381 | 49913 | 337848 | 1240 |
| 炼油、化工生产专用设备制造 | 1078782 | 32010 | 149990 | |
| 橡胶加工专用设备制造 | 257201 | 885 | 20580 | |
| 塑料加工专用设备制造 | 486763 | | 28110 | |
| 木材加工机械制造 | 208694 | | 4250 | |
| 模具制造 | 2008399 | 17018 | 77078 | 600 |
| 其他非金属加工专用设备制造 | 377542 | | 57840 | 640 |
| 食品饮料烟草及饲料生产设备制造 | 1158067 | 60 | 48795 | |
| 食品饮料烟草工业专用设备制造 | 412497 | | 13355 | |
| 农副食品加工专用设备制造 | 639293 | 60 | 34140 | |

续表 13 单位：万元

| 行　　业 | 本年资金来源小计 | 国家预算内资金 | 国内贷款 | 债　券 |
|---|---|---|---|---|
| 饲料生产专用设备制造 | 106277 | | 1300 | |
| 印刷、制药、日化生产专用设备制造 | 1704149 | 3382 | 159338 | |
| 制浆和造纸专用设备制造 | 491874 | | 66209 | |
| 印刷专用设备制造 | 320334 | | 21562 | |
| 日用化工专用设备制造 | 144770 | 2500 | 1736 | |
| 制药专用设备制造 | 130090 | 582 | 8550 | |
| 照明器具生产专用设备制造 | 344720 | 300 | 30271 | |
| 玻璃、陶瓷和搪瓷制品生产设备制造 | 111887 | | 8460 | |
| 其他日用品生产专用设备制造 | 160474 | | 22550 | |
| 纺织、服装和皮革工业专用设备制造 | 953967 | 1607 | 50265 | |
| 纺织专用设备制造 | 612389 | 1607 | 31072 | |
| 皮革毛皮及其制品加工专用设备制造 | 83046 | | 2090 | |
| 缝纫机械制造 | 177673 | | 14420 | |
| 其他服装加工专用设备制造 | 80859 | | 2683 | |
| 电子和电工机械专用设备制造 | 3497597 | 43301 | 254927 | |
| 农、林、牧、渔专用机械制造 | 2077433 | 11470 | 114214 | |
| 拖拉机制造 | 395130 | 3180 | 44900 | |
| 机械化农业及园艺机具制造 | 717599 | 7890 | 39957 | |
| 营林及木竹采伐机械制造 | 16401 | | | |
| 畜牧机械制造 | 49840 | | 1200 | |
| 渔业机械制造 | 9897 | | 2000 | |
| 农林牧渔机械配件制造 | 577294 | 400 | 16122 | |
| 其他农林牧渔业机械制造 | 311272 | | 10035 | |
| 医疗仪器设备及器械制造 | 1535350 | 6320 | 101331 | |
| 医疗诊断、监护及治疗设备制造 | 442018 | 1200 | 25171 | |
| 口腔科用设备及器具制造 | 12561 | 600 | 3000 | |
| 实验室及医用消毒设备和器具制造 | 57774 | | 13729 | |
| 医疗、外科及兽医用器械制造 | 492209 | 800 | 33619 | |
| 机械治疗及病房护理设备制造 | 138865 | | 5900 | |
| 假肢、人工器官及植（介）入器械制造 | 58085 | | 9302 | |
| 其他医疗设备及器械制造 | 333838 | 3720 | 10610 | |
| 环保、社会公共安全及其他专用设备制造 | 4560050 | 33624 | 302770 | |
| 环境污染防治专用设备制造 | 1370394 | 11764 | 89529 | |
| 地质勘查专用设备制造 | 29329 | | 30 | |
| 邮政专用机械及器材制造 | 1200 | 200 | 800 | |
| 商业、饮食、服务业专用设备制造 | 69496 | | 1800 | |

续表 14 单位：万元

| 行　　业 | 本年资金来源小计 | 国家预算内资金 | 国内贷款 | 债　券 |
|---|---|---|---|---|
| 社会公共安全设备及器材制造 | 325143 | 2500 | 7350 | |
| 交通安全及管制专用设备制造 | 70130 | | 2050 | |
| 水资源专用机械制造 | 329223 | | 5300 | |
| 其他专用设备制造 | 2365135 | 19160 | 195911 | |
| 交通运输设备制造业 | 52540099 | 426257 | 4779873 | 16000 |
| 铁路运输设备制造 | 2866560 | 28019 | 381793 | 100 |
| 铁路机车车辆及动车组制造 | 977632 | 5750 | 280465 | |
| 工矿有轨专用车辆制造 | 107199 | | 1675 | |
| 铁路机车车辆配件制造 | 713178 | | 34772 | |
| 铁路专用设备及器材、配件制造 | 580541 | 258 | 12416 | 100 |
| 其他铁路设备制造及设备修理 | 488010 | 22011 | 52465 | |
| 汽车制造 | 35072081 | 130242 | 3051629 | 10000 |
| 汽车整车制造 | 9869391 | 61855 | 520761 | |
| 改装汽车制造 | 1728019 | 400 | 204787 | |
| 电车制造 | 217031 | | 12620 | |
| 汽车车身、挂车的制造 | 1252795 | 160 | 22206 | |
| 汽车零部件及配件制造 | 21006779 | 67269 | 2243092 | 10000 |
| 汽车修理 | 998066 | 558 | 48163 | |
| 摩托车制造 | 1464033 | 1619 | 90565 | 5900 |
| 摩托车整车制造 | 575825 | 160 | 26816 | |
| 摩托车零部件及配件制造 | 888208 | 1459 | 63749 | 5900 |
| 自行车制造 | 1207977 | | 102303 | |
| 脚踏自行车及残疾人座车制造 | 415391 | | 60968 | |
| 助动自行车制造 | 792586 | | 41335 | |
| 船舶及浮动装置制造 | 9385344 | 54180 | 1004562 | |
| 金属船舶制造 | 5448362 | 33180 | 450994 | |
| 非金属船舶制造 | 128764 | | 11260 | |
| 娱乐船和运动船的建造和修理 | 159493 | 4650 | 12050 | |
| 船用配套设备制造 | 2357791 | 16350 | 342279 | |
| 船舶修理及拆船 | 1120448 | | 187459 | |
| 航标器材及其他浮动装置的制造 | 170486 | | 520 | |
| 交通器材及其他交通运输设备制造 | 2544104 | 212197 | 149021 | |
| 交通管理用金属标志及设施制造 | 134430 | | 14770 | |
| 其他交通运输设备制造 | 2409674 | 212197 | 134251 | |
| 电气机械及器材制造业 | 36806284 | 140900 | 3785128 | 500 |

续表 15

单位：万元

| 行　　业 | 本年资金来源小计 | 国家预算内资金 | 国内贷款 | 债　券 |
|---|---|---|---|---|
| 电机制造 | 4716546 | 26036 | 343005 | |
| 发电机及发电机组制造 | 2899244 | 14074 | 214431 | |
| 电动机制造 | 1119391 | 10010 | 106059 | |
| 微电机及其他电机制造 | 697911 | 1952 | 22515 | |
| 输配电及控制设备制造 | 9300099 | 72023 | 690905 | 500 |
| 变压器、整流器和电感器制造 | 3005492 | 19998 | 339930 | |
| 电容器及其配套设备制造 | 634699 | | 24968 | |
| 配电开关控制设备制造 | 2229447 | 3710 | 163793 | 500 |
| 电力电子元器件制造 | 2365840 | 14280 | 107592 | |
| 其他输配电及控制设备制造 | 1064621 | 34035 | 54622 | |
| 电线、电缆、光缆及电工器材制造 | 5871395 | 3522 | 439594 | |
| 电线电缆制造 | 4356402 | 2922 | 303033 | |
| 光纤、光缆制造 | 510866 | 600 | 42591 | |
| 绝缘制品制造 | 452406 | | 69708 | |
| 其他电工器材制造 | 551721 | | 24262 | |
| 电池制造 | 5985281 | 3590 | 786388 | |
| 家用电力器具制造 | 2993943 | 23313 | 168717 | |
| 家用制冷电器具制造 | 496369 | 18600 | 60824 | |
| 家用空气调节器制造 | 492909 | 4480 | 17400 | |
| 家用通风电器具制造 | 104710 | | 1120 | |
| 家用厨房电器具制造 | 528710 | 50 | 35498 | |
| 家用清洁卫生电器具制造 | 272225 | 183 | 10249 | |
| 家用美容、保健电器具制造 | 58469 | | | |
| 家用电力器具专用配件制造 | 332923 | | 2980 | |
| 其他家用电力器具制造 | 707628 | | 40646 | |
| 非电力家用器具制造 | 3165367 | 5686 | 375032 | |
| 燃气、太阳能及类似能源器具制造 | 2997812 | 5686 | 371232 | |
| 其他非电力家用器具制造 | 167555 | | 3800 | |
| 照明器具制造 | 2785085 | 6470 | 217476 | |
| 电光源制造 | 946690 | 5790 | 71917 | |
| 照明灯具制造 | 1442461 | 230 | 105775 | |
| 灯用电器附件及其他照明器具制造 | 395934 | 450 | 39784 | |
| 其他电气机械及器材制造 | 1988568 | 260 | 764011 | |
| 车辆专用照明及电气信号设备制造 | 318324 | | 13700 | |
| 其他未列明的电气机械制造 | 1670244 | 260 | 750311 | |
| 通信设备、计算机及其他电子设备制造 | 28343666 | 205482 | 3334113 | 260 |
| 通信设备制造 | 3672104 | 22228 | 317431 | |
| 通信传输设备制造 | 834012 | 10805 | 84646 | |
| 通信交换设备制造 | 233990 | 360 | 5190 | |
| 通信终端设备制造 | 209080 | 4768 | 20070 | |

续表 16

单位：万元

| 行　　业 | 本年资金来源小计 | 国家预算内资金 | 国内贷款 | 债　券 |
|---|---|---|---|---|
| 移动通信及终端设备制造 | 1550120 | 5540 | 86774 | |
| 其他通信设备制造 | 844902 | 755 | 120751 | |
| 广播电视设备制造 | 435458 | 6765 | 46339 | |
| 广播电视节目制作及发射设备制造 | 58931 | 4593 | | |
| 广播电视接收设备及器材制造 | 281017 | | 41339 | |
| 应用电视设备及其他广播电视设备制造 | 95510 | 2172 | 5000 | |
| 电子计算机制造 | 2794401 | 5273 | 221840 | |
| 电子计算机整机制造 | 569465 | 1700 | 35582 | |
| 计算机网络设备制造 | 408998 | | 69692 | |
| 电子计算机外部设备制造 | 1815938 | 3573 | 116566 | |
| 电子器件制造 | 10953361 | 124331 | 1771920 | |
| 电子真空器件制造 | 527328 | 12347 | 25285 | |
| 半导体分立器件制造 | 808984 | 100 | 54999 | |
| 集成电路制造 | 3658976 | 102150 | 865372 | |
| 光电子器件及其他电子器件制造 | 5958073 | 9734 | 826264 | |
| 电子元件制造 | 6478582 | 20326 | 636524 | 260 |
| 电子元件及组件制造 | 5550465 | 19926 | 551773 | 260 |
| 印制电路板制造 | 928117 | 400 | 84751 | |
| 家用视听设备制造 | 1198212 | 2478 | 96073 | |
| 家用影视设备制造 | 971472 | 200 | 86347 | |
| 家用音响设备制造 | 226740 | 2278 | 9726 | |
| 其他电子设备制造 | 2811548 | 24081 | 243986 | |
| 仪器仪表及文化、办公用机械制造 | 5599896 | 22295 | 288995 | |
| 通用仪器仪表制造 | 2194046 | 6737 | 117236 | |
| 工业自动控制系统装置制造 | 1062070 | 4792 | 87003 | |
| 电工仪器仪表制造 | 527253 | 300 | 9609 | |
| 绘图、计算及测量仪器制造 | 116174 | 200 | 6394 | |
| 实验分析仪器制造 | 105288 | 1000 | 4600 | |
| 试验机制造 | 36101 | 270 | 550 | |
| 供应用仪表及其他通用仪器制造 | 347160 | 175 | 9080 | |
| 专用仪器仪表制造 | 1533101 | 10848 | 37194 | |
| 环境监测专用仪器仪表制造 | 105340 | | 5710 | |
| 汽车及其他用计数仪表制造 | 151776 | | 2200 | |
| 农林牧渔专用仪器仪表制造 | 9912 | | | |
| 地质勘探和地震专用仪器制造 | 49917 | | 221 | |
| 教学专用仪器制造 | 56153 | 10198 | 1000 | |
| 电子测量仪器制造 | 138402 | | 3350 | |

续表 17 单位：万元

| 行　　业 | 本年资金来源小计 | 国家预算内资金 | 国内贷款 | 债　券 |
|---|---|---|---|---|
| 其他专用仪器制造 | 1021601 | 650 | 24713 | |
| 钟表与计时仪器制造 | 262131 | | 25188 | |
| 光学仪器及眼镜制造 | 713672 | 3325 | 36262 | |
| 光学仪器制造 | 574953 | 3325 | 32750 | |
| 眼镜制造 | 138719 | | 3512 | |
| 文化、办公用机械制造 | 553167 | 985 | 21730 | |
| 电影机械制造 | 20308 | | 9600 | |
| 幻灯及投影设备制造 | 17155 | 985 | 500 | |
| 照相机及器材制造 | 158048 | | 4850 | |
| 复印和胶印设备制造 | 257981 | | 2580 | |
| 计算器及货币专用设备制造 | 45091 | | | |
| 其他文化、办公用机械制造 | 54584 | | 4200 | |
| 其他仪器仪表的制造及修理 | 343779 | 400 | 51385 | |
| 工艺品及其他制造业 | 8953203 | 201891 | 1086904 | 500 |
| 工艺美术品制造 | 2652652 | 4863 | 180726 | |
| 雕塑工艺品制造 | 510807 | 655 | 15697 | |
| 金属工艺品制造 | 278479 | | 20276 | |
| 漆器工艺品制造 | 42380 | | 660 | |
| 花画工艺品制造 | 122944 | | 4250 | |
| 天然植物纤维编织工艺品制造 | 142176 | 1360 | 7690 | |
| 抽纱刺绣工艺品制造 | 294295 | | 17110 | |
| 地毯、挂毯制造 | 223747 | 1448 | 16653 | |
| 珠宝首饰及有关物品的制造 | 381795 | | 60250 | |
| 其他工艺美术品制造 | 656029 | 1400 | 38140 | |
| 日用杂品制造 | 768973 | 20 | 26941 | 500 |
| 制镜及类似品加工 | 80511 | | 3100 | |
| 鬃毛加工、制刷及清扫工具制造 | 107882 | | 6000 | |
| 其他日用杂品制造 | 580580 | 20 | 17841 | 500 |
| 煤制品制造 | 237543 | 300 | 10300 | |
| 其他未列明的制造业 | 5294035 | 196708 | 868937 | |
| 废弃资源和废旧材料回收加工业 | 2478874 | 22234 | 277771 | 940 |
| 金属废料和碎屑的加工处理 | 1499370 | 4345 | 176173 | 940 |
| 非金属废料和碎屑的加工处理 | 979504 | 17889 | 101598 | |
| **（四）电力燃气及水的生产和供应业** | 136789701 | 10599830 | 47590715 | 978560 |
| 电力、热力的生产和供应业 | 111523432 | 7274806 | 42984702 | 750047 |
| 电力生产 | 70535598 | 2316988 | 30586120 | 319958 |
| 火力发电 | 29068126 | 119845 | 13403880 | 245150 |
| 水力发电 | 18643299 | 1686852 | 7944674 | 51979 |
| 核力发电 | 6031015 | 2889 | 4305572 | |

续表 18　　单位：万元

| 行　　业 | 本年资金来源小计 | 国家预算内资金 | 国内贷款 | 债　券 |
|---|---|---|---|---|
| 其他能源发电 | 16793158 | 507402 | 4931994 | 22829 |
| 电力供应 | 35283899 | 4636984 | 11491336 | 430089 |
| 热力生产和供应 | 5703935 | 320834 | 907246 | |
| 燃气生产和供应业 | 6894891 | 346795 | 1261220 | 2578 |
| 燃气生产和供应业 | 6894891 | 346795 | 1261220 | 2578 |
| 水的生产和供应业 | 18371378 | 2978229 | 3344793 | 225935 |
| 自来水的生产和供应 | 8527127 | 1240032 | 1789260 | 193072 |
| 污水处理及其再生利用 | 9344007 | 1649818 | 1511429 | 32863 |
| 其他水的处理、利用与分配 | 500244 | 88379 | 44104 | |
| **（五）建筑业** | 16070126 | 2326826 | 1054470 | 3398 |
| 房屋和土木工程建筑业 | 13472073 | 2156350 | 958187 | 3398 |
| 房屋工程建筑 | 5974576 | 706247 | 259589 | 3018 |
| 土木工程建筑 | 7497497 | 1450103 | 698598 | 380 |
| 铁路、道路、隧道和桥梁工程建筑 | 4944563 | 1103458 | 403145 | |
| 水利和港口工程建筑 | 1262362 | 218003 | 178462 | 300 |
| 工矿工程建筑 | 202304 | 12557 | 47700 | |
| 架线和管道工程建筑 | 455053 | 72357 | 50651 | 80 |
| 其他土木工程建筑 | 633215 | 43728 | 18640 | |
| 建筑安装业 | 702248 | 21445 | 35348 | |
| 建筑安装业 | 702248 | 21445 | 35348 | |
| 建筑装饰业 | 589342 | 36184 | 22220 | |
| 建筑装饰业 | 589342 | 36184 | 22220 | |
| 其他建筑业 | 1306463 | 112847 | 38715 | |
| 工程准备 | 391904 | 40325 | 8730 | |
| 提供施工设备服务 | 221448 | 18033 | 6540 | |
| 其他未列明的建筑活动 | 693111 | 54489 | 23445 | |
| **（六）交通运输、仓储和邮政业** | 229974887 | 31621864 | 80717663 | 9481086 |
| 铁路运输业 | 65124571 | 9465811 | 29099986 | 8638518 |
| 铁路旅客运输 | 33543686 | 5576854 | 13484476 | 6237000 |
| 铁路货物运输 | 24634135 | 2777265 | 13490926 | 1887667 |
| 铁路运输辅助活动 | 6946750 | 1111692 | 2124584 | 513851 |
| 客运火车站 | 1240854 | 415017 | 248027 | 1 |
| 货运火车站 | 316855 | 97551 | 73480 | |
| 其他铁路运输辅助活动 | 5389041 | 599124 | 1803077 | 513850 |
| 道路运输业 | 101960078 | 17924684 | 32706142 | 84371 |
| 公路旅客运输 | 39880143 | 6858757 | 15882602 | 20960 |
| 道路货物运输 | 20697673 | 2987935 | 5594943 | 12164 |
| 道路运输辅助活动 | 41382262 | 8077992 | 11228597 | 51247 |
| 客运汽车站 | 1522523 | 203954 | 355201 | 20000 |
| 公路管理与养护 | 35976163 | 6759766 | 10499619 | 31247 |

| 行　　业 | 本年资金来源小计 | 国家预算内资金 | 国内贷款 | 债　券 |
|---|---|---|---|---|
| 其他道路运输辅助活动 | 3883576 | 1114272 | 373777 | |
| 城市公共交通业 | 21979180 | 1405081 | 10277057 | 565000 |
| 公共电汽车客运 | 2132973 | 240922 | 469429 | |
| 轨道交通 | 17516094 | 982104 | 8860430 | 565000 |
| 出租车客运 | 343561 | 40 | 44435 | |
| 城市轮渡 | 44904 | 3230 | 20650 | |
| 其他城市公共交通 | 1941648 | 178785 | 882113 | |
| 水上运输业 | 16499620 | 717336 | 4191082 | 152439 |
| 水上旅客运输 | 566463 | 208908 | 52899 | |
| 远洋旅客运输 | 20412 | | | |
| 沿海旅客运输 | 85715 | | 12464 | |
| 内河旅客运输 | 460336 | 208908 | 40435 | |
| 水上货物运输 | 4368605 | 43788 | 1149456 | 120044 |
| 远洋货物运输 | 1791649 | 6356 | 463612 | 120044 |
| 沿海货物运输 | 1515380 | 16660 | 354087 | |
| 内河货物运输 | 1061576 | 20772 | 331757 | |
| 水上运输辅助活动 | 11564552 | 464640 | 2988727 | 32395 |
| 客运港口 | 283448 | 16952 | 24399 | |
| 货运港口 | 9698464 | 182095 | 2861058 | |
| 其他水上运输辅助活动 | 1582640 | 265593 | 103270 | 32395 |
| 航空运输业 | 5681115 | 682961 | 2242691 | 5200 |
| 航空客货运输 | 3150625 | 161465 | 1753257 | |
| 航空旅客运输 | 3051341 | 161465 | 1698757 | |
| 航空货物运输 | 99284 | | 54500 | |
| 通用航空服务 | 205989 | 223 | 700 | |
| 航空运输辅助活动 | 2324501 | 521273 | 488734 | 5200 |
| 机场 | 2184478 | 509354 | 473909 | 5200 |
| 空中交通管理 | 23574 | 2104 | | |
| 其他航空运输辅助活动 | 116449 | 9815 | 14825 | |
| 管道运输业 | 964023 | 97360 | 79464 | |
| 管道运输业 | 964023 | 97360 | 79464 | |
| 装卸搬运和其他运输服务业 | 2336979 | 33214 | 231176 | |
| 装卸搬运 | 493049 | 11377 | 74561 | |
| 运输代理服务 | 1843930 | 21837 | 156615 | |
| 仓储业 | 15070271 | 1277467 | 1863165 | 35558 |
| 谷物、棉花等农产品仓储 | 2509133 | 228628 | 153173 | 558 |
| 其他仓储 | 12561138 | 1048839 | 1709992 | 35000 |
| 邮政业 | 359050 | 17950 | 26900 | |
| 国家邮政 | 245770 | 17950 | 9900 | |
| 其他寄递服务 | 113280 | | 17000 | |
| **（七）信息传输、计算机服务和软件业** | **25040902** | **636934** | **615998** | |

续表 20　　单位：万元

| 行　　业 | 本年资金来源小计 | 国家预算内资金 | 国内贷款 | 债券 |
|---|---|---|---|---|
| 电信和其他信息传输服务业 | 22187763 | 497592 | 427962 | |
| 电信 | 18582572 | 374778 | 334959 | |
| 固定电信服务 | 5881621 | 178718 | 33937 | |
| 移动电信服务 | 12047954 | 160345 | 279738 | |
| 其他电信服务 | 652997 | 35715 | 21284 | |
| 互联网信息服务 | 2520441 | 34387 | 13776 | |
| 广播电视传输服务 | 1036817 | 80472 | 77907 | |
| 有线广播电视传输服务 | 907121 | 53947 | 53741 | |
| 无线广播电视传输服务 | 129696 | 26525 | 24166 | |
| 卫星传输服务 | 47933 | 7955 | 1320 | |
| 计算机服务业 | 668601 | 32672 | 56327 | |
| 计算机系统服务 | 249263 | 23839 | 29667 | |
| 数据处理 | 73487 | 5070 | 21700 | |
| 计算机维修 | 19182 | | | |
| 其他计算机服务 | 326669 | 3763 | 4960 | |
| 软件业 | 2184538 | 106670 | 131709 | |
| 公共软件服务 | 1606811 | 104820 | 124769 | |
| 基础软件服务 | 554263 | 51650 | 58668 | |
| 应用软件服务 | 1052548 | 53170 | 66101 | |
| 其他软件服务 | 577727 | 1850 | 6940 | |
| **（八）批发和零售业** | 45890625 | 343950 | 2907696 | 5500 |
| 批发业 | 21674183 | 175603 | 1588553 | 5300 |
| 农畜产品批发 | 1717262 | 35132 | 239102 | |
| 谷物、豆及薯类批发 | 650651 | 16430 | 19085 | |
| 种子、饲料批发 | 188271 | 2649 | 11167 | |
| 棉、麻批发 | 73845 | 50 | 9110 | |
| 牲畜批发 | 79126 | 6180 | 8900 | |
| 其他农畜产品批发 | 725369 | 9823 | 190840 | |
| 食品、饮料及烟草制品批发 | 3432544 | 64815 | 172289 | |
| 米、面制品及食用油批发 | 468574 | 16560 | 22945 | |
| 糕点、糖果及糖批发 | 125249 | | 19057 | |
| 果品、蔬菜批发 | 1347203 | 11749 | 93307 | |
| 肉、禽、蛋及水产品批发 | 506164 | 3360 | 23400 | |
| 盐及调味品批发 | 66032 | 2505 | | |
| 饮料及茶叶批发 | 196741 | 4860 | 2680 | |
| 烟草制品批发 | 445476 | 19303 | 7200 | |
| 其他食品批发 | 277105 | 6478 | 3700 | |
| 纺织、服装及日用品批发 | 2199355 | 7242 | 78240 | 2000 |
| 纺织品、针织品及原料批发 | 654536 | 2782 | 24340 | |
| 服装批发 | 615064 | 180 | 33200 | 2000 |

续表 21

单位：万元

| 行　　业 | 本年资金来源小计 | 国家预算内资金 | 国内贷款 | 债券 |
|---|---|---|---|---|
| 鞋帽批发 | 140694 | | 1200 | |
| 厨房、卫生间用具及日用杂货批发 | 105176 | | 100 | |
| 化妆品及卫生用品批发 | 72676 | | 2900 | |
| 其他日用品批发 | 611209 | 4280 | 16500 | |
| 文化、体育用品及器材批发 | 432629 | 1710 | 16096 | |
| 文具用品批发 | 107366 | 140 | 5586 | |
| 体育用品批发 | 17862 | | 2000 | |
| 图书批发 | 63601 | 410 | 3200 | |
| 报刊批发 | 600 | | | |
| 音像制品及电子出版物批发 | 8920 | | | |
| 首饰、工艺品及收藏品批发 | 104461 | 1160 | 2810 | |
| 其他文化用品批发 | 129819 | | 2500 | |
| 医药及医疗器材批发 | 621425 | 3300 | 9964 | |
| 西药批发 | 273039 | 1300 | 3160 | |
| 中药材及中成药批发 | 181595 | 2000 | 3020 | |
| 医疗用品及器材批发 | 166791 | | 3784 | |
| 矿产品、建材及化工产品批发 | 7287915 | 22332 | 399007 | 300 |
| 煤炭及制品批发 | 832465 | | 20235 | |
| 石油及制品批发 | 1214123 | 13254 | 93593 | |
| 非金属矿及制品批发 | 105092 | | 1900 | |
| 金属及金属矿批发 | 1255128 | | 106180 | |
| 建材批发 | 3180802 | 7500 | 150271 | 300 |
| 化肥批发 | 170333 | 1578 | 4150 | |
| 农药批发 | 31315 | | 2250 | |
| 农用薄膜批发 | 9020 | | | |
| 其他化工产品批发 | 489637 | | 20428 | |
| 机械设备、五金交电及电子产品批发 | 3852398 | 30386 | 207222 | |
| 农业机械批发 | 435325 | 21707 | 68380 | |
| 汽车、摩托车及零配件批发 | 1080828 | 426 | 53902 | |
| 五金、交电批发 | 869036 | | 26020 | |
| 家用电器批发 | 228356 | | 2900 | |
| 计算机、软件及辅助设备批发 | 176589 | | 10500 | |
| 通讯及广播电视设备批发 | 89847 | 1800 | 3900 | |
| 其他机械设备及电子产品批发 | 972417 | 6453 | 41620 | |
| 贸易经纪与代理 | 398979 | | 10080 | |
| 其他批发 | 1731676 | 10686 | 456553 | 3000 |
| 再生物资回收与批发 | 477499 | | 25340 | 3000 |
| 其他未列明的批发 | 1254177 | 10686 | 431213 | |
| 零售业 | 24216442 | 168347 | 1319143 | 200 |
| 综合零售 | 12203955 | 93643 | 867727 | |

续表 22

单位：万元

| 行业 | 本年资金来源小计 | 国家预算内资金 | 国内贷款 | 债券 |
|---|---|---|---|---|
| 百货零售 | 6682800 | 59365 | 519153 | |
| 超级市场零售 | 2901042 | 5079 | 223963 | |
| 其他综合零售 | 2620113 | 29199 | 124611 | |
| 食品、饮料及烟草制品专门零售 | 1137999 | 9374 | 39080 | |
| 粮油零售 | 109496 | 564 | 5495 | |
| 糕点、面包零售 | 16421 | | | |
| 果品、蔬菜零售 | 312731 | 5671 | 5488 | |
| 肉、禽、蛋及水产品零售 | 138017 | 200 | 2127 | |
| 饮料及茶叶零售 | 99966 | | 1530 | |
| 烟草制品零售 | 67595 | 360 | 10000 | |
| 其他食品零售 | 393773 | 2579 | 14440 | |
| 纺织、服装及日用品专门零售 | 1429452 | 4387 | 58657 | |
| 纺织品及针织品零售 | 158976 | | 11840 | |
| 服装零售 | 900580 | 4387 | 35127 | |
| 鞋帽零售 | 52118 | | 1420 | |
| 钟表、眼镜零售 | 45542 | | 1270 | |
| 化妆品及卫生用品零售 | 23968 | | 500 | |
| 其他日用品零售 | 248268 | | 8500 | |
| 文化、体育用品及器材专门零售 | 594979 | 5698 | 23699 | |
| 文具用品零售 | 46661 | | 2100 | |
| 体育用品零售 | 46309 | | 4430 | |
| 图书零售 | 136420 | 1153 | 11069 | |
| 报刊零售 | 490 | | | |
| 音像制品及电子出版物零售 | 8630 | | 100 | |
| 珠宝首饰零售 | 118367 | | 3100 | |
| 工艺美术品及收藏品零售 | 140500 | 4545 | 2700 | |
| 照相器材零售 | 5689 | | | |
| 其他文化用品零售 | 91913 | | 200 | |
| 医药及医疗器材专门零售 | 420357 | 80 | 11100 | |
| 药品零售 | 328412 | | 7830 | |
| 医疗用品及器材零售 | 91945 | 80 | 3270 | |
| 汽车、摩托车、燃料及零配件专门零售 | 4282066 | 16923 | 152810 | 200 |
| 汽车零售 | 3091276 | 9107 | 112010 | 200 |
| 汽车零配件零售 | 338043 | 400 | 13635 | |
| 摩托车及零配件零售 | 113225 | | 10515 | |
| 机动车燃料零售 | 739522 | 7416 | 16650 | |
| 家用电器及电子产品专门零售 | 1000704 | 1111 | 63340 | |
| 家用电器零售 | 575094 | 273 | 48510 | |
| 计算机、软件及辅助设备零售 | 158444 | 838 | 8350 | |
| 通信设备零售 | 117051 | | 480 | |

续表 23 单位：万元

| 行　　业 | 本年资金来源小计 | 国家预算内资金 | 国内贷款 | 债券 |
|---|---|---|---|---|
| 其他电子产品零售 | 150115 | | 6000 | |
| 五金、家具及室内装修材料专门零售 | 2199809 | 7500 | 59900 | |
| 五金零售 | 310161 | | 8540 | |
| 家具零售 | 1164353 | 7500 | 20570 | |
| 涂料零售 | 30763 | | 1000 | |
| 其他室内装修材料零售 | 694532 | | 29790 | |
| 无店铺及其他零售 | 947121 | 29631 | 42830 | |
| 流动货摊零售 | 9600 | | | |
| 邮购及电子销售 | 23717 | | | |
| 生活用燃料零售 | 333243 | 28100 | 7540 | |
| 花卉零售 | 59012 | 540 | 3500 | |
| 旧货零售 | 47331 | | 3500 | |
| 其他未列明的零售 | 474218 | 991 | 28290 | |
| **（九）住宿和餐饮业** | 24199671 | 155157 | 1749053 | 6970 |
| 住宿业 | 15557131 | 117736 | 1423220 | 6970 |
| 旅游饭店 | 11453585 | 66920 | 1284072 | 6700 |
| 一般旅馆 | 2933844 | 18169 | 76958 | |
| 其他住宿服务 | 1169702 | 32647 | 62190 | 270 |
| 餐饮业 | 8642540 | 37421 | 325833 | |
| 正餐服务 | 7269866 | 31236 | 273893 | |
| 快餐服务 | 339679 | 835 | 12500 | |
| 饮料及冷饮服务 | 207306 | | 1950 | |
| 其他餐饮服务 | 825689 | 5350 | 37490 | |
| **（十）金融业** | 3775528 | 197315 | 106309 | |
| 银行业 | 2826563 | 168149 | 93299 | |
| 中央银行 | 161177 | 55489 | | |
| 商业银行 | 2411285 | 98065 | 93299 | |
| 其他银行 | 254101 | 14595 | | |
| 证券业 | 386193 | | | |
| 证券市场管理 | 169381 | | | |
| 证券经纪与交易 | 170531 | | | |
| 证券投资 | 14281 | | | |
| 证券分析与咨询 | 32000 | | | |
| 保险业 | 178772 | 460 | | |
| 人寿保险 | 120423 | | | |
| 非人寿保险 | 43526 | 460 | | |
| 保险辅助服务 | 14823 | | | |
| 其他金融活动 | 384000 | 28706 | 13010 | |
| 金融信托与管理 | 77415 | 26798 | 350 | |
| 金融租赁 | 66025 | | 10000 | |

续表 24　　单位：万元

| 行　　业 | 本年资金来源小计 | 国家预算内资金 | 国内贷款 | 债券 |
|---|---|---|---|---|
| 财务公司 | 2380 | | 300 | |
| 邮政储蓄 | 16705 | | | |
| 典当 | 43157 | | | |
| 其他未列明的金融活动 | 178318 | 1908 | 2360 | |
| **（十一）房地产业** | 649590459 | 5394916 | 119481296 | 19219 |
| 房地产业 | 649590459 | 5394916 | 119481296 | 19219 |
| 房地产开发经营 | 598536307 | 1083928 | 115118739 | 8450 |
| 物业管理 | 1094594 | 21885 | 86492 | |
| 房地产中介服务 | 274534 | 26768 | 7980 | |
| 其他房地产活动 | 49685024 | 4262335 | 4268085 | 10769 |
| **（十二）租赁和商务服务业** | 20094080 | 703243 | 3775521 | 154989 |
| 租赁业 | 1137222 | 1013 | 43657 | |
| 机械设备租赁 | 1123649 | 1013 | 43657 | |
| 汽车租赁 | 108563 | | 9140 | |
| 农业机械租赁 | 25854 | 1013 | 2700 | |
| 建筑工程机械与设备租赁 | 287223 | | 9917 | |
| 计算机及通讯设备租赁 | 5480 | | | |
| 其他机械与设备租赁 | 696529 | | 21900 | |
| 文化及日用品出租 | 13573 | | | |
| 图书及音像制品出租 | 4832 | | | |
| 其他文化及日用品出租 | 8741 | | | |
| 商务服务业 | 18956858 | 702230 | 3731864 | 154989 |
| 企业管理服务 | 8642095 | 556419 | 1163760 | 40000 |
| 企业管理机构 | 2800711 | 143106 | 124793 | 40000 |
| 投资与资产管理 | 4273870 | 279288 | 901935 | |
| 其他企业管理服务 | 1567514 | 134025 | 137032 | |
| 法律服务 | 70458 | 14077 | | |
| 律师及相关的法律服务 | 53171 | 4929 | | |
| 公证服务 | 6751 | 1086 | | |
| 其他法律服务 | 10536 | 8062 | | |
| 咨询与调查 | 427957 | 5670 | 7410 | |
| 会计、审计及税务服务 | 61773 | 1230 | 500 | |
| 市场调查 | 24203 | 240 | | |
| 社会经济咨询 | 166476 | 1700 | 2710 | |
| 其他专业咨询 | 175505 | 2500 | 4200 | |
| 广告业 | 356207 | | 11791 | |
| 知识产权服务 | 33665 | | | |
| 职业中介服务 | 93633 | 2608 | 1200 | |
| 市场管理 | 2555928 | 37016 | 214852 | |
| 旅行社 | 210114 | 2704 | 10160 | |

单位：万元

| 行　　业 | 本年资金来源小计 | 国家预算内资金 | 国内贷款 | 债券 |
| --- | --- | --- | --- | --- |
| 其他商务服务 | 6566801 | 83736 | 2322691 | 114989 |
| 会议及展览服务 | 2886384 | 62497 | 1040148 | 114989 |
| 包装服务 | 172728 | 750 | 500 | |
| 保安服务 | 42300 | 350 | 2300 | |
| 办公服务 | 763262 | 5948 | 128342 | |
| 其他未列明的商务服务 | 2702127 | 14191 | 1151401 | |
| **（十三）科研技术服务和地质勘查业** | 11314051 | 1326959 | 537364 | 154 |
| 研究与试验发展 | 3983720 | 808041 | 174585 | |
| 自然科学研究与试验发展 | 949856 | 283682 | 6024 | |
| 工程和技术研究与试验发展 | 1987639 | 414790 | 102332 | |
| 农业科学研究与试验发展 | 615318 | 52587 | 21290 | |
| 医学研究与试验发展 | 312227 | 20555 | 35887 | |
| 社会人文科学研究与试验发展 | 118680 | 36427 | 9052 | |
| 专业技术服务业 | 3143427 | 375341 | 128442 | |
| 气象服务 | 203031 | 135212 | 780 | |
| 地震服务 | 43901 | 22869 | | |
| 海洋服务 | 25349 | 3321 | 6000 | |
| 测绘服务 | 54601 | 9407 | 500 | |
| 技术检测 | 819691 | 85030 | 28651 | |
| 环境监测 | 81838 | 15804 | 2500 | |
| 工程技术与规划管理 | 1164466 | 94719 | 44500 | |
| 工程管理服务 | 325409 | 23353 | 11580 | |
| 工程勘察设计 | 484893 | 300 | 11920 | |
| 规划管理 | 354164 | 71066 | 21000 | |
| 其他专业技术服务 | 750550 | 8979 | 45511 | |
| 科技交流和推广服务业 | 2353497 | 98269 | 198486 | 154 |
| 技术推广服务 | 857837 | 71952 | 80539 | 154 |
| 科技中介服务 | 647290 | 11268 | 88064 | |
| 其他科技服务 | 848370 | 15049 | 29883 | |
| 地质勘查业 | 1833407 | 45308 | 35851 | |
| 矿产地质勘查 | 1545125 | 33051 | 19101 | |
| 能源矿产地质勘查 | 1140772 | 14315 | 900 | |
| 固体矿产地质勘查 | 383631 | 14985 | 18201 | |
| 其他矿产地质勘查 | 20722 | 3751 | | |
| 基础地质勘查 | 94976 | 7658 | 750 | |
| 地质勘查技术服务 | 193306 | 4599 | 16000 | |
| **（十四）水利环境和公共设施管理业** | 178696299 | 28798455 | 36513644 | 322828 |
| 水利管理业 | 23085686 | 7720669 | 3637006 | 72693 |
| 防洪管理 | 7722314 | 1956553 | 1565362 | 54200 |
| 水资源管理 | 11668555 | 4689359 | 1750471 | 9813 |

| 行　　业 | 本年资金来源小计 | 国家预算内资金 | 国内贷款 | 债券 |
|---|---|---|---|---|
| 水库管理 | 4143229 | 1923189 | 243035 | 6364 |
| 调水、引水管理 | 5959819 | 2194201 | 1435464 | 2449 |
| 其他水资源管理 | 1565507 | 571969 | 71972 | 1000 |
| 其他水利管理 | 3694817 | 1074757 | 321173 | 8680 |
| 环境管理业 | 12723283 | 2836684 | 1731953 | 112589 |
| 自然保护 | 1091806 | 241953 | 114839 | 4518 |
| 自然保护区管理 | 473276 | 106669 | 9722 | 4518 |
| 野生动植物保护 | 146838 | 10392 | 2620 | |
| 其他自然保护 | 471692 | 124892 | 102497 | |
| 环境治理 | 11631477 | 2594731 | 1617114 | 108071 |
| 城市市容管理 | 1428847 | 251591 | 53144 | 7401 |
| 城市环境卫生管理 | 2473285 | 764795 | 190393 | 13751 |
| 水污染治理 | 4336138 | 806830 | 776547 | 85180 |
| 危险废物治理 | 300080 | 35643 | 29901 | 708 |
| 其他环境治理 | 3093127 | 735872 | 567129 | 1031 |
| 公共设施管理业 | 142887330 | 18241102 | 31144685 | 137546 |
| 市政公共设施管理 | 120563884 | 15942342 | 28680597 | 137496 |
| 城市绿化管理 | 5624740 | 908190 | 622074 | |
| 游览景区管理 | 16698706 | 1390570 | 1842014 | 50 |
| 风景名胜区管理 | 5415733 | 389106 | 719194 | |
| 公园管理 | 4462624 | 675215 | 567040 | 50 |
| 其他游览景区管理 | 6820349 | 326249 | 555780 | |
| **（十五）居民服务和其他服务业** | 5297590 | 259055 | 354284 | |
| 居民服务业 | 3215620 | 160717 | 240293 | |
| 家庭服务 | 138357 | 19638 | 4900 | |
| 托儿所 | 35593 | | 28200 | |
| 洗染服务 | 28243 | | | |
| 理发及美容保健服务 | 233246 | 7814 | 4600 | |
| 洗浴服务 | 790824 | 4058 | 29090 | |
| 婚姻服务 | 25711 | | 300 | |
| 殡葬服务 | 350839 | 46191 | 10603 | |
| 摄影扩印服务 | 90883 | | 1880 | |
| 其他居民服务 | 1521924 | 83016 | 160720 | |
| 其他服务业 | 2081970 | 98338 | 113991 | |
| 修理与维护 | 868421 | 36189 | 35245 | |
| 汽车、摩托车维护与保养 | 777330 | 889 | 34395 | |
| 办公设备维修 | 11889 | 800 | 290 | |
| 家用电器修理 | 7661 | | | |
| 其他日用品修理 | 71541 | 34500 | 560 | |
| 清洁服务 | 97094 | 4255 | 5379 | |

| 行　　业 | 本年资金来源小计 | 国家预算内资金 | 国内贷款 | 债券 |
|---|---|---|---|---|
| 建筑物清洁服务 | 3884 | 2444 | | |
| 其他清洁服务 | 93210 | 1811 | 5379 | |
| 其他未列明的服务 | 1116455 | 57894 | 73367 | |
| **（十六）教育** | 33440562 | 7036052 | 4045667 | 21279 |
| 教育 | 33440562 | 7036052 | 4045667 | 21279 |
| 学前教育 | 759679 | 167758 | 14049 | 34 |
| 初等教育 | 5564764 | 1942239 | 234603 | 5980 |
| 中等教育 | 12788203 | 3553202 | 1264356 | 14610 |
| 初中教育 | 5508767 | 1927920 | 329890 | 4570 |
| 高中教育 | 3556795 | 947576 | 322921 | 2480 |
| 中等专业教育 | 1024422 | 173261 | 77603 | 4600 |
| 职业中学教育 | 1496935 | 354376 | 186170 | 910 |
| 技工学校教育 | 900753 | 95942 | 299531 | 2050 |
| 其他中等教育 | 300531 | 54127 | 48241 | |
| 高等教育 | 11074886 | 962178 | 2026714 | |
| 普通高等教育 | 10138716 | 815374 | 1972171 | |
| 成人高等教育 | 936170 | 146804 | 54543 | |
| 其他教育 | 3253030 | 410675 | 505945 | 655 |
| 职业技能培训 | 2335428 | 178267 | 444149 | 330 |
| 特殊教育 | 159168 | 57619 | 3850 | 325 |
| 其他未列明的教育 | 758434 | 174789 | 57946 | |
| **（十七）卫生社会保障和社会福利业** | 18033896 | 3645395 | 1491840 | 28566 |
| 卫生 | 15498366 | 3019751 | 1375997 | 28566 |
| 医院 | 11865283 | 1975342 | 1250204 | 18722 |
| 综合医院 | 8892282 | 1487015 | 972430 | 13202 |
| 中医医院 | 1134314 | 309006 | 158914 | 5415 |
| 中西医结合医院 | 282027 | 55507 | 21152 | 105 |
| 民族医院 | 51553 | 17095 | 1590 | |
| 专科医院 | 1202806 | 97144 | 85661 | |
| 疗养院 | 302301 | 9575 | 10457 | |
| 卫生院及社区医疗活动 | 2032280 | 697628 | 65759 | 6146 |
| 门诊部医疗活动 | 356397 | 78750 | 9694 | 2760 |
| 计划生育技术服务活动 | 278775 | 98793 | 1397 | 523 |
| 妇幼保健活动 | 306555 | 51951 | 29436 | 415 |
| 专科疾病防治活动 | 73836 | 5878 | 1353 | |
| 疾病预防控制及防疫活动 | 204155 | 56302 | 9696 | |
| 其他卫生活动 | 381085 | 55107 | 8458 | |
| 社会保障业 | 824127 | 232875 | 67700 | |
| 社会保障业 | 824127 | 232875 | 67700 | |
| 社会福利业 | 1711403 | 392769 | 48143 | |

续表 28　　　　单位：万元

| 行　　业 | 本年资金来源小计 | 国家预算内资金 | 国内贷款 | 债券 |
|---|---|---|---|---|
| 提供住宿的社会福利 | 1469968 | 329106 | 40067 | |
| 干部休养所 | 256343 | 29524 | 1200 | |
| 收养收容服务 | 1213625 | 299582 | 38867 | |
| 不提供住宿的社会福利 | 241435 | 63663 | 8076 | |
| **（十八）文化、体育和娱乐业** | 21338296 | 2613376 | 1733058 | 38364 |
| 新闻出版业 | 558485 | 15525 | 42502 | 970 |
| 新闻业 | 209065 | 10672 | 37502 | 970 |
| 出版业 | 349420 | 4853 | 5000 | |
| 图书出版 | 109611 | 1000 | | |
| 报纸出版 | 187002 | 3633 | 3500 | |
| 期刊出版 | 29981 | | | |
| 音像制品出版 | 2960 | | 1500 | |
| 电子出版物出版 | 4530 | 220 | | |
| 其他出版 | 15336 | | | |
| 广播、电视、电影和音像业 | 1648807 | 150660 | 83037 | 6396 |
| 广播 | 368797 | 35824 | 21965 | 6246 |
| 电视 | 902144 | 78911 | 35887 | 150 |
| 电影 | 312820 | 33025 | 18250 | |
| 电影制作与发行 | 97966 | 8538 | 5000 | |
| 电影放映 | 214854 | 24487 | 13250 | |
| 音像制作 | 65046 | 2900 | 6935 | |
| 文化艺术业 | 7238258 | 1483862 | 730082 | 30650 |
| 文艺创作与表演 | 292391 | 13633 | 36217 | |
| 艺术表演场馆 | 1084466 | 82703 | 256115 | |
| 图书馆与档案馆 | 610568 | 167792 | 46010 | |
| 图书馆 | 481765 | 116144 | 46010 | |
| 档案馆 | 128803 | 51648 | | |
| 文物及文化保护 | 1235728 | 225257 | 167037 | 8300 |
| 博物馆 | 1572649 | 490182 | 122496 | 20150 |
| 烈士陵园、纪念馆 | 268515 | 71372 | 12481 | 2000 |
| 群众文化活动 | 1588208 | 397259 | 65638 | 200 |
| 文化艺术经纪代理 | 91022 | 64 | | |
| 其他文化艺术 | 494711 | 35600 | 24088 | |
| 体育 | 3873444 | 707730 | 529385 | 348 |
| 体育组织 | 264377 | 32658 | 28555 | |
| 体育场馆 | 3422869 | 658433 | 488186 | |
| 其他体育 | 186198 | 16639 | 12644 | 348 |
| 娱乐业 | 8019302 | 255599 | 348052 | |
| 室内娱乐活动 | 1656427 | 12265 | 66490 | |
| 游乐园 | 1804012 | 64464 | 82922 | |

| 行　　业 | 本年资金来源小计 | 国家预算内资金 | 国内贷款 | 债券 |
|---|---|---|---|---|
| 休闲健身娱乐活动 | 3257180 | 66450 | 156550 | |
| 其他娱乐活动 | 1301683 | 112420 | 42090 | |
| **（十九）公共管理和社会组织** | 40809584 | 9218443 | 1899832 | 21214 |
| 中国共产党机关 | 286581 | 149452 | 6231 | |
| 中国共产党机关 | 286581 | 149452 | 6231 | |
| 国家机构 | 31778194 | 8752158 | 1677128 | 21214 |
| 国家权力机构 | 1212004 | 330188 | 73650 | 9318 |
| 国家行政机构 | 29092157 | 7950700 | 1586261 | 9630 |
| 综合事务管理机构 | 10379504 | 2308779 | 635439 | 2032 |
| 对外事务管理机构 | 171166 | 39042 | 10070 | |
| 公共安全管理机构 | 2852722 | 1014023 | 34567 | 1620 |
| 社会事务管理机构 | 3362597 | 900145 | 193795 | 1994 |
| 经济事务管理机构 | 8141091 | 2385197 | 450141 | 3798 |
| 政府事务管理机构 | 3230962 | 1032465 | 233539 | 140 |
| 行政监督检查机构 | 954115 | 271049 | 28710 | 46 |
| 人民法院和人民检察院 | 807386 | 254341 | 11560 | 2266 |
| 人民法院 | 433867 | 148668 | 6562 | 1166 |
| 人民检察院 | 373519 | 105673 | 4998 | 1100 |
| 其他国家机构 | 666647 | 216929 | 5657 | |
| 人民政协和民主党派 | 70414 | 32230 | 7700 | |
| 人民政协 | 53910 | 19566 | 7400 | |
| 民主党派 | 16504 | 12664 | 300 | |
| 群众团体、社会团体和宗教组织 | 1133757 | 85799 | 31585 | |
| 群众团体 | 136065 | 9792 | 2000 | |
| 工会 | 76640 | 5232 | | |
| 妇联 | 1880 | 80 | | |
| 共青团 | 3779 | 2046 | | |
| 其他群众团体 | 53766 | 2434 | 2000 | |
| 社会团体 | 306768 | 54821 | 16365 | |
| 专业性团体 | 87319 | 6710 | 10065 | |
| 行业性团体 | 101529 | 7935 | 4100 | |
| 其他社会团体 | 117920 | 40176 | 2200 | |
| 宗教组织 | 690924 | 21186 | 13220 | |
| 基层群众自治组织 | 7540638 | 198804 | 177188 | |
| 社区自治组织 | 2394076 | 53752 | 44340 | |
| 村民自治组织 | 5146562 | 145052 | 132848 | |
| **（二十）国际组织** | | | | |
| 国际组织 | | | | |

**续前**

单位：万元

| 行　　业 | 利用外资 | 外商直接投　资 | 自筹资金 | 企事业单位自有资 | 其他资金 |
|---|---|---|---|---|---|
| **全　国　总　计** | **39835455** | **27824599** | **1275576668** | **553531728** | **369605844** |
| **（一）农、林、牧、渔业** | **327957** | **167966** | **22285070** | **6614708** | **4076452** |
| 农业 | 91034 | 61686 | 5311957 | 1589132 | 966426 |
| 谷物及其他作物的种植 | 13635 | 5900 | 1960317 | 524343 | 452129 |
| 谷物的种植 | 970 | | 1028206 | 297703 | 297323 |
| 薯类的种植 | 733 | | 88551 | 10794 | 50777 |
| 油料的种植 | | | 109465 | 21788 | 11103 |
| 豆类的种植 | | | 74442 | 20999 | 5384 |
| 棉花的种植 | | | 73756 | 6713 | 2575 |
| 麻类的种植 | | | 11380 | 4300 | 1200 |
| 烟草的种植 | 3100 | | 85375 | 31128 | 19503 |
| 其他作物的种植 | 8832 | 5900 | 473551 | 125308 | 62244 |
| 蔬菜、园艺作物的种植 | 24730 | 10940 | 2136802 | 719901 | 292954 |
| 蔬菜的种植 | 15730 | 3600 | 1382242 | 463402 | 248705 |
| 花卉的种植 | 8970 | 7340 | 371123 | 134305 | 17673 |
| 其他园艺作物的种植 | 30 | | 383437 | 122194 | 26576 |
| 水果、坚果、饮料和香料作物的种植 | 40877 | 35156 | 1018294 | 308001 | 180689 |
| 水果、坚果的种植 | 37959 | 32349 | 776733 | 237985 | 142851 |
| 茶及其他饮料作物的种植 | 2918 | 2807 | 225862 | 68107 | 32392 |
| 香料作物的种植 | | | 15699 | 1909 | 5446 |
| 中药材的种植 | 11792 | 9690 | 196544 | 36887 | 40654 |
| 林业 | 35009 | 20196 | 2787994 | 836174 | 919303 |
| 林木的培育和种植 | 34529 | 20196 | 2689874 | 791978 | 868682 |
| 育种和育苗 | 3010 | 2950 | 476931 | 218894 | 57290 |
| 造林 | 10592 | 3516 | 1863715 | 442722 | 748544 |
| 林木的抚育和管理 | 20927 | 13730 | 349228 | 130362 | 62848 |
| 木材和竹材的采运 | | | 49116 | 10804 | 24717 |
| 木材的采运 | | | 47088 | 8844 | 24717 |
| 竹材的采运 | | | 2028 | 1960 | |
| 林产品的采集 | 480 | | 49004 | 33392 | 25904 |
| 畜牧业 | 118087 | 39088 | 8030097 | 2555137 | 822982 |
| 牲畜的饲养 | 57214 | 5883 | 2984470 | 880860 | 392109 |
| 猪的饲养 | 40948 | 16920 | 2913543 | 976434 | 232318 |
| 家禽的饲养 | 8620 | 7635 | 1707832 | 554029 | 143056 |
| 狩猎和捕捉动物 | | | 20782 | 4732 | 2050 |
| 其他畜牧业 | 11305 | 8650 | 403470 | 139082 | 53449 |
| 渔业 | 28228 | 23928 | 1009596 | 357843 | 166748 |
| 海洋渔业 | 23928 | 23928 | 468632 | 196745 | 81497 |
| 海水养殖 | 19928 | 19928 | 401224 | 152867 | 33542 |

续表 1　　单位：万元

| 行　　业 | 利用外资 | 外商直接投资 | 自筹资金 | 企事业单位自有资金 | 其他资金 |
|---|---|---|---|---|---|
| 海洋捕捞 | 4000 | 4000 | 67408 | 43878 | 47955 |
| 内陆渔业 | 4300 | | 540964 | 161098 | 85251 |
| 内陆养殖 | 4300 | | 531531 | 161098 | 85201 |
| 内陆捕捞 | | | 9433 | | 50 |
| 农、林、牧、渔服务业 | 55599 | 23068 | 5145426 | 1276422 | 1200993 |
| 农业服务业 | 36726 | 9362 | 4594349 | 1126658 | 1117166 |
| 灌溉服务 | 12172 | 1217 | 1088316 | 241233 | 315491 |
| 农产品初加工服务 | 6689 | 6689 | 824120 | 294507 | 67102 |
| 其他农业服务 | 17865 | 1456 | 2681913 | 590918 | 734573 |
| 林业服务业 | 5693 | 526 | 131615 | 13023 | 44560 |
| 畜牧服务业 | 5730 | 5730 | 294952 | 86792 | 31807 |
| 兽医服务 | | | 75426 | 20444 | 9051 |
| 其他畜牧服务 | 5730 | 5730 | 219526 | 66348 | 22756 |
| 渔业服务业 | 7450 | 7450 | 124510 | 49949 | 7460 |
| **（二）采矿业** | **840352** | **613216** | **69131499** | **36149412** | **3854748** |
| 煤炭开采和洗选业 | 67223 | 8893 | 26164902 | 12620719 | 1071333 |
| 烟煤和无烟煤的开采洗选 | 64978 | 8893 | 24047975 | 11918609 | 939797 |
| 褐煤的开采洗选 | 2145 | | 1767306 | 603898 | 110468 |
| 其他煤炭采选 | 100 | | 349621 | 98212 | 21068 |
| 石油和天然气开采业 | 584157 | 538588 | 22444425 | 14009081 | 1532760 |
| 天然原油和天然气开采 | 571968 | 531538 | 18970007 | 12957531 | 1308449 |
| 与石油和天然气开采有关的服务活动 | 12189 | 7050 | 3474418 | 1051550 | 224311 |
| 黑色金属矿采选业 | 61134 | 1900 | 7434565 | 4194110 | 335982 |
| 铁矿采选 | 57996 | | 6879967 | 3818138 | 281625 |
| 其他黑色金属矿采选 | 3138 | 1900 | 554598 | 375972 | 54357 |
| 有色金属矿采选业 | 62227 | 38875 | 7392911 | 3039640 | 509798 |
| 常用有色金属矿采选 | 13270 | 10450 | 4124488 | 1759964 | 325785 |
| 铜矿采选 | 820 | | 993937 | 475185 | 120310 |
| 铅锌矿采选 | 2000 | | 1441395 | 501834 | 85649 |
| 镍钴矿采选 | | | 164387 | 38741 | 13840 |
| 锡矿采选 | | | 243783 | 67035 | 32041 |
| 锑矿采选 | 2000 | 2000 | 67493 | 27245 | 230 |
| 铝矿采选 | | | 644817 | 434787 | 7702 |
| 镁矿采选 | 1700 | 1700 | 66527 | 33130 | 10250 |
| 其他常用有色金属矿采选 | 6750 | 6750 | 502149 | 182007 | 55763 |
| 贵金属矿采选 | 38325 | 25525 | 2111552 | 724536 | 150195 |
| 金矿采选 | 38325 | 25525 | 1975203 | 657599 | 130825 |
| 银矿采选 | | | 103190 | 41837 | 1480 |
| 其他贵金属矿采选 | | | 33159 | 25100 | 17890 |
| 稀有稀土金属矿采选 | 10632 | 2900 | 1156871 | 555140 | 33818 |

单位：万元

| 行业 | 利用外资 | 外商直接投资 | 自筹资金 | 企事业单位自有资金 | 其他资金 |
|---|---|---|---|---|---|
| 钨钼矿采选 | 5520 | 2900 | 906209 | 398716 | 24198 |
| 稀土金属矿采选 | | | 51172 | 28062 | 200 |
| 放射性金属矿采选 | | | 19354 | 18874 | 3000 |
| 其他稀有金属矿采选 | 5112 | | 180136 | 109488 | 6420 |
| 非金属矿采选业 | 61231 | 23960 | 5513758 | 2227516 | 387936 |
| 土砂石开采 | 35872 | 16277 | 3935728 | 1557130 | 234364 |
| 石灰石、石膏开采 | 6285 | 4150 | 897007 | 340084 | 35781 |
| 建筑装饰用石开采 | 7701 | 841 | 1200915 | 459833 | 65912 |
| 耐火土石开采 | 4506 | 2906 | 469049 | 216097 | 19741 |
| 粘土及其他土砂石开采 | 17380 | 8380 | 1368757 | 541116 | 112930 |
| 化学矿采选 | 220 | | 414367 | 225130 | 15232 |
| 采盐 | 1400 | 1400 | 252663 | 81247 | 13606 |
| 石棉及其他非金属矿采选 | 23739 | 6283 | 911000 | 364009 | 124734 |
| 石棉、云母矿采选 | | | 18630 | 9750 | 2635 |
| 石墨、滑石采选 | | | 153813 | 56838 | 20532 |
| 宝石、玉石开采 | | | 40873 | 25157 | 1400 |
| 其他非金属矿采选 | 23739 | 6283 | 697684 | 272264 | 100167 |
| 其他采矿业 | 4380 | 1000 | 180938 | 58346 | 16939 |
| 其他采矿业 | 4380 | 1000 | 180938 | 58346 | 16939 |
| **（三）制造业** | **27152551** | **19372022** | **498560621** | **237800078** | **18966767** |
| 农副食品加工业 | 747665 | 528481 | 24531306 | 10198326 | 1252577 |
| 谷物磨制 | 64172 | 44250 | 3979253 | 1417580 | 228074 |
| 饲料加工 | 89894 | 42712 | 3054499 | 1435780 | 123813 |
| 植物油加工 | 182916 | 144643 | 3592043 | 1516736 | 193173 |
| 食用植物油加工 | 167466 | 144643 | 3192363 | 1432482 | 183071 |
| 非食用植物油加工 | 15450 | | 399680 | 84254 | 10102 |
| 制糖 | 13500 | 6000 | 598554 | 374942 | 22500 |
| 屠宰及肉类加工 | 80477 | 59052 | 5002204 | 2075806 | 257793 |
| 畜禽屠宰 | 38834 | 34334 | 2440151 | 1155178 | 108040 |
| 肉制品及副产品加工 | 41643 | 24718 | 2562053 | 920628 | 149753 |
| 水产品加工 | 63938 | 40924 | 1457839 | 667464 | 60885 |
| 水产品冷冻加工 | 33536 | 27074 | 1036395 | 476643 | 46943 |
| 鱼糜制品及水产品干腌制加工 | | | 169608 | 82628 | 4505 |
| 水产饲料制造 | 2152 | 100 | 96855 | 52758 | 2900 |
| 鱼油提取及制品的制造 | | | 5709 | 2799 | 4650 |
| 其他水产品加工 | 28250 | 13750 | 149272 | 52636 | 1887 |
| 蔬菜、水果和坚果加工 | 135192 | 100872 | 2962566 | 1276266 | 131605 |
| 其他农副食品加工 | 117576 | 90028 | 3884348 | 1433752 | 234734 |
| 淀粉及淀粉制品的制造 | 29716 | 27243 | 1521337 | 554585 | 128444 |
| 豆制品制造 | 20500 | 14500 | 612351 | 275233 | 26986 |

续表 3　　单位：万元

| 行　　业 | 利用外资 | 外商直接投　资 | 自筹资金 | 企事业单位自有资金 | 其他资金 |
|---|---|---|---|---|---|
| 蛋品加工 | 5700 | | 152830 | 39668 | 5260 |
| 其他未列明的农副食品加工 | 61660 | 48285 | 1597830 | 564266 | 74044 |
| 食品制造业 | 711083 | 538760 | 12562520 | 5762196 | 689485 |
| 焙烤食品制造 | 162537 | 85336 | 1922119 | 926222 | 62015 |
| 糕点、面包制造 | 63519 | 26584 | 903209 | 418982 | 30436 |
| 饼干及其他焙烤食品制造 | 99018 | 58752 | 1018910 | 507240 | 31579 |
| 糖果、巧克力及蜜饯制造 | 25602 | 23102 | 680907 | 356225 | 63845 |
| 糖果、巧克力制造 | 24982 | 22482 | 452321 | 248329 | 32183 |
| 蜜饯制作 | 620 | 620 | 228586 | 107896 | 31662 |
| 方便食品制造 | 130069 | 119389 | 2276830 | 931423 | 177483 |
| 米、面制品制造 | 47886 | 40636 | 991726 | 398798 | 83486 |
| 速冻食品制造 | 30826 | 27396 | 478530 | 137440 | 28813 |
| 方便面及其他方便食品制造 | 51357 | 51357 | 806574 | 395185 | 65184 |
| 液体乳及乳制品制造 | 43011 | 42390 | 1136046 | 523349 | 53881 |
| 罐头制造 | 33631 | 30241 | 902958 | 446977 | 69275 |
| 肉、禽类罐头制造 | 1100 | | 172395 | 71915 | 10293 |
| 水产品罐头制造 | 2826 | 2826 | 59562 | 33302 | |
| 蔬菜、水果罐头制造 | 26443 | 24153 | 508160 | 257040 | 51605 |
| 其他罐头食品制造 | 3262 | 3262 | 162841 | 84720 | 7377 |
| 调味品、发酵制品制造 | 84545 | 74208 | 1796311 | 904055 | 86778 |
| 味精制造 | 4912 | 4225 | 499763 | 296393 | 26620 |
| 酱油、食醋及类似制品的制造 | 10880 | 1230 | 543060 | 233465 | 8801 |
| 其他调味品、发酵制品制造 | 68753 | 68753 | 753488 | 374197 | 51357 |
| 其他食品制造 | 231688 | 164094 | 3847349 | 1673945 | 176208 |
| 营养、保健食品制造 | 44291 | 25241 | 1089955 | 463317 | 28895 |
| 冷冻饮品及食用冰制造 | 9061 | 8860 | 391397 | 185968 | 20588 |
| 盐加工 | | | 279065 | 70068 | 4801 |
| 食品及饲料添加剂制造 | 129992 | 83149 | 1110641 | 451769 | 34047 |
| 其他未列明的食品制造 | 48344 | 46844 | 976291 | 502823 | 87877 |
| 饮料制造业 | 342446 | 231002 | 9664819 | 4244756 | 413446 |
| 酒精制造 | 3800 | 3800 | 690827 | 400756 | 26419 |
| 酒的制造 | 120965 | 81338 | 4430439 | 1955342 | 175047 |
| 白酒制造 | 16035 | 10960 | 2513328 | 1063653 | 96121 |
| 啤酒制造 | 89040 | 65208 | 996728 | 469328 | 21402 |
| 黄酒制造 | 2000 | 2000 | 145001 | 94797 | 6639 |
| 葡萄酒制造 | 13530 | 3170 | 522687 | 202398 | 26969 |
| 其他酒制造 | 360 | | 252695 | 125166 | 23916 |
| 软饮料制造 | 213377 | 143510 | 3846026 | 1663923 | 167328 |
| 碳酸饮料制造 | 85940 | 77270 | 528268 | 271664 | 6551 |
| 瓶（罐）装饮用水制造 | 28436 | 11686 | 900922 | 406659 | 52367 |

续表 4 单位：万元

| 行　　业 | 利用外资 | 外商直接投　资 | 自筹资金 | 企事业单位自有资金 | 其他资金 |
|---|---|---|---|---|---|
| 果菜汁及果菜汁饮料制造 | 62841 | 33054 | 1109494 | 516562 | 56870 |
| 含乳饮料和植物蛋白饮料制造 | 10960 | 4400 | 611594 | 169945 | 38075 |
| 固体饮料制造 | 4500 | 4500 | 134279 | 48049 | 941 |
| 茶饮料及其他软饮料制造 | 20700 | 12600 | 561469 | 251044 | 12524 |
| 精制茶加工 | 4304 | 2354 | 697527 | 224735 | 44652 |
| 烟草制品业 | | | 2122815 | 1223756 | 34261 |
| 烟叶复烤 | | | 180134 | 114321 | 14155 |
| 卷烟制造 | | | 1869662 | 1080619 | 10190 |
| 其他烟草制品加工 | | | 73019 | 28816 | 9916 |
| 纺织业 | 759877 | 518228 | 15577255 | 7230947 | 535899 |
| 棉、化纤纺织及印染精加工 | 212162 | 123906 | 8185122 | 3742055 | 275506 |
| 棉、化纤纺织加工 | 151358 | 71449 | 7345553 | 3294287 | 246513 |
| 棉、化纤印染精加工 | 60804 | 52457 | 839569 | 447768 | 28993 |
| 毛纺织和染整精加工 | 35491 | 34321 | 722109 | 321142 | 19129 |
| 毛条加工 | 15070 | 15000 | 122386 | 46269 | 2305 |
| 毛纺织 | 12914 | 11814 | 471772 | 221852 | 16554 |
| 毛染整精加工 | 7507 | 7507 | 127951 | 53021 | 270 |
| 麻纺织 | 400 | 400 | 287203 | 136746 | 3210 |
| 丝绢纺织及精加工 | 17741 | 12420 | 602904 | 297687 | 42572 |
| 缫丝加工 | 6321 | 1000 | 259410 | 172499 | 20532 |
| 绢纺和丝织加工 | 11420 | 11420 | 257442 | 69707 | 21640 |
| 丝印染精加工 | | | 86052 | 55481 | 400 |
| 纺织制成品制造 | 244010 | 155423 | 3122523 | 1485926 | 129830 |
| 棉及化纤制品制造 | 77419 | 52319 | 1407919 | 681532 | 79259 |
| 毛制品制造 | 9329 | 4829 | 134542 | 52802 | 2967 |
| 麻制品制造 | 5600 | 5600 | 54818 | 17062 | 530 |
| 丝制品制造 | 1834 | 1584 | 124034 | 53481 | 3755 |
| 绳、索、缆的制造 | 960 | 960 | 157068 | 67080 | 225 |
| 纺织带和帘子布制造 | 3110 | 2310 | 142137 | 91616 | 1370 |
| 无纺布制造 | 104767 | 56800 | 574637 | 289059 | 18099 |
| 其他纺织制成品制造 | 40991 | 31021 | 527368 | 233294 | 23625 |
| 针织品、编织品及其制品制造 | 250073 | 191758 | 2657394 | 1247391 | 65652 |
| 棉、化纤针织品及编织品制造 | 152166 | 99927 | 1503480 | 677030 | 28635 |
| 毛针织品及编织品制造 | 49376 | 48551 | 572776 | 359768 | 16260 |
| 丝针织品及编织品制造 | 17979 | 16179 | 173271 | 86542 | 4318 |
| 其他针织品及编织品制造 | 30552 | 27101 | 407867 | 124051 | 16439 |
| 纺织服装、鞋、帽制造业 | 729544 | 543545 | 9270042 | 4091430 | 274390 |
| 纺织服装制造 | 643171 | 474824 | 8566975 | 3803175 | 262796 |
| 纺织面料鞋的制造 | 86217 | 68581 | 629308 | 258612 | 8714 |
| 制帽 | 156 | 140 | 73759 | 29643 | 2880 |

续表 5 单位：万元

| 行　　业 | 利用外资 | 外商直接投资 | 自筹资金 | 企事业单位自有资金 | 其他资金 |
|---|---|---|---|---|---|
| 皮革、毛皮、羽毛(绒)及其制品业 | 588939 | 471308 | 4101163 | 2006596 | 302504 |
| 皮革鞣制加工 | 46481 | 38507 | 524255 | 239138 | 11247 |
| 皮革制品制造 | 518403 | 410051 | 3002260 | 1456695 | 232354 |
| 皮鞋制造 | 295465 | 220036 | 1874698 | 1035011 | 194153 |
| 皮革服装制造 | 22936 | 19674 | 214279 | 55713 | 600 |
| 皮箱、包(袋)制造 | 45605 | 29404 | 571591 | 188065 | 23543 |
| 皮手套及皮装饰制品制造 | 8710 | 750 | 115547 | 37691 | 3640 |
| 其他皮革制品制造 | 145687 | 140187 | 226145 | 140215 | 10418 |
| 毛皮鞣制及制品加工 | 12800 | 12800 | 323721 | 201210 | 39902 |
| 毛皮鞣制加工 | 893 | 893 | 87735 | 44944 | 36752 |
| 毛皮服装加工 | 4125 | 4125 | 177480 | 139182 | 2200 |
| 其他毛皮制品加工 | 7782 | 7782 | 58506 | 17084 | 950 |
| 羽毛(绒)加工及制品制造 | 11255 | 9950 | 250927 | 109553 | 19001 |
| 羽毛(绒)加工 | 10950 | 9950 | 118283 | 54021 | 400 |
| 羽毛(绒)制品加工 | 305 | | 132644 | 55532 | 18601 |
| 木材加工及木、竹、藤、棕、草制造 | 207248 | 103015 | 9165156 | 4292448 | 437752 |
| 锯材、木片加工 | 32859 | 13949 | 2096815 | 859165 | 115412 |
| 锯材加工 | 25829 | 10699 | 1259734 | 475686 | 57599 |
| 木片加工 | 7030 | 3250 | 837081 | 383479 | 57813 |
| 人造板制造 | 99290 | 39664 | 4138736 | 2090564 | 179871 |
| 胶合板制造 | 39996 | 28028 | 1491524 | 848972 | 81908 |
| 纤维板制造 | 10044 | 244 | 824634 | 399045 | 50656 |
| 刨花板制造 | 17562 | 2732 | 373112 | 148964 | 7910 |
| 其他人造板、材制造 | 31688 | 8660 | 1449466 | 693583 | 39397 |
| 木制品制造 | 69402 | 44452 | 2289093 | 1061862 | 99063 |
| 建筑用木料及木材组件加工制造 | 44157 | 28527 | 1513944 | 685971 | 54690 |
| 木容器制造 | 8000 | | 140420 | 80791 | 4902 |
| 软木制品及其他木制品制造 | 17245 | 15925 | 634729 | 295100 | 39471 |
| 竹、藤、棕、草制品制造 | 5697 | 4950 | 640512 | 280857 | 43406 |
| 家具制造业 | 164831 | 84738 | 5863531 | 2988225 | 184081 |
| 木质家具制造 | 123962 | 57988 | 4094284 | 1999274 | 159452 |
| 竹、藤家具制造 | 200 | 200 | 113167 | 42978 | 5862 |
| 金属家具制造 | 25602 | 17902 | 849332 | 562598 | 3380 |
| 塑料家具制造 | 2600 | 2600 | 96966 | 44366 | 3300 |
| 其他家具制造 | 12467 | 6048 | 709782 | 339009 | 12087 |
| 造纸及纸制品业 | 512554 | 332214 | 9862267 | 4513572 | 284148 |
| 纸浆制造 | 176488 | 54553 | 1417775 | 595783 | 21542 |
| 造纸 | 152171 | 132954 | 4711025 | 2119848 | 137488 |
| 机制纸及纸板制造 | 147817 | 132085 | 4051613 | 1900054 | 106004 |
| 手工纸制造 | 869 | 869 | 67718 | 26561 | 7512 |

续表 6　　　　　　单位：万元

| 行　　业 | 利用外资 | 外商直接投　资 | 自筹资金 | 企事业单位自有资金 | 其他资金 |
|---|---|---|---|---|---|
| 加工纸制造 | 3485 | | 591694 | 193233 | 23972 |
| 纸制品制造 | 183895 | 144707 | 3733467 | 1797941 | 125118 |
| 纸和纸板容器的制造 | 102754 | 71567 | 2177875 | 1015218 | 66303 |
| 其他纸制品制造 | 81141 | 73140 | 1555592 | 782723 | 58815 |
| 印刷业和记录媒介的复制 | 201785 | 168196 | 5182461 | 2461804 | 163282 |
| 印刷 | 156620 | 128535 | 4759288 | 2254599 | 146205 |
| 书、报、刊印刷 | 15350 | 7750 | 1106184 | 489817 | 35735 |
| 本册印制 | | | 318716 | 151260 | 2050 |
| 包装装潢及其他印刷 | 141270 | 120785 | 3334388 | 1613522 | 108420 |
| 装订及其他印刷服务活动 | 5000 | | 289811 | 140375 | 16651 |
| 记录媒介的复制 | 40165 | 39661 | 133362 | 66830 | 426 |
| 文教体育用品制造业 | 259236 | 189884 | 1795132 | 745513 | 42847 |
| 文化用品制造 | 33641 | 25326 | 384954 | 144104 | 12136 |
| 文具制造 | 19658 | 14590 | 126979 | 55203 | 7500 |
| 笔的制造 | 7260 | 4013 | 108786 | 41234 | 500 |
| 教学用模型及教具制造 | | | 54505 | 21504 | 830 |
| 墨水、墨汁制造 | 4953 | 4953 | 28793 | 800 | |
| 其他文化用品制造 | 1770 | 1770 | 65891 | 25363 | 3306 |
| 体育用品制造 | 119189 | 75927 | 609015 | 220469 | 5294 |
| 球类制造 | 6882 | 90 | 68052 | 14282 | 260 |
| 体育器材及配件制造 | 59023 | 32159 | 188379 | 68576 | 3781 |
| 训练健身器材制造 | 13357 | 5580 | 118226 | 55920 | |
| 运动防护用具制造 | 29384 | 29369 | 59041 | 29078 | 453 |
| 其他体育用品制造 | 10543 | 8729 | 175317 | 52613 | 800 |
| 乐器制造 | 22468 | 7548 | 104362 | 61901 | 6270 |
| 中乐器制造 | | | 17923 | 8405 | 4535 |
| 西乐器制造 | 17136 | 3596 | 54946 | 32841 | 500 |
| 电子乐器制造 | 3750 | 3750 | 6118 | 6103 | |
| 其他乐器及零件制造 | 1582 | 202 | 25375 | 14552 | 1235 |
| 玩具制造 | 83638 | 80783 | 561203 | 275471 | 18937 |
| 游艺器材及娱乐用品制造 | 300 | 300 | 135598 | 43568 | 210 |
| 露天游乐场所游乐设备制造 | 300 | 300 | 88114 | 26102 | 160 |
| 游艺用品及室内游艺器材制造 | | | 47484 | 17466 | 50 |
| 石油加工、炼焦及核燃料加工业 | 259696 | 139868 | 14561027 | 7371836 | 495652 |
| 精炼石油产品的制造 | 187630 | 98582 | 8354988 | 5034994 | 354664 |
| 原油加工及石油制品制造 | 183630 | 98582 | 7899030 | 4838487 | 268059 |
| 人造原油生产 | 4000 | | 455958 | 196507 | 86605 |
| 炼焦 | 72066 | 41286 | 6206039 | 2336842 | 140988 |
| 化学原料及化学制品制造业 | 2590546 | 1948925 | 47485430 | 21856330 | 1742556 |

续表 7　　　　单位：万元

| 行　　业 | 利用外资 | 外商直接投　资 | 自筹资金 | 企事业单位自有资金 | 其他资金 |
|---|---|---|---|---|---|
| 基础化学原料制造 | 712058 | 527017 | 18189379 | 7672493 | 604226 |
| 无机酸制造 | 48246 | 6013 | 1725584 | 723389 | 69563 |
| 无机碱制造 | 40682 | 36531 | 2081491 | 984833 | 96017 |
| 无机盐制造 | 72200 | 65200 | 1932461 | 908624 | 67942 |
| 有机化学原料制造 | 355443 | 259556 | 9909557 | 4069163 | 286280 |
| 其他基础化学原料制造 | 195487 | 159717 | 2540286 | 986484 | 84424 |
| 肥料制造 | 49035 | 14763 | 7597361 | 3897234 | 230177 |
| 氮肥制造 | 4871 | | 2956317 | 1747695 | 103900 |
| 磷肥制造 | 1000 | 1000 | 816361 | 414258 | 25935 |
| 钾肥制造 | | | 283501 | 193408 | 2505 |
| 复混肥料制造 | 26795 | 6844 | 2076701 | 863873 | 46465 |
| 有机肥料及微生物肥料制造 | 16069 | 6919 | 1037568 | 492171 | 32802 |
| 其他肥料制造 | 300 | | 426913 | 185829 | 18570 |
| 农药制造 | 12452 | 1600 | 2050353 | 868601 | 55916 |
| 化学农药制造 | 11882 | 1200 | 1329535 | 642032 | 31434 |
| 生物化学农药及微生物农药制造 | 570 | 400 | 720818 | 226569 | 24482 |
| 涂料、油墨、颜料及类似产品制造 | 413544 | 356199 | 2881839 | 1150528 | 156536 |
| 涂料制造 | 53148 | 28959 | 1654935 | 720567 | 61997 |
| 油墨及类似产品制造 | 6462 | 5527 | 187195 | 78585 | 18035 |
| 颜料制造 | 6666 | 1806 | 288053 | 136001 | 26122 |
| 染料制造 | 9500 | 9500 | 552617 | 134899 | 35931 |
| 密封用填料及类似品制造 | 337768 | 310407 | 199039 | 80476 | 14451 |
| 合成材料制造 | 413203 | 296232 | 3273802 | 1732403 | 150421 |
| 初级形态的塑料及合成树脂制造 | 162547 | 157648 | 1696997 | 874355 | 39053 |
| 合成橡胶制造 | 68174 | 66874 | 555259 | 333517 | 8447 |
| 合成纤维单(聚合)体的制造 | 90351 | 46614 | 546491 | 362659 | 92251 |
| 其他合成材料制造 | 92131 | 25096 | 475055 | 161872 | 10670 |
| 专用化学产品制造 | 862310 | 659348 | 11784489 | 5784650 | 458499 |
| 化学试剂和助剂制造 | 88926 | 70805 | 3078199 | 1599062 | 63948 |
| 专项化学用品制造 | 433069 | 337031 | 3128017 | 1427206 | 187993 |
| 林产化学产品制造 | 16865 | 15765 | 377642 | 234661 | 25356 |
| 环境污染处理专用药剂材料制造 | 2360 | 1416 | 323818 | 113545 | 42417 |
| 动物胶制造 | 30 | | 120065 | 54269 | 1000 |
| 其他专用化学产品制造 | 321060 | 234331 | 4756748 | 2355907 | 137785 |
| 日用化学产品制造 | 127944 | 93766 | 1708207 | 750421 | 86781 |
| 肥皂及合成洗涤剂制造 | 15060 | 3000 | 477481 | 130917 | 11119 |
| 化妆品制造 | 48080 | 34480 | 232660 | 131001 | 6215 |
| 口腔清洁用品制造 | 14310 | 14310 | 18719 | 15985 | 300 |

| 行　　业 | 利用外资 | 外商直接投　资 | 自筹资金 | 企事业单位自有资金 | 其他资金 |
|---|---|---|---|---|---|
| 香料、香精制造 | 11210 | 10960 | 292909 | 112178 | 45521 |
| 其他日用化学产品制造 | 39284 | 31016 | 686438 | 360340 | 23626 |
| 医药制造业 | 644419 | 323396 | 13111191 | 5382270 | 492072 |
| 化学药品原药制造 | 158966 | 71581 | 2671709 | 1017013 | 81534 |
| 化学药品制剂制造 | 228739 | 111038 | 2376681 | 982421 | 118248 |
| 中药饮片加工 | 15364 | 10064 | 1387461 | 562403 | 47726 |
| 中成药制造 | 32189 | 21744 | 2629492 | 1087995 | 93991 |
| 兽用药品制造 | 7853 | 3003 | 772468 | 254896 | 31315 |
| 生物、生化制品的制造 | 99907 | 44921 | 2267093 | 1197974 | 73871 |
| 卫生材料及医药用品制造 | 101401 | 61045 | 1006287 | 279568 | 45387 |
| 化学纤维制造业 | 151969 | 127639 | 2455900 | 1248543 | 103537 |
| 纤维素纤维原料及纤维制造 | 17332 | 17332 | 1004452 | 613792 | 63455 |
| 化纤浆粕制造 | 13520 | 13520 | 447223 | 343533 | 7855 |
| 人造纤维（纤维素纤维）制造 | 3812 | 3812 | 557229 | 270259 | 55600 |
| 合成纤维制造 | 134637 | 110307 | 1451448 | 634751 | 40082 |
| 锦纶纤维制造 | 20910 | 2940 | 142554 | 99455 | 13000 |
| 涤纶纤维制造 | 45973 | 44713 | 462286 | 256378 | 1780 |
| 腈纶纤维制造 | 6500 | 6500 | 23522 | 10681 | 2130 |
| 维纶纤维制造 | | | 268949 | 27678 | |
| 其他合成纤维制造 | 61254 | 56154 | 554137 | 240559 | 23172 |
| 橡胶制品业 | 436168 | 368948 | 5429571 | 2638298 | 139986 |
| 轮胎制造 | 293137 | 256399 | 2056947 | 1142580 | 33598 |
| 车辆、飞机及工程机械轮胎制造 | 257479 | 244741 | 1803628 | 1020563 | 20832 |
| 力车胎制造 | 35658 | 11658 | 112091 | 48821 | 8900 |
| 轮胎翻新加工 | | | 141228 | 73196 | 3866 |
| 橡胶板、管、带的制造 | 42009 | 29027 | 1371612 | 557058 | 19962 |
| 橡胶零件制造 | 59629 | 55751 | 663816 | 274166 | 11412 |
| 再生橡胶制造 | 9423 | 6723 | 224415 | 108621 | 6632 |
| 日用及医用橡胶制品制造 | 4360 | 3200 | 247176 | 137081 | 27399 |
| 橡胶靴鞋制造 | 2829 | 200 | 136688 | 66704 | 494 |
| 其他橡胶制品制造 | 24781 | 17648 | 728917 | 352088 | 40489 |
| 塑料制品业 | 459487 | 360287 | 12482355 | 5777411 | 508504 |
| 塑料薄膜制造 | 102913 | 90309 | 1440266 | 709392 | 49541 |
| 塑料板、管、型材的制造 | 50344 | 37864 | 4348776 | 2135122 | 140976 |
| 塑料丝、绳及编织品的制造 | 20409 | 15709 | 1072676 | 374634 | 78868 |
| 泡沫塑料制造 | 25210 | 19660 | 673905 | 366137 | 20269 |
| 塑料人造革、合成革制造 | 14911 | 14911 | 458194 | 250040 | 22530 |
| 塑料包装箱及容器制造 | 40410 | 16893 | 1385662 | 614164 | 59788 |
| 塑料零件制造 | 45315 | 36176 | 785971 | 301609 | 12839 |
| 日用塑料制造 | 85723 | 71285 | 1042533 | 424393 | 70979 |

续表 9

单位：万元

| 行业 | 利用外资 | 外商直接投资 | 自筹资金 | 企事业单位自有资金 | 其他资金 |
|---|---|---|---|---|---|
| 塑料鞋制造 | 33727 | 30603 | 168911 | 62194 | 3600 |
| 日用塑料杂品制造 | 51996 | 40682 | 873622 | 362199 | 67379 |
| 其他塑料制品制造 | 74252 | 57480 | 1274372 | 601920 | 52714 |
| 非金属矿物制品业 | 1210783 | 862333 | 51539204 | 23309406 | 2802505 |
| 水泥、石灰和石膏的制造 | 301161 | 255191 | 14182007 | 7174058 | 655946 |
| 水泥制造 | 300161 | 255191 | 13241131 | 6673777 | 626644 |
| 石灰和石膏制造 | 1000 |  | 940876 | 500281 | 29302 |
| 水泥及石膏制品制造 | 171905 | 116287 | 6800887 | 3123790 | 319082 |
| 水泥制品制造 | 137697 | 101677 | 3752361 | 1734027 | 166031 |
| 砼结构构件制造 | 8350 | 3350 | 1274862 | 546922 | 72521 |
| 石棉水泥制品制造 |  |  | 120608 | 61810 | 3869 |
| 轻质建筑材料制造 | 20708 | 10110 | 1109885 | 546291 | 25145 |
| 其他水泥制品制造 | 5150 | 1150 | 543171 | 234740 | 51516 |
| 砖瓦、石材及其他建筑材料制造 | 155287 | 98698 | 13992816 | 5995524 | 849374 |
| 粘土砖瓦及建筑砌块制造 | 28005 | 18889 | 5022841 | 2037421 | 255772 |
| 建筑陶瓷制品制造 | 23173 | 22773 | 2271691 | 1009455 | 220434 |
| 建筑用石加工 | 33313 | 24281 | 2235089 | 1007245 | 161256 |
| 防水建筑材料制造 | 3645 | 803 | 799750 | 380559 | 39546 |
| 隔热和隔音材料制造 | 7066 | 466 | 1109865 | 512098 | 41172 |
| 其他建筑材料制造 | 60085 | 31486 | 2553580 | 1048746 | 131194 |
| 玻璃及玻璃制品制造 | 337190 | 239700 | 5929335 | 2794250 | 186611 |
| 平板玻璃制造 | 148727 | 126500 | 1208633 | 664124 | 47869 |
| 技术玻璃制品制造 | 31257 | 15602 | 1017490 | 494079 | 17130 |
| 光学玻璃制造 | 29476 | 26468 | 202857 | 109337 | 26324 |
| 玻璃仪器制造 |  |  | 134818 | 54385 | 1380 |
| 日用玻璃制品及玻璃包装容器制造 | 27823 | 18697 | 1055821 | 468824 | 39939 |
| 玻璃保温容器制造 |  |  | 72519 | 33616 | 3525 |
| 玻璃纤维及制品制造 | 47213 | 29876 | 1056644 | 365037 | 38010 |
| 玻璃纤维增强塑料制品制造 | 7502 | 5180 | 551877 | 360132 | 5546 |
| 其他玻璃制品制造 | 45192 | 17377 | 628676 | 244716 | 6888 |
| 陶瓷制品制造 | 66420 | 46250 | 2797858 | 802436 | 407045 |
| 卫生陶瓷制品制造 | 26079 | 20611 | 415962 | 175219 | 59576 |
| 特种陶瓷制品制造 | 10230 | 2600 | 1150054 | 221149 | 78505 |
| 日用陶瓷制品制造 | 27611 | 20539 | 1060286 | 361418 | 251193 |
| 园林、陈设艺术及其他陶瓷制造 | 2500 | 2500 | 171556 | 44650 | 17771 |
| 耐火材料制品制造 | 27000 | 21304 | 3064450 | 1171588 | 123681 |
| 石棉制品制造 | 500 | 500 | 223653 | 84088 | 19950 |
| 云母制品制造 |  |  | 90425 | 18330 | 9884 |
| 耐火陶瓷制品及其他耐火材料制造 | 26500 | 20804 | 2750372 | 1069170 | 93847 |
| 石墨及其他非金属矿物制品制造 | 151820 | 84903 | 4771851 | 2247760 | 260766 |

单位：万元

| 行业 | 利用外资 | 外商直接投资 | 自筹资金 | 企事业单位自有资金 | 其他资金 |
|---|---|---|---|---|---|
| 石墨及碳素制品制造 | 63861 | 21815 | 1935760 | 761575 | 55509 |
| 其他非金属矿物制品制造 | 87959 | 63088 | 2836091 | 1486185 | 205257 |
| 黑色金属冶炼及压延加工业 | 567591 | 228661 | 26500604 | 15537285 | 610986 |
| 炼铁 | | | 1864619 | 1018165 | 35024 |
| 炼钢 | 53863 | 13848 | 7010837 | 4036422 | 74054 |
| 钢压延加工 | 495370 | 203055 | 15513114 | 9356854 | 411617 |
| 铁合金冶炼 | 18358 | 11758 | 2112034 | 1125844 | 90291 |
| 有色金属冶炼及压延加工业 | 886973 | 436565 | 18226736 | 8642130 | 778983 |
| 常用有色金属冶炼 | 289732 | 185262 | 7951034 | 3799323 | 483384 |
| 铜冶炼 | 39002 | 36952 | 1711174 | 753987 | 162227 |
| 铅锌冶炼 | 37040 | 1000 | 1596234 | 640888 | 70140 |
| 镍钴冶炼 | 89822 | 41822 | 940133 | 600551 | 65619 |
| 锡冶炼 | 9900 | 9900 | 138764 | 77430 | 2400 |
| 锑冶炼 | | | 54656 | 26503 | 1290 |
| 铝冶炼 | 58282 | 54382 | 2022306 | 1024912 | 116220 |
| 镁冶炼 | 50986 | 40906 | 622112 | 251437 | 33740 |
| 其他常用有色金属冶炼 | 4700 | 300 | 865655 | 423615 | 31748 |
| 贵金属冶炼 | 32112 | 18000 | 552635 | 190200 | 9060 |
| 金冶炼 | 32112 | 18000 | 388122 | 135344 | 5560 |
| 银冶炼 | | | 57585 | 35525 | |
| 其他贵金属冶炼 | | | 106928 | 19331 | 3500 |
| 稀有稀土金属冶炼 | 94150 | 85195 | 1962648 | 1117941 | 55376 |
| 钨钼冶炼 | 725 | 120 | 568582 | 394431 | 6374 |
| 稀土金属冶炼 | 4194 | 4194 | 431883 | 164547 | 4581 |
| 其他稀有金属冶炼 | 89231 | 80881 | 962183 | 558963 | 44421 |
| 有色金属合金制造 | 313763 | 35060 | 1283697 | 797098 | 28546 |
| 有色金属压延加工 | 157216 | 113048 | 6476722 | 2737568 | 202617 |
| 常用有色金属压延加工 | 145431 | 101263 | 5799178 | 2493262 | 186177 |
| 贵金属压延加工 | 5800 | 5800 | 271246 | 99415 | 6030 |
| 稀有稀土金属压延加工 | 5985 | 5985 | 406298 | 144891 | 10410 |
| 金属制品业 | 878194 | 627570 | 25280887 | 12295923 | 692747 |
| 结构性金属制品制造 | 279943 | 200773 | 11121181 | 5463431 | 326428 |
| 金属结构制造 | 257767 | 187072 | 8851811 | 4488287 | 258298 |
| 金属门窗制造 | 22176 | 13701 | 2269370 | 975144 | 68130 |
| 金属工具制造 | 91991 | 59759 | 2635307 | 1383243 | 47660 |
| 切削工具制造 | 34375 | 24799 | 525216 | 280625 | 5930 |
| 手工具制造 | 17004 | 3724 | 347053 | 129624 | 6846 |
| 农用及园林用金属工具制造 | 8540 | 8540 | 217763 | 87315 | 4908 |
| 刀剪及类似日用金属工具制造 | 965 | 965 | 194010 | 59777 | 1020 |
| 其他金属工具制造 | 31107 | 21731 | 1351265 | 825902 | 28956 |

续表 11 单位：万元

| 行业 | 利用外资 | 外商直接投资 | 自筹资金 | 企事业单自有资金 | 其他资金 |
| --- | --- | --- | --- | --- | --- |
| 　集装箱及金属包装容器制造 | 48513 | 41644 | 1538681 | 696582 | 20654 |
| 　　集装箱制造 | 1000 | 1000 | 234029 | 104748 | 3800 |
| 　　金属压力容器制造 | 9580 | 9580 | 643259 | 255627 | 4559 |
| 　　金属包装容器制造 | 37933 | 31064 | 661393 | 336207 | 12295 |
| 　金属丝绳及其制品的制造 | 142300 | 96311 | 1515087 | 685131 | 65741 |
| 　建筑、安全用金属制品制造 | 35593 | 19633 | 3108006 | 1460838 | 55603 |
| 　　建筑、家具用金属配件制造 | 2264 | 2264 | 751824 | 307867 | 11229 |
| 　　建筑装饰及水暖管道零件制造 | 23656 | 11966 | 1626385 | 834970 | 11385 |
| 　　安全、消防用金属制品制造 | 1411 | 1391 | 424035 | 190319 | 26313 |
| 　　其他建筑、安全用金属制品制造 | 8262 | 4012 | 305762 | 127682 | 6676 |
| 　金属表面处理及热处理加工 | 29417 | 23936 | 1389681 | 712000 | 31435 |
| 　搪瓷制品制造 | 13961 | 12461 | 275659 | 170916 | 4720 |
| 　　工业生产配套用搪瓷制品制造 | 9500 | 9500 | 32438 | 13329 | 220 |
| 　　搪瓷卫生洁具制造 | 1500 |  | 102296 | 40187 | 3000 |
| 　　搪瓷日用品及其他搪瓷制品制造 | 2961 | 2961 | 140925 | 117400 | 1500 |
| 　不锈钢及类似日用金属制品制造 | 100423 | 81523 | 1431683 | 653555 | 87071 |
| 　　金属制厨房调理及卫生器具制造 | 32252 | 31142 | 335017 | 165903 | 12921 |
| 　　金属制厨用器皿及餐具制造 | 39074 | 23284 | 435945 | 148061 | 17530 |
| 　　其他日用金属制品制造 | 29097 | 27097 | 660721 | 339591 | 56620 |
| 　其他金属制品制造 | 136053 | 91530 | 2265602 | 1070227 | 53435 |
| 　　铸币及贵金属制实验室用品制造 |  |  | 44290 | 37196 | 1500 |
| 　　其他未列明的金属制品制造 | 136053 | 91530 | 2221312 | 1033031 | 51935 |
| 通用设备制造业 | 1683410 | 992070 | 39740563 | 18892566 | 1131829 |
| 　锅炉及原动机制造 | 197257 | 75447 | 3057004 | 1554170 | 64333 |
| 　　锅炉及辅助设备制造 | 9058 | 2272 | 1208531 | 582776 | 44603 |
| 　　内燃机及配件制造 | 70675 | 66775 | 1085614 | 581959 | 4057 |
| 　　汽轮机及辅机制造 | 6424 | 6400 | 435023 | 237726 | 6598 |
| 　　水轮机及辅机制造 | 5600 |  | 88715 | 32893 | 6150 |
| 　　其他原动机制造 | 105500 |  | 239121 | 118816 | 2925 |
| 　金属加工机械制造 | 181736 | 94787 | 6148818 | 2885852 | 138618 |
| 　　金属切削机床制造 | 44652 | 22699 | 1346261 | 759515 | 21036 |
| 　　金属成形机床制造 | 28822 | 20437 | 683511 | 415686 | 4630 |
| 　　铸造机械制造 | 49639 | 23068 | 1285349 | 647421 | 37334 |
| 　　金属切割及焊接设备制造 | 27351 | 8451 | 294359 | 158412 | 2780 |
| 　　机床附件制造 | 1950 | 1950 | 636565 | 257459 | 16360 |
| 　　其他金属加工机械制造 | 29322 | 18182 | 1902773 | 647359 | 56478 |
| 　起重运输设备制造 | 52209 | 38860 | 2827849 | 1017975 | 29685 |
| 　泵、阀门、压缩机及类似机械的制造 | 230328 | 176878 | 5331495 | 2676130 | 230126 |
| 　　泵及真空设备制造 | 19115 | 18615 | 1471528 | 745278 | 65187 |
| 　　气体压缩机械制造 | 19531 | 9201 | 705657 | 288005 | 38027 |

续表 12　　　　单位：万元

| 行　　业 | 利用外资 | 外商直接投资 | 自筹资金 | 企事业单位自有资金 | 其他资金 |
| --- | --- | --- | --- | --- | --- |
| 阀门和旋塞的制造 | 134478 | 128653 | 1544682 | 868590 | 31953 |
| 液压和气压动力机械及元件制造 | 57204 | 20409 | 1609628 | 774257 | 94959 |
| 轴承、齿轮、传动和驱动部件制造 | 270316 | 239568 | 3355160 | 1346357 | 117810 |
| 轴承制造 | 165309 | 160709 | 1934084 | 826510 | 64935 |
| 齿轮、传动和驱动部件制造 | 105007 | 78859 | 1421076 | 519847 | 52875 |
| 烘炉、熔炉及电炉制造 | 300 | | 291268 | 148907 | 7510 |
| 风机、衡器、包装设备等通用设备制造 | 349585 | 170675 | 5621794 | 2711916 | 183672 |
| 风机、风扇制造 | 110595 | 19078 | 1242384 | 590956 | 42962 |
| 气体、液体分离及纯净设备制造 | 20639 | 14639 | 651649 | 215018 | 48121 |
| 制冷、空调设备制造 | 115976 | 66574 | 837228 | 399054 | 17965 |
| 风动和电动工具制造 | 25830 | 21480 | 428637 | 270641 | 1131 |
| 喷枪及类似器具制造 | 3091 | 800 | 145829 | 65220 | 190 |
| 包装专用设备制造 | 7300 | 1900 | 279552 | 123608 | 30290 |
| 衡器制造 | 2300 | | 130960 | 42911 | 2050 |
| 其他通用设备制造 | 63854 | 46204 | 1905555 | 1004508 | 40963 |
| 通用零部件制造及机械修理 | 157980 | 76268 | 6690138 | 3481775 | 204417 |
| 金属密封件制造 | 18968 | 13229 | 444380 | 246068 | 21948 |
| 紧固件、弹簧制造 | 55848 | 27918 | 981139 | 494432 | 40778 |
| 机械零部件加工及设备修理 | 43414 | 17908 | 3811041 | 2120240 | 87193 |
| 其他通用零部件制造 | 39750 | 17213 | 1453578 | 621035 | 54498 |
| 金属铸、锻加工 | 243699 | 119587 | 6417037 | 3069484 | 155658 |
| 钢铁铸件制造 | 162458 | 109596 | 5029598 | 2417529 | 109986 |
| 锻件及粉末冶金制品制造 | 81241 | 9991 | 1387439 | 651955 | 45672 |
| 专用设备制造业 | 1247087 | 671983 | 26845129 | 12991320 | 835336 |
| 矿山、冶金、建筑专用设备制造 | 369253 | 191808 | 9955098 | 5048681 | 219612 |
| 采矿、采石设备制造 | 59678 | 12300 | 3407481 | 1787353 | 90922 |
| 石油钻采专用设备制造 | 103186 | 40720 | 2012726 | 798279 | 9810 |
| 建筑工程用机械制造 | 134469 | 67068 | 2297509 | 1190581 | 82098 |
| 建筑材料生产专用机械制造 | 12525 | 12525 | 727869 | 332833 | 19829 |
| 冶金专用设备制造 | 59395 | 59195 | 1509513 | 939635 | 16953 |
| 化工、木材、非金属加工专用设备制造 | 245233 | 179454 | 3683155 | 1785218 | 99992 |
| 炼油、化工生产专用设备制造 | 4652 | 4442 | 888847 | 414843 | 3283 |
| 橡胶加工专用设备制造 | 610 | 310 | 233306 | 67359 | 1820 |
| 塑料加工专用设备制造 | 40944 | 36129 | 414398 | 133573 | 3311 |
| 木材加工机械制造 | 4000 | 1500 | 188693 | 105125 | 11751 |
| 模具制造 | 192576 | 134622 | 1644455 | 888800 | 76672 |
| 其他非金属加工专用设备制造 | 2451 | 2451 | 313456 | 175518 | 3155 |
| 食品、饮料、烟草及饲料生产设备制造 | 38196 | 38096 | 1002248 | 535751 | 68768 |
| 食品、饮料、烟草工业专用设备制造 | 19396 | 19296 | 372475 | 173140 | 7271 |
| 农副食品加工专用设备制造 | 18800 | 18800 | 528893 | 332326 | 57400 |

续表 13 单位：万元

| 行　　业 | 利用外资 | 外商直接投　资 | 自筹资金 | 企事业单位自有资金 | 其他资金 |
|---|---|---|---|---|---|
| 饲料生产专用设备制造 | | | 100880 | 30285 | 4097 |
| 印刷、制药、日化生产专用设备制造 | 31720 | 20423 | 1457449 | 704187 | 52260 |
| 制浆和造纸专用设备制造 | 13554 | 8526 | 408008 | 191585 | 4103 |
| 印刷专用设备制造 | 6247 | 3254 | 267971 | 144195 | 24554 |
| 日用化工专用设备制造 | 1600 | | 133509 | 71969 | 5425 |
| 制药专用设备制造 | 2800 | 2800 | 116558 | 67643 | 1600 |
| 照明器具生产专用设备制造 | 4468 | 3318 | 303293 | 110548 | 6388 |
| 玻璃、陶瓷和搪瓷制品生产设备制造 | 1200 | 1200 | 100647 | 33015 | 1580 |
| 其他日用品生产专用设备制造 | 1851 | 1325 | 127463 | 85232 | 8610 |
| 纺织、服装和皮革工业专用设备制造 | 50124 | 30552 | 834176 | 419905 | 17795 |
| 纺织专用设备制造 | 21405 | 17355 | 548090 | 311780 | 10215 |
| 皮革毛皮及其制品加工专用设备制造 | 1941 | 941 | 78035 | 27091 | 980 |
| 缝纫机械制造 | 22680 | 9000 | 139023 | 53019 | 1550 |
| 其他服装加工专用设备制造 | 4098 | 3256 | 69028 | 28015 | 5050 |
| 电子和电工机械专用设备制造 | 220304 | 103983 | 2864991 | 1223280 | 114074 |
| 农、林、牧、渔专用机械制造 | 61567 | 20170 | 1787140 | 784166 | 103042 |
| 拖拉机制造 | 4000 | 4000 | 334510 | 157930 | 8540 |
| 机械化农业及园艺机具制造 | 26497 | 5300 | 576799 | 233465 | 66456 |
| 营林及木竹采伐机械制造 | | | 16401 | 8550 | |
| 畜牧机械制造 | 14000 | | 33140 | 16106 | 1500 |
| 渔业机械制造 | | | 7897 | 120 | |
| 农林牧渔机械配件制造 | 7070 | 5870 | 535052 | 260379 | 18650 |
| 其他农林牧渔业机械制造 | 10000 | 5000 | 283341 | 107616 | 7896 |
| 医疗仪器设备及器械制造 | 75134 | 38400 | 1327768 | 539328 | 24797 |
| 医疗诊断、监护及治疗设备制造 | 18040 | 8986 | 392355 | 153903 | 5252 |
| 口腔科用设备及器具制造 | | | 8161 | 6761 | 800 |
| 实验室及医用消毒设备和器具制造 | | | 42462 | 25962 | 1583 |
| 医疗、外科及兽医用器械制造 | 31131 | 9131 | 422517 | 139383 | 4142 |
| 机械治疗及病房护理设备制造 | 7576 | 7576 | 124189 | 53051 | 1200 |
| 假肢、人工器官及植（介）入器械制造 | 15285 | 9605 | 29898 | 12257 | 3600 |
| 其他医疗设备及器械制造 | 3102 | 3102 | 308186 | 148011 | 8220 |
| 环保、社会公共安全及其他专用设备制造 | 155556 | 49097 | 3933104 | 1950804 | 134996 |
| 环境污染防治专用设备制造 | 40067 | 13117 | 1195045 | 566857 | 33989 |
| 地质勘查专用设备制造 | | | 29299 | 11629 | |
| 邮政专用机械及器材制造 | | | 200 | 200 | |
| 商业、饮食、服务业专用设备制造 | 10 | | 67686 | 39208 | |

续表 14　　单位：万元

| 行　　业 | 利用外资 | 外商直接投　资 | 自筹资金 | 企事业单位自有资金 | 其他资金 |
|---|---|---|---|---|---|
| 社会公共安全设备及器材制造 | 2633 | 2633 | 302280 | 177552 | 10380 |
| 交通安全及管制专用设备制造 | | | 62780 | 26233 | 5300 |
| 水资源专用机械制造 | 4050 | 1500 | 292033 | 150347 | 27840 |
| 其他专用设备制造 | 108796 | 31847 | 1983781 | 978778 | 57487 |
| 交通运输设备制造业 | 2173860 | 1679367 | 43358375 | 21548970 | 1785734 |
| 铁路运输设备制造 | 26750 | 26750 | 2156272 | 1206379 | 273626 |
| 铁路机车车辆及动车组制造 | 26750 | 26750 | 562164 | 452639 | 102503 |
| 工矿有轨专用车辆制造 | | | 105044 | 41799 | 480 |
| 铁路机车车辆配件制造 | | | 548739 | 262425 | 129667 |
| 铁路专用设备及器材、配件制造 | | | 549344 | 267900 | 18423 |
| 其他铁路设备制造及设备修理 | | | 390981 | 181616 | 22553 |
| 汽车制造 | 1442634 | 1079501 | 29641623 | 14266653 | 795953 |
| 汽车整车制造 | 262680 | 211810 | 8718800 | 4983822 | 305295 |
| 改装汽车制造 | 70000 | | 1426002 | 636188 | 26830 |
| 电车制造 | 16678 | 11978 | 169433 | 73116 | 18300 |
| 汽车车身、挂车的制造 | 22830 | 9473 | 1166734 | 418031 | 40865 |
| 汽车零部件及配件制造 | 1057066 | 835660 | 17244039 | 7748670 | 385313 |
| 汽车修理 | 13380 | 10580 | 916615 | 406826 | 19350 |
| 摩托车制造 | 26348 | 16098 | 1280986 | 585956 | 58615 |
| 摩托车整车制造 | | | 516954 | 209049 | 31895 |
| 摩托车零部件及配件制造 | 26348 | 16098 | 764032 | 376907 | 26720 |
| 自行车制造 | 46032 | 20164 | 1012538 | 536776 | 47104 |
| 脚踏自行车及残疾人座车制造 | 33491 | 14323 | 309926 | 183536 | 11006 |
| 助动自行车制造 | 12541 | 5841 | 702612 | 353240 | 36098 |
| 船舶及浮动装置制造 | 592540 | 518008 | 7177014 | 3754488 | 557048 |
| 金属船舶制造 | 375245 | 354349 | 4060923 | 2236291 | 528020 |
| 非金属船舶制造 | 7124 | 2402 | 100546 | 47775 | 9834 |
| 娱乐船和运动船的建造和修理 | 19766 | 17816 | 122967 | 22238 | 60 |
| 船用配套设备制造 | 163638 | 125674 | 1820024 | 914139 | 15500 |
| 船舶修理及拆船 | 26267 | 17767 | 904287 | 411867 | 2435 |
| 航标器材及其他浮动装置的制造 | 500 | | 168267 | 122178 | 1199 |
| 交通器材及其他交通运输设备制造 | 39556 | 18846 | 2089942 | 1198718 | 53388 |
| 交通管理用金属标志及设施制造 | | | 119660 | 43735 | |
| 其他交通运输设备制造 | 39556 | 18846 | 1970282 | 1154983 | 53388 |
| 电气机械及器材制造业 | 2460538 | 1855674 | 29625605 | 13926124 | 793613 |

续表 15　　单位：万元

| 行　　业 | 利用外资 | 外商直接投　资 | 自筹资金 | 企事业单位自有资金 | 其他资金 |
|---|---|---|---|---|---|
| 电机制造 | 149535 | 119006 | 4115071 | 2074365 | 82899 |
| 发电机及发电机组制造 | 43318 | 25185 | 2581196 | 1217826 | 46225 |
| 电动机制造 | 50521 | 45021 | 936321 | 492063 | 16480 |
| 微电机及其他电机制造 | 55696 | 48800 | 597554 | 364476 | 20194 |
| 输配电及控制设备制造 | 620882 | 479698 | 7658951 | 3846773 | 256838 |
| 变压器、整流器和电感器制造 | 147443 | 81382 | 2393125 | 1151449 | 104996 |
| 电容器及其配套设备制造 | 9933 | 9933 | 584498 | 210063 | 15300 |
| 配电开关控制设备制造 | 91568 | 75477 | 1917756 | 986874 | 52120 |
| 电力电子元器件制造 | 319344 | 270173 | 1857334 | 965732 | 67290 |
| 其他输配电及控制设备制造 | 52594 | 42733 | 906238 | 532655 | 17132 |
| 电线、电缆、光缆及电工器材制造 | 225747 | 180540 | 5081193 | 2398746 | 121339 |
| 电线电缆制造 | 150264 | 129390 | 3803804 | 1849099 | 96379 |
| 光纤、光缆制造 | 46003 | 25635 | 417252 | 150167 | 4420 |
| 绝缘制品制造 | 6683 | 6683 | 369337 | 175649 | 6678 |
| 其他电工器材制造 | 22797 | 18832 | 490800 | 223831 | 13862 |
| 电池制造 | 723163 | 547016 | 4318751 | 1465871 | 153389 |
| 家用电力器具制造 | 298274 | 187486 | 2475453 | 1291134 | 28186 |
| 家用制冷电器具制造 | 93750 | 49162 | 320788 | 77572 | 2407 |
| 家用空气调节器制造 | 12631 | 10512 | 455178 | 259304 | 3220 |
| 家用通风电器具制造 | 11878 | 11878 | 90010 | 61432 | 1702 |
| 家用厨房电器具制造 | 37583 | 31746 | 453444 | 305154 | 2135 |
| 家用清洁卫生电器具制造 | 51025 | 31216 | 208918 | 91655 | 1850 |
| 家用美容、保健电器具制造 | 8102 | 8102 | 50367 | 33106 | |
| 家用电力器具专用配件制造 | 12837 | 6737 | 317106 | 181921 | |
| 其他家用电力器具制造 | 70468 | 38133 | 579642 | 280990 | 16872 |
| 非电力家用器具制造 | 216866 | 144608 | 2490152 | 1036838 | 77631 |
| 燃气、太阳能及类似能源器具制造 | 215012 | 144314 | 2329581 | 969166 | 76301 |
| 其他非电力家用器具制造 | 1854 | 294 | 160571 | 67672 | 1330 |
| 照明器具制造 | 166202 | 144952 | 2334843 | 1111964 | 60094 |
| 电光源制造 | 99471 | 83767 | 762395 | 291620 | 7117 |
| 照明灯具制造 | 43167 | 43137 | 1251312 | 691765 | 41977 |
| 灯用电器附件及其他照明器具制造 | 23564 | 18048 | 321136 | 128579 | 11000 |
| 其他电气机械及器材制造 | 59869 | 52368 | 1151191 | 700433 | 13237 |
| 车辆专用照明及电气信号设备制造 | 130 | 130 | 303954 | 212107 | 540 |
| 其他未列明的电气机械制造 | 59739 | 52238 | 847237 | 488326 | 12697 |
| 通信设备、计算机及其他电子设备制造 | 5447129 | 4469847 | 18748982 | 9373581 | 607700 |
| 通信设备制造 | 201651 | 168122 | 3026410 | 1687660 | 104384 |
| 通信传输设备制造 | 46738 | 40031 | 662313 | 370299 | 29510 |
| 通信交换设备制造 | 1500 | 1500 | 226940 | 195661 | |
| 通信终端设备制造 | 23127 | 22572 | 157415 | 55288 | 3700 |

续表 16　　单位：万元

| 行　　业 | 利用外资 | 外商直接投　资 | 自筹资金 | 企事业单位自有资金 | 其他资金 |
|---|---|---|---|---|---|
| 移动通信及终端设备制造 | 81827 | 67036 | 1327805 | 679946 | 48174 |
| 其他通信设备制造 | 48459 | 36983 | 651937 | 386466 | 23000 |
| 广播电视设备制造 | 46860 | 43930 | 322594 | 160789 | 12900 |
| 广播电视节目制作及发射设备制造 | 670 | 170 | 53618 | 39061 | 50 |
| 广播电视接收设备及器材制造 | 39041 | 37041 | 189047 | 96556 | 11590 |
| 应用电视设备及其他广播电视设备制造 | 7149 | 6719 | 79929 | 25172 | 1260 |
| 电子计算机制造 | 777353 | 633205 | 1765175 | 1161834 | 24760 |
| 电子计算机整机制造 | 162068 | 79464 | 363775 | 130064 | 6340 |
| 计算机网络设备制造 | 70415 | 53566 | 256491 | 189540 | 12400 |
| 电子计算机外部设备制造 | 544870 | 500175 | 1144909 | 842230 | 6020 |
| 电子器件制造 | 3005966 | 2597608 | 5770919 | 2485995 | 280225 |
| 电子真空器件制造 | 19700 | 18500 | 431182 | 172124 | 38814 |
| 半导体分立器件制造 | 210572 | 171676 | 516598 | 230223 | 26715 |
| 集成电路制造 | 1329769 | 1272971 | 1315019 | 777500 | 46666 |
| 光电子器件及其他电子器件制造 | 1445925 | 1134461 | 3508120 | 1306148 | 168030 |
| 电子元件制造 | 1185986 | 844647 | 4526515 | 2107104 | 108971 |
| 电子元件及组件制造 | 928280 | 602865 | 3951740 | 1894446 | 98486 |
| 印制电路板制造 | 257706 | 241782 | 574775 | 212658 | 10485 |
| 家用视听设备制造 | 85548 | 80346 | 994968 | 559098 | 19145 |
| 家用影视设备制造 | 25695 | 20493 | 847465 | 489713 | 11765 |
| 家用音响设备制造 | 59853 | 59853 | 147503 | 69385 | 7380 |
| 其他电子设备制造 | 143765 | 101989 | 2342401 | 1211101 | 57315 |
| 仪器仪表及文化、办公用机械制造 | 446405 | 285288 | 4718330 | 2534376 | 123871 |
| 通用仪器仪表制造 | 58504 | 45004 | 1956955 | 1066935 | 54614 |
| 工业自动控制系统装置制造 | 37254 | 31754 | 904915 | 455557 | 28106 |
| 电工仪器仪表制造 | 11000 | 3000 | 484479 | 317772 | 21865 |
| 绘图、计算及测量仪器制造 | 622 | 622 | 107195 | 69746 | 1763 |
| 实验分析仪器制造 | | | 98538 | 54426 | 1150 |
| 试验机制造 | | | 35281 | 15780 | |
| 供应用仪表及其他通用仪器制造 | 9628 | 9628 | 326547 | 153654 | 1730 |
| 专用仪器仪表制造 | 93026 | 85775 | 1366393 | 903885 | 25640 |
| 环境监测专用仪器仪表制造 | 4671 | 2850 | 88579 | 61730 | 6380 |
| 汽车及其他用计数仪表制造 | 800 | | 146126 | 62107 | 2650 |
| 农林牧渔专用仪器仪表制造 | | | 8212 | 2950 | 1700 |
| 地质勘探和地震专用仪器制造 | 1096 | | 48600 | 26270 | |
| 教学专用仪器制造 | | | 43845 | 26271 | 1110 |
| 电子测量仪器制造 | 3485 | 3485 | 131567 | 83076 | |

| 行　　业 | 利用外资 | 外商直接投　资 | 自筹资金 | 企事业单位自有资金 | 其他资金 |
|---|---|---|---|---|---|
| 其他专用仪器制造 | 82974 | 79440 | 899464 | 641481 | 13800 |
| 钟表与计时仪器制造 | 118153 | 21160 | 115490 | 73723 | 3300 |
| 光学仪器及眼镜制造 | 88501 | 72351 | 579644 | 207701 | 5940 |
| 光学仪器制造 | 76630 | 60580 | 456768 | 140470 | 5480 |
| 眼镜制造 | 11871 | 11771 | 122876 | 67231 | 460 |
| 文化、办公用机械制造 | 88221 | 60998 | 407854 | 175080 | 34377 |
| 电影机械制造 | 2780 | 2780 | 7028 | 4930 | 900 |
| 幻灯及投影设备制造 | | | 15670 | 13350 | |
| 照相机及器材制造 | 43576 | 39933 | 106622 | 65693 | 3000 |
| 复印和胶印设备制造 | 25710 | 2130 | 199391 | 66379 | 30300 |
| 计算器及货币专用设备制造 | 14562 | 14562 | 30529 | 14844 | |
| 其他文化、办公用机械制造 | 1593 | 1593 | 48614 | 9884 | 177 |
| 其他仪器仪表的制造及修理 | | | 291994 | 107052 | |
| 工艺品及其他制造业 | 355780 | 270702 | 6690226 | 3781511 | 617902 |
| 工艺美术品制造 | 169317 | 128949 | 2204480 | 986554 | 93266 |
| 雕塑工艺品制造 | 24131 | 13641 | 442186 | 198281 | 28138 |
| 金属工艺品制造 | 18453 | 15963 | 234402 | 127852 | 5348 |
| 漆器工艺品制造 | | | 41270 | 23474 | 450 |
| 花画工艺品制造 | 23251 | 18671 | 87667 | 36284 | 7776 |
| 天然植物纤维编织工艺品制造 | 22006 | 21606 | 109614 | 56969 | 1506 |
| 抽纱刺绣工艺品制造 | 5994 | 4994 | 262485 | 132075 | 8706 |
| 地毯、挂毯制造 | 78 | 78 | 193254 | 69380 | 12314 |
| 珠宝首饰及有关物品的制造 | 41272 | 22219 | 272623 | 118077 | 7650 |
| 其他工艺美术品制造 | 34132 | 31777 | 560979 | 224162 | 21378 |
| 日用杂品制造 | 80361 | 49175 | 638755 | 371807 | 22396 |
| 制镜及类似品加工 | 2356 | 2075 | 74367 | 11571 | 688 |
| 鬃毛加工、制刷及清扫工具制造 | 4056 | 4056 | 94126 | 44871 | 3700 |
| 其他日用杂品制造 | 73949 | 43044 | 470262 | 315365 | 18008 |
| 煤制品制造 | 300 | 300 | 205370 | 81778 | 21273 |
| 其他未列明的制造业 | 105802 | 92278 | 3641621 | 2341372 | 480967 |
| 废弃资源和废旧材料回收加工业 | 27308 | 13528 | 2062039 | 932629 | 88582 |
| 金属废料和碎屑的加工处理 | 7118 | 7118 | 1280460 | 632154 | 30334 |
| 非金属废料和碎屑的加工处理 | 20190 | 6410 | 781579 | 300475 | 58248 |
| **（四）电力燃气及水的生产和供应业** | **1091986** | **523061** | **67787919** | **29572088** | **8740691** |
| 电力、热力的生产和供应业 | 709700 | 331569 | 52592949 | 23908880 | 7211228 |
| 电力生产 | 623017 | 301943 | 32031439 | 14597581 | 4658076 |
| 火力发电 | 100213 | 74484 | 13589196 | 5756253 | 1609842 |
| 水力发电 | 141375 | 38281 | 7219842 | 4069971 | 1598577 |
| 核力发电 | | | 641819 | 275903 | 1080735 |

单位：万元

| 行　　业 | 利用外资 | 外商直接投　资 | 自筹资金 | 企事业单位自有资金 | 其他资金 |
|---|---|---|---|---|---|
| 其他能源发电 | 381429 | 189178 | 10580582 | 4495454 | 368922 |
| 电力供应 | 24160 | 8530 | 16477955 | 7927445 | 2223375 |
| 热力生产和供应 | 62523 | 21096 | 4083555 | 1383854 | 329777 |
| 燃气生产和供应业 | 173634 | 138579 | 4724925 | 2053310 | 385739 |
| 燃气生产和供应业 | 173634 | 138579 | 4724925 | 2053310 | 385739 |
| 水的生产和供应业 | 208652 | 52913 | 10470045 | 3609898 | 1143724 |
| 自来水的生产和供应 | 42467 | 4204 | 4740340 | 1738679 | 521956 |
| 污水处理及其再生利用 | 164060 | 46584 | 5382767 | 1717196 | 603070 |
| 其他水的处理、利用与分配 | 2125 | 2125 | 346938 | 154023 | 18698 |
| **（五）建筑业** | **79901** | **36987** | **11343348** | **3784876** | **1262183** |
| 房屋和土木工程建筑业 | 70740 | 31589 | 9149682 | 2865988 | 1133716 |
| 房屋工程建筑 | 45269 | 22017 | 4432263 | 1092786 | 528190 |
| 土木工程建筑 | 25471 | 9572 | 4717419 | 1773202 | 605526 |
| 铁路、道路、隧道和桥梁工程建筑 | 21399 | 6000 | 3112088 | 1066536 | 304473 |
| 水利和港口工程建筑 | | | 635246 | 315394 | 230351 |
| 工矿工程建筑 | | | 137911 | 30345 | 4136 |
| 架线和管道工程建筑 | 3572 | 3572 | 287457 | 122763 | 40936 |
| 其他土木工程建筑 | 500 | | 544717 | 238164 | 25630 |
| 建筑安装业 | 3146 | 2546 | 605093 | 255052 | 37216 |
| 建筑安装业 | 3146 | 2546 | 605093 | 255052 | 37216 |
| 建筑装饰业 | 2863 | | 503150 | 248734 | 24925 |
| 建筑装饰业 | 2863 | | 503150 | 248734 | 24925 |
| 其他建筑业 | 3152 | 2852 | 1085423 | 415102 | 66326 |
| 工程准备 | 1066 | 1066 | 321773 | 76274 | 20010 |
| 提供施工设备服务 | 1786 | 1786 | 185362 | 68144 | 9727 |
| 其他未列明的建筑活动 | 300 | | 578288 | 270684 | 36589 |
| **（六）交通运输、仓储和邮政业** | **2037003** | **785920** | **94028649** | **29947057** | **12088622** |
| 铁路运输业 | 583489 | 16900 | 16275096 | 3664509 | 1061671 |
| 铁路旅客运输 | 304389 | 1600 | 7574937 | 2151067 | 366030 |
| 铁路货物运输 | 274600 | 13800 | 5979601 | 813579 | 224076 |
| 铁路运输辅助活动 | 4500 | 1500 | 2720558 | 699863 | 471565 |
| 客运火车站 | | | 571288 | 269089 | 6521 |
| 货运火车站 | 4500 | 1500 | 134380 | 79076 | 6944 |
| 其他铁路运输辅助活动 | | | 2014890 | 351698 | 458100 |
| 道路运输业 | 374083 | 94583 | 44145007 | 11670409 | 6725791 |
| 公路旅客运输 | 179392 | | 14678849 | 3856278 | 2259583 |
| 道路货物运输 | 107149 | 61529 | 10627346 | 3412011 | 1368136 |
| 道路运输辅助活动 | 87542 | 33054 | 18838812 | 4402120 | 3098072 |
| 客运汽车站 | 6687 | 4700 | 850401 | 321853 | 86280 |
| 公路管理与养护 | 58971 | 20064 | 16086035 | 3606977 | 2540525 |

| 行　　业 | 利用外资 | 外商直接投　资 | 自筹资金 | 企事业单位自有资金 | 其他资金 |
|---|---|---|---|---|---|
| 其他道路运输辅助活动 | 21884 | 8290 | 1902376 | 473290 | 471267 |
| 城市公共交通业 | 136388 | 93433 | 6850042 | 2269016 | 2745612 |
| 公共电汽车客运 | 511 | | 1294050 | 473742 | 128061 |
| 轨道交通 | 135017 | 92573 | 4455523 | 1402516 | 2518020 |
| 出租车客运 | | | 265821 | 143970 | 33265 |
| 城市轮渡 | | | 12122 | 8617 | 8902 |
| 其他城市公共交通 | 860 | 860 | 822526 | 240171 | 57364 |
| 水上运输业 | 555970 | 329701 | 10203198 | 5178860 | 679595 |
| 水上旅客运输 | | | 272217 | 92069 | 32439 |
| 远洋旅客运输 | | | 20412 | 20412 | |
| 沿海旅客运输 | | | 73251 | 19178 | |
| 内河旅客运输 | | | 178554 | 52479 | 32439 |
| 水上货物运输 | 106081 | 4730 | 2613931 | 1451819 | 335305 |
| 远洋货物运输 | 97492 | | 902846 | 716794 | 201299 |
| 沿海货物运输 | 4821 | 4730 | 1094020 | 384301 | 45792 |
| 内河货物运输 | 3768 | | 617065 | 350724 | 88214 |
| 水上运输辅助活动 | 449889 | 324971 | 7317050 | 3634972 | 311851 |
| 客运港口 | | | 241507 | 91621 | 590 |
| 货运港口 | 438547 | 320351 | 5973741 | 3244019 | 243023 |
| 其他水上运输辅助活动 | 11342 | 4620 | 1101802 | 299332 | 68238 |
| 航空运输业 | 36877 | | 2663472 | 727559 | 49914 |
| 航空客货运输 | 36877 | | 1180648 | 331913 | 18378 |
| 航空旅客运输 | 33377 | | 1139364 | 314955 | 18378 |
| 航空货物运输 | 3500 | | 41284 | 16958 | |
| 通用航空服务 | | | 204663 | 44979 | 403 |
| 航空运输辅助活动 | | | 1278161 | 350667 | 31133 |
| 机场 | | | 1171289 | 285676 | 24726 |
| 空中交通管理 | | | 19563 | 4378 | 1907 |
| 其他航空运输辅助活动 | | | 87309 | 60613 | 4500 |
| 管道运输业 | | | 756145 | 245068 | 31054 |
| 管道运输业 | | | 756145 | 245068 | 31054 |
| 装卸搬运和其他运输服务业 | 30640 | 16233 | 1963068 | 848221 | 78881 |
| 装卸搬运 | 9516 | 5209 | 373895 | 150403 | 23700 |
| 运输代理服务 | 21124 | 11024 | 1589173 | 697818 | 55181 |
| 仓储业 | 319556 | 235070 | 10873849 | 5186803 | 700676 |
| 谷物、棉花等农产品仓储 | 26195 | 16495 | 1974362 | 893064 | 126217 |
| 其他仓储 | 293361 | 218575 | 8899487 | 4293739 | 574459 |
| 邮政业 | | | 298772 | 156612 | 15428 |
| 国家邮政 | | | 205902 | 108237 | 12018 |
| 其他寄递服务 | | | 92870 | 48375 | 3410 |
| **（七）信息传输、计算机服务和软件业** | **194182** | **132135** | **22943892** | **10379311** | **649896** |

续表 20　　单位：万元

| 行　　业 | 利用外资 | 外商直接投　资 | 自筹资金 | 企事业单位自有资金 | 其他资金 |
|---|---|---|---|---|---|
| 电信和其他信息传输服务业 | 114376 | 69030 | 20551870 | 9346085 | 595963 |
| 电信 | 82632 | 48536 | 17327996 | 8554481 | 462207 |
| 固定电信服务 | 8541 | 2390 | 5583684 | 3120171 | 76741 |
| 移动电信服务 | 73931 | 45986 | 11182901 | 5154385 | 351039 |
| 其他电信服务 | 160 | 160 | 561411 | 279925 | 34427 |
| 互联网信息服务 | 21744 | 20494 | 2420513 | 454745 | 30021 |
| 广播电视传输服务 | 10000 | | 766578 | 328156 | 101860 |
| 有线广播电视传输服务 | 10000 | | 699763 | 312929 | 89670 |
| 无线广播电视传输服务 | | | 66815 | 15227 | 12190 |
| 卫星传输服务 | | | 36783 | 8703 | 1875 |
| 计算机服务业 | 17998 | 5632 | 543528 | 296253 | 18076 |
| 计算机系统服务 | 12366 | | 180712 | 102768 | 2679 |
| 数据处理 | 5180 | 5180 | 36237 | 16387 | 5300 |
| 计算机维修 | 452 | 452 | 18730 | 18130 | |
| 其他计算机服务 | | | 307849 | 158968 | 10097 |
| 软件业 | 61808 | 57473 | 1848494 | 736973 | 35857 |
| 公共软件服务 | 58370 | 54035 | 1287025 | 464922 | 31827 |
| 基础软件服务 | 33777 | 33777 | 408134 | 147983 | 2034 |
| 应用软件服务 | 24593 | 20258 | 878891 | 316939 | 29793 |
| 其他软件服务 | 3438 | 3438 | 561469 | 272051 | 4030 |
| **（八）批发和零售业** | **679572** | **487047** | **39540802** | **16582818** | **2413105** |
| 批发业 | 241031 | 163447 | 18606793 | 8116713 | 1056903 |
| 农畜产品批发 | 45673 | 43193 | 1264619 | 485169 | 132736 |
| 谷物、豆及薯类批发 | 33245 | 33245 | 514893 | 187841 | 66998 |
| 种子、饲料批发 | 2680 | 2200 | 166595 | 56479 | 5180 |
| 棉、麻批发 | | | 60628 | 13339 | 4057 |
| 牲畜批发 | 6000 | 4000 | 56696 | 12834 | 1350 |
| 其他农畜产品批发 | 3748 | 3748 | 465807 | 214676 | 55151 |
| 食品、饮料及烟草制品批发 | 70376 | 54226 | 2930430 | 1127638 | 194634 |
| 米、面制品及食用油批发 | 2000 | | 410656 | 148854 | 16413 |
| 糕点、糖果及糖批发 | 2000 | | 96908 | 40056 | 7284 |
| 果品、蔬菜批发 | 54123 | 53773 | 1114622 | 353695 | 73402 |
| 肉、禽、蛋及水产品批发 | 11800 | | 452467 | 128579 | 15137 |
| 盐及调味品批发 | | | 46671 | 17648 | 16856 |
| 饮料及茶叶批发 | | | 184116 | 94181 | 5085 |
| 烟草制品批发 | | | 386539 | 230552 | 32434 |
| 其他食品批发 | 453 | 453 | 238451 | 114073 | 28023 |
| 纺织、服装及日用品批发 | 21371 | 9250 | 1977325 | 798384 | 113177 |
| 纺织品、针织品及原料批发 | 5630 | 4100 | 589220 | 205499 | 32564 |
| 服装批发 | 6963 | 1950 | 518069 | 253849 | 54652 |

单位：万元

| 行　　业 | 利用外资 | 外商直接投资 | 自筹资金 | 企事业单位自有资金 | 其他资金 |
| --- | --- | --- | --- | --- | --- |
| 鞋帽批发 | | | 136915 | 15727 | 2579 |
| 厨房、卫生间用具及日用杂货批发 | 7278 | 3200 | 97768 | 38739 | 30 |
| 化妆品及卫生用品批发 | 500 | | 63840 | 45031 | 5436 |
| 其他日用品批发 | 1000 | | 571513 | 239539 | 17916 |
| 文化、体育用品及器材批发 | 7460 | 6460 | 391323 | 206157 | 16040 |
| 文具用品批发 | | | 97160 | 29160 | 4480 |
| 体育用品批发 | 1230 | 1230 | 14632 | 9005 | |
| 图书批发 | 3560 | 3560 | 46171 | 19063 | 10260 |
| 报刊批发 | | | 600 | | |
| 音像制品及电子出版物批发 | | | 8920 | 420 | |
| 首饰、工艺品及收藏品批发 | 1670 | 1670 | 98821 | 48314 | |
| 其他文化用品批发 | 1000 | | 125019 | 100195 | 1300 |
| 医药及医疗器材批发 | 1000 | 500 | 561850 | 283861 | 45311 |
| 西药批发 | | | 258402 | 106446 | 10177 |
| 中药材及中成药批发 | | | 169896 | 94751 | 6679 |
| 医疗用品及器材批发 | 1000 | 500 | 133552 | 82664 | 28455 |
| 矿产品、建材及化工产品批发 | 46468 | 20965 | 6532371 | 2991240 | 287437 |
| 煤炭及制品批发 | 4600 | | 776129 | 325699 | 31501 |
| 石油及制品批发 | 520 | 520 | 1074038 | 597258 | 32718 |
| 非金属矿及制品批发 | | | 102672 | 44596 | 520 |
| 金属及金属矿批发 | 6095 | 4545 | 1129409 | 575959 | 13444 |
| 建材批发 | 27000 | 15000 | 2811379 | 1187757 | 184352 |
| 化肥批发 | 3400 | | 154768 | 53199 | 6437 |
| 农药批发 | 1810 | | 27055 | 10544 | 200 |
| 农用薄膜批发 | 1500 | 900 | 7520 | 3000 | |
| 其他化工产品批发 | 1543 | | 449401 | 193228 | 18265 |
| 机械设备、五金交电及电子产品批发 | 36831 | 24951 | 3367477 | 1587929 | 210482 |
| 农业机械批发 | 3500 | 3500 | 293900 | 107749 | 47838 |
| 汽车、摩托车及零配件批发 | 10252 | 1472 | 929786 | 484937 | 86462 |
| 五金、交电批发 | 14300 | 11300 | 788622 | 331049 | 40094 |
| 家用电器批发 | 1950 | 1850 | 214116 | 111970 | 9390 |
| 计算机、软件及辅助设备批发 | 1880 | 1880 | 161529 | 77137 | 2680 |
| 通讯及广播电视设备批发 | | | 84147 | 56859 | |
| 其他机械设备及电子产品批发 | 4949 | 4949 | 895377 | 418228 | 24018 |
| 贸易经纪与代理 | 2800 | 2500 | 373954 | 168337 | 12145 |
| 其他批发 | 9052 | 1402 | 1207444 | 467998 | 44941 |
| 再生物资回收与批发 | 1652 | 1402 | 426236 | 156533 | 21271 |
| 其他未列明的批发 | 7400 | | 781208 | 311465 | 23670 |
| 零售业 | 438541 | 323600 | 20934009 | 8466105 | 1356202 |
| 综合零售 | 332479 | 279864 | 10190042 | 3822650 | 720064 |

| 行　　业 | 利用外资 | 外商直接投　资 | 自筹资金 | 企事业单位自有资金 | 其他资金 |
|---|---|---|---|---|---|
| 百货零售 | 203818 | 180800 | 5520872 | 2152517 | 379592 |
| 超级市场零售 | 112326 | 84834 | 2437849 | 983771 | 121825 |
| 其他综合零售 | 16335 | 14230 | 2231321 | 686362 | 218647 |
| 食品、饮料及烟草制品专门零售 | 9300 | 9300 | 942441 | 403387 | 137804 |
| 粮油零售 | 3000 | 3000 | 93771 | 27105 | 6666 |
| 糕点、面包零售 | | | 16021 | 5985 | 400 |
| 果品、蔬菜零售 | 5500 | 5500 | 265852 | 124835 | 30220 |
| 肉、禽、蛋及水产品零售 | | | 125487 | 50994 | 10203 |
| 饮料及茶叶零售 | | | 86280 | 23706 | 12156 |
| 烟草制品零售 | | | 53705 | 26084 | 3530 |
| 其他食品零售 | 800 | 800 | 301325 | 144678 | 74629 |
| 纺织、服装及日用品专门零售 | 24290 | 11070 | 1255384 | 583949 | 86734 |
| 纺织品及针织品零售 | 7190 | 7190 | 137742 | 53362 | 2204 |
| 服装零售 | 11752 | 1800 | 793440 | 356053 | 55874 |
| 鞋帽零售 | | | 44138 | 24612 | 6560 |
| 钟表、眼镜零售 | | | 40513 | 14537 | 3759 |
| 化妆品及卫生用品零售 | 1868 | | 18600 | 9557 | 3000 |
| 其他日用品零售 | 3480 | 2080 | 220951 | 125828 | 15337 |
| 文化、体育用品及器材专门零售 | 10700 | 80 | 502591 | 177388 | 52291 |
| 文具用品零售 | | | 41211 | 6218 | 3350 |
| 体育用品零售 | 100 | 80 | 40276 | 11349 | 1503 |
| 图书零售 | | | 111598 | 52014 | 12600 |
| 报刊零售 | | | 490 | | |
| 音像制品及电子出版物零售 | | | 8530 | 850 | |
| 珠宝首饰零售 | 9800 | | 99836 | 33365 | 5631 |
| 工艺美术品及收藏品零售 | 800 | | 103803 | 47432 | 28652 |
| 照相器材零售 | | | 5689 | 3849 | |
| 其他文化用品零售 | | | 91158 | 22311 | 555 |
| 医药及医疗器材专门零售 | | | 391111 | 227255 | 18066 |
| 药品零售 | | | 305071 | 212679 | 15511 |
| 医疗用品及器材零售 | | | 86040 | 14576 | 2555 |
| 汽车、摩托车、燃料及零配件专门零售 | 50553 | 20883 | 3919839 | 1591023 | 141741 |
| 汽车零售 | 22833 | 15233 | 2844898 | 1196736 | 102228 |
| 汽车零配件零售 | 16800 | 1200 | 301811 | 84123 | 5397 |
| 摩托车及零配件零售 | | | 96476 | 35031 | 6234 |
| 机动车燃料零售 | 10920 | 4450 | 676654 | 275133 | 27882 |
| 家用电器及电子产品专门零售 | 286 | | 900495 | 354721 | 35472 |
| 家用电器零售 | 286 | | 514867 | 188506 | 11158 |
| 计算机、软件及辅助设备零售 | | | 135593 | 47025 | 13663 |
| 通信设备零售 | | | 114049 | 55378 | 2522 |

续表 23　　单位：万元

| 行　　业 | 利用外资 | 外商直接投　　资 | 自筹资金 | 企事业单位自有资金 | 其他资金 |
|---|---|---|---|---|---|
| 其他电子产品零售 | | | 135986 | 63812 | 8129 |
| 五金、家具及室内装修材料专门零售 | 10733 | 2403 | 2031638 | 1002214 | 90038 |
| 五金零售 | | | 291307 | 162958 | 10314 |
| 家具零售 | 5830 | | 1076009 | 535665 | 54444 |
| 涂料零售 | 2403 | 2403 | 27360 | 10607 | |
| 其他室内装修材料零售 | 2500 | | 636962 | 292984 | 25280 |
| 无店铺及其他零售 | 200 | | 800468 | 303518 | 73992 |
| 流动货摊零售 | | | 9600 | 1900 | |
| 邮购及电子销售 | | | 23717 | 6238 | |
| 生活用燃料零售 | 200 | | 268770 | 157887 | 28633 |
| 花卉零售 | | | 53649 | 21741 | 1323 |
| 旧货零售 | | | 39046 | 12743 | 4785 |
| 其他未列明的零售 | | | 405686 | 103009 | 39251 |
| **（九）住宿和餐饮业** | **690724** | **519970** | **20417138** | **7863046** | **1180629** |
| 住宿业 | 470931 | 353639 | 12676651 | 4873137 | 861623 |
| 旅游饭店 | 392500 | 313378 | 9035049 | 3417712 | 668344 |
| 一般旅馆 | 44006 | 23961 | 2658659 | 1134958 | 136052 |
| 其他住宿服务 | 34425 | 16300 | 982943 | 320467 | 57227 |
| 餐饮业 | 219793 | 166331 | 7740487 | 2989909 | 319006 |
| 正餐服务 | 182383 | 151271 | 6539382 | 2570881 | 242972 |
| 快餐服务 | 27206 | 4856 | 278459 | 127524 | 20679 |
| 饮料及冷饮服务 | | | 203726 | 65558 | 1630 |
| 其他餐饮服务 | 10204 | 10204 | 718920 | 225946 | 53725 |
| **（十）金融业** | **5948** | **2516** | **3371812** | **1802468** | **94144** |
| 银行业 | 5898 | 2516 | 2477815 | 1286480 | 81402 |
| 中央银行 | | | 81728 | 44372 | 23960 |
| 商业银行 | 3576 | 194 | 2161129 | 1173656 | 55216 |
| 其他银行 | 2322 | 2322 | 234958 | 68452 | 2226 |
| 证券业 | | | 384493 | 304993 | 1700 |
| 证券市场管理 | | | 169381 | 165381 | |
| 证券经纪与交易 | | | 169631 | 128199 | 900 |
| 证券投资 | | | 14281 | 5763 | |
| 证券分析与咨询 | | | 31200 | 5650 | 800 |
| 保险业 | | | 176175 | 92892 | 2137 |
| 人寿保险 | | | 118306 | 54071 | 2117 |
| 非人寿保险 | | | 43046 | 24997 | 20 |
| 保险辅助服务 | | | 14823 | 13824 | |
| 其他金融活动 | 50 | | 333329 | 118103 | 8905 |
| 金融信托与管理 | | | 46667 | 10664 | 3600 |
| 金融租赁 | | | 56025 | 9930 | |

**续前**　　单位：万元

| 行　　业 | 利用外资 | 外商直接投资 | 自筹资金 | 企事业单位自有资金 | 其他资金 |
|---|---|---|---|---|---|
| 财务公司 | | | 2080 | 200 | |
| 邮政储蓄 | | | 16605 | 10415 | 100 |
| 典当 | 50 | | 43107 | 12726 | |
| 其他未列明的金融活动 | | | 168845 | 74168 | 5205 |
| **（十一）房地产业** | **5010872** | **4145780** | **230248715** | **113113965** | **289435441** |
| 房地产业 | 5010872 | 4145780 | 230248715 | 113113965 | 289435441 |
| 房地产开发经营 | 4889294 | 4061255 | 194670974 | 103510751 | 282764922 |
| 物业管理 | 8150 | 3200 | 930941 | 300757 | 47126 |
| 房地产中介服务 | 460 | 460 | 219323 | 49661 | 20003 |
| 其他房地产活动 | 112968 | 80865 | 34427477 | 9252796 | 6603390 |
| **（十二）租赁和商务服务业** | **249595** | **200952** | **14260125** | **6374530** | **950607** |
| 租赁业 | 2927 | 2927 | 1075002 | 800756 | 14623 |
| 机械设备租赁 | 2927 | 2927 | 1069454 | 795328 | 6598 |
| 汽车租赁 | 2927 | 2927 | 96314 | 50192 | 182 |
| 农业机械租赁 | | | 22075 | | 66 |
| 建筑工程机械与设备租赁 | | | 271656 | 122432 | 5650 |
| 计算机及通讯设备租赁 | | | 5480 | 3480 | |
| 其他机械与设备租赁 | | | 673929 | 619224 | 700 |
| 文化及日用品出租 | | | 5548 | 5428 | 8025 |
| 图书及音像制品出租 | | | 4832 | 4832 | |
| 其他文化及日用品出租 | | | 716 | 596 | 8025 |
| 商务服务业 | 246668 | 198025 | 13185123 | 5573774 | 935984 |
| 企业管理服务 | 69555 | 54550 | 6392040 | 2253060 | 420321 |
| 企业管理机构 | 22350 | 18450 | 2368485 | 818670 | 101977 |
| 投资与资产管理 | 36100 | 36100 | 2801672 | 969783 | 254875 |
| 其他企业管理服务 | 11105 | | 1221883 | 464607 | 63469 |
| 法律服务 | | | 49050 | 24216 | 7331 |
| 律师及相关的法律服务 | | | 41311 | 19966 | 6931 |
| 公证服务 | | | 5665 | 4250 | |
| 其他法律服务 | | | 2074 | | 400 |
| 咨询与调查 | 4500 | 2300 | 402332 | 195679 | 8045 |
| 会计、审计及税务服务 | | | 60043 | 20791 | |
| 市场调查 | | | 23963 | 14098 | |
| 社会经济咨询 | 4500 | 2300 | 151869 | 108598 | 5697 |
| 其他专业咨询 | | | 166457 | 52192 | 2348 |
| 广告业 | 580 | 580 | 339656 | 174368 | 4180 |
| 知识产权服务 | | | 33665 | 15103 | |
| 职业中介服务 | | | 88662 | 52587 | 1163 |
| 市场管理 | 33860 | 32106 | 2069157 | 1038290 | 201043 |
| 旅行社 | | | 148858 | 48019 | 48392 |

**续前**

单位：万元

| 行　　业 | 利用外资 | 外商直接投　资 | 自筹资金 | 企事业单位自有资金 | 其他资金 |
|---|---|---|---|---|---|
| 其他商务服务 | 138173 | 108489 | 3661703 | 1772452 | 245509 |
| 会议及展览服务 | 11910 | 2000 | 1581114 | 905349 | 75726 |
| 包装服务 | | | 170078 | 58167 | 1400 |
| 保安服务 | | | 36311 | 19905 | 3339 |
| 办公服务 | 2222 | 2222 | 594784 | 290678 | 31966 |
| 其他未列明的商务服务 | 124041 | 104267 | 1279416 | 498353 | 133078 |
| **（十三）科研技术服务和地质勘查业** | **124670** | **79943** | **8770659** | **3580300** | **554245** |
| 研究与试验发展 | 93226 | 60803 | 2745050 | 996758 | 162818 |
| 自然科学研究与试验发展 | 9100 | 9100 | 626311 | 127969 | 24739 |
| 工程和技术研究与试验发展 | 64612 | 51178 | 1314689 | 504069 | 91216 |
| 农业科学研究与试验发展 | 10525 | 525 | 507035 | 180442 | 23881 |
| 医学研究与试验发展 | 8599 | | 237639 | 158086 | 9547 |
| 社会人文科学研究与试验发展 | 390 | | 59376 | 26192 | 13435 |
| 专业技术服务业 | 2351 | 83 | 2442337 | 968291 | 194956 |
| 气象服务 | | | 60958 | 10407 | 6081 |
| 地震服务 | | | 19522 | 2977 | 1510 |
| 海洋服务 | | | 16028 | 12500 | |
| 测绘服务 | | | 44311 | 5287 | 383 |
| 技术检测 | | | 660323 | 262402 | 45687 |
| 环境监测 | | | 60052 | 18677 | 3482 |
| 工程技术与规划管理 | 2268 | | 936384 | 430830 | 86595 |
| 工程管理服务 | 2268 | | 277513 | 137554 | 10695 |
| 工程勘察设计 | | | 435835 | 208690 | 36838 |
| 规划管理 | | | 223036 | 84586 | 39062 |
| 其他专业技术服务 | 83 | 83 | 644759 | 225211 | 51218 |
| 科技交流和推广服务业 | 23113 | 13077 | 1899775 | 770531 | 133700 |
| 技术推广服务 | 13077 | 13077 | 635088 | 254979 | 57027 |
| 科技中介服务 | 7536 | | 503094 | 177373 | 37328 |
| 其他科技服务 | 2500 | | 761593 | 338179 | 39345 |
| 地质勘查业 | 5980 | 5980 | 1683497 | 844720 | 62771 |
| 矿产地质勘查 | 5980 | 5980 | 1446938 | 744421 | 40055 |
| 能源矿产地质勘查 | 1080 | 1080 | 1097076 | 609028 | 27401 |
| 固体矿产地质勘查 | 4900 | 4900 | 333178 | 129647 | 12367 |
| 其他矿产地质勘查 | | | 16684 | 5746 | 287 |
| 基础地质勘查 | | | 81214 | 23599 | 5354 |
| 地质勘查技术服务 | | | 155345 | 76700 | 17362 |
| **（十四）水利环境和公共设施管理业** | **797410** | **402217** | **97496881** | **26995469** | **14767081** |
| 水利管理业 | 61293 | 5072 | 9502577 | 1791343 | 2091448 |
| 防洪管理 | 18673 | 2002 | 3514017 | 591084 | 613509 |
| 水资源管理 | 28062 | 3040 | 4074705 | 829623 | 1116145 |

单位：万元

| 行　　业 | 利用外资 | 外商直接投　资 | 自筹资金 | 企事业单位自有资金 | 其他资金 |
|---|---|---|---|---|---|
| 水库管理 | 13145 | 3040 | 1487241 | 306700 | 470255 |
| 调水、引水管理 | 14917 | | 1930368 | 363582 | 382420 |
| 其他水资源管理 | | | 657096 | 159341 | 263470 |
| 其他水利管理 | 14558 | 30 | 1913855 | 370636 | 361794 |
| 环境管理业 | 144600 | 106256 | 6923237 | 1626314 | 974220 |
| 自然保护 | 70698 | 65223 | 599547 | 172990 | 60251 |
| 自然保护区管理 | 20575 | 15100 | 314731 | 75205 | 17061 |
| 野生动植物保护 | 50001 | 50001 | 83045 | 35885 | 780 |
| 其他自然保护 | 122 | 122 | 201771 | 61900 | 42410 |
| 环境治理 | 73902 | 41033 | 6323690 | 1453324 | 913969 |
| 城市市容管理 | | | 1017858 | 100520 | 98853 |
| 城市环境卫生管理 | 15703 | 5700 | 1270611 | 368606 | 218032 |
| 水污染治理 | 55413 | 32990 | 2272253 | 436736 | 339915 |
| 危险废物治理 | 37 | | 196017 | 68514 | 37774 |
| 其他环境治理 | 2749 | 2343 | 1566951 | 478948 | 219395 |
| 公共设施管理业 | 591517 | 290889 | 81071067 | 23577812 | 11701413 |
| 市政公共设施管理 | 343666 | 134779 | 66055385 | 19399680 | 9404398 |
| 城市绿化管理 | 19100 | 1700 | 3369861 | 753880 | 705515 |
| 游览景区管理 | 228751 | 154410 | 11645821 | 3424252 | 1591500 |
| 风景名胜区管理 | 83833 | 58303 | 3727351 | 1169445 | 496249 |
| 公园管理 | 36996 | 17398 | 2855592 | 822268 | 327731 |
| 其他游览景区管理 | 107922 | 78709 | 5062878 | 1432539 | 767520 |
| **（十五）居民服务和其他服务业** | **39493** | **31337** | **4351723** | **1543006** | **293035** |
| 居民服务业 | 28629 | 26129 | 2605708 | 903739 | 180273 |
| 家庭服务 | | | 89228 | 29831 | 24591 |
| 托儿所 | | | 7283 | 1969 | 110 |
| 洗染服务 | 1500 | 1500 | 26743 | 12323 | |
| 理发及美容保健服务 | 2855 | 2855 | 206198 | 100439 | 11779 |
| 洗浴服务 | 4365 | 4365 | 722497 | 316690 | 30814 |
| 婚姻服务 | 13375 | 13375 | 7136 | 5572 | 4900 |
| 殡葬服务 | 1539 | 1539 | 264732 | 84043 | 27774 |
| 摄影扩印服务 | 2000 | 2000 | 86333 | 35122 | 670 |
| 其他居民服务 | 2995 | 495 | 1195558 | 317750 | 79635 |
| 其他服务业 | 10864 | 5208 | 1746015 | 639267 | 112762 |
| 修理与维护 | 2656 | | 773812 | 330259 | 20519 |
| 汽车、摩托车维护与保养 | 2656 | | 719871 | 310768 | 19519 |
| 办公设备维修 | | | 10699 | 2390 | 100 |
| 家用电器修理 | | | 7261 | 2183 | 400 |
| 其他日用品修理 | | | 35981 | 14918 | 500 |
| 清洁服务 | | | 81253 | 27042 | 6207 |

**续前**

单位：万元

| 行　　业 | 利用外资 | 外商直接投　资 | 自筹资金 | 企事业单位自有资金 | 其他资金 |
|---|---|---|---|---|---|
| 建筑物清洁服务 | | | 940 | 480 | 500 |
| 其他清洁服务 | | | 80313 | 26562 | 5707 |
| 其他未列明的服务 | 8208 | 5208 | 890950 | 281966 | 86036 |
| **（十六）教育** | **84643** | **41848** | **19582754** | **6462808** | **2670167** |
| 教育 | 84643 | 41848 | 19582754 | 6462808 | 2670167 |
| 学前教育 | 2930 | 2850 | 499574 | 162974 | 75334 |
| 初等教育 | 10187 | 5403 | 2623483 | 616434 | 748272 |
| 中等教育 | 34542 | 14981 | 6619382 | 2069712 | 1302111 |
| 初中教育 | 12406 | 7127 | 2583825 | 668087 | 650156 |
| 高中教育 | 10636 | 6604 | 1850485 | 622767 | 422697 |
| 中等专业教育 | 4500 | | 722595 | 273037 | 41863 |
| 职业中学教育 | 2800 | | 818233 | 287552 | 134446 |
| 技工学校教育 | 4200 | 1250 | 457128 | 173882 | 41902 |
| 其他中等教育 | | | 187116 | 44387 | 11047 |
| 高等教育 | 20366 | 2136 | 7698682 | 2887292 | 366946 |
| 普通高等教育 | 20366 | 2136 | 6993705 | 2612336 | 337100 |
| 成人高等教育 | | | 704977 | 274956 | 29846 |
| 其他教育 | 16618 | 16478 | 2141633 | 726396 | 177504 |
| 职业技能培训 | 16417 | 16417 | 1580092 | 529920 | 116173 |
| 特殊教育 | 140 | | 88995 | 19741 | 8239 |
| 其他未列明的教育 | 61 | 61 | 472546 | 176735 | 53092 |
| **（十七）卫生社会保障和社会福利业** | **186380** | **134013** | **11341412** | **4073698** | **1340303** |
| 卫生 | 120350 | 69113 | 9873290 | 3702707 | 1080412 |
| 医院 | 67197 | 25910 | 7870342 | 3110298 | 683476 |
| 综合医院 | 62291 | 22810 | 5803472 | 2411999 | 553872 |
| 中医医院 | 680 | | 594671 | 183546 | 65628 |
| 中西医结合医院 | | | 194188 | 78082 | 11075 |
| 民族医院 | | | 31615 | 6445 | 1253 |
| 专科医院 | 4226 | 3100 | 971936 | 363281 | 43839 |
| 疗养院 | | | 274460 | 66945 | 7809 |
| 卫生院及社区医疗活动 | 8782 | 6560 | 1008250 | 318872 | 245715 |
| 门诊部医疗活动 | 80 | 50 | 201962 | 67942 | 63151 |
| 计划生育技术服务活动 | | | 157712 | 23189 | 20350 |
| 妇幼保健活动 | 3274 | | 189625 | 55108 | 31854 |
| 专科疾病防治活动 | | | 60735 | 20704 | 5870 |
| 疾病预防控制及防疫活动 | 4400 | | 115969 | 26256 | 17788 |
| 其他卫生活动 | 36617 | 36593 | 268695 | 80338 | 12208 |
| 社会保障业 | 64800 | 64800 | 359076 | 59148 | 99676 |
| 社会保障业 | 64800 | 64800 | 359076 | 59148 | 99676 |
| 社会福利业 | 1230 | 100 | 1109046 | 311843 | 160215 |

续前

单位：万元

| 行　　业 | 利用外资 | 外商直接投　资 | 自筹资金 | 企事业单位自有资金 | 其他资金 |
|---|---|---|---|---|---|
| 提供住宿的社会福利 | 1050 | 50 | 963768 | 294917 | 135977 |
| 干部休养所 | | | 221165 | 112596 | 4454 |
| 收养收容服务 | 1050 | 50 | 742603 | 182321 | 131523 |
| 不提供住宿的社会福利 | 180 | 50 | 145278 | 16926 | 24238 |
| **（十八）文化、体育和娱乐业** | **177874** | **99942** | **14990639** | **4836350** | **1784985** |
| 新闻出版业 | | | 480488 | 152526 | 19000 |
| 新闻业 | | | 145821 | 29920 | 14100 |
| 出版业 | | | 334667 | 122606 | 4900 |
| 图书出版 | | | 103711 | 26250 | 4900 |
| 报纸出版 | | | 179869 | 79259 | |
| 期刊出版 | | | 29981 | 7131 | |
| 音像制品出版 | | | 1460 | 1460 | |
| 电子出版物出版 | | | 4310 | 4000 | |
| 其他出版 | | | 15336 | 4506 | |
| 广播、电视、电影和音像业 | 5400 | 4400 | 1326381 | 583397 | 76933 |
| 广播 | 1000 | | 289931 | 110828 | 13831 |
| 电视 | | | 737011 | 329916 | 50185 |
| 电影 | 4400 | 4400 | 244228 | 110848 | 12917 |
| 电影制作与发行 | | | 82501 | 56671 | 1927 |
| 电影放映 | 4400 | 4400 | 161727 | 54177 | 10990 |
| 音像制作 | | | 55211 | 31805 | |
| 文化艺术业 | 20091 | 7160 | 4398075 | 1180174 | 575498 |
| 文艺创作与表演 | | | 214356 | 93548 | 28185 |
| 艺术表演场馆 | | | 649114 | 103504 | 96534 |
| 图书馆与档案馆 | | | 375908 | 70670 | 20858 |
| 图书馆 | | | 300100 | 67226 | 19511 |
| 档案馆 | | | 75808 | 3444 | 1347 |
| 文物及文化保护 | 5950 | | 704723 | 147906 | 124461 |
| 博物馆 | 200 | 200 | 832237 | 311446 | 107384 |
| 烈士陵园、纪念馆 | 2950 | 300 | 156884 | 55202 | 22828 |
| 群众文化活动 | 4331 | | 991220 | 273562 | 129560 |
| 文化艺术经纪代理 | | | 90958 | 57310 | |
| 其他文化艺术 | 6660 | 6660 | 382675 | 67026 | 45688 |
| 体育 | 34201 | 12940 | 2069487 | 384386 | 532293 |
| 体育组织 | 12700 | 5100 | 169004 | 23902 | 21460 |
| 体育场馆 | 21501 | 7840 | 1770629 | 331129 | 484120 |
| 其他体育 | | | 129854 | 29355 | 26713 |
| 娱乐业 | 118182 | 75442 | 6716208 | 2535867 | 581261 |
| 室内娱乐活动 | 4046 | 4046 | 1488478 | 553664 | 85148 |
| 游乐园 | 42755 | 27543 | 1451444 | 756556 | 162427 |

**续前**　　　　单位：万元

| 行　　业 | 利用外资 | 外商直接投资 | 自筹资金 | 企事业单位自有资金 | 其他资金 |
|---|---|---|---|---|---|
| 休闲健身娱乐活动 | 54088 | 26585 | 2726125 | 760487 | 253967 |
| 其他娱乐活动 | 17293 | 17268 | 1050161 | 465160 | 79719 |
| **（十九）公共管理和社会组织** | **64342** | **47727** | **25123010** | **6055740** | **4482743** |
| 中国共产党机关 | 1260 | 1260 | 98103 | 25336 | 31535 |
| 中国共产党机关 | 1260 | 1260 | 98103 | 25336 | 31535 |
| 国家机构 | 49767 | 36687 | 17949648 | 4464176 | 3328279 |
| 国家权力机构 | 2600 | 2600 | 706769 | 163444 | 89479 |
| 国家行政机构 | 47167 | 34087 | 16359354 | 4076884 | 3139045 |
| 综合事务管理机构 | 14409 | 11340 | 6428694 | 1612815 | 990151 |
| 对外事务管理机构 | | | 119296 | 3315 | 2758 |
| 公共安全管理机构 | 193 | | 1588706 | 455521 | 213613 |
| 社会事务管理机构 | 14210 | 13100 | 1760388 | 339665 | 492065 |
| 经济事务管理机构 | 16044 | 9052 | 4189861 | 1098483 | 1096050 |
| 政府事务管理机构 | 2311 | 595 | 1676103 | 424992 | 286404 |
| 行政监督检查机构 | | | 596306 | 142093 | 58004 |
| 人民法院和人民检察院 | | | 509801 | 104051 | 29418 |
| 人民法院 | | | 258786 | 45355 | 18685 |
| 人民检察院 | | | 251015 | 58696 | 10733 |
| 其他国家机构 | | | 373724 | 119797 | 70337 |
| 人民政协和民主党派 | | | 26362 | 1320 | 4122 |
| 人民政协 | | | 24622 | 1320 | 2322 |
| 民主党派 | | | 1740 | | 1800 |
| 群众团体、社会团体和宗教组织 | 4170 | 800 | 806624 | 279581 | 205579 |
| 群众团体 | | | 119375 | 43660 | 4898 |
| 工会 | | | 67819 | 28749 | 3589 |
| 妇联 | | | 1400 | | 400 |
| 共青团 | | | 1733 | | |
| 其他群众团体 | | | 48423 | 14911 | 909 |
| 社会团体 | 370 | | 202562 | 59426 | 32650 |
| 专业性团体 | | | 47960 | 7365 | 22584 |
| 行业性团体 | 370 | | 82022 | 13443 | 7102 |
| 其他社会团体 | | | 72580 | 38618 | 2964 |
| 宗教组织 | 3800 | 800 | 484687 | 176495 | 168031 |
| 基层群众自治组织 | 9145 | 8980 | 6242273 | 1285327 | 913228 |
| 社区自治组织 | 165 | | 1997279 | 563241 | 298540 |
| 村民自治组织 | 8980 | 8980 | 4244994 | 722086 | 614688 |
| **（二十）国际组织** | | | | | |
| 国际组织 | | | | | |

# 各地区城镇房屋建筑面积和造价

| 地　　区 | 施工房屋面　　积（万平方米） | 竣工房屋面　　积（万平方米） | 房屋建筑面积竣工率（%） | 竣工房屋价　　值（万元） | 竣工房屋造　　价（元/平方米） |
|---|---|---|---|---|---|
| **全国总计** | **577357.27** | **164539.27** | **28.50** | **271283551** | **1648.75** |
| 北　　京 | 12583.58 | 3306.61 | 26.28 | 8706874 | 2633.17 |
| 天　　津 | 10034.33 | 2837.66 | 28.28 | 7289525 | 2568.85 |
| 河　　北 | 29495.78 | 8365.89 | 28.36 | 13751069 | 1643.71 |
| 山　　西 | 10562.86 | 2838.76 | 26.87 | 4975889 | 1752.84 |
| 内 蒙 古 | 13930.85 | 3988.66 | 28.63 | 6922124 | 1735.45 |
| 辽　　宁 | 29220.77 | 8397.42 | 28.74 | 15785046 | 1879.75 |
| 吉　　林 | 11155.90 | 4362.41 | 39.10 | 6703700 | 1536.69 |
| 黑 龙 江 | 10920.45 | 5789.64 | 53.02 | 8330812 | 1438.92 |
| 上　　海 | 12096.90 | 2466.28 | 20.39 | 7902376 | 3204.17 |
| 江　　苏 | 49656.96 | 17615.95 | 35.48 | 31301349 | 1776.88 |
| 浙　　江 | 36156.92 | 8306.86 | 22.97 | 14589034 | 1756.26 |
| 安　　徽 | 25829.88 | 7178.46 | 27.79 | 10546032 | 1469.12 |
| 福　　建 | 21327.49 | 4596.88 | 21.55 | 6113376 | 1329.90 |
| 江　　西 | 14751.19 | 4597.96 | 31.17 | 5631296 | 1224.74 |
| 山　　东 | 44036.51 | 11520.38 | 26.16 | 19379534 | 1682.20 |
| 河　　南 | 38415.97 | 12902.31 | 33.59 | 14273868 | 1106.30 |
| 湖　　北 | 16361.77 | 6170.88 | 37.72 | 10679816 | 1730.68 |
| 湖　　南 | 19287.98 | 4592.58 | 23.81 | 7199008 | 1567.53 |
| 广　　东 | 38306.76 | 10798.16 | 28.19 | 20708134 | 1917.75 |
| 广　　西 | 14581.80 | 3387.78 | 23.23 | 4016922 | 1185.71 |
| 海　　南 | 3213.08 | 828.34 | 25.78 | 1558484 | 1881.45 |
| 重　　庆 | 17566.53 | 4464.23 | 25.41 | 8010711 | 1794.42 |
| 四　　川 | 34983.60 | 9510.50 | 27.19 | 13769670 | 1447.84 |
| 贵　　州 | 9630.95 | 2484.95 | 25.80 | 2832554 | 1139.88 |
| 云　　南 | 12505.20 | 3486.95 | 27.88 | 5276511 | 1513.22 |
| 西　　藏 | 669.79 | 277.90 | 41.49 | 344855 | 1240.94 |
| 陕　　西 | 20451.11 | 3454.75 | 16.89 | 6450713 | 1867.20 |
| 甘　　肃 | 7009.06 | 1406.04 | 20.06 | 2060041 | 1465.14 |
| 青　　海 | 1842.65 | 457.64 | 24.84 | 557428 | 1218.05 |
| 宁　　夏 | 2977.84 | 1015.03 | 34.09 | 1414027 | 1393.08 |
| 新　　疆 | 7494.14 | 3001.02 | 40.04 | 3527009 | 1175.27 |
| 不分地区 | 298.67 | 130.36 | 43.65 | 675764 | 5183.79 |

# 各地区城镇住宅建筑面积和造价

| 地　区 | 施工住宅面积（万平方米） | 竣工住宅面积（万平方米） | 住宅建筑面积竣工率（%） | 竣工住宅价值（万元） | 竣工住宅造价（元/平方米） |
|---|---|---|---|---|---|
| **全国总计** | **312039.66** | **82101.49** | **26.31** | **140813198** | **1715.11** |
| 北　京 | 6034.64 | 1735.42 | 28.76 | 3851022 | 2219.07 |
| 天　津 | 4814.67 | 1737.21 | 36.08 | 4590334 | 2642.37 |
| 河　北 | 13665.22 | 3054.19 | 22.35 | 5655337 | 1851.67 |
| 山　西 | 7218.47 | 1719.24 | 23.82 | 2936600 | 1708.08 |
| 内蒙古 | 7837.21 | 2547.99 | 32.51 | 4073609 | 1598.75 |
| 辽　宁 | 14886.90 | 3638.41 | 24.44 | 6387748 | 1755.64 |
| 吉　林 | 5669.31 | 1706.38 | 30.10 | 2141827 | 1255.19 |
| 黑龙江 | 6657.09 | 3486.02 | 52.37 | 4650045 | 1333.91 |
| 上　海 | 6562.08 | 1508.81 | 22.99 | 4411108 | 2923.56 |
| 江　苏 | 24226.03 | 7398.99 | 30.54 | 15892856 | 2147.98 |
| 浙　江 | 15928.71 | 3187.41 | 20.01 | 6533650 | 2049.83 |
| 安　徽 | 14130.77 | 3410.19 | 24.13 | 5453744 | 1599.25 |
| 福　建 | 10221.48 | 2045.27 | 20.01 | 3086430 | 1509.06 |
| 江　西 | 7022.04 | 1814.48 | 25.84 | 2344690 | 1292.21 |
| 山　东 | 22826.40 | 5751.99 | 25.20 | 10319287 | 1794.04 |
| 河　南 | 18263.38 | 5121.38 | 28.04 | 5909476 | 1153.88 |
| 湖　北 | 8981.16 | 2814.33 | 31.34 | 5294183 | 1881.15 |
| 湖　南 | 12462.60 | 2903.49 | 23.30 | 4841119 | 1667.34 |
| 广　东 | 21717.22 | 6091.33 | 28.05 | 12535896 | 2057.99 |
| 广　西 | 8345.21 | 1833.55 | 21.97 | 2293710 | 1250.97 |
| 海　南 | 2320.54 | 721.64 | 31.10 | 1356917 | 1880.32 |
| 重　庆 | 11942.50 | 3008.61 | 25.19 | 5449938 | 1811.45 |
| 四　川 | 20725.59 | 5194.21 | 25.06 | 7289433 | 1403.38 |
| 贵　州 | 6219.75 | 1720.35 | 27.66 | 1935505 | 1125.06 |
| 云　南 | 7529.94 | 2157.60 | 28.65 | 3375354 | 1564.40 |
| 西　藏 | 406.27 | 188.76 | 46.46 | 188674 | 999.54 |
| 陕　西 | 13598.26 | 1842.87 | 13.55 | 3438354 | 1865.76 |
| 甘　肃 | 4334.41 | 801.60 | 18.49 | 1215633 | 1516.52 |
| 青　海 | 1046.91 | 259.80 | 24.82 | 349337 | 1344.65 |
| 宁　夏 | 1766.41 | 703.60 | 39.83 | 909493 | 1292.63 |
| 新　疆 | 4672.71 | 1994.28 | 42.68 | 2096589 | 1051.30 |
| 不分地区 | 5.78 | 2.10 | 36.27 | 5300.0 | 2529.47 |

# 国民经济行业大类城镇房屋建筑面积和造价

| 行　　业 | 施工房屋面　积（万平方 | 竣工房屋面　积（万平方 | 房屋建面积竣率（%） | 竣工房屋价　值（万元） | 竣工房屋造　价（元/平方米） |
|---|---|---|---|---|---|
| **全　国　总　计** | **577357.27** | **164539.27** | **28.50** | **271283551** | **1648.75** |
| （一）农、林、牧、渔业 | 6780.70 | 3154.41 | 46.52 | 2680621 | 849.80 |
| 农业 | 1519.30 | 1084.51 | 71.38 | 910121 | 839.20 |
| 林业 | 921.00 | 61.71 | 6.70 | 79691 | 1291.48 |
| 畜牧业 | 2797.78 | 1416.95 | 50.65 | 1122392 | 792.12 |
| 渔业 | 73.70 | 44.86 | 60.88 | 58934 | 1313.61 |
| 农、林、牧、渔服务业 | 1468.92 | 546.38 | 37.20 | 509483 | 932.47 |
| **（二）采矿业** | **1656.66** | **604.72** | **36.50** | **889098** | **1470.25** |
| 煤炭开采和洗选业 | 751.20 | 195.51 | 26.03 | 236376 | 1209.02 |
| 石油和天然气开采业 | 154.87 | 53.35 | 34.45 | 171105 | 3207.49 |
| 黑色金属矿采选业 | 222.23 | 105.48 | 47.47 | 144644 | 1371.25 |
| 有色金属矿采选业 | 225.30 | 74.63 | 33.12 | 115086 | 1542.07 |
| 非金属矿采选业 | 292.56 | 170.12 | 58.15 | 218435 | 1284.01 |
| 其他采矿业 | 10.50 | 5.64 | 53.69 | 3452 | 612.60 |
| **（三）制造业** | **93026.29** | **36436.46** | **39.17** | **48074064** | **1319.39** |
| 农副食品加工业 | 5183.22 | 2346.38 | 45.27 | 2753861 | 1173.66 |
| 食品制造业 | 2761.14 | 1116.49 | 40.44 | 1390959 | 1245.83 |
| 饮料制造业 | 1602.89 | 646.79 | 40.35 | 853194 | 1319.13 |
| 烟草制品业 | 397.10 | 64.76 | 16.31 | 112994 | 1744.79 |
| 纺织业 | 3484.51 | 1573.07 | 45.14 | 1854750 | 1179.07 |
| 纺织服装、鞋、帽制造业 | 2949.95 | 1238.39 | 41.98 | 1466295 | 1184.03 |
| 皮革、毛皮、羽毛(绒)及其制品业 | 1855.31 | 739.62 | 39.87 | 907496 | 1226.98 |
| 木材加工及木、竹、藤、棕、草制品业 | 1824.25 | 1066.42 | 58.46 | 1116013 | 1046.51 |
| 家具制造业 | 1644.00 | 792.82 | 48.23 | 981648 | 1238.17 |
| 造纸及纸制品业 | 1531.20 | 681.13 | 44.48 | 829491 | 1217.82 |
| 印刷业和记录媒介的复制 | 1119.29 | 434.21 | 38.79 | 615901 | 1418.43 |
| 文教体育用品制造业 | 673.68 | 280.24 | 41.60 | 334811 | 1194.73 |
| 石油加工、炼焦及核燃料加工业 | 720.71 | 199.36 | 27.66 | 448276 | 2248.55 |
| 化学原料及化学制品制造业 | 5790.87 | 2356.30 | 40.69 | 2981760 | 1265.44 |
| 医药制造业 | 2595.98 | 1021.13 | 39.34 | 1247383 | 1221.57 |
| 化学纤维制造业 | 437.99 | 171.82 | 39.23 | 177904 | 1035.38 |
| 橡胶制品业 | 971.79 | 342.13 | 35.21 | 490821 | 1434.60 |
| 塑料制品业 | 2575.80 | 1218.10 | 47.29 | 1549224 | 1271.83 |
| 非金属矿物制品业 | 7240.83 | 3036.79 | 41.94 | 3711053 | 1222.03 |
| 黑色金属冶炼及压延加工业 | 2408.67 | 603.67 | 25.06 | 1128024 | 1868.62 |
| 有色金属冶炼及压延加工业 | 2278.30 | 575.61 | 25.26 | 781350 | 1357.43 |
| 金属制品业 | 5623.30 | 2439.33 | 43.38 | 3150261 | 1291.44 |
| 通用设备制造业 | 7626.42 | 3249.45 | 42.61 | 4684933 | 1441.76 |
| 专用设备制造业 | 5959.80 | 2219.62 | 37.24 | 3100939 | 1397.06 |

续前

| 行　　业 | 施工房屋面　积（万平方米） | 竣工房屋面　积（万平方米） | 房屋建筑面积竣工率（%） | 竣工房屋价　值（万元） | 竣工房屋造　价（元/平方米） |
|---|---|---|---|---|---|
| 交通运输设备制造业 | 7028.69 | 2262.30 | 32.19 | 3349270 | 1480.47 |
| 电气机械及器材制造业 | 7242.51 | 2560.78 | 35.36 | 3736137 | 1458.99 |
| 通信设备、计算机及其他电子设备制造业 | 4973.72 | 1619.76 | 32.57 | 2359445 | 1456.66 |
| 仪器仪表文化办公用机械制造业 | 1452.89 | 456.98 | 31.45 | 558412 | 1221.96 |
| 工艺品及其他制造业 | 2723.69 | 944.36 | 34.67 | 1148253 | 1215.91 |
| 废弃资源和废旧材料回收加工业 | 347.80 | 178.65 | 51.37 | 253206 | 1417.32 |
| **（四）电力燃气水的生产供应业** | **2619.30** | **801.18** | **30.59** | **1379360** | **1721.66** |
| 电力、热力的生产和供应业 | 1812.45 | 537.59 | 29.66 | 963327 | 1791.95 |
| 燃气生产和供应业 | 242.56 | 64.29 | 26.51 | 118669 | 1845.74 |
| 水的生产和供应业 | 564.30 | 199.30 | 35.32 | 297364 | 1492.05 |
| **（五）建筑业** | **4020.39** | **1145.74** | **28.50** | **1427521** | **1245.94** |
| 房屋和土木工程建筑业 | 3647.88 | 985.34 | 27.01 | 1237653 | 1256.06 |
| 建筑安装业 | 98.51 | 40.28 | 40.89 | 72810 | 1807.59 |
| 建筑装饰业 | 120.69 | 41.70 | 34.55 | 49985 | 1198.82 |
| 其他建筑业 | 153.32 | 78.42 | 51.15 | 67073 | 855.28 |
| **（六）交通运输、仓储和邮政业** | **7692.85** | **2137.69** | **27.79** | **3554743** | **1662.89** |
| 铁路运输业 | 709.00 | 189.83 | 26.77 | 744459 | 3921.66 |
| 道路运输业 | 1377.52 | 558.89 | 40.57 | 709514 | 1269.49 |
| 城市公共交通业 | 172.48 | 46.49 | 26.96 | 69830 | 1501.94 |
| 水上运输业 | 239.88 | 32.94 | 13.73 | 45319 | 1375.65 |
| 航空运输业 | 258.39 | 49.80 | 19.27 | 119414 | 2397.76 |
| 管道运输业 | 13.59 | 6.86 | 50.48 | 7488 | 1091.27 |
| 装卸搬运和其他运输服务业 | 414.92 | 137.60 | 33.16 | 241902 | 1757.96 |
| 仓储业 | 4384.13 | 1076.76 | 24.56 | 1563191 | 1451.76 |
| 邮政业 | 122.94 | 38.50 | 31.31 | 53626 | 1392.99 |
| **（七）信息传输、计算机服务和软件业** | **1099.37** | **265.75** | **24.17** | **575872** | **2166.97** |
| 电信和其他信息传输服务业 | 423.98 | 128.67 | 30.35 | 292879 | 2276.16 |
| 计算机服务业 | 81.25 | 24.39 | 30.02 | 45777 | 1877.12 |
| 软件业 | 594.14 | 112.69 | 18.97 | 237216 | 2105.02 |
| **（八）批发和零售业** | **12489.14** | **5046.54** | **40.41** | **7857322** | **1556.97** |
| 批发业 | 5715.58 | 2096.34 | 36.68 | 3011193 | 1436.41 |
| 零售业 | 6773.56 | 2950.20 | 43.55 | 4846129 | 1642.65 |
| **（九）住宿和餐饮业** | **5812.34** | **1885.31** | **32.44** | **3734974** | **1981.09** |
| 住宿业 | 4285.47 | 1186.25 | 27.68 | 2373148 | 2000.54 |
| 餐饮业 | 1526.88 | 699.06 | 45.78 | 1361826 | 1948.08 |
| **（十）金融业** | **827.60** | **180.54** | **21.81** | **397743** | **2203.13** |
| 银行业 | 677.28 | 155.01 | 22.89 | 342471 | 2209.36 |
| 证券业 | 16.50 | 1.09 | 6.60 | 5200 | 4772.39 |
| 保险业 | 29.56 | 5.57 | 18.86 | 15173 | 2721.91 |

**续前**

| 行　　业 | 施工房屋面　　积（万平方米） | 竣工房屋面　　积（万平方米） | 房屋建筑面积竣工率（%） | 竣工房屋价　　值（万元） | 竣工房屋造　　价（元/平方米） |
|---|---|---|---|---|---|
| 其他金融活动 | 104.25 | 18.86 | 18.09 | 34899 | 1850.21 |
| **（十一）房地产业** | **370992.28** | **91486.74** | **24.66** | **168333912** | **1839.98** |
| 房地产业 | 370992.28 | 91486.74 | 24.66 | 168333912 | 1839.98 |
| **（十二）租赁和商务服务业** | **5271.31** | **1284.13** | **24.36** | **2173684** | **1692.73** |
| 租赁业 | 45.71 | 21.69 | 47.44 | 29758 | 1372.28 |
| 商务服务业 | 5225.60 | 1262.45 | 24.16 | 2143926 | 1698.23 |
| **（十三）科研技术服务和地质勘查业** | **2657.65** | **809.12** | **30.44** | **1573516** | **1944.73** |
| 研究与试验发展 | 1008.95 | 289.60 | 28.70 | 559746 | 1932.83 |
| 专业技术服务业 | 662.78 | 194.22 | 29.30 | 390321 | 2009.68 |
| 科技交流和推广服务业 | 794.82 | 295.58 | 37.19 | 577553 | 1953.98 |
| 地质勘查业 | 191.10 | 29.72 | 15.55 | 45896 | 1544.25 |
| **（十四）水利环境和公共设施管理业** | **12260.92** | **3130.81** | **25.53** | **4174090** | **1333.23** |
| 水利管理业 | 337.63 | 103.80 | 30.74 | 157673 | 1519.02 |
| 环境管理业 | 658.77 | 226.70 | 34.41 | 274173 | 1209.44 |
| 公共设施管理业 | 11264.52 | 2800.31 | 24.86 | 3742244 | 1336.37 |
| **（十五）居民服务和其他服务业** | **1166.68** | **429.01** | **36.77** | **666481** | **1553.52** |
| 居民服务业 | 887.15 | 305.12 | 34.39 | 446809 | 1464.36 |
| 其他服务业 | 279.53 | 123.89 | 44.32 | 219672 | 1773.12 |
| **（十六）教育** | **18562.15** | **6698.67** | **36.09** | **9546664** | **1425.16** |
| 教育 | 18562.15 | 6698.67 | 36.09 | 9546664 | 1425.16 |
| **（十七）卫生、社会保障和社会福利业** | **7705.87** | **2179.89** | **28.29** | **3669227** | **1683.21** |
| 卫生 | 6341.87 | 1682.01 | 26.52 | 2988650 | 1776.83 |
| 社会保障业 | 573.07 | 141.76 | 24.74 | 171227 | 1207.91 |
| 社会福利业 | 790.93 | 356.13 | 45.03 | 509350 | 1430.25 |
| **（十八）文化、体育和娱乐业** | **4758.08** | **1127.71** | **23.70** | **2583227** | **2290.68** |
| 新闻出版业 | 152.84 | 24.59 | 16.09 | 47043 | 1913.37 |
| 广播、电视、电影和音像业 | 384.36 | 110.84 | 28.84 | 415897 | 3752.22 |
| 文化艺术业 | 1763.83 | 488.62 | 27.70 | 1114204 | 2280.30 |
| 体育 | 1149.78 | 157.12 | 13.66 | 440664 | 2804.67 |
| 娱乐业 | 1307.26 | 346.55 | 26.51 | 565419 | 1631.58 |
| **（十九）公共管理和社会组织** | **17957.71** | **5734.85** | **31.94** | **7991432** | **1393.49** |
| 中国共产党机关 | 140.45 | 78.53 | 55.91 | 167801 | 2136.75 |
| 国家机构 | 11306.66 | 4170.31 | 36.88 | 5534782 | 1327.19 |
| 人民政协和民主党派 | 24.60 | 10.16 | 41.30 | 28661 | 2821.02 |
| 群众团体、社会团体和宗教组织 | 325.03 | 137.78 | 42.39 | 258274 | 1874.50 |
| 基层群众自治组织 | 6160.97 | 1338.07 | 21.72 | 2001914 | 1496.12 |
| **（二十）国际组织** | | | | | |
| 国际组织 | | | | | |

# 国民经济行业大类城镇住宅建筑面积和造价

| 行　　业 | 施工住宅<br>面　　积<br>（万平方米） | 竣工住宅<br>面　　积<br>（万平方米） | 住宅建<br>面积竣<br>率（%） | 竣工住宅<br>价　　值<br>（万元） | 竣工住宅<br>造　　价<br>（元/平方米） |
|---|---|---|---|---|---|
| **全　国　总　计** | **312039.66** | **82101.49** | **26.31** | **140813198** | **1715.11** |
| **（一）农、林、牧、渔业** | **1469.76** | **898.17** | **61.11** | **922227** | **1026.78** |
| 农业 | 765.69 | 614.32 | 80.23 | 643106 | 1046.87 |
| 林业 | 99.38 | 21.97 | 22.11 | 34594 | 1574.32 |
| 畜牧业 | 73.84 | 51.64 | 69.93 | 49459 | 957.79 |
| 渔业 | 1.60 | 1.39 | 86.63 | 2133 | 1537.85 |
| 农、林、牧、渔服务业 | 529.25 | 208.86 | 39.46 | 192935 | 923.77 |
| **（二）采矿业** | **420.31** | **59.64** | **14.19** | **67853** | **1137.74** |
| 煤炭开采和洗选业 | 316.81 | 29.97 | 9.46 | 34433 | 1149.10 |
| 石油和天然气开采业 | 45.03 | 8.64 | 19.20 | 10300 | 1191.50 |
| 黑色金属矿采选业 | 7.25 | 4.72 | 65.01 | 4170 | 884.19 |
| 有色金属矿采选业 | 41.06 | 9.50 | 23.13 | 10121 | 1065.55 |
| 非金属矿采选业 | 10.12 | 6.79 | 67.10 | 8805 | 1296.76 |
| 其他采矿业 | 0.02 | 0.02 | 100.00 | 24 | 1000.00 |
| **（三）制造业** | **1880.38** | **728.05** | **38.72** | **894446** | **1228.55** |
| 农副食品加工业 | 141.39 | 57.51 | 40.67 | 52949 | 920.73 |
| 食品制造业 | 45.26 | 25.93 | 57.28 | 32073 | 1237.00 |
| 饮料制造业 | 27.74 | 11.15 | 40.20 | 11324 | 1015.39 |
| 烟草制品业 | 6.18 | 0.08 | 1.32 | 49 | 599.02 |
| 纺织业 | 84.72 | 48.95 | 57.78 | 75666 | 1545.66 |
| 纺织服装、鞋、帽制造业 | 49.07 | 23.86 | 48.63 | 23361 | 978.95 |
| 皮革、毛皮、羽毛(绒)及其制品业 | 44.08 | 11.75 | 26.67 | 12156 | 1034.20 |
| 木材加工及木、竹、藤、棕、草制品业 | 33.34 | 13.05 | 39.14 | 14212 | 1089.08 |
| 家具制造业 | 16.61 | 13.35 | 80.39 | 12411 | 929.40 |
| 造纸及纸制品业 | 21.38 | 9.63 | 45.03 | 11352 | 1179.18 |
| 印刷业和记录媒介的复制 | 16.82 | 3.62 | 21.54 | 4996 | 1379.58 |
| 文教体育用品制造业 | 18.48 | 3.85 | 20.86 | 4388 | 1138.35 |
| 石油加工、炼焦及核燃料加工业 | 42.84 | 30.83 | 71.98 | 77509 | 2513.83 |
| 化学原料及化学制品制造业 | 112.35 | 28.97 | 25.78 | 35726 | 1233.36 |
| 医药制造业 | 37.77 | 16.39 | 43.39 | 16340 | 997.08 |
| 化学纤维制造业 | 2.67 | 0.10 | 3.75 | 130 | 1300.00 |
| 橡胶制品业 | 9.80 | 5.27 | 53.76 | 16658 | 3160.49 |
| 塑料制品业 | 32.01 | 19.27 | 60.21 | 20201 | 1048.22 |
| 非金属矿物制品业 | 156.76 | 70.53 | 44.99 | 76359 | 1082.58 |
| 黑色金属冶炼及压延加工业 | 43.75 | 15.23 | 34.80 | 14092 | 925.55 |
| 有色金属冶炼及压延加工业 | 91.04 | 26.74 | 29.37 | 25846 | 966.51 |
| 金属制品业 | 69.16 | 23.68 | 34.24 | 26322 | 1111.62 |
| 通用设备制造业 | 88.50 | 46.69 | 52.76 | 62316 | 1334.59 |
| 专用设备制造业 | 166.44 | 71.55 | 42.99 | 90039 | 1258.33 |

续前

| 行业 | 施工住宅面积（万平方米） | 竣工住宅面积（万平方米） | 住宅建面积竣率（%） | 竣工住宅价值（万元） | 竣工住宅造价（元/平方米） |
|---|---|---|---|---|---|
| 交通运输设备制造业 | 127.89 | 42.54 | 33.27 | 54657 | 1284.71 |
| 电气机械及器材制造业 | 143.33 | 28.99 | 20.23 | 27062 | 933.48 |
| 通信设备、计算机及其他电子设备制造业 | 182.71 | 66.03 | 36.14 | 82855 | 1254.74 |
| 仪器仪表文化办公用机械制造业 | 14.54 | 2.71 | 18.62 | 3159 | 1166.46 |
| 工艺品及其他制造业 | 49.72 | 9.33 | 18.76 | 9308 | 997.68 |
| 废弃资源和废旧材料回收加工业 | 4.02 | 0.44 | 10.95 | 930 | 2113.64 |
| **（四）电力燃气水的生产供应业** | **174.60** | **51.24** | **29.34** | **65504** | **1278.49** |
| 电力、热力的生产和供应业 | 146.49 | 38.73 | 26.44 | 48072 | 1241.25 |
| 燃气生产和供应业 | 4.79 | 2.09 | 43.57 | 7764 | 3723.21 |
| 水的生产和供应业 | 23.33 | 10.42 | 44.67 | 9668 | 927.70 |
| **（五）建筑业** | **2229.78** | **586.88** | **26.32** | **714311** | **1217.12** |
| 房屋和土木工程建筑业 | 2130.08 | 558.99 | 26.24 | 682461 | 1220.88 |
| 建筑安装业 | 5.47 | 1.37 | 25.06 | 4426 | 3230.66 |
| 建筑装饰业 | 54.84 | 7.79 | 14.21 | 9272 | 1189.54 |
| 其他建筑业 | 39.39 | 18.73 | 47.55 | 18152 | 969.18 |
| **（六）交通运输、仓储和邮政业** | **255.51** | **94.47** | **36.97** | **127237** | **1346.88** |
| 铁路运输业 | 23.31 | 9.89 | 42.45 | 16570 | 1674.68 |
| 道路运输业 | 114.03 | 55.40 | 48.58 | 67383 | 1216.36 |
| 城市公共交通业 | 27.87 | 1.58 | 5.68 | 4177 | 2639.49 |
| 水上运输业 | 2.25 | 1.21 | 53.83 | 932 | 769.74 |
| 航空运输业 | 31.65 | 5.02 | 15.86 | 3500 | 697.21 |
| 管道运输业 | | | | | |
| 装卸搬运和其他运输服务业 | 4.11 | 2.56 | 62.27 | 2532 | 989.91 |
| 仓储业 | 39.51 | 15.10 | 38.22 | 28048 | 1857.36 |
| 邮政业 | 12.79 | 3.70 | 28.97 | 4095 | 1105.53 |
| **（七）信息传输计算机服务和软件业** | **18.38** | **6.90** | **37.51** | **8035** | **1165.20** |
| 电信和其他信息传输服务业 | 16.38 | 4.90 | 29.88 | 4835 | 987.58 |
| 计算机服务业 | | | | | |
| 软件业 | 2.00 | 2.00 | 100.00 | 3200 | 1600.00 |
| **（八）批发和零售业** | **556.51** | **218.07** | **39.19** | **271305** | **1244.13** |
| 批发业 | 218.89 | 67.97 | 31.05 | 80390 | 1182.67 |
| 零售业 | 337.62 | 150.10 | 44.46 | 190915 | 1271.96 |
| **（九）住宿和餐饮业** | **252.73** | **89.89** | **35.57** | **140990** | **1568.55** |
| 住宿业 | 208.05 | 66.44 | 31.94 | 108580 | 1634.16 |
| 餐饮业 | 44.68 | 23.44 | 52.46 | 32410 | 1382.58 |
| **（十）金融业** | **65.20** | **23.35** | **35.81** | **34747** | **1488.07** |
| 银行业 | 53.39 | 22.66 | 42.45 | 33561 | 1480.87 |
| 证券业 | | | | | |
| 保险业 | 0.85 | 0.53 | 62.14 | 735 | 1399.20 |

**续前**

| 行　　业 | 施工住宅面　　积（万平方米） | 竣工住宅面　　积（万平方米） | 住宅建面积竣率（%） | 竣工住宅价　　值（万元） | 竣工住宅造　　价（元/平方米） |
|---|---|---|---|---|---|
| 其他金融活动 | 10.96 | 0.16 | 1.48 | 451 | 2783.95 |
| **（十一）房地产业** | **286877.24** | **74307.10** | **25.90** | **131339298** | **1767.52** |
| 房地产业 | 286877.24 | 74307.10 | 25.90 | 131339298 | 1767.52 |
| **（十二）租赁和商务服务业** | **384.38** | **154.42** | **40.17** | **234378** | **1517.75** |
| 租赁业 | 0.78 | 0.78 | 100.00 | 753 | 963.16 |
| 商务服务业 | 383.60 | 153.64 | 40.05 | 233625 | 1520.58 |
| **（十三）科研技术服务和地质勘查业** | **286.86** | **85.87** | **29.93** | **142041** | **1654.22** |
| 研究与试验发展 | 83.76 | 28.95 | 34.57 | 41860 | 1445.74 |
| 专业技术服务业 | 119.05 | 33.68 | 28.29 | 59809 | 1775.70 |
| 科技交流和推广服务业 | 28.72 | 6.40 | 22.29 | 13417 | 2096.01 |
| 地质勘查业 | 55.33 | 16.83 | 30.41 | 26955 | 1601.75 |
| **（十四）水利环境和公共设施管理业** | **5343.85** | **1085.75** | **20.32** | **1270679** | **1170.33** |
| 水利管理业 | 157.73 | 52.56 | 33.32 | 75414 | 1434.75 |
| 环境管理业 | 203.42 | 41.29 | 20.30 | 29419 | 712.49 |
| 公共设施管理业 | 4982.69 | 991.89 | 19.91 | 1165846 | 1175.37 |
| **（十五）居民服务和其他服务业** | **178.32** | **110.47** | **61.95** | **156879** | **1420.10** |
| 居民服务业 | 162.64 | 97.13 | 59.72 | 129500 | 1333.26 |
| 其他服务业 | 15.68 | 13.34 | 85.07 | 27379 | 2052.48 |
| **（十六）教育** | **1619.28** | **625.05** | **38.60** | **789439** | **1263.01** |
| 教育 | 1619.28 | 625.05 | 38.60 | 789439 | 1263.01 |
| **（十七）卫生、社会保障和社会福利业** | **784.06** | **286.51** | **36.54** | **392347** | **1369.41** |
| 卫生 | 212.07 | 78.54 | 37.03 | 116229 | 1479.94 |
| 社会保障业 | 351.94 | 100.24 | 28.48 | 115886 | 1156.14 |
| 社会福利业 | 220.06 | 107.74 | 48.96 | 160232 | 1487.24 |
| **（十八）文化、体育和娱乐业** | **213.30** | **89.69** | **42.05** | **124683** | **1390.16** |
| 新闻出版业 | 16.55 | 11.74 | 70.97 | 20680 | 1761.06 |
| 广播、电视、电影和音像业 | 12.37 | 9.55 | 77.23 | 7848 | 821.37 |
| 文化艺术业 | 85.20 | 37.58 | 44.11 | 51863 | 1379.94 |
| 体育 | 4.99 | 1.40 | 28.09 | 2883 | 2058.40 |
| 娱乐业 | 94.19 | 29.41 | 31.22 | 41409 | 1408.09 |
| **（十九）公共管理和社会组织** | **9029.22** | **2599.99** | **28.80** | **3116799** | **1198.77** |
| 中国共产党机关 | 52.12 | 40.01 | 76.76 | 66852 | 1670.82 |
| 国家机构 | 4257.30 | 1843.91 | 43.31 | 2127377 | 1153.73 |
| 人民政协和民主党派 | 4.52 | 3.56 | 78.83 | 4471 | 1254.49 |
| 群众团体、社会团体和宗教组织 | 35.80 | 19.80 | 55.31 | 20969 | 1059.01 |
| 基层群众自治组织 | 4679.48 | 692.71 | 14.80 | 897130 | 1295.11 |
| **（二十）国际组织** | | | | | |
| 国际组织 | | | | | |

# （二）房地产开发

## 房地产开发投资主要指标

| 指　　标 | 2008 年 | 2009 年 | 2009 年比 2008 年增减 | |
|---|---|---|---|---|
| | | | 绝对数 | % |
| **一、投资总额（亿元）** | **31203.19** | **36241.81** | **5038.61** | **16.1** |
| 1.按构成分 | | | | |
| 建筑安装工程 | 21637.70 | 25839.33 | 4201.63 | 19.4 |
| 设备、工具、器具投资 | 454.08 | 454.12 | 0.05 | 0.0 |
| 其他费用 | 9111.41 | 9948.35 | 836.94 | 9.2 |
| 2.按工程用途分 | | | | |
| 住宅 | 22440.87 | 25613.69 | 3172.82 | 14.1 |
| 其中：经济适用房 | 970.91 | 1134.08 | 163.17 | 16.8 |
| 办公楼 | 1167.17 | 1377.21 | 210.04 | 18.0 |
| 商业营业用房 | 3354.48 | 4180.66 | 826.18 | 24.6 |
| 其他 | 4240.67 | 5070.25 | 829.58 | 19.6 |
| **二、全部建设规模（亿元）** | | | | |
| 建设总规模 | 139989.86 | 167348.18 | 27358.32 | 19.5 |
| 自开始建设至本年底累计完成投资 | 84940.00 | 99328.48 | 14388.49 | 16.9 |
| 在建总规模 | 123602.46 | 150564.84 | 26962.38 | 21.8 |
| 在建净规模 | 58104.21 | 69661.54 | 11557.33 | 19.9 |
| **三、新增固定资产（亿元）** | **15482.21** | **18630.72** | **3148.52** | **20.3** |
| **四、房屋建筑面积（万平方米）** | | | | |
| 施工面积 | 283266.18 | 320368.16 | 37101.98 | 13.1 |
| 其中：住宅 | 222891.80 | 251328.78 | 28436.98 | 12.8 |
| 竣工面积 | 66544.77 | 72677.43 | 6132.66 | 9.2 |
| 其中：住宅 | 54334.10 | 59628.71 | 5294.61 | 9.7 |
| **五、投资资金来源小计（亿元）** | **39619.36** | **57799.04** | **18179.68** | **45.9** |
| 国内贷款 | 7605.69 | 11364.51 | 3758.82 | 49.4 |
| 利用外资 | 728.22 | 479.39 | -248.82 | -34.2 |
| 其中：外商直接投资 | 634.99 | 403.32 | -231.67 | -36.5 |
| 自筹资金 | 15312.10 | 17949.12 | 2637.02 | 17.2 |
| 其他资金 | 15973.35 | 28006.01 | 12032.66 | 75.3 |
| 其中：定金及预收款 | 9756.68 | 16217.49 | 6460.80 | 66.2 |

# 各地区按登记注册类型分的房地产开发单位个数

单位：个

| 地区 | 合计 | 内资 | | | | | |
|---|---|---|---|---|---|---|---|
| | | | 国有 | 集体 | 股份合作 | 国有联营 | 集体联营 |
| **全国总计** | **80407** | **74674** | **3835** | **1361** | **455** | **48** | **35** |
| 北　　京 | 3172 | 2874 | 107 | 23 | 6 | 1 | |
| 天　　津 | 1178 | 1070 | 258 | 20 | 4 | 3 | 1 |
| 河　　北 | 2710 | 2642 | 56 | 5 | 14 | | 1 |
| 山　　西 | 1899 | 1873 | 122 | 25 | 9 | | 1 |
| 内 蒙 古 | 1893 | 1883 | 32 | 4 | 6 | | |
| 辽　　宁 | 3920 | 3491 | 114 | 30 | 29 | 1 | |
| 吉　　林 | 1370 | 1333 | 27 | 7 | 3 | | |
| 黑 龙 江 | 1576 | 1534 | 101 | 7 | 4 | | |
| 上　　海 | 3306 | 2834 | 390 | 199 | 8 | 14 | 10 |
| 江　　苏 | 5809 | 5215 | 202 | 105 | 20 | 2 | 2 |
| 浙　　江 | 5335 | 5052 | 162 | 54 | 15 | 5 | 1 |
| 安　　徽 | 3097 | 2966 | 125 | 28 | 15 | 2 | |
| 福　　建 | 3316 | 2594 | 223 | 51 | 13 | 5 | 4 |
| 江　　西 | 2050 | 1899 | 139 | 21 | 25 | | 2 |
| 山　　东 | 5483 | 5218 | 232 | 146 | 43 | 4 | 3 |
| 河　　南 | 3798 | 3661 | 130 | 37 | 21 | 1 | |
| 湖　　北 | 3460 | 3299 | 175 | 48 | 26 | 1 | 1 |
| 湖　　南 | 3227 | 3056 | 170 | 32 | 53 | 1 | 1 |
| 广　　东 | 6079 | 5107 | 271 | 339 | 30 | 4 | 1 |
| 广　　西 | 3015 | 2832 | 176 | 47 | 31 | | |
| 海　　南 | 405 | 369 | 13 | 2 | 8 | | |
| 重　　庆 | 2359 | 2235 | 124 | 10 | 4 | | |
| 四　　川 | 3769 | 3625 | 132 | 35 | 18 | 2 | 3 |
| 贵　　州 | 1840 | 1792 | 73 | 21 | 6 | | |
| 云　　南 | 2121 | 2080 | 83 | 12 | 12 | 1 | 1 |
| 西　　藏 | 53 | 53 | 10 | | 1 | | |
| 陕　　西 | 1194 | 1165 | 85 | 18 | 13 | | 1 |
| 甘　　肃 | 1110 | 1083 | 57 | 31 | 14 | | 1 |
| 青　　海 | 383 | 369 | 14 | 1 | 4 | 1 | |
| 宁　　夏 | 321 | 319 | 3 | 2 | | | 1 |
| 新　　疆 | 1159 | 1151 | 29 | 1 | | | |

续前

单位：个

| 地区 | 内资 | | | | | | |
|---|---|---|---|---|---|---|---|
| | 国有与集体联营 | 其他联营 | 国有独资公司 | 其他有限责任公司 | 股份有限公司 | 私营独资 | 私营合伙 |
| **全国总计** | **34** | **42** | **615** | **28948** | **3933** | **1548** | **439** |
| 北京 | | | 57 | 1853 | 109 | | |
| 天津 | 2 | | 11 | 362 | 33 | 13 | |
| 河北 | 1 | 1 | 8 | 1081 | 177 | 60 | 17 |
| 山西 | | | 4 | 553 | 66 | 27 | 5 |
| 内蒙古 | 1 | | 8 | 1017 | 94 | 70 | 5 |
| 辽宁 | | | 15 | 1000 | 123 | 143 | 10 |
| 吉林 | | | 11 | 627 | 103 | 29 | 5 |
| 黑龙江 | | | 11 | 716 | 133 | 14 | 11 |
| 上海 | 7 | 4 | 58 | 650 | 27 | 38 | 12 |
| 江苏 | 3 | 1 | 24 | 1439 | 239 | 152 | 36 |
| 浙江 | 4 | 2 | 58 | 1906 | 114 | 37 | 19 |
| 安徽 | 2 | 2 | 32 | 1411 | 188 | 49 | 23 |
| 福建 | 1 | 4 | 38 | 827 | 91 | 30 | 27 |
| 江西 | 1 | | 10 | 850 | 231 | 51 | 28 |
| 山东 | | | 23 | 2061 | 389 | 91 | 34 |
| 河南 | | 2 | 12 | 1916 | 363 | 72 | 31 |
| 湖北 | 3 | 1 | 15 | 1222 | 245 | 143 | 22 |
| 湖南 | 2 | 4 | 42 | 1113 | 226 | 81 | 38 |
| 广东 | 1 | 13 | 38 | 2161 | 154 | 104 | 27 |
| 广西 | 1 | 4 | 10 | 675 | 162 | 87 | 21 |
| 海南 | 1 | | 3 | 189 | 35 | 5 | 5 |
| 重庆 | | 1 | 39 | 607 | 52 | 17 | 10 |
| 四川 | | 1 | 28 | 1461 | 260 | 47 | 8 |
| 贵州 | | | 11 | 775 | 55 | 30 | 8 |
| 云南 | 2 | | 11 | 749 | 99 | 60 | 13 |
| 西藏 | | | | 17 | 5 | 4 | 1 |
| 陕西 | 1 | 2 | 9 | 572 | 69 | 42 | 7 |
| 甘肃 | | | 2 | 513 | 63 | 25 | 7 |
| 青海 | 1 | | 6 | 124 | 18 | 12 | 5 |
| 宁夏 | | | 12 | 80 | 2 | 4 | 1 |
| 新疆 | | | 9 | 421 | 8 | 11 | 3 |

**续前**

单位：个

| 地　区 | 内　资 | | | 港澳台投　资 | | | |
|---|---|---|---|---|---|---|---|
| | 私营有责任公 | 私营股份有限公司 | 其他内资企业 | | 合　资经　营 | 合　作经　营 | 独　资 |
| **全国总计** | **30137** | **2466** | **778** | **3633** | **1382** | **484** | **1676** |
| 北　京 | 687 | 31 | | 174 | 65 | 84 | 24 |
| 天　津 | 339 | 10 | 14 | 53 | 26 | 2 | 23 |
| 河　北 | 1058 | 130 | 33 | 37 | 22 | | 15 |
| 山　西 | 965 | 77 | 19 | 20 | 12 | 1 | 7 |
| 内蒙古 | 599 | 40 | 7 | 6 | 6 | | |
| 辽　宁 | 1860 | 125 | 41 | 226 | 101 | 12 | 103 |
| 吉　林 | 484 | 32 | 5 | 25 | 15 | 2 | 7 |
| 黑龙江 | 469 | 63 | 5 | 25 | 14 | 1 | 8 |
| 上　海 | 1341 | 63 | 13 | 296 | 119 | 18 | 148 |
| 江　苏 | 2729 | 184 | 77 | 335 | 145 | 17 | 165 |
| 浙　江 | 2573 | 69 | 33 | 155 | 76 | 5 | 66 |
| 安　徽 | 948 | 102 | 39 | 74 | 36 | 3 | 33 |
| 福　建 | 1177 | 94 | 9 | 527 | 114 | 25 | 375 |
| 江　西 | 424 | 85 | 32 | 108 | 49 | 2 | 55 |
| 山　东 | 1883 | 152 | 157 | 154 | 85 | 16 | 49 |
| 河　南 | 911 | 102 | 63 | 67 | 34 | 3 | 30 |
| 湖　北 | 1261 | 114 | 22 | 109 | 56 | 2 | 45 |
| 湖　南 | 1030 | 229 | 34 | 103 | 58 | 4 | 39 |
| 广　东 | 1836 | 83 | 45 | 737 | 138 | 268 | 322 |
| 广　西 | 1458 | 146 | 14 | 106 | 54 | 8 | 41 |
| 海　南 | 91 | 5 | 12 | 23 | 7 | | 12 |
| 重　庆 | 1249 | 105 | 17 | 84 | 43 | 2 | 38 |
| 四　川 | 1463 | 134 | 33 | 74 | 31 | 4 | 38 |
| 贵　州 | 707 | 101 | 5 | 31 | 15 | | 15 |
| 云　南 | 940 | 69 | 28 | 35 | 26 | 2 | 7 |
| 西　藏 | 13 | 1 | 1 | | | | |
| 陕　西 | 313 | 26 | 7 | 18 | 8 | 3 | 7 |
| 甘　肃 | 334 | 29 | 7 | 16 | 14 | | 2 |
| 青　海 | 148 | 32 | 3 | 10 | 9 | | 1 |
| 宁　夏 | 206 | 8 | | | | | |
| 新　疆 | 641 | 25 | 3 | 5 | 4 | | 1 |

续前

单位：个

| 地区 | 港澳台 股份有限 | 外商投资 | 合资经营 | 合作经营 | 独资 | 股份有限 |
|---|---|---|---|---|---|---|
| **全国总计** | **91** | **2100** | **891** | **206** | **948** | **55** |
| 北京 | 1 | 124 | 49 | 53 | 19 | 3 |
| 天津 | 2 | 55 | 33 | 5 | 15 | 2 |
| 河北 |  | 31 | 15 | 2 | 12 | 2 |
| 山西 |  | 6 | 4 |  | 2 |  |
| 内蒙古 |  | 4 | 2 |  | 2 |  |
| 辽宁 | 10 | 203 | 99 | 14 | 90 |  |
| 吉林 | 1 | 12 | 8 | 1 | 3 |  |
| 黑龙江 | 2 | 17 | 8 | 2 | 7 |  |
| 上海 | 11 | 176 | 60 | 11 | 98 | 7 |
| 江苏 | 8 | 259 | 110 | 12 | 134 | 3 |
| 浙江 | 8 | 128 | 64 | 1 | 58 | 5 |
| 安徽 | 2 | 57 | 25 |  | 28 | 4 |
| 福建 | 13 | 195 | 53 | 9 | 129 | 4 |
| 江西 | 2 | 43 | 23 |  | 15 | 5 |
| 山东 | 4 | 111 | 62 | 11 | 37 | 1 |
| 河南 |  | 70 | 36 |  | 31 | 3 |
| 湖北 | 6 | 52 | 19 | 2 | 29 | 2 |
| 湖南 | 2 | 68 | 38 | 3 | 24 | 3 |
| 广东 | 9 | 235 | 56 | 61 | 110 | 8 |
| 广西 | 3 | 77 | 39 | 7 | 31 |  |
| 海南 | 4 | 13 | 6 |  | 5 | 2 |
| 重庆 | 1 | 40 | 20 | 2 | 18 |  |
| 四川 | 1 | 70 | 30 | 5 | 34 | 1 |
| 贵州 | 1 | 17 | 5 | 3 | 9 |  |
| 云南 |  | 6 | 5 |  | 1 |  |
| 西藏 |  |  |  |  |  |  |
| 陕西 |  | 11 | 6 | 2 | 3 |  |
| 甘肃 |  | 11 | 9 |  | 2 |  |
| 青海 |  | 4 | 3 |  | 1 |  |
| 宁夏 |  | 2 | 1 |  | 1 |  |
| 新疆 |  | 3 | 3 |  |  |  |

# 各地区房地产开发固定资产投资建设总规模

单位：万元

| 地　　区 | 建设总规模 | 自开始建设累计完成投资 | 在建总规模 | 在建净规模 |
|---|---|---|---|---|
| **全国总计** | **1673481775** | **993284835** | **1505648398** | **696615408** |
| 北　　京 | 174829996 | 96757492 | 159672915 | 78182131 |
| 天　　津 | 39951995 | 26108557 | 35371487 | 14806572 |
| 河　　北 | 43850110 | 25050692 | 40229941 | 19040711 |
| 山　　西 | 18488451 | 9879137 | 17199391 | 8771712 |
| 内 蒙 古 | 22674858 | 14743365 | 17514386 | 8043582 |
| 辽　　宁 | 91859648 | 55564174 | 80300108 | 37412724 |
| 吉　　林 | 17819924 | 11429447 | 15879389 | 6393502 |
| 黑 龙 江 | 15162888 | 10451311 | 12676470 | 4981793 |
| 上　　海 | 97211682 | 66424660 | 87004662 | 30787022 |
| 江　　苏 | 167581340 | 100656423 | 153011304 | 67420185 |
| 浙　　江 | 101148289 | 66530251 | 90791281 | 35603130 |
| 安　　徽 | 64543242 | 40400408 | 56707846 | 25977714 |
| 福　　建 | 68941131 | 37698503 | 63504029 | 32028850 |
| 江　　西 | 24717793 | 16791631 | 20400016 | 8543498 |
| 山　　东 | 94509748 | 55259369 | 87267060 | 39713154 |
| 河　　南 | 52635799 | 29565543 | 46508896 | 23373414 |
| 湖　　北 | 51246146 | 29002262 | 45907925 | 22600772 |
| 湖　　南 | 52618580 | 27129087 | 47807844 | 25622537 |
| 广　　东 | 168403799 | 102417257 | 150387269 | 67193652 |
| 广　　西 | 38289037 | 20405216 | 34140664 | 18322705 |
| 海　　南 | 11139627 | 6540288 | 10092605 | 4676846 |
| 重　　庆 | 66813048 | 36361662 | 62413755 | 30793033 |
| 四　　川 | 70943142 | 46234603 | 62452957 | 29442387 |
| 贵　　州 | 20496468 | 10264924 | 18769736 | 10451528 |
| 云　　南 | 30247589 | 16758991 | 27417287 | 13628499 |
| 西　　藏 | 361785 | 301899 | 322594 | 59886 |
| 陕　　西 | 42852613 | 21143456 | 40048660 | 21997303 |
| 甘　　肃 | 9619852 | 4958747 | 8385106 | 4664571 |
| 青　　海 | 3174497 | 1417017 | 3123660 | 1757803 |
| 宁　　夏 | 4210836 | 2515369 | 3860543 | 1704312 |
| 新　　疆 | 7137862 | 4523094 | 6478612 | 2619880 |

# 各地区房地产开发投资和新增固定资产

单位：万元

| 地　　区 | 投资额 | 新增固定资产 | 固定资产交付使用率（%） |
| --- | --- | --- | --- |
| **全国总计** | **362418080** | **186307248** | **51.4** |
| 北　　京 | 23377124 | 11545368 | 49.4 |
| 天　　津 | 7351836 | 6219763 | 84.6 |
| 河　　北 | 15200387 | 5536032 | 36.4 |
| 山　　西 | 4772748 | 1805474 | 37.8 |
| 内 蒙 古 | 8154562 | 4592340 | 56.3 |
| 辽　　宁 | 26405639 | 10547777 | 39.9 |
| 吉　　林 | 7566737 | 3220217 | 42.6 |
| 黑 龙 江 | 5639170 | 3657239 | 64.9 |
| 上　　海 | 14620724 | 9322443 | 63.8 |
| 江　　苏 | 33384976 | 24051092 | 72.0 |
| 浙　　江 | 22542664 | 10069785 | 44.7 |
| 安　　徽 | 16698263 | 6689861 | 40.1 |
| 福　　建 | 11363495 | 4376527 | 38.5 |
| 江　　西 | 6345238 | 2836786 | 44.7 |
| 山　　东 | 24287324 | 12354089 | 50.9 |
| 河　　南 | 15537595 | 6460458 | 41.6 |
| 湖　　北 | 12004443 | 7029473 | 58.6 |
| 湖　　南 | 10845775 | 6431485 | 59.3 |
| 广　　东 | 29613189 | 16624549 | 56.1 |
| 广　　西 | 8136811 | 2688235 | 33.0 |
| 海　　南 | 2879573 | 1150023 | 39.9 |
| 重　　庆 | 12389125 | 6871780 | 55.5 |
| 四　　川 | 15883709 | 8920883 | 56.2 |
| 贵　　州 | 3712507 | 2156576 | 58.1 |
| 云　　南 | 7374566 | 4206198 | 57.0 |
| 西　　藏 | 157480 | 83747 | 53.2 |
| 陕　　西 | 9416321 | 2703112 | 28.7 |
| 甘　　肃 | 2041378 | 987174 | 48.4 |
| 青　　海 | 728499 | 287015 | 39.4 |
| 宁　　夏 | 1627417 | 1137205 | 69.9 |
| 新　　疆 | 2358805 | 1744542 | 74.0 |

# 各地区房地产开发投资各种购置费用

单位：万元

| 地区 | 旧建筑物购置费 | 土地购置费 |
| --- | --- | --- |
| **全国总计** | **2880851** | **60237138** |
| 北京 | 9840 | 5877068 |
| 天津 | 394532 | 883652 |
| 河北 | 275387 | 2178079 |
| 山西 | 37317 | 756625 |
| 内蒙古 | 197672 | 1088787 |
| 辽宁 | 173395 | 3606763 |
| 吉林 | 57477 | 712958 |
| 黑龙江 | 65332 | 743112 |
| 上海 | 19702 | 2139245 |
| 江苏 | 131616 | 5605290 |
| 浙江 | 5626 | 6971415 |
| 安徽 | 124290 | 2919765 |
| 福建 | 33340 | 3326875 |
| 江西 | 37314 | 664315 |
| 山东 | 88453 | 3855494 |
| 河南 | 72860 | 1980154 |
| 湖北 | 207811 | 1614571 |
| 湖南 | 83161 | 1191598 |
| 广东 | 48194 | 4682300 |
| 广西 | 209413 | 1164661 |
| 海南 | 1183 | 272222 |
| 重庆 | 92913 | 2381140 |
| 四川 | 139319 | 2438252 |
| 贵州 | 16368 | 323784 |
| 云南 | 164936 | 1324850 |
| 西藏 | 21 | 2860 |
| 陕西 | 86140 | 731608 |
| 甘肃 | 67438 | 245873 |
| 青海 | 4070 | 181112 |
| 宁夏 | 1654 | 170665 |
| 新疆 | 34077 | 202045 |

# 各地区按登记注册类型分的房地产开发投资

单位：万元

| 地　　区 | 合　计 | 内　资 | 国　有 | 集　体 | 股份合作 | 国有联营 | 集体联营 |
|---|---|---|---|---|---|---|---|
| **全国总计** | **362418080** | **322016027** | **25959571** | **3990878** | **1749090** | **293979** | **58130** |
| 北　　京 | 23377124 | 21674851 | 4198137 | 59769 | 38549 | | |
| 天　　津 | 7351836 | 6474724 | 2150216 | 58615 | | 78 | |
| 河　　北 | 15200387 | 14790216 | 367528 | 48692 | 33309 | | |
| 山　　西 | 4772748 | 4641151 | 370694 | 24257 | 6500 | | 4000 |
| 内 蒙 古 | 8154562 | 8084976 | 131957 | 5810 | 16092 | | |
| 辽　　宁 | 26405639 | 19811732 | 899709 | 132865 | 48927 | | |
| 吉　　林 | 7566737 | 7128448 | 90293 | 7100 | 7096 | | |
| 黑 龙 江 | 5639170 | 5451364 | 609609 | 19533 | 7272 | | |
| 上　　海 | 14620724 | 12026030 | 1849450 | 580362 | 14840 | 38954 | 14381 |
| 江　　苏 | 33384976 | 29419809 | 2515474 | 419296 | 96850 | 45635 | 3014 |
| 浙　　江 | 22542664 | 20521843 | 660546 | 101154 | 90698 | 56245 | |
| 安　　徽 | 16698263 | 15244855 | 951897 | 26862 | 80857 | 28075 | |
| 福　　建 | 11363495 | 9333859 | 1482418 | 269025 | 8703 | 11822 | 5666 |
| 江　　西 | 6345238 | 5734556 | 369975 | 24336 | 67904 | | 2315 |
| 山　　东 | 24287324 | 22414345 | 1660718 | 647407 | 225525 | | 5970 |
| 河　　南 | 15537595 | 14757783 | 609361 | 253898 | 195163 | | |
| 湖　　北 | 12004443 | 10952079 | 1410097 | 144795 | 115748 | | 16434 |
| 湖　　南 | 10845775 | 10274874 | 502416 | 57251 | 234242 | 13432 | 2441 |
| 广　　东 | 29613189 | 23205160 | 890463 | 710318 | 55447 | 5272 | 917 |
| 广　　西 | 8136811 | 7576107 | 476613 | 31784 | 29039 | | |
| 海　　南 | 2879573 | 2251022 | 23325 | 3385 | 91976 | | |
| 重　　庆 | 12389125 | 10532944 | 1151871 | 11685 | 4368 | | |
| 四　　川 | 15883709 | 13849072 | 825892 | 67706 | 54519 | 94200 | |
| 贵　　州 | 3712507 | 3602726 | 115767 | 17554 | 15272 | | |
| 云　　南 | 7374566 | 6876769 | 583903 | 98335 | 38648 | 266 | |
| 西　　藏 | 157480 | 157480 | 16140 | | 9893 | | |
| 陕　　西 | 9416321 | 8694037 | 610834 | 153837 | 105351 | | 2992 |
| 甘　　肃 | 2041378 | 1895041 | 183621 | 12384 | 8655 | | |
| 青　　海 | 728499 | 702301 | 69432 | | 47647 | | |
| 宁　　夏 | 1627417 | 1584372 | 33990 | 2633 | | | |
| 新　　疆 | 2358805 | 2351501 | 147225 | 230 | | | |

**续前**

单位：万元

| 地　　区 | 内资 | | | | | | |
|---|---|---|---|---|---|---|---|
| | 国有与集体联营 | 其他联营 | 国有独资公司 | 其他有限责任公司 | 股份有限公司 | 私营独资 | 私营合伙 |
| **全国总计** | **54358** | **211855** | **6875954** | **145133507** | **18027425** | **5055002** | **1368339** |
| 北　京 | | | 811036 | 13968286 | 862133 | | |
| 天　津 | 2000 | | 410396 | 2605200 | 176499 | 56149 | |
| 河　北 | | | 79152 | 7157627 | 1162495 | 200045 | 49095 |
| 山　西 | | | 28880 | 1861523 | 229470 | 38432 | 14458 |
| 内蒙古 | | | 31312 | 4927607 | 362972 | 152347 | 6564 |
| 辽　宁 | | | 550124 | 7221888 | 885902 | 791985 | 57221 |
| 吉　林 | | | 99373 | 4126694 | 310087 | 110688 | 21354 |
| 黑龙江 | | | 256055 | 2266954 | 591698 | 30888 | 4488 |
| 上　海 | 8303 | 27644 | 208507 | 4457247 | 97033 | 201189 | 9909 |
| 江　苏 | 1322 | 844 | 463663 | 10396006 | 1189653 | 646553 | 130509 |
| 浙　江 | 379 | | 424239 | 9674632 | 1039728 | 118027 | 13893 |
| 安　徽 | 18425 | 15000 | 453796 | 8778631 | 812358 | 153813 | 67388 |
| 福　建 | | 2345 | 570354 | 2936699 | 408554 | 31571 | 54165 |
| 江　西 | 7773 | | 13667 | 2725478 | 670758 | 127946 | 107689 |
| 山　东 | | | 294349 | 9804168 | 1765643 | 216698 | 102277 |
| 河　南 | | 26875 | 28021 | 8011665 | 1470824 | 297760 | 75511 |
| 湖　北 | 10850 | 1004 | 75972 | 4350927 | 920989 | 402887 | 46270 |
| 湖　南 | | 12913 | 95431 | 4692676 | 666544 | 162366 | 175184 |
| 广　东 | 2825 | 88161 | 514218 | 10488358 | 1630331 | 341189 | 50449 |
| 广　西 | | 8755 | 380616 | 2145744 | 412054 | 184043 | 47104 |
| 海　南 | 481 | | 12155 | 1288301 | 201719 | 8455 | 12564 |
| 重　庆 | | | 244742 | 3750526 | 194487 | 98131 | 67723 |
| 四　川 | | | 261184 | 6081548 | 1008893 | 110718 | 20235 |
| 贵　州 | | | 76673 | 1860532 | 152967 | 44815 | 10191 |
| 云　南 | | | 68009 | 2838316 | 296196 | 114838 | 52557 |
| 西　藏 | | | | 61891 | 2215 | 20900 | |
| 陕　西 | 2000 | 28314 | 129210 | 4362175 | 355517 | 294852 | 69212 |
| 甘　肃 | | | 69291 | 997021 | 77548 | 48300 | 7108 |
| 青　海 | | | 40258 | 186791 | 13616 | 12109 | 3702 |
| 宁　夏 | | | 139764 | 314676 | 9138 | 14287 | |
| 新　疆 | | | 45507 | 793720 | 49404 | 23021 | 91519 |

**续前**

单位：万元

| 地区 | 内资 | | | 港澳台投资 | | | |
|---|---|---|---|---|---|---|---|
| | 私营有限责任公司 | 私营股份有限公司 | 其他内资企业 | | 合资经营 | 合作经营 | 独资 |
| **全国总计** | **101369294** | **8608185** | **3260460** | **24156539** | **9283331** | **2160443** | **11678324** |
| 北京 | 1705761 | 31180 | | 1123470 | 297977 | 330546 | 407597 |
| 天津 | 962892 | 11080 | 41599 | 461143 | 220581 | 16057 | 173744 |
| 河北 | 4971167 | 546879 | 174227 | 158717 | 95449 | | 63268 |
| 山西 | 1873406 | 154279 | 35252 | 29643 | 20216 | 3527 | 5900 |
| 内蒙古 | 2279628 | 115739 | 54948 | 48316 | 48316 | | |
| 辽宁 | 8497588 | 646227 | 79296 | 3748587 | 2066904 | 40800 | 1591983 |
| 吉林 | 2254824 | 86647 | 14292 | 359289 | 160746 | | 168543 |
| 黑龙江 | 1429748 | 172388 | 62731 | 31873 | 443 | | 24780 |
| 上海 | 4242413 | 166889 | 108909 | 1507995 | 634878 | 175225 | 666770 |
| 江苏 | 12248607 | 765169 | 497214 | 2289537 | 937376 | 111620 | 1073494 |
| 浙江 | 7906738 | 249059 | 186505 | 1064832 | 360891 | 132315 | 532799 |
| 安徽 | 3322176 | 346774 | 188803 | 931471 | 375980 | 23290 | 532201 |
| 福建 | 3317218 | 199104 | 36215 | 1445915 | 440891 | 17934 | 957262 |
| 江西 | 1280156 | 273172 | 63387 | 498275 | 208177 | | 278533 |
| 山东 | 6345550 | 754238 | 591802 | 1188171 | 643664 | 134880 | 402637 |
| 河南 | 2992972 | 390013 | 405720 | 302756 | 130639 | 32390 | 139727 |
| 湖北 | 3077105 | 329405 | 49596 | 718924 | 153726 | 14549 | 416187 |
| 湖南 | 2970208 | 591164 | 98606 | 358076 | 212873 | 16152 | 126051 |
| 广东 | 7262806 | 1067366 | 97040 | 4246121 | 888583 | 1034037 | 2196225 |
| 广西 | 3554894 | 265683 | 39778 | 310073 | 177732 | 12736 | 110105 |
| 海南 | 506105 | 38001 | 64555 | 353141 | 78373 | | 45105 |
| 重庆 | 4563933 | 371381 | 74097 | 1285178 | 496474 | 19244 | 747960 |
| 四川 | 4884018 | 275930 | 164229 | 808674 | 275753 | 6550 | 526371 |
| 贵州 | 1072245 | 234799 | 1911 | 20292 | 19080 | | 1212 |
| 云南 | 2561757 | 143631 | 80313 | 445657 | 150271 | | 295386 |
| 西藏 | 43261 | | 3180 | | | | |
| 陕西 | 2397980 | 151735 | 30028 | 350500 | 119815 | 38591 | 192094 |
| 甘肃 | 446866 | 40014 | 4233 | 62115 | 59725 | | 2390 |
| 青海 | 248188 | 78658 | 1900 | 494 | 494 | | |
| 宁夏 | 993683 | 76201 | | | | | |
| 新疆 | 1155401 | 35380 | 10094 | 7304 | 7304 | | |

**续前**

单位：万元

| 地区 | 港澳台 | 外商投资 | | | | |
|---|---|---|---|---|---|---|
| | 股份有限 | | 合资经营 | 合作经营 | 独资 | 股份有限 |
| **全国总计** | **1034441** | **16245514** | **5758687** | **1431016** | **8655267** | **400544** |
| 北　京 | 87350 | 578803 | 214326 | 145028 | 194504 | 24945 |
| 天　津 | 50761 | 415969 | 267894 | 38543 | 109532 | |
| 河　北 | | 251454 | 100079 | | 151375 | |
| 山　西 | | 101954 | 38954 | | 63000 | |
| 内蒙古 | | 21270 | 420 | | 20850 | |
| 辽　宁 | 48900 | 2845320 | 877811 | 389846 | 1577663 | |
| 吉　林 | 30000 | 79000 | 23000 | 40000 | 16000 | |
| 黑龙江 | 6650 | 155933 | 52115 | 10050 | 93768 | |
| 上　海 | 31122 | 1086699 | 226830 | 23719 | 787247 | 48903 |
| 江　苏 | 167047 | 1675630 | 676716 | 211575 | 782172 | 5167 |
| 浙　江 | 38827 | 955989 | 371106 | 1503 | 531792 | 51588 |
| 安　徽 | | 521937 | 135617 | | 373622 | 12698 |
| 福　建 | 29828 | 583721 | 206714 | | 374145 | 2862 |
| 江　西 | 11565 | 112407 | 79285 | | 19184 | 13938 |
| 山　东 | 6990 | 684808 | 442338 | 14899 | 227477 | 94 |
| 河　南 | | 477056 | 170105 | | 255940 | 51011 |
| 湖　北 | 134462 | 333440 | 130459 | 66780 | 136201 | |
| 湖　南 | 3000 | 212825 | 107604 | | 105221 | |
| 广　东 | 127276 | 2161908 | 196104 | 190905 | 1669328 | 105571 |
| 广　西 | 9500 | 250631 | 136505 | 19112 | 95014 | |
| 海　南 | 229663 | 275410 | 202459 | | 27079 | 45872 |
| 重　庆 | 21500 | 571003 | 309662 | 94745 | 166596 | |
| 四　川 | | 1225963 | 432371 | 84478 | 671219 | 37895 |
| 贵　州 | | 89489 | 10936 | 6310 | 72243 | |
| 云　南 | | 52140 | 140 | | 52000 | |
| 西　藏 | | | | | | |
| 陕　西 | | 371784 | 230306 | 93523 | 47955 | |
| 甘　肃 | | 84222 | 84222 | | | |
| 青　海 | | 25704 | 25704 | | | |
| 宁　夏 | | 43045 | 8905 | | 34140 | |
| 新　疆 | | | | | | |

# 各地区按资质等级分的房地产开发投资

单位：万元

| 地区 | 投资额 | 一级 | 二级 | 三级 |
|---|---|---|---|---|
| **全国总计** | **362418080** | **23174611** | **62326239** | **87882796** |
| 北京 | 23377124 | 3564003 | 3644351 | 2013534 |
| 天津 | 7351836 | 299546 | 1183269 | 656986 |
| 河北 | 15200387 | 1346420 | 2176627 | 3745218 |
| 山西 | 4772748 | 205217 | 534097 | 1234235 |
| 内蒙古 | 8154562 | 378324 | 1460745 | 1917462 |
| 辽宁 | 26405639 | 970059 | 2126942 | 6625719 |
| 吉林 | 7566737 | 147254 | 1001855 | 2230649 |
| 黑龙江 | 5639170 | 198324 | 1443099 | 2796441 |
| 上海 | 14620724 | 805097 | 1832346 | 1367382 |
| 江苏 | 33384976 | 1995863 | 11861938 | 6937714 |
| 浙江 | 22542664 | 1807354 | 4211184 | 5895887 |
| 安徽 | 16698263 | 282448 | 2345696 | 3675618 |
| 福建 | 11363495 | 389544 | 1913521 | 3377374 |
| 江西 | 6345238 | 101507 | 1386364 | 2145383 |
| 山东 | 24287324 | 938515 | 2141079 | 5232662 |
| 河南 | 15537595 | 319690 | 2371111 | 2885892 |
| 湖北 | 12004443 | 1233525 | 3711165 | 3146599 |
| 湖南 | 10845775 | 118092 | 894994 | 4922730 |
| 广东 | 29613189 | 3111216 | 2634574 | 7734616 |
| 广西 | 8136811 | 155834 | 598763 | 1871065 |
| 海南 | 2879573 | 6600 | 308735 | 425043 |
| 重庆 | 12389125 | 1433980 | 3843622 | 2092568 |
| 四川 | 15883709 | 1051267 | 4215971 | 8025879 |
| 贵州 | 3712507 | 56080 | 424412 | 832412 |
| 云南 | 7374566 | 545598 | 1412000 | 1276614 |
| 西藏 | 157480 | 2920 | 26306 | 59987 |
| 陕西 | 9416321 | 924992 | 1129014 | 3040136 |
| 甘肃 | 2041378 | 84019 | 322750 | 623387 |
| 青海 | 728499 | 133698 | 260026 | 130467 |
| 宁夏 | 1627417 | 285041 | 502687 | 324998 |
| 新疆 | 2358805 | 282584 | 406996 | 638139 |

续前

单位：万元

| 地　　区 | 四　　级 | 暂　　定 | 其　　他 |
| --- | --- | --- | --- |
| **全国总计** | **43228645** | **126650249** | **19155540** |
| 北　　京 | 5968961 | 4572872 | 3613403 |
| 天　　津 | 2078595 | 3038641 | 94799 |
| 河　　北 | 3988496 | 3444319 | 499307 |
| 山　　西 | 1470643 | 1276352 | 52204 |
| 内 蒙 古 | 2507646 | 1720238 | 170147 |
| 辽　　宁 | 257309 | 14900579 | 1525031 |
| 吉　　林 | 1477968 | 2642961 | 66050 |
| 黑 龙 江 | 270781 | 742182 | 188343 |
| 上　　海 | 54286 | 9806877 | 754736 |
| 江　　苏 | 313236 | 10665686 | 1610539 |
| 浙　　江 | 1045554 | 7650824 | 1931861 |
| 安　　徽 | 816818 | 9150717 | 426966 |
| 福　　建 | 1779346 | 3549233 | 354477 |
| 江　　西 | 699254 | 1847471 | 165259 |
| 山　　东 | 3937926 | 10719308 | 1317834 |
| 河　　南 | 1262882 | 8453491 | 244529 |
| 湖　　北 | 1030144 | 2776748 | 106262 |
| 湖　　南 | 765912 | 3735895 | 408152 |
| 广　　东 | 4902072 | 7427232 | 3803479 |
| 广　　西 | 854658 | 4274519 | 381972 |
| 海　　南 | 522238 | 1492479 | 124478 |
| 重　　庆 | 108931 | 4891023 | 19001 |
| 四　　川 | 413727 | 1542363 | 634502 |
| 贵　　州 | 969693 | 1336107 | 93803 |
| 云　　南 | 1829063 | 2116976 | 194315 |
| 西　　藏 | 8022 | 17495 | 42750 |
| 陕　　西 | 2963819 | 1183960 | 174400 |
| 甘　　肃 | 340308 | 632717 | 38197 |
| 青　　海 | 45293 | 159015 | |
| 宁　　夏 | 222840 | 216092 | 75759 |
| 新　　疆 | 322224 | 665877 | 42985 |

# 各地区按构成分的房地产开发投资

单位：万元

| 地　区 | 投资额 | 建筑安装工程 | 设备工器具购置 | 其他费用 |
|---|---|---|---|---|
| **全国总计** | **362418080** | **258393304** | **4541234** | **99483542** |
| 北　京 | 23377124 | 8415527 | 457246 | 14504351 |
| 天　津 | 7351836 | 4852249 | 53831 | 2445756 |
| 河　北 | 15200387 | 11612927 | 171274 | 3416186 |
| 山　西 | 4772748 | 3657216 | 41691 | 1073841 |
| 内蒙古 | 8154562 | 6587743 | 97968 | 1468851 |
| 辽　宁 | 26405639 | 20848847 | 358489 | 5198303 |
| 吉　林 | 7566737 | 6179246 | 36572 | 1350919 |
| 黑龙江 | 5639170 | 4272536 | 63859 | 1302775 |
| 上　海 | 14620724 | 10327191 | 224792 | 4068741 |
| 江　苏 | 33384976 | 24725170 | 341374 | 8318432 |
| 浙　江 | 22542664 | 13282754 | 253561 | 9006349 |
| 安　徽 | 16698263 | 12250677 | 256639 | 4190947 |
| 福　建 | 11363495 | 7314239 | 70820 | 3978436 |
| 江　西 | 6345238 | 5143389 | 73628 | 1128221 |
| 山　东 | 24287324 | 18353227 | 285320 | 5648777 |
| 河　南 | 15537595 | 12478505 | 170198 | 2888892 |
| 湖　北 | 12004443 | 8286244 | 185050 | 3533149 |
| 湖　南 | 10845775 | 8237485 | 204115 | 2404175 |
| 广　东 | 29613189 | 21650634 | 394463 | 7568092 |
| 广　西 | 8136811 | 5833754 | 91999 | 2211058 |
| 海　南 | 2879573 | 2401166 | 55755 | 422652 |
| 重　庆 | 12389125 | 8330265 | 150970 | 3907890 |
| 四　川 | 15883709 | 11666331 | 187299 | 4030079 |
| 贵　州 | 3712507 | 2825298 | 43161 | 844048 |
| 云　南 | 7374566 | 5298001 | 69937 | 2006628 |
| 西　藏 | 157480 | 135576 | 4645 | 17259 |
| 陕　西 | 9416321 | 8015339 | 159653 | 1241329 |
| 甘　肃 | 2041378 | 1518200 | 10754 | 512424 |
| 青　海 | 728499 | 514972 | 2505 | 211022 |
| 宁　夏 | 1627417 | 1385691 | 5735 | 235991 |
| 新　疆 | 2358805 | 1992905 | 17931 | 347969 |

# 各地区按用途分的房地产开发投资

单位：万元

| 地区 | 投资额 | 住宅 | 经济适用房 | 办公楼 | 商业营业用房 | 其他 |
|---|---|---|---|---|---|---|
| **全国总计** | **362418080** | **256136938** | **11340755** | **13772061** | **41806621** | **50702460** |
| 北京 | 23377124 | 9066168 | 677612 | 1667239 | 2007351 | 10636366 |
| 天津 | 7351836 | 4948563 | 1118927 | 328289 | 973219 | 1101765 |
| 河北 | 15200387 | 12192376 | 243713 | 301054 | 1502535 | 1204422 |
| 山西 | 4772748 | 3778904 | 131324 | 106264 | 437877 | 449703 |
| 内蒙古 | 8154562 | 5737815 | 538418 | 384229 | 1482151 | 550367 |
| 辽宁 | 26405639 | 19339201 | 637407 | 867569 | 4321470 | 1877399 |
| 吉林 | 7566737 | 6053047 | 434696 | 153008 | 962807 | 397875 |
| 黑龙江 | 5639170 | 4425157 | 302376 | 91569 | 699868 | 422576 |
| 上海 | 14620724 | 9186847 | 391773 | 1879260 | 1846133 | 1708484 |
| 江苏 | 33384976 | 24237737 | 1111615 | 1309243 | 5107783 | 2730213 |
| 浙江 | 22542664 | 15813232 | 556000 | 1472648 | 2509853 | 2746931 |
| 安徽 | 16698263 | 11755778 | 241184 | 721124 | 2362832 | 1858529 |
| 福建 | 11363495 | 7432742 | 185799 | 378436 | 872995 | 2679322 |
| 江西 | 6345238 | 5091670 | 154825 | 115995 | 631837 | 505736 |
| 山东 | 24287324 | 18605150 | 574851 | 610612 | 3276591 | 1794971 |
| 河南 | 15537595 | 12352117 | 598515 | 331346 | 1509643 | 1344489 |
| 湖北 | 12004443 | 8041595 | 743710 | 228892 | 1419912 | 2314044 |
| 湖南 | 10845775 | 8378977 | 378300 | 154802 | 1098890 | 1213106 |
| 广东 | 29613189 | 20900933 | 158206 | 1276287 | 2794723 | 4641246 |
| 广西 | 8136811 | 5771730 | 115901 | 92636 | 631026 | 1641419 |
| 海南 | 2879573 | 2618750 | 4801 | 15038 | 115693 | 130092 |
| 重庆 | 12389125 | 7890183 | 655887 | 220840 | 1167561 | 3110541 |
| 四川 | 15883709 | 11500278 | 93914 | 369672 | 1280258 | 2733501 |
| 贵州 | 3712507 | 2494624 | 202165 | 67326 | 384770 | 765787 |
| 云南 | 7374566 | 5529587 | 196293 | 189107 | 805186 | 850686 |
| 西藏 | 157480 | 113798 | 5240 | 3211 | 14391 | 26080 |
| 陕西 | 9416321 | 7808278 | 413138 | 273401 | 824776 | 509866 |
| 甘肃 | 2041378 | 1382630 | 208430 | 29022 | 215014 | 414712 |
| 青海 | 728499 | 545720 | 6144 | 7221 | 40297 | 135261 |
| 宁夏 | 1627417 | 1260821 | 98751 | 44795 | 227233 | 94568 |
| 新疆 | 2358805 | 1882530 | 160840 | 81926 | 281946 | 112403 |

# 各地区按隶属关系分的房地产开发投资

单位：万元

| 地　　区 | 投资额 | 中央项目 | 地方项目 | | | | |
|---|---|---|---|---|---|---|---|
| | | | | 省　属 | 地市属 | 县　属 | 其　他 |
| **全国总计** | **362418080** | **6529490** | **355888590** | **18672290** | **49310594** | **25158965** | **262746741** |
| 北　　京 | 23377124 | 737672 | 22639452 | 6436091 | 4126244 | | 12077117 |
| 天　　津 | 7351836 | 962566 | 6389270 | 1542343 | 1511540 | 128005 | 3207382 |
| 河　　北 | 15200387 | 74595 | 15125792 | 418233 | 1706916 | 1747212 | 11253431 |
| 山　　西 | 4772748 | 3740 | 4769008 | 310904 | 1000383 | 203960 | 3253761 |
| 内 蒙 古 | 8154562 | 27843 | 8126719 | 33639 | 1102261 | 761016 | 6229803 |
| 辽　　宁 | 26405639 | 280881 | 26124758 | 70392 | 2425799 | 1044527 | 22584040 |
| 吉　　林 | 7566737 | 102903 | 7463834 | 8200 | 399109 | 509160 | 6547365 |
| 黑 龙 江 | 5639170 | 50854 | 5588316 | 487508 | 1350721 | 637401 | 3112686 |
| 上　　海 | 14620724 | 237073 | 14383651 | 1836126 | 5521641 | 6043 | 7019841 |
| 江　　苏 | 33384976 | 246643 | 33138333 | 282480 | 1866029 | 2590738 | 28399086 |
| 浙　　江 | 22542664 | 45304 | 22497360 | 315963 | 2006549 | 1647882 | 18526966 |
| 安　　徽 | 16698263 | 179410 | 16518853 | 1142282 | 2703572 | 1174904 | 11498095 |
| 福　　建 | 11363495 | 56849 | 11306646 | 131090 | 2005535 | 917443 | 8252578 |
| 江　　西 | 6345238 | 31422 | 6313816 | 431446 | 610388 | 675190 | 4596792 |
| 山　　东 | 24287324 | 297951 | 23989373 | 777500 | 3308595 | 3100245 | 16803033 |
| 河　　南 | 15537595 | 153771 | 15383824 | 574089 | 1651922 | 1895325 | 11262488 |
| 湖　　北 | 12004443 | 236612 | 11767831 | 475884 | 2505384 | 920081 | 7866482 |
| 湖　　南 | 10845775 | 152145 | 10693630 | 642176 | 1731788 | 914847 | 7404819 |
| 广　　东 | 29613189 | 897749 | 28715440 | 220298 | 3704145 | 1528686 | 23262311 |
| 广　　西 | 8136811 | | 8136811 | 42700 | 1417111 | 516161 | 6160839 |
| 海　　南 | 2879573 | 90280 | 2789293 | 194320 | 555313 | 215456 | 1824204 |
| 重　　庆 | 12389125 | 594489 | 11794636 | 584851 | 1149834 | 339637 | 9720314 |
| 四　　川 | 15883709 | 430781 | 15452928 | 255776 | 1555155 | 1491051 | 12150946 |
| 贵　　州 | 3712507 | 109777 | 3602730 | 57249 | 408757 | 173924 | 2962800 |
| 云　　南 | 7374566 | 224324 | 7150242 | 593382 | 450868 | 770234 | 5335758 |
| 西　　藏 | 157480 | | 157480 | 4500 | 23323 | 9893 | 119764 |
| 陕　　西 | 9416321 | 57632 | 9358689 | 491521 | 1731001 | 680021 | 6456146 |
| 甘　　肃 | 2041378 | 15416 | 2025962 | 147459 | 279064 | 237621 | 1361818 |
| 青　　海 | 728499 | 4500 | 723999 | 20168 | 221800 | 20466 | 461565 |
| 宁　　夏 | 1627417 | 62896 | 1564521 | 52458 | 101876 | 36707 | 1373480 |
| 新　　疆 | 2358805 | 163412 | 2195393 | 91262 | 177971 | 265129 | 1661031 |

# 各地区房地产开发投资财务拨款

单位：万元

| 地　　区 | 本年资金来源合计 | 上年末结余资金 | 本年资金来源小计 | 本年各项应付款合计 |
|---|---|---|---|---|
| **全国总计** | **665455418** | **87465053** | **577990365** | **63564120** |
| 北　　京 | 70658013 | 9360346 | 61297667 | 450148 |
| 天　　津 | 18498739 | 4368084 | 14130655 | 2382445 |
| 河　　北 | 21212498 | 2664871 | 18547627 | 2121353 |
| 山　　西 | 6572670 | 861521 | 5711149 | 1280862 |
| 内 蒙 古 | 8835991 | 310134 | 8525857 | 908190 |
| 辽　　宁 | 35899758 | 3215309 | 32684449 | 3748047 |
| 吉　　林 | 8313573 | 362121 | 7951452 | 556173 |
| 黑 龙 江 | 7271208 | 480773 | 6790435 | 586326 |
| 上　　海 | 36066966 | 6818526 | 29248440 | 4553072 |
| 江　　苏 | 74441054 | 10026343 | 64414711 | 10901556 |
| 浙　　江 | 52430976 | 7147900 | 45283076 | 4443463 |
| 安　　徽 | 25161043 | 2544912 | 22616131 | 2894090 |
| 福　　建 | 22533043 | 3156114 | 19376929 | 720211 |
| 江　　西 | 10064845 | 1298132 | 8766713 | 910531 |
| 山　　东 | 39341505 | 5587091 | 33754414 | 4415765 |
| 河　　南 | 21093683 | 1823527 | 19270156 | 1691819 |
| 湖　　北 | 19018159 | 1870586 | 17147573 | 2584173 |
| 湖　　南 | 16146746 | 1848860 | 14297886 | 2577788 |
| 广　　东 | 60883937 | 10101171 | 50782766 | 4612260 |
| 广　　西 | 12399411 | 1126809 | 11272602 | 1053181 |
| 海　　南 | 4948599 | 635584 | 4313015 | 363249 |
| 重　　庆 | 22026661 | 3543613 | 18483048 | 3014942 |
| 四　　川 | 26929592 | 2778088 | 24151504 | 2472698 |
| 贵　　州 | 7734720 | 1027077 | 6707643 | 656893 |
| 云　　南 | 11988999 | 1983083 | 10005916 | 1682196 |
| 西　　藏 | 328654 | 18236 | 310418 | 14253 |
| 陕　　西 | 14686937 | 1544765 | 13142172 | 787500 |
| 甘　　肃 | 2828994 | 373568 | 2455426 | 480551 |
| 青　　海 | 1006760 | 119372 | 887388 | 48968 |
| 宁　　夏 | 2089555 | 110203 | 1979352 | 231785 |
| 新　　疆 | 4042129 | 358334 | 3683795 | 419632 |

# 各地区房地产开发投资本年资金来源构成

单位：万元

| 地　　区 | 本年资金来源小计 | 国内贷款 | 利用外资 | 外商直接投资 | 自筹资金 | 其他资金 |
|---|---|---|---|---|---|---|
| **全国总计** | **577990365** | **113645111** | **4793940** | **4033203** | **179491191** | **280060123** |
| 北　京 | 61297667 | 23677680 | 298168 | 249948 | 10267966 | 27053853 |
| 天　津 | 14130655 | 3631766 | 114892 | 90496 | 3321040 | 7062957 |
| 河　北 | 18547627 | 2651700 | | | 8873571 | 7022356 |
| 山　西 | 5711149 | 887945 | | | 2470618 | 2352586 |
| 内蒙古 | 8525857 | 836524 | | | 6424626 | 1264707 |
| 辽　宁 | 32684449 | 4737260 | 1149245 | 903704 | 15800648 | 10997296 |
| 吉　林 | 7951452 | 547640 | 9112 | 4112 | 5314512 | 2080188 |
| 黑龙江 | 6790435 | 737899 | 25877 | 25877 | 3605959 | 2420700 |
| 上　海 | 29248440 | 6371383 | 249044 | 227053 | 6201648 | 16426365 |
| 江　苏 | 64414711 | 12103881 | 555366 | 547165 | 13730609 | 38024855 |
| 浙　江 | 45283076 | 8641190 | 154644 | 144212 | 7829873 | 28657369 |
| 安　徽 | 22616131 | 2968570 | 158549 | 154549 | 9301533 | 10187479 |
| 福　建 | 19376929 | 3946450 | 138556 | 135880 | 4581714 | 10710209 |
| 江　西 | 8766713 | 1239645 | 44553 | 37003 | 3148617 | 4333898 |
| 山　东 | 33754414 | 6355216 | 128802 | 101732 | 12722698 | 14547698 |
| 河　南 | 19270156 | 1995030 | 27503 | 23132 | 9701354 | 7546269 |
| 湖　北 | 17147573 | 3884484 | 158329 | 151501 | 5777614 | 7327146 |
| 湖　南 | 14297886 | 2328329 | 49988 | 19047 | 5320515 | 6599054 |
| 广　东 | 50782766 | 10102854 | 652250 | 444222 | 13344876 | 26682786 |
| 广　西 | 11272602 | 2291380 | 28735 | 24067 | 3657864 | 5294623 |
| 海　南 | 4313015 | 912855 | 302023 | 241994 | 1080550 | 2017587 |
| 重　庆 | 18483048 | 3322374 | 370174 | 359155 | 5403130 | 9387370 |
| 四　川 | 24151504 | 3323837 | 119268 | 90601 | 8118720 | 12589679 |
| 贵　州 | 6707643 | 1331075 | 2559 | 1500 | 1682427 | 3691582 |
| 云　南 | 10005916 | 1395190 | 3977 | 3977 | 2967894 | 5638855 |
| 西　藏 | 310418 | 18600 | | | 118125 | 173693 |
| 陕　西 | 13142172 | 2134055 | 52276 | 52276 | 5854803 | 5101038 |
| 甘　肃 | 2455426 | 397174 | | | 936462 | 1121790 |
| 青　海 | 887388 | 131286 | | | 470715 | 285387 |
| 宁　夏 | 1979352 | 288147 | | | 545291 | 1145914 |
| 新　疆 | 3683795 | 453692 | 50 | | 915219 | 2314834 |

# 各地区房地产土地开发情况

| 地　　区 | 本年完成开发土地面积(万平方米) | 本年购置土地面积(万平方米) | 本年土地成交价款(万元) |
|---|---|---|---|
| **全国总计** | **230373960** | **319094512** | **51501414** |
| 北　　京 | 3640243 | 6250067 | 4326223 |
| 天　　津 | 3698089 | 4447789 | 1163494 |
| 河　　北 | 11186987 | 20227099 | 2222221 |
| 山　　西 | 8656718 | 6147448 | 625243 |
| 内 蒙 古 | 6078437 | 11093345 | 1418094 |
| 辽　　宁 | 16925293 | 20868635 | 2936827 |
| 吉　　林 | 2128826 | 7238553 | 676348 |
| 黑 龙 江 | 4711898 | 8333122 | 783111 |
| 上　　海 | 878501 | 1849181 | 746447 |
| 江　　苏 | 16469727 | 18579284 | 3398255 |
| 浙　　江 | 10620784 | 13083337 | 7808189 |
| 安　　徽 | 8565017 | 19185913 | 2356231 |
| 福　　建 | 4650543 | 11206117 | 4180660 |
| 江　　西 | 6499319 | 6944835 | 648286 |
| 山　　东 | 18276659 | 21786840 | 2010050 |
| 河　　南 | 13511014 | 27015422 | 1788514 |
| 湖　　北 | 13616661 | 10000796 | 966978 |
| 湖　　南 | 11196276 | 10015093 | 1037620 |
| 广　　东 | 14971461 | 22599034 | 4071679 |
| 广　　西 | 3832939 | 12871526 | 1107230 |
| 海　　南 | 3061162 | 2867233 | 126941 |
| 重　　庆 | 10508778 | 12277918 | 2836694 |
| 四　　川 | 9876924 | 10468166 | 1434348 |
| 贵　　州 | 1614287 | 3732605 | 302833 |
| 云　　南 | 8259888 | 12698188 | 1028494 |
| 西　　藏 | 169592 | 52310 | 14760 |
| 陕　　西 | 5081492 | 4079737 | 634023 |
| 甘　　肃 | 1701316 | 3356939 | 272369 |
| 青　　海 | 1429683 | 1781574 | 181112 |
| 宁　　夏 | 1801426 | 3742947 | 213438 |
| 新　　疆 | 6754020 | 4293459 | 184702 |

# 各地区房地产开发房屋建筑面积和造价

| 地　　区 | 施工房屋<br>面　　积<br>（万平方米） | 竣工房屋<br>面　　积<br>（万平方米） | 房屋建筑<br>面积竣工<br>率（%） | 竣工房屋<br>价　　值<br>（万元） | 竣工房屋<br>造　　价<br>（元/平方米） |
|---|---|---|---|---|---|
| **全国总计** | **320368.16** | **72677.43** | **22.7** | **146893651** | **2021** |
| 北　　京 | 9719.08 | 2678.55 | 27.6 | 6445826 | 2406 |
| 天　　津 | 6052.16 | 1902.06 | 31.4 | 5199962 | 2734 |
| 河　　北 | 12752.97 | 2211.72 | 17.3 | 4642260 | 2099 |
| 山　　西 | 5486.75 | 861.10 | 15.7 | 1605422 | 1864 |
| 内 蒙 古 | 8288.36 | 2314.76 | 27.9 | 4083596 | 1764 |
| 辽　　宁 | 18579.06 | 4031.75 | 21.7 | 7524878 | 1866 |
| 吉　　林 | 5369.44 | 1469.64 | 27.4 | 2119185 | 1442 |
| 黑 龙 江 | 4521.35 | 1888.28 | 41.8 | 3074230 | 1628 |
| 上　　海 | 9949.45 | 2104.98 | 21.2 | 7058034 | 3353 |
| 江　　苏 | 29953.89 | 8442.80 | 28.2 | 19261652 | 2281 |
| 浙　　江 | 19932.69 | 3843.82 | 19.3 | 8535363 | 2221 |
| 安　　徽 | 14165.52 | 2861.25 | 20.2 | 5551872 | 1940 |
| 福　　建 | 11668.17 | 2240.26 | 19.2 | 3585341 | 1600 |
| 江　　西 | 6755.60 | 1646.80 | 24.4 | 2346650 | 1425 |
| 山　　东 | 22125.17 | 5015.86 | 22.7 | 10198674 | 2033 |
| 河　　南 | 16071.48 | 3400.98 | 21.2 | 4342957 | 1277 |
| 湖　　北 | 9546.53 | 2312.11 | 24.2 | 5402174 | 2336 |
| 湖　　南 | 13727.69 | 2965.17 | 21.6 | 5455176 | 1840 |
| 广　　东 | 24814.69 | 5062.25 | 20.4 | 13215342 | 2611 |
| 广　　西 | 8346.07 | 1441.63 | 17.3 | 2046298 | 1419 |
| 海　　南 | 1989.91 | 431.63 | 21.7 | 1121956 | 2599 |
| 重　　庆 | 13052.60 | 2907.05 | 22.3 | 6137117 | 2111 |
| 四　　川 | 17731.31 | 4279.46 | 24.1 | 6852347 | 1601 |
| 贵　　州 | 6101.05 | 1223.52 | 20.1 | 1822974 | 1490 |
| 云　　南 | 6837.88 | 1680.56 | 24.6 | 3217061 | 1914 |
| 西　　藏 | 140.62 | 45.98 | 32.7 | 83747 | 1821 |
| 陕　　西 | 8235.56 | 916.97 | 11.1 | 2240149 | 2443 |
| 甘　　肃 | 2536.32 | 540.56 | 21.3 | 875286 | 1619 |
| 青　　海 | 900.39 | 181.98 | 20.2 | 285579 | 1569 |
| 宁　　夏 | 1952.02 | 741.23 | 38.0 | 1032092 | 1392 |
| 新　　疆 | 3064.41 | 1032.72 | 33.7 | 1530451 | 1482 |

# 各地区房地产开发住宅建筑面积和造价

| 地　　区 | 施工住宅面　　积（万平方米） | 竣工住宅面　　积（万平方米） | 住宅建筑面积竣工率（%） | 竣工住宅价　　值（万元） | 竣工住宅造　　价（元/平方米） |
|---|---|---|---|---|---|
| **全国总计** | **251328.78** | **59628.71** | **23.7** | **115002390** | **1929** |
| 北　　京 | 5551.88 | 1613.23 | 29.1 | 3515749 | 2179 |
| 天　　津 | 4517.83 | 1580.82 | 35.0 | 4349083 | 2751 |
| 河　　北 | 10872.12 | 1939.70 | 17.8 | 3958647 | 2041 |
| 山　　西 | 4622.04 | 743.62 | 16.1 | 1361641 | 1831 |
| 内 蒙 古 | 6307.22 | 1958.74 | 31.1 | 3309352 | 1690 |
| 辽　　宁 | 14526.90 | 3394.77 | 23.4 | 5982982 | 1762 |
| 吉　　林 | 4439.01 | 1293.59 | 29.1 | 1791138 | 1385 |
| 黑 龙 江 | 3692.69 | 1575.46 | 42.7 | 2481337 | 1575 |
| 上　　海 | 6550.73 | 1508.81 | 23.0 | 4411108 | 2924 |
| 江　　苏 | 22794.31 | 6731.41 | 29.5 | 15035202 | 2234 |
| 浙　　江 | 13945.98 | 2783.23 | 20.0 | 5976338 | 2147 |
| 安　　徽 | 11285.51 | 2350.59 | 20.8 | 4374072 | 1861 |
| 福　　建 | 8845.75 | 1690.85 | 19.1 | 2708302 | 1602 |
| 江　　西 | 5768.56 | 1437.51 | 24.9 | 1979146 | 1377 |
| 山　　东 | 18133.11 | 4319.57 | 23.8 | 8356492 | 1935 |
| 河　　南 | 13460.24 | 2991.79 | 22.2 | 3653840 | 1221 |
| 湖　　北 | 7737.46 | 2007.34 | 25.9 | 4413289 | 2199 |
| 湖　　南 | 11301.36 | 2500.50 | 22.1 | 4444437 | 1777 |
| 广　　东 | 18994.15 | 4111.60 | 21.6 | 10542801 | 2564 |
| 广　　西 | 6719.08 | 1220.43 | 18.2 | 1682306 | 1378 |
| 海　　南 | 1759.05 | 401.36 | 22.8 | 1041477 | 2595 |
| 重　　庆 | 10338.12 | 2384.51 | 23.1 | 4840637 | 2030 |
| 四　　川 | 14763.12 | 3680.61 | 24.9 | 5707978 | 1551 |
| 贵　　州 | 4715.22 | 1041.16 | 22.1 | 1497561 | 1438 |
| 云　　南 | 5535.52 | 1408.03 | 25.4 | 2592195 | 1841 |
| 西　　藏 | 122.05 | 42.38 | 34.7 | 77863 | 1837 |
| 陕　　西 | 7088.07 | 790.94 | 11.2 | 1860709 | 2353 |
| 甘　　肃 | 2108.27 | 461.78 | 21.9 | 723373 | 1567 |
| 青　　海 | 765.99 | 160.40 | 20.9 | 245084 | 1528 |
| 宁　　夏 | 1506.79 | 603.10 | 40.0 | 811205 | 1345 |
| 新　　疆 | 2560.67 | 900.87 | 35.2 | 1277046 | 1418 |

# 各地区房地产开发房屋施工面积

单位：万平方米

| 地　　区 | 房屋施工面积合　计 | 住　宅 | 经　济适用房 | 办公楼 | 商业营业用房 | 其　他 |
|---|---|---|---|---|---|---|
| **全国总计** | **320368.16** | **251328.78** | **12946.00** | **9996.19** | **34543.72** | **24499.46** |
| 北　　京 | 9719.08 | 5551.88 | 585.44 | 1132.19 | 1323.38 | 1711.63 |
| 天　　津 | 6052.16 | 4517.83 | 1129.94 | 348.46 | 682.35 | 503.52 |
| 河　　北 | 12752.97 | 10872.12 | 350.73 | 197.98 | 1039.82 | 643.06 |
| 山　　西 | 5486.75 | 4622.04 | 271.24 | 111.21 | 493.51 | 259.99 |
| 内 蒙 古 | 8288.36 | 6307.22 | 550.23 | 281.56 | 1277.47 | 422.12 |
| 辽　　宁 | 18579.06 | 14526.90 | 621.07 | 428.61 | 2653.77 | 969.78 |
| 吉　　林 | 5369.44 | 4439.01 | 287.29 | 97.22 | 575.38 | 257.82 |
| 黑 龙 江 | 4521.35 | 3692.69 | 218.37 | 58.61 | 507.84 | 262.22 |
| 上　　海 | 9949.45 | 6550.73 | 245.98 | 954.45 | 1106.89 | 1337.38 |
| 江　　苏 | 29953.89 | 22794.31 | 968.92 | 922.09 | 4080.19 | 2157.29 |
| 浙　　江 | 19932.69 | 13945.98 | 819.82 | 1178.85 | 2113.76 | 2694.09 |
| 安　　徽 | 14165.52 | 11285.51 | 371.86 | 433.18 | 1820.75 | 626.07 |
| 福　　建 | 11668.17 | 8845.75 | 357.08 | 314.67 | 1012.64 | 1495.11 |
| 江　　西 | 6755.60 | 5768.56 | 260.61 | 65.24 | 655.09 | 266.70 |
| 山　　东 | 22125.17 | 18133.11 | 629.51 | 444.43 | 2455.21 | 1092.42 |
| 河　　南 | 16071.48 | 13460.24 | 764.89 | 370.40 | 1507.56 | 733.28 |
| 湖　　北 | 9546.53 | 7737.46 | 659.70 | 209.55 | 1015.35 | 584.18 |
| 湖　　南 | 13727.69 | 11301.36 | 422.58 | 194.03 | 1265.99 | 966.31 |
| 广　　东 | 24814.69 | 18994.15 | 141.61 | 840.54 | 2284.72 | 2695.28 |
| 广　　西 | 8346.07 | 6719.08 | 176.12 | 133.25 | 855.62 | 638.12 |
| 海　　南 | 1989.91 | 1759.05 | 11.12 | 19.93 | 125.70 | 85.23 |
| 重　　庆 | 13052.60 | 10338.12 | 974.00 | 210.29 | 1344.49 | 1159.70 |
| 四　　川 | 17731.31 | 14763.12 | 234.08 | 338.52 | 1332.82 | 1296.85 |
| 贵　　州 | 6101.05 | 4715.22 | 461.02 | 123.89 | 706.33 | 555.61 |
| 云　　南 | 6837.88 | 5535.52 | 208.12 | 105.08 | 800.75 | 396.53 |
| 西　　藏 | 140.62 | 122.05 | 16.05 | 6.92 | 10.37 | 1.29 |
| 陕　　西 | 8235.56 | 7088.07 | 475.67 | 260.62 | 579.94 | 306.92 |
| 甘　　肃 | 2536.32 | 2108.27 | 348.93 | 50.96 | 260.16 | 116.93 |
| 青　　海 | 900.39 | 765.99 | 8.99 | 8.08 | 91.29 | 35.03 |
| 宁　　夏 | 1952.02 | 1506.79 | 143.27 | 71.08 | 258.78 | 115.36 |
| 新　　疆 | 3064.41 | 2560.67 | 231.77 | 84.31 | 305.81 | 113.64 |

# 各地区房地产开发房屋新开工面积

单位：万平方米

| 地　　区 | 房屋新开工面积合计 | 住　宅 | 经　济适用房 | 办公楼 | 商业营业用房 | 其　他 |
|---|---|---|---|---|---|---|
| **全国总计** | **116422.05** | **93298.41** | **5354.65** | **2860.76** | **12415.03** | **7847.84** |
| 北　　京 | 2246.60 | 1380.28 | 165.84 | 255.96 | 228.45 | 381.92 |
| 天　　津 | 2555.50 | 1904.46 | 772.15 | 179.63 | 315.17 | 156.23 |
| 河　　北 | 6786.00 | 5771.58 | 178.43 | 98.77 | 581.95 | 333.69 |
| 山　　西 | 2444.06 | 2103.28 | 130.71 | 32.51 | 196.13 | 112.15 |
| 内 蒙 古 | 4387.60 | 3212.22 | 254.74 | 160.48 | 776.81 | 238.09 |
| 辽　　宁 | 8305.44 | 6639.90 | 281.65 | 148.87 | 1127.94 | 388.73 |
| 吉　　林 | 3262.45 | 2740.28 | 185.65 | 32.27 | 347.65 | 142.25 |
| 黑 龙 江 | 2995.55 | 2438.04 | 150.34 | 41.49 | 352.98 | 163.04 |
| 上　　海 | 2483.05 | 1721.02 | 127.44 | 162.39 | 201.71 | 397.92 |
| 江　　苏 | 9209.46 | 7097.74 | 334.67 | 205.46 | 1242.22 | 664.04 |
| 浙　　江 | 5606.45 | 3947.70 | 209.25 | 303.53 | 589.47 | 765.75 |
| 安　　徽 | 5315.62 | 4213.94 | 170.81 | 163.47 | 696.21 | 242.01 |
| 福　　建 | 2423.35 | 1860.99 | 106.37 | 77.44 | 248.18 | 236.74 |
| 江　　西 | 2300.96 | 1956.02 | 72.61 | 28.52 | 232.80 | 83.63 |
| 山　　东 | 8491.78 | 7041.64 | 279.91 | 142.60 | 892.94 | 414.60 |
| 河　　南 | 7115.63 | 6179.78 | 341.37 | 89.04 | 589.80 | 257.02 |
| 湖　　北 | 3975.84 | 3213.92 | 173.95 | 91.60 | 419.58 | 250.74 |
| 湖　　南 | 5319.82 | 4417.88 | 210.10 | 58.05 | 493.50 | 350.38 |
| 广　　东 | 6479.85 | 5099.73 | 78.66 | 170.38 | 519.02 | 690.73 |
| 广　　西 | 3020.02 | 2470.90 | 61.71 | 39.57 | 283.88 | 225.68 |
| 海　　南 | 807.26 | 728.46 |  | 1.90 | 50.29 | 26.61 |
| 重　　庆 | 3813.68 | 2989.72 | 384.66 | 62.98 | 404.15 | 356.83 |
| 四　　川 | 5235.88 | 4411.13 | 43.88 | 111.51 | 405.36 | 307.88 |
| 贵　　州 | 1755.24 | 1352.92 | 103.38 | 27.78 | 205.80 | 168.74 |
| 云　　南 | 2820.84 | 2231.07 | 57.22 | 45.70 | 363.25 | 180.82 |
| 西　　藏 | 37.35 | 31.84 | 6.00 | 0.42 | 4.42 | 0.67 |
| 陕　　西 | 2796.27 | 2428.32 | 103.61 | 43.21 | 198.60 | 126.15 |
| 甘　　肃 | 1046.92 | 886.33 | 140.00 | 14.16 | 101.88 | 44.55 |
| 青　　海 | 505.13 | 423.61 | 1.00 | 3.53 | 57.28 | 20.71 |
| 宁　　夏 | 1160.26 | 920.85 | 86.70 | 36.71 | 129.55 | 73.15 |
| 新　　疆 | 1718.17 | 1482.86 | 141.85 | 30.83 | 158.07 | 46.40 |

# 各地区房地产开发房屋竣工面积

单位：万平方米

| 地区 | 房屋竣工面积合计 | 住宅 | 经济适用房 | 办公楼 | 商业营业用房 | 其他 |
|---|---|---|---|---|---|---|
| **全国总计** | **72677.43** | **59628.71** | **3446.16** | **1652.55** | **6823.72** | **4572.46** |
| 北京 | 2678.55 | 1613.23 | 99.09 | 316.59 | 322.45 | 426.29 |
| 天津 | 1902.06 | 1580.82 | 380.42 | 83.67 | 115.85 | 121.72 |
| 河北 | 2211.72 | 1939.70 | 72.63 | 13.30 | 157.20 | 101.51 |
| 山西 | 861.10 | 743.62 | 21.71 | 12.11 | 67.29 | 38.09 |
| 内蒙古 | 2314.76 | 1958.74 | 192.95 | 48.50 | 225.99 | 81.52 |
| 辽宁 | 4031.75 | 3394.77 | 159.20 | 37.36 | 439.51 | 160.11 |
| 吉林 | 1469.64 | 1293.59 | 103.05 | 9.92 | 128.02 | 38.10 |
| 黑龙江 | 1888.28 | 1575.46 | 153.28 | 18.13 | 194.28 | 100.41 |
| 上海 | 2104.98 | 1508.81 | | 135.02 | 201.05 | 260.10 |
| 江苏 | 8442.80 | 6731.41 | 413.38 | 152.94 | 1033.99 | 524.46 |
| 浙江 | 3843.82 | 2783.23 | 254.76 | 158.80 | 384.88 | 516.91 |
| 安徽 | 2861.25 | 2350.59 | 80.66 | 62.65 | 366.61 | 81.40 |
| 福建 | 2240.26 | 1690.85 | 73.53 | 47.44 | 209.32 | 292.65 |
| 江西 | 1646.80 | 1437.51 | 77.14 | 5.52 | 159.94 | 43.83 |
| 山东 | 5015.86 | 4319.57 | 144.60 | 119.76 | 425.68 | 150.85 |
| 河南 | 3400.98 | 2991.79 | 143.57 | 32.59 | 280.05 | 96.54 |
| 湖北 | 2312.11 | 2007.34 | 196.66 | 29.72 | 183.93 | 91.12 |
| 湖南 | 2965.17 | 2500.50 | 127.30 | 42.14 | 245.24 | 177.30 |
| 广东 | 5062.25 | 4111.60 | 15.86 | 89.14 | 381.06 | 480.45 |
| 广西 | 1441.63 | 1220.43 | 18.50 | 7.93 | 119.80 | 93.47 |
| 海南 | 431.63 | 401.36 | 0.87 | 1.94 | 19.03 | 9.30 |
| 重庆 | 2907.05 | 2384.51 | 154.02 | 46.36 | 258.40 | 217.77 |
| 四川 | 4279.46 | 3680.61 | 42.66 | 51.49 | 289.97 | 257.39 |
| 贵州 | 1223.52 | 1041.16 | 164.27 | 18.35 | 108.35 | 55.66 |
| 云南 | 1680.56 | 1408.03 | 67.91 | 34.35 | 171.44 | 66.74 |
| 西藏 | 45.98 | 42.38 | 5.00 | 1.05 | 1.93 | 0.62 |
| 陕西 | 916.97 | 790.94 | 36.79 | 27.70 | 81.50 | 16.82 |
| 甘肃 | 540.56 | 461.78 | 87.22 | 11.85 | 54.18 | 12.75 |
| 青海 | 181.98 | 160.40 | 3.21 | 1.54 | 17.81 | 2.23 |
| 宁夏 | 741.23 | 603.10 | 59.17 | 12.95 | 102.68 | 22.50 |
| 新疆 | 1032.72 | 900.87 | 96.77 | 21.73 | 76.28 | 33.84 |

# 各地区房地产开发商品房屋实际销售面积

单位：万平方米

| 地区 | 房屋实际销售面积 | 住宅 | 经济适用房 | 办公楼 | 商业营业用房 | 其他 |
|---|---|---|---|---|---|---|
| **全国总计** | **94755.00** | **86184.89** | **3058.85** | **1544.43** | **5328.03** | **1697.65** |
| 北京 | 2362.25 | 1880.45 | 82.15 | 255.77 | 157.07 | 68.97 |
| 天津 | 1590.02 | 1461.47 | 64.02 | 29.55 | 60.85 | 38.17 |
| 河北 | 2966.61 | 2819.77 | 99.80 | 19.05 | 88.50 | 39.28 |
| 山西 | 1034.20 | 964.05 | 38.52 | 8.35 | 53.21 | 8.60 |
| 内蒙古 | 2581.68 | 2253.98 | 241.33 | 27.61 | 242.72 | 57.37 |
| 辽宁 | 5375.52 | 4864.25 | 138.33 | 30.14 | 393.96 | 87.17 |
| 吉林 | 1944.30 | 1758.37 | 30.21 | 9.71 | 139.13 | 37.09 |
| 黑龙江 | 2016.98 | 1751.22 | 69.30 | 19.42 | 192.21 | 54.13 |
| 上海 | 3372.45 | 2928.04 | 0.19 | 203.00 | 126.49 | 114.92 |
| 江苏 | 10248.20 | 9034.69 | 320.67 | 190.81 | 867.99 | 154.71 |
| 浙江 | 5538.13 | 4760.12 | 126.16 | 200.65 | 360.88 | 216.49 |
| 安徽 | 4030.92 | 3646.44 | 73.21 | 49.54 | 299.02 | 35.92 |
| 福建 | 2723.23 | 2420.83 | 54.94 | 32.94 | 121.26 | 148.20 |
| 江西 | 2280.91 | 2108.07 | 89.61 | 9.21 | 120.70 | 42.93 |
| 山东 | 7016.35 | 6478.28 | 245.35 | 62.21 | 384.12 | 91.74 |
| 河南 | 4335.09 | 4017.45 | 157.02 | 65.94 | 218.14 | 33.55 |
| 湖北 | 2718.05 | 2576.32 | 176.99 | 14.10 | 106.61 | 21.01 |
| 湖南 | 3513.72 | 3262.34 | 136.12 | 23.59 | 181.18 | 46.60 |
| 广东 | 7060.03 | 6567.43 | 40.21 | 94.32 | 249.50 | 148.78 |
| 广西 | 2383.76 | 2249.70 | 64.37 | 12.45 | 83.75 | 37.86 |
| 海南 | 561.36 | 545.91 | 6.18 | 3.95 | 10.92 | 0.59 |
| 重庆 | 4002.89 | 3771.22 | 186.50 | 29.15 | 157.15 | 45.37 |
| 四川 | 5967.69 | 5553.13 | 31.42 | 62.95 | 256.33 | 95.29 |
| 贵州 | 1653.05 | 1541.91 | 70.83 | 20.12 | 75.04 | 15.98 |
| 云南 | 2229.95 | 2040.33 | 99.04 | 22.97 | 132.09 | 34.57 |
| 西藏 | 63.26 | 61.42 | 4.35 | | 1.84 | |
| 陕西 | 2086.92 | 1995.67 | 147.11 | 19.72 | 65.37 | 6.15 |
| 甘肃 | 698.82 | 659.38 | 105.17 | 6.48 | 30.82 | 2.14 |
| 青海 | 216.82 | 208.02 | 6.80 | 1.38 | 6.63 | 0.79 |
| 宁夏 | 775.29 | 677.98 | 18.11 | 11.80 | 78.73 | 6.77 |
| 新疆 | 1406.55 | 1326.67 | 134.83 | 7.56 | 65.81 | 6.51 |

# 各地区房地产开发商品房屋待售面积

单位：万平方米

| 地　　区 | 房屋空置面积 | 住　宅 | 经　济适用房 | 办公楼 | 商业营业用房 | 其　他 |
|---|---|---|---|---|---|---|
| **全国总计** | **19947.03** | **11494.09** | **385.19** | **1091.07** | **5026.39** | **2335.48** |
| 北　　京 | 1351.09 | 426.72 | 37.76 | 246.55 | 353.85 | 323.97 |
| 天　　津 | 172.08 | 90.84 | 8.27 | 14.30 | 49.84 | 17.10 |
| 河　　北 | 417.17 | 332.59 | 5.84 | 3.95 | 60.67 | 19.97 |
| 山　　西 | 449.67 | 345.27 | 15.83 | 6.87 | 74.68 | 22.85 |
| 内 蒙 古 | 493.24 | 384.12 | 30.90 | 20.27 | 66.43 | 22.41 |
| 辽　　宁 | 1698.98 | 1155.13 | 23.88 | 50.65 | 389.62 | 103.57 |
| 吉　　林 | 652.04 | 452.84 | 23.15 | 12.27 | 146.09 | 40.86 |
| 黑 龙 江 | 864.30 | 529.11 | 41.45 | 10.32 | 249.71 | 75.17 |
| 上　　海 | 1134.80 | 460.74 | 5.41 | 190.95 | 230.18 | 252.93 |
| 江　　苏 | 1644.20 | 880.70 | 19.01 | 77.91 | 576.41 | 109.18 |
| 浙　　江 | 1090.61 | 410.31 | 19.69 | 73.93 | 381.61 | 224.77 |
| 安　　徽 | 491.92 | 303.34 | 3.83 | 15.56 | 142.87 | 30.14 |
| 福　　建 | 543.69 | 221.75 | 5.07 | 47.21 | 154.00 | 120.72 |
| 江　　西 | 327.01 | 240.26 | 3.35 | 1.54 | 72.43 | 12.78 |
| 山　　东 | 1050.80 | 754.90 | 22.93 | 47.94 | 195.94 | 52.02 |
| 河　　南 | 777.53 | 617.12 | 20.93 | 15.68 | 117.83 | 26.90 |
| 湖　　北 | 755.53 | 538.50 | 20.26 | 11.59 | 149.91 | 55.52 |
| 湖　　南 | 458.71 | 302.19 | 10.64 | 11.65 | 103.57 | 41.29 |
| 广　　东 | 2015.46 | 1205.92 | 0.05 | 87.24 | 406.56 | 315.74 |
| 广　　西 | 259.31 | 146.50 | 1.65 | 2.42 | 72.01 | 38.37 |
| 海　　南 | 74.16 | 60.71 | | 2.69 | 8.16 | 2.62 |
| 重　　庆 | 662.39 | 164.60 | 10.33 | 41.56 | 286.02 | 170.20 |
| 四　　川 | 926.75 | 469.39 | 7.80 | 49.71 | 245.44 | 162.21 |
| 贵　　州 | 223.00 | 116.41 | 1.95 | 5.30 | 81.55 | 19.73 |
| 云　　南 | 199.48 | 126.05 | 1.74 | 3.33 | 52.39 | 17.71 |
| 西　　藏 | 27.90 | 24.95 | 0.89 | | 2.95 | |
| 陕　　西 | 118.02 | 86.85 | 5.33 | 2.26 | 25.61 | 3.29 |
| 甘　　肃 | 220.11 | 149.13 | 4.37 | 7.88 | 53.73 | 9.37 |
| 青　　海 | 64.04 | 42.69 | | 1.52 | 14.99 | 4.83 |
| 宁　　夏 | 363.21 | 200.07 | 16.32 | 10.17 | 139.92 | 13.05 |
| 新　　疆 | 419.83 | 254.36 | 16.59 | 17.85 | 121.41 | 26.21 |

# 各地区房地产开发商品房屋实际销售额

单位：万元

| 地　区 | 房屋实际销售额 | 住　宅 | 经济适用房 | 办公楼 | 商业营业用房 | 其　他 |
|---|---|---|---|---|---|---|
| **全国总计** | **443551695** | **384328951** | **6527538** | **16384053** | **36606695** | **6231996** |
| 北　京 | 32596624 | 24867669 | 344524 | 4311395 | 2998566 | 418994 |
| 天　津 | 10948460 | 9653564 | 280804 | 328966 | 544880 | 421050 |
| 河　北 | 9680476 | 9051453 | 205595 | 78974 | 459339 | 90710 |
| 山　西 | 2799896 | 2459822 | 63485 | 42355 | 282116 | 15603 |
| 内蒙古 | 7672360 | 5970070 | 516581 | 156903 | 1390973 | 154414 |
| 辽　宁 | 21685950 | 18834702 | 300723 | 187058 | 2356123 | 308067 |
| 吉　林 | 5671879 | 4902250 | 57919 | 29886 | 623580 | 116163 |
| 黑龙江 | 6536890 | 5370482 | 131450 | 80446 | 875396 | 210566 |
| 上　海 | 43302240 | 36202282 | 659 | 4384327 | 1927263 | 788368 |
| 江　苏 | 51063696 | 43410260 | 713565 | 1315641 | 5929104 | 408691 |
| 浙　江 | 43339772 | 37555286 | 377052 | 1740487 | 3265700 | 778299 |
| 安　徽 | 13783861 | 11796852 | 121348 | 214381 | 1677182 | 95446 |
| 福　建 | 14778299 | 12990871 | 148507 | 206633 | 1182149 | 398646 |
| 江　西 | 6028009 | 5305604 | 115257 | 42056 | 564459 | 115890 |
| 山　东 | 24591016 | 21958458 | 528660 | 459025 | 1966221 | 207312 |
| 河　南 | 11558968 | 10048884 | 263391 | 297454 | 1134834 | 77796 |
| 湖　北 | 9600307 | 8792284 | 394039 | 62320 | 684692 | 61011 |
| 湖　南 | 9415971 | 8260738 | 223335 | 97683 | 941610 | 115940 |
| 广　东 | 45985280 | 41766505 | 120219 | 1282883 | 2256271 | 679621 |
| 广　西 | 7771721 | 7047622 | 128169 | 78670 | 533495 | 111934 |
| 海　南 | 3514587 | 3434396 | 9585 | 19539 | 57184 | 3468 |
| 重　庆 | 13777615 | 12317053 | 375546 | 150847 | 1122808 | 186907 |
| 四　川 | 20940511 | 19068845 | 54545 | 351892 | 1284854 | 234920 |
| 贵　州 | 4750718 | 4073089 | 147964 | 92664 | 538472 | 46493 |
| 云　南 | 6535287 | 5555833 | 191863 | 125694 | 730722 | 123038 |
| 西　藏 | 155127 | 146887 | 10751 |  | 8240 |  |
| 陕　西 | 6727127 | 6212775 | 306759 | 101012 | 394490 | 18850 |
| 甘　肃 | 1735339 | 1579952 | 157203 | 29494 | 121718 | 4175 |
| 青　海 | 545761 | 508048 | 8000 | 4949 | 31882 | 882 |
| 宁　夏 | 2395310 | 1914733 | 34835 | 60275 | 405062 | 15240 |
| 新　疆 | 3662638 | 3271682 | 195205 | 50144 | 317310 | 23502 |

# 第三部分
# 农村固定资产投资

# 各地区农村固定资产投资

| 地　　区 | 2009年（亿元） | | | 2009年比2008年增长（%） | | |
|---|---|---|---|---|---|---|
| | 总　计 | 非农户 | 农　户 | 总　计 | 非农户 | 农　户 |
| **全国总计** | **30678.38** | **23243.87** | **7434.51** | **27.3** | **28.1** | **24.9** |
| 北　京 | 467.29 | 423.75 | 43.54 | 59.1 | 56.0 | 96.7 |
| 天　津 | 291.63 | 262.64 | 29.00 | 35.9 | 44.7 | -12.5 |
| 河　北 | 1793.30 | 1399.85 | 393.45 | 27.8 | 39.0 | -0.6 |
| 山　西 | 433.60 | 255.03 | 178.58 | 28.8 | 32.6 | 23.7 |
| 内蒙古 | 192.95 | 108.81 | 84.15 | 30.1 | 60.1 | 4.6 |
| 辽　宁 | 687.37 | 459.25 | 228.13 | -39.6 | -50.9 | 13.1 |
| 吉　林 | 452.65 | 288.24 | 164.41 | 1.4 | -7.9 | 23.3 |
| 黑龙江 | 333.09 | 16.54 | 316.55 | 10.6 | -6.8 | 11.7 |
| 上　海 | 424.84 | 423.31 | 1.53 | 1.6 | 2.0 | -52.2 |
| 江　苏 | 4683.07 | 4331.82 | 351.26 | 26.9 | 27.9 | 15.9 |
| 浙　江 | 3287.99 | 2853.27 | 434.72 | 18.6 | 20.1 | 9.7 |
| 安　徽 | 1045.23 | 654.48 | 390.75 | 30.9 | 36.3 | 22.8 |
| 福　建 | 682.60 | 501.50 | 181.10 | 12.6 | 10.8 | 18.1 |
| 江　西 | 635.02 | 384.01 | 251.02 | 51.2 | 68.5 | 30.6 |
| 山　东 | 3595.43 | 2952.91 | 642.52 | 23.7 | 23.9 | 22.7 |
| 河　南 | 2249.61 | 1469.50 | 780.12 | 27.1 | 33.6 | 16.5 |
| 湖　北 | 683.22 | 402.22 | 281.00 | 37.1 | 45.9 | 26.3 |
| 湖　南 | 823.38 | 525.23 | 298.15 | 25.9 | 24.4 | 28.5 |
| 广　东 | 2703.07 | 2428.79 | 274.28 | 21.3 | 25.4 | -5.7 |
| 广　西 | 547.36 | 243.85 | 303.51 | 27.2 | 25.7 | 28.3 |
| 海　南 | 45.64 | 18.98 | 26.66 | 22.0 | 59.9 | 4.4 |
| 重　庆 | 359.18 | 268.93 | 90.24 | 36.2 | 48.4 | 9.5 |
| 四　川 | 2281.79 | 1386.90 | 894.89 | 198.0 | 214.8 | 175.2 |
| 贵　州 | 362.19 | 232.28 | 129.91 | 42.0 | 49.7 | 29.9 |
| 云　南 | 408.86 | 218.49 | 190.37 | 24.1 | 38.2 | 11.0 |
| 西　藏 | 50.64 | 50.64 | | 31.0 | 31.0 | |
| 陕　西 | 358.53 | 158.65 | 199.88 | 9.3 | 9.6 | 9.1 |
| 甘　肃 | 286.64 | 175.92 | 110.73 | 41.9 | 43.5 | 39.4 |
| 青　海 | 109.14 | 86.16 | 22.98 | 57.7 | 66.2 | 32.5 |
| 宁　夏 | 111.75 | 74.58 | 37.17 | 20.0 | 35.7 | -2.7 |
| 新　疆 | 291.30 | 187.37 | 103.94 | 24.3 | 32.6 | 11.7 |

# 各地区农村本年新增固定资产

单位：亿元

| 地　　区 | 总　计 | 非农户 | 农　户 |
|---|---|---|---|
| **全国总计** | **24669.42** | **17571.52** | **7097.89** |
| 北　　京 | 321.45 | 280.36 | 41.09 |
| 天　　津 | 224.55 | 196.45 | 28.09 |
| 河　　北 | 1593.58 | 1200.13 | 393.45 |
| 山　　西 | 364.82 | 194.33 | 170.50 |
| 内 蒙 古 | 161.85 | 81.70 | 80.15 |
| 辽　　宁 | 651.59 | 423.46 | 228.13 |
| 吉　　林 | 328.48 | 164.07 | 164.41 |
| 黑 龙 江 | 325.85 | 14.43 | 311.41 |
| 上　　海 | 282.36 | 280.83 | 1.53 |
| 江　　苏 | 3893.67 | 3590.19 | 303.49 |
| 浙　　江 | 2345.84 | 1911.12 | 434.72 |
| 安　　徽 | 841.63 | 456.06 | 385.57 |
| 福　　建 | 543.76 | 410.46 | 133.30 |
| 江　　西 | 511.10 | 273.63 | 237.47 |
| 山　　东 | 2666.44 | 2073.03 | 593.41 |
| 河　　南 | 2072.21 | 1322.76 | 749.45 |
| 湖　　北 | 609.18 | 341.49 | 267.69 |
| 湖　　南 | 644.16 | 358.29 | 285.87 |
| 广　　东 | 1864.62 | 1641.08 | 223.54 |
| 广　　西 | 498.00 | 197.37 | 300.64 |
| 海　　南 | 37.96 | 11.30 | 26.66 |
| 重　　庆 | 283.68 | 193.44 | 90.24 |
| 四　　川 | 1928.45 | 1036.23 | 892.22 |
| 贵　　州 | 260.58 | 136.15 | 124.43 |
| 云　　南 | 363.44 | 207.12 | 156.32 |
| 西　　藏 | 37.47 | 37.47 | |
| 陕　　西 | 333.83 | 133.95 | 199.88 |
| 甘　　肃 | 243.99 | 133.26 | 110.73 |
| 青　　海 | 89.20 | 66.23 | 22.98 |
| 宁　　夏 | 90.99 | 54.40 | 36.59 |
| 新　　疆 | 254.69 | 150.75 | 103.94 |

# 各地区农村非农户按构成分的投资

单位：亿元

| 地　　区 | 投资额 | 建筑安装工程 | 设备工器具购置 | 其他费用 |
|---|---|---|---|---|
| **全国总计** | **23243.87** | **13556.87** | **7228.03** | **2458.97** |
| 北　京 | 423.75 | 299.05 | 42.74 | 81.96 |
| 天　津 | 262.64 | 171.67 | 61.12 | 29.84 |
| 河　北 | 1399.85 | 718.90 | 517.27 | 163.68 |
| 山　西 | 255.03 | 181.02 | 44.22 | 29.78 |
| 内蒙古 | 108.81 | 78.82 | 13.04 | 16.94 |
| 辽　宁 | 459.25 | 257.22 | 163.79 | 38.23 |
| 吉　林 | 288.24 | 180.08 | 85.55 | 22.61 |
| 黑龙江 | 16.54 | 11.90 | 3.89 | 0.75 |
| 上　海 | 423.31 | 269.66 | 100.07 | 53.58 |
| 江　苏 | 4331.82 | 2043.89 | 1933.22 | 354.71 |
| 浙　江 | 2853.27 | 1464.96 | 1105.61 | 282.70 |
| 安　徽 | 654.48 | 431.40 | 145.62 | 77.46 |
| 福　建 | 501.50 | 335.36 | 122.44 | 43.70 |
| 江　西 | 384.01 | 254.82 | 67.37 | 61.82 |
| 山　东 | 2952.91 | 1582.07 | 1053.02 | 317.82 |
| 河　南 | 1469.50 | 1035.99 | 309.36 | 124.15 |
| 湖　北 | 402.22 | 272.19 | 73.05 | 56.98 |
| 湖　南 | 525.23 | 341.85 | 115.01 | 68.38 |
| 广　东 | 2428.79 | 1359.43 | 783.15 | 286.21 |
| 广　西 | 243.85 | 152.33 | 53.84 | 37.68 |
| 海　南 | 18.98 | 16.08 | 1.30 | 1.59 |
| 重　庆 | 268.93 | 198.92 | 36.67 | 33.34 |
| 四　川 | 1386.90 | 998.25 | 236.59 | 152.07 |
| 贵　州 | 232.28 | 142.98 | 57.25 | 32.05 |
| 云　南 | 218.49 | 177.37 | 16.78 | 24.34 |
| 西　藏 | 50.64 | 46.67 | 2.91 | 1.06 |
| 陕　西 | 158.65 | 128.00 | 14.35 | 16.29 |
| 甘　肃 | 175.92 | 136.01 | 16.65 | 23.26 |
| 青　海 | 86.16 | 71.75 | 7.43 | 6.98 |
| 宁　夏 | 74.58 | 66.63 | 5.37 | 2.58 |
| 新　疆 | 187.37 | 131.61 | 39.31 | 16.44 |

# 各地区农村非农户按主要行业分的投资

单位：亿元

| 地　　区 | 合计 | 农、林、牧、渔业 | 采矿业 | 制造业 | 电力、燃气及水的生产和供应业 | 建筑 | 交通运输、仓储和邮政业 |
|---|---|---|---|---|---|---|---|
| **全国总计** | **23243.87** | **2179.36** | **1037.16** | **11796.93** | **885.46** | **284.53** | **1207.92** |
| 北　京 | 423.75 | 51.78 | 1.65 | 55.09 | 13.94 | 0.79 | 47.02 |
| 天　津 | 262.64 | 23.17 | 0.30 | 150.69 | 8.84 | 3.03 | 7.62 |
| 河　北 | 1399.85 | 181.39 | 76.33 | 763.70 | 32.00 | 5.07 | 75.00 |
| 山　西 | 255.03 | 39.68 | 39.93 | 48.90 | 9.87 | 0.21 | 11.57 |
| 内蒙古 | 108.81 | 92.76 | 0.04 | 2.35 | 2.08 | 0.18 | |
| 辽　宁 | 459.25 | 120.07 | 46.46 | 198.55 | 26.24 | 5.91 | 16.92 |
| 吉　林 | 288.24 | 14.52 | 62.47 | 125.98 | 15.07 | 2.20 | 11.40 |
| 黑龙江 | 16.54 | 4.78 | 0.22 | 3.22 | 0.74 | 1.64 | 2.74 |
| 上　海 | 423.31 | 7.61 | | 289.05 | 5.08 | 0.24 | 9.54 |
| 江　苏 | 4331.82 | 86.86 | 21.24 | 3348.16 | 104.63 | 27.52 | 101.34 |
| 浙　江 | 2853.27 | 41.31 | 19.18 | 2139.78 | 82.04 | 17.73 | 90.13 |
| 安　徽 | 654.48 | 77.51 | 32.35 | 256.46 | 18.27 | 34.16 | 33.10 |
| 福　建 | 501.50 | 51.73 | 44.86 | 212.86 | 20.70 | 7.94 | 44.19 |
| 江　西 | 384.01 | 77.10 | 32.87 | 93.56 | 16.16 | 0.98 | 27.47 |
| 山　东 | 2952.91 | 191.44 | 116.57 | 1535.50 | 63.21 | 98.76 | 145.80 |
| 河　南 | 1469.50 | 321.67 | 58.47 | 447.84 | 32.61 | 1.40 | 72.16 |
| 湖　北 | 402.22 | 93.13 | 29.41 | 86.11 | 12.00 | 0.78 | 32.49 |
| 湖　南 | 525.23 | 67.32 | 48.26 | 159.06 | 52.63 | 6.44 | 49.26 |
| 广　东 | 2428.79 | 86.72 | 32.02 | 1331.81 | 198.39 | 1.48 | 138.53 |
| 广　西 | 243.85 | 44.48 | 23.85 | 61.40 | 13.51 | 2.81 | 38.14 |
| 海　南 | 18.98 | 4.03 | | 0.09 | 3.61 | 0.01 | 0.52 |
| 重　庆 | 268.93 | 54.32 | 17.96 | 60.03 | 15.00 | 18.35 | 25.03 |
| 四　川 | 1386.90 | 192.00 | 143.39 | 313.00 | 85.83 | 8.26 | 123.39 |
| 贵　州 | 232.28 | 27.33 | 137.88 | 11.24 | 5.85 | 0.61 | 5.26 |
| 云　南 | 218.49 | 67.73 | 22.97 | 15.83 | 10.07 | 0.03 | 20.85 |
| 西　藏 | 50.64 | 3.07 | 0.04 | 0.16 | 1.37 | 0.91 | 3.57 |
| 陕　西 | 158.65 | 22.42 | 6.05 | 21.01 | 4.16 | 0.16 | 8.33 |
| 甘　肃 | 175.92 | 38.13 | 4.12 | 18.21 | 12.89 | 28.55 | 6.54 |
| 青　海 | 86.16 | 29.72 | 3.89 | 13.64 | 2.44 | 3.97 | 15.19 |
| 宁　夏 | 74.58 | 11.12 | 3.41 | 8.83 | 1.86 | 1.74 | 24.73 |
| 新　疆 | 187.37 | 54.45 | 10.98 | 24.80 | 14.35 | 2.69 | 20.08 |

续前

单位：亿元

| 地　　区 | 信息传输、计算机服务和软件业 | 批发和零售业 | 住宿和餐饮业 | 金融业 | 房地产 | 租赁和商务服务业 | 科学研究、技术服务和地质勘查业 |
|---|---|---|---|---|---|---|---|
| **全国总计** | **39.10** | **603.39** | **275.00** | **11.61** | **1178.49** | **151.36** | **116.80** |
| 北　京 | 0.81 | 10.40 | 14.05 | | 54.85 | 5.19 | 7.57 |
| 天　津 | | 5.68 | 0.83 | 1.00 | 0.70 | 21.41 | |
| 河　北 | 1.14 | 62.02 | 7.58 | 0.08 | 71.41 | 3.16 | 2.70 |
| 山　西 | 0.07 | 4.84 | 1.02 | | 39.12 | 0.05 | 2.20 |
| 内蒙古 | | 0.42 | 0.15 | | 1.97 | | 2.11 |
| 辽　宁 | 0.43 | 4.52 | 4.75 | 0.04 | 2.47 | 0.94 | 0.48 |
| 吉　林 | | 7.42 | | | 16.70 | | 0.75 |
| 黑龙江 | | 0.17 | | | 0.04 | | |
| 上　海 | | 26.52 | 10.62 | | 3.34 | 8.02 | 6.04 |
| 江　苏 | 9.85 | 114.96 | 41.08 | 3.21 | 157.24 | 25.02 | 9.90 |
| 浙　江 | 0.67 | 42.51 | 34.96 | 0.62 | 118.81 | 18.19 | 5.21 |
| 安　徽 | 0.36 | 18.99 | 7.76 | 0.21 | 69.19 | 1.74 | 2.47 |
| 福　建 | 0.63 | 8.70 | 4.20 | 0.42 | 10.22 | 0.95 | 1.54 |
| 江　西 | 1.24 | 9.74 | 8.07 | 0.04 | 20.27 | 1.41 | 0.57 |
| 山　东 | 2.01 | 108.33 | 27.77 | 1.70 | 140.73 | 13.16 | 35.56 |
| 河　南 | 1.79 | 58.67 | 14.75 | 0.54 | 137.38 | 3.46 | 8.21 |
| 湖　北 | 1.28 | 8.64 | 4.48 | 0.66 | 12.25 | 1.81 | 2.72 |
| 湖　南 | 2.88 | 5.51 | 2.94 | 0.10 | 23.78 | 1.55 | 4.71 |
| 广　东 | 3.43 | 74.46 | 64.98 | 1.03 | 84.50 | 34.09 | 12.92 |
| 广　西 | 1.69 | 2.82 | 0.88 | 0.04 | 12.55 | 0.45 | 1.05 |
| 海　南 | | 0.04 | 0.70 | | 0.31 | 0.01 | 0.08 |
| 重　庆 | 0.27 | 2.81 | 1.33 | | 17.54 | 1.02 | 0.67 |
| 四　川 | 5.67 | 12.50 | 12.70 | 0.41 | 96.01 | 5.88 | 3.76 |
| 贵　州 | 0.61 | 1.43 | 0.91 | 0.12 | 12.14 | 0.06 | 0.21 |
| 云　南 | 0.61 | 2.66 | 0.39 | 1.19 | 16.16 | 1.46 | 0.54 |
| 西　藏 | 0.15 | 0.08 | 0.12 | | 25.10 | 0.02 | 0.09 |
| 陕　西 | 0.02 | 3.41 | 4.76 | 0.16 | 2.34 | 0.09 | 0.28 |
| 甘　肃 | 0.60 | 2.85 | 1.73 | 0.02 | 11.21 | 0.15 | 2.26 |
| 青　海 | 0.12 | 0.34 | 0.62 | | 1.49 | | 0.17 |
| 宁　夏 | | 0.42 | 0.23 | 0.01 | 4.00 | 0.18 | 0.53 |
| 新　疆 | 2.76 | 1.55 | 0.66 | 0.02 | 14.66 | 1.88 | 1.51 |

**续前**

单位：亿元

| 地　区 | 水利、环境和公共设施管理业 | 居民服务和其他服务业 | 教　育 | 卫生、社会保障和社会福利业 | 文件、体育和娱乐业 | 公共管理和社会组织 | 国际组织 |
|---|---|---|---|---|---|---|---|
| **全国总计** | **1990.12** | **103.96** | **275.64** | **160.34** | **245.18** | **701.51** | |
| 北　京 | 88.65 | 4.10 | 11.83 | 4.84 | 15.88 | 35.31 | |
| 天　津 | 11.63 | 6.86 | 0.10 | 0.31 | 0.45 | 20.03 | |
| 河　北 | 53.35 | 14.71 | 9.82 | 7.51 | 11.46 | 21.44 | |
| 山　西 | 38.60 | 0.11 | 3.79 | 1.10 | 4.40 | 9.55 | |
| 内蒙古 | 4.23 | | | 0.11 | 0.03 | 2.38 | |
| 辽　宁 | 15.93 | 0.58 | 3.27 | 1.00 | 0.97 | 9.71 | |
| 吉　林 | 24.21 | | 1.71 | 1.95 | 1.48 | 2.39 | |
| 黑龙江 | 1.81 | | 0.15 | 0.16 | 0.54 | 0.32 | |
| 上　海 | 36.38 | 1.31 | 4.06 | 3.15 | 7.80 | 4.56 | |
| 江　苏 | 175.66 | 16.37 | 17.63 | 10.59 | 18.52 | 42.03 | |
| 浙　江 | 170.33 | 5.27 | 16.87 | 9.88 | 13.18 | 26.60 | |
| 安　徽 | 50.21 | 1.51 | 17.90 | 4.45 | 6.28 | 21.53 | |
| 福　建 | 47.93 | 1.93 | 10.30 | 5.92 | 6.72 | 19.74 | |
| 江　西 | 64.74 | 2.23 | 3.86 | 3.96 | 2.14 | 17.59 | |
| 山　东 | 211.19 | 27.82 | 24.26 | 21.83 | 70.78 | 116.48 | |
| 河　南 | 173.34 | 6.04 | 30.66 | 22.97 | 24.55 | 53.00 | |
| 湖　北 | 58.72 | 3.05 | 5.28 | 2.63 | 5.75 | 41.03 | |
| 湖　南 | 52.99 | 1.88 | 6.42 | 4.46 | 5.76 | 29.27 | |
| 广　东 | 268.49 | 3.64 | 32.59 | 16.98 | 20.92 | 21.81 | |
| 广　西 | 22.93 | 0.22 | 2.07 | 1.48 | 2.64 | 10.83 | |
| 海　南 | 1.96 | | 0.05 | | 0.40 | 7.17 | |
| 重　庆 | 37.34 | 0.08 | 1.46 | 1.56 | 1.43 | 12.73 | |
| 四　川 | 258.69 | 3.41 | 46.58 | 21.82 | 14.47 | 39.12 | |
| 贵　州 | 15.57 | 0.11 | 1.96 | 1.79 | 1.92 | 7.27 | |
| 云　南 | 31.06 | 0.39 | 7.47 | 1.71 | 1.22 | 16.15 | |
| 西　藏 | 0.78 | 0.25 | 0.18 | 0.07 | 0.42 | 14.26 | |
| 陕　西 | 29.92 | 0.37 | 2.93 | 0.95 | 0.93 | 50.36 | |
| 甘　肃 | 9.44 | 0.43 | 5.48 | 1.30 | 1.86 | 30.16 | |
| 青　海 | 5.57 | 0.09 | 1.67 | 0.66 | 0.49 | 6.10 | |
| 宁　夏 | 9.58 | 0.52 | 1.01 | 2.43 | 0.35 | 3.61 | |
| 新　疆 | 18.86 | 0.68 | 4.28 | 2.77 | 1.43 | 8.96 | |

# 各地区农村非农户投资资金来源

单位：亿元

| 地　　区 | 合　计 | 国家预算内资金 | 国内贷款 | 利用外资 | 自筹资金 | 其他资金 |
|---|---|---|---|---|---|---|
| **全国总计** | **24008.52** | **1192.10** | **1328.09** | **640.19** | **19265.17** | **1582.97** |
| 北　　京 | 406.67 | 2.27 | 30.82 | 1.67 | 325.73 | 46.18 |
| 天　　津 | 267.89 | 2.90 | 15.13 | 0.87 | 234.78 | 14.22 |
| 河　　北 | 1442.35 | 12.80 | 43.60 | 3.64 | 1300.06 | 82.25 |
| 山　　西 | 268.45 | 13.95 | 12.18 | 0.05 | 214.46 | 27.82 |
| 内 蒙 古 | 106.48 | 13.30 | 6.81 | | 79.63 | 6.75 |
| 辽　　宁 | 508.25 | 15.12 | 43.32 | 2.89 | 430.70 | 16.22 |
| 吉　　林 | 305.51 | 23.46 | 3.89 | 1.27 | 269.18 | 7.71 |
| 黑 龙 江 | 16.88 | 0.95 | 0.33 | | 13.51 | 2.09 |
| 上　　海 | 451.68 | 12.48 | 23.69 | 32.68 | 353.52 | 29.31 |
| 江　　苏 | 4424.28 | 14.94 | 267.24 | 166.28 | 3875.71 | 100.11 |
| 浙　　江 | 2878.88 | 59.00 | 246.55 | 67.13 | 2422.93 | 83.27 |
| 安　　徽 | 656.18 | 49.79 | 25.60 | 12.25 | 534.23 | 34.31 |
| 福　　建 | 496.30 | 29.20 | 7.22 | 5.66 | 415.26 | 38.96 |
| 江　　西 | 422.36 | 55.65 | 12.95 | 5.05 | 309.07 | 39.65 |
| 山　　东 | 3057.74 | 44.58 | 219.18 | 80.36 | 2505.21 | 208.41 |
| 河　　南 | 1464.27 | 44.48 | 48.01 | 3.68 | 1245.08 | 123.01 |
| 湖　　北 | 409.58 | 63.84 | 10.72 | 1.33 | 300.75 | 32.94 |
| 湖　　南 | 536.53 | 74.37 | 31.92 | 12.41 | 378.35 | 39.48 |
| 广　　东 | 2636.07 | 61.64 | 111.38 | 232.53 | 2060.31 | 170.21 |
| 广　　西 | 246.48 | 17.45 | 6.22 | 2.04 | 134.98 | 85.79 |
| 海　　南 | 19.28 | 3.64 | 2.50 | | 11.44 | 1.70 |
| 重　　庆 | 279.23 | 40.16 | 15.77 | 0.82 | 189.65 | 32.83 |
| 四　　川 | 1397.71 | 201.08 | 68.11 | 4.56 | 892.51 | 231.46 |
| 贵　　州 | 249.94 | 39.95 | 15.37 | 0.17 | 175.05 | 19.40 |
| 云　　南 | 325.10 | 88.57 | 23.02 | 0.47 | 173.93 | 39.11 |
| 西　　藏 | 52.15 | 22.35 | 2.63 | | 23.06 | 4.11 |
| 陕　　西 | 157.40 | 13.17 | 6.90 | 0.03 | 128.14 | 9.16 |
| 甘　　肃 | 167.06 | 47.17 | 3.72 | 0.53 | 96.26 | 19.37 |
| 青　　海 | 90.97 | 39.57 | 4.66 | 0.62 | 35.87 | 10.25 |
| 宁　　夏 | 67.59 | 17.69 | 4.65 | 0.19 | 37.62 | 7.44 |
| 新　　疆 | 199.25 | 66.59 | 14.00 | 1.03 | 98.20 | 19.44 |

# 各地区农村非农户房屋建筑面积和投资

| 地　　区 | 施工房屋面　　积（万平方米） | 竣工房屋面　　积（万平方米） | 房屋建筑面积竣工率（%） | 竣工房屋价　　值（亿元） |
|---|---|---|---|---|
| **全国总计** | **60732.73** | **31894.24** | 52.5 | **3195.66** |
| 北　　京 | 935.16 | 381.32 | 40.8 | 73.95 |
| 天　　津 | 552.32 | 218.34 | 39.5 | 39.31 |
| 河　　北 | 2569.46 | 1720.16 | 67.0 | 206.76 |
| 山　　西 | 625.86 | 365.83 | 58.5 | 38.80 |
| 内 蒙 古 | 107.22 | 55.16 | 51.4 | 3.95 |
| 辽　　宁 | 705.62 | 428.90 | 60.8 | 58.44 |
| 吉　　林 | 460.60 | 104.66 | 22.7 | 16.74 |
| 黑 龙 江 | 56.06 | 35.91 | 64.1 | 3.51 |
| 上　　海 | 1443.29 | 504.21 | 34.9 | 79.98 |
| 江　　苏 | 10340.70 | 6330.60 | 61.2 | 687.68 |
| 浙　　江 | 11564.32 | 5020.46 | 43.4 | 500.37 |
| 安　　徽 | 2010.25 | 1103.30 | 54.9 | 95.70 |
| 福　　建 | 1215.24 | 789.72 | 65.0 | 73.40 |
| 江　　西 | 979.08 | 485.92 | 49.6 | 42.35 |
| 山　　东 | 5631.55 | 2343.54 | 41.6 | 266.88 |
| 河　　南 | 4864.87 | 3105.85 | 63.8 | 232.08 |
| 湖　　北 | 697.13 | 523.35 | 75.1 | 44.94 |
| 湖　　南 | 485.56 | 280.54 | 57.8 | 28.43 |
| 广　　东 | 5429.38 | 3174.21 | 58.5 | 319.65 |
| 广　　西 | 365.42 | 221.92 | 60.7 | 15.17 |
| 海　　南 | 30.87 | 13.59 | 44.0 | 1.47 |
| 重　　庆 | 831.63 | 495.16 | 59.5 | 37.17 |
| 四　　川 | 4024.39 | 1713.09 | 42.6 | 157.27 |
| 贵　　州 | 467.76 | 242.28 | 51.8 | 15.17 |
| 云　　南 | 1170.03 | 741.05 | 63.3 | 37.86 |
| 西　　藏 | 704.91 | 514.07 | 72.9 | 18.64 |
| 陕　　西 | 477.96 | 313.83 | 65.7 | 27.62 |
| 甘　　肃 | 870.26 | 189.07 | 21.7 | 33.79 |
| 青　　海 | 320.71 | 126.00 | 39.3 | 9.24 |
| 宁　　夏 | 195.43 | 95.00 | 48.6 | 7.79 |
| 新　　疆 | 599.68 | 257.20 | 42.9 | 21.56 |

# 各地区农村非农户住宅建筑面积和投资

| 地　　区 | 施工住宅<br>面　　积<br>（万平方米） | 竣工住宅<br>面　　积<br>（万平方米） | 住宅建筑<br>面积竣工<br>率（%） | 竣工住宅<br>价　　值<br>（亿元） |
|---|---|---|---|---|
| **全国总计** | **13229.96** | **6537.56** | **49.4** | **554.21** |
| 北　　京 | 264.94 | 90.67 | 34.2 | 15.04 |
| 天　　津 | 128.25 | 38.56 | 30.1 | 7.72 |
| 河　　北 | 486.84 | 258.97 | 53.2 | 27.50 |
| 山　　西 | 408.69 | 219.01 | 53.6 | 21.48 |
| 内 蒙 古 | 29.43 | 4.36 | 14.8 | 0.61 |
| 辽　　宁 | 14.48 | 5.63 | 38.9 | 0.80 |
| 吉　　林 | 167.54 | 19.87 | 11.9 | 3.06 |
| 黑 龙 江 | 26.58 | 23.77 | 89.4 | 1.63 |
| 上　　海 | 11.30 | 5.49 | 48.5 | 0.99 |
| 江　　苏 | 756.33 | 472.53 | 62.5 | 45.17 |
| 浙　　江 | 1161.74 | 479.86 | 41.3 | 40.02 |
| 安　　徽 | 794.44 | 484.89 | 61.0 | 37.78 |
| 福　　建 | 165.11 | 107.16 | 64.9 | 9.92 |
| 江　　西 | 224.63 | 142.85 | 63.6 | 10.57 |
| 山　　东 | 977.61 | 378.09 | 38.7 | 44.05 |
| 河　　南 | 1033.58 | 469.20 | 45.4 | 47.25 |
| 湖　　北 | 224.00 | 185.48 | 82.8 | 18.12 |
| 湖　　南 | 145.00 | 86.98 | 60.0 | 10.63 |
| 广　　东 | 352.15 | 199.14 | 56.6 | 20.25 |
| 广　　西 | 193.40 | 119.58 | 61.8 | 6.83 |
| 海　　南 | 10.68 | 8.64 | 80.9 | 0.89 |
| 重　　庆 | 302.27 | 199.86 | 66.1 | 15.32 |
| 四　　川 | 2313.79 | 912.87 | 39.5 | 76.09 |
| 贵　　州 | 290.08 | 144.87 | 49.9 | 7.76 |
| 云　　南 | 702.82 | 513.54 | 73.1 | 19.40 |
| 西　　藏 | 645.77 | 513.19 | 79.5 | 18.47 |
| 陕　　西 | 125.47 | 36.85 | 29.4 | 3.13 |
| 甘　　肃 | 656.92 | 113.97 | 17.4 | 23.00 |
| 青　　海 | 213.20 | 100.43 | 47.1 | 5.89 |
| 宁　　夏 | 94.59 | 70.30 | 74.3 | 5.34 |
| 新　　疆 | 308.29 | 130.96 | 42.5 | 9.49 |

# 各地区农村农户固定资产投资增长情况

单位：亿元

| 地　　区 | 2008 年 | 2009 年 | 2009 年比 2008 年增减 | |
|---|---|---|---|---|
| | | | 绝对数 | % |
| **全国总计** | **5951.80** | **7434.51** | **1482.71** | **24.9** |
| 北　　京 | 22.13 | 43.54 | 21.41 | 96.7 |
| 天　　津 | 33.15 | 29.00 | -4.16 | -12.5 |
| 河　　北 | 395.64 | 393.45 | -2.19 | -0.6 |
| 山　　西 | 144.33 | 178.58 | 34.25 | 23.7 |
| 内 蒙 古 | 80.41 | 84.15 | 3.74 | 4.6 |
| 辽　　宁 | 201.66 | 228.13 | 26.47 | 13.1 |
| 吉　　林 | 133.30 | 164.41 | 31.11 | 23.3 |
| 黑 龙 江 | 283.39 | 316.55 | 33.16 | 11.7 |
| 上　　海 | 3.20 | 1.53 | -1.67 | -52.2 |
| 江　　苏 | 303.18 | 351.26 | 48.07 | 15.9 |
| 浙　　江 | 396.35 | 434.72 | 38.38 | 9.7 |
| 安　　徽 | 318.27 | 390.75 | 72.49 | 22.8 |
| 福　　建 | 153.39 | 181.10 | 27.71 | 18.1 |
| 江　　西 | 192.19 | 251.02 | 58.82 | 30.6 |
| 山　　东 | 523.71 | 642.52 | 118.80 | 22.7 |
| 河　　南 | 669.63 | 780.12 | 110.49 | 16.5 |
| 湖　　北 | 222.55 | 281.00 | 58.45 | 26.3 |
| 湖　　南 | 232.02 | 298.15 | 66.13 | 28.5 |
| 广　　东 | 290.86 | 274.28 | -16.58 | -5.7 |
| 广　　西 | 236.53 | 303.51 | 66.97 | 28.3 |
| 海　　南 | 25.54 | 26.66 | 1.12 | 4.4 |
| 重　　庆 | 82.42 | 90.24 | 7.83 | 9.5 |
| 四　　川 | 325.17 | 894.89 | 569.71 | 175.2 |
| 贵　　州 | 99.97 | 129.91 | 29.94 | 29.9 |
| 云　　南 | 171.51 | 190.37 | 18.87 | 11.0 |
| 西　　藏 | | | | |
| 陕　　西 | 183.29 | 199.88 | 16.59 | 9.1 |
| 甘　　肃 | 79.42 | 110.73 | 31.31 | 39.4 |
| 青　　海 | 17.35 | 22.98 | 5.63 | 32.5 |
| 宁　　夏 | 38.19 | 37.17 | -1.02 | -2.7 |
| 新　　疆 | 93.06 | 103.94 | 10.88 | 11.7 |

# 各地区农村农户按构成分的投资

单位：亿元

| 地　　区 | 投资额 | 建筑安装工程 | 设备工器具购置 | 其他费用 |
|---|---|---|---|---|
| **全国总计** | **7434.51** | **5421.11** | **1282.33** | **731.06** |
| 北　　京 | 43.54 | 38.88 | 3.43 | 1.24 |
| 天　　津 | 29.00 | 15.63 | 8.76 | 4.60 |
| 河　　北 | 393.45 | 286.61 | 40.03 | 66.82 |
| 山　　西 | 178.58 | 120.50 | 46.64 | 11.44 |
| 内 蒙 古 | 84.15 | 38.55 | 33.25 | 12.34 |
| 辽　　宁 | 228.13 | 160.39 | 30.28 | 37.46 |
| 吉　　林 | 164.41 | 66.24 | 44.72 | 53.44 |
| 黑 龙 江 | 316.55 | 91.72 | 130.06 | 94.76 |
| 上　　海 | 1.53 | 0.88 | 0.41 | 0.24 |
| 江　　苏 | 351.26 | 204.42 | 111.24 | 35.60 |
| 浙　　江 | 434.72 | 368.39 | 51.67 | 14.66 |
| 安　　徽 | 390.75 | 316.39 | 60.38 | 13.99 |
| 福　　建 | 181.10 | 151.90 | 26.00 | 3.20 |
| 江　　西 | 251.02 | 203.06 | 36.36 | 11.60 |
| 山　　东 | 642.52 | 421.19 | 135.47 | 85.85 |
| 河　　南 | 780.12 | 687.10 | 79.14 | 13.87 |
| 湖　　北 | 281.00 | 219.63 | 25.16 | 36.21 |
| 湖　　南 | 298.15 | 219.88 | 46.21 | 32.05 |
| 广　　东 | 274.28 | 239.09 | 26.09 | 9.09 |
| 广　　西 | 303.51 | 224.12 | 54.10 | 25.29 |
| 海　　南 | 26.66 | 12.98 | 2.17 | 11.51 |
| 重　　庆 | 90.24 | 57.23 | 14.76 | 18.25 |
| 四　　川 | 894.89 | 746.20 | 67.94 | 80.74 |
| 贵　　州 | 129.91 | 92.36 | 37.56 | |
| 云　　南 | 190.37 | 152.80 | 23.22 | 14.35 |
| 西　　藏 | | | | |
| 陕　　西 | 199.88 | 112.30 | 69.83 | 17.75 |
| 甘　　肃 | 110.73 | 90.46 | 11.62 | 8.65 |
| 青　　海 | 22.98 | 13.86 | 6.83 | 2.30 |
| 宁　　夏 | 37.17 | 17.46 | 17.21 | 2.49 |
| 新　　疆 | 103.94 | 50.88 | 41.80 | 11.26 |

# 各地区农村农户按项目分的投资

单位：亿元

| 地　区 | 投资额 | 房　屋 | 道　路 | 桥　梁 | 设　备 | 水　利 | 其他 |
|---|---|---|---|---|---|---|---|
| **全国总计** | **7434.51** | **5331.26** | **6.91** | **1.57** | **1178.30** | **16.27** | **900.20** |
| 北　京 | 43.54 | 38.66 | | | 3.43 | | 1.45 |
| 天　津 | 29.00 | 15.63 | | | 8.76 | | 4.60 |
| 河　北 | 393.45 | 284.93 | | | 40.03 | | 68.49 |
| 山　西 | 178.58 | 120.40 | | | 46.64 | | 11.53 |
| 内蒙古 | 84.15 | 36.40 | | | 29.10 | 3.00 | 15.65 |
| 辽　宁 | 228.13 | 157.44 | | | 30.28 | | 40.40 |
| 吉　林 | 164.41 | 68.67 | | | 44.72 | | 51.01 |
| 黑龙江 | 316.55 | 91.25 | | | 130.06 | | 95.24 |
| 上　海 | 1.53 | 0.88 | | | 0.19 | | 0.47 |
| 江　苏 | 351.26 | 191.92 | | | 106.68 | 1.21 | 51.45 |
| 浙　江 | 434.72 | 367.66 | | | 51.67 | | 15.39 |
| 安　徽 | 390.75 | 315.62 | 0.27 | | 60.38 | | 14.49 |
| 福　建 | 181.10 | 150.60 | 0.10 | | 26.00 | 0.20 | 4.20 |
| 江　西 | 251.02 | 200.63 | 0.14 | | 36.36 | 0.40 | 13.48 |
| 山　东 | 642.52 | 414.25 | | | 74.52 | | 153.74 |
| 河　南 | 780.12 | 679.43 | 1.02 | | 79.14 | 0.31 | 20.22 |
| 湖　北 | 281.00 | 217.72 | 0.02 | | 25.16 | | 38.09 |
| 湖　南 | 298.15 | 212.52 | 4.53 | 1.57 | 46.21 | 3.27 | 30.04 |
| 广　东 | 274.28 | 242.00 | | | 24.39 | 0.01 | 7.89 |
| 广　西 | 303.51 | 221.39 | | | 54.10 | | 28.02 |
| 海　南 | 26.66 | 12.73 | | | 0.01 | | 13.92 |
| 重　庆 | 90.24 | 54.98 | | | 6.43 | | 28.84 |
| 四　川 | 894.89 | 739.64 | 0.08 | | 46.00 | 2.19 | 106.98 |
| 贵　州 | 129.91 | 90.68 | 0.21 | | 37.56 | 0.16 | 1.31 |
| 云　南 | 190.37 | 126.16 | | | 23.22 | 0.33 | 40.66 |
| 西　藏 | | | | | | | |
| 陕　西 | 199.88 | 111.88 | | | 69.83 | 0.26 | 17.91 |
| 甘　肃 | 110.73 | 88.61 | 0.55 | | 11.62 | 1.58 | 8.38 |
| 青　海 | 22.98 | 13.79 | | | 6.83 | | 2.37 |
| 宁　夏 | 37.17 | 17.46 | | | 17.21 | | 2.49 |
| 新　疆 | 103.94 | 47.32 | | | 41.80 | 3.34 | 11.48 |

# 各地区农村农户按主要行业分的投资

单位：亿元

| 地　区 | 合计 | 农、林、牧、渔业 | 采矿业 | 制造业 | 电力、燃气及水的生产和供应 | 建筑 | 交通运输、仓储和邮政业 |
|---|---|---|---|---|---|---|---|
| **全国总计** | **7434.51** | **1359.11** | **2.85** | **109.90** | **3.65** | **138.79** | **495.43** |
| 北　京 | 43.54 | 2.89 | | | | 0.01 | 2.94 |
| 天　津 | 29.00 | 6.94 | | 1.91 | | 1.40 | 4.01 |
| 河　北 | 393.45 | 88.54 | | 3.66 | | | 14.87 |
| 山　西 | 178.58 | 32.98 | | 0.01 | | 0.67 | 20.49 |
| 内蒙古 | 84.15 | 41.91 | 0.40 | 0.23 | | 3.25 | 5.05 |
| 辽　宁 | 228.13 | 54.01 | | 2.10 | | 10.72 | 19.23 |
| 吉　林 | 164.41 | 81.77 | 0.10 | 0.27 | | | 15.40 |
| 黑龙江 | 316.55 | 201.68 | | | | | 23.62 |
| 上　海 | 1.53 | 0.47 | | 0.19 | | | |
| 江　苏 | 351.26 | 44.85 | | 23.75 | | 0.15 | 32.20 |
| 浙　江 | 434.72 | 31.72 | | 27.24 | | 0.71 | 18.59 |
| 安　徽 | 390.75 | 53.93 | | 0.21 | | 2.24 | 22.68 |
| 福　建 | 181.10 | 22.60 | 0.30 | 5.90 | 0.10 | 1.10 | 6.80 |
| 江　西 | 251.02 | 41.96 | | 0.99 | 0.22 | 5.77 | 19.70 |
| 山　东 | 642.52 | 140.87 | | 28.21 | | 1.11 | 47.45 |
| 河　南 | 780.12 | 87.02 | | 4.16 | 0.40 | 2.73 | 27.24 |
| 湖　北 | 281.00 | 36.52 | | 1.28 | | 7.99 | 12.17 |
| 湖　南 | 298.15 | 36.86 | 0.21 | 2.70 | 0.17 | 8.60 | 26.38 |
| 广　东 | 274.28 | 23.29 | | 0.69 | 0.02 | 31.39 | 13.69 |
| 广　西 | 303.51 | 41.82 | 0.18 | 2.75 | | 3.42 | 26.53 |
| 海　南 | 26.66 | 12.27 | | 0.01 | | | 1.30 |
| 重　庆 | 90.24 | 25.49 | | 1.43 | | 3.06 | 5.29 |
| 四　川 | 894.89 | 66.90 | 0.05 | 0.67 | 0.21 | 31.66 | 37.49 |
| 贵　州 | 129.91 | 18.10 | 1.00 | 0.25 | 0.70 | 0.01 | 18.61 |
| 云　南 | 190.37 | 45.98 | 0.59 | 0.04 | 0.86 | 8.18 | 7.83 |
| 西　藏 | | | | | | | |
| 陕　西 | 199.88 | 37.52 | | 0.71 | 0.96 | 5.04 | 36.40 |
| 甘　肃 | 110.73 | 16.37 | 0.02 | 0.02 | 0.01 | 1.05 | 2.98 |
| 青　海 | 22.98 | 3.98 | | 0.07 | | | 5.15 |
| 宁　夏 | 37.17 | 15.82 | | 0.39 | | | 5.50 |
| 新　疆 | 103.94 | 44.05 | | 0.05 | | 8.53 | 15.84 |

**续前**

单位：亿元

| 地　区 | 信息传输、计算机服务和软件业 | 批发和零售业 | 住宿和餐饮业 | 金融业 | 房地产业 | 租赁和商务服务业 | 科学研究、技术服务和地质勘查业 |
|---|---|---|---|---|---|---|---|
| **全国总计** | **6.38** | **38.44** | **21.77** | | **5052.38** | **4.37** | |
| 北　京 | | | 0.07 | | 37.61 | 0.03 | |
| 天　津 | | | | | 14.73 | | |
| 河　北 | | | | | 286.37 | | |
| 山　西 | 0.35 | 1.11 | 1.62 | | 120.40 | | |
| 内蒙古 | | 0.52 | 1.59 | | 29.56 | | |
| 辽　宁 | | 0.31 | | | 134.85 | | |
| 吉　林 | | 0.39 | | | 66.47 | | |
| 黑龙江 | | | | | 91.25 | | |
| 上　海 | | | | | 0.88 | | |
| 江　苏 | | 13.00 | 5.57 | | 185.09 | | |
| 浙　江 | 1.96 | 1.50 | | | 350.64 | | |
| 安　徽 | | 0.41 | | | 311.20 | | |
| 福　建 | 0.60 | 0.70 | 1.80 | | 138.20 | 1.90 | |
| 江　西 | 0.09 | 0.19 | 0.09 | | 162.99 | 1.58 | |
| 山　东 | | 1.44 | 1.74 | | 414.25 | | |
| 河　南 | | 3.32 | 0.21 | | 634.68 | | |
| 湖　北 | | 0.33 | 2.33 | | 217.72 | 0.23 | |
| 湖　南 | 0.49 | 1.09 | 2.15 | | 206.30 | 0.07 | |
| 广　东 | | 0.32 | 0.81 | | 203.06 | 0.01 | |
| 广　西 | 0.26 | 0.11 | 0.05 | | 217.39 | | |
| 海　南 | | 0.09 | 0.16 | | 12.73 | | |
| 重　庆 | | | | | 54.98 | | |
| 四　川 | 1.73 | 7.44 | 1.09 | | 692.59 | | |
| 贵　州 | | 0.12 | | | 89.42 | | |
| 云　南 | | 0.09 | 0.48 | | 126.16 | | |
| 西　藏 | | | | | | | |
| 陕　西 | 0.58 | 5.64 | 1.88 | | 107.24 | 0.41 | |
| 甘　肃 | 0.33 | 0.08 | 0.14 | | 81.15 | 0.15 | |
| 青　海 | | | | | 13.78 | | |
| 宁　夏 | | | | | 15.46 | | |
| 新　疆 | | 0.22 | | | 35.25 | | |

**续前**

单位：亿元

| 地　　区 | 水利、环境和公共设施管理业 | 居民服务和其他服务业 | 教　育 | 卫生、社会保障和社会福利业 | 文化、体育和娱乐业 | 公共管理和社会组织 | 国际组织 |
|---|---|---|---|---|---|---|---|
| **全国总计** | **5.34** | **179.39** | **3.08** | **0.31** | **12.81** | **0.25** | **0.25** |
| 北　　京 | | 0.00 | | | | | |
| 天　　津 | | | | | | | |
| 河　　北 | | | | | | | |
| 山　　西 | | 0.53 | 0.01 | 0.03 | 0.38 | | |
| 内 蒙 古 | | 1.04 | | | 0.61 | | |
| 辽　　宁 | | 4.58 | | | 2.32 | | |
| 吉　　林 | | | | | | | |
| 黑 龙 江 | | | | | | | |
| 上　　海 | | | | | | | |
| 江　　苏 | | 46.64 | | | | | |
| 浙　　江 | | 2.36 | | | | | |
| 安　　徽 | | 0.08 | | | | | |
| 福　　建 | 0.10 | 0.10 | 0.20 | 0.10 | 0.60 | | |
| 江　　西 | 0.21 | 17.24 | | | | | |
| 山　　东 | | 4.40 | 1.70 | | 1.35 | | |
| 河　　南 | | 20.34 | | | | | |
| 湖　　北 | | 2.43 | | | | | |
| 湖　　南 | 4.27 | 6.55 | 0.91 | 0.03 | 1.11 | 0.25 | |
| 广　　东 | 0.01 | 0.75 | | | | | 0.25 |
| 广　　西 | | 8.53 | 0.25 | | 2.20 | | |
| 海　　南 | | 0.11 | | | | | |
| 重　　庆 | | | | | | | |
| 四　　川 | 0.08 | 51.35 | | 0.04 | 3.60 | | |
| 贵　　州 | 0.67 | 1.03 | | | | | |
| 云　　南 | | | | | 0.16 | | |
| 西　　藏 | | | | | | | |
| 陕　　西 | | 3.24 | | 0.11 | 0.15 | | |
| 甘　　肃 | | 8.08 | | 0.00 | 0.32 | | |
| 青　　海 | | | | | | | |
| 宁　　夏 | | | | | | | |
| 新　　疆 | | | | | | | |

# 各地区农村农户投资资金来源

单位：亿元

| 地　　区 | 合　计 | 国内贷款 | 自筹资金 | 其他资金 |
| --- | --- | --- | --- | --- |
| **全国总计** | **7434.51** | **340.60** | **6691.96** | **401.95** |
| 北　　京 | 43.54 | | 43.54 | |
| 天　　津 | 29.00 | | 29.00 | |
| 河　　北 | 393.45 | | 393.45 | |
| 山　　西 | 178.58 | 7.04 | 167.59 | 3.95 |
| 内 蒙 古 | 84.15 | 7.94 | 72.98 | 3.23 |
| 辽　　宁 | 228.13 | | 228.13 | |
| 吉　　林 | 164.41 | 8.09 | 156.32 | |
| 黑 龙 江 | 316.55 | 11.35 | 233.45 | 71.75 |
| 上　　海 | 1.53 | | 1.53 | |
| 江　　苏 | 351.26 | 17.91 | 320.35 | 13.00 |
| 浙　　江 | 434.72 | 9.38 | 425.34 | |
| 安　　徽 | 390.75 | 1.65 | 382.47 | 6.63 |
| 福　　建 | 181.10 | 4.40 | 176.10 | 0.60 |
| 江　　西 | 251.02 | 10.97 | 225.58 | 14.46 |
| 山　　东 | 642.52 | 17.10 | 559.16 | 66.26 |
| 河　　南 | 780.12 | 2.54 | 763.92 | 13.66 |
| 湖　　北 | 281.00 | 3.75 | 262.08 | 15.17 |
| 湖　　南 | 298.15 | 2.58 | 244.56 | 51.01 |
| 广　　东 | 274.28 | 0.53 | 272.30 | 1.45 |
| 广　　西 | 303.51 | 21.83 | 272.92 | 8.76 |
| 海　　南 | 26.66 | | 26.66 | |
| 重　　庆 | 90.24 | | 90.24 | |
| 四　　川 | 894.89 | 115.71 | 704.19 | 74.98 |
| 贵　　州 | 129.91 | 7.19 | 117.86 | 4.87 |
| 云　　南 | 190.37 | 14.00 | 161.75 | 14.62 |
| 西　　藏 | | | | |
| 陕　　西 | 199.88 | 40.75 | 157.44 | 1.69 |
| 甘　　肃 | 110.73 | 21.21 | 57.84 | 31.68 |
| 青　　海 | 22.98 | 2.01 | 20.97 | |
| 宁　　夏 | 37.17 | 1.61 | 34.95 | 0.60 |
| 新　　疆 | 103.94 | 11.04 | 89.32 | 3.57 |

# 各地区农村农户房屋建筑面积和投资

| 地　　区 | 施工房屋面　　积（万平方米） | 竣工房屋面　　积（万平方米） | 房屋建筑面积竣工率（%） | 竣工房屋价　　值（亿元） |
|---|---|---|---|---|
| **全国总计** | **116099.39** | **105683.02** | **91.0** | **5029.89** |
| 北　　京 | 784.20 | 564.60 | 72.0 | 36.21 |
| 天　　津 | 160.69 | 118.48 | 73.7 | 13.77 |
| 河　　北 | 5216.49 | 4450.41 | 85.3 | 262.70 |
| 山　　西 | 2220.00 | 1700.00 | 76.6 | 96.07 |
| 内 蒙 古 | 468.00 | 433.00 | 92.5 | 36.50 |
| 辽　　宁 | 3933.97 | 3903.97 | 99.2 | 169.42 |
| 吉　　林 | 929.82 | 927.95 | 99.8 | 56.21 |
| 黑 龙 江 | 1144.27 | 1076.90 | 94.1 | 86.12 |
| 上　　海 | 7.77 | 7.77 | 100.0 | 0.88 |
| 江　　苏 | 2191.00 | 2176.00 | 99.3 | 191.92 |
| 浙　　江 | 5530.00 | 5118.00 | 92.5 | 367.66 |
| 安　　徽 | 5365.20 | 5019.78 | 93.6 | 275.15 |
| 福　　建 | 3333.37 | 1996.82 | 59.9 | 102.72 |
| 江　　西 | 5519.80 | 3833.38 | 69.4 | 164.83 |
| 山　　东 | 7650.76 | 7500.22 | 98.0 | 397.58 |
| 河　　南 | 16584.29 | 14749.24 | 88.9 | 626.49 |
| 湖　　北 | 4036.65 | 3915.18 | 97.0 | 212.35 |
| 湖　　南 | 6666.00 | 6157.00 | 92.4 | 210.97 |
| 广　　东 | 3909.00 | 2976.00 | 76.1 | 209.72 |
| 广　　西 | 4781.57 | 4653.22 | 97.3 | 219.78 |
| 海　　南 | 271.49 | 179.01 | 65.9 | 12.81 |
| 重　　庆 | 1729.77 | 1430.88 | 82.7 | 59.72 |
| 四　　川 | 19441.19 | 19441.19 | 100.0 | 739.64 |
| 贵　　州 | 2077.00 | 1917.00 | 92.3 | 86.88 |
| 云　　南 | 3610.00 | 3079.00 | 85.3 | 121.46 |
| 西　　藏 | | | | |
| 陕　　西 | 1987.04 | 1894.10 | 95.3 | 105.15 |
| 甘　　肃 | 4513.00 | 4513.00 | 100.0 | 88.61 |
| 青　　海 | 378.71 | 370.15 | 97.7 | 13.79 |
| 宁　　夏 | 242.00 | 241.00 | 99.6 | 17.46 |
| 新　　疆 | 1416.36 | 1339.78 | 94.6 | 47.32 |

# 各地区农村农户住宅建筑面积和投资

| 地　　区 | 施工住宅<br>面　　积<br>（万平方米） | 竣工住宅<br>面　　积<br>（万平方米） | 住宅建筑<br>面积竣工<br>率（%） | 竣工住宅<br>价　　值<br>（亿元） |
|---|---|---|---|---|
| **全国总计** | **106193.55** | **95570.47** | **90.00** | **4743.35** |
| 北　　京 | 758.80 | 543.50 | 71.63 | 32.94 |
| 天　　津 | 147.55 | 111.25 | 75.40 | 13.48 |
| 河　　北 | 4799.78 | 4134.11 | 86.13 | 240.43 |
| 山　　西 | 2018.00 | 1599.00 | 79.24 | 90.49 |
| 内 蒙 古 | 394.00 | 394.00 | 100.00 | 33.21 |
| 辽　　宁 | 3528.46 | 3508.46 | 99.43 | 154.94 |
| 吉　　林 | 865.92 | 864.05 | 99.78 | 53.56 |
| 黑 龙 江 | 987.09 | 955.92 | 96.84 | 76.79 |
| 上　　海 | 7.77 | 7.77 | 100.00 | 0.88 |
| 江　　苏 | 2147.00 | 2147.00 | 100.00 | 185.09 |
| 浙　　江 | 5318.00 | 4955.00 | 93.17 | 350.64 |
| 安　　徽 | 5095.94 | 4803.63 | 94.26 | 266.65 |
| 福　　建 | 3117.12 | 1806.58 | 57.96 | 92.90 |
| 江　　西 | 5211.04 | 3638.76 | 69.83 | 161.45 |
| 山　　东 | 6746.01 | 6588.36 | 97.66 | 365.17 |
| 河　　南 | 15772.23 | 13818.76 | 87.61 | 600.34 |
| 湖　　北 | 3857.03 | 3744.11 | 97.07 | 203.96 |
| 湖　　南 | 6399.00 | 5917.00 | 92.47 | 205.69 |
| 广　　东 | 3779.00 | 2919.00 | 77.24 | 205.09 |
| 广　　西 | 4717.67 | 4591.98 | 97.34 | 218.41 |
| 海　　南 | 269.83 | 170.92 | 63.34 | 12.01 |
| 重　　庆 | 1571.22 | 1300.37 | 82.76 | 54.10 |
| 四　　川 | 15190.15 | 14370.04 | 94.60 | 675.52 |
| 贵　　州 | 2025.00 | 1865.00 | 92.10 | 86.00 |
| 云　　南 | 3140.00 | 2624.00 | 83.57 | 98.67 |
| 西　　藏 | | | | |
| 陕　　西 | 1934.62 | 1880.73 | 97.21 | 104.82 |
| 甘　　肃 | 4500.00 | 4500.00 | 100.00 | 85.75 |
| 青　　海 | 310.94 | 302.98 | 97.44 | 12.58 |
| 宁　　夏 | 221.00 | 221.00 | 100.00 | 15.46 |
| 新　　疆 | 1363.38 | 1287.19 | 94.41 | 46.33 |